JN284912

公的資金助成法精義

碓井光明 著

信山社

　　　　　　は　し　が　き

　公共部門による補助金等の交付，融資，債務保証等を「公的資金助成」と観念して，その法律的検討を包括的，体系的に行なおうとするのが本書『公的資金助成法精義』である。

　国，地方公共団体，あるいはその出資する法人の活動のうちで，資金助成は大きなウエイトを占めている。補助金等は，行政遂行手段として活用され，国及び地方公共団体の歳出に占める割合が極めて大きい（その金額を正確に把握することはできない）。それは，私人に対して交付されるもののみならず，国から地方公共団体に対する補助金等の交付，都道府県から区市町村に対する補助金等の交付のような政府間資金助成も大きな役割を果たしている。融資については，それが回収できないときには大きな損失が生ずる。公共部門による債務保証や損失補償契約（典型的には，金融機関が貸付けにより損失を被ったときに地方公共団体がそれを補償することを約する契約）は，万が一のときに公共部門が大きな負担を背負い込み，結局，国民や住民の負担に帰するリスクを抱えている。
　財政活動における公的資金助成の重要性に加えて，訴訟においても，公的資金助成の適法性が争われることが少なくない。地方公共団体の「寄附又は補助」について地方自治法232条の2の要求する「公益上必要」の要件を満たすかどうかをめぐる住民訴訟判例の集積がある。まさに，法律問題として検討すべき素材である。そして，平成17年から18年にかけて，日韓高速船事件を始めとして，この問題をめぐる重要な最高裁判決が出された。また，散発的にみられる損失補償契約についての住民訴訟で，初めて損失補償契約を違法・無効とする地裁判決（横浜地裁平成18・11・15）が登場した。この判決に接したのが校正の最終段階であったために本書において詳しく言及することができないが，何らの疑念を抱くことなく活用されている損失補償契

約のあり方を見直すべきことを主張してきた筆者にとっては，多くの人に読んでもらいたい判決である。

　本書は，以上に述べてきたように財政におけるウエイトの大きさ，住民訴訟を中心とする法律問題解決の必要性に鑑みて，公的資金助成を法的に検討しようとした作品である。その特色は，次のような点にある。

　第一に，公的資金助成をなるべく包括的に検討の対象にすることにしている。前述のように資金助成を行なう主体の面において，国，地方公共団体，それらの出資する法人等に及び，相手方についても私人のみならず公共部門をも含めている。国庫補助金・負担金等の政府間資金助成は，地方分権論等との関係において論じられ，その固有の論じ方がありうるが，敢えて除外することなく，第6章で包括的検討を行なっている。

　第二に，判例を重視して，なるべく詳しく引用していることである。問題の所在を十分に理解するには，結論部分のみならず，その理由を述べる部分を注意深く観察する必要があるからにほかならない。「判例集未登載」と記載している判決の多くは，最高裁判所ホームページによるものであるが，それのみならず，関係者から個人的に入手したものもある（ご協力くださった方々に御礼申し上げる）。

　第三に，公的資金助成法を体系的に組み立てることに努力した。この点が成功しているという自信はないし，むしろ雑多な情報を詰め込んだ書物にすぎないという批判も覚悟している。しかし，包括的な研究の乏しいこの領域において，一応「体系書」であるということも許されるものと思われる。第7章において，各論的に「各分野の公的資金助成」を扱っていることも，決して体系的考察を捨てるつもりではなく，主要な分野を見ておくことが第6章までを読むのにも有益と考えるからにほかならない。そのこともあって，第7章は，現に実施されている公的資金助成を決して網羅的に扱う趣旨のものではない。

　筆者は，公的資金助成に関して，これまでに若干の論文を執筆し，若干の単行書において検討したことがあるが（主要参考文献欄を参照），本格的に検

討する機会をもつことはなかった。他の研究者による優れた論文があるにしても，眼前にある「公的資金助成法」という大きな，しかも高い山に，どこから，どのように登るかについて迷い，たどっている道が大丈夫なのかという不安に何度も襲われた。校正段階においても，大いに迷う箇所が多かった。制度が動いていること，情報が必ずしもわかりやすくなっていないこともあって，「どこにいるか」さえわからないこともあった。本書を刊行する今も，麓からそれほど登っていない地点で小休止し，方向を見定めようとしている状況である。

　こうした個人的状況にもかかわらず，本書が「公的資金助成法に関する本邦初の本格的体系書」として多くの人々にご利用いただけるものと密かに期待している。研究者，学生はもとより，行政実務に従事されている方々，訴訟実務に関係する方々，さらに，公共部門の財政のあり方に関心をもち監視しようとする国民，住民の手引書にもなりうるであろう。東京大学大学院法学政治学研究科及び同法学部においては，公的資金助成法に関するテーマの演習を何回か開講した。その都度，参加された学生諸君は，体系性のない演習にがっかりされたことであろう。今，不満足ながらも体系書を発表することができ，長年の宿題を果たすことができた思いである。

　本書において素材として扱っている個別の資金助成措置は，必ずしも現在の時点に統一されているわけではないので，現在の情報を正確に伝えているとは限らない。また，その内容も，努力したつもりではあるが，誤っていることもありうる。膨大な作業であったことを理由にすることは許されないが，個別の情報に関する記載に誤りがあり，読者の方々が，それに基づいて行動されたことにより損害を被ったとして，筆者に対して損害賠償請求をされないことをお願いしたい。個別資金助成の情報の詳細よりも，それを素材にして，公的資金助成が抱える問題点を読み取っていただきたいと思う。

　この分野の研究は行政法学によって進められてきた。しかし，筆者は，かつては租税法，現在は財政法を専攻していると称して，行政法学をいわば対岸から眺めてきたにすぎない。今，全く不十分とはいえ本書を刊行できるのは，行政法分野の先生方にご指導いただいたからにほかならない。筆者が東

京大学大学院法学政治学研究科在学中にお世話になった故雄川一郎，故高柳信一の両先生には，ありし日を偲び，心のなかで本書の刊行を報告させていただく。また，研究会等でご指導いただいている成田頼明，塩野宏の両先生のお名前を記して，感謝の意を表したい。

　本書について，前著『公共契約法精義』に続いて，信山社出版株式会社に出版を引き受けていただいた。前著が，談合多発や行政のアウトソーシングの進行するなかで，多くの読者を得ているとはいえ，困難な出版状況のなかで再び本書を出版して下さることに感謝している。今井貴及び渡辺左近の両氏と，綿密な編集作業をしてくださった柴田尚到氏に心から御礼を申し上げる。

　本書の刊行に当たり東京大学名誉教授金子宏先生の学恩に対し改めて御礼を申し上げたい。

　先生は，大学院在学中以来，筆者を常に厳しくかつ暖かく見守ってくださった。筆者が租税法から財政法に研究の軸足を移した後も，先生の一言一言にどれだけ支えられたかわからない。先生の洗練された業績とほど遠い本書ではあるが，本書の刊行を機に先生に深甚なる謝意を表するものである。

　　　平成18年師走

碓　井　光　明

目　次

はしがき
主要参考文献等・凡例

第1章　公的資金助成法への招待 …………………………………… 1

1　公的資金助成の意義と類型 ……………………………………… 1
［1］　公的資金助成の意義（1）
［2］　公的資金助成の分類・類型化（19）

2　公的資金助成を規律する規範 ………………………………… 27
［1］　根拠規範と規制規範（27）
［2］　国の公的資金助成の規制規範・手続規範（32）
［3］　政府間における資金助成の規律（39）
［4］　地方公共団体の公的資金助成の規律（41）
［5］　補助金交付要綱（52）
［6］　「法人に対する政府の財政援助の制限に関する法律」（53）

3　公的資金助成行政組織 ………………………………………… 53
［1］　国の資金助成行政組織（53）
［2］　資金助成業務担当法人（54）
［3］　地方公共団体の資金助成行政組織（61）
［4］　資金助成業務の個別的委託（65）

4　公的資金助成の原資 …………………………………………… 68
［1］　国における一般会計と特別会計（68）
［2］　地方公共団体における基金の活用（72）
［3］　自己資金と借入資金（73）

第2章　公的資金助成法の基本原則 …………………………79

1　総　説 ……………………………………………………79
［1］　公的資金助成法の位置づけ（79）
［2］　公的資金助成法の基本原則（80）

2　財政民主主義原則 ………………………………………82
［1］　法律・条例の根拠の要否（82）
［2］　予算による授権（95）
［3］　透明性原則（101）

3　公共目的（公益性）の原則 ……………………………102
［1］　公共目的原則の根拠（102）
［2］　地方自治法232条の2の「公益上必要がある」の要件（104）
［3］　使途特定原則（140）

4　有効性の原則・比例原則 ………………………………143
［1］　有効性の原則（143）
［2］　比例原則（相当性原則）（146）

5　平等・公平原則 …………………………………………147
［1］　平等原則の適用（147）
［2］　政策目的の結合問題と公平（157）

6　偶発債務抑制原則 ………………………………………160
［1］　偶発債務の意味と抑制の必要性（160）
［2］　偶発債務抑制の方法（161）

7　公正決定原則 ……………………………………………162
［1］　公正決定原則（162）
［2］　公正決定のための手続の工夫（163）

第3章　補助金等に関する法律関係とその規制 ……………168

1　補助金法律関係の成立 …………………………………168
［1］　補助金適正化法に基づく交付申請・交付決定（168）

　　　　［２］　補助金適正化法の適用されないものの場合の交付決定（178）

　２　補助事業者等の義務・確定 ……………………………………… 199
　　　　［１］　補助金等の交付の条件（199）
　　　　［２］　事業等の遂行・実績報告・確定（204）

　３　補助金法律関係の消滅等 ………………………………………… 210
　　　　［１］　交付決定の取消し・返還命令等（210）
　　　　［２］　返還金等の徴収（219）

　４　補助金等に係る犯罪・秩序違反に対する制裁 ……………… 231
　　　　［１］　補助金適正化法による処罰（231）
　　　　［２］　地方公共団体の補助金等交付と制裁（237）
　　　　［３］　補助金等の再度交付の拒絶・関連補助金等の交付拒絶（239）

　５　手続的保障 …………………………………………………………… 241
　　　　［１］　立入り検査等の手続（241）
　　　　［２］　不当干渉等の防止（244）
　　　　［３］　行政手続法・行政手続条例との関係（245）

　６　公的資金助成をめぐる訴訟方法 ………………………………… 249
　　　　［１］　多様な訴訟場面（249）
　　　　［２］　住民訴訟（250）
　　　　［３］　主観訴訟（253）

第4章　公的融資・出資 ……………………………………………………… 258

　１　公的融資の諸相 ……………………………………………………… 258
　　　　［１］　公的融資の特性（258）
　　　　［２］　公的融資の規律（263）

　２　財政融資資金による融資 ………………………………………… 272
　　　　［１］　財政融資資金融資の構造（272）
　　　　［２］　財政融資資金の運用（274）
　　　　［３］　財政融資資金の融資条件の変更（274）

3 国・地方公共団体による直接融資 ……………………………277
　[1] 国による直接融資（277）
　[2] 地方公共団体による直接融資（283）

4 公的融資専門法人による融資 ……………………………294
　[1] 公的融資専門法人（294）
　[2] 国の政策推進と政府系金融機関による融資（304）

5 貸付金の回収 ……………………………306
　[1] 回収努力（306）
　[2] 償還猶予・免除（308）

6 公的資金助成としての出資 ……………………………313
　[1] 第三セクターへの出資（313）
　[2] 一般企業の再生・経営安定化・ベンチャー育成のための出資（316）
　[3] その他の出資（320）

第5章　公的債務保証・損失補償の保証 ……………………………323

1 公的債務保証 ……………………………323
　[1] 公的債務保証の功罪（323）
　[2] 公的債務保証の規制（326）

2 損失補償の保証（損失補償契約） ……………………………334
　[1] 損失補償の保証（損失補償契約）の許容性（334）
　[2] 損失補償契約の実態（347）
　[3] 損失補償契約許容の立法政策（351）

3 債務保証等の制度 ……………………………352
　[1] 信用保証協会を通じた債務保証（352）
　[2] その他の信用保証等（357）

第6章　政府間資金助成法 ……………………………361

1 政府間資金助成法の諸相 ……………………………361
　[1] 国・地方公共団体間資金助成法（361）

[2] 地方公共団体間資金助成法（370）

　　　[3] 国の補助金を財源とする都道府県の資金助成（391）

　　　[4] 国家間資金助成法（394）

　2 国の地方公共団体に対する補助金・負担金 ……………………………395

　　　[1] 地方財政法の原則（395）

　　　[2] 地方分権改革（398）

　　　[3] 国庫補助金の交付金化の検討（402）

　　　[4] 国庫負担金の補助金化傾向（412）

　3 政府間資金助成をめぐる紛争の処理 ……………………………………415

　　　[1] 地方自治法による関与訴訟の利用可能性（415）

　　　[2] 抗告訴訟，当事者訴訟・民事訴訟の活用可能性（417）

第7章　各種分野の公的資金助成 ……………………………………423

　1 教育・学術研究 ……………………………………………………………423

　　　[1] 私学助成（423）

　　　[2] 奨学金等（430）

　　　[3] 大学等の誘致（434）

　　　[4] 学術研究奨励金（438）

　2 社会福祉，育児支援 ………………………………………………………448

　　　[1] 社会福祉（448）

　　　[2] 育児支援（453）

　3 環境対策・国土整備・住宅関係の助成 …………………………………459

　　　[1] 環境対策の助成（459）

　　　[2] 国土整備の助成（462）

　　　[3] 住宅関係資金助成（473）

　4 産業助成 ……………………………………………………………………483

　　　[1] 産業助成の諸相（483）

　　　[2] 特定事業者助成（487）

　　　[3] 中小企業の振興（494）

［４］　大型助成による企業誘致（498）
　5　産業助成以外の地域活性化 …………………………………………511
　　　［１］　地域活性化策（511）
　　　［２］　地産地消（514）
　　　［３］　観光客等の増加策（516）

事 項 索 引

判 例 索 引

主要参考文献等・凡例
（ゴシックにより引用）

〈主要参考文献〉

松本英昭『新版　逐条地方自治法　第3次改訂版』（学陽書房，平成17年）

香川俊介編『補助金等適正化法講義』（大蔵財務協会，平成16年）

碓井光明『要説　住民訴訟と自治体財務［改訂版］』（学陽書房，平成14年）

小滝敏之『全訂版　補助金適正化法解説　補助金行政の法理と実務』（会計職員協会，平成13年）

石原信雄＝二橋正弘『新版地方財政法逐条解説』（ぎょうせい，平成12年）

碓井光明『要説　自治体財政・財務法［改訂版］』（学陽書房，平成11年）

碓井光明「地方公共団体による『損失補償の保証』について」自治研究74巻6号3頁（平成10年）

加藤剛一＝田頭基典『三訂　補助金制度──その仕組みと運用──』（日本電算企画，平成8年）

塩野宏「補助金交付決定をめぐる若干の問題点」雄川一郎先生献呈論集『行政法の諸問題　中』（有斐閣，平成2年）281頁（塩野宏『法治主義の諸相』（有斐閣，平成13年）所収）

石井昇『行政契約の理論と手続』（弘文堂，昭和62年）

碓井光明「補助金」雄川一郎ほか編『現代行政法大系10　財政』（有斐閣，昭和59年）225頁

杉村章三郎『財政法〔新版〕』（有斐閣，昭和57年）

碓井光明「地方公共団体の補助金交付をめぐる法律問題（上）（下）」自治研究56巻6号23頁，8号23頁（昭和55年）

鈴木慶明『補助金』（ぎょうせい，昭和52年）

塩野宏「資金交付行政の法律問題（1）（2）」国家学会雑誌78巻3・4号99頁，78巻5・6号255頁（昭和39年）（塩野宏『行政過程とその統制』（有斐閣，平成元年）35頁所収）

〈資料〉

『補助金総覧』(各年度版)(日本電算企画)

〈法令の引用〉(略称引用のもの)
補助金等の予算の執行の適正化に関する法律
地方自治法
地方自治法施行令
法人に対する政府の財政援助の制限に関する法律

〈判例集の引用〉(略称引用のもの)
最高裁判所民事裁判例集
最高裁判所刑事裁判例集
高等裁判所民事裁判例集
高等裁判所刑事裁判例集
東京高等裁判所民事判決時報
行政事件裁判例集
(なお,判例は,一般の方式のように判決を「判」と表示することなく,単に裁判所名の意味で「最高裁」,「東京高裁」のように表記している。)

第1章　公的資金助成法への招待

1　公的資金助成の意義と類型

[1]　公的資金助成の意義

公的資金助成の主体　公的資金助成は,「公的部門」による資金助成(その内容は, 次の項目において述べるが, 補助金等, 融資, 債務保証等である)を念頭におくものである。「公的部門」の定義も容易ではないが, 本書においては, 典型的には「国又は地方公共団体による資金助成」を「公的資金助成」と観念することにしたい[1]。しかし, 公的資金助成の主体に関して, 次のような拡張が必要であろう。

第一に, 国又は地方公共団体が, その資金助成を特別の法人を経由して行なう場合は, 最終的に助成を受ける者と直接の法律関係を有する当事者が当該法人であっても, 国又は地方公共団体による公的資金助成であるといって差し支えないというべきであろう。補助金等の場合は, 最終の助成を受ける者との間においては,「間接補助」の形式となる。このような例として, 国が地方公共団体を通じて行なう資金助成が典型的かつ広範にみられるほか, 個別にも, 国が「独立行政法人日本私立学校振興・共済事業団」を通じて私立学校に対して補助金の支出等を行なう場合(私学助成法11条), 国が「独立行政法人学術振興会」を通じて科学研究費補助金を交付するような場合などが, これに該当する。さらに, 独立行政法人が運営費交付金を原資にして

---

[1]　塩野・資金交付行政(1)105頁(塩野・行政過程41頁)は, 資金交付行政の「行政主体」に概念的には地方公共団体も当然に含まれるとしつつ,「地方公共団体の私人に対する資金的助成行政は, 特殊の問題点を有していること, 或いは別個の考慮を必要とする場合もあること」に鑑み, 原則として中央政府の資金的助成行政だけを取り扱うとしている。この点, 本書は, 対照的に, 地方公共団体が主体となる資金助成も排除することなく積極的に研究の対象にしている。

補助金等を交付する場合も，公的資金助成といってよい。指定法人を活用する場合も，国又は地方公共団体の資金が相当な割合で含まれているときは，当該主体の実施する資金助成も公的資金助成といってよいといえよう[2]。

以上のことは，補助金等に限らず，国又は地方公共団体からの融資金を原資として，特別の法人による融資が行なわれる場合も同様である。たとえば，独立行政法人日本学生支援機構は，奨学生からの返還金に政府からの貸付金，財政融資資金からの借入金等を加えて，奨学金の貸与を行なっているが，この貸与も「公的資金助成」といってよい。

第二に，国又は地方公共団体の資金でなくとも，法律により特定の法人に公的性格が付与されていて，当該法人が資金助成を行なう場合がある。もっとも，どのような要件を備えているときに公的性格を認識するかは，それ自体必ずしも自明のことではない。この点で，最も微妙な例は，公営競技（公営ギャンブル）の収益の一部が各関係の特別の法人（公営競技関係法人）に交付されて，それを原資にして，それぞれの法人がなす補助金交付である。それらの法人は，日本中央競馬会，地方競馬全国協会，日本自転車振興会，日本小型自動車振興会，日本船舶振興会，日本体育・学校健康センターである。日本自転車振興会に例をとって，仕組みをみておこう。

日本自転車振興会は，自転車競技法に基づいて設立され（12条の2），「競輪の公正かつ円滑な実施を図るとともに，自転車その他の機械に関する事業及び体育事業その他公益の増進を目的とする事業の振興に資すること」を目的としている（12条）。その業務の中には，「自転車に関する事業の振興に必

---

[2] 主体以外の次元で公的資金助成といえるかどうかは別として，被災者生活再建支援法に基づく指定法人たる「被災者生活再建支援法人」は，同法3条に基づき被災者生活再建支援金を支給する都道府県に対し，その支援金に相当する額の交付，及び都道府県の委託を受けて都道府県の支給事務を行なう（7条）。そして，被災者生活再建支援金の2分の1相当額は国が補助することとされている（18条）。同法制定前に，財団法人阪神淡路大震災復興基金（その資産及び運用資金は兵庫県と神戸市から拠出され，事務所は県庁の一角にあり，理事・事務局職員は県及び市の関係者・出向者で占められていた）の被災者自立支援金の委託を受けて市が行なった申請却下につき，国家賠償法1条1項の「公権力の行使」に該当しないとした裁判例がある（神戸地裁平成13・4・25判例地方自治224号76頁）。

要な資金の融通のため，銀行その他の金融機関に対し，資金の貸付けを行うこと」(12条の16第1項5号)，「自転車その他の機械に関する事業の振興に関する事業の振興のための事業を補助すること」(同6号)，「体育事業その他の公益の増進を目的とする事業の振興のための事業を補助すること」(同7号)が掲げられている。そして，この業務の財源となるのが，競輪施行者からの交付金である。車券の売上金に応じて定められる別表第1に掲げる交付金(10条1号)(1号交付金)は，前記5号及び6号に掲げる業務その他自転車その他の機械に関する事業の振興に資するため必要な業務に充てるものとされ(12条の17第1項)，車券の売上金に応じて定められる別表第2に掲げる交付金(10条2号)(2号交付金)は，同じく前記7号に掲げる業務その他体育事業その他の公益の増進を目的とする事業の振興に資するため必要な業務に充てるものとされている(12条の17第2号)。このようにして，補助金又は貸付けに充てられる割合は特定されていないものの，競輪施行者からの交付金が，それら資金助成に充てられているのである。

　以上の仕組みにおいて，資金助成の直接の主体は，自転車振興会である。そして，その資金助成の資金は競輪施行者である地方公共団体からの交付金である。この場合に，交付金の使途は包括的なものであるから，自転車振興会から助成を受ける者との関係における助成の主体として個別の競輪施行者を観念することは困難である。しかし，自転車振興会が競輪施行団体全体の資金助成業務を担当しているとみることは可能である(本章3［3］)。また，二つのレベルを分離して理解することも可能であろう。第一のレベルは，競輪施行者と自転車振興会との関係である。「交付金」という法定の資金提供ではあるが，これを「法定資金助成」と位置づけることができる。第二のレベルは，自転車振興会とその資金の助成先との関係で，この場合は，自転車振興会が「公的部門」といえるか否かによって，公的資金助成該当性が定まることになる。結論からいえば，自転車競技法により直接に特別の任務を与えられた法人であり，その財源も法律による交付金収入に依存しているのであるから，広い意味の「公的部門」(あるいは，「公的部門であるべき法人」)に位置づけてよいと思われる。なお，自転車振興会の業務方法として経済産業大臣の認可を受けなければならない事項には，資金貸付けの利率・償還期

限・償還の方法，補助の対象とする事業の選定の基準及び補助の方法が含まれている（12条の18）。この認可制度のみで，適正な資金助成がなされることが担保されているのかどうかについては，検証が必要であろう[3]。なお，自転車振興会を施行団体全体の資金助成業務担当法人として位置づけることもできる（本章3［3］を参照）。

公的資金助成の意味　本書は，「公的資金助成」に関する法を検討する。「公的資金助成」は，「公的部門が，相手方の一定の活動を支援するために相手方の資金獲得を援助すること」であって，公的資金の給付（補助金交付），貸付け，相手方の資金借入れに係る債務についての保証等を広く含むものである[4]。塩野宏教授が「資金交付行政の法律問題」と題する論文において「資金的助成行政」の用語で扱われた範囲にほぼ対応しているが，本書は，それと異なる点もある。塩野教授は，当時のスイス行政法学におけるSubventionの観念を手がかりにして，「行政主体による行政客体（地方公共団体等の公法人を含む）に対する資金の交付（現金給付・投融資）であって，当該行政客体による一定の公益的課題の遂行（任意的行為，義務的行為の双方を含む）にかからしめられたもの」をもって「資金的助成行為」と定義された[5]。

---

[3]　所管省（経済産業省）の外郭団体に補助金が交付されることが多く，所管省からの天下りを支えたり，一部が裏金となるなどの事態が生じて，競輪施行者からは交付金制度の見直しが要望されているという（朝日新聞平成17・7・21）。

[4]　融資を円滑に受けられるように保険事業を行なうこと，金融機関の貸付債権の譲受けを行なうことなどは，公的資金助成の周辺事業であるが，公的資金助成そのものには含めないことにする。国や地方公共団体，その関係する法人が，直接の公的資金助成に加えて，又は公的資金助成から撤退して，これらの業務を行なうことがある。これまで直接に住宅取得のための融資を主たる業務としてきた住宅金融公庫は，平成19年4月から「独立行政法人住宅金融支援機構」に衣替えされ，「一般の金融機関による住宅の建設等に必要な資金の融通を支援するための貸付債権の譲受け等の業務を行うとともに，国民の住生活を取り巻く環境の変化に対応した良質な住宅の建設等に必要な資金の調達等に関する情報の提供その他の援助の業務を行う」ことを柱にし，貸付けは，「一般の金融機関による融通を補完するための災害復興建築物の建設等に必要な資金の貸付け」に限定される（独立行政法人住宅金融支援機構法案要綱による）。要するに，民間金融機関による住宅資金の融通を支援する業務（証券化支援業務・融資保険業務），補完する業務（災害関係・都市居住再生等の民間で困難な融資）を行なう法人として位置づけられている。

行政法学としての定義と筆者の専攻する財政法学の定義とが異なることは当然にありうることである。塩野教授の定義との比較もしつつ，若干の確認作業をしておきたい。

　第一に，社会保険による給付，公的扶助としての給付は，独自の位置づけがなされるので，公的資金助成から区別するのが便宜である[6]。そこには，憲法25条を基礎に社会保障法独自の法原理が見出される可能性がある。

　ただし，社会保障給付と公的資金助成とが重なり合う場面において，社会保障給付の性格があるからといって，公的資金助成の側面からの研究を排除する必要はないであろう。たとえば，災害により住宅に被害を受けた者に対して，生活再建目的で住宅の新築・改修資金を助成する場合は，社会保障の性質と，ここでいう公的資金助成の性質とを，併有しているというべきである[7]。被災者生活再建支援法に基づく被災者生活再建支援金は，生活必需品等の購入経費，居住関係経費（解体撤去，整地費，借入金経費，家賃等の経費）等を助成するものである（同法施行令3条）。また，地方公共団体において，横出しの被災者生活再建支援金を支給する動きが始まっている（鳥取県，新潟県，鹿児島県，広島県，広島市，松江市など）。社会保障法の分野において「社会援護」とか「社会手当」[8]と呼ばれる給付に含まれるのか否かは社会保障法学に委ねることにして，その使途が特定されている生活支援給付は，公的資金助成として扱うことができよう。「災害弔慰金の支給等に関する法律」の定める災害弔慰金，災害障害見舞金は，ここにいう公的資金助成の範疇には属しないが，同法の定める災害援護資金の貸付けは，公的資金助成であるといってよい。あるいは，公的資金助成の手法を用いて社会保障政策を遂行していると理解できよう[9]。いずれにせよ，生活再建等のための一時的

5　塩野・資金交付行政（1）109頁（塩野・行政過程45頁）。

6　ただし，社会保険料を財源としていても，保険給付としてではなく，資金助成目的に使用されるときは，公的資金助成の範囲に含められる。雇用保険料を財源としている地域雇用奨励金などがその例である。

7　塩野教授の定義にあっては，相手方の「公益的課題の遂行」の要件を満たさないとされると思われる。

8　社会保障法学において，児童手当，児童扶養手当，特別児童扶養手当などが典型的社会手当とされている。西村健一郎『社会保障法』（有斐閣，平成15年）425頁以下。

な資金の給付・貸付けは，厳密な理論上の区分はともかく，公的資金助成の法理の大部分が妥当することが多いと思われる。

同じく微妙なものに，地方公共団体が自発的に行なっている措置として「乳幼児医療費助成制度」がある。これは乳幼児（その保護者）が自己負担しなければならない乳幼児の医療費の一部又は全部を市町村が助成する場合に，都道府県も一定割合を負担して助成する制度である。一方において，乳幼児世帯の生活を保障する性質の給付であるが，乳幼児の医療を受けるのを支援することにより子育てを支援するという意味も有している。したがって，敢えて公的資金助成から除外する必要はないであろう。

ただし，特別の場合にのみ資金助成を行なう場合には，公平原則の観点からの問題を生ずることがある。たとえば，地震による家屋の倒壊が通常は個人の負うべきリスクとされているときに，特別の場合にのみ損害を補塡することが許されるか，同様に，詐欺的行為により負う損害が通常は個人のリスクであるのに，特定の場合にのみ国又は地方公共団体が救いの手を差し伸べることができるか，などの問題が生ずる。セーフティ・ネットの形成がなされていない段階で，特別の救済を必要とするときに問題が顕在化する。

第二に，補助金，融資等の公的資金助成とされるのは，使途の特定されている場合に限定されるかどうかが問題になる。たとえば，町が結婚推進員を委嘱して，推進員が結婚仲介の労をとり婚姻が成立して町内に居住することになった場合に推進員に交付する報奨金（青森県深浦町），子育て支援のために子の誕生に際して交付する子育て支援金（島田市[10]，高山市，須崎市，四万十市など）は，使途が特定されているわけではない。しかし，子育てを支援するという政策目的は明確である。使途の特定されている補助金との違いがあることを認識したうえで，この種の資金助成を必ずしも排除する必要はないであろう。「農業の担い手に対する経営安定のための交付金」も含めてよ

9　これに対して，災害住宅保険制度を設けて強制加入とし，保険料の支払いを義務づけて災害時にその保険による給付を行なう制度を設けたならば，その保険給付は，もはや公的資金助成と観念する必要がない。

10　島田市は，「島田市金券」により，子育て支援金を交付することとしている（島田市さわやか子育て支援金要綱6条）。

い。なお，最近は，使途について交付の相手方の選択に委ねる仕組みが，本書第6章において扱う政府間の包括的補助金等を中心に増加している[11]。

　第三に，通常の条件よりも相手方に有利な対価・条件による財産の譲渡又は貸付けは，「助成」の意味のある行為であっても，資金の助成ではないので，本書の対象からは除外したい。法律の体系においても，国有財産法や自治法237条の問題として別個に扱うことが便宜である。もっとも，自治法232条の2との関係において，「地方公共団体が反対給付を求めずに，一方的に行う財政援助」であるとして，通常の条件よりも有利な条件による財産の貸付けの場合にも同条の適用を肯定して，公益上の必要性の要件を充足しなければならないとする見解がある[12]。地方公共団体が第三セクターを支援しようとして，直接の補助金交付に対する風当たりを回避するために，有利な条件による財産の貸付け等が活用される場合（一種の「隠れた支援」）があることなどに注意する必要がある[13]。さらに，特定の者に寄附する目的で土地その他の財産を取得して，それを寄附することは，本書の公的資金助成と重なり合うことであるので，同じに議論してよいであろう。典型的には，地

11　地方公共団体も，一定の単位の地域に一定の金額を交付して，地域住民の意思決定により住民の知恵やアイデアによるまちづくり事業に充てる交付金を設けていることがある。名張市について，松下英子「名張市における『ゆめづくり地域予算制度』」都市問題95巻10号79頁（平成16年）。

12　岡山地裁平成14・3・13判例地方自治232号35頁は，県が建設して建物等を会社に無償で貸し付けることについて，自治法232条の2の適用があるとしつつ，知事の公益上の必要性の判断に裁量権の逸脱はなかったとした。岡山地裁平成17・5・24判例地方自治279号65頁は，貸付土地に適正な対価による転貸部分と議会の議決を経た無償貸付の部分があるときに，総体としては県が土地全部を賃借したうえ割安賃料で転貸したものとみて，その差額を県が肩代わりしていると評価して，差額賃料負担が「補助」に該当するとしている。さらに，札幌地裁平成15・3・25判例タイムズ1210号128頁〈参考〉は，無償譲渡は自治法232条の2の寄附に当たり，公益上必要のある場合でなければ違法であるとした。しかし，控訴審の札幌高裁平成17・7・19判例集未登載は，普通財産の譲与には，自治法232条の2の規定は適用されないとした。公的資金助成ではないが，現物寄附として232条の2の「寄附」に該当するという解釈は十分に成り立つと思われる。

13　碓井光明「地方公共団体の外郭団体的法人」日本財政法学会編『地方財政の変貌と法（財政法講座3）』（勁草書房，平成17年）301頁，342頁以下。

方公共団体が，大学を誘致するために用地をその資金で取得して，当該大学を設置する学校法人に寄附する場合などがある。

「隠れた支援」には，実質的に他の主体の事業を支援する目的で，その事業と自らの事業を併せた事業が，あたかも自己の事業の一環であるかのようにして経費負担する場合がある。新幹線新駅整備事業費を公共建設事業費であるとして起債をしようとしている場合に，その差止めを認めた例（大津地裁平成18・9・25判例集未登載）があるが，かりに実際に当該事業に充てた場合には，「隠れた支援」の評価を受けるであろう。このような方法には，どれだけの金額の支援がなされるのか明示されないという問題がある。

第四に，損害賠償金の支払いや相手方の犠牲に対する損失の補償は，公的資金助成ではない。しかし，損失補償と資金助成との違いを見極めることは必ずしも容易ではない（最高裁平成18・3・10判例地方自治283号103頁を参照）。

たとえば，「本州四国連絡橋の建設に伴う一般旅客定期航路事業等に関する特別措置法」11条に基づく交付金のうち，1号交付金は，「船舶その他の事業の用に供する資産で政令で定めるものの減価をうめるために要する費用」に相当する額として算定される交付金であり，3号交付金は，「事業の円滑な転換又は残存する事業の適正な経営を図るために必要な費用」に相当する額として算定される交付金であるが，神戸地裁平成16・1・20（判例集未登載）は，この交付金は，損失補償金ではなく助成金ないし補助金であるから，投下資本の未回収部分のうち交付金で助成する範囲をどの程度と規定するかは，すぐれて立法政策上の問題であると述べ，それを導く前提として，次のように述べている。すなわち，本州四国連絡橋の供用により，交通手段として競合する一般旅客定期航路事業が大きな影響を受けるが，これは交通手段の競合による事実上の影響とみるべきものであり，本来的には損失補償の対象とならないものであるところ，「一般旅客定期航路事業者の中には，事業の廃止や縮小を余儀なくされ，それに伴い離職者も相当数発生することが見込まれ，これらの広範かつ多大な影響を事業者のみの対応や地域経済社会の自立的な調整によって解決することが困難であることや，これを放置すると社会的な混乱を招くおそれがあること等の観点から，法によって特に助

成措置として交付金を交付することとしたものである」というのである。連続線上にあるものについて，一方に割り切ることの難しさがある。

食肉センターの廃止に伴い同センターの利用業者及び業務従事者に対して「支援金」を交付したことにつき，熊本地裁平成 16・7・16（判例地方自治 279 号 103 頁〈参考〉）が損失補償の要件も補助金交付の公益上の必要性の要件も満たしていないとしたのに対して，控訴審の福岡高裁平成 17・11・30（判例地方自治 279 号 88 頁）は，損失の補償であり，公益上の必要に基づくものであるとした。

逆に，明確な損失補償金と補助金とを分けて交付することができる場合もある（市場移転の場合に損失補償金と別に補助金としての入場交付金を交付したことを適法とした千葉地裁昭和 62・11・9 行集 42 巻 6・7 号 1290 頁［参照］，その控訴審・東京高裁平成 3・7・30 行集 42 巻 6・7 号 1253 頁）。

相手方の犠牲に対する支払金は，自治法 232 条の 2 にいう「寄附又は補助」に該当しないとされる[14]。ただし，損害賠償や損失補償をすべき相手方の生活の維持や再建のために，事業の転換などに必要な資金助成（融資，利

---

14 流域下水道整備のために設置された下水道処理施設（センター）の所在する地元住民で組織された任意団体の対策協議会から，同施設設置による広域からの汚水の流入に伴って関係地域が強いられる犠牲に対する協力金の支払い要請を受けて，流域下水道事業の円滑な遂行等を目的として地元住民の協力を得るために，県及び関係市町村の連絡協議会総会における各負担額の承認を経て，市から協議会に支出された「負担金」は，自治法 232 条 1 項の事務処理経費の性質を有し，232 条の 2 の「寄附又は補助」に該当しないとした例がある（大津地裁平成 15・11・10 判例集未登載）。同判決は，センターの稼動及び存在等によって，地元地区環境悪化のリスクが存し，地元住民が施設の存在と稼動による負担感，不公平感を強いられるという事情がなく，対策協議会との間に負担金の支払いを約した事実もないとして，地元住民の理解と協力を促すことを裏付ける具体的な根拠がないので，違法であるとした。控訴審の大阪高裁平成 17・7・14 判例集未登載も，地元住民の理解と協力を得るための支出であって自治法 232 条 1 項の事務処理費に該当し，寄附又は補助金ではないとした。そして，平成 11 年度以降は負担金支払いの必要性が認められず，負担金の支出命令は違法であるが，故意過失がないとして損害賠償責任を否定した。
　この判決に対する疑問は，必要性のない負担金は，寄附の評価を受けるのではないかということである。「寄附」に，相手方の事業の存在が前提であるならば，判決のようになるが，検討を要する点である。

子補給，補助金交付など）がなされることはありうる。そして，事業の実施に伴う損失の補償とはいえないが，事業の円滑な遂行のため資金助成がなされることがあって，それをいかに評価するか難しいことがある。

香川県が流域下水道事業を実施するにあたり，漁業協同組合との協定書に基づき水産振興特別対策事業費補助金名目の資金を交付した場合について，高松地裁平成3・7・16（行集42巻6・7号1123頁）は，交付の趣旨・目的に同事業実施による漁業への悪影響の対策があることは認められるものの，事業による影響が極めて不確定かつ長期に及ぶものであるので，漁業補償はできないが，影響に耐えられるだけの漁業基盤充実の必要を認めて交付された補助金であるとして，その公益性を肯定した。

千葉県のいわゆる「三番瀬」の埋立計画に関連して，漁協が融資を受けた金員（その融資金に充てるために県は融資金融機関に対し預金をした。）の利息を支払うために，県が協定に基づいて，その一部の融資債務を免責的に引き受けて支払ったことの違法性が争われた事件がある。計画が具体化されていない時点において漁業補償ができないので，転業者対策として埋立計画が具体化されることを前提に，漁協が融資を受けて転業準備資金として組合員に貸し付けられていた。約80％は漁業をやめて転業したという。千葉地裁平成17・10・25（判例集未登載）は，転業準備資金を融資することを主たる内容とする合意（契約）の目的に合理性があったが，内容の相当性を欠き企業庁長の裁量権を逸脱する瑕疵があるとした。しかし，協定に基づく私法上の義務を履行するためになされた債務引受けには瑕疵がないとし，企業庁長の支出決定及び支出命令に違法がないとした。

第五に，資金助成の方式に関しては，相手方が返還を要しない資金の給付（補助金）のほか，資金の貸付け，出資，相手方の資金獲得のための借入れに係る債務保証も含めておきたい。資金の貸付けや出資については，資金の運用利益を確保するための経済的利益確保手段であるときは，「資金助成」の観念になじまないし，資金助成に含める必要はない。しかし，無利子若しくは低利の貸付けは，資金助成の意味がある[15]。また，資金獲得を必要としている法人に公的立場から出資することは，資金助成に含めることができる。

第六に，資金助成は，典型的には相手方に資金が交付される行為（積極的

資金助成行為）であるから，相手方の金銭給付義務を軽減することを含めないとすることも自然な範囲画定である。ことに租税特別措置による負担軽減措置は，かなり異なる側面がある[16]。租税以外の金銭給付義務の軽減についても基礎になる金銭給付義務との関係において考察する必要性がある点において，通常の資金助成と異なる面がある。それぞれの金銭給付義務との関係に着目して，租税の軽減については租税法，使用料・手数料に関しては財政法学における財政収入法や財産管理法の一環として考察する必要がある。しかしながら，積極的資金助成行為と金銭給付義務（たとえば特許料）の減免とは，連続線上にあることも否定できない。租税特別措置が「隠れた補助金」と呼ばれることは周知のとおりである。たとえば，公立高校の授業料・入学料の減免は，奨学金の給付と連続線上にあるといってよい[17]。本書においては金銭給付義務の減免については積極的に一類型として考察することはしないが，この連続性に着目して，それは金銭給付義務の減免であるという理由で考察の対象から排除する意図を有するものではない。

　租税に関しては，国税と地方税との間に大きな違いがある。まず，減免についてみると，国税については，負担能力喪失による減免に限り，「災害被

15　ある行政目的を達成するのに，金融機関の融資利率を低くする制度を設けて行政がそれに協力することは，「行政のかかわり」の観点において公的資金助成に近似するが，助成主体が異なるので除外したい。ただし，その助成主体が公的機関であるがゆえに，その公的機関の資金助成としての位置づけができることはいうまでもない。そのような例として，「子育て応援企業」等としての宣言をし，登録された企業に対して，都道府県等が，商工中金と連携して商工中金の貸付金利を優遇する施策が始まっている。福岡，石川，島根の各県に次いで埼玉県（平成18・3・30埼玉県県政ニュースによる「さいたま子育て応援企業ローン」），帯広市，大阪府（商工中金ニュースリリース平成18・6・20による「おおさか男女いきいきローン」）及び東京都（日本経済新聞平成18・6・28による「とうきょう次世代育成サポート企業」の登録企業に対する「とうきょう子育て応援企業ローン」）も開始した。

16　塩野・資金交付行政（1）105頁（塩野・行政過程41頁）は，租税特別措置に関し補助金を中心とする資金交付とかなり異なった要素を有していると指摘する。

17　埼玉県は，「埼玉県修学支援制度あり方検討委員会」を設置して修学支援のあり方を検討しているが，そのなかでは，授業料等の減免制度と奨学金制度との比較も行なっている（平成18・3・20配付資料による）。

害者に対する租税の減免，徴収猶予等に関する法律」が制定されていて，極めて限定的に減免・徴収猶予を規定している。したがって，本書でいう公的資金助成に含めうる減免は原則として存在しない。これに対して，地方税に関しては，地方税法の各税目の規定において，「その他特別の事情がある法人」（72条の49の4），「その他特別の事情がある者」（61条，72条の62，73条の31，323条，367条）についても，条例の定めるところにより減免をすることができると定められており，条例においては，「その他知事が特別の事情があると認める者」，「その他市長が特別の事情があると認める者」に対して税を減免することができる，というように定める例が一般化している。その結果，減免規定の運用において，一定の奨励目的，あるいは特別の配慮による減免がなされることがあって，そのような場合の減免は公的資金助成の効果をもつといわなければならない。

　さらに，地方税に関しては，公益による課税免除・不均一課税（地方税法6条）の方法による負担軽減があって，その定め方によっては，申請に基づく補助金の交付と，実態においてほとんど異ならないものがある（企業誘致の場合に典型的である）。

　ところで，租税特別措置と補助金とのいずれを選択すべきかは，重要な政策問題である。計画行政の分野において，一般性をもつ政策には租税特別措置を，また，個別性をもつ政策には補助金をという議論がある[18]。前述の公益による地方税の課税免除・不均一課税は，条例による特別措置の性質をもっているが，個別性をもつ政策に活用される場合もある（地域を限定して一定規模の新規立地企業に対する不均一課税などの場合）。

　なお，租税に関係して，特定の公益法人等に対する私人の寄附を所得税，法人税等において所得控除，損金算入等により負担軽減事由として認め，その寄附金を原資に当該公益法人等が資金助成をなす場合は，公的資金助成ではない。しかし，そのような税制により国又は地方公共団体が支援している

---

[18]　西谷剛『計画行政法』（有斐閣，平成15年）238頁以下。そこでは，補助金は，個別的政策対応として個別審査を伴い，交付後も監視が行なわれることが指摘されている。租税特別措置については，さしあたり，佐藤英明「租税優遇措置」『岩波講座現代の法8　政府と企業』（岩波書店，平成9年）155頁及び本書7章4［1］参照。

ことは疑いない。実質的には納税者による租税の使途特定の効果を生じている。

　第七に、公的資金助成は、国又は地方公共団体が、他の権利主体に対してなす資金助成であるから、国又は地方公共団体が、その内部の一の会計から別の会計に資金助成[19]をなすことは、本書の資金助成の範囲から一応除外しておくこととしたい。しかしながら、たとえば、一般会計から特定の特別会計に資金を繰り入れることが、同特別会計による資金の供給を受ける者を支援するような場合は、結果として資金助成の効果をもたらすことになる。したがって、この場合には、受益者負担を原則とする事業を行なう特別会計からの歳出と総合して資金助成を認識しうるときに限り、公的資金助成の問題として扱うことにする。

　これまでに住民訴訟でしばしば争われてきたのは、地方公共団体の一般会計から公営企業会計に繰り入れることの適法性であった[20]。地方公営企業法は、「災害の復旧その他特別の理由により必要がある場合には、一般会計又は他の特別会計から地方公営企業の特別会計に補助をすることができる」（17条の2）とし、長期貸付けも許容したうえ、長期貸付けの場合には「適正な利息」を支払わなければならないとしている（18条の2）。これらの規

19　地方公共団体が公営企業の一定の赤字バス路線の営業に対して、一般会計からバスの公営企業会計に繰り入れる補助制度を設けている場合がある。横浜市の設けている「行政路線補助金」を得るために、市交通局バス部門担当の管理職の者が赤字幅を大きくする不正請求を行なったことが発覚したという（朝日新聞平成18・6・27）。

20　病院事業会計への繰入れを適法としたもの（岡山地裁平成14・2・5判例地方自治231号52頁）、工業用水道事業特別会計への繰入れを違法としたもの（秋田地裁平成9・3・21判例時報1667号23頁）、適法としたもの（津地裁平成15・10・30判例集未登載（後記の名古屋高裁平成12・7・13の差し戻し後判決）、その控訴審・名古屋高裁平成17・4・6判例集未登載）、高速鉄道事業特別会計への繰入れを適法としたもの（横浜地裁平成13・1・17判例タイムズ1094号139頁）、工業用水道事業への貸付けを適法としたもの（名古屋地裁平成13・3・2判例タイムズ1072号74頁及びその控訴審・名古屋高裁平成14・2・28判例集未登載）がある。なお、特別会計への繰入れが「公金の支出」にあたるかどうかが争われてきた。三重県の長良川河口堰事件に関しては、津地裁平成12・1・27判例タイムズ1031号79頁が否定したが、2審の名古屋高裁平成12・7・13判例タイムズ1088号146頁は肯定した。

定は，あたかも「会計」を単位とした主体があるかのような錯覚を与えるが，あくまで同一の権利主体内部のことであるから，ただちに本書の公的資金助成に該当するものではない。

　第八に，相手の一定の業務遂行に対する完全な対価として支払いをなすことは，概念上は，公的資金助成とはいえない（第三セクターを存続させるために随意契約により独占的に業務を委託することは，経済的に見て大きな支援であるが，本書でいう公的資金助成ではない）。しかし，相手方が自らの資金により実施しようとしていたことを，国又は地方公共団体が有償で購入してくれることは，経済的にみると資金助成にほかならない（実質的な資金助成）。「委託費」と呼ばれるもののなかには，そのようなものがある。

　たとえば，（財）高年齢者雇用開発協会が実施している地域提案型雇用創造促進事業（パッケージ事業)[21]は，雇用機会の少ない地域で，かつ，地域再生法の地域再生計画の認定を受け自発的に地域の雇用創造に取り組む地域であることを地域要件として，雇用創造に自発的に取り組む市町村等（市町村に地域の経済団体等が加わった協議会）が雇用機会の創出，能力開発，情報提供・相談等の事業の提案を行ない，コンテスト方式（有識者等からなる第三者委員会による審査）により雇用創造効果の最も高いものを選抜して，当該市町村等にその事業の実施を委託するというものである。この委託方式にあっては，受託者（＝提案者）が事業のすべてを実施するとは限らず，民間団体等に再委託することも認められているようである。そして，この協会の事業自体が，厚生労働省から随意契約により委託を受けているもののようである（緊急雇用支援事業等委託費）。

　また，環境省は，平成18年度に，「地球温暖化対策技術開発事業（競争的資金）」を公募した。これは，温暖化対策技術の開発及び効果的な温暖化対策技術の実用化・製品化について，民間企業，公的機関，大学等（「民間企業等」）から提案を募り，優れた提案と確実な実施体制を有する民間企業等に対して支援する事業である。そのうち，省エネ対策技術実用化開発分野，再生可能エネルギー導入技術開発分野及び都市再生環境モデル技術開発分野

21　この委託費の原資は，協会の「緊急雇用創出特別基金」の取り崩しによっている。

は、「委託事業」として実施されている（製品化技術開発分野は「補助事業」として実施されている）。また、農林水産省の「先端技術を活用した農林水産研究高度化事業」にも、産学官連携による共同研究グループから公募し、採択した案件について研究を委託する方式が採用されている（第7章1［4］を参照）。政府の随意契約の見直しの動きのなかで、随意契約の制限を受けることを嫌って補助金方式に移行させる動きがでることも予想される。

また、文化庁の「芸術創造活動重点支援事業」は、意欲的な創造活動への取組み等により我が国芸術水準向上の直接的な牽引力となることが期待される芸術性の高い、優れた自主公演を支援する事業であるが、応募要領によれば、補助金交付決定ではなく、主催団体との請負契約によっているようである。

さらに、支援したい商品や役務の購入という方法がある[22]。地方公共団体に関して、自治令167条の2第1項3号及び4号による随意契約は、そのような理由により政策的に許容したものである。たとえば、福井県は、ベンチャー企業等へのチャレンジ発注推進事業を実施している。新規性[23]と有用性[24]を有する新商品や新役務を県の機関が優先的に購入するというものである。ただし、「新商品の生産により新たな事業分野の開拓を図る者」として「長の認定を受けた者が新商品として生産する物品を」買い入れるときは随意契約によることができるが（自治令167条の2第1項4号）（長の認定手続について自治法施行規則12条の3の2）、新役務は「物品」とは区別せざるを得ない。したがって、新役務の認定は、同県の独自の定めであるので、直ちに随意契約が可能となるものではないが、調達目的によっては競争入札に適しないとして随意契約が可能となる余地がある。いずれにせよ、このような施

---

22 詳しくは、碓井光明『公共契約法精義』（信山社、平成17年）332頁以下。
23 新規性とは、「既に企業化されている商品や役務とは通常の取引においてまたは社会通念上別個の範疇に属するもの」又は「既に企業化されている商品や役務と同一の範疇に属するものであっても既存の商品や役務とは著しく異なる使用価値を有し、実質的に別個の範疇に属するもの」のいずれかに該当するものである。
24 有用性とは、「事業活動に係る技術の高度化もしくは経営能率の向上または住民生活の利便性の増進に寄与するもの」である。

策は，公的資金助成と異なるが，事業者の事業遂行を支援する意味において連続線上にあるといってもよい[25]。

公的資金助成の法的性質による類型　以下，公的資金助成を，それぞれの法的性質による類型ごとに，やや詳しく述べておこう。

①補助金の交付　公的資金助成の類型のうちで最も大きな部分は，補助金の交付である。補助金は，相手方の一定の行為を促進する目的をもって資金を交付し，相手方が予め指定された用途に供して目的を達成した場合は返還することを要しないとされる資金である[26]。その法的性質は「負担付贈与」であるとされてきた。実際には，助成金，交付金などの名称が用いられることがある。適正化法は「補助金等」の語を用いている。なお，一定の事業等において損失を負った場合に，その者に当該損失の全部又は一部を補償ないし補塡する行為は，「損失補償」と呼ばれる。それ自身は，一種の寄附又は補助というべきであるが，そのような制度を用意しておくことは，当該事業等を安心して遂行できるという意味において促進効果を発揮する。また，損失補償をなすことを約す場合は，後述の「損失補償の保証」である。

補助金交付の一種の形態が「補給金」である。資金の借入れに係る利子の支払いに要する費用の全部又は一部を交付する「利子補給」，資金の借入れに係る元利の支払いに要する経費に充てるための「元利補給」，さらに，会社等が一定割合の配当等をなすことを確保するための「配当補給」などがある。法人財政援助制限法は，政府が会社その他の法人に対し，毎事業年度の配当又は分配することができる利益又は剰余金の額を払込済株金額又は出資金額に対して一定の割合に達せしめるための補給金を交付することを禁止している（2条1項）。

25　福井県の「新商品の生産や新役務の提供による新たな事業分野の開拓を図る者の認定に関する実施要綱」は，実施計画の認定基準の一つに「過去に県の機関で購入実績がなく，県の機関が購入することによって，事業者の信用力の向上あるいは業績への波及効果が高いと認められること」を掲げている（第6項（6））。

26　阿部泰隆『行政の法システム（上）［新版］』（有斐閣，平成9年）は，「行政主体が特定の公共目的の促進のためになす無償の金銭給付である」と定義したうえ（339頁），社会保障や社会福祉による給付は特定の公共目的の促進という要件を具備しないのが普通であるので，原則として補助金には当たらないとしている（342頁）。

②資金貸付（融資）　資金の貸付けは，金銭消費貸借であって，無利子の場合と利子付きの場合とがある。利子付きの貸付けの場合は，通常の条件よりも有利な条件による融資，すなわち低利融資を指すのが普通である。ただし，有利な条件は，単に利率のみに着目すべきではない。たとえば，取引社会において担保を徴するのが通常であるのに担保を徴しないで融資するのも，資金助成に当たるというべきであろう。

③出資（投資）　出資は，通常は，株式投資に代表されるように，典型的な利益獲得活動であって，資金助成というわけではない。しかしながら，国又は地方公共団体は，利益の獲得を目的としないで資金を拠出することが多い。それには，助成しようとする相手方に直接出資する場合と，助成の機能を果たす法人に対して出資する場合とがある。第三セクターの経営危機に際して地方公共団体が増資新株を引き受ける場合は前者である。助成活動を行なう財団法人等に対する設立資金の拠出は後者の例である。助成機能法人（子助成機能法人）が，さらに別の助成機能法人（孫助成機能法人）に出資する場合には，子助成機能法人が公的主体と評価できるときには，当該子助成機能法人による公的資金助成とみることになる[27]。子助成機能法人の制度設計にあたって，孫助成機能法人という複雑な仕組みを設けることが，国民又は住民にわかりにくい資金助成になりやすいことに注意しておく必要がある。

④債務保証等　助成しようとする相手方の負う債務（主たる債務）について国又は地方公共団体が保証するのが債務保証である。その債務が「従たる債務」としての保証債務である。債務保証によって，その者の資金獲得が容易になる。国又は地方公共団体が保証債務を履行しなければならないことになるかどうかは不確実で，一般に「偶発債務」と呼ばれている。

---

[27] たとえば，株式会社産業再生機構（同機構法19条によれば，同機構は，再生対象事業者に対して金融機関等が有する債権の買取り又は対象事業者に対して金融機関等が有する貸付債権の信託の引受け，債権買取り等を行なった債権に係る債務者等に対する資金の貸付け・資金借入れに係る債務の保証・出資等の業務を行なうとされている）に対して預金保険機構が出資しているのは（産業再生機構法4条1項によれば，預金保険機構は常時産業再生機構の発行済株式の総数の2分の1以上に当たる株式を保有していなければならないとされている），預金保険機構による公的資金助成とみることができる。

債務保証と並んで,「損失補償の保証」(損失補償契約)と呼ばれる助成行為が広く存在する。保証債務は,「主たる債務」を前提にした多数当事者の債権債務関係における「従たる債務」であるが,「損失補償の保証」は,「主たる債務」・「従たる債務」の関係をもたないで,単に,金銭の貸付け等によって損失を生じたときに,その損失を補塡することを約するものである。

　損失補償の保証は,二つの場面において資金助成の意味をもつ。一つは,金銭の貸付け等を行なう者の当該貸付行為を促進する意味(インセンティブ効果)をもつことである。もう一つは,金銭の貸付け等を受ける者の行為を支える意味をもつことである。損失補償の保証も,損失の補塡を約する意味において一種の債務であり,かつ偶発債務である。

　以上のような本書の研究対象の画定は,大きな風呂敷を広げるのみで,研究の密度を薄めるおそれがないとはいえない。しかしながら,広い範囲画定を出発点にして,それぞれの違いを明確にしていく作業も重要であると考える。

　公的資金助成の全体像の把握の困難さ　国も地方公共団体も,毎年度無数の資金助成を行なっている。しかしながら,その全体像を把握することは容易ではない。国の補助金等については,『補助金総覧』という資料が毎年刊行されている。地方公共団体に関しては,地方公共団体の規模によりまちまちであるが,個別地方公共団体がそれぞれの資金助成の全体をまとめて資料を作成していることは意外に少ないようである。東京都において補助金関係事業の執行体制等を改善するために設置された「補助金関係事務適正化委員会」(委員長:総務局人事部長)が,平成14年8月にまとめた報告書が,都の補助金の全体をまとめたものが存在せず,どのような補助金があるのかわかりにくくなっているとし,「補助金の全体を把握し,透明性を確保するとともに,その整理合理化を進め,行政の簡素・効率化を目指すため,財務局において補助金総覧(仮称)の作成を行い,データベース化する」とした。この提案に基づいて,平成16年度予算ベースの「補助金一覧」がとりまとめられた。こうした資料が存在してこそ,ややもすれば縦割り行政のなかで,それぞれの部局が,意識的か無意識にか存続させようとする補助金等について,存続の必要性を吟味して,必要に応じてその整理合理化を図ることを可

能にするであろう。幸いに，今日においては，コンピューターの活用により，データベースとしての更新も容易であるだけに，かつてのペーパー処理の時代に比べて格段に整備しやすいであろう。若干の地方公共団体は，要綱集を編集しているので[28]，それにより補助金の種類や内容を知ることができる（本章2［5］を参照）。地方公共団体の工夫が望まれる。

公的資金助成の効果　公的資金助成は，助成の対象となる行為・事業などを促進する効果ないし誘導効果をもつ。この促進効果ないし誘導効果に着目して政策手段として活用されているといえる。本書は，基本的にこの視点にたって執筆される。この視点は，多くの場合，助成対象となる行為・事業を行なうことが可能であること，すなわち「利用可能性」が誰に対しても開かれていること，を前提にしていると思われる。しかしながら，状況によって，「利用可能性」のない者が存在することを忘れてはならない。そうした中で存在する資金助成は，助成から取り残される者，さらには，その活動分野から去ることを余儀なくされる者が生ずることもある（間接的排除効果）。その限りで，ある資金助成制度により不利益を受ける者が生じうるのである。既存の補助金等の要件を厳しくして，一定方向への誘導を強める場合にも，同様の事態を生じる。

［2］　公的資金助成の分類・類型化

　公的資金助成は，法的性質による類型のほかに，さまざまな観点から分類し，類型化することができる。

政府間資金助成・特別法人に対する資金助成・私人に対する資金助成　資金助成の相手方に応じて公的資金助成を考察する際に，政府間資金助成，特別法人資金助成及び私人に対する資金助成に分けることができる。

　政府間資金助成は，①国が地方公共団体に対して行なう資金助成，②都道府県が市町村に行なう資金助成のような地方公共団体から地方公共団体への資金助成，③地方公共団体から国に対する資金助成などからなっている。政

28　静岡県，新潟県，さいたま市など。また，岩手県は，ホームページに「補助・負担・融資制度の総合ページ」を設けて，担当部局ごとに，「国庫補助，県単独補助，地方債，県単独貸付，その他」に区分して，情報提供の便宜を図っている。

府間資金助成は，財政法学の体系からすれば，公的資金助成法と並んで，同時に「政府間財政法」にも位置づけられる。

　特別法人に対する資金助成は，国又は地方公共団体が，特別の法人に対してなす資金助成である。特別の法人は，法律により直接に又は法律の定める手続により設立された法人であって，かつては，国にあっては「特殊法人」と呼ばれるもの，地方にあっては地方3公社（地方住宅供給公社，地方道路公社，土地開発公社）が中心であった。今日においては，国の独立行政法人，国立大学法人及び地方の出資に係る地方独立行政法人も含めることとする。このほか，株式会社，財団法人等の一般法人の形態をとりながら地方公共団体が出資している法人が多数存在する。それらは，言葉として適切とはいえないが，「第三セクター」と呼ばれてきたもので，出資法人とか外郭団体的法人と呼ぶこともできる[29]。これらについて，その法的形態に着目して次に述べる「私人」に含めるべきか，それとも運営の実態に着目して特別法人に位置づけるべきか否かについては検討を要するが，法的制約を考察する際には，一応「私人」として扱うことを出発点とするのが妥当であろう。

　最後に，私人に対する資金助成が存在する。

　公的資金助成の議論が，これらの相手方のいずれを想定したものであるかを常に確認しておく必要がある。たとえば，「補助金行政の弊害」とする議論も，政府間補助金を想定してなされる議論と，私人に対する補助金を想定する議論との間には，相当な違いが出てくるはずである。

一般公募型資金助成と相手方特定資金助成　　資金助成の多くは，広く公募して審査し助成を決定するものである。これに対して，最初から資金助成の相手方が特定されているものがある。前述の特別法人助成には，そのようなものがみられる。独立行政法人に移行した法人には特に多くみられた[30]。地方公共団体にあっても，同様に相手方の特定されているものがある[31]。

　相手方特定資金助成の例として，水俣病対策[32]として熊本県が県債発行収

---

[29]　碓井光明「地方公共団体の外郭団体的法人」日本財政法学会編『地方財政の変貌と法（財政法講座3）』（勁草書房，平成17年）301頁を参照。

[30]　たとえば，独立行政法人科学技術振興機構になる前の科学技術振興事業団補助金，独立行政法人福祉医療機構ができる前の社会福祉・医療事業団事務費補助金など。

入を財源にチッソ株式会社に対する貸付け（財団法人経由のものを含む）を何回かにわたり行なったことが記憶されるべきであろう。この県債は財政投融資資金からの借入れによるものであった。公害原因企業に地方債財源により貸付けを行なうことは異例のことであるが，患者の救済，地域経済・社会の安定のためにはやむを得ないという判断によるものであった。財団法人への県の出資・補助もなされた。財団法人の設立資金については，国も，県に補助金を交付することにより支援した[33]。会計の面において，特別会計も設置された。昭和53年には，「熊本県のチッソ株式会社に対する貸付金特別会計条例」が制定され，さらに，平成6年及び7年には財団法人に関係する特別会計条例[34]が制定された。そして，平成12年に，これらの条例を廃止して，それまでに起こした県債償還等の円滑な運営とその経理の適正化を図るために「熊本県のチッソ株式会社に対する貸付けに係る県債償還等特別会計条例」が制定されている。この資金助成のスキームは，内閣の方針（閣議了解）により進められたもので，国も，熊本県に対して所要の財政措置を行なうことにより支援した[35]。このような相手方特定資金助成にあっては，特に公共目的原則に適合するかどうかが吟味されなければならない。

個別的資金助成（特別費助成）と包括的資金助成（一般費助成）　公的資金助成は，いずれも資金助成目的をもってなされる行為である。しかし，観念的には，相手方の個別的活動に要する費用に着目してなされる助成と，相手方の活動全般に要する費用に対する包括的な助成とを，区別することができ

31　たとえば，諏訪市は，諏訪赤十字病院移転新築事業に対して，50億円以内の借入金の元金及び年4％以内の利子相当額の補助金を平成11年度から42年度までの間，毎年諏訪赤十字病院に交付することとしている。

32　水俣病対策については，各年版の環境白書を参照。県債方式は，昭和53年6月の閣議了解「水俣病対策について」に始まり，平成12年2月の閣議了解「平成12年度以降におけるチッソ株式会社に対する支援措置について」において平成12年度以降は廃止することとされた。

33　平成7年には県に対して政府の一般会計からの補助金交付がなされて，それまでの県債方式から一歩踏み出したものとして注目された。

34　「熊本県の財団法人水俣・芦北地域振興基金に対する貸付資金特別会計条例」（平成6年）及び「熊本県の財団法人水俣病問題解決支援財団に対する出資金特別会計条例」である。

る。前者の個別的資金助成（特別費助成）が，本書でいう公的資金助成であることは疑いないが，後者の包括的資金助成（一般費助成）に関しては，見方によって公的資金助成に含める考え方と含めない考え方とが存在しうる。

　たとえば，地方公共団体に対して国が地方交付税を交付することは，地方公共団体の活動に意義を認めて，その支援効果をもつという意味においては資金助成と呼ぶことが誤りであると断定することはできない。しかし，地方交付税は，「いわば間接課徴形態をとる地方共有の独立財源」[36]とする見方が有力であって[37]，その見解に従う限り，公的資金助成から離れた資金交付である。本書における公的資金助成から除外しておくことにする。もっとも，地方交付税と通常の補助金との間には，さまざまな性質の資金助成が存在する。たとえば，農業改良助長法による「協同農業普及事業」[38]を助長するために，政府は，都道府県に対して協同農業普及事業交付金を交付するが（13条1項），その交付金は，農業人口，耕地面積及び市町村数を基礎とし，各

---

[35] 国は，「水俣病対策地方債償還費補助金交付要綱」を制定した。ヘドロ立替債，患者県債，設備県債（基金に対する貸付けに係る地方債）の3種の地方債の元利償還を行なう県に対して，県がチッソによる再生計画の適切な執行を条件として直接又は財団を通じてチッソに対する既往公的債務の支払猶予を行なう場合に，地方債元利償還額からチッソが別紙算式により直接又は財団を通じて県に返済する額を控除した額に係る元利償還に要する経費の一部（所要額の5分の4以内）を補助金として交付するというものである。別紙においては，経常利益から患者補償金を支払った後の「可能な範囲内」の返済とし，「可能な範囲」の算定式が定められている。水俣病対策について，酒巻政章＝花田昌宣「水俣病被害補償にみる企業と国家の責任論」原田正純＝花田昌宣『水俣学研究序説』（藤原書店，平成16年）271頁以下が批判的に検討している。それによれば，平成12年の抜本策では，被害救済対象者への一時金の8割は，国から県・支援財団を経由してチッソに渡ったとされている。

[36] 遠藤安彦『地方交付税』（ぎょうせい，昭和53年）34頁。

[37] 兵谷芳康ほか『地方交付税』（ぎょうせい，平成11年）52頁によれば，「地方交付税は国が地方に代わって徴収する地方税であるともいうべきもので，まさに地方団体の独立した共有税源であると共に固有財源としての性格を持っているのである」という。もっとも，同書が，それに続けて，「地方交付税が税法で定められた税金ではないのに『税』という名称が付されているのも，こうした理由からといえよう」と述べている点については，地方の税と理解すべきではなく，国税が地方に交付されるという意味にすぎないとする理解からの批判もありえよう。

都道府県において協同農業普及事業を緊急に実施することの必要性等を考慮して政令で定める基準に従って決定することとされている（13条2項）。このように分野を限った交付金（私学助成の経常的経費補助金も同様）は，個別的資金助成と異なる性質を有しているので，その違いを十分に認識する必要があるが，あえて資金助成の研究対象から除外する必要もないであろう。

継続的補助金と一時的補助金，定型的補助金と臨時的補助金　資金助成のうちの補助金（交付金等を含む）についてみると，ある補助金を継続的に交付する場合と，一時的に交付する場合とを区別することができる。特定の相手方のみを対象とする補助金であっても，継続的なものも存在する。継続的補助金は，定型的補助金として存続することが多い。そのような場合には，一般に補助金の内容を規律する規範を設定しておくことにより，一貫した扱いがなされるであろう。また，このような補助金にあっては，補助金の交付を受けることに対して事実上（そのように断定してよいか問題であるが）の期待を寄せるようになりやすい。反復することのない臨時的補助金のなかには，緊急性補助金の性質をもつものもある。

なお，一時的補助金であっても，定型的補助金としてその交付のための規範を用意しておくことが多い。たとえば，松本市は，「松本市映画等誘致，支援事業補助金交付要綱」を制定して，映画等[39]の制作を通して同市のイメージアップ及び地域の活性化を推進するため，市内の団体又は企業が行なう映画等の誘致及び支援に係る経費に対して補助金を交付することとし，交付要件，交付条件[40]等についての定めを置いている。

期限設定のない補助金とサンセット方式の補助金　租税特別措置に関して

38　この事業は，「農業者が農業経営及び農村生活に関する有益かつ実用的な知識を取得交換し，それを有効に応用することができるように，都道府県が農林水産省と協同して行う農業に関する普及事業」である（13条1項）。したがって，この「協同事業」とは，都道府県と農林水産省との協同事業という意味である。

39　「映画等」は，市を主舞台とする映画及びテレビドラマで，映画は上映時間60分以上で全国上映されるもの，テレビドラマは放映回数10回以上かつ放映期間3か月以上で全国放映されるものである。

40　補助対象となる映画等の撮影が市内で行なわれる期間において，当該映画等の制作者が市内の宿泊施設に宿泊することを条件にしている。

は，その適用期限が法律に明示されるのが原則である。これに対して，従来の補助金は，特に期限を明示することは少なかったといえる。奨励的補助金は，そのスタート時点においては，それなりの政策的意義が認められるものであるが，年を経過するうちに政策的意義の検証を行なうことなく漫然と交付されることも少なくない。そこで，サンセット方式等による統制が考えられる。地方公共団体の中には，そのような方針を明確に打ち出しているものがある[41]。サンセット方式は，地方公共団体のみならず国の補助金交付についても広まっていくものと思われる。

即時使用型補助金と基金造成型補助金 補助金（交付金等を含む）については，交付の相手方が当該補助金を即時に使用してしまうことが予定されているもの（即時使用型補助金）と，当該補助金を基金として造成して継続的な事業に充てるもの（基金造成型補助金又は資金造成型補助金）とを区別することができる。即時使用型補助金も，施設整備に充てられて形態を変えて資産として存続するものもある。その場合には，資産の転用制限等の制約を受ける。

これに対して，基金造成型補助金は，基金として造成されたうえ，その後の相当期間にわたり一定の目的に使用される[42]。国会からの検査要請を受けて「公益法人等に対する資金造成型補助金等」について会計検査院の行なった報告が発表されている[43]。それによれば，使途別分類として，貸付事業資金（貸付けや一時立替えの事業の財源として資金を使用するもの），債務保証事業資金（借入金に対する債務を保証する事業や不測の事態が発生したときに生ず

---

41 たとえば，三重県財政問題検討会報告『危機的な財政の健全化に向けて』（平成16年）48頁は，「すべての県単独奨励的補助金について，その達成目標指標の明確化，終期設定の徹底を図り，その長期化を厳に抑制していくこと」を掲げている。

42 会計検査院は，『平成12年度決算検査報告』643頁以下において，当時の公益法人等56法人の94資金についての検査結果を報告している。夕張市の財政破綻により表面化した「空知産炭地域総合発展基金」は，国の補助金の交付を受けた北海道及び関係市町村，企業が資金を拠出して，社団法人北海道産炭地域振興センターに基金として造成され，その運用益により，同地域の産業振興のために資金を融通するものである。

43 会計検査院『平成16年度決算検査報告』560頁。

る費用を保証する事業の信用力の基盤となる財源として資金を使用するもの），利子助成事業資金（借入金に係る利子の一部を助成したり，補給したりする事業の財源として資金を使用するもの），補助・補てん事業資金（各種事業への補助金や補てん金等を交付する事業の財源として資金を使用するもの），調査等その他の事業資金（法人自らが行なう調査，研究，普及，保管等の事業の財源として資金を使用するもの）を挙げている。また，運営形態別分類として，取崩し型資金，回転型資金，保有型資金，運用型資金を挙げている。これを組み合わせると，たとえば典型例として，相手方が，その造成した資金を原資として貸付けを行ない，その回収金を再び貸付けに充てることを繰り返していく方法がある（貸付事業資金で，かつ，回転型資金）。この種の補助金は，相手方が当該補助金等により造成された資金を活用して，継続的，反復的な活動を行なう点に意味がある。しかしながら，補助金を交付した時点の需要が，その後も継続するとは限らない。そこで，その需要が減じた場合の扱いが問題になる。需要が減じたことの認定自体が問題となるにせよ，余裕資金の国への返納を決めておくなどの対策が望まれる[44]。

　法律の定める基金造成型補助金の一例として，「明日香村における歴史的風土の保存及び生活環境の整備等に関する特別措置法」8条に基づく明日香村整備基金への国の補助がある。明日香村が所定の事業に要する経費の全部又は一部を支弁するため，自治法141条の基金として明日香村整備基金を設ける場合には，国は，24億円を限度として，その財源に充てるために必要な資金の一部を同村に補助すると定められている。

　内容確定型補助金と提案型補助金　　これまでの補助金は，行政が用意した

---

[44] 会計検査院・前掲564頁は，「116資金のうち12資金については，補助金交付要綱等において，事業の途中で余裕資金を国へ返納することに関する規定を設けているが，これ以外の104資金については，返納規定を設けていない」と述べて，黙示的ではあるが，批判した。会計検査院は，これとは別に，会計検査院法30条の2の規定に基づく平成18年7月の報告において，土地改良負担金総合償還対策事業のために国庫補助金により財団法人全国土地改良資金協会に造成された土地改良負担金対策資金に多額の残高があることに鑑み，資金需要に対応した資金規模に改めるよう農林水産大臣に対して改善の措置を要求した。行政改革推進本部は，公益法人の33基金につき平成19年度から不要額を国庫に返納させる方針という。

補助金の種類と要件に合わせて希望者が申請し，その要件に適合する申請者の中から行政が交付先を決定する方式で交付されてきた。その要件が制限的であればあるほど，事業の内容が拘束的なものとなり，行政が事業内容を左右することになる。行政の各分野に分けた補助金は，「縦割り補助金」として，このような傾向をもっている。これに対して，一定の趣旨の実現のために申請者が事業内容を提案して，その提案を審査して交付決定をする方式が広まりつつある。たとえば，多摩市は，「市民提案型統合補助金」の考え方[45]を打ち出してスタートさせた。これは，市民団体が，行政の施策分野にかかわらず，自主・自発的に広く市のまちづくりに資する公益的な事業を提案し応募する方式である。行政以外の「新たな支え合い」の担い手が，自主・自発的に公益的な事業を行なうことを促進しようとするものである。この方式は，今日，広まりつつある「協働」の考え方が補助金に取り入れられたものといえよう。審査・評価を第三者機関が行なうこと，公開プレゼンテーション・公開ヒアリングなど，手続面における「開かれた補助金交付システム」も，特色をなしている。

　横浜市も，「ヨコハマ市民まち普請事業」につき，市民（地域住民のグループ）が整備提案を提出して，第一次コンテストを実施し，その中から第二次コンテストの対象となる提案を公開で選考し，その団体には最高20万円の活動助成金を交付し，第二次コンテストにより選考された団体は地域住民自ら整備と維持管理を行なうこととし，市が整備助成金として最高500万円を交付する制度をスタートさせた[46]。

　直接助成と間接助成　公的資金助成には，最終的な事業遂行者との関係において，最終遂行者に直接に助成する直接助成と，最終遂行者に助成する

45　『多摩市補助金交付システム検討委員会報告書』（2004年）9頁以下。
46　日本経済新聞平成17・4・15，横浜市記者発表資料平成18・4・27。このような仕組みは，相手方の提案に基づく協働事業への負担金支出と連続線上にあるといえよう。神奈川県は，ボランタリー団体等と県が事業実施の基本的スタンス，役割分担を明らかにした協定書を締結したうえで，協働して行なう公益を目的とする事業に対して，「かながわボランタリー活動推進基金21」からの協働事業負担金を充てている。横浜市が平成17年度から3年間実施する協働事業提案制度モデル事業においても同様の負担がなされている。

他の主体に助成する方法とがある。後者の場合には，最終遂行者との関係においては間接助成である。「補助金等」については，適正化法は，「間接補助金等」，「間接補助事業等」及び「間接補助事業者等」の各定義をおいて（2条3項〜5項），これらについても規制を加えている。

独立行政法人等に対する運営費交付金　独立行政法人，国立大学法人，地方独立行政法人に対する「運営費交付金」は，これらの法人の設立主体たる国又は地方公共団体が，自己の任務を遂行するために分身的な法人を設けて任務を遂行させることに伴う資金の交付であるから，通常の資金助成と異なることはいうまでもない。独立行政法人通則法46条は，「政府は，予算の範囲内で，独立行政法人に対し，その業務の財源に充てるために必要な金額の全部又は一部に相当する金額を交付することができる」としている。「業務の財源に充てる」という大きな制約にすぎない。しかし，それぞれの独立行政法人の業務目的の特定性に着目するならば，運営費交付金は，一定の行政目的を推進するための資金交付である。その限りで，運営費交付金についても，包括的補助金の性質を有する公的資金助成の一領域として，その性質を分析する必要があるが，独立行政法人制度として検討する方が適当と思われるので，本書における研究対象からは除外しておきたい。なお，独立行政法人の業務によっては，運営費交付金が私人等に対する資金助成の財源とされることもある。

2　公的資金助成を規律する法規範

[1]　根拠規範と規制規範

根拠規範（実体規範）と規制規範（手続規範）　有力な行政法学説によれば，行政の係わる規範を，「ある自然人の行為の効果を行政主体に帰属させる」組織規範，「ある行政活動をある行政機関がなしうることを前提として，その適正を図るために規律」する規制規範，「ある行政活動を行うのに組織規範が存在するとして，さらにこれを加えて，その行為をするに際して特別に根拠となるような規範」としての根拠規範，の3分類がなされている[47]。

これを公的資金助成の場合に当てはめると，組織規範の存在は当然として，

公的資金助成の根拠を定める法規範を「根拠規範」，公的資金助成の適正を図る規律をなす法規範を「規制規範」と呼ぶことができる。適正を図るための規範は，内容的には手続規範が中心である。違反に対する制裁規範も手続規範として包括しうるとすれば，規制規範と手続規範を完全に重なり合うものとみても，それほど不都合はないであろう。

　行政法学における「法律の留保」の議論との関係において，公的資金助成に関しても根拠規範の要否が問題とされてきた。法律の留保により根拠規範を要するとする場合の根拠規範の形態は，法律又は条例である。この点については，後述する。なお，根拠規範という場合に，その根拠の「定め方の程度」，すなわち密度が問題である。極めて包括的な定め方では不十分であり，一定程度の実体要件を伴った根拠規範でなければならない。その意味において，実体規範を伴った根拠規範であることが要請される。

　根拠規範の典型例を挙げるならば，納税貯蓄組合法10条1項は，「国又は地方公共団体は，納税貯蓄組合に対し，組合の事務に必要な使用人の給料，帳簿書類の購入費，事務所の使用料その他欠くことができない事務費を補うため，予算の範囲内において，補助金を交付することができる。但し，国及び地方公共団体が交付する補助金の合計額は，組合が使用した当該費用の金額をこえてはならない」と定めている。さらに，同条2項は，「国又は地方公共団体は，納税貯蓄組合に対し，組合の役員又は組合員の報酬の支払に充てるため，補助金を交付してはならない」としている。補助金の交付の根拠を定めると同時に，その限界を相当厳格に規定していることがわかる[48]。

　他方，行政法学において規制規範の位置づけは，必ずしも定着しているわけではなく，その意義を小さいものとする見解も存在する[49]。しかし，こと筆者の専攻する財政法のうちの財政管理法領域は，規制規範が中心をなしている。会計法，国有財産法，自治法の契約や公有財産に関する規定などは規制規範であるといってよい[50]。公的資金助成に関していえば，公的資金の公正な配分等の公正確保の必要性，国又は地方公共団体の財政状況を良好に保つ必要性，さらにその延長として国民・住民の負担を極力軽くする必要性等

47　塩野宏『行政法Ⅰ［第4版］行政法総論』（有斐閣，平成17年）64頁以下。

に鑑み，その適正化を図る必要性は極めて大きいといわなければならない。

規制規範の多様性　規制規範は多様な内容で存在しうる。国の資金助成に関して，次に述べる適正化法は，補助金等の交付申請・交付決定等の手続規範を中心に組み立てられている。また，「公益上必要がある場合」に補助又は寄附をなすことを許容する自治法232条の2の規定は，目的を限定した目的規範の一種であるといってよい[51]。また，本書で詳しく扱わないが，憲

48　裁判例には，一定の税の納付率が一定割合以上の組合に対し，納付率に応じて区分された交付率を乗じて一律に支給することが違法であるとしたもの（横浜地裁平成10・1・26判例地方自治178号22頁），組合事務補助金と納税奨励補助金とに分けて，前者は1世帯又は1法人100円，後者は納期内納税率に応じて納税額の一定率を交付する方式のものを独自基準により事務費補塡の目的以外の交付ないし事務費の範囲を超える交付を許容するもので違法であるとしたもの（岐阜地裁平成12・8・2判例集未登載，その控訴審・名古屋高裁平成14・1・23判例集未登載），納税貯蓄組合の事務費を補うことを要件とせずに，一律に納付した町民税等の2％とする方式を違法としたもの（千葉地裁平成12・8・31判例地方自治220号38頁。ただし，その控訴審・東京高裁平成12・12・26判例時報1753号35頁は，議会の権利放棄の議決により損害賠償請求権は消滅したとされた）がある。

　前記の名古屋高裁判決は，地方公共団体が納税貯蓄組合法10条の制限を超えて自治法232条の2に基づいて組合に対する補助金を交付することはできない，と述べている。

　なお，集落単位で交付された納税奨励金には納税貯蓄組合法の適用がないとしたうえ，納期内納付率が70％以上のときに納付率に応じた割合の奨励金を1集落あたり20万円を上限として交付することに「公益上必要」があると認めた裁判例がある（神戸地裁平成13・12・19判例地方自治231号21頁）。また，市長に対する損害賠償請求住民訴訟で，1審係属中に和解に至ったものがあるという（朝日新聞平成4・2・20）。さらに徳島地裁平成13・8・24判例集未登載は，条例に納税貯蓄組合法及び同法施行令違反の疑いがあるとしつつも，条例の改廃手続がとられていない場合において条例を無視して支出を停止すべき注意義務があったとみることはできないとして，町長個人及び税務保険課長個人の損害賠償責任を否定した。

49　大橋洋一『行政法［第2版］』25頁注8）は，規制規範は，組織規範，根拠規範に該当しない規範を広く含む残余概念であり，それ自体の法的内容を論じる意義は大きくないと述べている。

50　阿部泰隆『行政の法システム（下）［新版］』（有斐閣，平成9年）690頁。

51　手続規範，目的規範については，藤田宙靖『第4版行政法Ⅰ（総論）［改訂版］』（青林書院，平成17年）59頁注4。

法89条も一定の場合に公的資金助成を禁止する制限規範である。

規制規範は，前述の憲法，法律のほか，さまざまな形態で存在する。国や地方公共団体内部のみを規律する規範，すなわち内部法であるとする理解にたつときは，国の場合，法律の委任がなくとも，政令，省令，さらに訓令・通達によって定めることもできる。適正化法のほかに，各省庁の定める補助金交付要綱にも，重ねて手続規範が含められていることも多い。

地方公共団体の場合は，自治法及び自治令のほか，長の制定する規則によっていることが多い。これは，自治令173条の2が「この政令及びこれに基づく総務省令に規定するものを除くほか，普通地方公共団体の財務に関し必要な事項は，規則でこれを定める」としているのを受けた対応であると推測される。財務事項に関する条例制定に関して，「財務会計行為は長に専属する執行権の行使そのものであることから，執行権の独立を侵すような条例の制定は排除されていると考えるべきであろう」とする見解[52]などが財務事項規則主義を支えていると推測される。果たして，それほどまでに「執行権の独立」を強調しなければならないのであろうか。筆者は，この規定をもって財務事項規則主義，規則専管主義を定めたものと解すべきではない，と繰り返し主張してきた[53]。条例で定めることを妨げるものではないのである。

しかし，実際には，国の適正化法にみられるような規範が，地方公共団体にあっては，「補助金交付規則」のような形態で存在しているのである。このことが，補助金等交付決定や補助金等返還命令に関して，国の補助金等に係るものにあっては抗告訴訟を活用できるのに対して，地方公共団体の補助金等に係るものにあっては，解釈次第ではあるが，有力解釈によれば活用できないという事態を招いている。

なお，以上のような制定法以外にも，解釈により規制規範を発見することができるかもしれない。

なお，憲法89条との関係において，法律が特別に規制規範を求めている

52　田谷聡『財務管理』（ぎょうせい，平成14年）16頁。
53　碓井・自治体財政・財務法174頁，碓井・住民訴訟305頁。なお，平岡久「地方公共団体の長の規則に関する若干の考察」小高剛先生古稀祝賀『現代の行政紛争』（成文堂，平成16年）77頁，86頁をも参照。

ものがある。社会福祉法58条は，国又は地方公共団体は，必要があると認めるときは，厚生労働省令又は当該地方公共団体の条例で定める手続に従い，社会福祉法人に対し，補助金を支出し，又は通常の条件よりも当該社会福祉法人に有利な条件で，貸付金を支出し，若しくはその他の財産を譲り渡し，若しくは貸し付けることができるとしている（1項）。

同じく，憲法89条との関係が意識される私学助成に関しては，私立学校振興助成法が制定され，相当詳しい定めが用意されている。その詳しさの故か，条例の定めを義務づけてはいない。

意見公募手続（パブリック・コメント）との関係　　平成17年法律第73号の改正により，行政手続法に第6章（意見公募手続等）が追加された。その中には，命令等を定める機関は，命令を定めようとする場合に，当該命令等の案を定めて広く一般の意見を求める「意見公募手続」（いわゆるパブリック・コメント）によるべきことを規定している（39条1項）。しかしながら，「予算の定めるところにより金銭の給付決定を行うために必要となる当該金銭の額の算定の基礎となるべき金額及び率並びに算定方法その他の事項を定める命令等を定めようとするとき」を意見公募手続の適用対象外としている（39条4項3号）。これは，予算補助の補助金要綱等を念頭においており，法律に根拠を有する補助金等に係る命令等は一般的には適用除外とされていない旨指摘されている[54]。なぜ，予算補助に係る命令等を適用除外にしているかというと，時間的ゆとりのないことに求められているようである[55]。しかし，予算補助において時間的ゆとりのないものの存在を否定できないとしても，毎年度存続している予算補助についてパブリック・コメントの対象外とする必要はない。したがって，行政手続法のうえで義務づけられていないと

---

[54] 大森政輔・鎌田薫編『立法学講義』（商事法務，平成18年）235頁（執筆＝宇賀克也）。

[55] 大森政輔・鎌田薫編・前掲書235頁（執筆＝宇賀克也）は，「補助金要綱の場合，一般に年度当初に決定する必要があり，時間的にも意見公募手続を実施することは困難な場合が多いと思われる」としている。常岡孝好『パブリック・コメントと参加権』（弘文堂，平成18年）96頁も同趣旨であるが，濫用されてはならないとしている。

しても，自主的にパブリック・コメントを求める機会を増やすべきであろう（任意的意見公募手続）。

[２] 国の公的資金助成の規制規範・手続規範

補助金適正化法 国の公的資金助成に関しては，複数の法律が規律している。そのなかで，最も重要な法律が「補助金等に係る予算の執行の適正化に関する法律」（昭和30年法律第179号），略称「補助金適正化法」（本書においては「適正化法」という）である。適正化法を制定した理由は，会計検査院の決算検査報告において補助金等関係の不当事項が多く指摘されてきたこと，補助金等の歳出予算に占める割合が高いこと，相手方に反対給付を求めないという特殊な性格を有する補助金等についてはそれまでの金銭会計の原則のみでは公正かつ効率的な使用を確保できるとはいいがたいこと，などにあったとされる[56]。同法の目的について，その第１条は，次のように規定している。

> 「この法律は，補助金等の交付の申請，決定等に関する事項その他補助金等に係る予算の執行に関する基本的事項を規定することにより，補助金等の交付の不正な申請及び補助金等の不正な使用の防止その他補助金等に係る予算の執行並びに補助金等の交付の決定の適正化を図ることを目的とする。」

本法の目的の第一は，それまで各省庁が行政規則等により，ばらばらに，しかも不十分に規律されてきた手続を，法律レベルにおいて統一的に「基本的事項」として定めることにある。第二に，「不正な申請」，「不正な使用」の防止という文言に示されるように，不正不当な補助金等の使用を排除することである。このため，「偽りその他不正の手段により補助金等の交付を受け，又は間接補助金等の交付又は融通を受けた者」，「他の用途への使用」をした者等に対する処罰を定める罰則規定を置いている。そして，第三に，これらを通じて，国の資金の有効な利用を促進すること[57]を最終目的としてい

---

[56] 香川編・講義８頁。
[57] 杉村・財政法315頁。

るというべきである。

「補助金等」及び「補助事業等」の意味　適正化法は，「補助金等」及び「補助事業等」という中核的概念について，2条において定義を行なっている。「補助事業等」とは，補助金等の交付の対象となる事務又は事業である（2項）。「補助金等」とは，国が国以外の者に対して交付する，「補助金」（1項1号），「負担金（国際条約に基づく分担金を除く。）」（2号），「利子補給金」（3号），「その他相当の反対給付を受けない給付金であって政令で定めるもの」（4号）とされている。この定義において，4号の「相当の反対給付を受けない給付金」が実質的定義であることは疑いがないが，それに先行する「補助金」，「負担金」及び「利子補給金」が実質的定義であるのかどうかが問題になる。実質的定義説によれば，4号に基づく政令に列挙されていないもので，かつ，実質的定義により「補助金」以下の項目に該当するものがある場合に，この法律の適用を受ける「補助金等」に該当することに実際上の意味がある。これに対して形式的定義説によれば，形式的に1号から3号までに該当しないものについては，4号に基づく政令において網羅的に列挙する必要があることになる。もちろん，その場合に，「補助金」以下に該当するかどうかを，いかなる形式に着目して判断するかも問題とされる。

　旧大蔵省，現財務省関係者等は，少なくとも運用上は形式的定義説によってきたようである。すなわち，法律に根拠のある法律補助に関しては法律が「補助」・「補助金」，「負担」・「負担金」，「利子補給」の文言を用いているときは，各号に該当するものとし，予算補助に関しては予算科目の「目」の名称において各号に相当する文言が用いられているときに該当するという扱いである[58]。そして，（ア）法律において「奨励金の交付」とか「損失の補償」の文言が用いられ，それが予算科目において補助金や負担金とされている場合，（イ）予算補助で「目」において「交付金」，「補給金」，「助成金」，「損

---

[58] 香川編・講義33頁以下，小滝・解説22-23頁。地域雇用奨励金等について，長崎地裁平成4・12・22訟務月報39巻10号2040頁は，雇用保険法及び地域雇用開発等促進法においては「必要な助成及び援助」とのみ規定されており，予算上は「雇用改善等給付金」あるいは「雇用安定等給付金」という目に含まれているので，適正化法の適用は認められないとした。

失補償金」等とされているときは，いずれも4号政令に掲げる方式を採用しているという[59]。

形式的定義説によるとはいえ，「補助金等」の全体を貫く共通の性格は，「相当の反対給付を相手方に求めないで交付する金銭」である点にあるとされる[60]。これを分説すれば，「相当の反対給付を受けない」，「相手方が利益を受ける」及び「使途が定められている」の点にあるとされる[61]。

「間接補助金等」，「間接補助事業等」，「間接補助事業者等」も規制の対象　適正化法は，国が直接交付する「補助金等」を規律するのみならず，補助事業者等が「補助金等を直接又は間接にその財源の全部又は一部として，かつ，当該補助金等の交付の目的に従って交付する」「相当の反対給付を受けないで交付する」給付金，及び「利子補給金又は利子の軽減を目的とする」給付金の交付を受ける者が，その補助金等を直接又は間接にその財源の全部又は一部として「その交付の目的に従い，利子を軽減して融通する資金」（2条4項）をも，「間接補助金等」として同法の規律の対象としている。これらの給付金の交付又は資金の融通の対象となる事業を「間接補助事業等」（2条5項），間接補助事業等を行なう者を「間接補助事業者等」，と定義している（2条6項）。これらの定義を前提にして，間接補助事業者等の責務（3条2項），同じく事業遂行義務・他用途使用禁止（11条2項），他用途使用その他の法令違反の場合の補助金等交付決定の取消し（17条2項），立入検査等（23条1項）の規定が置かれて，国としての補助金等の執行の適正化を徹底するために，間接補助事業者等に対しても規律が及ぶように制度的手当てがなされている。さらに，重要なことは，罰則規定の適用において，間接補助事業者等が補助事業者等と同等に扱われている点である（29条，30条，31条3号）。

こうした仕組みにおいて，ある給付金が「間接補助金等」に該当するかどうかが問題となる場合がある。「公共用飛行場周辺における航空機騒音による障害の防止等に関する法律」8条の2が，「航空機の騒音により生ずる障

---

[59] 香川編・講義34頁，小滝・解説22-23頁。
[60] 香川編・講義30頁。
[61] 香川編・講義30頁以下。

害が著しいと認めて運輸大臣が指定する特定飛行場の周辺の区域（「第一種区域」という。）に当該指定の際現に所在する住宅（人の居住の用に供する建物又は建物の部分をいう。）について、その所有者又は当該住宅に関する所有権以外の権利を有する者が航空機の騒音により生ずる障害を防止し、又は軽減するため必要な工事を行うときは、その工事に関し助成措置をとるものとする」と規定し、この助成措置として、運輸大臣が、地方公共団体が住宅所有者等の騒音防止工事費用の全部又は一部を補助する事業を行なうときは、「住宅騒音防止対策事業費補助金交付要綱」等で定めるところにより、予算の範囲内で当該地方公共団体に対し国庫から補助金を交付することとしている。函館市が同要綱により国庫補助金の交付を受けて補助事業を行なうにあたり、「住宅騒音防止工事補助金交付要綱」を策定して、その第1条において「函館市が航空機騒音障害防止法8条の2の規定による助成を受けて実施する函館空港周辺住宅の騒音防止工事に対する補助金の交付に関しては、関係法等に定めるもののほか、この要綱に定めるところによる」と定めていた場合に、当該地方公共団体の交付する給付金が「間接補助金」に該当するかどうかが争われた訴訟がある。

札幌高裁昭和63・9・20（判例時報1307号159頁）は、これらの仕組みによって、国から函館市に交付される給付金が適正化法2条1項1号の補助金に該当すること、及び、函館市が前記住宅騒音防止工事補助金交付要綱に従い国庫からの補助金を得て行なう事業が「補助事業等」に当たり、これにより同市から住宅の所有者その他の権利者に交付される補助金、すなわち「8条の2交付金」が適正化法2条4項1号の「間接補助金等」に該当することは明らかであるとした。偽りその他不正の手段により「8条の2交付金」の交付を受けた者が適正化法29条1項の処罰を受けることを肯定した。被告人が、「8条の2交付金」は航空機騒音による生活侵害に対する損失補償金であるから適正化法により規制される給付金ではないと主張したのに対して、その者が航空機の騒音により損失を蒙ったか否か及びその程度を問うことなく、一定の要件の下にその者が行なう当該住宅についての騒音防止工事を助成する趣旨で給付されるものであることなどを理由に、損失補償を目的とするものではなく、間接補助金等に該当するとした。

なお，間接補助金等に関する規制にもかかわらず，国の補助金等の直接の法律関係は，補助事業者等との間に成立するものであって，間接補助事業者等が国との関係において交付申請の当事者となるものではない（東京地裁平成17・3・24判例集未登載を参照）。

省庁の補助金交付規則　適正化法の下において，国の省庁は，それぞれ告示形式の補助金（等）交付規則を定めている[62]。その内容は，補助金等の交付の実体要件と並んで，手続についても規定している。

省庁を単位としたものとして，防衛施設庁，総務省，国土交通省（省令形式）のものがある。そのうち，総務省所管補助金等交付規則は，適正化法5条，7条，9条1項，12条及び14条並びに同法施行令3条及び14条1項の規定に基づき，並びに同法及び同令を実施するために，この規則を定める旨を述べたうえ，申請書の記載事項等，交付の条件，申請の取下げ期日，状況報告，実績報告，令14条1項2号の処分制限の期間を定めている。全体として，適正化法及び同法施行令の補充規範である。

これに対して，個別補助金の名称を付した交付規則のなかには，補助金等の交付要件の中身を定めたものが少なくない。たとえば，「電源立地地域対策交付金交付規則」は，交付対象，交付期間，交付限度額等について詳細に定めた膨大な内容である。また，産業再配置促進施設整備費補助金交付規則は，補助事業者が補助事業遂行のため，売買，請負その他の契約をする場合には一般競争に付さなければならないとし（ただし，補助事業の運営上，一般競争に付することが困難若しくは不適当である場合は指名競争に付し，又は随意契約によることができる）（9条1項），さらに，間接補助金交付の際に付すべき条件についても定めている（23条）。補助事業者が補助事業により一定の収益を得たものと認定したときは交付した補助金の全部又は一部に相当する金額を国に納付させることができるとして（発明実施化試験費補助金交付規則17条2項），収益納付を可能にしている例もある（補助条件につき，第3章2［1］）。電源地域産業再配置促進費補助金交付規則も，補助事業により整備

---

[62] 一部は，省令形式である。ユース・ホステル整備費補助金交付規則，港湾関係補助金等交付規則，建設技術研究補助金交付規則，国土交通省所管補助金等交付規則などがある。実質的に見て，告示形式との間に決定的な差はないと考えられる。

された施設の運営，貸与により収益が生じたと認められる場合には，補助事業者に対し収益の一部を国に納付すべき旨を命ずることができるとしている。この収益納付命令については，広い裁量権が認められるのか，補助事業者が争うことができるのか，といった論点が直ちに浮かんでくる。

特別の規制規範・手続規範　憲法89条の存在との関係において，学校法人及び社会福祉法人に対する助成については，特別の規制規範が用意されている。

学校法人に対する助成は，「私学助成」として，憲法89条との関係において，長らく議論されてきたことである。私立学校法59条が，「国又は地方公共団体は，教育の振興上必要があると認める場合には，別に法律で定めるところにより，学校法人に対し，私立学校教育に関し必要な助成をすることができる」とし，その別の「法律」として，「私立学校振興助成法」が存在する。その内容については別の箇所で詳しく検討する（第7章1［1］）。国に関しては，同法による助成で補助金の支出又は貸付金に係るものを「日本私立学校振興・共済事業団」を通じて行なうことができるとして（11条），法律自体が間接補助による旨を明示している。

社会福祉法人に対する助成に関しては，社会福祉法58条1項本文が，「国又は地方公共団体は，必要があると認めるときは，厚生労働省令又は当該地方公共団体の条例で定める手続に従い，社会福祉法人に対し，補助金を支出し，又は通常の条件よりも当該社会福祉法人に有利な条件で，貸付金を支出し，若しくはその他の財産を譲り渡し，若しくは貸し付けることができる」と規定している。同項但し書きは，国有財産法及び自治法237条2項の規定の適用を妨げないとしている。そして，社会福祉法人に対して助成がなされたときは，厚生労働大臣又は地方公共団体の長は，助成の目的が有効に達せられることを確保するため，次の権限を有するとされている（同条2項）。①事業又は会計の状況に関し報告を徴すること，②助成の目的に照らして，社会福祉法人の予算が不適当であると認める場合において，その予算について必要な変更をすべき旨を勧告すること，③社会福祉法人の役員が法令，法令に基づいてする行政庁の処分又は定款に違反した場合において，その役員を解職すべき旨を勧告すること。さらに，これらの措置に従わなかったとき

には，交付した補助金若しくは貸付金又は譲渡し若しくは貸し付けたその他の財産の全部又は一部の返還を命ずることができるとしている（同条3項）。

前記社会福祉法58条1項の規定するように，社会福祉法人に対して助成をしようとするときは，あらかじめ厚生労働省令又は条例を制定しておかなければならない（省令・条例主義）。これが，憲法89条といかなる関係にあるのか明らかではない。循環論法ではあるが，公行政の一環としての社会福祉を担う事業は，憲法25条2項の実現のための事業であって，「慈善」や「博愛」の事業ではないというべきである[63]。なお，条例の定めは，極めて簡単な内容にとどまっているのが実情である。そうしたなかにあって，多摩市は「社会福祉法人の保育所に対する補助金の交付に関する条例」など，社会福祉法人に対する助成に関する複数の条例を制定している。同条例は，補

---

[63] 佐藤功『憲法（下）』（有斐閣，昭和59年）1170頁-1171頁，碓井・自治体財政・財務法191頁，阿部泰隆『行政の法システム（上）［新版］』（有斐閣，平成9年）347頁，堀勝洋『社会保障法総論［第2版］』（東京大学出版会，平成16年）169頁，浦部法穂『憲法学教室　全訂第2版』（日本評論社，平成18年）558頁。

なお，箕面市の市社会福祉協議会を通じた市遺族会に対する補助に関する大阪高裁平成6・7・20行集45巻7号1553頁も，社会福祉事業を行なうことは，本来憲法25条の生存権保障の原則に基づいて社会福祉の向上・増進に努めるべき国の責務であるとも考えられるから，「慈善，博愛の事業」に当たるかどうかは問題である，と述べている。浦部教授は，社会福祉法人や私立学校の行なっている事業は，憲法25条，26条により本来国が行なうべき事業であり，国の施策の足りない部分を私人が補っているのであるから，国が補助を与えることは憲法25条，26条によって当然要請されると述べている（前掲）。社会福祉事業については賛成であるが，私立学校の事業をそのように位置づけることは，実態としてはともかく，建学の精神を重視する私学の基本理念と衝突すると思われる。そして，公教育制度の外にあって私的に行なわれる教育事業のみが89条の「教育」事業であるというのは，限定のしすぎであろう。

なお，「公の支配」とは，政教分離の脱法を防ぐことにあるとする見解（政教分離説）が次第に有力になりつつある。最近の代表的文献として，高橋和之「公金支出制限の趣旨と『公の支配』の意味」杉原泰雄先生古稀記念『21世紀の立憲主義——現代憲法の歴史と課題』（勁草書房，平成12年）473頁，福井秀夫「憲法89条の意味と学校経営への株式会社参入に関する法的論点」自治研究78巻10号26頁（平成14年），阿部泰隆『やわらか頭の法戦略——続・政策法学講座』（第一法規，平成18年）275頁以下など。

助額も定めている。

　なお，条例の定めなくして社会福祉法人に対してなされた補助金の交付について，大阪高裁平成6・7・20（行集45巻7号1553頁）は，補助金の交付を無効とするような重大な瑕疵があるといえないのはもちろん，4号住民訴訟において損害賠償の対象となるような違法な公金の支出とはいえないとし，上告審の最高裁平成11・10・21（判例時報1696号96頁）も，この判断を是認できるとした。省令[64]又は条例の簡単な定めの現状を追認するものになっている。札幌高裁平成16・7・15（判例地方自治265号31頁）は，条例に言及せずに社会福祉協議会への人件費補助を適法とした。

[3]　政府間における資金助成の規律

地方財政法　　国と地方公共団体，地方公共団体相互間の資金助成を規律する法律の代表格として，地方財政法が存在する。地方財政法は，補助金と負担金とを区別したうえ，国は，「その施策を行うため特別の必要があると認めるとき又は地方公共団体の財政上特別の必要があると認めるときに限り」，地方公共団体に対して補助金を交付することができるとしている（16条）。このかぎ括弧部分には，国庫補助金を奨励的補助金及び財政援助補助金に限定する趣旨が示されており，地方財政の自主性を確保しようとするものであるとされる。すなわち，国が，補助金の交付により地方公共団体の自主的な活動に不当な干渉を加えるおそれが少なくないこと，地方公共団体が安易に補助金を歓迎して他力本願的な財政運営に陥りやすいこと，に鑑みたものであるというのである[65]。

64　社会福祉法施行規則8条が定める内容は，実質的には申請書に添付すべき書類のみであって，「理由書」，「助成を受ける事業の計画書及びこれに伴う収支予算書」，「別に地方公共団体から助成を受け又は受けようとする場合には，その助成の程度を記載した書類」，「財産目録及び貸借対照表」が掲げられている（1項）。その他，助成の種類に応じ必要な手続は厚生労働大臣が定めるとしているが（2項），交付要綱がこれに該当するとされている（社会福祉法令研究会編『社会福祉法の解説』（中央法規，平成13年）214頁）。各地方公共団体の条例の手続の定めも，前記省令と似た内容である。

65　石原＝二橋・地方財政法逐条172頁。

奨励的補助金は，「特別の必要」が要件とされ，また，財政援助補助金も「財政上特別の必要」が要件とされているので，そうした要件の存在は，補助金導入時のみならず，導入後も常に検証することが求められている。しかしながら，いったん導入された補助金は，国の省庁の組織存続に絡んで，要件が引き続き存在するかどうかの検証は十分になされないことが多い。「国庫補助金の整理」が常に問題とされてきたのは，そのような「行政組織の本能」の強さを物語るものであろう。

国庫補助金の限定は，その前提として地方公共団体に自主財源が確保されていることを前提にしている。自主財源が確保されていないならば，地方公共団体は，わずかな補助金にでもすがろうとするからである。

なお，補助金と区別される負担金は，割り勘的なものではあるが，なお公的資金助成として検討してよいと思われる。

地方財政法には，このほかに，政府間の財政秩序を乱さないための規範が設けられており，それは，政府間における資金助成を禁ずる趣旨も含むと解されている。その典型は，28条の2である。法令の規定に基づいて経費の負担区分が定められている事務について，経費の負担の転嫁を禁止するとともに，「その他地方公共団体相互の間における経費の負担区分をみだすようなことをしてはならない」としている（詳細については，第6章1［2］を参照）。この規定に違反するとされた有名な事件として，ミニパトカー寄附事件判決（最高裁平成8・4・26判例時報1566号33頁）がある。町が，交通安全協会を経由して県警にミニパトカーを寄附したことについて，地方財政法28条の2にいう「地方公共団体相互の間における経費の負担区分をみだす」ことに当たるとの原審の判断を是認した判決であった。

地方財政再建促進特別措置法　地方財政再建促進特別措置法24条2項は，地方公共団体は，「当分の間」，国，独立行政法人（国の出資の状況及び関与，業務の内容その他の事情を勘案して適用することが適当であるものとして政令で定めるものに限る）若しくは国立大学法人等又は公社等に対する寄附金等の支出を禁止している（詳細については，第6章1［1］を参照）。国のみならず，広義の政府に対する寄附金等の支出の禁止である。ただし，政令の定める場合において総務大臣との協議によりその同意を得たものについては禁止が解

除される（同項但し書き）。

[4] 地方公共団体の公的資金助成の規律

自治法232条の2　自治法232条の2は，「普通地方公共団体は，その公益上必要がある場合においては，寄附又は補助をすることができる」と定めている。この条文により，公益上必要があると認められない場合は，寄附又は補助をなすことができないと解されている。そして，住民訴訟において，公益上必要があるか否かが争われ，公益上の必要が認められないとして違法判断のなされる裁判例が多数登場している（詳細については，第2章3 [2] を参照）。さらに，公益上の必要性は，寄附又は補助のみならず，その他の資金拠出や損失補償の保証等についても要求されると解されて，公的資金助成の最も重要な規範となりつつある[66]。

条例・規則による規律　後述の芦別市の例等を除くと，適正化法に対応する内容を条例で定めている地方公共団体としては，高知市，鳴門市，常陸大宮市，大仙市などがあるにすぎない。個別分野（企業誘致，私立学校通学者助成など）の条例を別にすれば，地方公共団体自身の規範による規律は，圧倒的に規則形式のものが多い。「補助金交付規則」等の名称の規則により，国の適正化法とほぼ同内容の規律をしていることが多いのである[67]。これは，自治令173条の2が，「普通地方公共団体の財務に関し必要な事項は規則でこれを定める」としているのを受けているものと推測される。形式的には，自治法14条1項の「法令」に前記自治令の規定が該当し，条例により規定することは法令違反となるという理解であろう。しかしながら，この規定は，財務に関する事項は最低限規則によらなければならないとする趣旨であって，

---

[66] 「寄附」は，金銭に限定されず，資産の無償譲渡も含むとされる。市が駅舎を建設したうえ鉄道会社に無償譲渡した場合につき，札幌地裁平成15・3・25判例タイムズ1210号128頁〈参考〉。

[67] なかには，「青森県補助金等調査規則」のように，もっぱら補助金等の予算の執行状況の調査（交付に伴う事業の効果等の調査も含む）を定める規則も存在する。同規則は，無通告で調査を行なうこと，被調査者の執務時間内に行なうことなどを規定している。

すでに述べたように，条例による規律を排除するもの（「財務事項規則主義」，「財務事項規則専管主義」）ではないと解される[68]。

　本書において地方公共団体の規制規範として素材とするのは，ほとんどが規則形式である。そして，それらの多くは，大部分の箇所において適正化法の規定の形式を借用したスタイルを用いている[69]。なお，静岡県補助金等交付規則22条は，県費補助金等及び間接補助金等の名称，目的，交付の対象，交付の事務又は事業の内容及びその額又は補助率等の細目について知事が定めて告示するとしている（告示を要しないと認めるものはこの限りでない）。告示により明示することは，手続規制の面からも重要なことである。

　補助金交付規則の法的性質について，それに違反したからといって直ちに相手方との関係において，補助金交付行為が無効になるわけではないという意味においては，内部法の性質を有している。しかし，それは，会計法令の規制に反するからといって，相手方との関係において直ちに無効になるわけではないということと同じレベルである。適正化法による補助金等の交付決定と補助金交付規則によるそれとの違いは，通説的にいえば，前者は行政処分性があるのに対して，後者は行政処分性がないということである。では，補助金交付規則は単に訓令的意義を有するにとどまり，それに違反することは懲戒処分の対象になりうる程度の意味があるにすぎないのであろうか。

---

[68] 前掲注53を参照。

[69] 千葉県補助金等交付規則は，間接補助金等・間接補助事業・間接補助事業者の観念を採用している点においても，国に倣っている（埼玉県も同様である）。なお，「補助金等」の定義に当たっては，「県が国及び県以外のものに対して交付する補助金，負担金，利子補給金その他相当の反対給付を受けない給付金（知事が別に定める負担金及び給付金を除く。）」と定めて，除外されるものを知事が定める方式を採用している（同様の方法は，さいたま市にもみられる）。そして，民生委員協議会交付金，民生委員推薦会交付金，畜犬登録交付金，県税特別徴収交付金，権限委譲事務交付金などが除外されている（昭和33年告示第227号）。このような方式は広く見られるようである（千葉市）。逆に，埼玉県のように，「その他相当の反対給付を受けない給付金で知事が定めるもの」のように具体化を首長に委ねる方式もある（静岡県，新潟県なども同様）。なお，福岡市補助金交付規則は，「補助金及び交付金」を掲げて知事が別に定める交付金を除くとし，「負担金」についても「国に交付する負担金その他知事が別に定める負担金を除く」としている（2条1項1号・2号）。

補助金交付規則のなかには，規則自体が明らかに地方公共団体内部の機関又は職員を名宛人にしていると見られるものがある。東京都補助金等交付規則，東京都板橋区補助金等交付規則，東京都世田谷区補助金交付規則などである。これらについて，外部効果を認めることはできないから，規則に定める交付条件等をもって相手方を拘束するには，その内容又は規則の定めるところに従うべき旨を交付決定書等において明示しなければならない[70]。

適正化法と同じような体裁の補助金等交付規則について，たとえ補助金交付規則の内部法性を肯定するとしても（行政処分性との関係については，第3章1［2］を参照），それに違反することは，財務会計法規範の違反行為として，差止めの理由とされ，財産管理を怠る事実として評価され又は当該職員の損害賠償責任（旭川地裁平成14・1・29判例地方自治265号37頁〈参考〉）を生じさせる違法事由とされることがありうると解される。裁判例には，このような観点から，補助金交付規則違反の有無について判断するものがみられる[71]。

条例による規律の例（芦別市）　最近は，条例により注目すべき内容を定める地方公共団体が登場している。北海道芦別市は，補助金等交付条例（平成14年条例第1号）を制定している[72]。

まず，「市が公益上必要と認めた特定の事業に対して助成し，育成し，又は奨励する目的をもって，毎年度の予算の範囲内において交付する補助金，助成金，奨励金，利子補給金その他相当の反対給付を受けない給付金」をもって「補助金」というと定義している（2条1項）。他方，「市の行政の代替的性質の強い事務若しくは事業を行う団体，市の行政に密接な関係を有する

70　「東京都補助金等交付規則の施行について」，「東京都板橋区補助金等交付規則の制定について」，「東京都世田谷区補助金交付規則の施行について」という各通達にこのような趣旨が述べられている。第3章1［2］をも参照。

71　通則的補助金交付規則違反の有無を審査した例として，さいたま地裁平成17・6・1判例地方自治280号31頁がある。個別補助金交付規則の失効後の交付を違法とした例として，大津地裁平成17・2・28判例地方自治270号27頁がある。

72　この条例の解説として，高橋俊之「芦別市補助金等交付条例」法令解説資料総覧248号115頁がある。なお，北海道阿寒町も，ほぼ同内容の条例を制定していたが，平成17年に釧路市に合併したため，同条例は現在は存在しない。

事務若しくは事業を行う団体，又は市政の推進若しくは市勢の伸展を目的とする事務若しくは事業を行う団体の活動に対し，毎年度の予算の範囲内において交付する給付金」をもって，「交付金」と定義している（2条2項）。補助金と交付金とを併せて「補助金等」と総称するのであるが，補助金と交付金とを分けている点が興味深い。

　そして，法令，道の条例若しくは規則，市の他の条例及びこれに基づく規則による補助金等，又は国若しくは道の制度に基づく補助金等には適用しないこととしている（3条）。市以外の規範又は制度に基づくものを除外しているのは，それらの規律があることを前提にしているのであろう。また，市の他の条例及びこれに基づく規則による補助金等を適用除外にしている趣旨も同様であろう。この条例の「補充性」を示すものである。ただし，他の条例において，補助金等交付条例の「例による」と定めていることが多いので，建前上の補充性にもかかわらず，実際には「通則条例」的な地位を占めている。「補助金等が市民から徴収された税金その他の貴重な財源で賄われるものであること」を強調して，市長には，その公正かつ効率的な使用を（4条），補助事業者には，交付の目的に従った誠実かつ効率的な補助事業等の遂行を（5条），それぞれ求めている。

　補助金等の交付を受けることができるものは，次のいずれかに該当するものとされている（6条）。

　①自治法157条1項に規定する公共的団体等であるもの，②市の区域内において行政の運営に協力すること目的とするもの，③これらのほか，市の区域内において教育，産業，経済，社会福祉，公共の安全その他市勢の振興若しくは発展に関係を有する事業を行ない，又はこれらの事業の振興を図ることを目的とするもの，④市の区域外において③の事業を広域的に行なうものであって，市勢の振興又は発展に関係を有すると認められるもの。

　これらのうち，③にいう「市勢の振興若しくは発展に関係を有する事業」については，条例制定者の意図がどこにあるかを探求しなければならない。たとえば，個別農家の農業は，それだけでは「市勢の振興若しくは発展に関係を有する事業」といえないとすれば，どのような場合に，この要件を満たすことになるのか，逆に，農家の収入増加が，それだけで前記要件を満たす

とするならば，農業補助金はすべて要件を満たしてしまうであろう。

注目されるのが補助金等の見直しの義務づけである。すなわち，市長は，5年ごと[73]に補助金等の交付の目的及び効果を測定し，交付対象事務又は事業の見直しを行なわなければならない（5年以内の期間においても見直しを行なうことができる）（7条1項）。その場合には，市民の意見を聴くものとしている（7条3項）。そして，見直す場合は，次の事項を原則としている（8条1項）。

① すでに補助金等の支出目的を達成したもの及び一定期間補助金等を交付してもその実績が上がらないものについては，廃止する。

② 社会的又は経済的な事情の変化に伴い，支出目的が失われたもの及び実状に合わなくなったものについては，廃止する。

③ 交付しても，支出目的が達成される見込みがないことが明らかなものについては，廃止する。

④ 補助事業者の収入が相当程度確保され，自主運営が可能であると判断されるものについては，廃止する。

さらに，新たに交付しようとする補助金等について，交付の公正の確保及び適正化を図るため，補助金等審査会を設置することとしている（9条1項）。もっとも，施行規則2条1項によれば，この審査会は，市長，助役，収入役，教育長及び部長（市立病院事務長，消防長，教育部長及び議会事務局長を含む）をもって構成されるので，内部者のみから構成される委員会である[74]。

補助金については，事業費補助金，奨励補助金及び育成補助金に分けて，補助基準を定めている（11条。別表第2）。事業費補助金は，建設事業，各種大会・各種記念事業（各種大会を除き各種記念事業は10年，30年又は50年に係る事業に限る），まつり，イベント等の開催その他市勢の伸展又は市の活性化に効果を有すると認められる事業に要する経費に対する補助金で，公益性を勘案して市長が必要と認める経費の合計額の範囲内とされている。奨励

---

[73] 旧阿寒町条例は，1年度ごとに見直しを行なうとしていた（7条1項）。

[74] 旧阿寒町の場合は，町長が委嘱する知識経験者若干名も加わることとしていた（施行規則2条）。

補助金は，法人その他の団体又は個人が行なう事業のうち，市勢の振興上奨励すべき事業に要する経費に対する補助金であり，育成補助金は，法人その他の団体又は個人の育成のために交付する補助金であって，これらについては，法人に対する補助金，その他の団体に対する補助金，個人に対する補助金に分けて，育成の必要性，事業がもつ市内の教育，産業，経済，社会福祉，公共の安全その他市勢の振興又は発展への効果（法人又は個人に対する補助金にあっては，さらに事業の新奇性[75]）を勘案して，市長が必要と認める経費の合計額の2分の1以内としている。

「交付金」の交付基準も定められている（11条。別表第3）。①市の行政の代替的性質の強い事務又は事業を行なう団体にあっては，団体の運営に要する経費のうち市長が必要と認める経費の合計額の範囲内，②市長の推薦により国若しくは道の機関が任命若しくは委嘱する者又はこれに類する者をもって組織し，市の行政の運営に協力することを目的とする事務又は事業を行なう団体については，団体構成員の数に一定額を乗じて得た額の範囲内，③市の行政に密接な関係を有する事務又は事業を行なうことを目的とする団体にあっては，団体の運営に要する経費のうち，市長が必要と認める経費の合計額の2分の1以内，④市の施策の推進又は市勢の伸展に効果があると認められる事務又は事業を行なうことを目的とする団体にあっては，団体の運営に要する経費のうち，市長が必要と認める経費の3分の1以内，⑤市の施策の推進上又は市勢の伸展上奨励すべき事務又は事業を行なう団体にあっては，団体の運営に要する経費のうち，市長が必要と認める経費の4分の1以内とされている。団体が行なう事業の性質又は目的に応じて，交付金の額の割合等が異なっていることが注目される。この分類の認定は，必ずしも容易ではないが，横並びの比較等によって可能なのであろう。

交付申請を始めとする手続は適正化法の定めに似ているが，交付決定の取消し又は補助事業等の遂行若しくは一時停止の命令又は補助事業等の是正のための措置を命令するときは，理由を示さなければならないとし（31条），

75　正確には，法人に対するものにあっては，「新奇性等」であり，個人に対するものにあっては「新奇性」である。なお，法人以外の団体に対する補助金については，「新奇性」が勘案要素として掲げられていない。

交付決定の取消し又は補助事業等の遂行若しくは一時停止の命令を行なう場合には，必要に応じて当該補助事業者からその処分に係る意見を聴取するとして（32条1項），行政手続を踏むこととしている。さらに，職員の不当干渉等禁止規定も用意している（35条）。

　以上のような条例を制定した背景として，行政改革としての補助金等の整理合理化，行政手続としての補助金交付，地方分権による自治条例，といった目的ないし視点があったとされる。「地方分権による自治条例」の趣旨により，規則で市民に手続を求めている規定を条例に格上げする，規則で行なっている事務の条例化，行政の内部規範でしかない要綱の見直しによる条例化などの，一連の動きのなかで制定されたものであるという[76]。

　補助金等の基本的あり方を定める条例（三重県）　三重県は，「三重県における補助金等の基本的な在り方等に関する条例」（平成15年条例第31号）を制定している。同条例は，「補助金等の交付により実現しようとする多様な行政目的を確実かつ効果的に達成するため，補助金等の基本的な考え方，見直し，評価等について定め」るものである（1条）。そして，補助金等は，県民の要望に合致し，県民の福祉の向上及び利益の増進に資する公益上必要があるものでなければならない」としている（3条1項）。これは，自治法においても求められていることであって，追加している規範内容は特に存在しないと思われるが，「県民の福祉の向上及び利益の増進に資する」という当然のことを謳っている点に意味があるといえようか。具体的には，社会経済情勢の変化に的確に対応して補助金等の新設・充実・整理・統合・廃止その他の見直しに努めるものとし（4条1項），一定の事項について検討を行ない適時に検討状況を公表することを求めている（4条2項)[77]。

　知事は，予算を議会に提出する場合において，一の事務事業につき一の補助事業者等に対し1,000万円以上の補助金を交付することが見込まれるとき

76　以上，高橋俊之・前掲注72。

77　具体の事項は，補助事業等・間接補助事業等の性質・内容，交付の目的・必要性・効果，交付の基準・額，補助事業者等・間接補助事業者等の自立の状況・見込み・可能性，地域における公益実現に向けての県及び県以外の者並びに県以外の者相互間の協働のあり方，その他必要と認める事項である。

は，その補助事業者等ごとに，補助金の名称，補助事業者等の氏名・住所（法人の場合は名称，代表者の氏名，主たる事務所の所在地），補助事業等の内容，交付の目的・根拠・理由，公益性の判断及び理由等を内容とする資料を作成し提出することとしている（5条）。さらに，一の事務事業につき一の補助事業者等に対し7,000万円以上の補助金等の交付の決定（契約の承諾を含む）を行なったときは，交付の決定額，交付の目的・根拠・理由，実現しようとする政策・施策・目標，補助金等の交付以外の方法の可能性等を記載した「交付決定実績調書」を議会に提出するとともに，概要を公表することを知事に義務づけている（6条1項）。この記載事項については，当該会計年度終了後6か月以内にあらかじめ定める基準に従い評価を行ない，その結果を議会に報告するとともに，その概要を公表することも義務づけている（7条1項）。補助事業等又は間接補助事業等の性質・内容等に鑑み，この評価後もなお継続して評価を行なう必要があると認めるときは，「継続評価実施計画」を作成して評価を行なう（7条2項）。さらに，毎年1回，前年度における補助金等の実績につき，所定の事項を年次報告として取りまとめ，議会に提出するとともに，その概要を公表するとしている（8条1項）。

　以上のように，議会への資料提出及び公表がこの条例の大きな柱になっており，これに対応して議会が多様な権限を行使できる旨が定められている（9条）。それらの中には，継続評価実施計画の作成及び評価を行なうよう求めること，議決により補助金等について評価を行なうこと，年次報告について，必要があると認めるときは知事に対し議決により意見を述べること，などが含まれている。

団体等交付金に限定した交付のあり方の規律条例（善通寺市）　善通寺市は，「善通寺市における交付金の基本的な在り方に関する条例」を制定している。「交付金」とは，法令又は条例，規則その他の関係例規に基づき，団体，組合等（「団体等」）に対して交付するものである（2条1号）。交付金の基本的な考え方として，自治法232条の2の規定に基づき「市民の福祉の向上及び利益の増進に資する公益上の必要があるものでなければならない」（3条1項）とともに，「交付事業等における市及び交付事業者の役割分担及び協働の在り方，交付金の交付以外の方法の可能性等を十分に考慮したものでなけ

ればならない」（3条2項）とされている。注目すべき点は，①人件費，旅費，宿泊費，飲食費（一の年度において1回限り開催する総会又はこれに類する会合に要するものを除く）及び慶弔費は，対象経費としないこと（4条但し書き），②交付金の交付には，根拠となる規則その他の関係例規を定めなければならないこと（6条1項柱書き）[78]，③事業者の組織の維持に関する交付金については3年度を限度として交付すること（ただし，継続交付が特に必要であると認めたときはさらに2年度を限度として交付できる）（8条），④交付事業者は，事業者の実態並びに交付事業等の実施状況及び収支状況その他市長が必要と認める事項に関する書類，帳簿等を自ら公表しなければならないこと（10条1項），⑤市長は，毎年度，交付事業者の実態及び実績報告に関する書類を市のホームページに掲載し又は閲覧に供しなければならないこと（10条2項），⑥市長は，3年ごとに交付金の充実，整理，統合又は廃止その他の見直しに努めなければならないこと（11条），⑦この見直しを行なうに当っては，所定事項[79]について交付規則等に定める者の評価を受けなければならないこと（12条）である。

「団体等」に対する交付金のみを取り出して（ちなみに同市には別に補助金等交付規則が制定されている），このような条例がなぜ制定されたのか，その背景を調べていないが，「公正で透明性の高い，効率的な市政の実現に資する」という目的（1条）からみて，各種団体等に対する交付金は，とかく透

78　ただし，行事等の開催にあたり設置される実行委員会等に対して，単年度限りで交付する交付金，事務・事業を円滑に実施するために期間を限定して設置される協議会等に対して交付する交付金については，この限りでないとされている（6条1項但し書き）。実際に多数の交付金交付規則が制定されている。団体等の名称（例外的に交付金名称）で掲げると，自治集会場建設等交付金，敬老会，人権擁護団体等，身体障害者福祉団体，心身障害児（者）父母の会，公民館まつり実行委員会，筆岡地区コミュニティ協議会，食生活改善推進協議会，健康推進員連合会，消費者友の会，公衆浴場組合活動交付金，防犯灯設置等交付金，防犯協会連合会，交通対策協議会，善通寺市を美しくする運動市民の会，環境推進連合会，商工振興団体交付金，観光協会，善通寺フラワー＆ガーデンフェスタ開催事業交付金，TMO組織育成交付金，善通寺まつり交付金，農業生産組合，土地改良区，危険物安全協会，少年婦人防火委員会。

79　評価事項は，交付金の目的及びその達成度，使途，効果及びその必要性，積算根拠及びその額，その他評価を行なう者が必要と認める事項である。

明性を欠いて不公正ではないかという疑いをかけられやすいという事情もあると推測される[80]。交付金の要望に対して，市長や関係職員が，この条例を楯にして断ることができるというメリットもあろう。各交付金規則が定めている市補助金等審査委員会の評価[81]もさることながら，規則自体による規律によって，交付金の存在が市民の目による監視を受けることになる。

出資法人に対する助成に限定した条例　地方公共団体が設立・出資した法人に対する助成に限定した条例を制定している場合がある。たとえば，東京新宿区は，区が設立した財団法人に対して助成することにより，区の健全な発展及び住民の福祉の向上に寄与することを目的として「新宿区財団法人に対する助成等に関する条例」を制定している（同条例1条）。そして，財産の無償貸付けなどの他の助成と並んで，「毎年度予算で定めるところにより，法人に対し，その運営及び事業に要する経費の一部を助成交付するものとする」としている（4条）。この「法人」とは，新宿区の出えんにより民法34条の規定により設立された財団法人である。財産の無償貸付け等については，自治法237条2項の条例としての意味があるが，経費の助成に関する実際上の意味は明らかでない。これに対して，「杉並区財団法人に対する助成に関する条例」は，助成を行なう財団法人を別表で列挙している[82]。そして，同条例施行規則により，通常の補助金交付規則に近い内容を定めるほか，交付申請書に添付すべき書類を定めている（2条）。

貸付け等についての規範　貸付けに関しては，補助金等に比べて通則的

80　通常の補助金等交付規則のなかで，団体等に対する継続的補助金を意識した規定が置かれることもある。たとえば，徳島市補助金等の交付に関する規則は，「交付決定に関する制限」という条文見出しの下に，「継続的に支出するものについては，当該補助事業団体等が，自主的に当該補助事業等の遂行に努めているものでなければならない」とする項目を掲げている（6条3号）。

81　各規則の定める交付金見直し評価表によれば，たとえば，交付金の目的については，公益性に着目して，公益性が「非常に高い」（5点），「高い」（4点），「ある」（3点），「低い」（2点），「ない」（1点）の評価を，また，目的の達成度については，「非常に高い」（5点），「高い」（4点），「認められる」（3点），「低い」（2点），「ない」（1点）の評価を加えることとされている。

82　杉並区勤労者福祉協会，杉並区スポーツ振興財団，杉並区障害者雇用支援事業団が列挙されている。

規範を欠くことが多い。地方公共団体に関する限り，通説に従えば，法的には補助金交付も貸付けも私法契約に基づくものであるが，関係者の意識としては，補助金交付の場合は私法の対等関係とは異なる特別の法律関係にあると意識されるのに対して，貸付けは，純粋に私法契約であると認識されていることによるのかもしれない。ただし，個別の貸付けに関しては，多様な規範形態があって，条例によるもの[83]，規則によるもの，要綱によるものがみられる（第4章1［2］をも参照）。これらの振り分けがどのような基準によっているのか必ずしも明確ではない。

　たとえば，松本市は，「松本市住宅新築資金等貸付条例」を制定して，住宅新築資金，住宅改修資金，宅地取得資金について，貸付対象者，貸付金の限度，貸付利率・償還期限，償還方法，償還の猶予・減免，延滞金，宅地取得資金借受人の住宅建設義務，財産の処分制限等について規定している。これに対して，勤労者互助会会員及び組織労働者の子弟の教育資金，医療費，慶弔費，災害費用又は生活資金に充てる融資は「松本市勤労者資金融資要綱」によっている。また，福祉医療費資金の貸付け[84]，国民健康保険法57条の2に規定する国民健康保険高額療養費資金の貸付け[85]及び国民健康保険条例7条4項[86]の国民健康保険出産費資金貸付金については，規則によっている。

83　たとえば，杉並区は，産業融資資金条例，生業資金貸付条例，応急小口資金貸付条例，女性福祉資金貸付条例，住宅修築資金融資あっせん条例，奨学資金に関する条例などを制定している。ちなみに，同区は，補助金に関しては個別の多数の要綱を制定している。他方，豊島区は，社会福祉法人に対する資金の補助の手続に関する条例のほか，法人ごとの条例を制定している（財団法人としま未来文化財団，豊島区納税貯蓄組合，財団法人豊島区勤労者福祉サービスセンター）。

84　同市福祉医療費給付金条例による受給者証の交付を受けた者に対する貸付けであって，条例による給付金と併存しうる。

85　国保法57条の2は高額療養費の支給を定めるものであるが，市の貸付けは，それと併存する貸付制度である。

86　「被保険者の出産のための費用に係る資金の貸付けのために必要な事業を行う」という条文である。

[5] 補助金交付要綱

国の補助金交付要綱　補助金交付要綱は，複数のレベルで存在する。国の，補助金交付に関しては，規制規範・手続規範として適正化法が存在する。それを前提にして，法律補助及び予算補助を含めて，個別の補助金等の交付の要件・手続等を要綱の形式で定めることが多い（例。廃棄物発電開発費補助金交付要綱）。地方公共団体に対する補助金等に係る要綱は，地方公共団体に対し「通知」されるのが普通である。告示の形式で「補助金交付要綱」が定められている例（廃棄物発電促進対策費補助金交付要綱）もある。

地方公共団体の補助金交付要綱　地方公共団体にあっては，補助金交付規則に代えて，通則的な規制規範・手続規範として補助金交付要綱を定める場合もある。

これと別に，補助金等交付規則を制定している地方公共団体にあっても，補助金等の実体要件は，要綱によって定められるのが普通である[87]。静岡県についてみると，包括的な「静岡県補助金等交付規則」のほか，市町村合併行政推進事業費補助金交付要綱，被災者支援生活再建支援補助金交付要綱，私立学校施設整備事業費補助金交付要綱，子育て支援モデル事業費補助金交付要綱を含む62の要綱が『静岡県例規集』に収録されている（平成17年5月31日現在）。それらの中には，「林業関係事業補助金交付要綱」のようにいくつかの補助金を包括的に規律する要綱も存在する。同じく，新潟市の『新潟市要綱集』のなかに「補助金等」として242の要綱が収録されている。一の地方公共団体において，補助金に関する要綱が首尾一貫した方針の下に定められているのか分析することは難しいが，新潟県の場合は，「補助金交付要綱準則等について」という総務部長通知により統一を図っている。

地方公共団体の補助金交付要綱が，どのような法的意味をもつかは，慎重に判断しなければならない。裁判例等によれば，要綱は行政内部の規範で法規たる性質をもつものではないから，具体の補助金交付がそれに違反するか

---

[87] 宮城県は，県政情報センターにおいて要綱を公開しているという。各要綱名は，同県のホームページに掲載されており，平成18年8月現在の部ごとの要綱の数は，総務部29，企画部30，環境衛生部29，保健福祉部124，産業経済部221，土木部27，教育庁32となっている。

らといって直ちに違法となるものではないとされる（東京地裁昭和63・9・16行集39巻9号859頁，その控訴審・東京高裁平成元・7・11行集40巻7号925頁）。しかし，実体要件を定める要綱に違反して交付された場合は，「公益上」の「必要」がないにもかかわらず交付されたことを推認させる事情となる余地があると述べる裁判例がある[88]。要綱違反の行為については，他の規範との関係にも目配りして判断する必要があろう。

[6] 「法人に対する政府の財政援助の制限に関する法律」

法人財政援助制限法　「法人に対する政府の財政援助の制限に関する法律」（以下，「法人財政援助制限法」と略す）は，公的資金助成に関する重要な規範を有している。その第3条が，「政府又は地方公共団体は，会社その他の法人の債務については，保証契約をすることができない。ただし，財務大臣（地方公共団体のする保証契約にあっては，総務大臣）の指定する会社その他の法人の債務については，この限りでない」と定めているからである。この規定の内容の分析は，後に行なう（第2章6［2］）。また，同法2条1項は，会社その他の法人に対して，払込済株金額又は出資金額に対して一定割合の利益の配当又は剰余金の分配を確保するために政府が補給金を交付することを禁止している。

3　公的資金助成行政組織

[1]　国の資金助成行政組織

分担管理による資金助成業務の分担　国の行政事務は，各省大臣により分担管理される（国家行政組織法5条1項）。補助金等の資金助成業務も，「行政事務」の一環として，この分担管理の対象とされる。さらに，実際の事務は，内部部局（同法7条）により，分担されている。地方公共団体に対する

---

[88] 札幌地裁平成10・3・18判例集未登載。具体の事案は，北海道が自動車競技を含む主要行事とする「インターナショナルラリーイン北海道」に道のイベント推進事業費補助金を交付したもので，「イベント推進事業費補助金交付要綱」違反はないとしている。

国庫支出金の改革の一環として導入された地域再生基盤強化交付金に関しては，それが複数の事業を一括した交付金であることから，内閣府に窓口を一本化したうえ，それを構成する個別の事業については各所管省庁が関与する方式が採用されている。この場合の関係省庁は，国の内部における協力関係として位置づけられよう。やや特殊な業務として，財政投融資資金の運用としての資金助成は，財務省の所掌である。これと密接に関係する国の貸付金の管理も財務省の所管である。同じく，債券及び借入金に係る債務について国が債務を負担する保証契約も，財務省の所管である。

制度所管省 資金助成業務と別に制度を所管する省が存在する。国の資金助成一般の制度の立案と事務処理の統一に関する事項については，財務省が所管する。地方公共団体に対する資金助成制度については，財務省と並んで総務省が所管している。問題なのは，国の資金助成に関して直接に問題を意識するのは，資金助成を受ける者又は資金助成業務を所管する省庁の担当者であるが，それらの問題点が制度所管省に必ずしも迅速に伝達されないことである。その結果，制度所管省が問題検討の俎上にのせる時期は遅れがちである。資金助成業務所管省の対応の悪さの問題と資金助成のシステムの欠陥の問題とが混同されて，正式に問題を提起しにくい状況があるのかもしれない。

なお，省庁間の足並みを揃えて補助金等の交付の適正化を図るために，閣議了解により財務省に補助金等適正化中央連絡会議が設置されている。

[2] 資金助成業務担当法人

資金助成業務担当法人とは 国の資金助成は，国の組織が直接に担当するばかりでなく，国と別の法人が担当している場合がある。地方公共団体の場合にも，財団法人を設立して，その法人を通じて資金助成を行なっている場合がある。このような法人のことを「資金助成業務担当法人」と呼んでおこう。このような資金助成業務担当法人をどのように位置づけるかは，行政法学のなかで検討する必要があるが[89]，本書においては，できるだけ実態に迫って分析することとしたい。

特殊法人・独立行政法人 独立行政法人制度ができるまでは，国の資金

助成業務を担当する法人として，いくつかの特殊法人が存在してきた。「公庫」と呼ばれる法人が典型であったほか，その他の名称の法人も存在した。特殊法人の合理化のなかで，名称及び組織形態が大きく変遷しており，正確にフォローすることを困難にさえしている。

たとえば，私学助成に関与する法人として，日本私学振興財団，独立行政法人日本私立学校振興・共済事業団と，名称・組織が変遷している。日本私立学校振興・共済事業団の業務として，「私立学校の教育に必要な経費に対する国の補助金で政令で定めるものの交付を受け，これを財源として，学校法人に対し，補助金を交付すること」，「学校法人又は準学校法人に対し，その設置する私立学校又は職業に必要な技術の教授を目的とする私立の専修学校若しくは各種学校で政令で定めるものの施設の整備その他経営のため必要な資金を貸し付け，及び私立学校教育（……）に関連してその振興上必要と認められる事業を行う者に対し，その事業について必要な資金を貸し付けること」などが掲げられている（日本私立学校振興・共済事業団法22条1項1号・2号）。

そして，目下，国の資金助成業務を担当する法人の多くが，独立行政法人に移行する傾向が強い（たとえば，独立行政法人学術振興会，独立行政法人福祉医療機構，独立行政法人新エネルギー・産業技術総合開発機構（NEDO）など）。

独立行政法人福祉医療機構は，これまでの社会福祉・医療事業団を承継した法人で，全額政府出資によっており，「社会福祉事業施設及び病院，診療所等の設置に必要な資金の融通並びにこれらの施設に関する経営指導，社会福祉事業に必要な助成，社会福祉施設職員等退職手当共済制度の運営，心身障害者扶養保険事業等」を行なうこととされている（同独立行政法人法3条1項，12条）。そして，同機構の「子育て支援基金」の助成は，「一般分」と「特別分」に分けて各種の事業に向けられている。

独立行政法人高齢・障害者雇用支援機構の業務には，高年齢者等の雇用の機会の増大に資する措置を講ずる事業主又はその事業主の団体に対して給付

---

89 ドイツに関する代表的な研究として，米丸恒治「『私人による資金助成行政』の法的統制」室井力先生還暦記念論文集『現代行政法の理論』（法律文化社，平成3年）121頁（同『私人による行政』（日本評論社，平成11年）197頁以下所収）がある。

金を支給することが含まれている（同機構法11条1項1号）。これは，「高年齢者等の雇用の安定等に関する法律」49条1項1号の事務について，同条2項が，実施に関する事務の全部又は一部を機構に行なわせることができると規定しているのを受けたものである。したがって，機構は国の事務の代行機関である。同じく，同機構は，障害者雇用調整金及び助成金の支給事務を行なう（障害者の雇用の促進等に関する法律50条・51条）。

独立行政法人雇用・能力開発機構の業務には，「厚生労働省令で定める理由により就職が困難な者が就職するために必要な資金の貸付けその他の援助を行うこと」（同機構法11条1項2号）及び職業能力開発促進法15条の3に規定する必要な助成をすること（同条2項9号）などが含まれている。

学生の修学を支援するための奨学金について，これまでは日本育英会が政府の機関としての役割を果たしてきた。しかし，平成16年から独立行政法人日本学生支援機構が「経済的理由により修学に困難がある優れた学生等に対し，学資の貸与その他必要な援助を行うこと」等の業務を行なっている（同機構法13条1項）。学資の貸与は，無利息の第一種学資金と利息付きの第二種学資金とに分かれており（14条1項），前者の額並びに後者の額及び利率は，学校等の種別その他の事情を考慮して，学資金の種類ごとに政令で定めるところによる（14条4項）。政府と同機構との間には，機構の長期借入金及び日本学生支援債券に係る債務についての政府の債務保証（20条），第一種学資金に要する資金の政府による無利息貸付け（22条1項），学資貸与業務経費の一部に対する予算の範囲内における補助（23条）などの資金助成の関係がある。

国と別個の法人が設立されていることと論理上必然的に関係するわけではないが，法人が国以外の民間等から寄附を受け入れて，その資金を活用した助成措置を講ずる場合もある。日本私立学校振興・共済事業団は，国からの資金を受け入れた事業のほか，広く一般から受け入れる寄附金を基金（学術振興基金）[90]として運用し，その運用益を私立大学等の優れた学術研究に対し

---

90 同事業団のホームページによれば，平成17年10月末現在，基金保有額は53億円余であるという。

て「学術研究振興資金」として交付する事業を実施している。

　ところで，独立行政法人が補助金等を交付する場合には，独立行政法人の役員及び職員は刑法その他の罰則の適用について「みなし公務員」とされ（例：独立行政法人福祉医療機構法11条），法人によっては罰則も含めて適正化法の規定を準用するとされている（独立行政法人福祉医療機構が社会福祉振興事業を行なう者に対して行なう助成金につき同機構法13条，独立行政法人日本芸術文化振興会が同振興会法14条1項1号の規定により支給する資金につき同振興会法17条)[91]。また，独立行政法人日本学術振興会にあっては，同機構法15条1号の業務として振興会が予算で定める国の補助金の交付を受け，これを財源として交付する補助金について適正化法の一定の条項[92]を準用している（同振興会法17条）。日本学術振興会は，文部科学省予算の科学研究費の配分を担っているのであるから自然な準用といえる。しかし，日本学術振興会と同様に，戦略的創造研究推進事業補助金の配分を行なっている独立行政法人科学技術振興機構に関しては，そのような準用規定が置かれていない。

　ところで，独立行政法人の交付する補助金等について適正化法5条，6条等が準用されていないと，当該法律関係が私法関係とされてしまい，交付要綱等において交付決定の文言が用いられていても，それに行政処分性を認めることができないという問題を生ずる。その結果，交付申請に対して応答がない場合に不作為の違法確認の訴えを起こすことができず，また，申請に対する全部又は一部の拒否決定に対しても取消訴訟を提起できないことになる。巨額の補助金等の交付業務を独立行政法人に移管する場合の問題点である。

　委託方式　国が，特定の助成事業を特定の法人に「委託」する方式も存在する。前述した独立行政法人高齢・障害者雇用支援機構も国の業務の委託を受けているとみることができる。これ以外にも，たとえば，平成18年度

---

[91] 独立行政法人国際協力機構法14条，独立行政法人新エネルギー・産業技術総合開発機構法18条，独立行政法人農畜産業振興機構法17条，独立行政法人中小企業基盤整備機構法16条，独立行政法人国際交流基金法13条なども，同様の定めをおいている。

[92] 10条1項・2項・4項，17条1項・3項・4項，18条1項・2項，19条から21条の2まで，24条の2の各規定である。

において，経済産業省は，「外国企業誘致地域支援事業」[93]を独立行政法人日本貿易振興機構（ジェトロ）に委託[94]して実施している。外部から細かい仕組みを理解することはできないが，ジェトロが資金助成業務担当法人の役割を果たしていることは疑いない。この制度において，提案者の提案に基づいて対象地域が採択される[95]。提案者が必ずしも支援を受ける者であるとは限らない。

財団法人等　　他方，民法の公益法人形態の資金助成業務担当法人も存在する。その中には，いわゆる指定法人も存在する。たとえば，被災者生活再建支援法は，同法による被災者生活再建支援金の支給に関する都道府県の事務を被災者生活再建支援法人に委託することができるものとしている（4条1項）。同法人として，財団法人都道府県会館が指定されている。

指定法人以外の財団法人も大きな役割を果たしている。たとえば，財団法人こども未来財団は，国の厚生保険特別会計児童手当勘定の児童育成事業費補助金の交付を受けて，各種の助成事業を実施している[96]。興味深いことに，こども未来財団は，国から直接に補助金の交付を受けるものもあれば，独立行政法人福祉医療機構を経由して補助金を受けるものもある[97]。

財団法人21世紀職業財団も，事業所内託児施設助成金，育児・介護費用助成金，育児休業代替要員確保等助成金，育児両立支援奨励金などの事業を実施している。そして，厚生労働省からの育児休業労働者等支援交付金及び

---

[93]　この事業は，全国の地方公共団体等から地域における外国企業の誘致活動の計画を公募により募集し，採択された計画に基づいて地域が行なう誘致活動を支援し，対日直接投資を拡大し地域経済の活性化に資することを目的とするものである。支援対象となる活動には，招へい関係活動及び進出企業の立ち上げ支援活動（アドバイザー人件費，弁護士・行政書士等専門家の相談費，翻訳費・通訳費）が含まれている。

[94]　委託方式の場合に，支援対象地域の決定業務のみを委託し（委託費は決定業務のみに対するもの），助成金そのものは国から直接に助成対象者に交付される仕組みと，助成金を含む全体の金額を委託費として委託先に交付し，委託先がその助成金交付を含む包括的な事業を実施する仕組みとがありうる。

[95]　平成18年度採択地域「グレーター・ナゴヤ地域」は，名古屋を中心に概ね半径約100キロメートルに拡がる愛知県，岐阜県及び三重県にまたがる地域で，提案者は，愛知県，岐阜県，名古屋市，大垣市，津市，社団法人中部経済連合会，名古屋商工会議所である。

短時間労働者福祉事業交付金（これらは補助金）並びに女性の能力発揮促進事業委託費が，年間収入のほとんどを占めている[98]。

　また，財団法人高年齢者雇用開発協会は，緊急雇用創出特別奨励金，新規・成長分野雇用創出特別奨励金，不良債権処理就業支援特別奨励金，地域創業助成金などの助成金・奨励金の交付事業を実施しているが，やはり，ほとんど厚生労働省からの補助金・委託費の財源に依存している[99]。

　社団法人組織の指定法人も存在する。社団法人全国農地保有合理化協会[100]は，農地保有合理化促進事業を実施するために都道府県に設立された農地合理化法人（農業公社，農業振興公社，農業開発公社等名称はさまざまである）を支援するための社団法人である。会員は，都道府県農業公社（1号会員），農業関係の営利を目的としない中央団体会員（2号会員）（全国農業会議所など），地方公共団体又は地方公共団体の長が構成する全国団体（3号会

---

[96] たとえば，平成17年度には，国の助成による事業として，特別保育事業等推進施設助成事業，ベビーシッター育児支援事業，地域児童健全育成施設整備助成事業が実施された。このうち，ベビーシッター育児支援事業は，児童手当法20条に規定する一般事業主の従業員又は延長保育促進事業若しくは長時間保育促進基盤整備事業の国庫補助を受けている保育所等の職員が，就労又は延長保育に従事するためにベビーシッター育児支援サービスを利用した場合に，その利用料金の一部を負担する事業である。事業主又は対象保育所等と「こども未来財団」との間で「ベビーシッター育児支援協定書」による協定の締結が必要とされている。

[97] 同財団の基金事業として，平成17年度には，保育遊具等助成事業，保育活動促進事業，融資利子補給事業，企業等福利厚生施設開放助成事業，授乳コーナー・キッズルーム整備助成事業，商工会等育児支援助成事業等が実施された。

[98] 平成16年度の補助金等報告書によれば，これらの合計額が約60億円で，年収比率は95.2％であった（同財団のホームページによる）。

[99] 平成16年度において厚生労働省から2,675億円の補助金・委託費の交付を受けており，年間総収入に占める比率は95.8％である。そして，中小企業福祉事業費補助金の交付実績額は2,675億円であるというから，厚生労働省から受け入れた資金が，そのまま前記補助金の交付に充てられたことになる（同財団法人のホームページによる）。なお，同年度の補助金交付は，緊急雇用創出特別基金事業が，ほとんどを占めている。

[100] この法人については，農林水産省構造改善局農政部農政課＝全国農地保有合理化協会監修『改訂「農地保有合理化事業」のすべて』（地球社，平成11年）58頁以下を参照。

員)(全国知事会など)からなる。農業経営基盤強化促進法11条による指定法人たる農地保有合理化支援法人である。同協会は,農地保有合理化促進事業として,担い手育成資金・長期育成資金の貸付け,農地売買円滑化事業として農地売買円滑化事業助成金,農地保有合理化法人機能強化事業としての助成金,都道府県農業公社推進体制強化事業助成費などを交付するほか,都道府県農業公社及び市町村農業公社に対する債務保証事業も実施している。そして,同協会の収入には,多額の国庫補助金収入が含まれている。この補助金は,国の「農業経営基盤強化措置特別会計」の農地保有合理化対策費に含まれるものである。

経済産業省のクリーンエネルギー自動車等導入促進事業は,電気自動車等購入費補助等については財団法人日本自動車研究所を通じて,天然ガス自動車等購入費補助・天然ガス供給設備(非事業用)設置補助等については社団法人日本ガス協会を通じて,また,電気・天然ガス供給設備(事業用)設置補助については財団法人エコ・ステーション推進協会を通じて,それぞれ実施されている。最後の事業は,通称「エコ・ステーション事業」で,電気自動車用充電設備,天然ガス自動車用充填設備の設置等に対して助成するものである。

すでに述べたように独立行政法人の職員には「みなし公務員」としての扱いがなされているが,公益法人形態の法人については,そのような手当てができていないように見受けられる。政府資金の分配業務に従事する職員の公正な業務執行が担保されているのかどうかについての検証と今後のあり方の検討が必要であろう。

人材派遣の活用　公的資金助成業務担当法人は,その業務の遂行にあたり,自己の職員を用いることは当然であるが,大量の事務を処理するのに,人材派遣会社からの人材派遣を受けて対処することもあるようである。定型的な事務の処理である限り,人材派遣によることに問題はないという判断によるものであろう。さらに,業務の一部については民間委託も取り入れられている。すなわち,公的資金助成の制度設計は省庁の担当者が行ない,独立行政法人が当該公的資金助成の執行事務の処理の責任を負ったうえ,末端の仕事は派遣職員によって処理されることもありうるのである。こうした方法

の場合には，個別公的資金助成の趣旨・目的，内容，事務執行についての一貫した理解をしている職員が窓口にいないということが生じうる。独立行政法人の活用，業務の民間委託の推進などが語られるなかで，行政のあり方として問題がないとはいえない。

[3] 地方公共団体の資金助成行政組織

権限集中方式　地方公共団体の資金助成に関する権限は，予算執行に関する権限として，長に集中されている（自治法149条2号，220条1項）。ただし，地方公営企業に関しては，管理者が契約の締結，出納その他の会計事務を担任する（地方公営企業法9条）。地方公営企業が資金助成を行なう場面があるかどうかは，それ自体検討を要するが，その場面があるとすれば，公営企業管理者が権限を行使する。

長は，権限の委任をすることができるが，原則的な権限が長に集中している点は，国の分担管理主義と大きく異なる点である。

縦割り行政と資金助成　ところで，権限集中原則にもかかわらず，委任，専決の区別があるにせよ，実際には，事務は分担してなされている。その場合に，専門の部署は，国の省庁の担当局・課・係と密接な関係をもっていることが少なくない。日常的に情報を収集し，助言を求め，場合によっては，担当者が当該省庁から出向するなどの状況において，国の担当者と地方公共団体の担当者との間に特別な絆が形成され，「縦割り行政」の実態を生ずることが多い。縦割り行政は，硬直的な行政を招きやすいとともに，各省庁の資金助成予算の肥大化にも寄与する。また，地方公共団体内部における，総合的な施策の展開や優先度の決定をも歪めることになりやすい。国の補助金を地方公共団体が獲得できることは，それを微視的に見るならば大歓迎のようにみえるが，通常は，地方公共団体自身の資金を加えて補助事業を実施するので，その補助金の使える事業の予算獲得に走ることになる。また，地方債の発行により資金を確保するときは，その元利償還の付けを後の世代に残すことになる。箱モノといわれるものについては，維持管理費が恒常的に出ることにも注意する必要がある。

資金助成業務担当法人の活用　国が公庫等を活用してきたのと比べると，

地方公共団体が資金助成に法人を活用する場面は，はるかに少ない。しかしながら，個別に見ると注目すべきものがある。

たとえば，東京都は，財団法人東京都私学財団を設立して，この財団が実施する私立専修学校教育設備等整備費補助事業，私立学校教育振興資金融資，私立学校等老朽校舎改築促進事業，私立学校退職手当補助，私立学校教育研究費補助，私立高等学校等授業料軽減助成事業，入学支度金貸付事業，育英資金貸付事業について，補助金を交付する方法により助成を実施している。融資，貸付事業に係る都の助成は利子補給である。

また，石川県の「生活福祉資金貸付事業の補助に関する条例」は，社会福祉法58条1項の規定により，同法110条1項に規定する県社会福祉協議会に対し，「生活福祉資金貸付事業に必要な貸付資金」及び事務費について予算の範囲内で補助金を交付するものとしている（1条）。そして，社会福祉協議会の行なう「生活福祉資金貸付事業」とは，低所得世帯，身体障害者世帯，知的障害者世帯，精神障害者世帯及び高齢者世帯に対して，その独立自活に必要な資金の貸付け並びに援助及び指導を行なう事業である，と定義している（2条1項）。さらに，補助の条件として，生活福祉資金貸付事業について，①貸付資金の種類，貸付金額の限度，貸付けの方法及び利率並びに償還の方法等貸付けに関する業務の方法について知事が別に定める基準[101]によること，②貸付資金の貸付けの決定等に当たっては，社会福祉協議会が設置する生活福祉資金運営委員会に諮るべきこと，③生活福祉資金貸付事業について特別会計を設けるべきこと，などの条件を付することができるとしている（4条1項）。社会福祉協議会の生活福祉資金貸付事業は，同協議会の事業であるが，補助金を交付する県がその事業内容について強く統制し，この事業に関する限り，県が，社会福祉協議会を資金助成法人として活用しているとみることができる。

法律に根拠を有する法人の例として，「青年等の就農促進のための資金の貸付け等に関する特別措置法」により知事が指定する都道府県青年農業者等育成センターがある。

---

[101] 「生活福祉資金の貸付基準」（石川県平成2年告示第562号）が定められている。

神戸市産業振興財団の場合　地方公共団体の外郭団体のなかには，複数の顔をもった助成法人が存在する。その例として，財団法人神戸市産業振興財団をみてみよう。同財団は，神戸市が資金を拠出して設立した法人である。中小企業支援法7条1項に基づいて，神戸市が行なう中小企業支援事業のうち特定支援事業を行なう法人として指定された指定法人である。「特定支援事業」とは，中小企業者が行なう電子計算機を利用して行なう事業活動に関する経営の診断，助言，調査，研究及び情報の提供を行なう事業，中小企業者の経営に必要な資金の株式又は社債による調達の円滑な実施に資する経営診断等を行なう事業などである（7条2項）。しかし，同財団の事業は，この特定支援事業に限られているものではない。神戸市の中小企業融資についての広報活動を行ない，「神戸ドリームキャッチ支援資金融資」などの助言を行なうとともに，「神戸ベンチャー育成投資事業有限責任組合」（通称：神戸リレーショナルベンチャーファンド）に信用金庫等とともに有限責任組合員として出資している（無限責任組合員は，（株）ヒューチャーベンチャーキャピタル）。札幌市の財団法人産業振興財団も，ほぼ同様のスキームにより，「札幌元気チャレンジファンド」の有限責任社員として出資している（無限責任組合員は，（株）ヒューマン・キャピタル・マネジメント）。

県レベルの中小企業等の支援法人　神戸市の例を挙げたが，県レベルには，同様の財団法人が設立されている[102]。たとえば，新潟県の財団法人「にいがた産業創造機構」は，「新潟県において，新規産業や新分野進出等の企業の経営革新及び次世代をリードする産業の創出を促進させるとともに，中小企業の設備近代化の促進及び経営管理の改善並びに下請中小企業及び中小商業の振興を図り，もって新潟県の商業の活性化及び中小企業の発展に寄与することを目的」としている（寄付行為3条）。機構の事業には，多数の事業があり，その中には，中小企業に関する地方公共団体，独立行政法人中小企業基盤整備機構等からの受託事業も含まれている。設立時には，副知事が理事長，商工労働部長が専務理事，総務部長・中小企業課長・経営指導課長が理

102　千葉県産業振興センター，神奈川中小企業センター，あきた企業活性化センターなど。

事という，県の一部門に近い役員構成であった。平成17年には，知事が理事長を務めて，理事には県から産業労働部長が入っているものの，各経済団体の代表と並んで新潟，長岡，上越の各市長が名を連ねている。関係市町村との共同機関の性質を強めている様子が窺える。ちなみに，機構に対して県の補助金及び委託金が支出されることに鑑みた場合に，知事が理事長を，県出納長が監事を，それぞれ務めていることをどのように評価すべきか。名古屋のデザイン博覧会事件（最高裁平成16・7・13民集58巻5号1368頁）などに照らして，検討も必要であろう。

　これらの財団法人のうちには，そのなかに多数の基金を設けているものがある。たとえば，「にいがた産業創造機構」には，8種に及ぶ基金がある[103]。

　これらの法人に対する県の立場は多様である。基本財産の拠出者，補助金の交付者，貸付業務の委託者などが一般的である。財団法人独自の助成金又は融資に見えるときにも，その原資は県の資金であることも少なくない[104]。その意味で，窓口が財団法人であっても，真にどこから資金助成を受けているのか明らかでないともいえる。そして，単に資金助成機関，事業支援（研修，相談等を含む）機関であるのみではなく，産業支援に関する県内の情報提供機関でもある。

公営競技関係法人　個別地方公共団体の資金助成業務担当法人とはいえないが，地方公共団体全体あるいは公営競技（公営ギャンブル）施行団体全体の資金助成業務担当法人ともいうべきものとして，公営競技関係法人を挙げることができる（この種の法人は，国の監督を受けている意味においては，国の手足とみることも可能であるが，むしろ公営競技開催団体を含む地方公共団体全体の資金配分機関と見るべきであろう）。日本自転車振興会（競輪），日本小

103　情報化基盤基金，創造的中小企業創出支援基金，中心市街地商業活性化基金，繊維産地活性化推進基金，指導体制強化基金，科学技術振興基金，信濃川テクノポリス記念基金及び信濃川テクノポリス債務保証基金である（寄付行為8条3項）。

104　たとえば，神奈川県は，神奈川中小企業センターの事業費補助のほか，中心市街地商業活性化推進事業につき，同センターに設置する中心市街地商業活性化基金の運用益等により助成している。また，商店街競争力強化支援事業については，商店街競争力強化基金を管理運営する同センターに助成している。

型自動車振興会（オートレース），日本船舶振興協会（日本財団）（競艇），地方競馬全国協会（地方競馬）などである。これらの法人は，公営競技主催団体からの納付金を原資として各種の助成措置を実施している（本章1［1］を参照）。公営競技関係法人は，実際には公益法人やNPO等に資金助成を行なっている。資金助成先の法人には，関係省庁のOBが役員として天下りしていることが多いといわれる。さまざまな問題提起を受けて，これら法人の資金助成は，次第に透明化が図られているといわれている。

［4］　資金助成業務の個別的委託

原爆被爆者健康診断受診奨励金支給事務委託事件　　国又は地方公共団体の資金助成業務を法令に基づいて恒常的に行なう方式とは別に，個別の資金助成業務について，その都度委託する方式もありうる。そのような個別的委託が許容されるのか，許容されるとしても法的な制約がないのか，を問題にする必要がある。このことが裁判で扱われた例がある。大阪地裁平成4・10・2（行集43巻10号1241頁）である。大阪府は，「大阪府原爆被爆者健康診断受診奨励金要綱」に基づき健康診断を受診した者に支給する奨励金について，その支給事務を被爆者団体の援護活動を目的とする社団法人大阪府原爆被害者団体協議会に委託する契約を毎年同協議会と結び，支給していた（協議会に対して概算払いをしておいて精算する方式）。住民訴訟により，この委託契約の締結が違法であるとして差止めを求めるなどの請求がなされた。

　この訴訟の争点のなかに，この委託は，法律又はこれに基づく政令に特別の定めがある場合を除くほか，公金の支出の権限を私人に委任し又は私人に行なわせること禁止する自治法243条（私人の公金取扱いの禁止）に違反するかどうかの点が含まれていた。判決は，受診奨励金は，自治令165条の3第1項（私人に対する支出事務の委託を許容する場合）を受けた同令161条1項7号の「報償金その他これに類する経費」に該当するとした。

　その理由について，判決は，「報償」とは，一般には役務の提供や施設の利用などによって受けた利益に対する代償（対価）を意味するものと解されており，健康診断を受けることは役務の提供等とは異なるから受診奨励金をもって報償金そのものということはできないが，「類する経費」には警察官

の犯人検挙の際の賞与金や優秀卒業生表彰金等の「賞賜金」が含まれると解されており（自治法施行規則15条2項の歳出予算に係る節の区分8参照），「賞賜金」が特定の行為を奨励する意義をも有することに鑑みれば，受診奨励金は極めてこれに近い性格を有するものとして「類する経費」に含まれるものとみることができる，と述べた。この理由づけの基礎には，受診奨励金の性格づけの問題があるが，住民が実質上の交通費であると主張したのに対して，判決は，受診奨励金と別に交通手当支給の制度があって，受診奨励金は，交通費の有無に関係なく健康診断受診者に一律に支払われるもので交通費として支給されるものではないとした。そして，2審の大阪高裁平成5・11・26（行集44巻11・12号1014頁）も，1審判決を引用しつつ，受診奨励金の性質につき，受診奨励金が受診しようとする場合の経済的負担（交通費を含む。）の軽減の趣旨をもつものと解しうるとしても，それは経済的負担の軽減を通じて被爆者の受診意欲を高め，受診率の向上を図るためのものであって，受診奨励目的と相容れないものではなく，むしろ受診意欲を妨げる事由を排除しあるいは軽減することによって健康診断の受診を奨励する効果を発揮しようとする受診奨励金の性格の一側面を示すものと理解することができる，とする趣旨を追加した。1審判決において，交通費に当たるかどうかが問題とされているが，交通費を支給したとしても，それは受診意欲を高め受診率の向上を図るという受診奨励金の性質を左右するものではない。

　問題は，政令の掲げる「報償金その他これに類する経費」の性質に含まれるかどうかである。「類する経費」の場合にも，「報償金」の観念から完全に離れることはできないのであって，少なくとも当該支出を行なう地方公共団体に対する何らかのメリットないし貢献（そのなかには，当該地方公共団体の社会的評価を高める場合なども含まれる）のある場合に限られるとみるのが自然である。こうした観点からするならば，受診奨励金は，被爆者の受診率を高めることによって健康の維持に努める目的によるものであって，「報償金その他これに類する経費」とは性質が相当異なるように思われる。しかし，だからといって，受診奨励金の支出事務の委託が禁止されると結論づける必要はない。名称にもかかわらず，自治令161条1項10号の「生活扶助費，生業扶助費その他これらに類する経費」に該当する余地もあるからである。

補助金支出事務の個別委託の許容性　資金助成業務のうち，貸付金の支出事務に関しては，必要な資金を交付して私人に支出事務を委託することが明示的に許容されている（自治令165条の3第1項）。では，補助金支出事務を私人に委託することが可能なのであろうか[105]。前述の受診奨励金事務委託事件判決においていわれた「特定の行為を奨励する」性質の支出金も「報償金その他これに類する経費」（自治令161条1項7号）に含まれるものとすれば，奨励的補助金は，自治法243条との関係における問題はないことになる。しかし，「報償金その他これに類する経費」は，「報償」の意義からして地方公共団体に対する一定の貢献に対する見返りとして給付される経費であるから，その範疇に属しない性質の補助金は，委託することができないと解さるを得ない。なお，「支出」の権限は，現金の交付に限らず，支出の意思決定の権限も含むものと解される。補助金の場合についていえば，補助金交付の意思決定を委託できないことは理解できるが，現金の交付の委託を全面的に禁ずる意味は必ずしもよく理解できない。口座振替による支出が一般的に肯定されている以上（自治令165条の2），現金交付の委託を論ずる意味は少ないが，一定の場面においては有用性が認められるように思われる。

間接補助事業者等との関係　ところで，国又は地方公共団体は，補助事業者の行なう資金助成行為に対して，補助金を交付することが多い。この場合に，直接の補助金法律関係は，補助事業者と国又は地方公共団体との間に成立するのであって，補助事業者に対する公金の「支出」を問題にすれば足り，補助事業者の行なう資金助成としての支出は，あくまでも補助事業者の「支出」であって国又は地方公共団体の「支出」ではないので，問題にする必要はないかのように見える。しかし，国は適正化法により間接補助事業者等に対しても他用途使用の禁止（11条2項）などの規制を加えている。

資金配分機関　これとは別次元の問題として，補助事業者が自己の資金を加えることなく，もっぱら国又は地方公共団体の資金を配分する役割を担

---

[105]　「私人による行政」の統制の観点からドイツにおける問題を紹介分析した業績として，米丸恒治「ドイツにおける『私人による資金助成行政』の法的統制」室井力先生還暦記念論文集『現代行政法の理論』（法律文化社，平成3年）121頁（同『私人による行政』（日本評論社，平成11年）197頁所収）がある。

っている場合には，国又は地方公共団体が実質的に「支出の権限」を補助事業者に委ねているという法的評価を受けることが起こりうるかもしれない。実態を分析してみる必要があるが，たとえば，地方公共団体と社会福祉協議会の間には，そのような問題がある可能性を否定できない[106]。

4 公的資金助成の原資

[１] 国における一般会計と特別会計

一般会計の資金と特別会計の資金　公的資金助成のうち，一般会計の資金を活用する場合は，概算要求に始まって，予算編成過程のなかで，その必要性，有効性等について審査され，「予算査定」によって吟味される。これに対して，特別会計の資金を活用する場合で，とくに特定財源によるものの配分は，事実上，特別会計を所管する省庁の判断に委ねられている結果，必要性，有効性等についての吟味が十分にはなされないことが多い。

特別会計によって資金助成がなされているものとして，財政融資資金特別会計を別とすれば，労働保険特別会計，食糧管理特別会計，電源開発促進対策特別会計，石油及びエネルギー需給構造高度化対策特別会計，空港整備特別会計などに例をみることができる。

労働保険特別会計の労災勘定の歳出には労働福祉事業費が含まれている（同特別会計法4条2項1号）。そして，労働者災害補償保険法によれば，労働福祉事業は，労災保険の適用事業に係る労働者及びその遺族の福祉の増進を図るための事業である（29条）。また，同特別会計の雇用勘定の歳出には雇用安定事業費，能力開発事業費及び福祉事業費が含まれている（同特別会計法5条）。さらに，雇用保険法によれば，雇用安定事業には一定の事業主に対する必要な助成が多数含まれ（62条1項）[107]，能力開発事業に関しても一定の事業主，団体，都道府県に対する必要な助成が含まれている（63条1項）。また，雇用福祉事業には，「求職者の就職のため，資金の貸付け，身元

---

[106] 杉村敏正「憲法89条後段および社会福祉事業法56条の法意」龍谷法学19巻3号127頁（昭和61年）は，社会福祉協議会が補助金配分機関となっていることを指摘している。

保証その他の必要な援助を行うこと」が含まれている（64条1項2号）[108]。

　厚生労働省所管の特別会計であっても，厚生保険特別会計となると，補助金は少なくなっている。児童手当勘定で児童育成事業費として児童育成事業費補助金が，業務勘定で特別保健福祉事業費補助金が交付されている程度である。

　前者は，児童手当法29条の2が，「政府は，児童手当の支給に支障がない限りにおいて，児童育成事業（育児に関し必要な援助を行い，又は児童の健康を増進し，若しくは情操を豊かにする事業を行う者に対し，助成及び援助を行う事業その他の事業であって，第1条の目的の達成に資するものをいう。）を行うことができる」と規定しているのを受けた補助金である。予算書において，児童手当法の規定による放課後児童健全育成事業，地域子育て支援センター事

107　①景気の変動等により事業活動の縮小を余儀なくされる場合に，労働者を休業させる事業主，その他雇用の安定を図るために必要な措置を講ずる事業主に対する必要な助成・援助，②離職を余儀なくされた労働者に対して労働者の再就職を促進するために必要な措置を講ずる事業主に対する必要な助成・援助，③定年の引上げ，継続雇用制度の導入により高年齢者の雇用を延長し又は再就職の援助を行ない若しくは高年齢者を雇い入れる事業主その他高年齢者等の雇用の安定を図るために必要な措置を講ずる事業主に対する必要な助成・援助，④雇用機会を増大させる必要がある地域への事業所の移転により新たに労働者を雇い入れる事業主，季節的に失業する者が多数居住する地域においてこれらの者を年間を通じて雇用する事業主その他雇用に関する状況を改善する必要がある地域における労働者の雇用の安定を図るために必要な措置を講ずる事業主に対する必要な助成・援助などが列挙されている。

108　平成18年度特別会計予算「予算参照書」によれば，労働保険特別会計の労災勘定には，「労働福祉事業費」に労働災害防止対策費補助金，産業医学助成費補助金，身体障害者等福祉対策事業費補助金，勤労者財産形成促進事業費補助金，未払賃金立替払事業費補助金，小規模事業場産業保健活動支援促進事業費等補助金，労働安全衛生融資資金利子補給金等補助金，短時間労働者福祉事業交付金，労働時間等設定改善推進助成金が含まれ（319頁以下），雇用勘定の「雇用安定事業費」には，職業能力開発校設備整備費等補助金，技能向上対策費補助金，中小企業福祉事業費等補助金，産業雇用安定センター補助金，勤労者財産形成促進事業費補助金，高齢・障害者雇用開発支援事業費補助金，雇用開発支援事業費等補助金，離職者等職業訓練費交付金，介護労働者雇用改善援助事業等交付金，短時間労働者福祉事業交付金，育児休業労働者等支援交付金，港湾労働者派遣事業等交付金が含まれている（325頁以下）。労働福祉事業費と雇用安定事業費に，共通の補助金が見られることにも注目しておきたい。

業等の児童育成事業と定められている事業の一環である。「児童環境づくり基盤整備事業費補助金交付要綱」が定められて，通知されている。それによれば，県立児童厚生施設事業（ネットワークづくり事業）（都道府県），児童環境づくり推進機構事業（都道府県及び厚生労働大臣の定めた法人），児童育成事業推進等対策事業（都道府県，指定都市，中核市及び市町村），健全育成推進事業（都道府県，指定都市及び中核市），民間児童館活動事業，児童福祉施設併設型民間児童館事業，地域組織活動育成事業，児童ふれあい交流促進事業，放課後児童健全育成事業，放課後児童クラブ等支援事業が対象とされる。児童手当法において，児童育成事業に要する費用も事業主拠出金として徴収されることになっており（20条），事業主がなぜ負担しなければならないかが問われよう。現在及び将来の労働力確保，女性労働力の確保などにより，事業遂行に伴うコストとも考えられると説明されるが[109]，個別的対応関係を欠くものであるから一般の租税負担に求めるべき事業のように思われる。

　後者は，厚生保険特別会計法19条2項1号に規定する社会保険診療報酬支払基金が行なう老人保健関係業務に対する補助金である。

　食糧管理特別会計の国内米管理勘定の国内米管理費には，多数の補助金が含まれている。

　電源開発促進対策特別会計は，電源開発促進税の収入を財源として行なう電源立地対策及び電源多様化対策に関する政府の経理を明確にするものである（同特別会計法1条1項）。「電源立地対策」とは，発電用周辺地域整備法7条の規定に基づく交付金の交付及び発電用施設の周辺の地域における安全対策のための財政上の措置であって（同条2項），交付金の交付等に充てるものであるから，まさに公的資金助成目的を有している。いわゆる電源三法の趣旨が明瞭である。また，「電源多様化対策」とは，エネルギーで石油に代替するものとして政令で定めるものの発電のための利用（電源の多様化）を促進するための特定の財政上の措置で，それらの措置には一定の法人に対する出資のほか，一定の補助も含まれている（同条3項）[110]。

　国の無利子貸付けに，日本電信電話株式会社の株式の売払収入による国債

109　児童手当制度研究会監修『三訂児童手当法の解説』（中央法規，平成16年）178頁。

整理基金の資金の一部が活用されてきた（日本電信電話株式会社の株式の売払収入の活用による社会資本整備の促進に関する特別措置法）。しかし，この資金の流れは，極めて複雑である。国債整理基金の資金の一部が一般会計に繰り入れられたうえ（同法6条1項），産業投資特別会計の社会資本整備勘定に繰り入れられる（同条2項）。そして，同勘定から，特別融資関係特別会計を経由して無利子貸付けのなされるもの（2項1号），直接に事業主体に無利子貸付けがなされるもの（2項2号），日本政策投資銀行等を通じて事業主体に無利子貸付けされるもの（2項3号），公共的建設事業に関する経理を行なう一般会計又は特別会計（「特別事業関係会計」）を経由するもの（2項4号）がある[111]。

なお，都市開発資金融通特別会計のような，貸付けの経理を明確にするための特別会計は，固有の財源を示すものではない。同特別会計の歳入は，貸付金の償還金及び利子，一般会計からの繰入金，借入金並びに附属雑収入とされている（同特別会計法3条1項）。

一般会計のなかの特別資金　一般会計の場合にも，法律によって特別の扱いのなされることがある。農業近代化資金助成法の規定に基づき，農業近代化資金の融通につき都道府県が利子補給を行なうのに要する経費を国が補助するために必要な財源を確保するために，国は，「農業近代化助成資金の設置に関する法律」により農業近代化助成資金を設置していた。この資金は，一般会計の所属であって，農林水産大臣が管理し（2条），予算の定めると

110　平成18年度特別会計予算「予算参照書」によれば，電源立地勘定の電源立地対策費には，電源立地等推進対策補助金，電源立地地域対策交付金，電源立地等推進対策交付金，原子力施設等防災対策等交付金，電源地域工業団地造成利子補給金が含まれ（154頁以下），電源利用勘定の電源利用対策費には，中小水力発電開発費補助金，噴流床石炭ガス化発電プラント開発費補助金，地熱開発促進調査費等補助金，地域エネルギー開発利用発電事業等促進対策費補助金，電源利用対策発電システム技術開発費補助金，ウラン濃縮技術確立費等補助金，全炉心混合酸化物燃料原子炉施設技術開発費補助金，原子力発電関連技術開発費補助金，核燃料サイクル開発機構補助金，核燃料サイクル開発機構研究費補助金，核燃料サイクル開発機構施設整備費補助金が含まれている（160頁以下）。

111　資金の流れについて，加藤剛一＝田頭基典『三訂　補助金制度──その仕組みと運用──』（日本電算企画，平成8年）213頁の第3図を参照。

ころにより一般会計からの繰入れがなされるほか（3条），財政融資資金への預託利子をもって充てることとされ（4条），一般会計でありながら，資金の預託による利子を稼ぐなど，独特の仕組みが採用されていた[112]。しかし，この法律は，平成17年法律第16号により廃止された。

[２] 地方公共団体における基金の活用

基金の位置づけ　地方公共団体も，特別会計の設置が認められている。すなわち，特定の事業を行なう場合その他特定の歳入をもって特定の歳出に充て一般の歳入歳出と区分して経理する必要がある場合において，条例で特別会計を設置することができる（自治法209条2項）。しかし，地方公共団体の特別会計において，公的資金助成を行なう例はそれほど多くはないと思われるうえ，国と異なり，長の統括性が強いために，国と同じような特別会計の弊害は生じていないと思われる。

他方，国に比べて，公的資金助成と密接な関係にあるのが，「基金」制度の活用である。地方公共団体は，条例の定めるところにより，特定の目的のために財産を維持し，資金を積み立て，又は定額の資金を運用するための「基金」を設けることができる（自治法241条1項）。この規定により設置された基金が，公的資金助成の原資として用いられることも多い。基金を活用して，たとえば補助金を交付する場合には，一般会計又は特別会計を通じて実施されるのであるが，基金の設置自体に政策目的が明確に示されるので，住民に対する政策周知効果が大きいと考えられる。

基金方式が存在することにより，一定目的の資金助成（たとえば，育英，芸術の普及，自然保護活動の奨励など）に充てる資金を，篤志家の寄附に仰ぎ又は住民一般に広く寄附を募ることなども可能になる[113]。たとえば，横浜市は，「水のふるさと道志の森基金」を設置して市民や企業から寄附金を受

112　公的資金助成のみに関係するものではないが，同様に一般会計に設置される資金として，「経済基盤強化のための資金及び特別の法人の基金に関する法律」に基づく経済基盤強化資金がある（同法2条以下）。

113　このような傾向について，碓井光明「地方財政と基金制度」地方財政33巻8号4頁（平成6年）及び碓井・自治体財政・財務法246頁を参照。

け入れて，水道事業会計の拠出等により基金を造成し，NPO等のボランティア団体に助成することとしている。また，同市は，「よこはま夢ファンド（横浜市市民活動推進基金）」への寄附を募り，あらかじめ登録されたNPO法人に対する助成措置を実施している。寄附にあたり，支援したい団体の活動分野や団体名を希望することができることとされている。助成金・団体登録の審査等を行なう機関として，横浜市市民活動推進ファンド審査委員会が設置されている。こうした仕組みは，広く活用されている[114]。

全国的基金・全県的基金の活用　個別地方公共団体の基金ではなく，全国的基金又は全県的基金の活用も試みられている。被災者生活再建支援法は，被災者生活再建支援法人（実際は，財団法人都道府県会館が指定されている）に支援業務を行なうための基金を設けて，都道府県が世帯数その他の地域の事情を考慮して拠出することとし（9条1項・2項），その運用益と国からの補助金（支援金の2分の1）によって支援金の支給を行なうこととしている。また，鳥取県は，被災者住宅再建支援条例を制定して，県及び参加市町村が毎年度拠出する資金を被災者住宅再建支援基金に積み立てて，被災者住宅再建支援事業費補助金を交付することとしている。

[3]　自己資金と借入資金

自己資金原則と例外的な借入資金　国又は地方公共団体が資金助成をする際には，自己資金によるのが原則である。無償の借入資金の場合も，負担を伴わないという意味において，自己資金に準ずるといえよう。

これに対して，公的資金助成をするための資金を借入れに頼ることが健全といえないことは当然である。しかしながら，自己資金が足りないとき等において，借入資金を活用せざるをえないことがある。この点で，財政法4条1項が，公共事業費，出資金及び貸付金の財源について，国会の議決を経た

114　銚子市は，市民等からの寄附で積み立てた「銚子市協働まちづくり推進基金」を用いて，住みよい魅力的なまちづくりに寄与する「優れた創意と工夫によるまちづくり活動」に対して「銚子賞」を授与し補助を行なうことにより支援することとしている。書類審査の後に活動計画の独創性，実現性，まちづくりへの波及効果などを公開審査会で審査し，審査委員会で受賞団体を決定する方式が採用されている。

金額の範囲内で公債を発行し又は借入金をなすことを許容していることが注目される。また，地方財政法5条も，出資及び貸付金の財源とする場合（出資又は貸付けを目的として土地又は物件を買収するために要する経費の財源とする場合を含む）（2号）のほか，「学校その他の文教施設，保育所その他の厚生施設，消防施設，道路，河川，港湾その他の土木施設等の公共施設又は公用施設の建設事業費」の財源とするために地方債を発行することを許容している（5号）。

　地方債財源による資金助成がなされた典型の一つとして，水俣病対策として熊本県が県債を発行してチッソ株式会社に対する金融支援（財団法人経由を含む）をしたことが挙げられる[115]。

公共事業費・建設事業費の範囲　　国における公共事業費の範囲については，毎会計年度国会の議決を経ることとされ（財政法4条3項），実際には予算総則において定められている。毎年度の予算総則をみると，施設の整備を目的とする補助金（たとえば，私立学校の施設整備費補助金）も公共事業費に含められている。これは，補助金の交付を受けて建設された施設の便益の発揮が将来にわたることに鑑みたものと思われる。将来にわたり国民が税負担をすることによって償還することを許容しているのである。要するに，補助金交付のためにも「建設国債」が実際に発行されていることに注意する必要がある。

　地方公共団体にあっては，前記の文教施設，厚生施設，消防施設，公共施設又は公用施設の建設事業費の財源とするために地方債を発行することを許容しつつ，「公共的団体又は国若しくは地方公共団体が出資している法人で政令で定めるものが設置する公共施設の建設事業に係る負担又は助成に要する経費」の財源とする場合も，建設事業費に含む旨が明示されている（地方財政法5条5号括弧書き）。国の場合には，予算総則の定めによって公共事業費の範囲を定めることができるが，地方公共団体の場合には，地方財政法の定める範囲内に収まっていることが必要とされる。したがって，原則は，当

---

[115] その最初の措置は，昭和53年の「水俣病対策について」という閣議了解により採用されたスキームであった。チッソに対する金融支援については，本章1［2］を参照。

該地方公共団体自身の設置する施設であるが，例外的に，「公共的団体又は国若しくは地方公共団体が出資している法人で政令で定めるものが設置する公共施設の建設事業に係る負担又は助成に要する経費」に充てる地方債の発行も許容されているのである。「公共的団体」には，自治法96条1項14号，157条においては，その性質上国又は地方公共団体を含まないが[116]，ここでは含むものと解釈するのが自然である。したがって，県が市町村の公共施設の建設事業費について負担金又は補助金を交付するために地方債を充てることも許容される。

ところで，定評ある解説書によれば，「公共的団体」は，一般に公共的な活動を営む団体をいい，特殊法人，公共法人（土地改良区，土地区画整理組合，地方3公社等），公益法人（民法法人，社会福祉法人，日本赤十字社，学校法人，商工会議所等），協同組合などが含まれるとされ，このことは，平成11年改正で，括弧書きが加えられる前からの当然の解釈であったとされている[117]。しかしながら，民法法人，社会福祉法人，学校法人の設置する施設について「公共施設」と認識しうるものがあるのか疑問である。社会福祉法人の設置する社会福祉施設[118]や学校法人の設置する学校を「公共施設」とみる解釈は，地方債収入をもって充てることまで許容できるものであるかどうかという基本的視点を離れた解釈というほかはない。それ以外の法人については，国又は地方公共団体の出資がなされて政令で定める要件を満たすものとされている[119]。筆者の見解によれば，国又は地方公共団体の出資のない社会福

---

[116] 「一般公共の福祉を増進するものであれば，すべてを含み，公法人たると私法人たると，また法人格を有しないものたるとを問わない」とされているが（松本・逐条334頁。なお，同書487頁をも参照），「区域内」という限定から国を含まないことはもとより，その規定の性質上，地方公共団体も含まれないと解すべきであろう。

[117] 石原＝二橋・地方財政法逐条59頁。

[118] 石原＝二橋・地方財政法逐条60頁は，社会福祉法人の行なう社会福祉施設建設事業費補助金を実例として掲げている。

[119] 政令で定める法人は，国，地方公共団体又は国若しくは地方公共団体の全額出資に係る法人が資本金，基本金その他これらに準ずるもの（「資本金等」）の2分の1以上を出資し，かつ，国又は地方公共団体が資本金等の3分の1以上を出資している法人とされている（地方財政法施行令1条）。したがって，たとえば，公立大学法人の施設の建設事業費を助成するために地方債を発行することは許容される。

祉法人の設置する社会福祉施設，それらの出資のない学校法人の設置する学校の建設事業費を助成するための財源に地方債を充てることは認められないことになる。その結果，国の場合とは，微妙な違いが生じることに注意する必要がある。たとえば，学校法人に対する国の私立学校施設整備費補助について，予算において「公共事業費」に掲げることにより国債収入を充てることができるのに対して，地方公共団体の出資していない学校法人に対する施設整備費補助金に地方債収入を充てることはできないというべきである。

出資金又は貸付金の財源と国債・地方債　以上述べてきたように，出資金又は貸付金の財源とするための国債又は地方債の発行が許容されている。ただし，この「貸付金」が，どのような場合までをカバーしうるのかについては検討する必要がある。もしも，公債資金の利子を上回るような利子を獲得できる貸付金の場合は，財政運営を危うくする恐れがないという理由により公債資金を充てることが許容されているとするならば，低利又は無利子の貸付けであって逆ざやを生ずるような場合は，公債発行の許容される「貸付金」ではないとする解釈も可能である。ここでは，一応そのような解釈に与しておきたい。地方公共団体が民間金融機関から資金を借り入れて（地方債），その資金を民間法人たる対象事業者に無利息で貸し付け，地方債の支払利子の75％を地方交付税により措置するという「ふるさと融資」（地域総合整備資金貸付）制度は，この観点から問題である。貸付対象事業の調査・検討等には，財団法人地域総合整備財団（通称：ふるさと財団）が関与する。

この例のように，地方公共団体の出資金又は貸付金の原資を地方債で調達した場合に，一定の地方債の元利償還金については，地方交付税により措置されている。そのような仕組みは，地方公共団体による出資又は貸付けを促進する機能をもっている。

間接補助金等の財源とする補助金等　自己資金の特別の形態として，適正化法において，国の補助金等の交付を受ける補助事業者が，その補助金等もって，自らの行なう補助金等（国から見ると間接補助金等）の交付の財源に充てる場合の，補助金等がある。この場合は，国からの補助金等の交付の目的に従って間接補助金等が交付されなければならない。

私立大学経常費補助金は，日本私立学校振興・共済事業団が学校法人に対

して私立大学等の経常的経費について補助するための財源として，国から事業団に交付される。事業団が学校法人に交付する補助金は，国の立場からは間接補助金であり，学校法人は間接補助事業者である。その場合に，事業団に対する補助金交付要綱（昭和 52・11・30 文部大臣裁定）の中において，事業団が学校法人に交付する補助金に係る申請，配分，交付その他の取扱に関する細目は別添の取扱要綱で定めるものとして（同要綱 12 条），別添を用意している。これは，私学助成に関して，事業団を代行機関として位置づけていることによるものである（私立学校振興助成法 11 条参照）。

独立行政法人等における国の出資金と寄附金収入との複合財源　独立行政法人等にあっては，資金助成にあたり，国の出資金と民間からの寄附金等とを併せて原資としているものがある。その際に基金を設置する方式が用いられることがある。

たとえば，独立行政法人環境再生保全機構は，国の出資と民間からの寄附により，「地球環境基金」を設けて，基金の運用益によって，環境保全活動に取り組む NGO の活動に助成を行なっている。また，独立行政法人日本芸術文化振興会には，政府出資金 530 億円と民間の寄附による出えん金 112 億円からなる「芸術文化振興基金」が設けられて，その基金の運用益によって，芸術文化活動に対する助成がなされている[120]。もちろん，このような運用益財源方式は，運用益の変動リスクを伴っている。

なお，資金助成を行なう独立行政法人は，他の独立行政法人とともに，税法上「特定公益増進法人」として扱われて，寄附を募りやすい仕組みが採用されている（法人税法施行令 77 条 1 項 1 号，所得税法施行令 217 条 1 項 1 号）。民法法人についても，「科学技術に関する試験研究を行う者に対する助成金

---

[120] 基金による助成の対象は，芸術家及び芸術に関する団体が行なう芸術の創造又は普及を図るための活動，地域の文化の振興を目的として行なう活動，そのほか文化に関する団体が行なう文化の振興又は普及を図るために活動である。なお，これと別に，運営費交付金による事業として，芸術団体が国内において行なうわが国の舞台芸術の水準向上に資する公演活動を助成する「舞台芸術振興事業助成金」を交付している。基金による助成金については，芸術文化振興基金運営委員会を設置し，4 つの部会，11 の専門委員会を置いて，各分野の実情及び特性に応じた審査体制がとられている。後者の助成金についても，前記委員会の調査審議を経て採択が決定される。

の支給を主たる目的とする法人」,「人文科学の諸領域について, 優れた研究を行う者に助成金の支給を行うことを主たる目的とする法人でその業務が全国の区域に及ぶもの」, 学校における教育に対する助成を主たる目的とする法人なども, 特定公益増進法人とされているので (法人税法施行令77条1項3号ロ, ホ, ヘ, 所得税法施行令217条1項2号ロ, ホ, ヘ), 租税上の扱いは, 公的資金助成を行なう法人と前記の助成を主たる目的とする純粋に民間の民法法人とは連続線上にあるといえる。このような税制により, 実質的にみると納税者による租税の使途特定の効果を生じている (本章1 [1] をも参照)。

第2章　公的資金助成法の基本原則

1　総　　説

[1]　公的資金助成法の位置づけ

給付行政法論　行政法学において，公的資金助成は，一般に給付行政のなかに位置づけられる。国民の生存配慮のために国家が国民に財貨やサービスの提供を行なう活動である。給付行政には，社会保障行政，公共施設・公企業等の供給行政などと並んで，資金助成行政も含められている[1]。そして，国家の公的資金助成法の基本原則を論ずるに当たり，給付行政法の一環として位置づけて，給付行政法の原理が当てはまるとする議論が主流であったと思われる。たとえば，法治主義の原則，民主主義の原則，社会国家の原則などが挙げられている[2]。しかしながら，「給付行政」のまとまりで見たときには，多様な給付行政が包含される結果，公的資金助成の観点からすると，やや物足りない感じを否めないと思われる。しかも，給付行政法は，国民に対する給付を対象にするので，日本の公的資金助成で大きな位置を占める政府間の資金助成は，その範囲から除外されることも気になる点である。

財政法としての公的資金助成法　公的資金助成法は，財政資金の交付，ないし，財政資金を裏づけとした資金助成に関する法である。財政資金を基礎

1　村上武則編『応用行政法［第2版］』（有信堂，平成13年）8頁（執筆＝村上武則）。また，公的資金助成は，「非権力行政」の一環でもある（参照，成田頼明「非権力行政の法律問題」公法研究28号137頁（昭和41年））。なお，補助金等を含む「誘導手法」を行政（作用）法総論の中に規制とも義務履行確保とも異なる独自の作用類型として位置づけ誘導目的との関係において，比例原則により審査することを主張する見解が登場している（中原茂樹「誘導手法と行政法体系」塩野宏先生古稀記念『行政法の発展と変革　上巻』（有斐閣，平成13年）553頁）。

2　村上武則編・前掲書12頁以下（執筆＝村上武則）。なお，村上武則『給付行政の理論』（有信堂，平成14年）を参照。

としている点において，それは優れて財政法の領域に属している。財政法の観点からは，財政民主主義のほか公金・公財産尊重主義の観点が重要になる。行政法学の観点と重なり合う部分もあるが，それに付加される部分もあるといってよい。

[２] 公的資金助成法の基本原則

これまでの学説の状況　給付行政法の一般論に比べて，公的資金助成法の基本原則を述べる文献は比較的少ない。これまで公的資金助成に関する法的原則の研究は，ドイツ行政法学を基礎にすることが多かったように思われる[3]。

ドイツ行政法の紹介と切断して，基本原則についてのまとまった叙述として，和田英夫編『行政法講義　下』を挙げることができる。「国家が国民全体から公租公課等の形で徴収した原資を，特定の者に対して供与することを内容としており，実質的にみて国民所得再配分の側面を有する重要な作用であるから，行政主体の恣意を防止し，公正性を担保する必要がある」として，以下の原則を掲げている[4]。

① 　法治行政の原理　　法律の留保に関して，憲法の財政民主主義の原則に照らして，国民ないし住民の代表機関である国会・地方議会の制定する法律又は条例の形式で根拠づけられることを要するとする。

② 　平等原則　　資金助成活動には憲法14条の平等原則の適用がある

---

[3] 塩野・資金交付行政（同・行政過程），米丸恒治「資金助成行政の行為形式論（１）〜（３）完」名古屋大学法政論集106号373頁，108号249頁，111号511頁（昭和60〜61年），石井・行政契約，同「行政契約と法律による行政の原理」甲南法学29巻3・4号107頁（平成元年），佐藤英世「西ドイツにおける資金補助行政の法的統制の新たな手懸かりについて」阪大法学138号129頁（昭和61年），櫻井敬子「資金交付活動の統制に関する考察」自治研究68巻11号78頁，12号112頁，69巻1号106頁（平成4年〜5年）など。経済法学者による競争の自由との関係の研究として，久保欣哉「西ドイツ補助金行政と競争の自由」喜多了祐先生退官記念『商事法の現代的課題』（中央経済社，昭和60年）259頁がある。

[4] 和田英夫編『行政法講義　下』（学陽書房，昭和58年）274頁以下（執筆＝関哲夫）。

ので，合理的な理由なく，助成の供与につき特定の者を優遇し，あるいは拒否するなどの差別的扱いをすることは許されないとする。
③　補充性の原則　　資金等の助成は，一般納税者の負担において行なわれる以上，相手方私人が自らその需要を調達できない場合又は自ら調達することを不適当とする場合にのみなされるべきであるとする。そこでは，当時の日本開発銀行法が引用されており，現在の日本政策投資銀行法に則していえば，その21条1項の「日本政策投資銀行は，その業務の運営に当たっては一般の金融機関の行う金融等を補完し，又は奨励することとし，これらと競争してはならない」という規定に対応するものである。
④　相当性の原則　　補助金の交付に関する行政庁の裁量は無制限のものではなく，根拠法の趣旨目的に照らし，公益上必要な場合及び必要な限度内に制約されるとする。自治法232条の2の公益上の必要性は，この原則の内容として扱われている。
⑤　信頼保護の原則　　助成措置をとる旨の行政主体の言動に対する相手方の信頼は，法律上の保護が与えられなければならないとする。そこでは，工場誘致施策の変更を扱った最高裁昭和56・1・27（民集35巻1号35頁）などが引用されている。

筆者の見解　以上に掲げた書物の原則は，筆者もおおむね掲げたい原則である。これも参考にして，次のような原則を掲げたいと思う。
①　財政民主主義の原則
②　公共目的（公益性）原則
③　有効性原則・比例原則
④　平等・公平原則
⑤　偶発債務抑制原則
⑥　公正決定原則

　これらの原則については，以下において詳しくみていきたい。財政民主主義の原則は，前記書物の法治行政の原理に対応するものであるが，法律又は条例に限定することなく財政民主主義の観点から考察したい。上記書物の相当性原則は，筆者の公共目的（公益性）原則及び有効性原則・比例原則に関

係している。偶発債務抑制原則は，筆者が独自に掲げる原則である。将来において債務の履行を迫られるかわからないような資金助成行為をすべきではないとする原則である。また，公正決定原則は，公的資金助成を行なう決定が公正になされなければならないとする原則である。

ところで，これらの原則の法的根拠は，まちまちである。財政民主主義原則は憲法上の原則である。平等・公平原則も，憲法上の原則といってよいが，公的資金助成は，そもそも，現状を破る性質をもち，したがって，平等・公平との矛盾を内包させている点に最大の問題がある。公共目的（公益性）原則は，財政作用の性質による原則である。また，有効性・比例原則は公的資金助成の性質による原則である。偶発債務抑制原則は，債務保証や損失補償の保証により，いつ国又は地方公共団体が多額の債務履行を迫られるかわからないような債務を負う形で公的資金助成をしてはならないという原則である。この原則は，絶対の原則ではないから，法律によって破られることがありうる。また，公正決定は，あらゆる行政を支配することであるが，公的資金助成の場合に破られることがありうるので，強調するために掲げるものである。

2　財政民主主義原則

［1］　法律・条例の根拠の要否

国の補助金交付について　行政法学において，補助金の交付について法律の根拠を要するかどうかは，一つの争点であった。侵害留保説によるならば，補助金交付をはじめとする資金助成は，授益的（受益的）性質を有するとされ，法律の根拠を要しないとされた[5]。侵害留保説の言葉を用いるか否

5　田中二郎『行政法総論』（有斐閣，昭和32年）32頁。明治憲法下においても，たとえば，美濃部達吉『日本行政法　下巻』（有斐閣，昭和15年）442頁が同趣旨である。さらに，織田萬『日本行政法原理』（有斐閣，昭和9年）397頁は，私企業に対する「補助金の下付」は「行政の臨機権」に帰することを理由に予算の範囲内で当該官庁が自由に裁定しうべきものであって，法律をもって規定することを要しないとしていた。

かはともかく，現在においても，予算の裏づけがあれば足り，法律又は条例の根拠を要しないとする有力な見解があり[6]，行政実務は，そのような考え方で動いている。しかし，公的資金助成の行政活動としての重要性に鑑みて，少なくとも，一律に法律の根拠を要しないとする考え方に疑問が提起されるようになっている[7]。

その代表的な研究が塩野宏教授の論文「資金交付行政の法律問題」[8]であった。教授は，まず，「資金交付行政」が現代行政の重要な一分野を形成していること，現実にも効果的行政手段として広く用いられていること，個々の場合に特定の行政客体との関係において授益的であると同時に侵害的にも機能すること，集積により体制関係的にも大きく機能していることを指摘し，何らかの形で直接に法的に国会による正当化を必要とすると主張している[9]。そして，民主的正当化手段としては原則として法律をもってすることが憲法上必要であるとしつつ，資金交付行政の性格上，多くの場合はかなり大幅な行政権に対する授権立法にとどまることになろうと述べている。しかし，資金交付行政の効果的な行政手段として考察し議会による正当化を要求する見地にたてば，原則として資金交付行政について予算留保の観念を認めることはできないとしている[10]。また，このような議論に当たり行政主体間と対民間の二つの類型を区別して考える理由は原則として存在しないという[11]。以上の原則に対して，それは絶対に例外を許さないものではなく，緊急の必要性から法律化を待たずになされなければならない資金交付行政の存在する場合を完全に否定することはできないとしている[12]。

いわゆる全部留保説（ないし原則的全部留保説）は，資金助成に特化した議

6　原田尚彦『新版　地方自治の法としくみ　改訂版』（学陽書房，平成17年）187頁。

7　法律の根拠を要するとする立場からすれば，学説と行政実務との「断絶」により「法律の留保論の空しさ」を感ずることになる（参照，櫻井敬子＝橋本博之『現代行政法　第2版』（有斐閣，平成18年）29頁）。

8　塩野・資金交付行政（1），（2）（同・行政過程35頁以下）。

9　塩野・資金交付行政（2）64頁（同・行政過程100頁）。

10　塩野・資金交付行政（2）65 - 66頁（同・行政過程101 - 102頁）。

11　塩野・資金交付行政（2）68頁（同・行政過程103頁）。

12　塩野・資金交付行政（2）68 - 68頁（同・行政過程104頁）。

論を展開する必要がないようにみえるが，国家資金の投入ないし，融通が強く意識されることは当然であろう[13]。

筆者も「法律の留保」の有する二つの機能（自由主義的機能と政治的決定機能）のうち，政治的決定機能を重視し，財政処理に関する国会議決主義を定める憲法83条の存在，対価的性質をもたない給付については対価的性質の支出に比べて民主的正当化が重要であること，申請の機会が平等に与えられ瑕疵のない判断を求める権利を保障する必要性があることに鑑みて，法律の根拠が必要であるとする見解をとってきた[14]。要件等については政令等への委任を肯定せざるを得ないが，政令等の定めによる「法規による行政」の実現が重要である。資金助成が行政による恩恵のような運用から脱しなければならない。ただし，「予算」による議決は，その議決内容が拡大され，補助金交付要件等についての実質的意思決定に国会が関与するならば，法律に代替しうると考える[15]。この点は，後述する。

無数の資金助成について法律の定めを要するとすることについて疑問が出されるかもしれない。この点については，真に緊急性のある場合に例外を認めるべきであること（そして，真に緊急性のある事案は，件数としても少ないこと），そもそも資金助成を厳選することが必要であること，を指摘しておきたい。

これに対して，石井昇教授は，行政行為形式の補助金交付と行政契約形式の補助金交付とを区別して，前者については「補助金交付の目的・金額・条件・受領者の範囲を十分に明確に規定・限定する法律または予算の根拠が必要であり，現在の形態での予算項目や目的規範・組織規範・手続規範ないし

13　杉村敏正『全訂　行政法講義総論（上巻）』（有斐閣，昭和44年）45頁注（6）は，融資行政について国家資金の融通を強調し，また，租税特別措置について法律の根拠がいるのに「国家資金の投入」について不要とすることの不合理性を指摘している。なお，広岡隆『五版　行政法総論』（ミネルヴァ書房，平成17年）29-30頁は，補助金の交付を公的扶助と並べて，公の財貨の国民への配分であり，法の下における平等の原理を尊重し，民主的正当づけをうることを強調している。

14　碓井・補助金230頁以下。地方公共団体の補助金交付に関しては，碓井・地方公共団体の補助金交付（上），碓井・自治体財政・財務法249頁を参照。

15　碓井・補助金232頁。

規制規範では，不十分であると考えられる」とされ，後者については前者における公定力・不可争力・自力執行力のような争訟制度上の特権的効力を全く生ぜしめないので法律の根拠を要しないとされる。いわゆる「権力行政留保説」をとられるのである[16]。行政行為は，法律に根拠を有しなければならない，とする議論は不自然ではない。しかし，対価的性質をもたない補助金交付であるという実体は，それが行政行為によるか契約によるかによって左右されるものではない。法律又は予算の根拠を求めるのは，「補助金交付に関する行政行為の自由」を否定するのみならず，「補助金交付に関する契約自由」をも否定する趣旨である。教授が指摘される「受領者の競業者の権利・利益を侵害する場合もある」こと[17]は，行政行為によるか契約によるかによって左右されるわけではない。「申請に基づく行政行為（交付決定）」と「補助金交付契約の申込みに対する承諾」とは，実質的には連続線上の行為と見るべきである。以上の理由により，法律の根拠の要否に関する結論が，行政行為か行政契約かということにより左右されるとは考えられない。

本質性説・予算議決方式の改善　ドイツ行政法学にヒントを得て，補助金交付についても本質性説を適用しようとする見解がある。代表的には，重要性の高い補助金に関しては，法律の定めを要求し，一時的なもの，試行錯誤的なもの，金額が大きくないもの，緊急なものについては予算補助でよいとする見解がある[18]。この場合の予算補助は，後述する「総額限度方式」の予算補助を想定していると解される。これは，確かに一つの考え方であろう。

　まず，どのような補助金が「重要性の高い補助金」として位置づけられるべきであろうか。金額が相当程度高額で，しかも恒常的なものを典型とすべきであろう。

　また，「一時的な補助金」であるからといって，包括的に計上されている歳出予算の範囲内ならばよいと即断することはできない。民主的統制を必要

16　石井・行政契約 72‒74 頁。
17　石井・行政契約 72 頁。
18　阿部泰隆『行政の法システム　下［新版］』（有斐閣，平成 9 年）705 頁。芝池義一『行政法講義　第 4 版』（有斐閣，平成 13 年）53 頁も，原則として法律の個別的授権を要するとしつつ，小規模，偶然的な原因によるものについては要しないとしている。

とするほどの重要度があるものについては、原則として法律の根拠を求めつつ、それがないときでも、一時的な補助金交付を可能にするために補正予算の審議・可決があるなど、実質的に見て民主的正当化の手続がとられるならば、それで足りると解することができる。

「緊急に必要とされる補助金」については、どのように考えるべきであろうか。平成17年に問題となった耐震強度偽装による欠陥マンション所有者に対する支援のような場合に、法律の根拠もなく、また、そのような目的の歳出予算もないと仮定して、予備費を充当する措置で実施することができるのかなどが、選択肢として検討対象になろう。「国民の生活を保障する緊急の必要性が生じたときに緊急避難的資金援助が許されるのか」という点は、財政法の基本テーマともなろう。横並びの生活保障のシステムがなく、多くの国民が苦しんできたなかで、突如大量に発生した欠陥マンションにのみ、法律の根拠なしにそのような措置を講ずることができるのか、という問題を別にすれば、時の政権が政治生命をかけて、国民の生活を保障するための緊急避難的資金援助措置をとることが全く許されないとすることは適切ではないように思われる。ただし、国会召集の慣行を別にすれば、真に緊急に国会の関与を必要とする重要度の高い政策決定であれば、臨時国会を召集することも考えられるのであって、安易に緊急避難的資金援助に走る運用は避けなければならない。

これとは別に、「予算による議決の密度」を高めることによって、法律に代替する方法もありうると思われる。憲法との関係において、「予算」形式の議決には、歳入歳出予算のほか、当該年度の財政に関する事項を盛り込むことが可能であって、補助金交付の基本的要件を定めることもできると解される。それをどのように行なうかは、基本的には財政法等の法律を通じた立法政策の問題である。かりに現在の歳入歳出予算の体裁を維持するときは、財政法22条6号にいう「予算の執行に関し必要な事項」として「予算総則」に定めることができると解してよい。現在の予算総則は、条文形式によっているので、別表方式を活用するのが現実的であろう。予算参照書は議決の対象とされていないが、予算参照書に承認を与えて歳出予算を議決しているとする理解が可能であるならば（暗黙の議決）、予算参照書の充実が最も容易な

方法である。

　また，地方公共団体においても，単発的に特に多額の補助金（たとえば病院誘致のための補助金）の交付が必要とされて，それを可能にするための補正予算案が議会に提案されて，その必要性に関する審議が十分になされて議決されたような場合は，民主的正当化の手続が十分にとられていると評価することができよう。

　地域振興券交付事業　　単発的な補助金であっても，国や県の補助金で，地方公共団体を巻き込んで施策を実施しようとするものは，別である。たとえば，平成10年度に実施された地域振興券交付事業は，緊急経済対策の一環として個人消費の喚起と地域経済の活性化を図るため，一定年齢以下の児童をもつ家庭及び老齢福祉年金等の受給者等に「地域振興券」を交付する事業であって，その事業主体は市町村であったが，国の施策として実施された事業であった。国は，市町村に対し事業費に対し10分の10（全額）の補助金を交付することとして，補正予算にその補助金交付に要する費用を計上した。しかし，地域振興券の交付対象となる児童の年齢要件等，交付基準額等の国民との関係において重要な事柄は予算における議決の対象とされず，総額の議決がなされたにすぎない。補助金交付の相手方である市町村の義務等も同様であった。そして，これらの事項は，「地域振興券交付事業費補助金交付要綱」及び「地域振興券交付事務費補助金交付要綱」（いずれも平成10・12・15自治事務次官通知）に定められていた。もしも，「予算総則」を活用するならば，最も重要な事項は，要綱から抽出してそこに定めることができたはずである。こうした重要な国庫補助が，総額的な歳出予算計上のみであったということは，日本国憲法下の一つの汚点であったといわざるを得ない。

　米の生産調整メリット措置　　補助金等のなかには，相手方の置かれている状況から見て，相手方が補助金交付の要件とされている行為をせざるを得ない立場に置かれることがある。国が米の生産調整という農業政策を実現するのに，減反政策をとり，そのために転作奨励金を交付する場合における耕作者は，そのような立場に置かれていたといってよい。このような重大な政策が，予算措置のみによっていたということは驚きである。

その後，米政策改革大綱（平成14年12月農林水産省決定）及び米政策改革基本要綱（平成15年7月農林水産事務次官通知）により，これまでの米の生産調整に関するメリット措置を抜本的に見直すこととし，「水田農業構造改革対策実施要綱」（平成16年4月農林水産事務次官通知）が発せられている。「米づくりの本来あるべき姿」を実現するために，地域の特性に応じた水田農業を地域自らが主体的かつ戦略的に展開することとし，市町村の区域を基本に地域の実情に応じて区域を設定して設置される地域水田農業推進協議会が「米の生産調整と米以外の作物を総合的に勘案した地域の作物戦略・販売，水田の利活用，担い手の育成等の将来方向を明確にした地域の水田農業ビジョン」（地域水田農業ビジョン）を策定することとされている。そして，助成措置として，①水田農業構造改革交付金（産地づくり対策），②水田農業構造改革交付金（稲作所得基盤確保対策），③麦・大豆品質向上対策，④耕畜連携推進対策（水田飼料作物生産振興事業），⑤畑地化推進対策，⑥担い手経営安定対策のメニューが用意されている。これらは，「米の生産調整メリット措置」であると位置づけられている。

　この要綱により，次のような「承認」手続が登場している。地域協議会会長は，前記①，③，④又は⑤のいずれかを行なおうとするときは，地域協議会の運営等に係る規約等を定めて，農林水産省総合食料局長，同生産局長，及び同経営局長が定める要件を満たしていることについて，都道府県水田農業推進協議会長の「承認」を受けなければならない。この都道府県協議会についても要件が定められ，前記の①から⑤の各助成措置を行なうには，当該協議会の主たる事務所を置く都道府県を管轄する地方農政局長の「承認」を受けなければならない。「農業者・農業者団体が主役となるシステム」ではあるが，助成措置のためには一定の要件を備えていることが担保されなければならないという考え方に基づくものである。

　次に，水田農業構造改革交付金（産地づくり対策）についてみると，都道府県協議会が地域協議会助成事業及び特別調整促進加算助成事業を行なうための資金とするため，国から交付金の交付を受け資金を造成し，産地づくり事業を行なう地域協議会に助成金を交付する方式である。そして，産地づくり事業の場合は，地域協議会は，ビジョンに記載された同交付金の活用方法

に基づいてガイドラインの範囲内で活動の内容及び助成の対象となる使途を定め，助成要件，助成水準等を設定し「産地づくり計画書」を取りまとめて，計画書に従い自ら活動を行なうとともに，農業者その他計画書において助成の対象となりうる者として定めるものに対して助成金を交付する。他の事業についても詳細に定められている。それらの内容を見て，日本の農政の根幹にかかわる「米の生産調整メリット措置」が，通達行政で実施されていることに驚きを禁じえない[19]。平成19年度からは，「経営所得安定対策等実施要綱」（平成18年7月）に基づき，産地づくり交付金，新需給調整システム定着交付金，稲作構造改革促進交付金として実施される。

補助金等の交付に関する法律の定め方の現状　補助金等の交付について，他の歳出同様に，歳出予算の範囲内でなければならないことは当然であるが，さらに法律（地方公共団体にあっては条例）の根拠を要するかどうかが，行政法学において論じられてきた。もっとも，かりに法律の根拠を要するとするときに，いかなる内容の法律の根拠を想定しているのかを明らかにしておく必要がある。補助金の交付を定める法律の規定には多様な形態がある。

第一に，極めて包括的に定める例として，原子力基本法11条は，「政府は，核原料物質の開発に寄与する者に対し，予算の範囲内において奨励金又は賞金を交付することができる」と規定している。同法19条も「政府は，原子力に関する特許出願に係る発明又は特許発明に関し，予算の範囲内において奨励金又は賞金を交付することができる」と規定している。同条について，最高裁昭和36・2・27（民集15巻11号2685頁）は，政府の裁量により奨励金等を交付できる旨を規定したにとどまり，その交付を政府に義務づけたものではないと判示した。正当というべきであろう。権限の付与と義務づけとは区別されるのである。

第二に，やや要件を詳しく定める例として，水産資源保護法31条をみてみよう。

19　当初予算における水田農業構造改革対策費の金額は，平成16年度は約1,520億円，平成17年度は約1,616億円，平成18年度も約1,616億円であった。平成18年度についてみると農林水産本省歳出予算の9.3％強である。生産調整方針は，「主要食糧の需給及び価格の安定に関する法律」に基づくものである。

「国は，この法律の目的を達成するために，予算の範囲内において，次に掲げる費用の一部を補助することができる。

一　都道府県知事が管理計画に基づいて行う保護水面の管理に要する費用

二　湖河魚類の通路となっている水面に設置した工作物の所有者又は占有者（第24条第1項の規定による除害工事の命令を受けた者を除く。）が，当該水面において，第23条第2項に規定する施設を設置し，又は改修するのに要する費用

三　センター以外の者が湖河魚類のうちさけ又はますの人工ふ化放流事業を行うのに要する費用」

　第三に，法律自体は比較的簡潔な定めであるものの，具体的な定めを政省令に明示的に委任する場合がある。たとえば，「障害者の雇用の促進等に関する法律」50条が，障害者雇用調整金についてそのような方法を採用している。政令で定めるところにより各年度ごとに同法54条2項に規定する調整基礎額に当該年度に属する各月ごとの初日におけるその雇用する身体障害者又は知的障害者である労働者の数の合計数を乗じて得た額が同条第1項の規定により算定した額を超える事業主に対して，その差額に相当する額を当該調整基礎額で除して得た数を単位調整額に乗じて得た額に相当する金額を当該年度分の障害者雇用調整金として支給するとしている（1項）。そして，単位調整額については，「事業主がその雇用する労働者の数に第54条第3項に規定する基準雇用率を乗じて得た数を超えて新たに身体障害者又は知的障害者である者を雇用するものとした場合に当該身体障害者又は知的障害者である者一人につき通常追加的に必要とされる1月当たりの同条第2項に規定する特別費用の額の平均額を基準として，政令で定める金額とする」としている（2項）。

　憲法89条との関係において注目されてきた私学助成も，この部類に属する。すなわち，私立学校振興助成法4条が，「国は，大学又は高等専門学校を設置する学校法人に対し，当該学校における教育又は研究に係る経常的経費について，その2分の1以内を補助することができる」（1項）としつつ，「前項の規定により補助することができる経常的経費の範囲，算定方法その

他必要な事項は，政令で定める」（2項）としている。これを受けた，同法施行令が詳細な規定をしている。

　第四に，政府と補助金等の交付を受ける者との間に特別の法人を介在させて，当該特別の法人の業務としては比較的詳細な定めをするものの，政府から当該法人に対する資金の交付についてはほとんど実体的規定を置かない例がある。独立行政法人環境再生保全機構法10条1項3号は，「環境の保全を通じて人類の福祉に貢献するとともに国民の健康で文化的な生活の確保に寄与する活動であって次に掲げるものに対し，助成金の交付を行うこと」として，イからハまで掲げている。

　「イ　日本国内に主たる事務所を有する民間団体（民間の発意に基づき活動を行う営利を目的としない法人その他の団体をいう。以下この号において同じ。）による開発途上地域における環境の保全を図るための活動で，その開発途上地域の現地において事業を実施するものであることその他の政令で定める要件に該当するもの
　　ロ　外国に主たる事務所を有する民間団体による開発途上地域における環境の保全を図るための活動で，その開発途上地域の現地において事業を実施するものであることその他の政令で定める要件に該当するもの
　　ハ　日本国内に主たる事務所を有する民間団体による日本国内においてその環境の保全を図るための活動で，広範な国民の参加を得て行われるものであることその他の政令で定める要件に該当するもの」

この規定は，直接には独立行政法人の機構の助成金交付を授権する規定である。政府との関係を示すのは，同法15条が定める「地球環境基金」である。この基金は，10条1項3号及び4号に掲げる業務並びにこれらに付帯する業務に必要な経費の財源をその運用によって得るために設けられる基金で，それには附則4条11項の規定により政府から出資があったものとされた金額及び同条12項の規定により政府以外の者から出えんがあったものとされた金額並びに5条2項後段の規定により同基金に充てるべきものとして政府が示した金額及び同基金に充てることを条件として政府以外の者から出えんされた金額の合計額に相当する金額をもって充てることとされている

（以上15条）。5条2項後段は，必要があると認める場合に予算で定める金額の範囲内で追加出資がなされた場合に，地球環境基金に充てるべき金額を指定できる旨の規定である。

　第五に，独立行政法人が資金助成を行なう場合の法律による規律の程度も問題となる。たとえば，学生に対する学資の貸与は，独立行政法人日本学生支援機構を通じて実施されている。学生に対する学資貸与のあり方は，極めて重要な政策決定問題であるが，同独立行政法人法自体には，貸与の内容については定めがなく，ほとんどを政省令に委ねている。すなわち，法律は，無利息の学資金（第一種学資金）と利息付きの学資金（第二種学資金）との存在を定めたうえ（14条1項），第一種学資金については，「優れた学生等であって経済的理由により修学に困難があるもののうち，文部科学省令で定める基準及び方法に従い，特に優れた者であって経済的理由により著しく修学に困難があるものと認定されたものに対して貸与する」ものとし（2項），第二種学資金については，第一種学資金受給の認定を受けた者以外の学生のうち，「文部科学省令で定める基準及び方法に従い，大学その他政令で定める学校に在学する優れた者であって経済的理由により修学に困難があるものと認定されたものに対して貸与する」ものとしている（3項）。そして，これらの学資金の額及び利率（第一種は額のみ）は，「学校等の種別その他の事情を考慮して，その学資金の種類ごとに政令で定めるところによる」として（4項），最も重要な部分が政令に委任されている。法科大学院の法学を履修する課程の学生に対する第二種学資金の貸与月額の特例なども，すべて政令によっている。

　法律補助・予算補助　　これまで，補助金の根拠規定が法律におかれているときの補助は「法律補助」，もっぱら予算のみによるときの補助は「予算補助」と，それぞれ呼ばれてきたようである。その際に，法律の規定の密度が無視されてきたのである。たとえば，前記第一に掲げたような定め方では，法律補助といっても，予算で「〇〇費補助金」のように定めるのと大差ないといってよい。もちろん，法律と予算とは，それらの成立要件が異なるので（憲法59条，60条），成立要件の厳しい法律の方が民主的正当化の度合いが強いといえる。

それ以外に,「予算補助」については,次の点に注意する必要がある。

第一に,予算の性質上,当該年度に限った補助金交付の授権であり,この点において通常法律が年度を越えて効力をもつのと異なっている。したがって,予算補助は,安定性に欠けるきらいがある。

第二に,これまでの予算計上は,「総額限度方式」である。補助金の目的は,「項」によりある程度特定できるにせよ,それよりも詳しい要件は,実際上は補助金交付要綱等に委ねられている(しかも,どのような補助金交付要綱等が存在するかを一般の人が知ることが難しいことも少なくない)。当該補助金の内容と予算上の項の名称との間には,一定の開きがあって,少なくとも,項によって,当然に内容の確定した補助金の交付を授権したとはいえない場合が多い。要するに,予算による授権は大まかなものであって,それをどのように具体化するかは行政の裁量に委ねられていることが多いといえる。その結果,予算書には同じ記載がなされていても,実際の補助金の内容が年度ごとの要綱により頻繁に変わって,国民が振り回されることも起こりうる。

しかし,第二の点は,現状の運用にすぎず,予算上においてある程度詳しく定めることも可能と解される。予算制度に関して,どのように具体化するかは立法政策に委ねられている部分が大きく,予算における具体的定めが実現されるならば,予算は,「法律に代替する民主的正当化」の役割を果たすことができるといえよう。したがって,現在の予算の定め方を固定して予算による民主的正当化の可能性を否定し,あるいは過小に評価すべきではない。

ところで,「法律補助」について,その弊害も指摘されている。すなわち,法律に根拠があると,それにつき予算措置をしなければならず,補助金が既得権化・硬直化するというものである[20]。しかし,この弊害があるという理由で予算措置にとどめるというのは,本末転倒であろう。租税特別措置の整理・合理化と同様に,補助金の整理・合理化も,一定の期間ごとに徹底的に実施することが必要とされよう。その実施を義務づける旨は,財政法等の基幹的財政法律に定めることが望ましい。

告示,要綱等の定め 国の省庁は,法律に交付の要件を定めることが少

---

20 阿部・前掲注18, 704-705頁。

ないのと対照的に，告示形式の補助金（等）交付規則あるいは内部の事務処理用の要綱に実体要件を定めることによって，補助金等の交付を行なってきた。包括的な法律の規定や後述の予算の定め方では，実際の補助金等の交付事務を執行できないからである。そのなかには，「○○省所管補助金等交付規則」のような包括的な交付規則もあれば，「工業用水道事業費補助金交付規則」のような個別の補助金交付規則も存在する。要綱は，内部法規範の建前にもかかわらず，事実上は相手方を左右する内容を含むものである。そのような性質に鑑みると，国民からのアクセスが容易な状態にしておく必要がある。

地方公共団体の補助金交付について　地方公共団体の場合は，国の補助金についての「法律」を「条例」に置き換えることで足りるかのように見える。しかしながら，長は，直接に住民の選挙により選出されるのであるから，民主的正当性の点において，長の制定する規則について，事柄によっては条例に準ずる役割を認めてよいと考えられる。補助金の交付は，まさにそのような事柄である。こうした理解に基づいて，筆者は早い時期に，地方公共団体の補助金交付の根拠は，条例又は規則で定めることで足りると述べた[21]。すなわち，補助金交付の授権は，「条例・規則共管事項」である。また，民主的正当化が実質的になされることで足りるとする趣旨で，予算の形式であっても個別補助金に関する要件等が予算に含めて議決されるならば，根拠として十分であると思われる[22]。当然のことながら，従来型の包括的な予算議決で足りるわけではない[23]。

　なお，規範形式の問題と別に，要綱による場合であっても長に大幅な裁量判断を認めているものがある。たとえば，「沼津市高齢者生きがい創造事業補助金交付要綱」（平成10年告示第33号）は，「高齢者生きがい創造事業」

---

[21]　碓井・地方公共団体の補助金交付（上）22頁。
[22]　碓井・自治体財政・財務法 250頁。
[23]　もっとも，特定の補助金を交付する必要性が生じて，それを実施するために補正予算案が議会に提案されて十分な説明がなされたような場合に，たとえ，補正予算の形式が包括的計上の体裁をとっていたとしても，長の損害賠償責任を問うような違法性が認められるわけではない。

につき,「高齢者自らが持つ能力を発揮し,生きがいを高め,もって社会に貢献する活動を継続的に実施する事業」と定義したうえ(2条),補助の対象事業は,「高齢者生きがい事業のうち市長が認める事業」としている(3条)。この種の事業を具体的に定義することが困難であることは認めなければならないが,そうであればこそ,認定の手続の透明化等を図る必要があると思われる。少なくとも,A事業が対象事業でB事業が対象事業でないというときには,その違いを認める視点が提示されなければならないと思われる。

融資・出資と法律・条例との関係　公的資金助成の性質をもつ融資や出資について法律又は条例(規則を含む)の根拠を要するかどうかが問題となる。

まず,融資についていえば,それが私法上の契約であるという理由によるのか,法律や条例の根拠がなくても,予算の範囲内で許されるという考え方が通用していると思われる。財政投融資についていえば,財政計画の側面における国会議決の要否が議論されてきたが,融資についての法律の根拠が議論されることは少ない。国の出資については,法律の定めに基づくのが普通である。これに対して,地方公共団体の出資については,予算のみで足りるという解釈に基づいているようで,条例が制定されるのは,法律が要求している場合に限られるようである。

[2]　予算による授権

歳出予算による補助金支出の授権　補助金の支出は,歳出予算により授権されていなければならない。この点は,一般の支出授権の方式にほかならない。ただし,現在の予算においては,「○○補助」と示されていない「項」にも,補助金が含まれていることが多い。たとえば,平成18年度一般会計予算における農林水産省の「農村振興費」の項には,成果重視事業農村振興対策事業費推進費補助金,成果重視事業農村振興対策地方公共団体事業推進費補助金,農村振興対策民間団体事業推進費補助金,成果重視事業農村振興対策民間団体事業費補助金,農業交流促進事業費補助金が,補助金の「目」として含まれている。なお,農山漁村地域活性化整備交付金,バイオマス利活用整備交付金,農山漁村地域活性化推進交付金,バイオマス利活用推進交付金,中山間地域等直接支払交付金が,「交付金」として掲げられている

（これらは，適正化法施行令2条により，「補助金等」とする給付金として指定されている）。このことから，国会審議において「予算参照書」によってどのような補助金が含まれているかを知ることはできるものの，議決の科目は包括的な「項」なのである。補助金交付の民主的正当化として「予算補助」を語るとしても，補助金の項として議決されていないものがあることに注意する必要がある。

そして，たとえ「目」に掲げる補助金項目を国会の議決対象に引き上げたところで，無駄な補助金を事前統制することは極めて困難である。なぜならば，事情をよく知る議員は，「族議員」として応援団であるし，事情を知らない議員は，予算参照書等のみで待ったをかけるだけの情報を得ることは困難である。結果的に，現状では予算編成作業を行なう財務省主計局のチェックを期待するほかないのである。こうした状態を改善するシステムを考案しなければならない。

特別会計の場合　歳出予算による授権が，特別会計において，一般会計に比べて弱められていることに注意する必要がある。

たとえば，平成18年度についてみると，「石油及びエネルギー需給構造高度化対策特別会計」の石油及びエネルギー需給高度化勘定の歳出には，石油安定供給対策費，石油生産流通合理化対策費，エネルギー需給構造高度化対策費のような「項」が見られるが，これらが補助金，交付金等に充てられることは予算参照書を見なければわからない仕組みになっている。歳入歳出予定額科目別表により，石油安定供給対策費には，天然ガス探鉱費補助金，産油国石油精製技術等対策事業費補助金，石油貯蔵施設立地対策等交付金，石油備蓄事業補給金などがあり，石油生産流通合理化対策費には，石油精製合理化対策事業費等補助金，石油製品品質確保事業費補助金などが，エネルギー需給構造高度化対策費には，地域エネルギー開発利用等促進対策費補助金，石油代替エネルギー技術開発費補助金，エネルギー使用合理化設備等導入促進対策費補助金，二酸化炭素排出抑制対策事業費等補助金などが，含まれている。

また，労働保険特別会計の雇用勘定には，雇用安定等事業費が「項」として含まれているが，予算参照書の「歳入歳出予定額科目別表」を見て，初め

て職業能力開発校設備整備費等補助金，技能向上対策費補助金，中小企業福祉事業費等補助金，産業雇用安定センター補助金，勤労者財産形成促進事業費補助金，高齢・障害者雇用開発支援事業費補助金，離職者等職業訓練費交付金，介護労働者雇用改善援助事業等交付金，短時間労働者福祉事業交付金，港湾労働者派遣事業等交付金などが存在することがわかる。

しかし，これらの項には，補助金等以外の「目」も含まれているのである。

独立行政法人等経由の場合　独立行政法人等を経由して国の補助がなされる場合に，国の予算には，どのような形式で計上されるのであろうか。

独立行政法人に対する「運営費交付金」とは別に補助金等の予算が計上される場合がある。たとえば，文部科学省の歳出予算には，「独立行政法人日本学生支援機構運営費」と別に「育英事業費」が計上されている。同じく，「独立行政法人科学技術振興機構運営費」及び「独立行政法人日本学術振興会運営費」とは別に「科学技術振興費」が計上されている。貸付金の場合は，財政融資資金によることが多く，その場合に独自の問題点があることについては，後述する。

経由先は，独立行政法人に限られるものではない。財団法人21世紀職業財団に対しては，労働保険特別会計の労災勘定及び雇用勘定から短時間労働者福祉事業交付金が，同じく雇用勘定から育児休業労働者等支援交付金が，それぞれ支出されている。しかし，これらは，予算上は，労災勘定の労働福祉費，雇用勘定の雇用安定等事業費に包括的に計上されているにすぎない。独立行政法人に対するものと異なり，いかなる公益法人を通じて施策が実施されているのか，外部からわかりにくい状況にある。

国庫債務負担行為・債務負担行為による補助金交付決定の授権　国又は地方公共団体が事業費を補助する場合に，次年度以降に実施する事業費の一部を補助する旨をあらかじめ決定しておく必要のある場合がある。すなわち，実際の補助金交付年度に先立つ補助金交付の債務負担の手続として，国にあっては「国庫債務負担行為」（財政法15条1項），地方公共団体にあっては「債務負担行為」（自治法214条）が活用されることがある。複数年度にまたがる補助金の交付を一括して決定できる点に意味がある。施設整備費，システム開発等の関係の補助金が多く，本書において詳しく検討しない政府開発援助

（ODA）についても活用されている。

　そのうち，当該年度の歳出を全く伴わないものは「ゼロ国債」とか「ゼロ県債」などと呼ばれている。たとえば，平成18年度の国庫債務負担行為には「都市公園事業費補助」につき「都市公園事業には，その事業を円滑に実施するため，あらかじめその事業費の一部を補助する旨の決定を行うことを要するものがあるため」という事由により，「国庫の負担となる年度」が平成19年度以降4箇年度以内で，一定の限度額が計上されている。

　補助金の一種である利子補給や家賃補助[24]についても，継続的な給付を予め決定しておく必要があるので，特に国庫債務負担行為又は債務負担行為を要する。

　国庫債務負担行為又は債務負担行為を活用する意味は，将来の複数年度にわたる給付を事前に決定することにより，給付の相手方が当該給付の継続を信頼して計画に従って事業を進めることができる点にある。したがって，これらの手続に基づいて交付決定がなされている場合は，相手方の「信頼保護」が強く意識されざるをえない。たとえば，企業誘致施策として，所定の設備を設置してから一定期間にわたり補助金を交付する旨の交付決定を受けた企業は，中途においてその決定を反故にされることは予想していないのである。信頼保護の要請に反しないように，交付決定の取消し，撤回に関する要件を明確にしておく必要がある。信頼保護の必要性があるだけに，これらの手続により将来にわたる給付を決定することは慎重にしなければならない。これらの手続の場合は，実際の各支出年度の歳出予算に計上しなければならないが，信頼を保護しようとすれば，他の歳出を圧縮しても当該債務負担を実行しなければならないからである。

　繰越明許費としての扱い　補助金の交付決定の内容が，当該年度内の支出に限定されている場合は，歳出予算に計上して議決を経ることで足りる。これに対して，翌年度において交付することも認める場合は，繰越明許費（財政法14条の3，自治法213条）として議決を経ておかなければならない。

---

[24] たとえば，多治見市の中心市街地出店者家賃補助金（家賃月額の30％，上限75,000円で，36ヶ月まで）があり，新潟市の商店街空き店舗運営事業補助金には改装費補助のほか賃借料の50％，年限度額300万円で，3年間の補助が含まれている。

貸付金と歳出予算　資金の貸付けも，支出であるから歳出予算に計上されなければならない。しかしながら，国の場合に，一般会計において貸付金の目を見つけ出すことができない。これは，貸付けの多くが有利子のものであって，特別会計から貸し付けられるという事情によっていると思われる。項として登場するものとして，産業投資特別会計の社会資本勘定の道路整備事業貸付金・港湾事業資金貸付金・住宅建設等事業資金貸付金・都市計画事業資金貸付金・水産基盤整備事業資金貸付金・民間能力活用施設整備事業貸付金，農業経営基盤強化措置特別会計の農業改良資金貸付金・就農支援資金貸付金，道路整備特別会計の有料道路整備等資金貸付金，港湾整備特別会計の埠頭整備等資金貸付金・港湾事業資金貸付金，都市開発資金融通特別会計の都市開発資金貸付金・都市開発資金特別貸付金，空港整備特別会計の航空機騒音対策事業資金貸付金・関西国際空港整備事業貸付金などが目に付く。これらの償還金収入は，それぞれの特別会計の歳入に計上される。

　ところで，政府の貸付けが，歳出予算からまとめて抜け落ちる仕組みが用意されている。それが「財政融資資金」の存在である。財政融資資金への繰入れは，総額として財政融資資金特別会計の歳出に計上される（財政融資資金特別会計法3条）。しかし，財政融資資金の運用としてなされる貸付けは，それ自体として歳出予算に計上されるのではなく，財務大臣の定める財政融資資金運用計画（財政融資資金法11条）によることとされている。

　要するに，財政融資資金は，国の資金であるが，そこから外部に貸し付けられる場合に，国の「歳出」としての位置づけがなされていないのである。財政融資資金法3条2項が，「財政融資資金は，他の政府資金と区別して経理するものとする」と定め，この区分経理を経由することにより国の資金の使途について「予算」として統制することが絶たれているのである[25]。財政融資資金が国の資金であるにもかかわらず，国と別の人格の有する機関の資金であるかのように法律レベルで扱いを決めているものである。「財政融資資金への繰入れ」という大括りの項を議決するのみで足りるとすることは，

25　このことの指摘は，財政融資資金の前身たる資金運用部資金時代に，塩野宏教授によりなされていたところである。塩野・資金交付行政（2）43頁（同・行政過程79頁。

憲法86条の予定する予算議決による使途特定原則に違反する疑いがあるといわざるを得ない。これは，財政投融資計画の国会議決問題と密接に関係しているものの，憲法86条の予定する歳入歳出予算国会議決主義そのものに違反する疑いなのである。

　貸付金については，さらに独立行政法人等による場合の問題がある。たとえば，学生に対する学資の貸与等の事業は，独立行政法人日本学生支援機構により実施されている。この機構の行なう有利子貸与事業の資金は，財政投融資資金と自己資金等とから成っており，この自己資金等には返還金及び財投機関債（日本学生支援債券）が含まれている。学生に対する学資の貸与という，極めて重要な貸付金について，直接に国会による意思決定の途は閉ざされているのである。

　債務保証等と法律・予算　　債務保証に関しては，「法人に対する政府の財政援助の制限に関する法律」（法人財政援助制限法）3条が，会社その他の法人の債務について債務保証をなすことを禁止しているので（ただし，財務大臣の指定する会社その他の法人の債務についてはこの限りでない），この禁止を解除するには，財務大臣の指定により解除されている場合を除き，法律の定めが必要である。

　そして，法律が債務保証を許容する場合に，実際に債務保証をするには，それが国の債務負担であるので，国会の議決を要する（憲法85条）。そして，債務保証に関しては「予算総則」に債務保証契約の限度額を掲げることにより国会の議決を経ている。債務保証も国庫債務負担行為の一種であるが，予算における「国庫債務負担行為」は，債務負担に基づく履行行為たる支出が確定的なものに限定し，履行行為の不確実な偶発債務については予算総則に定めるという使い分けがなされている。一例を挙げると，預金保険法42条の2が，国会の議決を経た金額の範囲内で預金保険機構の通常業務のための借入れ又は預金保険機構債券に係る債務の保証をすることができるとしているのを受けて，一般会計予算総則において，その金額の限度額を掲げている。同じく危機対応業務のための借入れ又は預金保険機構債券に係る債務の保証の限度額[26]も，同法126条2項による同法42条の2の規定の準用により予算総則に掲げられている。

地方公共団体の場合に，債務保証については法律による禁止の解除が必要とされるが，損失補償を約すること（「損失補償の保証」，「損失補償契約」）については，法律による禁止の解除を要しないという解釈に基づいて運用されている（第5章2［1］を参照）。地方公共団体における債務保証，損失補償契約についても，債務負担行為の手続がとられる。たとえば，土地開発公社に対する金融機関の貸付金について設立団体たる地方公共団体が損失補償を約する場合などは，長期にわたる債務負担となる。

専決処分の利用場面　地方公共団体においては，特に緊急を要するため議会を招集する時間的余裕がないことが明らかであると認めるときなどにおいて，専決処分が認められる（自治法179条1項）。地方公共団体による資金助成に関しても，そのような場面がないとはいえない。しかし，資金助成の必要性が極めて大きいことが専決処分発動の前提となると考えられる[27]。

［3］　透明性原則

透明性の原則　透明性の原則は，いくつかの側面から考察する必要がある。

第一に，どのような資金助成措置をなすのかについて，国民・住民の知りうる状態におかれなければならない[28]。これは，資金助成の根拠法令，要綱

26　ただし，この場合の限度額は，「政令で定める金額の範囲内」とされ（126条1項），実際には，平成18年4月現在は預金保険法施行令29条により18兆6,000億円とされ，平成18年度一般会計予算総則においては17兆円を限度額としている。限度額につき政令の金額が国会の議決金額を拘束していることになるが，そのような仕組みに不都合があるというときは法律改正をすればよいのであるから，特に問題にする必要はないであろう。そして，通常は予算提案権を有する内閣の判断が先行するので，限度額の引上げを必要と考える場合は，内閣が政令改正をすることにより問題を解決することができる。

27　青森市は，同市から新情報システム構築の委託を受けたソフト会社であるA社が，住民記録システムを別のソフト会社に委託したが，その会社が相次ぐトラブルのため撤退したことにより，市から受領する予定のデータ移行料及びサービス料などの支払いが凍結され，資金繰りがつかなくなったので，そのままでは新システムへの移行に支障を生ずるとして，約3億7,000万円の貸付けを専決処分で授権したという（河北新報平成17・11・18）。

等を明確に定め，要綱等を公表することによって達成される。

　第二に，どのような相手方にどれだけ助成がなされたか，すなわち実績に関する透明性である。当該資金助成の性質によって，助成の相手方を公表することが，その者の権利利益を著しく侵害する恐れのある場合，また，国又は地方公共団体の事業目的の達成に著しい支障を及ぼす場合もありうる。したがって，この面における透明性の程度は，個別の資金助成の目的・性質等に鑑みて，相対的に決められるべきであろう。

　批判可能性の確保　公的資金助成は，財政資金の分配の一領域である。どのような公的資金助成がなされているかを国民・住民が知り，そのあり方について批判することを可能にしなければならない。そのような批判可能性が，予算書によって確保されるとはいえない。そこで，国又は地方公共団体は，情報公開請求を受けて公開するという消極的な姿勢ではなく，積極的な情報提供により批判可能性を確保する責務を負っているといわなければならない。それによって，国民・住民の意向を踏まえた予算審議もなされるであろう。

3　公共目的（公益性）の原則

[1]　公共目的原則の根拠

　非対価性と公共目的　補助金等は，対価的性質をもたない公金の支出である（非対価性）。その財源は，一般に租税や公債，その他である。公債も，将来の納税者の負担となるという意味において，租税に準ずる性質がある。したがって，主として租税等を充てて対価性のない支出を行なうには，それを正当化するだけの公共目的が存在しなければならない。それは，「財政公共目的の原則」の一場面にほかならないが，補助金等の交付については，より確固たる公共目的の存在が必要とされる[29]。そして，公共目的とは，「公益性」と言い換えてもよい[30]。

28　兵庫県の雇用補助制度について，派遣労働者も補助金の対象になることが周知されていなかったため，特定の企業が補助金の99％以上を受けたという（朝日新聞平成18・8・9）。

3 公共目的（公益性）の原則

贈与禁止原則の理論　ドイツ行政法の「国家は贈与をなしえず」とする贈与禁止（Schenkungsverbot）の原則が，日本にも紹介されている。高橋滋教授によれば，贈与禁止原則は，当初は，法律の留保が必要なことを理由づける命題として理解されていたが，やがて，会計法上の経済性原則と結びつけて理解され，さらに，補助金の交付を正当化する実質的理由づけ（公益目的の達成）を求める命題であるとする理解も有力であるという[31]。それらの法的根拠とされた平等原則や経済性原則との関係の分析も興味深いものがある。「贈与禁止」の文言を用いるべきかどうかは別として，いずれにせよ，私人における贈与自由の原則は，国又は地方公共団体には妥当しないのであって，補助金を交付するには，公共目的からする実質的必要性が認められなければならない。そのような必要性が認められることが，補助金交付の正当性でもある。

　日本において，国民財政主義が，財政の根本原則である。この原則は，財政運営が国民の意思に基づくと同時に国民のためになされなければならないことを意味する。「国民のために」，あるいは「住民のために」という目的を逸脱した補助金の交付は，国民財政主義違反である。ただし，法律や条例に根拠を有する補助金については，そのような実質的必要性が推定され，国民財政主義適合性も推定されるというべきである。

---

[29] 阿部泰隆『行政の法システム（上）［新版］』（有斐閣，平成9年）は，補助金について「行政主体が特定の公共目的の促進のためになす無償の金銭給付」と定義し（339頁），補助金を支配する原理として「公共性」を挙げている（346頁）。アメリカ法において民間企業支援について公共目的（public purpose）が求められていることについて，碓井光明「自治体による民間企業の支援」日本財政法学会編『現代財政法学の課題』（勁草書房，平成7年）257頁を参照。

[30] ただし，自治法232条の2が寄附又は補助につき「公益上必要」があることを定めており，これが公共目的原則の表れであることは疑いないが，公共目的原則の方が広い観念であるから，同規定の適用されない財産の取得についても公共目的の観点からの考察が必要とされる（ゴルフクラブ会員権の取得について，名古屋高裁昭和58・3・30判例タイムズ502号153頁）。

[31] 高橋滋「ドイツ行政法における贈与禁止原則」杉原泰雄教授退官記念論文集刊行会編『主権と自由の現代的課題』（勁草書房，平成6年）123頁，133頁。

[2] 地方自治法232条の2の「公益上必要がある」の要件

公益上の必要の法規範性　自治法232条の2は,「普通地方公共団体は,その公益上必要がある場合においては,寄附又は補助をすることができる」旨を規定している。この条文は古い歴史を有している。明治44年市制115条・町村制95条は,すでに「市（町村）ハ公益上必要アル場合ニ於テ寄附又ハ補助ヲ為スコトヲ得」として,現行法と全く同じ内容を規定していた。この規定における「公益上必要」が法的に特別の意味を有するか否かが問題となる。この点につき,市町村の権能を越えてはならないとともに,その権能の範囲内においては特別の制限を受ける理由はないとする見解が支配的であった[32]。しかし,これは,ある種の循環論法に陥る可能性のあるものであった。市町村の権能の範囲内にあるといえるならば「公益上必要」があるとすると同時に,「公益上必要」があるならば,市町村の権能の範囲内にあるといえた可能性があるからである。

自治法232条の2の適用範囲　自治法232条の2は,「寄附又は補助」について公益上の必要性の存在を要求している。そこで,この文言との関係において,232条の2の適用範囲が問題になる。

第一に,貸付けは,通常は「補助」とはいえないが,一般よりも有利な条件による貸付けは,補助に当たると解される[33]。釧路地裁平成12・3・21（判例地方自治206号27頁）は,年1.65％で,十分な担保を徴することなく実行された貸付けについて「補助」にあたるとした。また,岡山地裁平成14・3・13（判例地方自治239号40頁）は,「寄附又は補助」とは地方公共団体が反対給付を求めずに公益上の必要性に基づいて一方的に行なう財政援助を意味すると解されるとして,無利子貸付及び年1.0％の利率による低利貸付について,「寄附又は補助」に当たるとしている。

第二に,出資も,通常は「補助」とはいえないが,資金助成目的で増資に応ずるような場合は,公益上の必要性の求められる「補助」に該当するというべきである。

32　入江俊郎＝古井喜実『逐条市制町村制提義』（良書普及会,昭和12年）1502頁。

33　平成15年度高知県包括外部監査報告書も同趣旨である（高知県公報平成16・4・30号外24号41頁）。

第三に，地方公共団体にみられる損失補償ついては，その実行が「寄附又は補助」に該当することは疑いがないが，損失が生じた場合に補償することを約する「損失補償の保証」（損失補償契約）も財政援助の性質をもつので，「寄附又は補助」に該当するというべきである。特定の場合の債務保証について法人財政援助制限法第3条の禁止を解除している場合であっても，さらに「公益上必要」があるかどうかを具体的に吟味する必要がある[34]。

公益上の必要の判断方法＝裁量権統制・裁量権行使の主体　公益上の必要をどのように判断するかに関して，裁判例の積み重ねによって，最近は次第に視点が明確になってきたように思われる。近年の裁判例は，長に裁量権があることを前提にして，裁量権の逸脱濫用があったか否かを判断する基準を提示するものが多い。たとえば，東京地裁平成10・7・16（判例時報1687号56頁）は，次のように述べている。

「当該地方公共団体が置かれている社会的，経済的状況を前提として，補助金の交付を受ける相手方と当該地方公共団体との関係，補助金の交付が当該地方公共団体ないしその住民にもたらす利益，効果，その程度，交付される補助金の額がそれに見合うだけの利益をもたらすものかなど諸般の事情を総合的に勘案して決するほかないものであるが，かかる総合的な判断をする場合においては，事柄の性質上，裁量が機能する余地を否定することはできないのであって，法は，『公益上必要がある場合』に当たるか否かの判断については，当該地方公共団体の長の合理的な裁量にゆだねているものと解するのが相当である。」

しかし，「地方公共団体の合理的な裁量」といわないで，「地方公共団体の長の合理的な裁量」[35]と述べている点には，根本的に疑問がある。はたして，自治法が，そのような広範な裁量権を長に付与したといってよいのかという問題である。どのような要件を備えた者に補助金を交付するかの設計は，長の提案を前提にして，第一次的には議会の関与する規範によってなされることが理想である。その規範形態として，条例及び予算が想定される。これは，

34　松本・逐条750頁は，このような趣旨と思われる。
35　長の裁量と述べる裁判例として，福岡地裁平成14・3・25判例地方自治233号12頁，新潟地裁平成14・3・28判例地方自治233号91頁などがある。

補助金等に関する法律の根拠・条例の根拠としてすでに述べた事柄である。前記判決は，信用金庫の破たん処理のための補助金を扱ったもので，議会の予算審議を経たものであって，長のみの裁量によって決定されたものではない。長個人の損害賠償責任を追及する訴訟において，一定の範囲内で長の裁量権を認めることができるが，長が従わなければならない規範は本来は条例・予算であろう。長の定める規則による資金助成を肯定する場合にも，それは長に広範な裁量権を付与するものではない。予算等による制約の中における一定の裁量にすぎないのである。もちろん，長は，長の制定した規則・要綱等にも従わなければならない自己拘束を受ける。ストレートに長の合理的裁量を肯定すべきものではない。ただし，緊急の事態等において，そのような規範を定立することができない事態のあることは認められる。

　予算案につき交付要件等が審議されて，実質的な正当化手続がとられたといえる場合は，公益上の必要も推定されると解される。前記東京地裁の事案においては，信用組合の破綻処理の一環として信用組合協会が信用組合から譲り受ける回収可能な延滞債権の債権回収を促進するために協会に対して200億円の資金援助を行なうことに合意し，平成7年度から平成16年度までの10年間で総額200億円を交付することなどを定めた補助金交付要綱を制定し，協会との間で補助金交付協定を締結した。平成7年度補正予算には「信用組合緊急特別対策に要する経費」として計上され審議がなされて，この特別対策費の趣旨等の質疑・答弁がなされたということであるから，議会の意思も形成されて，実質的正当化手続がとられたものと評価することができる。平成8年度以降についても，同補正予算において，180億円の債務負担行為（期間は平成8年度ないし平成16年度）が議決されている。したがって，平成8年度以降の各年度の予算には明示的な表示がなされていないとしても，すでになされている債務負担行為を前提にするならば，各年度の補助金支出をなすことが承認されていたものといえよう。

　比較的早い段階で公益上の必要の判断方法に触れた裁判例として，熊本地裁昭和51・3・29（行集27巻3号416頁）は，補助金交付が住民にもたらすであろう利益，程度等の諸般の事情を勘案して判断すべきことになるが，「その判断につき著しい不公正もしくは法令違背が伴わない限り，これを尊

重することが地方自治の精神に合致する所以というべきである」と述べた。この判決の特色は，地方公共団体の判断を尊重することが地方自治の精神を尊重する所以であるとし，決して長の判断を尊重するとは述べていないことである[36]。また，この判決において注目すべき点の一つは，具体の補助金がゴルフ場を経営する会社に対する補助金で町の産業の振興を図る目的によるものであるところ，工場設置奨励条例により一定の新設・増設に係る工場を有する者に3か年間の固定資産税の課税免除，当該年度に賦課された固定資産税の100分の50に相当する額を限度として補助金を交付するとしていたことにも触れて，ゴルフ場は工場ではないので同条例が直接適用されることはないものの，この条例にならってなされた補助金交付であることが重視されていることである。そこに，「地方公共団体としての判断」の存在を読み取っているのである。

同じく，旭川地裁平成6・4・26（行集45巻4号1112頁）も，公益上の必要性は，議会や長が政策的に決定することである以上，第一次的には議会や長こそが，よく判断しうるものであって，その裁量に委ねられているとしつつ，その裁量権の逸脱・濫用の有無は，補助金交付の目的，趣旨，受交付団体の目的，構成員，活動状況，活動計画等諸般の事情を考慮し，他の諸規範との総合的な評価をして決すべきであるが，いかなる政策を選択し推進することが公益に合致するかについて住民の意思が明らかである場合には，その住民の意思に合致するか否かが極めて重要な要素になる，と述べている[37]。ここにおいて「住民の意思」が強調されていることに注目したい（その控訴審・札幌高裁平成9・5・7行集48巻5・6号393頁も，ほぼ原審判決を引用）。

公益上の必要の判断要素・考慮事項　　裁判例は，公益上の必要の有無を判断する際の判断要素ないし考慮事項を提示するようになってきた。

上に掲げた裁判例にも，次のような考慮要素が示されている。すなわち，①住民にもたらす利益・その程度等（熊本地裁昭和51・3・29前掲），②相手方との関係，住民にもたらす利益・効果・その程度，補助金の額と見合う利

36　大潟村農家に対する「互助方式」による補助金の支出を扱った秋田地裁平成3・3・22判例時報1427号46頁は，同趣旨を述べて，その程度，態様において著しく不合理であるとは認められないとした。

益（東京地裁平成 10・7・16 前掲），③交付の目的・趣旨，受交付団体の目的・構成員・活動状況・活動計画等（旭川地裁平成 6・4・26 前掲）である。神戸地裁平成 3・11・25（判例時報 1442 号 88 頁）も，補助金交付の目的，趣旨，補助金交付を受ける個人又は団体の生活及び活動状況，補助金交付によって期待される効果等諸般の事情を考慮すべきであるとしている。

筆者の見解の変遷　こうした状況において，筆者は，地方公共団体の補助金の交付に関する考え方の変遷を重ねてきた。早い時点では，裁判所が公益上の必要性の存在を積極的に認定することは困難であり，また裁判所の判断を優先させる結果になるとして，むしろ，補助金交付の根拠と要件を定める規範が先行することを求めたうえで，明白に無益な補助金は別として，裁判所が違法となしうるのは，地方税や受益者負担金等に関する「合法性原則」違反の場合，著しい不公正な内容の場合などに限られるとしていた[38]。さらに，その後，民主的正当性の備わること（条例又は規則による一般的規範の設定，予算議決）を前提にしたうえ，裁判所が違法となしうるのは，①地方公共団体の設定している一般的規範又は議会の議決内容に違反する場合，②自治法 232 条の 2 以外の法令に違反する場合，③著しい不公正の認められ

---

[37]　具体の事案は，複数の市町村の議員により設立された核廃棄物貯蔵施設等の誘致を目的とする団体に対する補助金の交付であって，判決は，町長選挙及び議会議員選挙における誘致推進政策候補者に対する投票状況などに鑑み，多数の住民の意思を反映したものと認定している。高知地裁平成 10・1・16 判例時報 1674 号 53 頁は，「住民の意思」には触れていないが，その他は旭川地裁判決と同趣旨を述べて，市議会議員によって構成された任意団体の視察研修費用の一部補助について裁量の逸脱・濫用はないとした。

　団体に対する補助金交付に関しては，微妙な場面がある。那覇地裁平成 14・1・30 判例集未登載は，米軍の飛行場用地として提供されている土地の所有権の回復を目的として結成されている飛行場用地所有権回復地主会に対する村からの補助金交付について，地主会による所有権回復運動は，村において重要な公益性を有する米軍基地返還問題の中枢をなしており，地主会の活動及び実績に照らせば，地主会は返還問題について村と連携しつつ，早期かつ円滑な解決を実現してきたと認定している。直接に公益上の必要を認定するものではないが，その判断が滲み出ているといえよう。

[38]　碓井・地方公共団体の補助金交付（下）35 頁以下，碓井・自治体財政・財務法 256-257 頁。

る場合，を挙げた[39]。現在も，これ以上の確たる考え方はもっていない。

裁判例の展開 以上の筆者の見解を形成した時期以降に，裁判例の展開が見られ，より精緻な議論が展開されてきた。それらを取り上げてみたい。

神戸地裁昭和62・9・28（判例タイムズ665号119頁）は，第一に，地方公共団体の収入は自治法232条1項の経費に優先的に支弁されるべきであるから，当該地方公共団体の財政上の余裕の程度を考慮しなければならないこと，第二に，事業活動が果たすべき公益目的の内容，その目的が財政上の余裕の程度との関連において，どの程度の重要性と緊急性を有するものであるか，経費補助が公益目的実現に適切（合目的性）かつ有効（有効性）な効果を期待できるか，他の用途に流用される危険がないか，公正，公平など他の行政目的を阻害し，行政全体の均衡を損なうことがないかなど諸般の事情を総合して判断すべきであること，第三に，補助金支出が，目的違反，動機の不正，平等原則違反など裁量権の濫用・逸脱となるときは違法といわなければならないこと，を挙げている。別件神戸地裁昭和62・9・28（判例時報1273号38頁）も，全く同趣旨を述べた。

これら二つの裁判例が「財政上の余裕」を掲げている点が注目される。その後も，財政上の余裕を掲げる裁判例が続いている（後述のほか，大阪高裁平成元・2・15判例タイムズ696号100頁）。

秋田地裁平成9・3・21（判例時報1667号23頁）は，議会及び長の裁量判断尊重主義にたったうえで，他の規範に違反するなどの違法がある場合，補助金額に比較して得られる全体の利益がかなり低い場合（これは，後述の比例原則に相当する），全体の利益よりも補助を受ける特定の者の利益を図る意図でなされたことが明白である場合などは，裁量の逸脱として公益上の必

---

[39] 碓井・住民訴訟197頁。平成15年度高知県包括外部監査報告書は，「公益上必要がある場合」とは，①住民福祉の増進を目的とする行政活動の一環と評価できること（住民福祉の増進活動の一環の原則），②自治法232条の2以外の法令に違反していないこと（法令適合の原則），③不公正と認められないこと（公正の原則）の3原則を掲げている（高知県公報平成16・4・30号外24号38頁）。これらのうち，②と③とは，筆者の考え方と一致している。①は，ある意味において当然の原則であるが，極めて重要な原則である。

要性が否定されるとした。同判決の事案（大王製紙事件）においては，工場を誘致することを容易にするために，覚書により，45年間にわたり，一体のものとして，市が毎年約3億円を製紙会社に補助し，県の補助とあいまって工業用水道料金を実質的に引き下げる狙いによる補助金の交付の適否が問題とされている。同判決は，公益上の必要性に関する議会や長の政策判断を尊重すべき期間は，その判断の妥当性が確保される平成12年から平成22年までの分であり，その後の分については判断の妥当性を確保できる合理的理由を見出すことができず違法であるとした（第7章4［2］をも参照）。この判決は，補助金の交付を受ける者との覚書により長期間にわたる補助金の交付を約している場合に，政策判断（裁量判断）の合理性の妥当する期間的限界があることを示した点において注目される。

　また，市が大学を誘致するために，公私協力方式により大学を設立する学校法人に対して市が用地を提供し，造成費及びこれに付帯する調査設計等に要する経費につき補助金を交付する場合に関して，大分地裁平成11・3・29（判例タイムズ1061号190頁）は，公益上の必要性の判断は長及び議会の合理的な裁量に委ねられているとし，他の法令によって禁止されている場合を除き，当該補助等の目的が正当かつ合理的であるか，その目的を達成するうえで必要であるか，態様・程度等が他の行政目的との均衡や当該地方公共団体の財政事情等との関係において相当であるか，などの諸般の事情に照らし著しく不合理で裁量権の逸脱又は濫用と認められる場合にのみ違法になるとした（具体の事案については公益上の必要性を肯定）（第7章1［3］を参照）。

　貸付金について判断された事例もある。倉敷市が，同市も出資しているチボリ公園管理会社に資金を貸し付けた場合について，岡山地裁平成14・3・13（判例地方自治239号40頁）は，当該補助金交付の目的，趣旨，効用及び経緯，補助の対象となる事業の目的，性質及び状況，当該地方公共団体の財政の規模及び状況，議会の対応，地方財政に係る諸規範等の諸般の事情を総合的に考慮した上で検討することが必要である」としている。公益性を積極的に肯定する要素になったのは，同公園が県民及び県外の観光客を対象とした大型観光資源としての意味をもち，その経済効果による地域振興，都市開発の起爆剤としての効果を有するとの認定である。そして，公債費比率

や財政力指数からみても財政状況が他の市と比べて悪いとは認められず貸付金額が明らかに過大であったとはいえないとした。控訴審の広島高裁岡山支部平成15・12・18（判例集未登載）も，この判断を維持した。

日韓高速船事件判決　日韓高速船事件の控訴審判決・広島高裁平成13・5・29（判例時報1756号66頁）は，「当該補助金の交付の目的，趣旨，効用及び経緯，補助の対象となる事業の目的，性質及び状況，当該地方公共団体の財政の規模及び状況，議会の対応，地方財政に係る諸規範等の諸般の事情を総合的に考慮した上で検討することが必要である」と述べた。

この訴訟は，首長の職にあった者に高額の損害賠償責任を問う事件として注目されていたものである。市及び県，民間企業，個人が共同出資して設立した株式会社が，日韓高速船を運航してきたが，経営の悪化から運航の休止を余儀なくされ，同社から補助金交付の要請を受けて，同社が締結していた裸傭船契約の合意解除に伴う清算金支払額相当額の補助金（第1補助金）と，金融機関からの借入金返済額相当額の補助金（第2補助金）との合計8億4,500万円を交付したことの適法性が争われた事件であった。1審の山口地裁平成10・6・9（判例時報1648号28頁）は，住民の利益になる公益性の有無を問題にして，運航再開の見込みがなく地域活性化・市民の利便性という本来の利益が存在しないことなどから補助金の交付と住民の利益との因果関係の存在を肯定できないので公益性の要件を満たさず，第1補助金，第2補助金とも違法であるとした[40]。これに対して，前記の控訴審・広島高裁平成13・5・29は，第1補助金については市政に対する社会的信頼の保持の必要性等に鑑み裁量権の逸脱又は濫用がないとしたが[41]，第2補助金3億8,000万円については，そのような事情が認められないとして[42]，裁量権の逸

40　それ以外の判断根拠として，補助金交付により直接的に利益を受けたのは裸傭船契約の相手方，借入れについて保証していた者であって，いずれも営利を追求する法人又は個人であって，住民の福祉の増進との関係を有しないこと，補助金の交付により市に対する信頼を維持するといっても，それは抽象的なもので実体を伴っていないこと，すでに行なった10億円の直接融資及び8億円の損失補償に係る計18億円が回収不可能な状態の下で運航再開の見込みがないのに補助金を交付することは不毛な措置で住民にとってその損失を看過できないこと，などを挙げている。

脱があったとしたものである。

　これに対して，上告審の最高裁平成17・11・10（判例タイムズ1200号147頁）は，自治法232条の2に違反するものではないとした。上告人の前任市長が本件事業を提唱し6社に本件事業への協力を要請したこと，市が第三セクターの設立を主導し，その運営や資金調達等に関して積極的な役割を果たしていたこと，連帯保証人は市の幹部職員から市が責任をもって対処するので迷惑をかけない旨の説明を受けそれを了承して連帯保証に応じたこと，前任者の後に市長の職に就いた上告人は本件事業を主導した市に対する協力と信頼にこたえるため第2補助金を支出することにしたこと，などの事実を摘示して，次のように述べた。

　「このような本件事業の目的，市と本件事業とのかかわりの程度，上記連帯保証がされた経緯，本件第2補助金の趣旨，市の財政状況等に加え，上告人は本件第2補助金の支出について市議会に説明し，本件第2補助金に係る予算案は，市議会において特にその支出の当否が審議された上で可決されたものであること，本件第2補助金の支出は上告人その他の本件事業の関係者に対し本件事業の清算とはかかわりのない不正な利益

41　裸傭船会社が，当初は運航会社の収益性及び支払能力に対する懸念から参画に消極的であったが，傭船料の支払いに問題が起きたときは市が責任をもって解決に努力する旨の前任市長名の確約書が交付され，それを信頼して傭船契約の締結に応じた事情があるなかで，確約書を反故にすることは，確約書に基づいて市の責任を糾弾され市政に対する社会的信頼の失墜を招き，将来にわたる各方面からの市への協力が得られなくなるおそれがあったことを否定することはできないなどを理由に，公益上の必要性があると判断したことに裁量権の逸脱又は濫用があったとまでは認められないとした。

42　主債務者から迷惑をかけないからといわれて連帯保証人となったからといって法的には全面的な支払義務を負うことは，通常人はもとより，特に企業家であれば当然に承知している事柄であるから，連帯保証人らに応分の負担を負わせたからといって，直ちに市の責任を糾弾され市政に対する社会的信頼の失墜を招き将来にわたる各方面からの市への協力が得られなくなるものではないとして，公益上の必要性があると判断したことに裁量権の逸脱があったものといわざるを得ないとした。なお，控訴人は，長年にわたり自治省及び地方公共団体に勤務し補助金交付等の要件及び在り方等について十分な知識と経験を有していたものであるから，第2補助金の交付という違法な財務会計行為につき，少なくとも過失による責任を免れないとした。

をもたらすものとはうかがわれないことに照らすと，上告人が本件第2補助金を支出したことにつき公益上の必要があると判断したことは，その裁量権を逸脱し，又は濫用したものと断ずべき程度に不合理なものであるということはできないから，本件第2補助金の支出は，地方自治法232条の2に違反し違法なものであるということはできない。」

この最高裁判決は，公益上の必要性の判断要素を明示しているとはいえないので，今後を占うことは容易ではない。特に，議会における審議と可決が相当程度重視されている点が，公益上の必要の推定以上に，同種事案に対する先例性を有するのかどうかも定かではない。控訴審判決が，最高裁大法廷昭和37・3・7（民集16巻3号445頁）[43]を引用して，「市議会において右補助金の支出に係る補正予算案が採択されたからといって，当該財務会計行為の違法性が阻却されるものではない」と述べている考え方が主流であっただけに[44]，本件最高裁判決の射程範囲を画することには困難がある。また，この事件は，前任市長の政策判断を受け継いだ市長が，その制約のなかでいかなる行動をとりうるか，という特有の問題も内在させていたといえよう。

宮崎シーガイア訴訟判決　さらに，宮崎のシーガイア訴訟[45]の宮崎地裁平成15・3・24（判例集未登載）は，長の判断が著しく不合理で，裁量権を逸脱し又は濫用するものであると認められる場合にのみ違法となるとする原則に立ちつつ，次に掲げるような観点から，当該寄附又は補助をめぐる諸事情に照らして，客観的に合理性が認められない場合には，裁量権の逸脱又は濫

43　この判決は，府議会の議決があった一事をもって直ちに公金支出差止め請求を棄却すべきものとしたのは法令の解釈を誤ったものであると述べているのであって，裁量権行使の違法性の判断において，考慮に入れることを禁止する趣旨まで含むものではないといえよう。

44　この点に関しては，碓井・住民訴訟155頁を参照。

45　宮崎県も出資しているリゾート会社が経営困難になり県に支援を求めたのを受けて，県，宮崎市が民間企業と共同して財団法人を設立し，その財団法人に県が60億円を拠出して振興基金を設けて，基金がリゾート社に補助する方式が採用された。シーガイア住民訴訟は，県の60億円の公金支出の違法を主張する訴訟であった。詳しくは，碓井光明「地方公共団体の外郭団体的法人」日本財政法学会編『地方財政の変貌と法（財政法講座3）』（勁草書房，平成17年）301頁，327頁以下。

用として違法となると解すべきであるとした。

① 補助事業が，行政目的に合致すること，すなわち当該地方公共団体住民の福祉の向上を目的とすること（合目的性）。

② 補助事業をすることにより，当該地方公共団体住民の福祉が向上する効果が生じ，補助事業をしなければ同効果は生じないという関係にあること（有効性・必要性）。

③ 補助事業の対象者とそうでない者との間の公平を失しないこと（公平性）。

④ 補助事業の実施にあたり，手続的な違法がないこと（手続の適法性）。

⑤ 当該地方公共団体の財政運営上支障がないこと（財政運営上の相当性）。

宮崎地裁判決は，具体の事案について，上記の観点からの検討を進めている。

合目的性に関しては，「公益上必要がある場合」とは，補助金支出の対象事業それ自体に公益目的がある場合に限られず，「対象となる事業が創設され，存続し，発展することにより，当該地方公共団体住民の福祉が維持ないし増進するという因果関係がある場合も含む概念である」とし，「地方公共団体が，私企業ないし私人に対しても，その住民福祉への貢献への度合いに応じた補助を，補助金交付，出資，低利ないし無利子での貸付など様々の形で行うことは肯定されて然るべきである」とした。企業誘致等の補助金交付等の許容性を肯定する考え方である。そして，シーガイアに関しては，県外客に対しても大きな集客力を有する観光・リゾート施設として現実に機能し，県の産業，経済に大きく貢献する施設であったと認められ，「本件公金支出は，シーガイアの営業による宮崎県内の産業，経済への波及効果を維持することによって住民の福祉を維持ないし増進することを目的とする補助として，行政目的に合致すると認めることができる」とした。

有効性・必要性に関しては，まず，具体的な経営改善計画が確定していない状況下における支援であることについて，シーガイアの県内産業，経済に対する波及効果の大きさと経営廃止の場合の影響からすれば，「経営改善が

3 公共目的（公益性）の原則　　115

不可能であることが相当程度確実で，支援によっても単に廃業を引き延ばす効果があるにすぎないことが明らかでない限りは，相当な期間に限定の上で，経営改善計画の立案中の事業運転資金を支援することは，補助の有効性・必要性の観点から容認されると解すべきである」とした。補助金額については，資金不足額を事前に確実に予測することは困難であるので，より具体的に予測できる当初3か月分の予定不足額を交付した上で，運転資金の実情を審査しつつ，その後の交付額を決定していく仕組みであったことから，補助金額の認定には一応の合理性があったとした。結論としては，運転資金に窮した会社に合理的な金額の支援を行なうものであって，行政目的達成のため有効かつ必要であることを認めることができるとした。

　公平性に関しては，一般論として，補助金の交付が公金を無償で配分する行政上の施策であることからすれば，交付内容や受給資格等の決定に際して，平等性が強く要請されることは当然であり，「特定の企業に補助金が交付される場合には，当該補助により実現すべき公益との関係において当該企業に当該補助金を交付することが，補助金を交付されない他企業又は当該企業と比較して小額の補助金を交付される他企業との関係において，容認するに足りる合理的な理由が存在する必要があり，合理的な理由を欠く場合には，当該補助金の支出は」裁量の範囲を逸脱したものとして「公益上必要がある場合」の要件を欠くことになると述べた。そして，県内の他の産業の発展のためにも波及効果を期待できる観光・リゾート産業の振興を図る政策をとり，その振興のために重点的に補助事業を行なうことは，相応の合理性を有しており，さらに，シーガイアの県内の観光・リゾート産業における位置づけ及び事業の規模を考慮すれば，補助金額が相当な多額になることにも相応の合理性があるといえるから，公平性に欠けると評価することはできないとした。

　手続的な適法性に関しては，議会における審理又は決議の手続に違法はなかったこと，県が振興基金に拠出した補助金が補助対象者に公正に交付される仕組みが用意されていたことを認定して，これを肯定した。

　財政運営上の相当性に関しては，「当該補助金の交付により，予算の編成，執行等に重大な制約又は障害が及ぶ等，当該地方公共団体の財政に具体的な支障が生じるに至ったかどうかという観点から判断されるべきである」とし

つつ，本件の場合は，そのような支障は認められないとした。

以上のような検討を踏まえて，裁判所は，政策判断の当否は格別，被告の公益性の認定には裁量権の範囲の逸脱又は濫用があったと認めることはできないとした[46]。各観点ごとに分解して検討を行なっている点に本判決の特色がある。

経営破綻同然の法人に対する補助金交付の適法性　下関の日韓高速船事件は，経営が実質的に破綻していた第三セクターに対する補助金の適法性[47]を問題としたものであった。この例のように，経営の破綻した第三セクターの処理について，地方公共団体は苦労してきた[48]。しかし，破綻同然の法人に対する補助金交付については，さまざまな角度から適法性に疑問があるとされる。

第一に，補助金の交付先の事業が住民の福祉を増進するという理由で交付される補助金に関して，もはや当該事業を継続する見込みがないのに補助金を交付することは「無益な補助金」ではないか，という疑問である。

第二に，補助金の交付が，実際には，当該交付先に対して融資している金融機関を利するのみではないか，という疑問である。

したがって，日韓高速船事件で問題とされたように，これらを上回る「公益」の存在が求められる。そのような「公益」として，①当該地方公共団体に対する信頼を特に保持する必要のある場合，②金融システムに対する不安を回避する必要のある場合，③当該地方公共団体のなかの関係産業に重大な支障を及ぼす場合，などが考えられる[49]。

46　なお，この住民訴訟は，平成16・12・22福岡高裁宮崎支部の和解勧告を受けて，コンベンション協会が平成16年度中に振興基金から29億円を県に返還し，住民は控訴を取り下げる旨の和解が成立したという。

47　稲庭恒一「第三セクター会社の営利性と公益性」福島大学行政社会論集16巻2号1頁（平成15年）。多額の損失補償をなす結果となることを回避するために，補助金の交付に公益上の必要性があるとする裁判例（高知地裁平成18・3・17判例集未登載）もある。

48　処理の実態を分析した文献として，金井利之「第三セクター処理の合意形成と行政管理（上）（下）」自治研究81巻10号73頁，82巻1号92頁（平成17年，18年）を挙げておく。

3 公共目的（公益性）の原則

赤字補填目的の補助金　公益性をもった事業に対して，事業の実施を支援するために予め補助金の交付を決定しておくのが普通である。反対に，事業に赤字を生じたことから，事業の完了後に事業の主催者からの要請を受けて，赤字補填目的で補助金を交付することが適法といえるかどうかという問題がある。事業の完了後に，その公益性を認めて支援することが許されるかという問題である（事後的公益性の認定）。

青森地裁平成18・3・17（判例集未登載）の事案は次のようなものであった。法人格のない実行委員会が毎年コンサートやプロレス興行などのイベントを開催してきたが，ある年にコンサートを開催したところ，約5,800万円の赤字が発生し，うち約3,470万円が実行委員会の実質的赤字になったため，実行委員会からの支援要請を受けて，村がそのうちの約2,564万円を助成金として交付した。その実行委員会の委員は村長が委嘱することとされており，事務局長は村収入役，会計及び書記は村職員が就任することとされていた。

判決は，①イベントの目的が村の活性化を図ることにあること，②イベントの開催により集客や知名度の上昇など村に一定の効果がもたらされたものと認められること，③助成金額が村の歳出の0.82％にとどまり支出に当たっては議会において審議がされた上で予算として承認されていること，などの事情からすれば，赤字補填を目的としたものであることをもって，村長の判断に裁量権の逸脱又は濫用があったとまでいうことはできない，とした。この事案は，村と一体的な実行委員会主催のコンサート（しかも①の意味が大きい）の赤字補填であり，かつ，実行委員会のイベント開催は毎年なされてきたというのであるから，村から全く独立した団体等の主催で，かつ1回

49　この指摘をまとめるにあたっては，平成15年度高知県包括外部監査報告書を参考にした。そこでは，財団法人グリーンピア土佐横浪の光松地区の運営を廃止する際の補助金交付に関して，経営が破綻して清算するにもかかわらず，補助金の交付が住民の福祉増進の利益になる例外的場合として，補助金を交付して金融機関に対する債務処理をしないと県政に対する信頼を失う場合，金融機関の貸付けが巨額で貸倒れの発生により金融機関の経営が破綻するおそれがあって，補助金の交付により残債務を処理して金融システムに対する不安を回避する必要のある場合，補助金により金融機関に対する残債務を処理しないと県の観光関連産業の振興に重大な支障が生ずる等の弊害が生ずる場合，が挙げられている（高知県公報平成16・4・30号外24号39頁）。

限りの場合には，微妙に異なってくるであろう。

給与条例主義潜脱補助金は違法（職員互助会補助金等を中心に）　補助金の名目で，実質的な給与とみられる給付がなされることがある。条例に基づくものであれば，原則として補助金のレッテルにより違法とされるものではない。これに対して，単なる予算によるもの，さらに，条例に「補助することができる」程度の包括条項を置いて，その補助の金額等を長の裁量に委ねるものは，給与条例主義（自治法 204 条の 2）違反である。

そうしたなかで，職員互助会等に対する補助金等が，職員互助会等を介在させているものの，実質は職員に対する給与等ではないかという問題が提起されるようになった[50]。従来は，互助会に対する運営費交付金を地方公務員法 42 条の趣旨に合致する福利厚生事業であるとして，その交付金の公益上の必要性を認め，条例に基づかない給与・給付ではないとされた例（浦和地裁平成 13・1・22 判例地方自治 223 号 55 頁）や，教職員厚生協会に対する交付金が自治法 232 条の 2 に違反しないとされた例（神戸地裁平成 7・12・25 判例地方自治 147 号 39 頁），市職員互助会に対する補助金の適法性に疑いがあるとしつつも，損失がなかったとして市長個人に対する請求が棄却されたもの（京都地裁昭和 62・7・13 判例時報 1263 号 10 頁）などがあった。

包括的条例に係る事案について給与条例主義違反の認定のなされた事例の一つは，吹田市が大阪府市町村職員互助会に対して交付した補給金である。吹田市は，地方公務員法 42 条に基づいて「吹田市職員の厚生制度に関する条例」において，互助会に対して定款に定める補助金を交付すると定めていた。

50　新聞報道ではあるが，武蔵野市が職員共済会を通じて「ヤミ年金」を昭和 34 年度から 56 年度まで支給した旨の報道（朝日新聞昭和 58 年 7 月 10 日），宇都宮市が「互助会貸付」名目で「ヤミ手当て」を支給し，「カラ超勤」で処理していた旨の報道（読売新聞平成元・12・9），刈谷市が市職員共済組合を通じて「ヤミ退職金」を給付していた旨の報道（朝日新聞平成 7・9・26）などが見られた。さらに，多数の住民訴訟が係属している模様である（判例地方自治 270 号 127 頁によれば，平成 17 年に，神戸市立学校教職員共済会，大阪府市町村職員互助組合，東京都葛飾区職員互助会をめぐる住民訴訟が提起されている）。なお，総務省の「地方公共団体における福利厚生事業の状況について」（平成 18・11・15）を参照。

大阪高裁平成16・2・24（判例地方自治263号9頁）は，互助会が給付する退会給付金について，吹田市等の市町村の補助金たる補給金をその主要な財源とし，金額が高額であり，条例は，補給金の額や算定方法を定めているものではなく，定款に定める補助金を支給するとしているにすぎないため，条例自体から自動的に補給金の額が算定される仕組みになっていないうえ，地方公務員法42条との関係において，退職する職員に退職手当以外の高額の退職給付金を支給することは，職員のための厚生制度としては必ずしも本来的なものではないと述べた。そして，高額の退会給付金の財源を地方公共団体の補給金に求めるのは同法の趣旨に反するとし，本件退会給付金は，「実際上の趣旨，金額，給付の時期等からみて，その相当性を超える部分については実質的には，地方公共団体が退職した職員に支給する退職手当金の上乗せを図っていると言わざるを得ない」とした。社会的相当性を超える部分については，自治法204条の2の趣旨を潜脱するものであって，同法232条の2所定の公益上の必要の要件を欠き違法であるとした[51]。

判決は，当時市長の職にあった者に対する損害賠償請求に関しては，故意過失がないとして棄却したが，互助会に対する不当利得返還請求に関しては，補給金のうち退会給付金に充てられたと認定できる7,221万余円の範囲で，互助会は補給金を保持すべき正当な権限はないとして不当利得と認めた[52]。この裁判所の認定によれば，退会給付金は，在職18・19年程度で200万円を超え，22・23年程度で300万円を，24・25年程度で400万円を超えるなど，高額で自己の負担した会費額をはるかに上回っているとされ，補給金に対する割合も，平成8年度に約69.7％（平成8年度から10年度までの平均は約80.42％），退会給付金の互助会収入に対する割合も平成8年度に43.92

51　1審の大阪地裁平成9・10・16判例地方自治263号28頁〈参考〉は，互助会の実施している事業及び給付の内容は，いずれも職員の福利厚生のための制度として適切，妥当な範囲を逸脱しているものとはいえないとし，退職後における職員とその家族の生活の充実，安定を図ることは，これを通じて在職中の勤労意欲を高め，執務の能率化に寄与するもので，広い意味において職員の福利厚生の一部をなすと述べていた。また，退会金の額は決して少額とはいえないものの，その財源には会員自らが負担する会費とその運用益も含まれていることから，社会通念上相当と認められる範囲を逸脱するものではなく，自治法204条の2等の諸規定を潜脱するものではないとした。

％（平成8年度から10年度までの平均は約53.52％）と，高い割合であったという。会費及び利息をすべて給付金に充てたとすると，給付金総額との差額は補給金から全額充てられていたことになるという前提で，その3分の2相当額は，当不当の問題を超えて違法といわなければならない，としたものである。

具体の事案についての判断は微妙であるが，互助会を経由することにより，給与や退職金の実質を隠蔽することは許されないというべきであろう[53]。なお，互助組合に対する補助金は，地方公務員法42条に基づく施策であるところ，退職を原因とする給付は，同条にいう「職員の保健，元気回復その他

---

[52] 会員に対する支払いに充てられた部分について，判決は，最高裁平成3・11・19民集45巻8号1209頁を引用して，支払の限度で規約に基づく会員に対する支払義務を免れるので利得が残存しているとしている。この最高裁判決のどの部分が本件の先例性を有するとみているのか明らかでない。

約束手形の取立ての委任を受けた銀行が確認の過誤により約束手形金相当額の入金があったと誤解して支払ったところ，実は不渡りになっていたことに気づいて払戻金の返還請求をした事件である。「取立金に相当する金額の払戻しを受けたことにより，被上告人は上告人の損失において法律上の原因なしに同額の利得をした」という部分であれば，前記の趣旨と対応するといえないし，「利得者が利得に法律上の原因がないことを認識した後の利益の消滅は，返還義務の範囲を減少させる理由とはならない」と述べた部分であるとすれば，事実関係が相当異なるように思われ，適切な引用であるのか，やや疑問がある。

[53] 碓井・住民訴訟204頁。京都地裁平成18・5・19判例集未登載も，宇治市職員共済組合の退会一時金等は，支給事由及び支給対象者は，退職手当のそれとほぼ同一であり，退職手当と類似したものであって，退職手当に退職一時金等の分を上乗せする性質のものであり，市から職員共済組合に対し支出される公金は，専ら，退会一時金等を支給する経費の2分の1に充てるために組合に交付されるものであるから，退職手当に上乗せする性質の金員の支給のために交付される補助金であるところ，このような性質の金員を法律又は条例の規定によらず支給することは給与条例主義に抵触するものであるから，組合をして退職職員又は遺族に退職手当を上乗せする金員を支給させることとし，条例の規定によらずに組合に補助金を支出することは給与条例主義を潜脱するものであり，そのような補助金の支出は公益性のない違法なものであるとした。そして，組合に対して不当利得として返還請求すべき旨を命じた（新4号請求を認容）。宇都宮地裁平成18・9・28判例集未登載は，傷害保険の性質をもつ全国町村議会議員互助事業の負担金につき，新4号請求（相手方は，町長，主管課長，議員）を認容した。

厚生に関する事項」の範囲を逸脱するものである[54]。また，同法43条の共済制度（その中には退職年金も含まれる）は，法律による制度が予定されている（同条6項）。したがって，いずれの条項の施策としても，適法となるものではない。

職員表彰等　厳密な意味において補助金とはいえないが，国又は地方公共団体が，その職員の優れた行動等を表彰することがある。そのような制度及び実際の適用例が存在することは，優れた行動を促進する効果がある。明確に優れた，あるいは望ましい行動に着目した給付である限り，このような表彰目的の資金の交付が違法とされるわけではない。給与等とは異なり，給与条例主義のようなものは原則として当てはまらないといってよい[55]。

議員等の研修，議員の団体等に対する補助（政務調査費）等　議員等の研修又は議員の団体等に対する補助金の交付が公益上必要といえるかどうかが問題とされることがある。いわゆる「政務調査費」[56]の問題である。

平成12年法律第89号による自治法改正（平成13年4月施行）前に議員個人に対する研修費，研修図書費等の名目の金員を交付する場合は，報酬等条例主義（自治法203条5項）違反の有無を問題にしなければならない[57]。浦和地裁昭和55・12・24（行集31巻12号2679頁）は，議員個人に対して交付された研修図書購入費について，それは議員個人の資質能力の向上に役立つものであったとしても，市及び市民にとっては間接的なものであり，議員が公

54　京都地裁平成18・5・19判例集未登載は，退職職員に使途を定めない一時金ないし年金を支給することは，地方公務員法42条の予定するところではないとしている。

55　松本市は，職員提案制度を設けて，提案が採用されたときは，従来の最高1万円を引き上げて最高3万円の褒賞金を支給する措置をとったという（信濃毎日新聞平成10・5・30）。「松本市職員提案規程」（平成10年訓令甲第14号）によれば，提案審査基準として，項目・内容ごとに基準点（マイナス2点からプラス5点まで）が定められ，合計得点が41点以上の場合は金賞として3万円の褒賞金が支給される。以下，銀賞，銅賞とあって，最後の努力賞は11点以上で褒賞金3,000円である。

56　金子昇平「地方議会における政務調査費」日本財政法学会編『地方財政の変貌と法（財政法講座3）』（勁草書房，平成17年）189頁。平成12年自治法改正後の政務調査費については，固有の論点がありうるので，本書においては触れない。

57　会派に対するものには，報酬等条例主義の適用はない（徳島地裁平成5・5・28判例地方自治124号17頁）。しかし，会派がトンネル組織の場合は別であろう。

的地位にあるが故に公益性を有するわけのものではなく，議員に研修図書購入費を交付する合理的理由がないとし，市の補助金等の支出に関する規則所定の手続も履践しなかったのであるから，補助金とは認められないとし，報酬等条例主義違反とした。

これに対して，議会の各派研修費については，「政治的思想を同じくする議員が相集って結成した会派において，互に研鑽を加えることは，有意義なことであるから」，市にとって好ましいことであるばかりか，ひいては市民に利益をもたらすとし，公益性を肯定した（東京地裁平成8・7・9判例地方自治156号17頁も同趣旨）。

平成12年自治法改正により政務調査費に関する規定が設けられる前には，前述の浦和地裁判決のほかにも，議会の各派研修費等の交付につき補助金交付の適否の問題として住民訴訟が提起されてきた。神戸地裁昭和59・3・7（判例時報1120号30頁）は，「個々の議員が議会活動の傍ら，必要な資料を収集又は整理して市政に関する調査研究を十分に行うことは，必ずしも容易なことではない」ことに鑑み，市政に関する調査研究は，議員個人が個別に行なうよりも，政治的思想，立場を同じくする議員の集団（会派）内で共同で行なう方が効果的，能率的であるとして，市政調査研究費の交付について公益性を肯定した。当時，政務調査費に関する規定がない状態で，国会内会派に対して「国会における各会派に対する立法事務費の交付に関する法律」に基づく交付金が存在することも参照されている（神戸地裁平成3・11・25判例時報1442号88頁も同趣旨）。

使途が問題とされることがある。

まず，使途の詳細を確認できない仕組みが争われた例がある。会派政務調査研究費交付金の支出について，奈良地裁平成14・1・30（判例地方自治231号49頁）は，議員としての活動のなかには一般に公にすることを望まないものがあり，しかも，その活動費用を個人負担とすることが妥当でないものがあるので，議員に支給して，「その性質上議員を信頼し，同金員の使途の詳細を具体的に明らかにしないこともやむをえない」と述べている。使途を住民等に公にすることと，会計処理手続において使途を明らかにすること，との区別がなされていないことが問題点と思われる。通常の補助金とは明ら

かに異なる扱いを肯定しているといえる。

　次に，立証との関係において，会派に対する不当利得返還請求住民訴訟において，名古屋地裁平成15・1・31（判例地方自治245号29頁）は，原告住民が立証責任を負うとする原則に立ちながら，原告は，具体的使途が本来の目的の範囲に属さないことまで明らかにする必要はなく，本来の目的以外に使われたことを推認させる一般的，外形的な事実を主張立証した場合には，被告会派の方が，その推認を妨げるべく本来の趣旨に沿った具体的使途を明らかにすべきであるとした。具体の事案に関しては，本来の目的に使用していないことを推認させる一般的，外形的事実が立証されたとはいえないので，会派の反証を待つまでもなく，不当利得返還請求権の発生を認めることはできないとした。

　徳島地裁平成16・1・30（判例地方自治267号19頁）は，使途の内容に立ち入って認定して，会派に交付された県政調査費を議員の海外視察に充てた場合について，牧場，高齢者福祉施設，港湾施設の見学を伴うものについては公益性を肯定し，観光地を見物したにとどまるものについては公益性を否定した。

　金額が争点となる場合もある。金沢地裁平成14・8・19（判例集未登載）は，金沢市が平成12年度に従前の議員1人当たり18万円を25万円に増額した場合について，裁量の逸脱又は濫用があったとはいえないとしつつ，25万円基準による金額は議員が市政に関する調査研究のために当然使用する費用の範囲内であるとは言い難いという理由で，精算を要しない前金払ではなく精算を要する概算払であると解すべきであるとして，会派が剰余金として翌年度に繰り越した分について返還を命じた（概算払であるのに精算がなされていないことが違法とされた例として，津地裁平成16・2・26判例地方自治264号27頁がある）。相当多額の金額が交付されているときに，公益上必要と認められる金額の部分の線を引き，それを超える部分は公益上必要とはいえないとすることが困難であるために，このような判断方法がとられたものと推測される。これに対して，控訴審の名古屋高裁金沢支部平成16・6・21（判例タイムズ1189号232頁）は，前金払であるとして返還請求を棄却したうえ，他の地方公共団体との議員1人当たりの金額及び市民1人当たりに

換算した金額の比較などをして、不相当に高額であるとはいえないから裁量の逸脱・濫用はないとした。金額が高すぎるという住民の素朴な感覚との開きがあるとき、住民訴訟を通じた是正は極めて困難であって、結局、選挙を通じて是正せざるを得ないことになるのであろう。

　議員の研修旅行に関しては、地方公共団体の派遣の方法による場合があるほか[58]、議員個人の旅行と位置づけたうえで旅費を補助する方法もみられる。本書は、後者を検討の対象とする。福島地裁平成15・3・25（判例集未登載）は、7名の議員のスイス・フランス旅行（1人46万5,000円）に対して打切旅費として10万円を補助したことについて、旅行が議会の議決に基づく研修旅行として実施されたことを認定して、海外視察の面と議員個人の観光旅行の側面とが併有されている場合に、海外視察旅行の旅費の一部が支給されるにとどまり、個人負担が相当程度あるときは、支給された補助金額と公務関連の視察との間の均衡が著しく失われていなければ、旅程に個人の観光旅行の部分が含まれていても、直ちに違法であるとまではいえない、とした。具体の事案においては、2都市において実際にゴミ処理プラントや下水道施設の視察が行なわれ、その視察との間の均衡が著しく失われているとはいえないとした。この判決は、公務視察と個人の観光旅行の併存を肯定しているとみることができる。このような併存肯定説は、必ずしも定着していないと思われるが、実際上の必要性からみて妥当な結論と思われる。丸抱えの研修旅行名目で、実際には相当な観光を組み込むことよりも、実際の公務に相応する補助金を支給する方が合理的というべきである。

58　この場合は、旅行の公務性の有無の問題となる。議員の海外派遣も許される（最高裁昭和63・3・10判例時報1270号73頁）ことを前提にしても、遊興を主たる内容とし観光に終始する日程の旅行に公金を支出することは違法とされる（吉野町事件に関する最高裁平成9・9・30判例時報1620号50頁）。また、国内旅行についても相当数の裁判例がみられる。これらについては、碓井・住民訴訟248頁以下を参照。また、議員野球大会に参加するための旅費の支出の適法性が争われる事件も相次いだ。最高裁平成15・1・17民集57巻1号1頁も、違法とする判断を示した。問題となった事案においては、議員以外に事務局職員等の出張を伴っていたため無理であるが、場合によっては、形式が旅費の支出であっても、実質は議員の野球大会参加に対する補助金支出の適法性の問題として考察することも必要と思われる。

丸抱えの公金支出よりも個人負担を原則にしつつ一部を助成する方が合理的な場面は，議員以外の場合にも考えられる。たとえば，東京地裁平成9・4・25（判例時報1610号59頁）は，ホテルで開催された監査委員協議会の懇親会費用の支出について，「接遇」について個別の費目ごとに裁量権の逸脱が認められるかどうかを判断する方法により，一部の費目について懇親会の目的・効果との均衡を著しく欠き，あるいは社会通念に照らして高額であるなどによって地方財政法4条1項の趣旨に照らし裁量を逸脱した違法があるとした。東京都主催の懇親会という以上は，丸抱え負担であり違法とされることもやむを得ないであろう[59]。しかし，同様の懇親会を監査委員協議会自体が主催し，費用負担は，参加者個人からの会費収入を原則としつつ，東京都がその費用の一部を補助するという方式もありうる。どの程度まで補助できるかという問題はあるにせよ，一部補助方式の方が住民は納得できるであろう。地方公共団体の持ち回りで開かれる協議会等の後に開催される懇親会に対して一切補助金を交付することができないとする必要はないと思われる。このような場合に，いかなる「公益上の必要」があるのかと問われるかも知れないが，社会通念上許容される範囲内の補助をすることは，開催地の地方公共団体としての儀礼としても許されると思われる[60]。

議員の団体の活動に対する助成　議員の団体の活動を補助することに公益性があるかどうかが争われた事件もある。まず，地方公共団体又はその長の政策実現のために議員の団体に対して補助金を交付する場合がみられる。

旭川地裁平成6・4・26（行集45巻4号1112頁）は，核廃棄物の貯蔵施設等の誘致を表明して当選した町長が，町議会の議決に基づいて，施設誘致の政策目的を実現する方策の一つとして，市議会議員により設立された前記誘致を目的として主として陳情活動を行なう任意団体に対して補助金を交付した場合について，町長の政治的判断に従って交付されたもので，住民の過半数が賛成の意思を表示していることが明らかであることなどを考慮すると，公益性があるとした判断に裁量権の逸脱又は濫用は認められないとした。

59　接待費・食糧費等の問題については，碓井・住民訴訟209頁以下を参照。
60　なお，各参加者の会費についてその帰属する地方公共団体が一部補助することの可否は，また別の側面の問題である。

高知地裁平成10・1・16（判例時報1674号53頁）は，市が市内を流れる川の氾濫による浸水被害を解消するための河口導流事業を推進するために河口導流事業補助金制度を設けて，事業の促進及び地域振興のための自主的・自発的な創意と工夫に基づいた活動を展開する団体等に補助金を交付することとして，市議会議員7名で構成される団体が会として行なった，県外にある土木研究所等への視察費に係る補助金の交付について，公益上の必要性を欠くとはいえず，裁量権の逸脱・濫用はないとした。

以上のような場合に，当該地方公共団体の方針が明確になっていることが必要であって，長が自己の個人的政治的信条を実現するために特定の政策集団に補助する方法を利用することは，「中立性原則」違反として許されないと思われる[61]。

研修旅行は，議員に限らない。執行機関に属する者の研修，個別法による委員等の研修旅行についても同様に問題となることがある[62]。

元議員の団体に対する補助金と公益上の必要性　静岡県が，同県の議会議員であった者を会員とする団体（元議員会）に対して交付している補助金が問題とされた事件がある。1審の静岡地裁平成15・3・7（判例地方自治258号33頁）は，まず，交付要綱に着目して，元議員会の会員は多かれ少な

---

[61] 碓井・住民訴訟203頁。中立性原則が問題となる場面として政治的団体に対する補助金交付がある。政治資金規正法上の政治的団体に対する補助金支出について，名古屋地裁昭和45・7・11行集21巻7・8号1005頁は，公の財産が補助金という形で一党一派の政治的団体に流入することを容認するならば憲法の定める議会制民主主義の政治秩序は有名無実のものと化してしまうとし，そのような補助金は憲法上許されないものであるから憲法の下位規範の自治法232条の2の解釈に当たっても「公益上必要」なものと解する余地はないとした。これに対して，控訴審の名古屋高裁昭和51・4・28行集27巻4号596頁は，補助金は主として各支部の公益活動を対象に交付されたものであること，当該団体の政治活動は大部分が地方選挙の際の候補者の推薦程度でそれ以上の積極的選挙運動又は政治活動が行なわれた形跡はないことなどから，公益上の必要に基づかない違法な支出とは断定しがたいとした。最高裁昭和53・8・29判例時報906号31頁も，控訴審の判断を是認できるとした。

[62] 民生委員の「研修旅行」の費用に充てるため民生委員協議会に交付した補助金について，旅行の実質が観光旅行であったとして違法とされた事例がある（徳島地裁平成13・9・14判例地方自治238号48頁）。

かれ有形無形の形で県政に貢献すべく地域レベルでの公益的活動をしており，会員の活動は元議員会をバックとし，あるいは直接間接に活用しているものと評価できるとして，元議員会に補助金を交付し同会の事業を補助することは，ひいては各会員による公益的活動を促進し，同会の公益性を増大させるので，「公益上必要がある場合」に当たるとした。判決は，次いで，具体の状況に着目して，総会，県内外の視察，講演会，県政懇談会及び会報の発行といった元議員会の事業活動が公益性を欠くとは認められないとする判断も行なっている。会員と元議員会との関係について，会員各人は，元議員会の存在自体によって自ら地域レベルで県政に貢献すべき公益的活動がしやすくなり，元議員会の事業活動を通じて他の会員と情報交換をすることによって公益的活動に取り組んでいることを理由に，元議員会は，会員各人の活動を介する形で県政に貢献する一定の公益活動をなしていると評価できることを理由に，同会の事業活動の公益性を認めた。そして，県内外の視察についても公益性を認めた。この判断は，控訴審の東京高裁により維持された。

これに対して，上告審の最高裁平成 18・1・19（判例時報 1925 号 79 頁）は，補助金の対象となった事業は，いずれも元議員会の「内部的な行事等であって，住民の福祉に直接役立つものではなく，その事業それ自体に公益性を認めることはできない」とし，元議員の功労に報い引き続き県政の発展に寄与してもらう趣旨があるとしても，県議会議員の職にあった者に対する礼遇として社会通念上是認し得る限度を超えて補助金を交付することは許されないのであって，具体の年分の補助は，元議員会の事業の内容や会員数に照らしても，元議員に対する礼遇として社会通念上是認し得る限度を超えるものといわざるを得ないとした。

この補助金の要綱において，「県政功労者の功労に報いるため，県政の研究，意見交換等を通じ県政発展に寄与する静岡県元県議会議員会に対し，予算の範囲内において，補助金を交付する」とされ，補助の対象は，「県政の発展に貢献する調査及び研修の実施並びに講演会及び県政懇談会の開催」，「総会，幹事会及びその他必要な会議の開催」，「会報及び参考資料の刊行及び配付」，「その他県政発展のための必要な事業」と定められていた。そして，訴訟の対象とされた年度分の補助金の交付は，「総会及び役員会の開催」，

「県内，県外視察研修」，「会報の発行」，「講演会の開催」，「県政懇談会の開催」を事業内容とするものであった。最高裁の結論は，これらの事業は，会員を対象とする内部的な行事等であって住民の福祉に直接役立つものではないという判断に基づいている。

　地裁判決は，会員個人の県政への貢献に着目し，それを元議員会が助長する役割をもっていること（間接的貢献）に着目したものであったのに対して[63]，最高裁は，元議員会の個別事業に着目する判断方法をとったものである。思うに，元議員会の個別事業が内部的なものであって，その成果が県政に還元される仕組みが用意されていないとするならば，最高裁判決の結論が正当であろう。成果を県政に還元する仕組み（たとえば，地方公共団体幹部と元議員会との定例の懇談会を開いて，県政の在り方に対する意見を聴取するなどの仕組み）が用意されている場合に，その経費を補助することを違法と断定すべきではないと思われるが，そのような趣旨の懇談会は，むしろ地方公共団体の主催で開催するのが自然であろう[64]。最高裁が「礼遇」という表現を用いているように，補助金の名称を用いつつも，その実態は元議員会を通じた元議員に対する儀礼的な贈与であったのかもしれない。純粋な意味の補助金の趣旨によるのか，実質は元議員に対する県としての社会的儀礼に基づくものか判然としないために，最高裁は，元議員に対する社会的礼遇の側面から社会通念上是認し得る限度を問題にしたのであろう。

　なお，差戻し後の控訴審・東京高裁平成18・9・26（判例集未登載）は，元議員会に不当利益として返還を命じた。

　長等の応訴費用の負担　　長等が個人として訴訟当事者となっている場合

---

[63] 函館地裁平成14・4・11判例集未登載は，市議会元議員らによって会員相互の親睦と市政の発展に寄与することを目的として設立された団体に対する補助金について，市政の発展に寄与するという公益的活動を遂行している事実を全く否定し去ることはできないとして，公益上の必要性に欠けるとはいえないとしたが，最高裁平成18・1・19に照らしても，相当微妙な例である。参照，碓井・住民訴訟205頁。

[64] 資料を入手しえていないが，そのような懇談会を開催し，引き続き懇親会を行なうことも多いと推測される。地方公共団体の中には，地元選出国会議員との懇談会・懇親会を開催するところもあるようである。その場合には，その目的・内容との関係で，経費支出の適法性が判断されることになろう。

に，その応訴費用を地方公共団体が負担しうるかは，かつての一つの論点であった。刑事事件の被告人としての弁護士費用に関しては，単に「個人の負担すべきもの」という理由で，地方公共団体が負担することは違法とされてきた（東京地裁昭和58・5・27行集34巻5号899頁，その控訴審・東京高裁昭和61・3・26行集37巻3号449頁，上告審・最高裁平成2・3・23判例時報1354号62頁）。民事事件の被告とされた場合の応訴費用（被告は村長として廃棄物収集運搬業務委託契約締結のための入札参加業者に原告を指名しなかったことが違法であるとして損害賠償請求を提起された）についても，「給与等条例主義」（自治法204条の2）違反として同様に違法とされた例がある（札幌地裁昭和54・7・17行集30巻7号1310頁，その控訴審・札幌高裁昭和55・9・30行集31巻9号2055頁，札幌地裁昭和56・8・24行集32巻8号1457頁，その控訴審・札幌高裁昭和57・8・5行集33巻8号1669頁，その上告審・最高裁昭和59・4・24判例時報1121号44頁）。

住民訴訟に関しては，制度の変遷があったので，注意深く考察する必要がある。平成6年法律第48号による改正後の自治法242条の2第8項は，4号請求の被告職員が勝訴（一部勝訴を含む）した場合に弁護士報酬を支払うべきときは，地方公共団体は，議会の議決により，報酬額の範囲内で相当と認められる額を負担することができる旨を規定した。そして，平成14年改正で，長等の「当該職員」個人を被告とする4号請求はなくなったので，もはや，住民訴訟の被告としては問題にならなくなっている。しかし，4号請求訴訟について長等が個人として訴訟参加することがありうる。その弁護士費用を地方公共団体が負担しうるかという問題は依然として残っている。

平成6年改正前の時点において，個人の応訴費用については「個人の負担すべきもの」であることを理由に違法とされた裁判例があった（名古屋高裁金沢支部昭和44・12・22行集20巻12号1740頁[65]）。なお，個人を被告とする訴えと地方公共団体の機関を被告とする訴えとが併合提起されている場合には，支出された弁護士報酬がいずれの訴えに関するものであったかを認定し

---

[65] 2号請求と町長個人を被告とする4号請求とが併合提起された場合の事案であって，応訴費用は，町と町長個人とが平等負担すべきであるとして，2分の1は町長個人が負担すべきであるとした。

て処理する裁判例も存在する。その場合には，もはや事実認定の問題である[66]。この時点において，弁護士報酬の負担を補助金の問題として考察する発想は，必ずしも一般的ではなかった[67]。これに対して，山岸敬子教授は，「個人を被告あるいは被告人とする民事訴訟あるいは刑事訴訟であっても，その訴訟の核心的争点が職務行為の適法性にあり，該行為が確かに当該地方公共団体の意思としてなされたものであるならば，裁判の結果にかかわりなく」，その応訴のための弁護士費用を自治法232条1項の「当該普通地方公共団体の事務を処理するために必要な経費」として公費支出しうる余地がある旨を主張された[68]。この見解によれば，平成6年改正が，勝訴（一部勝訴を含む）の場合に限定したことは，地方公共団体の「必要な経費」でありながら，公費支出できる場合を限定したことを意味するであろう。

同年改正後において補助金交付の公益上の必要性の問題として処理された事件がある。千葉地裁平成15・12・26（判例集未登載），及び，その控訴審・東京高裁平成16・9・15（判例時報1886号39頁）である。住民訴訟で個人として被告とされた市議会議長及び市議会議員らに対して，その弁護士費用につき市が補助金を交付したことが違法であるとして，市長個人を被告として提起された損害賠償請求訴訟の事案である。

1審判決は，旧法242条の2第8項は，同項所定の要件を満たさない4号訴訟の被告の応訴費用について地方公共団体が個別事情に応じて法232条の2に基づき補助金として負担することを排除する趣旨のものとは解されない

66　東京地裁昭和50・12・24判例時報807号16頁は，個人のために支出されたものということはできないとして，適法と判断した。

67　関哲夫「住民訴訟における応訴費用の公費負担」静岡大学法経研究31巻1・2号34頁（昭和57年）が，補助金としての可能性を述べていた。

68　山岸敬子・（判例解説）『地方自治判例百選（第二版）』（平成5年）164頁。なお，同・（判例解説）『地方自治判例百選（第三版）』（平成15年）146頁をも参照。関哲夫『住民訴訟論［新版］』（勁草書房，平成9年）326頁も，旧4号請求が被告職員の職務執行の当否に関するものである限り，1号ないし3号請求と実質的に差異がなく，実質的・結果的に被告職員がいわば当該地方公共団体の立場を代表して応訴したことになるとし，広義の訴訟費用相当額のうち相当と認められる部分を補助することには公益上の必要が認められるとしている。

3 公共目的（公益性）の原則　　131

とした。しかし，具体の事案に関しては，別件住民訴訟の争点は，海外研修視察旅行が実質的に慰安・観光旅行であって，目的及び内容において合理性を欠くものかどうかという点であったこと，視察旅行への参加は最終的には議員個人の自由意思に委ねられていたことなどの事情を列挙して，別件住民訴訟における応訴活動は，結果的には本件視察旅行の参加負担金及び旅費の支出という財務会計行為の適法性を明らかにすることに寄与したものの，「そもそも本件視察旅行の住民全体の福祉の増進に対する寄与貢献は間接的，抽象的であり」，「別件住民訴訟の応訴活動の住民全体の福祉の増進に対する寄与貢献の度合いは，これにもまして間接的，抽象的なものといわざるをえず」，公益上の必要性があったとは認め難いとした。ここには，「住民全体の福祉の増進に対する寄与貢献」という視点が提示されている。

　2審判決も，ほぼ1審判決と同趣旨の判断をした。すなわち，公益上の必要性があるというためには，当該補助金の支給が住民全体の福祉の増進に寄与する意義を有するものであることを要するという考え方の下に，1審判決とほぼ同趣旨を述べて，住民全体の福祉の増進に寄与するものとはいえないとした。1審と同じように，視察旅行の内容について，当時市において現に検討されていた特定の政策立案等について，議員の専門的知識等を習得，収集等をすることを目的として，その必要から企画・実行された喫緊性のあるものでは全くなく，諸外国の歴史，文化，市民生活等を議員として見聞し，幅広い見識と国際的な視野を養うという意図の下に行なわれたものであるという認定をして，これにより議員の見識がある程度高められるにせよ，議員の具体的な立法活動に直ちに生かされ住民全体に還元されるという成果まで期待することはできないし，それを意図したものでもないのであるから，本件視察旅行による具体的な政策立案，提言，更には住民全体の福祉に対する実際的な寄与はほとんど期待し得ない程度のものであったとしている。それに基づく判断も，1審判決と同じである。

　以上の裁判例から，次のようにまとめることができる。

　まず，刑事事件の被告人としての応訴費用については，個人として負担すべきものとして，支援することは禁止されるというべきである。検察官の起訴にかかる事件であって，濫りに被告人とされることもない。しかも，そこ

では組織責任が問題とされるわけではない。これに対して，住民訴訟の場合は，実質的に組織責任が問われることが多いのであるから，訴訟参加した長あるいは長であった者の弁護士費用を地方公共団体が負担する実質的正当性の認められる場合がある。しかし，現職の長個人に対する支援に関しては，その判断を「長の判断」のみに委ねるわけにはいかないのであって，議会における実質判断を経てから負担すべきであろう。自治法204条の2による条例を要するという考え方は，おそらく個人で負担すべきものであるとする前提を置くものである。しかし，むしろ，当面個人が支払うにせよ，最終的には地方公共団体が負担することが合理的であると判断されるものを「給与その他の給付」とみることに無理がある[69]。なお，最高裁昭和59・4・24（判例時報1121号44頁）のような民事事件[70]の被告としての弁護士費用について，本来の職務と関係のない問題を争点とする訴訟の弁護士費用を地方公共団体が負担する理由はないが，実質的に組織としての対応を問われている事件については，住民訴訟の場合と同様に考えるべきであろう。

業務委託先（特に第三セクター）に対する補助金と公益上の必要性　国又は地方公共団体が民間主体に業務を委託する場合に，その民間主体に対して補助金を交付することが適法といえるかどうかが問題となる場合がある。ことに当該民間主体が外郭団体的法人ないし出資法人である場合に問題となることがある。

まず，地方公共団体に関して，これまで採用されていた公の施設の管理委

---

[69] 平成14年改正後は，長個人が被告となることはなく，訴訟参加がありうるのみである。ただし，組織責任といっても，長の独断で行なった判断によるもので長個人の責任が明確である場合に，組織責任を口実に地方公共団体がどこまで弁護士費用をかけることができるかという新たな問題が登場する。

[70] 長個人を相手とする主観訴訟としての損害賠償請求については，長の行為が「公権力の行使」と評価される場合は国家賠償法が適用され，確立された判例（最高裁昭和30・4・19民集9巻5号534頁，最高裁昭和46・9・3判例時報645号72頁，最高裁昭和47・3・21判例時報666号50頁）によれば，個人責任を問われることはないことになる。そして，最高裁昭和59年判決の事案のような入札過程の行為についても国家賠償法1条の適用を肯定する考え方によれば（本書第4章注16を参照），個人責任を原告から直接に追及される立場にないが，それにもかかわらず個人として訴訟を提起された場合は，応訴せざるを得ないから，結論に影響するものではない。

託において管理受託者に対する補助金交付は，しばしば受託者の経営効率の改善努力への意欲を減退させることも問題とされてきた。経営改善努力を怠って資金が足りないとして安易に補助金の存続ないし増額を求めることになりやすいからである。

平成15年法律第81号による改正前の自治法244条の2第3項は，「公の施設の設置の目的を効果的に達成するため必要があると認めるときは，条例の定めるところにより，その管理を普通地方公共団体が出資している法人で政令で定めるもの又は公共団体若しくは公共的団体に委託することができる」と定めていた。その委任を受けた自治令173条の3第1号には，「普通地方公共団体が資本金，基本金その他これらに準ずるものの2分の1以上を出資する法人」が掲げられていた（2号には，さらに省令への再委任があった）。この仕組みにより，公の施設の管理委託をするために出資法人の設立に動く傾向があったといえる。そして，前記改正前の自治法244条の2第4項により受託者に公の施設の利用料金を収受させることとした場合においても，受託者がその利用料金収入のみでは経営を継続できない事態が起こりうる。その場合に，地方公共団体が補助金を交付することが広く見られた。「公の施設」が「住民の福祉を増進する目的をもってその利用に供するための施設」（自治法244条1項）である以上，管理受託者が健全に運営できるように補助金を交付することは，一応，公益上の必要によるものと推定することができる。

しかしながら，例外的に公益上の必要性に疑問が投げかけられることがある。その例として，「陣屋の村自然活用施設」事件を挙げることができる。大分県（旧）狭間町が同施設を権利能力のない社団である「陣屋の村振興協会」に管理運営を委託し，同協会の赤字を補填するために交付した補助金の適法性が問題とされた住民訴訟事件である。

大分地裁平成13・3・19（判例地方自治224号15頁）は，公の施設の設置目的に公益性があり，その管理受託者の運営形態が公の施設設置条例に規定する目的に反するものでないときは，公の施設の運営により生ずる赤字を補填するために村が補助金を支出したとしても原則として支出自体には公益性が認められるとしつつも，それは，管理受託者が通常の合理的経営を行なっ

たにもかかわらず経常赤字が発生した場合のことであって，管理受託者が放漫経営をするなど不合理な経営を行なったことにより赤字が増大したような場合にまでその増大部分を補塡する目的の補助金支出に公益性があるというものではない，とした。具体の事案に関しては，振興協会の代表者（理事長）をしていた町長が，赤字の増大を防止する必要性を認識していたにもかかわらず，食堂営業の収入を増加させるため和食調理の得意な調理人を採用すれば利用が増加し運営収支を改善できると考えて，調理員1名を採用しつつ，他の調理人を解雇するなどの経営改善措置をあわせとることをせずに，漫然と新規雇用のみを行ない振興協会の赤字を増加させて，補助金交付額を増大させた場合において，増大した額を補てんする目的でした部分は公益上の必要を欠くとして，新規雇用調理人に対する賃金相当額については，自治法232条の2の要件を欠く違法があるとした。福岡高裁も，同様に判断した。

これに対して，上告審の最高裁平成17・10・28（民集59巻8号2296頁）は，「振興協会は，陣屋の村の管理及び運営の事業を行うことを目的として町により設立されたものであって，町から委託を受けて専ら陣屋の村の管理及び運営に当たっているというのであるから，その運営によって生じた赤字を補てんするために補助金を交付することには公益上の必要があるとした町の判断は，一般的に不合理なものではないということができる」とした[71]。そして，具体の事案において，仮に振興協会による事務処理に問題があり，そのために運営収支が赤字になったとしても，直ちに陣屋の村の存在意義が失われ，町がその存続を前提とした施策を執ることが許されなくなるものではないとし，人件費の増加による赤字の発生の防止についても一応の見通しをもっていたものというべきであるから，新規に雇用したこと又は他の調理人を解雇しなかったこと[72]に経営上の裁量を逸脱した放漫な行為があったとはいえないとして，請求を棄却すべきものとした。

この事件は，公の施設の設置目的という「公益」が，どこまで赤字補塡目的の補助金交付を肯定する「公益上必要」の判断に結び付けられるかという

---

71 この考え方は，名古屋のデザイン博覧会事件に関する最高裁平成16・7・13民集58巻5号1368頁に通ずるところがあるのかもしれない。

基本的論点を提供している。しかも、地方公共団体の長が補助金交付先の団体の長を兼ねている場合に、その事実を考慮すべきであるかという問題を投げかけているように思われる。もし団体の役員が地方公共団体関係者でないとすれば、当該団体の経営判断の適否が補助金交付の適法性を直接に左右することはなく、管理受託者の選定の適否の問題になるはずである。この事件において反対意見を述べた滝井繁男裁判官は、地方公共団体の長が相手方団体の代表者を兼ねている団体に対する補助金交付の場合には「民法108条、116条の法意が類推され、条例や規則による場合のほかは、議会において、公益上の必要が客観的に肯定されるかどうかが長の地位と団体の代表者の地位とが兼ねられていることも踏まえて実質的に審議された上で議決される必要があると解すべきである」とし、そのような審議を踏まえていない限り、補正予算が議決されたとしても直ちに適法となるものではない、として原審に差し戻すべきであるとした。この見解は、長が代表者を兼ねている団体に補助金を交付する場合には、「公益上の必要性の名の下に恣意的に補助金が交付され、普通地方公共団体の利益が害されることがあり得る」という認識に基づいている。したがって、公益上の必要性を裁判所が直接に判断するというよりも、公益上の必要性の存在に対する議会統制を重視する考え方であるといってよい。あるいは、このような場合は、条理上議会の実質審議を経ていることが適法性の要件であるという見解である。この考え方は十分に成り立つ余地があるように思われる。それに対して、法廷意見は、事実審でない最高裁が事実判断に踏み込みすぎているように思われる[73]。

72 　調理人の解雇が容易にできたかどうかは、それ自体問題のあるところである。町が国民宿舎の管理運営を委託するために権利能力なき社団を設立し委託してきたが、解体新築に伴い、業務委託契約を解除し同社団を解散したことに伴い解雇された従業員が町を相手に国家賠償請求をした事件がある。もちろん請求は棄却された（熊本地裁平成15・1・30判例地方自治254号33頁）。

73 　法廷意見は、振興協会の理事長としての経営上の裁量を逸脱した放漫な行為であったとはいえないと述べているが、そのような判断方法の当否が問題となろう。双方の代表者が共通であるからこのような判断方法によるべきであるとする見解と、あくまで別の法主体であるから地方公共団体としての補助金交付の裁量判断の適否を問題にすべきであるとする見解とが対立するであろう。

第三セクターへの職員派遣と補助金交付　地方公共団体が第三セクター等の法人に職員を派遣して当該職員に給与を支給することについては，最高裁の判例が集積している。最高裁昭和58・7・15（民集37巻6号849頁）は，もっぱら森林組合の業務に従事させる目的で形式的に地方公共団体の職員として採用し給与を支給することを違法とした。また，最高裁平成10・4・24（判例時報1640号115頁）の趣旨によれば，職員派遣に係る職務専念義務の免除については，派遣の目的，派遣先法人の性格，具体的な事業内容，派遣職員の従事する職務の内容，派遣期間，派遣人数等を総合考慮して，地方公務員法35条の趣旨に反しないかどうかを判断すべきものとされる[74]。

そして，平成14年からは「公益法人等への一般職の地方公務員の派遣等に関する法律」が施行されて，公益法人等に職員を派遣する場合，その派遣期間中は給与を支給しないとしつつ（6条1項），「派遣職員が派遣先団体において従事する業務が地方公共団体の委託を受けて行う業務，地方公共団体と共同して行う業務若しくは地方公共団体の事務若しくは事業を補完し若しくは支援すると認められる業務であってその実施により地方公共団体の事務若しくは事業の効率的若しくは効果的な実施が図られると認められるものである場合又はこれらの業務が派遣先団体の主たる業務である場合」には，派遣職員に対し派遣期間中，条例で定めるところにより給与を支給することができる，とされている（2項）。公益法人等は，民法法人，一般地方独立行政法人，特別の法律により設立された政令で定める法人，及び自治法263条の3第1項に定める連合組織で届出をしたものに限定されている。この法律は，第三セクターのうち一定の要件を満たすものとの協定に基づき，職員が任命権者の要請により地方公共団体を退職して第三セクターの業務に従事した後に，第三セクターを退職するときは，当該地方公共団体が再採用することとされている（10条1項）。したがって，「公益法人等」に該当しない第三セクターの業務に従事する職員に給与を支給することは同法の認めないところであろう。

---

[74] 判例を含めた分析は，碓井光明「地方公共団体の外郭団体的法人」日本財政法学会編『地方財政の変貌と法（財政法講座3）』（勁草書房，平成17年）301頁，336頁以下を参照。

以上は，職員に対する給与支給の許否の問題であって，直接に資金助成の問題とはいえない。資金助成の問題としては，職員を派遣して，派遣先の第三セクターに当該職員の給与相当額の補助金を交付することができるかどうかである。

前記職員派遣法施行前の事件で，市が職員を休職にして第三セクターに派遣した場合に関して，京都地裁平成14・3・29（判例時報1929号29頁〈参考〉）は，補助金は，あくまで市から会社に対する補助金であって派遣職員に対する給与の支給ではないから最高裁平成10年判決の事例とは異なるとし，休職処分については分限条例の予定するところであるかについて疑問を提示しつつも，派遣職員が同意しており，休職処分が違法であるとしてもそのことが補助金の交付決定自体を違法ならしめるものと解することはできないとし，もっぱら給与負担の問題としてではなく，公益上の必要性の有無の問題として処理した。そして，当該第三セクターは，公共地下道，地下駐車場という公共施設の建設，管理，運営とともに，防災上の理由等から民間事業者だけでの建設が原則として認められていない地下街の建設，管理，運営を行なう株式会社であること，同社の事業，施設の管理運営は，駐車場不足を解消し，交通混雑を緩和し，歩行者の安全性・利便性を確保するとともに都心部の一層の活性化を図ることを目的としていること，初期投資の償還に長期間を要する採算性の低い事業で財務体質の弱い会社で派遣職員の人件費相当分の補助が必要な状態にあったこと，を認定して，大口出資者である市の補助金は，「公共性・公益性が一応認められる本件事業を推進するために支出されたものであって」，「公益上必要がある場合」の要件を満たし，適法であるとした。休職させて派遣する場合に，形式上は休職職員に給与を支給せず，派遣先会社が支払う賃金相当額の補助金を派遣先会社に交付することは違法でないことを認めたものである。控訴審の大阪高裁平成15・2・18（判例時報1929号23頁）も，ほぼ同趣旨を述べて，補助金の交付に違法はないとした。

給与の支給主体を形式的に判断して違法とはいえないとする判断方法に若干疑念を覚えるが，公益性のある事業を行なう第三セクターに対する補助金交付が一般的に許されるのであれば，派遣職員の賃金相当額に連動させた補

助金交付がなぜ違法であるかを説明することが難しくなり，結果的に，前記判決の結論に同調せざるをえない。

「公益上の必要性」と住民の福祉の増進　先に述べた元県議会議員の団体に対する補助金に関する最高裁判決は，「住民の福祉の増進」を公益上の必要性のメルクマールとして重視したものといえる。しかしながら，産業補助金等に関して，住民の福祉の増進が語られることは少ない。住民の福祉の増進は，公益上の必要性の不可欠な要素なのであろうか。もしも，直接住民の福祉を増進することが適法性の要件とされるならば，違法とされる場合が，相当程度増えることも予想される[75]。

まず，住民の福祉の増進を語るときの「住民」が補助金交付の相手方である場合には，その相手方との関係における福祉の増進が肯定されるであろうが，むしろ問題は，補助金交付の相手方と別の「住民一般の福祉の増進」が認められるかどうかにある。相手方住民の福祉の増進となる補助金についてさえ，広く住民一般の福祉の増進がなされることが期待されることが多いのである[76]。

そして，そもそも現代の行政は，国民の福祉を実現するために存在すると

---

[75] 熊本地裁平成16・7・16判例地方自治279号103頁〈参考〉は，住民の福祉を直接に述べていないものの，老朽化していた市の食肉センター（と畜場）を廃止して，当該市の属する県の畜産公社に出資する方針の下に，と畜場廃止に伴う支援金（補償金）を利用業者及び「と殺業務従事者」に支払ったことについて，それらの者の業務には公益性がなく，支援金の支出に至るまでの経緯によれば市民への食肉の安定的供給を目的としていた形跡がないうえ，廃止による影響も検討されていないこと，市内の利用業者であるからといって直ちに市民の食肉安定に寄与するわけではないこと，最も利用していた利用業者は，むしろ市民と直接かかわりのないところへ出荷していたこと，などを理由に，公益上の必要性が認められないとした。なお，「補助金」として予算計上することができなかったため，予算科目上「補償金」として議決を経ているのであるから，流用を認めることができないので，手続上も違法であるとした。ただし，控訴審の福岡高裁平成17・11・30判例地方自治279号88頁は，損失の補償で公益上の必要に基づくものとして違法ではないとした。労働組合役員の海外労働事情調査に対する補助金交付につき公益上の必要性がないとはいえないとした奈良地裁平成14・12・11判例地方自治246号17頁などは，「住民の福祉の増進」の観点から見直しが必要なのかもしれない。

いえる。その意味においては，地方公共団体の補助金交付のみならず，あらゆる行政は，究極的に国民（住民）の福祉の増進のためになされるものである[77]。そのような行政活動の根本に反する補助金交付を違法とする趣旨で，住民の福祉の増進を語ることが許されることはいうまでもない。しかしながら，個別の補助金について住民の福祉に直接貢献することを狭い意味で要求することは不合理な場面が考えられる。一見すると，住民の福祉の増進に直接貢献しそうにない補助金であっても，長期的にみてプラスになるような間接的貢献の補助金も存在すると思われるからである[78]。

抑制原則　補助金等の適法・違法に直結するわけではないが，補助金等の整理合理化が叫ばれる中で，少なくとも，補助金等をなるべく抑制すべきであるという考え方が行政運営上の基本になっているといってよい（抑制原則）。その際に，どのような視点が求められているのであろうか。この点について確立された視点があるわけではないが，これまでに見られた議論を手がかりにすると，次のような視点があるようである。

第一に，何といっても，補助金を交付すべき必要性の乏しい場合は，交付を抑制すべきである。

第二に，他の代替的手段がある場合においては，その優劣を吟味して交付すべきか否かを判断すべきである。

第三に，奨励的補助金については，新規性・独創性のある事業，あるいは，モデル的・先駆的事業等に限ることが望ましく，従来から助成を受けることなしに同種の事業が行なわれてきた場合などに，この視点からの点検が求め

76　たとえば，マンションの耐震診断補助金，公共下水道接続補助金なども，相手方の福祉のほか，地域住民全体の安全とか地域住民の良好な衛生状態の確保などが期待されている。

77　原田尚彦『行政法要論　全訂第6版』（学陽書房，平成17年）11頁は，憲法理念の転換を前提に，「現代行政はそのすべてが究極的には国民のための公共的サービス活動であるといってもけっして強弁ではない」と述べている。

78　たとえば，東京中央区は，郊外の森林の一角を「中央区の森」に指定して，その所有者の森林保全を助成するなどして，二酸化炭素の抑制に貢献することにしたというが（日本経済新聞平成18・2・10，朝日新聞平成18・2・10），中央区の住民の福祉との関係においては間接的貢献といえよう。

られる[79]。

適切な要件の設定と審査　補助金等が公益目的で交付されなければならないとするなら，具体の補助金等の交付に当たって，公益目的を有するかどうかを吟味しなければならない。そして，公益目的を有することを担保する要件を設定して，個別にも要件を満たすかどうかを審査しなければならない[80]。

［3］　使途特定原則

使途特定原則とは　補助金等は，公益目的を達成するために交付されるのであるから，使途が特定されていなければならない。しかしながら，その使途は，公益目的達成との関係で定められるのであるから，特定の程度はさまざまである。補助金等の政策として，どのような単位の使途を設定するかが重要である。細かい使途を特定して厳格な統制を働かせるときには，究極の目的を一にしながら，わずかな使途の違いで補助金等を使用できない場合が生ずる。補助金等を用いて実際に事務・事業を遂行しようとする過程において，より必要性の大きい使途が発生することがあるからである。究極の公益目的を達成しやすいような使途特定を工夫することが望ましい。特定された使途以外の使途に使用をすることが「目的外使用」として禁止され，その事実が生ずると交付決定の取消し，返還命令の手続がとられる可能性がある。

なお，使途特定原則の下においては，特定されている使途に充てられたかどうかを確認することができる仕組みを用意しておかなければならない。かつて，地方公共団体の議会の会派に交付していた政務調査費に関しては問題のあるものが見られたところである（本章3［2］）。

団体運営補助金と個別事業補助金　使途特定原則との関係において，補助金等は，通常は個別事業の公益性に着目して交付される。しかしながら，場合によっては，ある団体の活動の公益性に着目して，団体の活動に充てるた

79　総務省「民間団体等を対象とした補助金等に関する行政評価・監視（第一次）結果に基づく勧告」（平成17年10月）9頁。

80　奨学金返還の審査を欠いたことを違法と述べた判決として，京都地裁平成17・2・24判例集未登載がある。

めの団体運営補助金として交付されることがある。国が，独立行政法人や国立大学法人に対して交付する運営費交付金は，そのようなものである。それ以外においても，公益法人等に対する団体運営補助金が交付されることがある。

団体運営補助金は，その団体の活動の公益活動に着目するものであるから，真に公益活動をしているかどうかが先ず問われなければならない。また，団体の設立直後には，団体を育成することの公益性が問われなければならない。先に紹介した静岡県の元議員会に対する補助金の交付が違法とされたのは，団体に公益活動の実体を欠くことから公益上の必要性を認められないとしたものである。こうした視点からの検討は常に必要とされる。

那覇地裁平成17・2・9（判例地方自治273号10頁）は，「沖縄こどもの国」の運営育成を目的として交付された補助金について，「こどもの国は，沖縄県の本土復帰以前から，沖縄の子供たちに，楽しい遊び場と社会教育の場としての施設を提供する目的で設置された遊園施設であり，沖縄県の本土復帰後も，現在に至るまでの間，沖縄の子供たちに動物園，水族館，爬虫類園等を提供する公共性の高い施設であって，本件補助金も含めて被告から沖縄こどもの国に対して交付される運営育成補助金は，こどもの国が，上記のように動物と子供たちとの交流や遊園施設の提供を通して，子供たちの健全な育成を図るための公共的使命を担った施設であるからこそ，その運営育成を補助する目的で交付されるものである」と述べている。このような運営育成補助金の交付も適法であることはいうまでもない。

問題を提起している一つの場面は，町内会・自治会等に対する補助金等である。町内会・自治会等が日本の地方行政において一定の役割を果たしてきたことは，おおむね認められよう。もちろん，そのような「行政のあり方」を問う余地は十分あろうし，個別の町内会・自治会等において特定の者（役員等）の単なる親睦団体になっている場合に活動の公益性が認められないこともありうるが，それが町内会・自治会等のすべての役割を否定して，およそ町内会・自治会等に補助金等の交付をなすことが禁止されるという結論に到達するものではない。したがって，地方公共団体が個別の町内会・自治会等の活動実態に着目して，使途を特定しない補助金を交付することも許容さ

れると思われる[81]。

ところで，使途の特定された補助金であるのかどうかが，当該団体の実際の使途との関係で問題を生じさせることがある。さいたま地裁平成17・6・1（判例地方自治280号31頁）が，その問題を扱っている。

川口市が交付する防犯灯電気料補助金は，町会の防犯灯電気料支払いの実績に基づいて後日同額を補助金として交付し，同市集団資源回収団体助成金は，町会の資源回収の実績（資源回収した重量）に応じて助成金を交付するものであり，広報活動報償金，環境活動報償金，公園管理作業奉仕団体報償金についても，年間の活動報告を受けて所定の報償金の支給決定を行なう仕組みであるという。このような仕組みのなかで，町会で横領の事実が発覚したときに，市の補助金規則に定める「補助金等を他の用途に使用したとき」に当たるかどうかが争われたが，判決は，これらの補助金，助成金，報償金は，交付決定の段階において当該支給金の使途が特定されているとは認めがたいので，横領が補助金等の流用で他用途使用に当たるとの主張は前提を欠くとしたうえ，次のように述べた。長くなるが重要な部分であるので引用しておきたい。

「もっとも，それらの補助金等の趣旨・目的は，防犯，資源回収，市の情報伝達，環境衛生，公園管理等に関する民間活動援助のためになされるものであり，その財源は公金であるから，交付決定の段階で使途が特定されていないとしても，いかなる使い道も全く自由というのではなく，直接的または間接的にそのような活動の維持，継続，発展のための一助とするという条理上の制限があることは明らかである。したがって，例えば，町会収入のほとんどが特定人のために用いられ，当該補助金等が予定していた活動のために全く用いられないなど明らかに補助金等の使途として不適切という場合には，川口市補助金規則16条1項2号の『補助金等を他の用途に使用したとき』に準ずるものとして，当該補助

---

[81] 碓井・住民訴訟205頁。自治会育成交付金について横浜地裁平成13・4・18判例地方自治217号37頁，自治会代表者（区長）で構成する区長連絡協議会に対する補助金について横浜地裁平成13・5・30判例地方自治243号9頁，集落に対する納税奨励金について神戸地裁平成13・12・19判例地方自治231号21頁。

金等の支給決定を取り消すことも考えられないわけではない。

しかし，本件はそのような場合ではない（上記規則16条1項2号の『補助金等を他の用途に使用したとき』とは，補助金等の交付を受けた団体が自ら，すなわち当該団体の組織的意思に基づき，当該補助金等を不適切な目的に流用したという場合を指すとみるのが相当である。しかるに，本件の場合は，Aが……町会に属する現金等を私的に費消したというものであって，町会の組織的意思でそのような横領が行われた場合ではもとよりなく，これを町会として黙認したという場合でもないから，上記規則16条1項2号が適用される場面ではない。また，原告らは，本件町会の会長等の管理監督の不十分を指摘するところ，たしかに，本件町会の会計処理についてはより厳格を要請される部分があることは否定できない。しかし，町会長等の監督不十分の点があったとしても，それ自体は，Aの横領行為を本件町会の組織的意思に基づく行為としたりこれを黙認したものと評価することはできない。）。」

この判決は，二つのことを指摘している。一つは，予め使途の特定されていない補助金等も，「予定していた活動のために全く用いられないなど明らかに補助金等の使途として不適切な場合」は，他用途使用として支給決定を取り消すことができることである。もう一つは，他用途使用とされるのは，当該団体の組織的意思に基づき不適切な目的に流用した場合を指すことである。

4　有効性の原則・比例原則

[1]　有効性の原則

有効性原則とは　資金助成は，それ自体に意味があるのではなく，達成しようとする政策目的の達成に貢献することに意義を認めてなされるものである。自治法232条の2が「公益上必要がある」ことを要求しているのは，言葉を換えるならば，公益の観点からの目的（公益目的）の達成にとって有効であることが求められることである。シーガイア訴訟宮崎地裁判決において「有効性・必要性」として挙げられている要素に対応するものである。

まず，有効性判断の前提となる公益目的が存在しなければならない。公益

目的は，私的目的ではない。

公益目的の存在を前提にして，それを達成するのに有効と認められることが必要である。たとえ，目的に公益性が認められたとしても，目的達成にとってまったく役立たない資金助成は「無益な資金助成」として，違法性を帯びるというべきである[82]。

法律の定める補助金については，有効性を要求する必要がないのかどうかが問題となる。たとえば，納税貯蓄組合法は，納税貯蓄組合に対し，組合の事務に必要な使用人の給料，帳簿書類の購入費，事務所の使用料その他欠くことのできない事務費を補うため，予算の範囲内において，補助金を交付す

---

[82] 有効性原則の問題ではないが，公的資金助成の有効性を高めるためには，税制において，公的資金助成を減殺しないように配慮する必要がある。たとえば，給付型奨学金について所得として課税するならば，納税額分だけ減殺されてしまう（所得税法9条1項14号により非課税措置がとられている）。一定の補助金等を充てて不動産を取得する場合に不動産取得税の課税標準の特例を定める措置が講じられている。

PFI選定事業者が政府の補助を受けて選定事業により整備する国立大学法人の校地内の校舎の用に供する家屋，同じく選定事業者が政府の補助を受けて行なう一般廃棄物処理施設用家屋の取得，同じく選定事業者が国の資金の貸付けを受けてする特定港湾施設の用に供する家屋の取得，国の補助金又は交付金を受けて行なう農林漁業経営の近代化又は合理化のための共同利用施設の取得，農業近代化資金融通法による農業近代化資金・漁業近代化資金融通法による漁業近代化資金等の貸付けを受けてなす農林漁業経営の近代化又は合理化のための農林漁業者の共同利用に供する施設の取得などについて，課税標準の特例措置が講じられている（以上，地方税法附則11条）。さらに，心身障害者を多数雇用する事業所の事業主が重度障害者多数雇用事業所施設設置等助成金の支給を受けてなす事業用施設の取得については不動産取得税の減額措置が講じられている（地方税法附則11条の4）。

事業を営む個人又は法人の所定の経費に充てるための補助金は，収入金額又は益金に計上しても，経費が必要経費又は損金に計上されるので問題ない。また，固定資産の取得に充てる国庫補助金等については，特別の扱いが用意されている（法人税法42条～44条，所得税法42条・43条）。移転等の支出に充てるための補助金等も総収入金額不算入扱いとされている（所得税法44条）。したがって，経費控除の方法のない者に対する補助金の交付の扱いが問題になる。たとえば，次世代育成の一環として，2子以降を出産した者に対して出産奨励金を交付するような場合に，特別規定が用意されないと，一時所得の特別控除額（現在は50万円）を超える部分は一時所得として課税される結果となる。

ることができると定めて（10条1項本文），補助金の交付を許容しているが，租税の容易かつ確実な納付に資するという目的（同法1条）を達するのに有効と認められなくなっているならば，違法とされるであろう。もっとも，法律の定めがあるときに，なお有効性を欠くと断定することは困難な場合が多いと思われる。

　ただし，資金助成時点において客観的に有効であると認められることと，結果として実際に効果が発揮できたかとは，適法性を判断するに当たっては区別すべきである。とくに，経済情勢等の変化によって，資金助成時点に想定された効果を結果的に発揮できないことがしばしばあるが，資金助成の決定・実行時点において相当程度の情勢変化をも考慮に入れて意思決定をした場合においては，想定される範囲を超えるような情勢変化により効果を発揮できなくなったからといって，結果論により違法とされるものではない。

　有効性原則との関係で問題になるのが，財務会計以外の法律の制約により，補助金交付の目的を達成することが難しい場合をどう評価するかである。

　津地裁平成14・7・4（判例タイムズ1111号142頁）の事案は，社会福祉法人の特別養護老人ホーム設置に対して町が補助金を支出するにあたり，20年間にわたり入所用ベッド50床のうち20床を同町民に優先的に入所させることを確保する旨の覚書きを作成し，これを交付条件にしたことが争われたものである。判決は，介護保険法に基づく厚生労働省令6条2項が「指定介護老人福祉施設は，正当な理由がなく，指定介護福祉サービスの提供を拒んではならない」と規定し，「特別養護老人ホームの利用は，特定の市町村の住民に限定されてはならず，広域的に利用されるべきことが定められている」ことを根拠に，20床20年間の優先的入所確保は介護保険法上許容されず，本件の補助決定及び覚書きは違法であり，それに基づいてなされた補助金の支出も違法であると判示した。そして，町長個人に対して損害賠償を命じた。しかし，この判決が，介護保険法違反を直ちに補助金支出の違法に結びつけていることは正当とは思われない。もし，違法という結論を導くとすれば，介護保険法違反により，20床20年間入所確保を実現できないから，補助金交付の目的を達成する実効性のない補助金交付であることを理由にすべきものと思われる。

[2] 比例原則（相当性原則）

比例原則とは　資金助成には，一定の目的を達成するために政府部門の資金が投下される。当然のことながら，それは，国民・住民の負担による貴重な資金の使用であるから，その投下量に応じた成果の認められることが求められる。したがって，ある目的のための助成行為の量とそれによる成果との間には比例関係がなければならない。このことが資金助成に関する比例原則である。逆にいえば，達成される成果に比べて不相当に多額の資金助成をなすことは許されない。その意味で「相当性原則」と呼ぶこともできよう。資金の投下量は，当該補助金等の金額のみならず，当該資金助成を実施するための経費も含めて考えるべきであろう。極端な場合には，助成金額に比べて助成のための人件費が大きく，助成担当行政組織を維持するための資金助成といわざるを得ない事態も生ずる。

成果の測定　資金の投下量以上に難しいのは，成果を測定する基準の問題である。

あるサービス業務に対する補助金にあっては，サービス業務の実施量と質に着目する必要がある。質に差がないときに，わずかな業務に対して不相当な補助金を交付することは比例原則違反である[83]。

しかし，確定的成果の保証できない分野がある。たとえば，雇用創出を目的とする補助金にあっては，増加した雇用者数が成果となるが，所期の成果を上げられるという保証はない。したがって，ある場面において所期の成果が得られなかったとしても，そのことのみをもって比例原則違反と断定することはできない。一定の範囲にわたり経過を観測して，比例原則による診断を下すべきである[84]。同じく，学術研究の場合も，資金を投入したからとい

83　学校林相談窓口における相談業務につき，総務省・前掲注79，11頁。

84　総務省・前掲注79，12頁は，電源立地等推進対策補助金の電源過疎地域等企業立地促進事業費補助金について，平成17年に調査した62企業中21企業において，補助金確定後に，生産量の縮小に伴う退職者の不補充，経営改善を図るための減員等を理由にして，雇用創出効果が短期間（3年以内）しか維持できない状況が見られたとしている。雇用創出を維持できるようにするのに，どのような点に着目した補助金の仕組みを採用すべきか，難しい問題である。

って，予定通りの成果を上げられるとは限らない。結果論のみで「無益な資金助成」と断定し違法視するならば，学術の発展は望めない。しかも，あまりに成果を求めるならば，虚偽の成果報告に走るとか，内容の乏しい成果を華々しい成果であると見せかけるような事態も生じやすい。

5 平等・公平原則

[1] 平等原則の適用

公的資金助成の優遇性 公的資金助成は，それにより資金助成前に比べて資金助成の相手方に利益を与えるものである。その資金助成がすべての国民・住民に対して一律になされることは少なく，特定の要件を備えた者に対して，しかも，多数の申請者の中から選択して，なされることが多い。したがって，要件を備えていないため資金助成を受けない者と，資金助成を受ける者とを比較するならば，前者に比べて後者が利益を受けていることになる。同様に，多数の申請者の中から選択されて資金助成を受ける者も，落選者に比べて利益を受けているのである。

このように考えると，公的資金助成は，判断の出発点を広げるならば，常に「差別的な優遇の措置」であるという宿命をもっている。にもかかわらず，公的資金助成が肯定されるのは，公的資金助成の効果が，その相手方の利益ばかりでなく，間接的に周囲に，あるいは当該公的資金助成をなす主体（政府）に対して，広い意味の利益をもたらすことによるものと思われる。それがどのような利益であるかは，公的資金助成の種類と場面によって異なるであろう。

具体例を挙げるならば，特定の大学を誘致するために特別の助成をなすことは，他の大学との関係において突出した支援になる。

市原市が，私立大学医学部付属病院を誘致することにし，病院用地約65,000 m²を12億円余で取得し無償譲渡した場合について，医学部のない私立大学及び市内の開業医，病院に対する関係において憲法14条の平等原則違反であるとして，争われた事件がある。千葉地裁昭和61・5・28（行集37巻4・5号690頁）は，「教育の振興のほか地域医療の振興を図り，その方法

として私立大学の医学部附属病院を誘致」するため病院用地を提供する以上，医学部のある大学を対象にすることは当然であり，また，市は，首都圏にある14の私立大学に意向を打診したうえ，市の誘致条件に最も近い条件による意向を表明した大学に助成することを決定したのであるから，同大学のみを不当に優遇したものということはできないとした。さらに，地域医療の振興のために総合病院の誘致を選択したのであるから，「市内において同一の資格で同様の医療を営む者との間に財政的援助の面でその取扱いに差異が生じたとしても，これをもって憲法14条の平等原則に違反するということはできない」とした。

また，福島地裁平成2・10・16（判例時報1365号32頁）の事案においては，米国の大学を誘致する市が平成元年度から6年度までの期間において25億円を限度として支出する旨の債務負担行為の議決を経て，同大学との間の基本協定において，市が学校の建設に必要な土地を準備し市議会の議決を経て，25億円を上限に学校法人設立後本校舎開校予定時までに必要な校舎・施設及び教職員宿舎の改良・建設に要する資金（学校運営から生じた例外的な赤字補填に要する財政調整基金を含む）を提供すること，宿舎は無償供与されること，などが取り決められた。原告住民の請求は複数からなっているが，その一つは，この大学の誘致に係わる一切の支出負担行為及び一切の公金支出をしてはならないという差止め請求であった。原告は，本件学校に対して予定されている助成・補助は，市内の他の学校等との関係において平等原則に反すると主張した。判決は，憲法14条の趣旨は，合理的な根拠に基づくものでないかぎり，差別的な取扱いをすることを禁止したものであるとし，逆に，「国民の間に現存する事実的差異を考慮して，合理的な根拠に基づき，その法律関係において不均等が生じても，憲法14条に違反するものではない」と述べて，資金助成の場合について，次のように判示した。

「普通地方公共団体が，国民の社会権に対応して助成・補助を行う場合には，それを受ける対象の内容，事情などの事実的差異に応じ，いかなる助成・補助を行うかについても，合理性の存する範囲で，その裁量性が認められていると解するのが相当である。」

そして，事実的差異として，「テクノポリス計画」に沿った高等教育機関

の充実に適し，国際感覚を身につけた人材の育成，国際交流の促進に役立つとの判断から本件学校を誘致することが最適であるとの政策判断をし，同市の助成がなければ誘致ができない点で市内の他の学校等と設立の経緯が異なること及び設立時の整備に要する費用があることにおいて，既存の学校と条件が異なるので，助成の必要性について差異が認められるとした。結局，本件の助成・補助が，国民の教育を受ける権利に対応して行なう場合であることをも考慮すると，助成・補助の態様・程度が他の学校等と異なるものであっても，著しく不合理であるとは認められず，裁量権の逸脱がなく憲法 14 条に違反しないとした。

　この判決が，国民の教育を受ける権利に対応して行なう場合であると認識している点については，市内住民の教育を受ける権利と，広く国民の教育を受ける権利とを区別することなく「国民の教育を受ける権利」として一括して積極的に評価してよいのかという疑問がある。なぜならば，本件は，必ずしも住民の教育を受ける権利が強調されているのではなく，市が東北の中枢都市として発展するためには国際的な感覚を備えた社会人の育成が不可欠であるということに主眼があるからである。そして，今日の公立大学設立ブームとも共通するが，若者の流出阻止，地域の活性化の目的が前面にあるとするならば，「国民の教育を受ける権利」を持ち出すことに，やや誇張があるように思われてならない。

　合理性のない差別の禁止　　公的資金助成にあっても，同様の事情にありながら，合理性のない差別をなすことは平等原則違反とされる。この点で参考になる裁判例として，神戸地裁平成 13・4・25（判例集未登載）及びその控訴審・大阪高裁平成 14・7・3（判例時報 1801 号 38 頁）がある。事案は，被災者自立支援金支給に関するもので社会援護措置であり，しかも，形式的に財団法人の事業である。しかしながら，その考え方は，大いに参考になると思われる[85]。阪神・淡路大震災からの早期復興のための取組みを補完し被災者の救済及び自立支援並びに被災地域の総合的な復興対策を進め魅力ある地域に再生させる目的で兵庫県及び神戸市により設立された民法上の財団法人（基本財産 200 億円のうち，兵庫県が 133 億 3,000 万円，神戸市が 66 億 7,000 万円を拠出）の実施した被災者自立支援金支給事業に関するものである。同

財団法人は、生活再建支援金と被災中高年恒久住宅自立支援制度（旧2制度）をスタートさせ、さらに、阪神・淡路大震災を契機に制定された被災者生活再建支援法が遡及適用されなかったが、衆参の各災害特別委員会の附帯決議において、同法の生活支援金に相当する程度の支援措置を講じられるよう国は必要な措置を講ずること、を求めたのを受けて、同財団法人に、旧2制度を拡充する新自立支援金制度を創設した。この制度を実施するための「被災者自立支援金制度取扱要領」には、対象世帯として、「世帯主が被災していること、又は平成10年7月1日に要援護世帯である世帯の要援護者若しくは要援護者を援護する世帯主のいずれかが被災していること」が要件として掲げられている。同事件は、被災者である女性が結婚により世帯主でなくなった場合に、この「世帯主要件」を満たしていないとして、同人に被災者自立支援金を給付しないことの適否が争われた訴訟である。

判決は、本件自立支援制度は、世帯間差別及び男女間差別に当たるとしつつ、住民票の世帯主を誰にするかは世帯構成員の自由な意思に委ねられているのが実態であり、これを前提にするならば世帯主被災要件に合理性がなく、差別に合理的理由を見出すことはできないとした。そして、世帯主被災要件は、政策的、技術的要請に基づく裁量権を逸脱・濫用したものであって、公序良俗に違反する無効なものであるとした。そして、この無効な要件を充足していないことを理由として自立支援金贈与契約の承諾の意思表示をしないことは信義則上なしえず、支給申請に対して応答をなしうる相当期間が経過した時期に贈与契約の成立が信義則上擬制されるとした。

この判決の論理は、国や地方公共団体の同種の補助金について、より強く妥当するであろう。

自然人に対する補助金等について、国籍を有すること、国内又は当該地方

85　この判決は、「民法上の財団法人ではあっても、高度の公益目的を有する極めて公共性の強い法人で、法形式はともかく、実質的には地方公共団体に準ずる性質の法人である」とし、自立支援金制度も高度の公益目的を有し、被災者に適正に支給することを目的とする制度であるから、贈与契約の申込みの意思表示たる自立支援金の支給申請に対して同法人が承諾の意思表示をするか否かについて、私人として完全な自由を有しているとはいえず、公平・平等な取扱いをすることが要求される、としている。

公共団体内に住所を有することを要件とし，あるいは，法人等に対する補助金等について，本店又は主たる事務所が国内又は当該地方公共団体内にあることを要件とすることは，当該補助金等の性質に応じて判断されるべきであろう。事業に対する国の補助金等の場合に，日本国内において事業を営むこと，同様に，事業に対する地方公共団体の補助金等について当該地方公共団体内において事業を行なうこと，を要件とすることは，原則として適法と解すべきである。ただし，本書において検討対象としないが，WTOの「補助金及び相殺措置に関する協定」との関係において，国際経済法上の制約があることに注意する必要がある。

競業者の不利益　補助金交付についてドイツ行政法の「競業者の不利益」を問題にする議論が日本にも紹介されている[86]。

日本において，ストレートにこの問題が扱われた裁判例はないように思われるが，補助金交付要件との関係において付随的に争われた事件がある。市が，獣医師に飼犬，飼猫の不妊手術を受けさせた市民に手術料の一部を助成する補助金交付について，要綱によってその獣医師を都獣医師会の同市支部に所属する獣医師に限定していたことは，市内に診療施設を有しながら同支部に所属しない獣医師を不当に差別するもので，営業の自由を侵害する違法なものであるとして，国家賠償を求めた事案である。最高裁平成7・11・7（判例時報1553号88頁）は，この措置は行政効率の点で必ずしも必要性が高いとはいえず，競業関係にある獣医師の営業上の利益に対する十分な配慮をした形跡がない点において，手続面も含めて行政上の措置として適切であったとはいい難いうらみがあるとしつつも，同支部に所属しない獣医師に生じ得る営業上の不利益は直接的なものではなく，支部所属獣医師との競業関係による「波及的な効果」であり，獣医師会は任意加入の公益社団法人であることなどを考慮すると，同支部に所属しない獣医師に不妊手術を受けさせた飼主を補助金交付の対象から除外したことが，直ちにそれら獣医師の営業上の利益を侵害するとして国家賠償法上違法になるとは認めがたいとした。この判決において「波及的効果」がどの程度重視されているのか明らかでない

86　本章注3に掲げてある文献を参照。

が，犬，猫の不妊手術を行なう獣医師に対して補助金を交付するにあたり，支部所属の獣医師に限る場合には，逆に「直接的効果」が認められるのであるから，その合理性が改めて問われるであろう。

　さらに，東京都の老人医療費の助成に関する条例において，柔道整復師の施術を受け国民健康保険法又は保険各法による療養の給付を受けたときは，対象者から受領の委任を受けた柔道整復師は，所属接骨師会を通じて助成の申請ができると定めていたことについて，横浜地裁平成元・9・25（判例時報1351号94頁）は，原告の柔道整復師は，代理受領を承認されたものではなく，また，対象者から受領の委任を受けたものともいえないとして，同人の療養助成費支給申請書の不受理・返戻は違法ではないとして国家賠償請求を棄却した。しかし，この制度において，代理受領のできる柔道整復師の方が業務の上で有利な立場にあることは否定できない。当時の厚生省保険局長通達によれば，代理受領は，接骨師会所属の会員である柔道整復師については都道府県と接骨師会との協定により，その他の柔道整復師については都道府県との個別の契約により療養費の代理受領を可能にしていたという。この事件の場合に，東京都が特別の制約を加えずに個別契約方式をも許容していたのであれば，そのような手続をとらなかった柔道整復師の不利益は，法的問題にする必要はない。他方，個別契約方式について特別にハードルを高くし，あるいは実施していなかったとすれば，接骨師会に所属しない限り代理受領できないことになる。この不利益も，前記の獣医師の事件と同様に「波及的効果」にすぎないといってよいのであろうか。

　地域的平等　公的資金助成が一定の地域に限られることがある。補助金等の目的との関係において地域が限定される場合があることは当然である。たとえば，洪水の発生を防止する必要があるときに，有効な施策をとりうる地域に限定することがある[87]。国の補助金等が一定の地域を画して実施され，あるいは，一定の地域についてかさ上げ措置がなされることは，しばしば存

87　山形市は，馬見ヶ崎川扇状地の扇頂部及び扇央部で，雨水浸透効果が高く，市長が雨水浸透施設の設置に適していると認める地域を対象地域として，その地域内における雨水浸透施設の設置に補助金を交付することとしている（雨水浸透施設設置事業補助金交付規程）。

在してきた。現在も，北海道及び沖縄の公共事業費等について，かさ上げ措置がある。さらに，交付税の不交付団体に対する補助率を低くする差等補助方式も存在する（安全・安心な学校づくり交付金，幼稚園就園奨励費補助金など）。また，地方公共団体の企業誘致目的の資金助成も，地域を限って実施されることが多い（第7章4［4］を参照）。

さらに，目下進行中の市町村合併に伴い，合併前の市町村単位で実施されていた資金助成を合併後にどのようにするかが問題になる。合併協議において，補助金等の扱いも議題とされる。

たとえば，長野県の上田市・丸子町・真田町・武石村の合併協議会は，従来からの経緯，実情等に配慮して次のような方針によることとした。①4市町村で同一又は同種の団体に対する補助金・交付金については統一する方向で調整を図る（ただし，調整に時間を要するものは，現行のとおりとし，合併後速やかに統一するよう努める），②4市町村独自の団体に対する補助金・交付金については原則として現行のとおりとする，③4市町村の同一又は同種の事業に対する補助金については統一する方向で調整を図る（ただし，統一することにより事業の実施に大きな影響を及ぼすものについては現行のとおりとし，合併後速やかに統一するよう努める），④4市町村独自の事業に対する補助金については原則として現行のとおりとする，⑤上記の場合であっても，廃止を含め整理統合が可能な補助金・交付金については，他の補助金等との均衡を考慮しながら，その統廃合を図る，⑥各補助金・交付金については，随時見直しを行なうものとする。これらのなかでは，②及び④が4市町村独自のものを「原則として現行のとおり」としていることに注目する必要がある。これが存続するならば，地域的な不平等が問題とされるおそれがある。過渡的な措置として許されるとしても，それが長期にわたる場合には，その合理性が問われることがあろう。

また，松本市と旧四賀村との合併協議においては，①市・村とも同じ制度の場合は，現行のとおりを基本とする，②松本市のサービス水準が高い場合には，松本市の制度に統一する，③四賀村のサービス水準が高い場合は，経過措置を設け松本市の制度に統一するか，四賀村の地域特性に配慮して判断する，④松本市にのみ制度がある場合は，松本市の制度を適用する，⑤四賀

村にのみ制度がある場合は，制度の存続・廃止について地域特性に配慮して判断する（また存続する場合は松本市における制度の創設について検討する），という方針が合意された。②と③との違いは，財源との関係が強く意識されているものと思われる。サービス水準の高い四賀村の制度を新松本市全体に適用するならば，それに対応するために大きな財源が必要になることが予想されるからである。

　このような合併協議を踏まえて，合併後において，旧地域に限定して，合併後の市町村が資金助成を実施することがある[88]。たとえば，松本市には，安曇PET検診補助金，安曇区域弱視・斜視等矯正舗装具購入補助金，奈川区域脳血管精密健康診断補助金，梓川区域地産地消支援事業費補助金，梓川区域振興作物等推進事業補助金，四賀区域高等学校奨学金など，合併前の村の区域に限った助成措置が用意されている。経過措置の場合はともかくとして，合併による区域の拡大により，地域ごとの特性による資金の需要の分野も異なる場合が多くなりうる。この点は，市町村合併に伴う大きな政策課題である[89]。同様のことは，巨大な政令指定市においても，市内の区域による行政需要の違いとして問題となりうる。

　消極要件の設定と平等原則　　資金助成の相手方について一定の消極要件が定められることが多い。積極要件として定める場合も，それを満たさないと受給できないという意味において，効果は同様である。たとえば，租税滞納を消極要件として定め，あるいは，租税の完納を積極要件として定める場合が典型である。すでに制度融資を不正に利用した者に対して融資の欠格者とすること[90]，事業や施設に対する補助金等について風俗関係の営業を消極

---

[88]　過渡的に，ほぼ同様の資金助成が地域により別の制度として実施されることもある。たとえば，上田市は，平成18年度に，旧上田市及び旧武石村地域については，「元気な地域づくり支援事業」補助金，旧丸子町地域には「住民提案型事業補助金」，旧真田町地域には「特色ある地域づくり事業」補助金を適用した。

[89]　合併前の町にあった補助金を合併後の市において適用区域を拡大すべきかなどについて結論が得られないために補助金支給を一時停止している例もあるという。旧直入町の温泉資源涵養条例に基づく広葉樹植林補助金を，合併後の竹田市において，いかに扱うかの場合について，朝日新聞平成18・4・30を参照。

[90]　新潟市中小企業特別融資取扱要綱3条2項6号。

要件とすることも多い[91]。これらは，通常の場合は合理性を有するといえよう。ただし，当該資金助成の目的場面が，これらの状況と全く無関係である場合には，合理性を問う必要もあるかもしれない。さらに，包括的に，「違法な行為を行わない認定企業であること」[92]，「社会通念に照らし，市長が適当でないと認める者」[93]とか「公序良俗に反するなど適当でないと認められるもの」[94]のように定める例もある。このような包括的，あるいは不確定概念による消極要件の設定のときは，これに該当すると判断したことで完全に問題がなくなるわけではなく，個別の場面において裁量権を逸脱濫用したものとされることがありえよう。たとえば，市長選挙で対立候補を応援したことの報復目的による拒絶であるのに，「社会通念に照らし，市長が適当でないと認める者」に該当するとして拒絶するような場合は，違法とされよう。

租税等滞納対策としての資金助成の拒否　資金助成，特に融資に関する要綱等において，租税の滞納者を除外することが，よく見られる。最近は，租税の滞納対策として，滞納者に対するサービス拒否などの一環として資金助成の拒否が掲げられることがある。

たとえば，先駆的な小田原市は，「小田原市市税の滞納に対する特別措置に関する条例」を制定している。同条例は，「市税の滞納を放置しておくことが納税義務の履行における市民の公平感を阻害することを考慮し，市税を滞納し，かつ，納税について著しく誠実性を欠く者に対し，納税を促進するための特別措置を講じることにより，市税の徴収に対する市民の信頼を確保することを目的」としている（1条）。滞納者に対しては，他の法令，条例又は規則の定めに基づき行なうものを除くほか，「市長が必要と認める行政サービスの停止，許認可の拒否等」（行政サービスの停止等）の措置をとることができるとしている（6条1項）。そして，同条例施行規則が掲げる行政

91　たとえば，平成18年度東京都宿泊施設バリアフリー化支援事業補助金交付要綱4条は，風営適正化法2条6項に掲げる店舗型性風俗特殊営業の施設及びこれに類するものを補助対象施設から除外している。
92　松本市企業事務所誘致事業補助金交付要綱3条9号。
93　倉敷市オンリーワン企業育成支援事業費補助金交付要綱3条2項2号。
94　新潟市市民公益活動支援補助金交付要綱4条4号。

サービスの停止等は，①各種補助金，利子補給金，奨励金等の給付に関する申請の拒否及び給付の取消し，②各種貸付金，融資等の貸付けに関する申請の拒否，③そのほか市長が必要と認めるものに関する市長が必要と認める措置である（2条）。これを見て注目されるのは，行政サービスの停止等の明示的なものは公的資金助成であるということである。この条例は租税サイドからの定め方であるが，「上松町町税の滞納に対する制限措置に関する条例」は，積極的に，町長は，「町民等からの行政サービス等の申請があった場合は，当該町民等が町税に滞納がないことを確認しなければならない」旨を規定している（11条1項）。

このような手法の当否は，行政法学において論じられてきたものである[95]。第一に，条例に根拠をおかないで，要綱等により（たとえば，白石市は，「実施要領」によっている），このような措置をとることができるかどうかが問題になる。行政サービスの性質に応じて判断すべきであろう。第二に，納税証明書の提出等によらないで内部の情報を基礎に滞納の有無を確認しようとするとするときは，地方公共団体がその内部において税務部門の情報を資金助成部門に提供してよいのかという点が問題になる。租税に関する行政権限を有する「長」と予算執行権限を行使する「長」とは別個のものであって，前者の長の下で調査の事務に従事した職員が得た情報を後者の場面に活用することが，地方税法22条の「その事務に関して知りえた秘密をもらし」たことに当たるとするならば，微妙な問題である。ただし，同規定は，いわゆる税務調査の過程で知りえた秘密に関する守秘義務であって，滞納の事実は，そのような秘密の範囲外であるとみるならば適法に情報を提供しうることに

95　このような措置は，行政法学におけるサービス拒否（塩野宏『行政法I［第4版］行政法総論』（有斐閣，平成17年）218頁，大橋洋一『行政法［第2版］』（有斐閣，平成16年）401頁，宇賀克也『行政法概説I行政法総論［第2版］』（有斐閣，平成18年）233頁など）の一場面である。補助金や融資について，やや詳しく叙述された文献として，久保井五洋「租税滞納対策としての行政サービスの制限」神戸大学法政策研究会編『法政策学の試み　法政策研究（第2集）』（信山社，平成12年）171頁がある。この種の条例は，この2年余の間に急速に広まっている。筆者の確認したものだけでも，島田市，福井県美浜町，美唄市，北斗市，北海道新冠町・南幌町・芽室町・清里町，栃木県大平町，沖縄県竹富町などがある。

なる。実際には，納税証明書の提出又は納税状況確認の承諾手続によっていることが多いようである。第三に，滞納の有無により給付の制限を受ける者の範囲を本人以外にも広げうるのかどうかが問題になる。生計を一にする者（北海道南幌町）若しくは生計を一にする一定親等内の親族（北海道新冠町）並びに法人とその法人の代表者個人（南幌町，新冠町）に拡大している地方公共団体もみられる。

[2] 政策目的の結合問題と公平

政策目的結合問題とは　公的資金助成は，もともと政策目的を有している。たとえば，雇用の促進，住宅建築の促進，子育ての支援といった目的である。ところが，それらの目的に他の目的を結合させることが少なくない。他の政策目的の結合が本来の政策目的遂行との関係において公平といえるかどうか問題とされる場合がある。公共契約を締結しようとする場合において，契約の目的たる財やサービスの内容と直接に関係しない政策（付帯的政策）を盛り込むことができるかどうかが一つの論点で，近年，このような方法の活用が進みつつあるのと[96]，似た方法である。公的資金助成にあっては，複数の政策目的の遂行のために助成することは当然にありうるところであって，公共契約における経済性原則・公正性原則との衝突の有無を吟味しなければならないのとは，相当異なった問題である。たとえば，長野県は，住宅の新築・購入又はリフォームに対する助成金の交付に関して，県産材を一定割合以上使用することを要件としている（さらに，バリアフリー，耐久性，省エネルギーの要件もある）。このような要件が合理的なものであるならば許されることはいうまでもない。

しかしながら，他の政策目的の設定が不合理である場合には，当該助成行為が，平等原則・公平原則等に反するとされるおそれがある。

後継者住宅整備補助事件　住宅の整備に係る利子補給の対象を「親が町民の場合に限っている」ことが不平等かつ不合理なものであるから自治法232条の2の公益上必要の要件を欠くとして争われた住民訴訟（1号請求）

96　碓井光明『公共契約法精義』（信山社，平成17年）332頁以下。

があった。1審の宮崎地裁平成13・12・10（判例地方自治231号86頁〈参考〉）は，まず，一般論として，公益上必要の要件の存否の認定については長の相応の裁量があるとしつつ，次のように述べた。

「地方公共団体が補助金を交付する場合に，これを受給できる住民とそうでない住民とが生じることは避けられないが，補助金の交付が行政上の施策であることからすれば，交付内容や受給資格等の決定に際して，平等性が強く要請されることは当然であり，したがって，同等の条件にある住民を区別してその一部にのみ補助金が交付される場合には，当該補助により実現すべき公益との関係においてこのような区別を容認するに足りる合理的な理由が存在する必要があり，合理的な理由を欠く場合には，当該補助金の支出は前記裁量の範囲を逸脱したものとして，前記『公益上の必要がある場合』という要件を欠くことになると解すべきである。特に，本件利子補給のように補助が直接私人の資産形成に結びつく内容のものである場合は，その合理性について厳格に判断されるべきである。」

そして，具体の利子補給に関しては，親子2，3世代が共に快適な暮らしを送ることができる町づくりをするという目的自体は不合理といえないが，その目的達成のために親が町に居住している住民に対してのみ補助金を交付する手法をとることは，住宅の整備が親が町内に居住している住民に固有に必要な行為でなく，住民すべてにとって一般的な必要性があり，同じ町民であっても親が町民でない住民や親が死亡した住民等が補助金を受給することができない不平等を必然的に伴うもので，資産形成の効果を有する本件利子補給制度により受給資格のない住民の感じる不平等感は大きく，しかも，親が町内に居住している住民においてその他の住民と区別して支援すべき格別の資金的な困難があるとも認められないとして，結局，平等性に欠けるもので長に付与された裁量を逸脱するとして請求を認容した。

これに対して，控訴審の福岡高裁宮崎支部平成14・4・23（判例地方自治231号84頁）は，本件利子補給は定住を促進し過疎化を防ぐという公益上の必要に基づいてされたものであることは明らかであるとし，親が住民でない者が補助を受けられないという一見不平等な結果は，親子2，3世代が共に

生活を送ることを特に目的としていることからくるもので，それは合理的な裁量の範囲内にあって不当とはいえないなどとして，原判決を取り消して請求を棄却した。

　思うに，この利子補給制度は，子の世代が町から離れることに歯止めをかけ，あるいは，町外に出ていた子が町に戻ることを促進する効果をもつものであって，その政策自体は自然なものである。そして，制度創設時点のみを切って判断するならば1審判決のような不合理があるが，この制度が存続する限り，現在利用できない住民の子の世代が，やがてこの制度を利用できるようになるのであって，長期的に見るならば不合理はないはずである。したがって，この制度は，ある程度存続させてこそ，政策目的に照らして合理的であるのに，実際には，平成3年創設の制度が平成10年3月をもって新規利子補給が打ち切られたとされている。このような短期間では，原告住民の主張，あるいはそれを認めた1審判決の問題があることは否定できない。「世代をまたがる平等や公平性」の考え方も重要であると思われる。

　反射的な不平等　　資金助成を受ける者についての不平等は問題にならないが，受給要件の設定内容により，反射的に不平等を生ずることがないとはいえない。前記の事件と似た事案で，町の住宅建設奨励補助金の交付の適法性が争われた事件がある。旭川地裁平成13・11・13（判例地方自治229号26頁）である。原告・住民は，住宅建設奨励補助金に関して，契約の相手方が町内請負業者か否かによって補助金の額に30万円の差を設けていること（町内請負業者の場合100万円，町外請負業者の場合70万円）について，町内請負業者の技術不足，デザイン性の欠如などにより町内請負業者との契約締結が促進されず，町内業者の振興にも貢献していないので，合理性がなく憲法14条違反であると主張した。これに対して，判決は，町内請負業者の振興を図るという目的に照らすと，補助金の金額の差異は不合理とはいえず，憲法に違反することはないとした。

　また，訴訟になったわけではないが，市が独自の雇用助成をなすにあたり，対象労働者の要件として，雇用日現在の年齢が15歳以上65歳未満の者としつつ，①中学・高校・大学等を卒業した者で1年以上就職していないもの，②高校・大学等を中途退学した者，をそれぞれ適用対象外とする施策の例が

ある[97]。事業主がこの雇用助成を受けうる者を優先して雇用する行動をとることが自然であるといえるならば，前記適用対象外の者は雇用機会のうえで劣後するおそれがある。この助成制度により反射的に雇用機会上の不利益を受けるおそれがあるといえる。しかも，①の１年以上就職していない者が勤労意欲のない者と決めつけるわけにはいかないし，②の中途退学もさまざまな事情によることが考えられるのであって，一律の排除に合理性があるとはいえない。

公の施設の利用者・職員に対する実質的助成措置　公の施設は，「住民の福祉を増進する目的をもってその利用に供するための施設」であるから（自治法244条１項），利用者から利用料金を徴する場合においても，黒字経営にしなければならないという必然性はない。そこで，公の施設の設置目的を達成するために，設置地方公共団体が費用負担をすること自体が禁止されるわけではない。すなわち，公の施設の利用者に助成することが妨げられるものではない。ただし，「公の施設」と称しながら，実質的に一部の階層の住民のみが利用しうる施設である場合には，平等・公平原則への抵触が問題となる余地がある。

また，地方公共団体が職員の「保健，元気回復その他厚生」（地方公務員法42条参照）に努めることは当然であるが，通常の市民にとって想像もできない豪華な福利厚生施設を設けて低料金で職員のみが利用できるようにすることは，職員であるが故の優遇であって，同様に問題とされる余地がある。

6　偶発債務抑制原則

[１]　偶発債務の意味と抑制の必要性

偶発債務の意味　偶発債務（casual liability, contingent liability）とは，将来一定の事実が発生したときに履行すべき債務が具体化され，現在の時点

97　これは宇都宮市の例である。雇用開始日に宇都宮市に住民票があることを要件とすることには合理性がある。また，「自己の都合で前の会社を辞めた者」を対象外とすることは，対象者として優先度の高い者が多数存在することを前提にするならば，不合理とはいえない。

においては，その具体的内容（たとえば，時期・金額等）が確定されていない債務をいう。いつ履行すべき事態が発生するかわからない不確実債務であり，条件付債務である。偶発債務の典型例は，他人の債務についての保証債務である。主たる債務者の債務不履行の事態が発生したときに保証人が保証債務の履行を迫られることになる。また，金融機関が貸付けにより損失を被ったときは当該損失を補塡する旨を地方公共団体が約すること（損失補償契約＝損失補償の保証）により負う債務も，偶発債務の一種である。

偶発債務抑制の必要性　偶発債務は，履行すべき時期・金額等が確定している確定債務に比べて，国又は地方公共団体の負担が，いつ，どれだけ具体化されるかわからないという意味において，財政運営の不安定要因となる。しかも，現在の時点において負担を伴わない債務であるので，短期的な歳出のみに関心を有する者は，偶発債務に対する負担感が薄れやすいといえよう。このような負担感の欠如のなかで，万一の際の巨額の負担の発生を回避するためには，そもそも偶発債務を負わないようにすることが先決である。

[２]　偶発債務抑制の方法

法律による規制　偶発債務抑制原則を担保するために，法律により規制する政策が考えられる。そのような立法例の一つが，「法人に対する政府の財政援助の制限に関する法律」（法人財政援助制限法）の第３条である。同条は，次のように，法人の債務について，政府又は地方公共団体が保証契約を締結することを禁止している。

>「政府又は地方公共団体は，会社その他の法人の債務については，保証契約をすることができない。ただし，財務大臣（地方公共団体のする保証契約にあっては，総務大臣）の指定する会社その他の法人の債務については，この限りでない。」

この規定が，国又は地方公共団体の内部のみを規律する趣旨であるのか，それとも外部に対しても規律する趣旨であるのか，必ずしも明らかではないが，同法１条が，「会社その他の法人」に対して，政府出資に対する平等待遇を求めていることからも，外部法であるとみてよいと思われる。したがって，同法３条違反の保証契約が締結されたときは，同保証契約は無効である

と解される(法人財政援助制限法3条等については,第5章1[2],及び2[1]をも参照)。

情報提供による統制　今日,国又は地方公共団体による財政情報の提供によって,財政運営を国民,住民の監視の下におくことが,有効な財政統制の手法である。このような観点から,偶発債務の内容,及び,その状況を国民,住民に提供することによって,国民の監視可能な状態にすることが極めて重要である。予算審議の際の説明資料,バランス・シートへの記載などの方法により,情報提供がなされているが,より一層充実した情報提供が望まれる(第5章1[1]を参照)。

7　公正決定原則

[1]　公正決定原則

公正決定原則とは　公的資金助成の決定は公正になされなければならない。公正決定原則は,すべての行政決定に妥当するが,公的資金助成の場合は,不公正な決定がなされやすいだけに,公正決定原則を特に強調する必要がある。決定権を有する者が,あたかも自己の資金を用いて助成するかのような錯覚に陥って,自らの都合に沿った相手方を恣意的に選択するようなことが起こりがちである。公正決定のためには,資金助成のあり方について不断に見直すことも必要である。そうした見直しにあたり第三者委員会を設置することが広く行なわれている。

公正決定原則の担保方法　精神論で公正決定原則を強調しても,実際に担保する仕組みがなければ,不公正な決定を防止することができない。公正決定原則を担保するために,次のような方法が考えられる。

第一に,実体規範の整備である。補助金等の交付,融資などについて,どのような要件を備えた者を相手に,どれだけの助成をなし,どのような条件を付すかなどについて,明確な規範を定めておくことが,公正決定の第一の担保になる。

第二に,公的資金助成は,予算上の制約等によって,多くの場合は多数の希望者の中から相手方を選択する必要があるが,その選択を公正に行なう手

続を整備する必要がある。補助金等の交付について，担当者一人で決定する場合に比べて，内部の委員会で審査する方式[98]の方が公正を担保できるであろう。さらに，さまざまな方法が工夫されつつある。

[2] 公正決定のための手続の工夫

第三者委員会による選択方式　申請について第三者委員会が審査して，助成先を決定する方法が次第に広がっている。国における競争的資金の配分決定には，この方式が採用されつつある。文部科学省の科学研究費（科研費）については，第一線の研究者による，いわゆるピア・レビューにより応募の審査がなされている[99]。厚生労働省の厚生労働科学研究費補助金についても，各研究事業ごとに評価委員会が組織されて，評価委員会により採択課題が決定される。

地方公共団体においても，補助金等のあり方を検討する委員会[100]に加え

---

[98] 取手市は，国又は茨城県の規定に基づいて市が支出する補助金等について，助役を委員長とし，政策財政部長（副委員長），総務部長，企画調整課長，財政課長を委員とする「補助金等審査委員会」を設けて，補助事業等並びに補助事業等に係る補助金等の補助の可否，補助額及び補助率その他必要と認められる事項に関し調査検討し，その結果を市長に報告することとしている。なお，各部課等の長が補助金等を新たに予算に計上するときはあらかじめ同委員会の意見を求めるものとされている（以上，取手市補助金等審査委員会規程平成15年訓令第1号）。

[99] 特別推進研究，特定領域研究，特別研究促進費については，文部科学省科学技術・学術審議会学術分科会科学研究費補助金審査会が，また，基盤研究，萌芽研究，若手研究，学術創成研究費については，独立行政法人日本学術振興会の科学研究費委員会が，それぞれ審査することとされている。

[100] 概況については，大杉覚「自治体補助金改革と行政評価の課題」会計検査研究33号103頁（平成18年）を参照。取手市は，市が支出する補助事業等に係る補助金等（国又は茨城県の規定に基づき交付するものを除く）の配分に関すること，補助事業等の選定及び優先度の決定に関することなどを調査検討する機関として，「補助金等に関し優れた識見を有する者で，かつ，市が実施する補助事業等に関し公正な判断をすることが可能な者」及び市長が必要と認めた者からなる「補助金等検討委員会」を設置している。市長は，補助金等を新たに予算に計上するときは，あらかじめ委員会の意見を求めるものとされている（以上，取手市補助金等検討委員会設置要綱平成15年告示第6号）。

て，助成先決定自体に関与する第三者委員会の活用が進みつつある。とくに，市民提案型と呼ばれる補助金を導入するに際して，この方式が用いられる傾向がある。

　我孫子市は，既得権や前例にとらわれない客観性と公平性が確保できる制度，時代に適した新規の事業に効果のある適切な補助ができることなどを主眼に検討して，市民が行なう自由な公益活動や生涯学習活動を支援するために公募により補助金等の交付先団体を選定することとし，第三者機関による審査方式を導入した。第三者機関として市補助金等検討委員会を設置した。同委員会委員の選任方針は，客観的立場の者（市内のどの補助団体にも属していない）とし，学識経験者・行政経験者（我孫子市OBを除く）・市民で構成するというものである。行政経験者から市OBが除外されていることが注目される。委員会が独自に「審査判定基準」を作成して，各委員が時代ス，実現（目的達成）可能度，創造性（もしくは独創性），我孫子らしさの4項目について審査を行ない，採点を集計したうえ，全員協議により4段階のランク付けをして，その評価・判定を市長に提言する。市長は，委員会の評価・判定の結果を応募団体に通知し，同結果において原則補助金を交付すべきでないとされた団体に対しては，その団体の申出により公開ヒアリングを実施する。そして，市長は，検討委員会の選定結果を尊重し，公開ヒアリングの実施結果を踏まえて交付団体を決定することとしている。さらに，補助金交付を受けた対象団体及び補助金交付額を広報その他適切な方法により公表することとしている[101]。

　多摩市も，補助金交付システム検討委員会の報告書[102]が市民提案型補助金制度を提案したのを受けて，市民団体が自主・自発的に行なう同市のまちづくりに役立つ公益的な事業に対して経費の一部を補助するための多摩市市民提案型まちづくり事業補助金を設けることにした。補助対象事業を公募するとともに，募集要項に記載された審査方法及び基準に従い行なう審査は，補助金評価市民委員会により行なうものとしている。この審査の結果を受け

---

[101] 我孫子市ホームページ及び「我孫子市補助金等を受ける公募団体の選定及び手続等に関する要綱」（平成15年告示第11号）による。

[102] 『多摩市補助金交付システム検討委員会報告書』（平成16年8月）。

て，市長は，選考結果を応募団体に通知するが，その際に選考外のものには理由を付すこととしている[103]。補助金評価市民委員会は，7人以内の委員で，学識経験者並びに市内に在住若しくは在勤する者又は市内の大学に在学する者から構成される。同委員会は，市民提案の企画事業の審査・評価のほか，まちづくり事業補助金の制度の見直し，その他まちづくり事業補助金の執行及び補助事業の運営に関し必要な事項についても所掌している[104]。

鳥取県は，住民・団体等が創意工夫を凝らして地域の自立を目指し展開する事業を支援することを目的として，「先導的団体等自立支援交付金」を交付する制度を設けているが，交付金の交付を受けようとする者が交付申請前に審査会[105]に事業内容の説明を行ない，審査会の審査により可否を決定することとしている[106]。10名以内の委員のうち県職員が最大5名を占めうるのであるから，純粋な第三者委員会といえるかどうかは議論の余地があるが，客観性及び妥当性を確保するという趣旨に反するものではない。

研究開発補助金のように専門的見地からの審査を要する場合にも，第三者委員会が設置されることがある[107]。また，事業者関係の資金助成に関し，事業者委員を中心にする第三者委員会の審査を求める例もある[108]。とくに，大型の企業誘致目的の助成措置にあっては，公正性が確保されていることに対する信頼が最も重視されなければならないので，外部委員を構成員に加えた審査委員会を設置するのが普通である[109]。

---

103 多摩市市民提案型まちづくり事業補助金交付要綱（平成16年告示第479号）。
104 多摩市市民提案型まちづくり事業補助金評価市民委員会設置要綱（平成17年告示第235号）。同委員会は，同要綱に基づき，年度ごとに審査要領を定めている。
105 審査会は，委員10名以内で，学識経験者2名以内，企業経営者及び地域づくり実践者又は有識者3名以内，所定の県職員5名以内である（審査会設置要領3条）。
106 ただし，特認事業（全国的に情報発信できるような大規模ソフト事業など）は除外されている（鳥取県先導的団体等自立支援交付金交付要綱5条）。
107 新潟市産業活性化研究開発支援補助金交付要綱15条による新潟市産業活性化研究開発事業審査委員会。
108 松本市創業支援事業及び空き店舗活用事業審査会設置要綱。
109 たとえば，神奈川県の「神奈川県産業集積促進事業（インベスト神奈川）」の施設整備等助成金及び産業集積促進融資については，それぞれ助成金審査会，資格認定審査会が設置されている。

第三者委員会委員の法的位置づけ　資金助成の審査を第三者委員会が行なう場合に，それを構成する委員が審査に関係して不正な行為，特に賄賂を受けるようなことがあってはならない。そのためには，委員を「公務員」又は「みなし公務員」にする必要がある。これに関係して，地方公共団体の第三者委員会が附属機関（自治法138条の4第3項）として条例により設置されているときは，その委員は非常勤であり（同法202条の3第2項），特別職の地方公務員とされる（地方公務員法3条3項2号）。したがって，刑法7条1項の「公務員」に該当する。他方，条例によらないで要綱等により第三者機関を設置しているときに，その委員が「国又は地方公共団体の職員その他法令により公務に従事する議員，委員その他の職員」（刑法7条1項）に該当するといえるかという問題がある[110]。この点からも，条例設置主義の遵守が望まれる[111]。

公開のヒアリング　公的資金助成の決定にあたり，申請者に対するヒアリングを実施し，かつ，それを公開にするならば，非常識な恣意的決定は批判の対象となるので，不公正な決定を抑止する効果をもつであろう。地方公共団体の場合に，このような方法の採用がみられる。前述の多摩市の市民提案型まちづくり事業補助金については，予備審査と本審査とに分けて，本審査は補助金評価市民委員会が行ない，その審査は原則公開で行なうこととされている（審査要領第5第1項）。また，設置要綱が「委員会は，審査等のため必要があるときは，委員以外の者の出席を求め，意見若しくは説明を聴き，又は必要な調査を行うことができる」（7条）としているのを受けて，本審査においては，公開プレゼンテーション（委員会が必要と認めた場合は書類審査を通過した団体のみとすることもできる）を実施し，これを参考にして審査結果とすることができるとされている（審査要領第5第3項）。前述した我孫

---

[110]　「法令」には行政内部の組織作用を定める訓令等であっても抽象的な通則を定めたものである限り含まれるとされているが（最高裁昭和25・10・20刑集4巻2号268頁），法律・命令・条例などに限るべきであるとする学説も存在する（大塚仁『刑法概説（各論）［第3版増補版］』（有斐閣，平成17年）558頁）。

[111]　前掲注109に掲げた神奈川県の二つの審査会は，いずれも条例により設置されたものではない。

子市の公開ヒアリングが不服審査型であるのに対して，多摩市の公開プレゼンテーションは提案審査型である。

第3章　補助金等に関する法律関係とその規制

1　補助金法律関係の成立

[1]　補助金適正化法に基づく交付申請・交付決定
交付申請　適正化法において，補助金等の法律関係に向けた最初の行動は，交付申請（契約の申込みを含む）である（5条）。ここにおいて「契約の申込を含む」とされているのは，利子補給金の根拠を定める個別法の規定において，「利子補給金を支給する旨の契約」を結ぶことができるとされていることが多いことに鑑みたものであり，利子補給金契約の申込みが，適正化法上は交付申請として扱われることを意味する[1]。この規定によって，適正化法が申請主義を採用していることがわかる。申請主義について，注意すべき点は，次のとおりである。

第一に，申請主義は，相手方の意思を尊重するものである。したがって，相手方の申請行為がないのに交付を行なうこと，あるいは，申請内容を逸脱する交付は許されない。

第二に，申請主義は，申請を求める募集方法に大きな影響を与える。職権により交付の相手方を一方的に選択して交付する方式に対して，申請主義は，申請の意思のある者に申請の機会が広く与えられることを要請する。そのためには，どのような補助金等の交付をしようとしているのかを事前に明らかにし，広く募集を行なうこと（公募方式）が原則とされなければならない。好みの者にのみ補助金等の存在を耳打ちして申請を促すことは，原則として不公正といわなければならない。こうした運用がないのかどうか，とりわけ外郭団体に対する補助金等については精査を要する。ただし，公募方式が絶対の原則であるわけではない[2]。公募方式にすべきものとその必要のないも

1　小滝・解説78頁。

のとの区分けは一つの検討課題である。

　第三に，交付申請が補助金法律関係形成への第一歩であるという法の建前とは別に，これまでは，それ以前に，内協議，内示等の手続が先行する実態があった。そのような申請前の手続[3]は，予算の編成や予算執行計画をたてるために不可欠な面があった。しかし，その過程でなされる強力な指導等に問題がなかったわけではない。そして，その指導等に従って交付申請をしない限り当該補助金等の交付を受けられず，法に従った交付であるかどうかを争う機会を喪失させる役割ももってきた（その典型例は，超過負担が争われた摂津訴訟の事例である）。

　補助事業等の目的及び内容，補助事業等に要する経費その他の必要な事項を記載した申請書に，各省各庁の長が定める書類を添えて，長の定める時期までに提出する。申請書の提出状況をみて，提出期限を延期することは許されるが，特別の理由（災害等）がないにもかかわらず，特定の者についてのみ提出期限を延期することは，不公平な扱いとなるので許されないと思われる[4]。ただし，実際に，違法な期限の延期に基づいて補助金等が交付された場合に，補助金等の交付が無効となるかどうかは別個の問題である。

　適正化法に基づく交付申請は「私人の公法行為」であると説明され，代理も許されると解されている[5]。ただし，近年は，「公法」の言葉を付さない用語法が広まっており，それが一つの潮流となりつつある[6]。

2　たとえば，国による独立行政法人の施設整備費補助金は，予算上も個別の独立行政法人ごとに計上されており，公募が問題となる余地はない。また，国立大学法人の施設整備費は，予算上は個別法人ごとではなく一括計上である。しかし，この場合も，公募の観念はなく，各国立大学法人の中期計画に基づいて，全国規模の施設整備計画を定め，毎年度の予算要求手続を経て決定される仕組みである。さらに，これ以外にも性質上相手方が特定される場合もありうる。

3　ここにいう申請前手続は，法定外の手続である。これと小滝教授の指摘される「法定交付前手続」（小滝・解説74頁以下）とは異なるものである。

4　これまで形式を重視する役所の文書において，日付欄を空欄にすることが求められることが多かった。そのような処理にあたり，とくに事務処理上差し支えない限り受け付ける扱いをしておきながら，同様の状況にある特定の申請者に対してのみ，期限の徒過を理由に拒絶することは許されないように思われる。

5　杉村・財政法319頁，小滝・解説77頁。

補助金等交付の要件　交付申請は，申請者が交付要件に合致していると考えて行なうのが普通である。したがって，どのような交付要件を定めておくかは，補助金等の根幹である。適正化法が存在するものの，補助金等の実体要件は要綱等に委ねられていることが多い（実体要件の要綱等への依存）。交付申請手続及び交付要件の設定は，適正化法の規定が適用されない地方公共団体の交付する補助金等についても共通している。

　補助金等交付要件のなかには，所定の計画についての承認や認定などを受けておくことが多くなっている。その理由は，第一に，計画の内容の適正なことを予め確認することが望ましいという考え方，第二に，限りある予算のなかにおいて，施設整備等を計画的に実施する必要があること，などにあると考えられる。ことに，国庫補助金の「交付金化」のなかで，この傾向が強まっている（第6章2［3］）。

　政策目的に応じた要件の設定とともに，付帯的な要件をどこまで付することができるかは，公的資金助成における一つの課題である。その一部の問題（平等原則等）は，本書第2章において扱ったところである（5［2］）。

　要件には積極要件と消極要件とがある。同種の補助金等について過去に不正受給があったときに申請資格を有しないとして門前払いにすることが広がりつつある。また，各種の金銭債務を履行済みであることを要件にすることも考えられる。たとえば，厚生労働省の特定就職困難者雇用開発助成金に関して，他の消極要件と並んで，「助成金の支給を行う際に，雇入れに係る事業所において成立する保険関係に基づく前々年度より前の年度に係る労働保険料を滞納している場合」，「悪質な不正行為により本来受けることのできない助成金等を受け又は受けようとしたことにより3年間にわたる助成金の不支給措置が執られている場合」，「労働関係法令の違反を行っていることにより助成金を支給することが適切でないと認められる場合」が挙げられている[7]。このような消極要件をどこまで拡大できるであろうか[8]。当該資金助

　6　広岡隆『五版　行政法総論』（ミネルヴァ書房，平成17年）44頁以下。塩野宏『行政法Ⅰ［第4版］行政法総論』（有斐閣，平成17年）335頁以下は「私人の法行為」，宇賀克也『行政法概説Ⅰ行政法総論［第2版］』（有斐閣，平成18年）64頁は「行政過程における私人の行為」の用語によっている。

成の目的達成と矛盾するような状態をもって消極要件とし，あるいは，消極要件とすることが当該資金助成の目的との関係において著しく正義公平に反するような消極要件を設定することは，許されないと思われる。申請者と生計を一にする世帯構成員の一定の義務不履行をもって消極要件とするには，慎重な考慮を要する。

なお，最近は，補助金等の金額の算定基準に他の政策目的を加味する場合がある[9]。

補助金適正化法に基づく交付決定の性質　国の補助金も地方公共団体の補助金も，交付決定と呼ばれる行為が介在している。しかし，その法的性質は，同じではない。

適正化法の適用される国の補助金に係る交付決定は，適正化法6条に基づいてなされる。同条1項は，5条の交付申請を前提にして，申請があったときは，申請「書類等の審査及び必要に応じて行う現地調査等により，当該申請に係る補助金等の交付が法令及び予算で定めるところに違反しないかどうか，補助事業等の目的及び内容が適正であるかどうか，金額の算定に誤がないかどうか等を調査し，補助金等を交付すべきものと認めたときは，すみやかに補助金等の交付の決定（契約の承諾の決定を含む。以下同じ。）をしなければならない」と規定している。適正な交付を行なうため必要があるときは，

7　このほかに，「支給対象期に対象労働者に対する賃金を支払期日を超えて支給申請を行うまでに支払っていない場合」なども掲げられている。

8　厳密な意味の補助金ではないが，島田市は，子育て支援金の「支給条件」として，申請者及び申請者と生計を一にする世帯の構成員に係る市税，介護保険料，国民健康保険税，保育所の保育料，市立幼稚園の保育料，水道料，下水道使用料，市営住宅の家賃及び市の汚水処理場の使用料に滞納がないことを掲げ，そのことを確認できる書類若しくはその写しを提出するか，市の職員が滞納がないことを調査することを承諾する書類を市長に提出するものとしている（同市さわやか子育て支援金支給要綱4条）。同市をはじめ，多くの市や町が地方税の滞納者に対する各種の行政サービスの停止を定める条例等を制定していることについては，第2章5［1］を参照。

9　長野県は，特別養護老人ホームの補助金について，100点を標準にして，ユニットケアの導入，利便性の高い場所への立地，県産材の利用度合い，地域との交流施設の有無，太陽熱利用など地球環境への配慮等の7項目を点数化して加減して補助金額を算定する方式を導入すると報じられている（信濃毎日新聞平成18・6・2）。

交付申請に係る事項について修正を加えて交付決定をすることができる（6条3項）。この「修正権」に関して，適正化法は，「補助事業等の遂行を不当に困難とさせないようにしなければならない」としている（6条4項）。この規定が，修正権の法的限界を定めたものとみるべきか，単なる訓示的意味を有するにすぎないと解するのか，が問題となる。

交付申請が到達してから交付決定をするまでに通常要すべき標準的な期間を定め，かつ，これを公表するように努めなければならない（6条2項）。

行政法学は，この補助金交付決定[10]の法的性質についての研究を行なってきた。

その際に，交付決定を含む法律関係をまず理解して，その中において交付決定の性質を論じようとする姿勢がみられる。たとえば，適正化法に関する包括的な解説書において，小滝敏之教授は，補助金等の交付の法律関係を「公法上の管理関係」，「公法と私法の混合的法律関係」とみて[11]，補助金等の交付決定は，権力的・高権的な本来的行政行為として観念することは適当でなく，公権力の発動の実体を随伴しない「形式的行政行為」と解することが最も適当であるとする[12]。その理由について，「補助金等の交付は，非権力的行政作用に属する授益的行政活動としての実質をもつものであり，秩序行政におけるごとく国が優越的な意思の主体として，公権力の発動をもって人民の自由や財産に干渉し侵害する行政活動とは本質的に異なる」のであって，補助金等の交付に伴い権力的規制が加えられるのは，公金が不正不当に支出されることのないよう防止する限りにおいて容認されるものであって，権力的規制そのものに意義があるわけではないというのである[13]。形式的行

---

10 補助金交付決定は，支出（補助金交付）の意思決定であるから，支出負担行為（「国の支出の原因となる契約その他の行為」（財政法34条の2第1項））に該当する。交付決定の通知をするときは支出負担行為の確認を受け支出負担行為の手続をとることとされている（支出負担行為等取扱規則別表甲号10は，「指令をするとき」に支出負担行為として整理し，指令をしようとするときに支出負担行為の確認を受け又は認証を受けるとしている）。

11 小滝・解説90頁。

12 小滝・解説112頁。

13 小滝・解説111頁。

政行為説は，行政不服審査・行政訴訟の場面においては，交付決定の行政処分性を肯定し，利益救済を可能にする意味がある。

　この形式的行政行為説を軸に見た場合に，等しく行政行為説に立ちながら形式的行政行為を区別することに対する批判，逆に非権力性を重視して本来的には契約締結上の行為であるとする見解が，それぞれ存在する。

　前者の批判を展開する塩野宏教授は，補助金交付決定の介在する法律関係における紛争は，法定のルートによって解決するのが原則であるが，法定ルートの活用が何らかの事情により妨げられたときに，それ以外の方法による権利主張が認められることは，形式的行政行為説によらなくても可能であるとし，形式的行政行為説の実益がないとする[14]。

公法契約説　　また，後者の立場の石井昇教授は，ドイツの議論をも手がかりにして，公法契約説[15]を展開している。石井教授によれば，「補助金適正化法は，補助金交付により生じる事実関係を公法的に規律していると解され，したがって，少なくとも，補助金適正化法の適用される補助金に関する契約は，公法契約であると解される」とする。ここでは，すでに「公法契約」と結論づけているのであるが，行政契約と行政行為との区別に関して，「国民と行政との間の接触の性質（互譲のための交渉か，審査のための期間

14　塩野・補助金交付決定 286 頁以下（同・法治主義 179 頁以下）。
15　明治憲法下において，美濃部達吉博士は，国家がある事業に補助金を与えるのは，単純な贈与ではなく補助に伴い営業者に種々の公法上の負担を命じ，国家の特別の監督の下に服せしめるのが通常であるとする認識から，公法上の義務を伴う補助金の交付は私法上の贈与契約ではありえず公法上の契約であり，それから生ずる補助金請求権も私法上の債権ではなく公権の性質を有するとしていた（『日本行政法　上巻』（有斐閣，昭和 11 年）246 頁）。そして，公共団体に対する補助金の交付は，公共団体が国家的目的の担当者であることの性質に基づくもので公法的な関係であるとし，一般事業者に対する補助も民法上の贈与契約ではなく公法上の補助であるから，それに関する争いは司法裁判所の管轄に属するものではないとしていた（『日本行政法　下巻』（有斐閣，昭和 15 年）440 頁以下）。織田萬『日本行政法原理』（有斐閣，昭和 9 年）397 頁も，私企業に対する「補助金の下付」について，公法契約としていた。ただし，美濃部博士は，奨励金等の名でなされる公法上の負担を伴わない無条件の授与は，国家と被授与者との間に何らの公法上の関係を生じないもので，単純な民法上の贈与とみるべきものとしていた（美濃部『日本行政法　下巻』448 頁）。

か）をメルクマールとし、それが不明瞭であるときには、附加的に、幾つかの観点を総合的に判断して、行政行為か行政契約かを決定するのが適当である」とする。しかし、その分析をすることなく、適正化法の内容を分析して、公法契約のなかの「従属法的契約」であるとしている[16]。

この理解には、疑問を禁じえない。もしも、行政契約と行政行為とを区別する前記メルクマールに従うならば、適正化法を表面的に観察する限り、「互譲のための交渉」が想定されているものではない。また、実態に着目するとしても、通常の定型的な補助金に係る国民と行政との接触は、到底「互譲のための交渉」の実態を有するものではない。また、個別には、「互譲のための交渉」を伴うものがありうるとしても、実態を個別に観察して、個別補助金ごとに行政行為と行政契約との振り分けを行なうことは妥当ではなかろう[17]。

摂津訴訟判決　適正化法の適用がある補助金等についての交付決定が行政処分性を有することについては、ほぼ学説・判例上争いがない。このことが示された典型は摂津訴訟判決である。摂津市は昭和44年から46年にかけてAないしDの4保育所を設置したが、府を通じた事前協議・内示に基づいて、B保育所について100万円、C保育所について250万円の負担金の交付申請をなし交付を受けた。当時の児童福祉法52条及び51条2項、同法施行令15条1項、16条1号により、設備費用の2分の1を国が負担すべきものとされていたところ、実際には、Aについて2,156万余円、Bについて2,126万余円、Cについて2,261万余円、Dについて2,727万余円、合計9,272万9,990円を要したとして、その2分の1に相当する金額と前記250万円との差額4,386万余円の支払を国に求めた訴訟であった。交付申請書には、

16　以上、石井・行政契約83頁以下。
17　明治憲法下の市制、町村制の寄附又は補助に関して、それが私法上の贈与契約であることを認めつつ、その実態についてみると、「公法上の行為、殊に相手方の同意を条件とする市町村の一方的行為」と解しつつ、その行為の結果として生ずる金銭給付の義務に関しては、経済的価格を目的とする点において私法上の義務と同様に扱い、履行請求は民事訴訟手続によってなし得るとする疑義を述べる見解があったことが注目される（入江俊郎＝古井喜実『逐條市制町村制提議』（良書普及会、昭和12年）1501-1502頁）。

内示額がそのまま記載されていたものである。

東京地裁昭和51・12・13（行集27巻11・12号1790頁）は、適正化法は、交付申請に対する行政処分たる交付決定によって、初めて補助金等の具体的請求権を発生させることとし、一定の場合には交付決定の取消しにより交付決定によって発生した具体的な請求権を消滅させることとし、地方公共団体の補助金等に関する不服について交付決定、その取消等各省各庁の長の処分に対する不服の申出という争訟手段を設けているものとする理解を示した。そして、交付決定とは無関係に実体法上の負担金請求権を行使できるという見解（形式的行政処分説を含む）をとることはできない、とした。

その結論を導く実質的な論拠についてみると、各実体法により直接具体的な請求権が発生するという見解によれば国家財政の運営に支障を生じさせることが強調されている。すなわち、「国は、いつ、いかなる内容の負担金支払請求権が発生し、それが行使されることになるかを把握することが困難となり」、その結果、補助金等の不正な交付申請及び使用の防止その他補助金等に係る予算の執行並びに交付決定の適正化という適正化法の目的の達成が不能又は著しく困難となるのみならず、「予算編成にも支障が及び、ひいては財政上の基本原則として採用されている会計年度独立の原則を脅かすこととなり、また、国家財政の計画的運用、財源の効率的活用も不可能となることが明らか」であるとして、不合理な結果を招来する解釈をとることはできない、というのである。

控訴審の東京高裁昭和55・7・28（行集31巻7号1558頁）も、適正化法は、交付申請がなされることが必要であるとして、申請に基づき交付要件の存否のみならず、金額、付すべき条件等を審査判断し、交付すべきものと認めるときは交付決定をすべきものとして、交付決定の経由によって初めて補助金等の具体的請求権を発生させることにしたものであると判断した。

摂津訴訟判決は、具体的補助金交付請求権の発生に関して適正化法の手続規定が個別実体法の規定に優先するという考え方（手続法優先）を採用したものである。ただし、1審判決は、国庫負担割合及び計算方法が明確に定められている児童福祉施設整備費負担金に関して、児童福祉法の解釈として、それは、市町村が任意に設置する保育所のすべてを負担金交付の対象とした

ものではなく，また交付対象とした保育所の設備費用についても市町村の現実に支出した費用の全額を負担金算定の基礎とすべきものとした規定ではないとし，同法52条等は，「行政庁が当該保育所を負担金交付の対象とすべきものか否かを判断し，交付対象とすべきものと判断した場合に，合理的な基準に基づいて算定した設備費用額を基礎とする一定割合の額の負担を国に命じている規定であって，具体的負担金請求権は行政庁の合理的な判断とそれに基づく行為によって発生することを予定した規定と解すべきである」とした。適正化法に先行して，児童福祉法52条等が「具体的負担金請求権は行政庁の合理的な判断とそれに基づく行為によって発生することを予定した規定」であるとみているのである。児童福祉法をそのように解釈する理由に関して，被告の主張によれば，国は無制限の負担を強いられることとなり，しかも，いつ，いかなる内容の負担金請求権が発生するやも知れないので，各会計年度の収支均衡（財政法12条）及び会計年度独立の原則（同法42条）を維持することが不可能となることを指摘している。

国分寺訴訟1審判決　同じく，保育所運営費国庫負担金をめぐり提起された住民訴訟である国分寺訴訟の判決が注目される。1審の東京地裁昭和55・3・4（行集31巻3号353頁）は，適正化法は，「国が交付する補助金等については，他の法令にその交付の根拠や交付割合等に関する規定がおかれている場合でも，同法1条の適正化目的を達成するために，専ら同法の定める手続により交付要件該当性，交付すべき額及び当該交付に条件を付する必要の有無等を各省各庁の長に第一次的に判断させ，その判断に基づく長の行政処分としての交付決定を経由せしめることによってはじめて具体的な交付額が確定される」との建前を統一的に採用しているものと解するのが相当であるとした。交付申請とそれに基づく交付決定の手続を設けた理由については，「毎年度大量に発生する補助金等の債権債務関係について，あたかも通常の私法上の債権債務と同様の方法によって交付額等を具体的に確定することが許されるとすれば，補助金交付の迅速性，公平性，統一性が損われ，予算の編成，執行に支障を及ぼすばかりでなく，補助事業者等にとっても補助事業等の継続が困難となる等の不都合が考えられ，決して合理的ではない」と述べた。

この説明において,「通常の私法上の債権債務と同様の方法によって交付額等を具体的に確定すること」が,なぜ,指摘のような支障を生じさせるのか,必ずしも明らかでない。もしも,通常の贈与契約の「申込み」と「承諾」の手続による場合に,交付申請・交付決定の手続と異なる支障が生じるのであろうか。地方公共団体の補助金交付規則等による交付申請と交付決定の法的性質は「申込み」と「承諾」であると解されているが,それは,適正化法の交付申請・交付決定の場合に見られない支障を生じるのであろうか。いずれも,説得力ある説明がなされているわけではない。

交付決定経由必要説　法的性質よりも,適正化法の適用により,必ず交付申請・交付決定の手続を経由しなければならない点こそが重要である。この点は,租税債権に関する租税実体法と租税確定手続を規定する租税手続法との関係と比較すると理解しやすいと思われる。すなわち,自動確定方式の租税(国税通則法15条3項)の場合を除き,租税確定手続のなされていない段階で,国や地方公共団体が租税債権者として租税の納付を求めることはできないのである[18]。同様にして,実体要件を定める法令の規定により補助金等交付請求権が発生する場合であっても,交付決定手続を経由しなければならず,それによって初めて具体的補助金交付請求権として確定されるといえよう(ただし,それは後述のように暫定的なものである)。

では,交付決定がない限り,常に具体的補助金交付請求権は発生しないのであろうか。この点は,三つの側面から考察する必要がある。

第一に,実体法のレベルにおいて,交付申請を審査して交付決定をする必要性の乏しいほどに明確に定められている補助金の場合であって,実質的に租税の自動確定方式に相当する状況にある場合である。

第二に,適正化法により,交付申請と交付決定とを要するにしても,国(その担当者)の言動等によって,交付を受けようとする者が交付申請手続をとりえない状況に追い込まれている場合である。

第三に,実体要件を定める法令に対応した手続規定が用意されていない場

18　ただし,確定手続のとられていない段階で,一定の場合に,繰上保全差押え(国税通則法38条3項)や保全差押え(国税徴収法159条)のような例外的措置が許容されている。

合に，手続規定の不存在を理由に，具体的補助金交付請求権の発生を認めないことは不合理である。具体的には，ある補助事業について実績による交付制度でありながら，交付決定後における増額手続が用意されていないような場合である。この場合には，解釈上増額の交付申請を認めるべきであるが，もし，手続の不存在を理由に門前払いされるときは，交付決定なしに，具体的補助金交付請求権を行使できるものとすべきであろう[19]。

このような状況のいずれかが認められるときは，例外的に交付申請及び交付決定なしに，直ちに補助金相当額の支払請求権を行使できるというべきである。第二の場合は，補助金としてではなく損害賠償金の支払請求であると構成することも可能である。

形式的行政処分説について　摂津訴訟において，形式的行政処分説が否定された。それは，交付決定を経ずに，裁判所に具体的負担金の支払を求めて出訴できるかどうかの前提に関する判断である。2審判決は，「交付決定は実体法上の請求権を確認する行為であって，処分性がなく，公権力の発動を伴わないいわゆる形式的行政処分であるから，既に実体法上発生した請求権に基づき負担金の支払を請求できる」とする摂津市の主張に答えて，適正化法の趣旨，全体の構成からみれば，交付決定について行政的審査が不可欠であるとともに，具体的な補助金等の額の確定を第一次的に行政庁の決定にかからしめたものであり，交付決定は形成的，処分的性格を有するものであるから，処分性なしということはできないと述べている。

適正化法に関する限り，原則として交付申請・交付決定の手続を経ることにしたものであって，形式的行政処分の観念をもって，この原則を破ることはできないと解すべきであろう。小滝教授のような公権力発動の実体を伴わない形式的行政行為とする説明も，決して，交付決定の経由を必要としないことを説明するためのものではないのである。

[2]　補助金適正化法の適用されないものの場合の交付決定

国の場合　適正化法の適用のあるものについては，交付決定の行政処分

19　碓井・補助金241頁。

性を肯定するが，適用のないものについては，個別に観察する手法がとられる。

福岡高裁那覇支部平成5・12・9（判例時報1508号120頁）は，法令が，一定の者に補助金等の支給を受ける権利を与えるとともに，支給申請及びこれに対する支給決定の手続により行政庁に申請者の権利の存否を判断させることとした場合など，特に補助金等の支給決定に行政処分性を付与したものと認められる場合は，支給・不支給決定は取消訴訟の対象となる処分に該当し，その法令とは，形式的意味の法律のみならず条例等法律に準ずるものを含むけれども，行政庁が自らの内部規則として制定した規則は，交付決定に行政処分性を認めることを前提とした法律ないし条例等の委任を受け，その法律ないし条例等と一体として処分性を付与していると認められない限り，前記法令に含まれないとした。

具体の事案は，地域雇用開発促進法が地域雇用開発を促進するため地域雇用開発促進地域内に事業所を設置し又は整備して求職者を雇い入れる事業主に対して雇用保険法に基づく雇用改善事業として必要な助成及び援助を行なうものとする法状態において，雇用保険法施行規則が同事業として地域雇用開発助成金及び通年雇用奨励金を支給する旨を定め，地域雇用開発助成金について地域雇用奨励金，特別奨励金及び地域雇用移転給付金の三種としている場合の地域雇用特別奨励金に関するものである。判決は，地域雇用開発促進法及び雇用保険法自体には特別奨励金の支給制度について何らの規定もおかれず，特別奨励金の支給・不支給決定に処分性を認める趣旨の規定はまったく存在せず，省令に対しても具体的内容や手続等を委任しているわけではなく，二つの法律と規則とが一体となって特別奨励金の支給・不支給決定に処分性を付与しているとみる余地はないとした。そして，特別奨励金の支給制度は，行政庁で内部的に雇用改善事業の内容を定めた規則（雇用保険法施行規則という省令は，特別奨励金の受給資格及び給付金額に関する概括的な要件を規定している）及び規則の規定を受けて地域雇用開発助成金の支給に当たって適正な事務処理がなされるよう手続の細則を示達した通達（「地域雇用開発助成金支給要領」という労働省職業安定局長通達において特別奨励金の具体的支給手続，支給金額，支給時期等が規定されている）により創設的に規定され

たものというべきであるから，このような規則及び通達によって特別奨励金の支給・不支給決定に処分性を付与されるものではないと結論づけている[20]。

この判決は，このように述べて行政事件訴訟法による取消訴訟を不適法としている。率直な感想は，雇用保険の財源を活用した奨励金支給事業を完全に行政の内部的な事柄とみていることに対する違和感である。判決の理解が正しいとするならば，その制度そのものに対する違和感である。平等原則に反するような支給申請の拒否等がなされたとしても，国民がそれを取消訴訟の方法で争うことはできないことになる。もちろん，国家賠償法1条の「公権力の行使」たる行為を認識することはできるので，同条による救済は可能であるが，いかなる損害額が認定されるかは定かでない。しかも，このような事柄を国家賠償の場面の解決に頼ることは，国家賠償制度に過大な負担を負わせるもののように思われる。

さらに，判決の制度理解が適切であるかどうかも問わなければならない。雇用改善事業が当然に外部に対する給付を想定しているとするならば，そのための給付の決定行為は，雇用保険法に内在しているとみることができる。とするならば，内在的行政処分（黙示的行政処分）が，省令及び通達によって顕在化したものと理解する余地があるように思われる。

「本州四国連絡橋の建設に伴う一般旅客定期航路事業等に関する特別措置法」11条による交付金に関して，神戸地裁平成16・1・20（判例集未登載）は，交付金に関する制度の仕組みに鑑みると，所定の交付要件を具備するときは所定の交付金を受けることができるという抽象的な地位が与えられ，具体的な交付金の交付を受けるには，交付金の申請をし，所定の交付要件を具備していることの確認を受けなければならず，交付金の交付決定によって初めて具体的な交付金請求権を取得するとし，抗告訴訟の対象となる行政処分であるとした。そして，取消訴訟の排他的管轄を肯定している[21]。判決は，前記特別措置法12条が，交付金の交付を受けようとする者の「交付の請求」（1項）及び請求があったときに審査し，交付金の額の算定の基礎となる事

---

[20] 同趣旨の裁判例として，他に，長崎地裁平成4・12・22訟務月報39巻10号2040頁がある。

実があったことを確認のうえ，交付すべき交付金の額の決定とその通知をなす（3項）と定めているところから，交付決定の行政処分性を導いているのである。

地方公共団体の規則に基づく補助金交付決定等の性質　地方公共団体の場合は，条例で交付決定等の手続を定めている場合と，規則で定めている場合とがある。適正化法に相当する条例が制定されている場合（高知市，鳴門市，常陸大宮市，大仙市など）は，交付決定等の行政処分性を肯定してよい。また，補助金等の全体をカバーするものではなく，個別の補助金等に限定した条例が，交付決定，助成金の額の確定，交付決定の取消し，返還命令などを定めている場合も，行政処分性が肯定されてよい（たとえば，横浜市企業立地等促進特定地域における支援措置に関する条例）。

次に，規則に基づく補助金交付決定等の性質について検討しよう[22]。規則で定められた交付決定に関しては，行政処分性を否定した裁判例が多い[23]。

まず，三角バケツ配付事業に係る補助金交付要綱及び東京都補助金交付規則による交付決定について，東京地裁昭和56・6・26（行集32巻6号959頁）は，これらは，いずれも東京都の事務執行上の内部的定めにすぎず，相手方を法的に拘束するものではないから，これらの定めそのものによって補助金の交付決定が行政処分たる性質をもつと解することはできないと述べた。

21　労働者災害補償保険法23条1項2号に基づく労働福祉事業である労災就学援護費の支給に関する労働基準監督署長が行なう援護費の支給又は不支給の決定が行政処分に当たるとした最高裁平成15・9・4判例時報1841号89頁を参照している。その事件の1審・東京地裁平成10・3・4判例時報1649号166頁は，労災法23条2項が「事業の実施に関し必要な基準は，労働省令で定める」と定めていることについて，支給のために必要な実体上の要件及び金額等の内容並びに事務処理上の細則を定めることを委任しており，委任はこの限度内にとどまるとし，省令が行政庁の公定力を有する処分により支給に関する決定を行なうこととして手続を定めることは委任の範囲を越えるとしていた。2審の東京高裁平成11・3・9労働判例858号55頁も，この判断を引用したうえ，保険給付に関する決定については不服申立てに関する規定があるのに対して労災就学援護費については規定を欠いていることをも根拠に挙げていた。最高裁は，このような判断を排斥したものである。

22　裁判例を素材に検討した文献として，塩野・補助金交付決定297頁以下（同・法治主義189頁以下）を参照。

控訴審の東京高裁昭和56・11・25（行集32巻11号2090頁）も，同趣旨である。この事件で検討されている東京都補助金等交付規則に関する限り，都内部の機関又は職員に向けた規範であるように思われる（第1章2［4］を参照）。交付申請に関して，「申請書を提出させなければならない」（5条1項）。申請の撤回について，決定通知をする場合において交付決定の内容またはこれに付された条件に異議があるときは申請の撤回をすることができる旨を申請者に通知しなければならない（9条）。承認事項に関しても「承認を受けさせるものとする」（11条）。事故報告に関して「書面により報告させなければならない」（12条）。状況報告についても「補助事業者等をして補助事業等の遂行の状況に関し報告させなければならない」（13条）。実績報告に関しても「実績報告書を提出させなければならない」（15条）。これらの諸規定は，相手方の義務として規定することなく，あくまで機関又は職員に向けた職務上の義務として規定しているものである。交付決定（6条1項）や交付決定の取消し（18条1項），返還命令（19条）などは，機関又は職員に向けられた規定であるかどうかは外観上は明らかでないが，同様に内部における規範として定められていると理解するのが自然であろう。したがって，相手方は，機関又は職員がこの規則に従って行動したことによって，反射的に影響を受けるにすぎないといえよう[24]。

しかし，他の地方公共団体の規則が同じ構造をもっているわけではない。むしろ，適正化法と同様の体裁のものが多いのであって，東京都の規則を内

---

[23] 本文で紹介するもののほか，浦和地裁平成5・10・18判例地方自治124号21頁。なお，早い段階で，規制規範に言及することなく，「補助金の交付行為は公法上の単独行為であって，補助金の交付申請は交付申請をなしたるものに限り補助金が交付されるという効果を有するに過ぎず，補助金の交付行為を以て公法上の契約と認めることが出来ない」と述べた判決がある（名古屋高裁昭和34・8・3行集10巻9号1776頁）。ただし，当時は，単に当該行為の取消しの対象であり，当該行為は法文上行政処分に限られていたわけではない。

[24] 東京都の通達「東京都補助金等交付規則の施行について」が，この規則の性格について「補助事業者等を直接規制するものではないので，補助事業者等を規制するためには規則に規定している事項を補助金等の交付の決定にあたり補助条件として付さなければならない」と述べている点に，前記のような理解が反映されている。

部法とみたからといって，当然に他の地方公共団体の規則についても同じ結論を導くことができるわけではない。

東京地裁昭和63年判決に基づく分析　東京地裁昭和63・9・16（行集39巻9号859頁）は，自治法242条の2第1項2号の住民訴訟2号請求の対象となる行政処分に該当するかどうかに関する判断を示した。まず，次のような一般論を展開している。

「地方自治体が私人に対して補助金を交付する関係は，地方自治体がその優越的地位に基づき公権力を発動して私人の権利，自由を制限し，これに義務を課するものではなく，本来，資金の交付を受けたいという私人の申込みに対する承諾という性質を有する非権力的なものであるから，その関係においては，原則として，地方自治法242条の2第1項2号に規定する行政処分は存在しないものというべきであり，ただ，法令等が，一定の政策目的のために，一定の者に補助金の交付を受ける権利を与えるとともに，補助金の交付申請及びこれに対する交付決定という手続により行政庁に申請人の権利の存否を判断させることとした場合，あるいは，一定の者に補助金の交付を受ける権利を与える旨の規定が法令等に存在しなくても，法令等が補助金の交付申請に対して行政庁が交付決定をするという手続を定め，右決定に対する不服申立手続を設けている場合など，法令等が特に補助金交付決定に処分性を与えたものと認められる場合には，右交付決定は地方自治法242条の2第1項2号に規定する行政処分に当たるものというべきである。そして，いわゆる法治主義の原則の要請するところにより，右の法令等とは形式的意味の法律のみならず，条例等法律に準ずるものとされているものを含むが，行政庁が自らの内部規則として定めた規則及びいわゆる要綱等は，それが法律ないし条例等の委任を受けたものでない限り，これを含まないものと解するのが相当である。」

ここにおいて，「法令等」には法律及び条例等の法律に準ずるものを含むが，規則・要綱等を含まない旨を明言している。したがって，この「法令等」の意義を前提にして，補助金の交付を受ける権利の付与と，交付申請・交付決定手続による権利の存否判断を「法令等」が定めているかどうか，交

付申請・交付決定手続と不服申立手続を「法令等」が定めているかどうかを調べることになろう。そして，規則や要綱等が「法律ないし条例等の委任を受けた」かどうかの判断にあたり，自治令173条の2が，「この政令及びこれに基づく総務省令に規定するもの除くほか，普通地方公共団体の財務に関し必要な事項は，規則でこれを定める」としていることを，どのようにみるかがポイントである。自治令が自治法の委任に基づくものであり，その自治令が規則に委任したとみるならば（再委任），究極的には「法律の委任に基づく規範」とみることができないわけではない[25]。行政処分性判断の場面において，この「委任説」を採用することも十分に可能であると思われる。

　ところで，前記判決の冒頭部分の，原則として「行政処分は存在しない」という論理は，適正化法のない状態においては等しく妥当しそうである。この考え方によれば，国の補助金に係る交付決定の処分性の根拠は，適正化法24条の2及び25条に求められることになりそうである。すなわち，24条の2が「補助金等の交付に関する各省各庁の長の処分」について行政手続法2章及び3章の規定を適用しないと定めているのは，これらの各省各庁の長の処分は，行政手続法の「申請に対する処分」や「不利益処分」に該当するものであることを前提にしており，補助金交付決定は「申請に対する処分」であると解するものである。また，25条が「補助金等交付の決定，補助金等の交付の決定の取消，補助金等の返還の命令その他補助金の交付に関する各省各庁の長の処分に不服のある地方公共団体」が各省各庁の長に対する不服の申出を規定していることは，同様の処分に不服のある私人は行政不服審査法による不服申立てができることを前提にしていると解することができる。

　これに対して，地方公共団体の規則の場合には，そもそも，そのような規定を規則により設けることができるかという問題，すなわち「規則の事項的管轄」を確認する必要がある。自治法15条1項は，長は，「法令に違反しない限りにおいて，その権限に属する事務に関し，規則を制定することができる」とするとともに，同条2項は，法令に特別の定めがあるものを除くほか，

25　自治令の解釈として，地方公共団体の内部的規律のみを規則に委ねたとする反対説がありうることを留保しておく必要がある。

「規則中に，規則に違反した者に対して，5万円以下の過料を科する旨の規定を設けることができる」としている。したがって，規則において，法規，すなわち権利義務に関する規定を設けることも許されるかのようにみえる。すなわち，それは，規則による「法規創造力」を肯定する見解である。

しかしながら，自治法14条2項は，「普通地方公共団体は，義務を課し，又は権利を制限するには，法令に特別の定めがある場合を除くほか，条例によらなければならない」と規定している。そして，これは，「国会と国家行政との関係について形成された法律の留保に関する考え方を地方自治行政に忠実に移しかえることを重視した」ものであるとする理解がある。その結果，義務設定・権利制限行為については，法令に特別の定めがない限り，条例で定めなければならなくなったと解されている[26]。そして，ある見解によれば，権利義務規制に関して規則で規定できるのは，法令によって委任がある場合，庁舎管理規則のように長の公物管理権に基づいて私人に対して制限をする場合であるという[27]。しかし，これによっても，補助金交付規則によって，交付決定等の行政処分を創設することができるかどうかの決め手とはならない。単なる手続を定めるにすぎないのであるから義務の賦課・権利の制限に当たらないとする解釈もありうるし，補助金交付決定や返還命令も義務の賦課・権利の制限ではないとみることができるから，そのような行為を行政処分として定めることが可能であるという解釈が導かれる余地もある。

よって，自治令の委任（法律との関係においては再委任）に基づき規則で行政処分としての交付決定手続を設けることは可能となる余地がある。しかし，補助金交付規則を自治令の委任による規範として理解し，「法令等」の要件を満たすとしても，東京地裁判決によれば，交付決定の行政処分性を肯定できるのは，権利の付与と当該権利の存否の判断を交付決定によらしめている場合（権利付与＝権利存否判断。以下「実体要件着目説」という）と，「交付決定手続と不服申立てを定めている場合（以下，「不服申立許容着目説」という）の二つのいずれかの場合である。その先は，それぞれの規則の規定とその解

---

26 成田頼明ほか編『注釈地方自治法〈全訂〉1』（第一法規，加除式）709頁（執筆＝小早川光郎・高橋滋）。

27 成田頼明ほか編・前掲書733頁（執筆＝北村喜宣）。

釈問題である。前記東京地裁判決は，具体の規則は，補助金等の交付の申請，決定その他補助金等に係る予算の執行に関する基本的事項を規定することにより補助金等に係る予算の執行の適正化を図ることを目的とするものであって（1条），交付申請の手続，交付決定の手続を規定するなどしているが，交付決定に対する不服申立てについての規定がないことを理由に，交付手続が適正に行なわれるように事務執行上の内部的手続を定めた内部規則にすぎないものというべきであるとした[28]。そして，具体の事案の補助金交付要綱（当該年度の市社会教育関係団体のうち青少年団体に対する補助金交付要綱）も，いかなる場合に補助金を交付するかを定めるとともに内部的手続の細則を定めたものにすぎないので，規則も要綱も交付決定に処分性を付与しているとはいえないと結論づけた。

　この考え方は，その後の裁判例をリードしているように見受けられる。

　浦和地裁平成5・10・18（判例タイムズ863号193頁）も，住民訴訟2号請求事件である。被告は，前記東京地裁判決と同様の理由により行政処分性を欠くとする本案前の主張をなし，判決は，相手方の申請に対して市が承諾して補助金を交付したのであって，相手方の「意思にかかわりなくその優越的地位においてこれをしたものでないことは明らかである」とし，したがって，市と補助金交付の相手方との法律関係は，申込みと承諾との意思表示の合致からなる一種の私法上の贈与契約と解するのが相当であり，補助金の交付決定は市の内部における最終的な意思の決定ないしは相手方に対する承諾の意

---

[28] この事件の控訴審判決・東京高裁平成元・7・11行集40巻7号925頁も，この判断を維持した。名古屋地裁昭和59・12・26判例時報1178号64頁も，行政処分的性質を付与する特段の法的な規制が加えられていない限り，原則として私法上の贈与に類するものであり，地方公共団体の長が行なう補助金交付決定は，私法上の贈与契約の申込みに対する承諾と同視することができるから，補助金交付決定は行政処分に該当しないとする見解をとり，具体の交付決定のうち，条例等の法的規制の存在しなかった時点のものが行政処分に該当しないことはもとより，「市費補助金等に関する規則」が制定された後も，同規則は，市費補助金等に係る予算の執行に関する基本的事項を規定したものであるが，交付決定に対する不服申出の手続も規定されていないことが認められることなどからすると，補助金交付に当たってよるべき手続の細則を定めたものにすぎず，交付決定に行政処分的性質を付与するものとは解し得ないとした。

思表示であって行政処分たる行為に該当せず，2号請求として不適法であるとした[29]。東京地裁判決が規則等の内容を検討することからスタートして行政処分性を否定したのに比べて，この判決は，「優越的地位」においてなした行為でないことを大前提に判断を下している。法の世界における「優越的地位」と，一般の市民が受ける補助金交付における地方公共団体の地位との間には相当な開きがあるように思われる。もっとも，当該事案は，市内商工業の振興及び地域の活性化を図るため地域活性化基金を設立する市商工会議所に対する基金の造成に充てるための補助金交付を扱ったもので，通常の私人が受ける補助金と異なり，市と商工会議所の共同事業の実態を有していたと評価することもできるのであって，「優越的地位」に基づくものでないという認識は，当該個別事案に関する限り妥当であったのかもしれない。

要綱による交付決定等の性質　地方公共団体において，補助金交付規則もなしに，要綱形式で交付決定等を定めている場合がある。その場合の交付決定等の性質が問題になる。

補助金交付要綱について，旭川地裁平成6・4・26（行集45巻4号1112頁）及びその控訴審・札幌高裁平成9・5・7（行集48巻5・6号393頁）は，実体要件着目説によりつつ，当該補助金交付要綱は，法律又は条例等の委任を受けたものとは認められないから純然たる内部規則にすぎないとした。また，東京地裁平成12・3・23（判例地方自治213号33頁）は，実体要件着目説によりつつ，東京地裁昭和63年判決の法令要件を満たしていないとして行政処分性を否定した。すなわち，国の要綱（優良建築物等整備事業制度要綱）に基づく特別区の「優良建築物等整備事業制度要綱」は，法律又は条例等の法令の委任に基づき制定されたものではなく，国の要綱も法令の委任を受けたものではないから，単に行政庁の内部の規則を定めたものにすぎないことは明らかであるというのである。規則が地方公共団体の正式な規範形式

29　大分地裁平成15・11・27判例集未登載は，補助金交付決定の取消権が怠る事実の違法確認の対象としての「財産」に当たらないことを述べる前提として，補助金や助成金の支給関係は，申請者の申込みに対する行政庁の承諾により成立する契約関係であり，交付決定は行政処分とはいえず，その取消しは贈与契約の約定解除と同様の法的性質をもつ私法上の行為であると述べている。

であるのに対して，要綱は，条例又は規則の委任により告示の形式で公示されない限り，規則と同じレベルの議論をすることはできない。

なお，法律（同和対策事業特別措置法）において一定の施策の実施を謳っている場合に，その実施にあたり要綱によっているときに，交付申請を「法令に基づく申請」に当たらないとした裁判例[30]と当たるとした裁判例[31]とがある[32]。これは，法律自体が手続を法定していない場合でも，法律に基づく施策の実施における交付申請を，解釈により「法令に基づく申請」とみることが可能かどうかという問題を提起している。この場合も，要綱への委任の趣旨が法律から明確に読み取ることができないにもかかわらず，「法令に基づく申請」とみることは困難であろう。

結局，地方公共団体の規則による交付決定は条例によるものと同様に行政処分性を肯定することが可能である（同じく，交付申請を「法令に基づく申請」とみることが可能である）が，要綱による交付決定を行政処分とみることはできない[33]（同じく，要綱に基づく交付申請も「法令に基づく申請」とみることはできない）。

「通念」と建前との乖離　地方公共団体の規則の中に登場する交付決定に関する裁判例の理解は，役所や申請者に通用している「通念」と乖離するところがあるように思われる。日常の業務は，完全に行政処分的感覚で遂行されていると推測されるからである。東京地裁昭和63年判決との関係におい

30　大阪地裁昭和53・5・26行集29巻5号1053頁（A事件），大阪地裁昭和53・5・26判例時報909号27頁（B事件）。

31　大阪高裁昭和54・7・30行集30巻7号1352頁（A事件の控訴審），大阪高裁昭和54・7・30判例時報948号44頁，福岡地裁昭和53・7・14判例時報909号38頁，福岡地裁昭和55・9・26判例時報998号38頁，その控訴審・福岡高裁昭和56・7・28行集32巻7号1290頁。阿部泰隆『行政の法システム（下）[新版]』（有斐閣，平成9年）479頁は，これらの裁判例を「行政規則の外部化現象」と説明している。

32　塩野・補助金交付決定302頁以下（同・法治主義194頁以下）を参照。

33　原田尚彦『新版　地方自治の法としくみ　改訂版』（学陽書房，平成15年）187頁。ただし，同書は，不作為の違法確認訴訟については，「一種の便法ではあるが，是認されてよいとおもわれる」としている（188頁）。
　　他方，兼子仁『自治体・住民の法律入門』（岩波書店，平成13年）129頁は，申請拒否を形式的行政処分として争えるとする。

て，行政処分性否定説の論拠は，実体要件着目説にいう権利付与規定がないこと，不服申立許容着目説にいう不服申立規定の不存在に尽きるように思われる。とするならば，不服申立規定の不存在は明白であるからよいとして，権利付与規定の不存在の点はどうであろうか。ここで，意味を発揮するのが，贈与契約説である。従来から，補助金について「負担付贈与説」が唱えられることが多い。補助金法律関係の成立の場面を除けば，負担付贈与と極めて似た状況にあることは否定できない。

しかし，公的資金助成としての補助金法律関係の成立の場面において，贈与の「申込み」に対する「承諾」によって，補助金法律関係が成立するという説明には，どうも納得できないものがある。もともと私法の世界においては契約自由の原則が支配するが，そのなかでも，贈与するか否かは，優れて贈与者の「意思の自由」に属する事柄である（純粋な民間団体が自己資金によりなす資金助成については，そのような理解が妥当するであろう）。しかし，そうした徹底した意思の自由が支配する贈与契約の観念を公的資金助成としての補助金法律関係に持ち込むことには納得できない。しかも，当該規則中の規定はともかく，一定の要件を備えた者には公平に審査して補助金を交付すべきか否かを判断する必要性が高い補助金が数多くある状況において，厳密な権利付与規定がないから贈与であるとして，交付決定の行政処分性を否定することに直ちに賛成できるものではない。

ただし，行政処分性を認めることが唯一の解決策というわけではない。この点については，本章6［3］において述べる。

契約的構成の場合の交付申請及び交付決定の位置づけ　交付決定を行政処分として構成できない場合は，負担付贈与契約の締結であるとみる見解[34]が通用するであろう。たしかに，申請者と交付意思決定者との意思が合致することにより成立した法律関係は，贈与をめぐる法律関係とみることが可能である。しかしながら，交付決定は，公行政を遂行する立場から，行政が予め定立した基準に強く拘束される性質のものであり，その公正さを強く求めら

34　原田・前掲書187頁。塩野宏「補助金請求権の性質」田中二郎＝雄川一郎編『行政法演習［改訂版］Ⅰ』（有斐閣，昭和50年）11頁をも参照。

れる。言葉の本来の意味の「意思の自由」があるのか疑問とさえいえる。意思の自由を大前提とする贈与契約の考え方で交付決定を見ることに強い抵抗を覚えざるを得ない。大陸法の二段階説に与しないとしても、交付決定の特性に応じた法解釈を展開する必要があろう[35]。

行政手続条例との関係　行政処分性の問題が行政手続条例との関係において、極めて興味深い形で顕在化している。すなわち、行政手続条例に「理由の提示」規定が盛り込まれた地方公共団体において、既存の補助金交付規則を改正して、補助金等の交付に関する処分のうち、補助金等の交付の決定の取消し、補助事業の遂行の指示若しくは一時停止の命令又は補助事業等の是正のための措置の指示を行なう場合に、補助事業者等にその理由を示さなければならないと定める例がある（神奈川県補助金の交付等に関する規則16条の4）[36]。このような理由の提示義務規定は、行政手続法の制定にあたり、同様の規定が適正化法に盛り込まれた（平成5年法律第88号による改正後の適正化法21条の2）のに対応している。

神奈川県が平成7年にこの条項を追加した際に、補助金等の交付の決定その他の処分については、行政手続条例3条1項11号に基づき条例の規定の一部について適用除外とされ、それは、補助金等の交付の決定その他の処分に係る手続が補助金等の交付等に関する規則に定められている独自の手続体系によって形成されていることによるとしつつ、「補助金交付の決定の取消し等に伴い、当該処分の対象となる当該補助事業等に対して一定の義務が課され、又はその権利が制限されることにかんがみ、処分の客観性及び判断の慎重・合理性を担保させ、かつ当該補助事業者等に処分の理由を理解してもらうと同時に事後救済手続上の便宜に資する観点から、その理由を当該補助事業者等に提示する旨、規定したものである」と説明されている[37]。この説

35　典型的な私法契約とされる請負契約等について、英連邦諸国においても、二段階契約的な構成により、入札過程の統制を図ろうとする傾向が強まっていることも参考となろう。参照、碓井光明「英連邦諸国における公共契約締結手続の司法審査」横浜国際経済法学7巻2号115頁（平成11年）。

36　同様の定めの例として、宮城県補助金等交付規則19条の2、岡山県補助金等交付規則19条の2、福岡県補助金等交付規則22条などがある。

明によれば，県当局が，交付決定の取消し等を行政処分であると認識していることは，ほぼ明らかである（ただし，その認識のみによって当然に行政処分性の有無が左右されるというものではない）。

他方，鳥取県行政手続条例41条は，条例等[38]に基づく鳥取県補助金等交付規則2条1項に規定する補助金等及び貸付金（適正化法2条1項に規定する補助金等をその財源の全部又は一部とし，かつ，当該補助金等の目的に従って交付するものを除く）に係る行為は，処分，行政指導又は届出とみなして，同条例の規定を適用するとしている（本章5［3］をも参照）。「申請」の定義との関係においても，前記補助金交付規則2条1項に規定する補助金等及び貸付金（適正化法関係の除外は前記と同じ）の交付を求める行為を，それに含めている（2条5号イ）。同県は，補助金交付規則上の行為を行政手続条例に取り込むという興味深い手法をとっている。また，この条例は，適正化法との関係において，国の補助金等を財源の全部又は一部とし，かつ，その目的に従って交付するものについて，条例の適用から除くという苦しい方法を採用している。手続の空白を生じても仕方がないという判断なのであろう。

条例に基づく補助金交付決定の場合　さて，先に紹介した東京地裁昭和63・9・16（行集39巻9号859頁）にも，条例により補助金交付に行政処分性を付与することが認められるとする趣旨が示されている。この点に関する限り，判例において，自治令173条の2は，条例による行政処分性の付与を妨げないと考えられているのであろうか。それとも，裁判所は，その問題に気づいていないだけのことなのであろうか。条例による財務会計行為の規律を肯定する筆者の立場においては，当然に行政処分性の付与も認められる。

釧路地裁昭和43・3・19（行集19巻3号408頁），及びその控訴審・札幌高裁昭和44・4・17（行集20巻4号459頁）は，釧路市工場誘致条例に基づく補助金交付申請却下処分の処分性を肯定した有名な裁判例である。

1審判決は，市の工場誘致条例に基づく奨励金交付の法律関係について，条例が返還命令や調査・報告徴取など多少権力的な規制を加えているが，こ

37　平成7年6月23日神奈川県総務部長による各部（局）長，教育長，警察本部長等宛の通知。

38　「条例等」は，条例及び執行機関の規則（規程を含む）とされている（2条1号）。

れらの規定によっても奨励金の交付が行政権の優越的地位における公権力の発動たる実体を具えているとみるのは困難であって実質は贈与契約と見るべきであろうとした。しかし，判決は，いわゆる形式的行政処分説を採用している。すなわち，同条例施行規則が奨励金交付の申入れの形式を「申請」とし，同条例の改正附則が「奨励金の交付の決定」と規定しているので，条例は，奨励金の交付を「形式上公権力の行使としてなす一方的行為」として組み立てているものとし，「奨励金交付の決定あるいは奨励金交付申請却下の決定は，その実質においては贈与契約の申込みに対する承諾あるいは拒絶であって，本来非権力的な作用であるが，条例上形式的に行政処分として構成されているものというべきである」とした。同判決は，このように述べて，奨励金交付請求権は，工場の新設又は増設という単なる事実行為の完了によって当然に発生するものではなく，工場の新設又は増設をした者から市長に対して交付申請がなされ，市長がその審査の結果助成を適当であると認めて奨励金交付の決定をして初めて生じると述べた。

　2審判決は，補助金交付の関係は行政権が優越的な地位に基づき公権力を発動して行政客体の権利，自由に干渉し，侵害する作用ではなく，行政目的を達成するため資金交付という便益を与える非権力的作用にほかならず，本来私法的行為形式を用いて私法的に法律関係を形成することが可能であって，その場合は贈与契約として構成されるであろうとしつつ，国民（地方自治体の場合は地域住民）の意思に沿った行政を担保する必要に加えて，大量に発生する補助金交付の法律関係を明確ならしめ，平等取扱を図り，法律関係を全体として統一を保って処理していく合目的的技術として行政の法的行為形式（行政行為）を用いて法律関係を構成することも立法政策としては採り得るというべきであるとした。そして，条例・規則の規定のほか申請却下通知に行政不服審査法6条による異議申立ができる旨を教示する扱いがなされていることをも根拠にして，旧条例は，補助金交付の法律関係を，形式的，法技術的な意味での公法的行為形式（奨励金交付決定又は奨励金交付申請却下決定という行政処分）を用いて処理する建前をとっているものと解するのが相当であるとし，「実質においては贈与の性質をもつ債権債務関係を成立せしめるに過ぎないものであり，公権力の発動の実体を伴わない形式的行政処分

であっても，条例による規制に服し，条例の規定によって法的統制の実効性が保障されているものである以上，これを抗告訴訟の対象から排除すべきではな」いとした。奨励金交付申請却下の決定に対しては，申請に対する拒否処分として抗告訴訟をもってその当否を争うことができるとした（なお，本案については，1審も2審も，原告会社の場合は改正後の条例の定める「工場の新設」に該当せず，旧条例の定めていた「増設」にすぎないから，旧条例の適用がない以上，却下処分に違法はないとした）（本州製紙事件に関する，札幌高裁昭和44・4・17判例時報554号15頁も同趣旨）。

　形式的行政処分の観念の有用性等をめぐる行政法理論に立ち入ることはできないが，筆者は，補助金交付をめぐる行政の意思決定で相手方に通知されるもののなかには，形式的行政処分として構成することの有用性の認められるものがあると考えている。その点をさておいて，前記の裁判例は，補助金交付の法律関係に，条例によって行政処分形式を採用することが許されるとみている。地方公共団体の財務に関係する行為について法律の授権なしに，条例によって行政処分性を創出できるとみているのである。

補助金交付手続を定める条例に基づく交付決定の性質　　釧路市工場誘致条例の場合は，交付決定が明示されていなかったために，条例の「解釈」により奨励金却下決定の行政処分性を導いたのであるが，最近は，補助金の交付申請や交付決定等，適正化法と同じような補助金交付手続の一般的定めを有する条例が増加している。芦別市の例について紹介したところである（第1章2［4］）。これらの条例に基づく交付決定等について，前記の釧路市工場誘致条例の判決に従えば，法律の授権がなくとも，条例により行政処分性が付与されることになるであろう。筆者は，そのような解釈に賛成したい。

　ただし，次のような問題点があることも認識しておく必要がある。個別の補助金等について条例が制定されていて，その条例に外部法の性質をもつ「交付決定」が定められていて，他方，包括的な補助金等交付規則にも「交付決定」の定めが置かれている場合[39]を想定してみよう。もし規則により行政処分を創出できないという解釈によるときは，同一の地方公共団体による補助金等の交付でありながら，条例に交付決定の規定を有する補助金とそれ以外の補助金との間において，行政処分性の有無が分かれることになる。こ

の点は，補助金等に関する法政策上の問題でもある。筆者は，規則に基づく交付決定についても行政処分性を肯定するので，このような問題は生じない。

住民訴訟2号請求の行政処分性　以上においては，行政事件訴訟法にいう行政処分性に着目してきた。しかし，すでに紹介した事例のなかには，自治法の住民訴訟2号請求に係るものが多く含まれている。そこで，2号請求の行政処分を抗告訴訟の対象たる行政処分と別個のものとして位置づける見解がある。すなわち，補助金交付の根拠が条例，規則のみならず要綱の場合でも，手続的「規則」とあいまって，行政庁が一方的に交付の要件を設定し，その要件事実につき一方的に事実認定をして，一定の法的判断を交付決定の形式で行なっている限りは，2号請求の「行政処分」として認めるとする見解である[40]。2号請求の利益状況は抗告訴訟の利益状況と異なり訴訟当事者の法関係も異なるので，両者の行政処分を同一のものと解釈する必要はないとするのである[41]。

この見解等を手がかりに，住民訴訟との関係における交付決定の処分性を論じたのが高木光教授である[42]。随意契約の許容要件に違反して締結された契約であっても，特段の事情の認められる場合を除いて契約は無効とはいえ

39　たとえば，鹿児島県において，補助金等交付規則に交付申請（3条）及び交付決定（4条）の規定をおくとともに，鹿児島県学校法人助成条例にも交付申請（3条）及び交付決定（4条1項）の規定を用意している。呉市においても，補助金等交付規則に交付申請（4条）・交付決定（5条）の規定が置かれるとともに，ヤスリ企業振興条例にも交付申請（5条1項）・交付決定（5条2項）の定めがある。秋田県財務規則に補助金等の交付申請（247条）及び交付決定（248条）の規定があるとともに，「秋田県民間事業者による設備投資の促進のための臨時措置に関する条例」には，設備投資に関する事業計画の認定（3条），補助金の申請（9条），補助金交付決定（10条）の定めが置かれている。

40　寺田友子「違法な補助金交付決定を住民が争う方法」判例地方自治45号96頁・97頁（昭和63年）。そこでは，熊本地裁昭和51・3・29行集27巻3号416頁，その控訴審・福岡高裁昭和53・3・29行集29巻3号453頁が引用されている。

41　寺田・前掲97頁。

42　高木光『行政訴訟論』（有斐閣，平成17年）270頁以下（原論文は，「住民訴訟における行政処分概念——補助金交付決定を念頭において——」南博方先生古稀記念『行政法と法の支配』（有斐閣，平成11年）221頁）。

ないから差止めを求めることはできない旨を判示した最高裁昭和62・5・19（民集41巻4号687頁）の法理が，補助金交付決定が違法である場合にも当てはまるとするならば，行政処分性を否定した場合の「私法上の贈与契約」は，原則として無効にならないので，契約上の義務の履行としての補助金交付は違法ではなく1号請求によって差し止めることができないとし，また，相手方も法律上の原因なくして補助金を受領したわけではないから旧4号後段請求も成功しないことになりそうであると指摘する。そして，同教授は，自治法上の制約を一律に内部法とみる発想に限定を加えるべきであると主張し，4号請求との関係においては「相対的無効説」も考えられると述べている。これに対して，交付決定の行政処分性を肯定すると2号請求により補助金返還への道が開かれることを指摘している。そのうえで，行政処分性を付与すること（それは立法論的解決を期待することになる）と，昭和62年最高裁判決の射程は補助金交付決定に及ばないとみる考え方とを比較して，「実体公法の復権」の観点から，解釈論として後者の方向をとりたいとしている。教授は，旧4号前段の請求の負担過重を解消して，後段請求による違法な補助金交付の是正をしたいという強い問題意識に立っている。新4号請求においては，相手方に対して不当利得の返還を請求することを当該地方公共団体の執行機関又は職員に対して求める請求となろう。筆者は，高木教授の4号活用説に反対するものではないが，2号活用の場合には，交付決定の取消しにより交付申請の再度の審査を可能にするメリットもありうるので，行政処分性付与の解釈論・立法論の探求も必要であると考える。

補助金等交付決定の暫定性　適正化法による補助金等の交付決定は，同法6条1項の文言どおりに，補助金等を交付すべきものとする行政処分ではあるが，それは，以下の理由で暫定的な処分である。この「暫定性」が，特色をなしている。

第一に，交付決定後の「事情の変更により特別の必要が生じたとき」は，交付決定の全部又は一部を取り消し，又はその決定の内容若しくはこれに附した条件を変更することが許容されていること（10条1項）による暫定性である。これらのうち，「取消し」は，講学上の撤回であり，撤回権の法定留保である。ただし，交付決定の取消しは，「天災地変その他補助金等の交付

の決定後生じた事情の変更により補助事業等の全部又は一部を継続する必要がなくなった場合その他政令で定める特に必要な場合に限り」許容されるものとして（10条2項），謙抑的政策が採用されている。しかも，事情変更による決定の取消し等は，補助事業等のうちすでに経過した期間に係る部分については及ばないこととされている（10条1項ただし書）。なお，前記の「政令で定める特に必要な場合」は，補助事業等又は間接補助事業等を遂行するため必要な土地その他の手段を使用することができないこと，所要経費のうち補助金等又は間接補助金等により賄われる部分以外の部分を負担することができないことその他の理由により補助事業等又は間接補助事業等を遂行できない場合とされている（適正化法施行令5条）。

　第二に，補助事業者等から実績報告書の提出を受けて，書類審査，必要に応じて行なう現地調査等により，補助事業等の成果が交付決定の内容及びこれに付した条件に適合するものであるかどうかを調査し，適合すると認めたときは，「交付すべき補助金等の額を確定」することとされている（15条）。この「確定」との関係で，交付決定の暫定性が明らかになる。交付決定は，その内容どおりに，しかもそれに附した条件に適合して補助事業等が実施されることを「条件」とする交付すべき旨の決定であるといえる。暫定性のゆえに，減額確定を行なうにあたっても，交付決定の取消し（撤回）をする必要はないのである。あるいは，確定処分が許容されていることは，確定処分の内容として交付決定の撤回に相当することを含めうる趣旨を内在させているとみることもできる。

　地方公共団体の規則による交付決定も，「暫定性」の趣旨のものが多い。秋田地裁平成14・3・25（判例集未登載）は，申請者の立場に立つと県が補助金を拠出するか不明な段階では資金調達の目処ないし目算がたたず事業着手が困難となることから，実際の補助金交付に先立って補助金交付の有無を予め判断する要請に基づいて「補助金の交付決定をまず暫定的に行う必要がある」とし，他方において，県側には補助金交付が県民の税金等を用いるものであるから実際に発生した費用の限度内で，かつ，補助するのが適切かつ必要な限度でのみ実際の補助金の交付を認めるべきであるという要請があって，そのためには，「実際に行われた補助事業の結果等を事後的に調査して，

交付を相当とする金額を最終的に決定し，必要と認められた限度で現実の支出を行えるようにする必要がある」と述べている。そして，補助金の額の「確定」には補助金の交付決定の性格が認められるとしている。要するに，交付決定は暫定的なもので，補助金額の確定には，最終的ないし確定的な交付決定の性質を内在させているということであろう。この事件は，控訴審で「確定」は内部的性質のものとされたが[43]，交付決定の暫定性が否定されたわけではない。

補助金交付請求権の譲渡性との関係　かつて，行政法学における公権の性質論に関係して，補助金交付請求権の譲渡性等が議論されたことがある[44]。公権の譲渡性一般に関する今日における行政法の理論状況をフォローすることは本書の範囲外である。しかし，補助金交付請求権に限って，その譲渡性の有無について確認しておこう。この点について，前述した補助金交付決定の暫定性からして，一般論としては，確定前においては，未だ譲渡の可能な債権とはなっていないと解するのが自然である。未だ「形成途上にある債権」というべきであろう。もちろん，形成途上にあるとはいえ，一種の債権であるとみることは可能であるが，一般に，補助金等は，交付申請者自身が補助事業を遂行することを大前提にしているので，補助事業の完了前に，補

43　1審判決は，「確定」のあった日を起算日として住民監査請求期間内かどうかを判断すべきであるとして却下したが，控訴審・仙台高裁秋田支部平成14・11・27判例集未登載は，確定は地方公共団体内部における確認的な行為にすぎないとし，原告住民は返還命令による返還請求を怠る事実として主張しているのであるから，返還命令の要件である目的外使用，虚偽報告，条件違反等の事由の存否と返還請求すべき金額などを確定しさえすれば足りるのであるから，監査請求期間規定の適用される場合に当たらないとした。最高裁平成14・7・2民集56巻6号1049頁の趣旨に従って監査請求期間についての判断をしたものである。

44　美濃部達吉『日本行政法　下巻』（有斐閣，昭和15年）445頁は，補助金交付決定を受けた事業者がその交付を受ける純然たる権利は，純然たる公権であって，事業と分離して交付金を受ける権利のみを他人に譲渡できないことはもちろん，差押えもできないとしていた。これに対して，単純にこれらを否定すべきでないとする見解として，塩野宏「補助金請求権の性質」田中二郎＝雄川一郎編『行政法演習Ⅰ［改訂版］』（有斐閣，昭和50年）11頁，碓井光明「補助金交付請求権」ジュリスト増刊『行政法の争点』（昭和55年）338頁。

助金交付を受ける権利のみを譲渡すると，それにより補助金の交付を受ける権利を失うという関係にあり，このような意味の一身専属性があると考えられる。補助金の中には，当該権利者固有の要件充足に着目するものもある。したがって，一般に形成途上段階においては，債権の譲渡を許さない性質を有していると考えられる（民法466条1項但し書き）。概算払いがなされていても，その結論は左右されないというべきである。これに対して，確定手続まで済んだ補助金交付請求権は，もはや通常の金銭債権であるから，反対の意思が表示されていない限り，原則として譲渡可能と解される。ただし，反対の意思の表示方法は多様である。なお，確定後には債権の譲渡が認められるとしても，補助金交付に伴う法律関係自体は移転することなく，当初の権利者との間で存続するのである（たとえば取得財産の転用禁止）。

ところで，補助事業の性質により，それが一身専属性のない事業で，もっぱら事業に着目して交付される補助金にあっては，たとえば補助事業者の経済状態の悪化等の場合に，確定前であっても，当該事業とともに，それに伴う補助金交付請求権を一括して譲渡すること（事業一括の譲渡）を認めて，以後は譲受人との間の法律関係として存続させた方がよい場合も考えられる。この点は，個別の補助事業の性質に応じた分析を踏まえて，そのような事態に備えたルールづくりが必要であろう。

補助金債権の消滅時効との関係　交付決定を受けた補助金等に係る債権の消滅時効について，国にあっては，会計法30条の適用を受けると説明することに違和感がないが，地方公共団体の交付する補助金等については，交付決定の行政処分性を否定し，私法上の法律関係であるとする通説的立場からは，民法167条の適用を受けることになりそうである。筆者は，少なくとも補助金交付規則に基づく交付決定を受けた補助金等については自治法236条説を主張したいと思う[45]。もしも，両者の消滅時効期間が異なると，国の補助金を受けて地方公共団体が私人に補助金等を交付する場合に，地方公共団体の国に対する補助金債権が時効消滅した後においても，私人の地方公共団

---

[45] 地方財務制度研究会編『地方財務ハンドブック（第3次改訂版）』（ぎょうせい，平成17年）290頁は，理由を説明せずに自治法236条説を示している。

体に対する補助金等債権は時効消滅していないという事態も起こりうる。
　消滅時効が問題になるのは、実際には、補助金返還債権であろう。返還命令の行政処分性を肯定しうるときは、会計法30条、自治法236条の適用を肯定してよい[46]。自治法236条の適用を否定すると、国庫補助金を用いた間接補助金が交付される前記のような場合に、国の返還請求に係る債権は消滅しても、地方公共団体の返還請求に係る債権は存続することが起こりうる。
　返還債権の場合に、消滅時効の起算点が問題になる。返還命令をなした場合は返還命令で定めた返還期限到来の時であり[47]、また、返還命令をなしていないときは返還命令をなしうる時点と解すべきであろう（時効については、さらに後述する）。

2　補助事業者等の義務・確定

[１]　補助金等の交付の条件
　補助金適正化法の定め　　適正化法は、補助金等の交付決定に当たり、必ず附することを求める条件（必要的補助条件）の定めと、省庁の長の裁量により附することのできる条件（任意的補助条件）の定めを置いている。
　必要的補助条件に関して、7条1項は、補助金等の交付決定をする場合において、法令及び予算で定める補助金等の交付の目的を達成するため必要があるときは、以下の事項につき条件を附するものとしている。「必要的補助条件」といいつつも、7条1項は、「法令及び予算で定める補助金等の交付の目的を達成するため必要があるとき」に条件を附するものとして、必要性に関する判断権を各省各庁の長に与えている。
　①　補助事業等に要する経費の配分の変更（省庁の長の定める軽微な変更を除く）をする場合においては、省庁の長の承認を受けるべきこと。
　②　補助事業等を行なうため締結する契約に関する事項その他補助事業等に要する経費の使用方法に関する事項。

46　松本・逐条840頁は、補助金返還請求権について特に理由を説明することなく自治法236条の適用を肯定している。
47　小滝・解説261頁。

③ 補助事業等の内容の変更（省庁の長の定める軽微な変更を除く）をする場合においては，省庁の長の承認を受けるべきこと。
④ 補助事業等を中止し，又は廃止する場合においては，省庁の長の承認を受けるべきこと。
⑤ 補助事業等が予定の期間内に完了しない場合又は補助事業等の遂行が困難となった場合においては，すみやかに省庁の長に報告してその指示を受けるべきこと。

また，任意的補助条件について，同条2項が収益納付の条件を附することもできる旨を規定していること（法定の任意的補助条件）に加えて，同条3項は，同条1項及び2項の規定は，それらの条件のほか，省庁の長が法令及び予算で定める補助金等の交付の目的を達成するために必要な条件を附することを妨げるものではないとして，法定外の任意的補助条件を附することも許容している。

任意的補助条件のなかには，極めて重要な事項が含まれうる。ここには，以下のような問題点がある。

第一に，補助事業者等にとっていかなる補助条件が附されるのかは，極めて重大なことであるが，それが行政の一方的判断に委ねられていることである。

第二に，補助条件のなかには，国としての総合的な意思決定を要する事柄が少なくないのに，それが各省各庁の長の判断に委ねられていることは，国家意思の決定として問題がありそうなことである。地方分権改革の過程で，補助事業により取得した施設の用途の転用を認める場合の扱いがクローズアップされた点に端的に現れている。

第三に，補助条件の定め方がどのようになされているのであろうか。最終的には，補助金交付決定によるものであり，交付決定通知書に直接に記載される場合もあるが，むしろ，「交付規則に定めるところによる」とか，「交付要綱に定めるところによる」というような包括的に他の規範を引用していることが少なくない。告示形式の交付規則等を制定している場合もあるが，交付要綱のなかには，申請者には示されても，一般国民には必ずしもオープンになっていないものもあろう（もちろん情報公開請求により知ることができる

が，それは別問題である)。各省各庁の方針を国民の批判にさらされる状態にしておく必要があるように思われる。

必要的補助条件　前記の必要的補助条件のうち，①，③，④及び⑤は，変更や補助金交付決定の前提となっている事態からの変動であるから，適切な手続をとるべきことを義務づけるもので，当然のことである。

②については，若干のコメントが必要であろう。②のうち，「契約に関する事項」を掲げているのは，資金（経費）の効率的な使用を確保するための条件であって，国の採用している契約方式が適切なものと考えられるので，補助事業等に係る契約も，これによることが望ましいという考え方に立ちつつ，地方公共団体にあっては最低制限価格制度が許容されている関係において，自治法の諸規定によるべきこととしているとされる[48]。とすると，補助事業者が地方公共団体以外の場合に国の契約に準じた方法によることを条件とすることになりそうであるが，実際には，地方公共団体準拠方式が採用されることがある。

具体例として，社会福祉施設等施設整備費及び社会福祉施設等設備整備費の国庫負担（補助）の場合をみると，平成3年の厚生事務次官通知により，直接負担（補助）の場合について，「地方公共団体以外の者が事業を行うために締結する契約については，一般競争入札に付するなど都道府県又は指定都市若しくは中核市が行う契約手続の取扱いに準拠しなければならない」とし（第2，10（1）シ），間接負担（補助）の場合で，都道府県が市町村又は社会福祉法人等に対し，又は指定都市若しくは中核市が社会福祉法人等に対して，それぞれ間接負担（補助）金等を交付する場合には，前記シの条件を附さなければならないとしている（第2，10（2）ア）[49]。国や地方公共団体の立場からするならば当然に見える契約方式であるが，極めて散発的に補助金の交付を受ける事業者にとって競争入札，ことに一般競争入札を適正に実施することは容易なことではない。地方公共団体が補助金交付の相手方から

48　香川編・講義72頁，小滝・解説154頁。

49　彩福祉グループの社会福祉法人が，その代表理事が実質的に関係する会社（トンネル会社）に工事を請け負わせ，その会社がさらに下請けに出して差額を稼いでいた事件は，当該社会福祉法人が適正な入札を執行していれば防げたのであろう。

入札事務を受託するくらいの工夫もする必要があると思われる。

収益納付の条件（法定の任意的補助条件）　補助事業等の完了により当該補助事業者等に相当の収益が生ずると認められる場合においては，当該補助金等の交付の目的に反しない限り，その交付した補助金等の全部又は一部に相当する金額を国に納付すべき旨の条件を附することができる（7条2項）。この規定の趣旨は，補助事業等の完了により生じた利益のすべてを補助事業者等に帰属させるのは適当でないとして，公益と私益との調整を図るものであると説明されている[50]。

このような調整の趣旨は理解できるが，調整の必要性の判断権が省庁の長に委ねられている点は，大いに疑問である。「相当な収益」の判断基準が問題であるうえ，投資的な事業に対する補助金等に関して，「相当の収益が生ずる」時点をどこに設定するかも問題である。補助事業等の完了時を基準とするのか，数年の期間が経過した時点を基準とするのかなどを白紙にして，その判断権を委ねる方式は改善する必要がある。少なくとも，省庁の長は，収益納付の基準設定と公表義務を負っていると解すべきである。白紙委任のときは，せめて収益納付の実績を公開すべきであろう[51]。

地方公共団体の交付する補助金についても，収益納付を定める要綱等が存在する。たとえば，宮城県の「みやぎ次世代型食品等開発支援事業費補助金交付要綱」第13項は，「知事は，企業化状況報告書により，補助事業の完了した日の属する会計年度の終了後，当該補助事業の実施結果の企業化，工業所有権の譲渡又は実施権の設定及びその他当該補助事業の実施結果の他への供与による収益が生じたと認めたときは，交付した補助金の全部又は一部に相当する金額を納付させることができるものとする」と定めている。このような具体の補助金交付要綱においてさえ，「全部又は一部」と表現して大幅

50　香川編・講義74頁，小滝・解説161頁。
51　県レベルの補助金であるが，中村製作所（岡谷市）は，平成15年度に長野県からハードディスクの部品開発のための補助金500万円の交付を受けたが，順調に収益を上げることができたため，平成17年度に県に納付する予定という。これは，5年以内に一定額以上の利益を得た企業に対して利益額に応じて「補助金の返還」を求める県の補助金交付要綱に基づくものであるという（信濃毎日新聞平成17・10・20）。

な裁量判断を許容することは問題である。

法定外の任意的補助条件　法定外の任意的補助条件としては，さまざまなものが考えられる。古く，昭和31年に補助金等適正化中央連絡協議会会長から発せられた通知「補助条件の整備に関する暫定措置（第2次分）について」は，次のような項目を掲げた。

① 適正化法7条2項の条件を附すること。
② 残存物件の処理について必要な条件を附すること。
③ 補助事業等により取得し，又は効用の増加する財産について，補助金等の交付の目的を達成するため必要があるときは，補助事業の完了後においても，省庁の長が定める期間，当該財産を善良な管理者の注意をもって管理するとともにその効率的な運営を図るべき旨の条件を附すること。
④ 補助事業者等は，国から前金払又は概算払により間接補助金等にかかる補助金等の交付を受けた場合においては，当該前金払又は概算払を受けた補助金等の額に相当する額を遅滞なく，間接補助事業者等に交付すべき旨の条件を附すること。
⑤ 間接補助事業等により取得し，又は効用の増加する財産について，補助金等の交付の目的を達成するため必要があるときは，その処分について補助事業者等の承認を受けるべき旨の条件を附すること。
⑥ 地方公共団体に対する補助金等については，当該団体の予算書及び決算書について，補助金収入及び補助事業費の予算書及び決算書における計上科目及び科目別計上金額を明らかにする調書を作成しておくべき旨の条件を附すること。

交付決定に附しうる条件は，以上に尽きるものではない。そこで，どのような条件を付し得るかを網羅的に述べることはできない。しかし，補助金等の交付と直接に関係する事柄に限定されるのか，という問題がある。たとえば，法人の特定事業に充てる補助金の交付に当たって，法人は会計基準に従って適切な会計処理をすること，「国税を納期までに納付すること」のような条件を附し得るであろうか。思うに，このような一見具体の補助金等の交付と直接に関係しないように見える条件であっても，具体的な場面において

補助金等を交付することが公益に反すると認められる場合がありうるので，このような補助条件が無効であると解することはせずに，違反行為の態様により一種の比例原則によって交付決定を取り消すことが制限されると解するのが相当であろう．

補助条件に違反した行為の効力　補助条件に違反してなされた行為が無効になるのかどうかが問われる．どのような趣旨の条件であるかにより結論が異なりうるが，たとえば，競争入札により工事の請負契約を締結する旨の条件が附されているのに，随意契約により特定の業者と請負契約を締結したような場合は，相手方業者が競争入札によらなければならないことを知っていたような場合を除き，原則として有効と扱うことになろう．適正化法制定前に，民間賃貸住宅建築に係る国庫補助金について，戦災復興院の承認なしに他に譲渡その他の処分をすることができない旨の条件が付されていた場合の効力を扱った東京高裁昭和35・2・27（東高民時報11巻2号68頁）は，私法上の効力の発生までも承認にかからしめる趣旨とは思われないとして，有効とした．原則として有効とする立場から賛成できる判決である．

[2]　事業等の遂行・実績報告・確定

補助事業等の遂行　補助事業者等は，交付決定の通知を受けて補助事業等に着手する．もっとも，実態としては，正式な交付決定通知の前に内定通知（内示）があって，それにより着手されることがあるが，その段階では単独事業としての位置づけであるとされる[52]．これと別に，災害復旧工事等緊急を要する事業で交付決定を待つことができない又は適当でないものについては，予め主務大臣の承認（施越承認）を受けて工事を行ない（施越工事），交付申請を後から行なう方式が運用上認められている[53]．施越承認という事前承認により見切り発車による工事を認めるものである．この場合に，交付

52　小滝・解説197-198頁．
53　小滝・解説84頁，昭和31・4・30蔵計1024号「所謂施越工事に対する補助について」．同通知は，「施越工事は予算実行上の方針としては原則として好ましくない現象であるが，現状では公益上真にやむを得ないと認められる場合があることも否定できない」と説明している．

決定前の工事着手は当然のことである。見切り発車を承認しておきながら，後日交付決定をしない事態が生じたときの法律問題が明らかでないが，信義則法理が強く働くといえよう。

　法令の定め並びに交付決定の内容及びこれに附した条件その他法令に基づく各省各庁の長の処分に従い，「善良な管理者の注意をもって」補助事業等を行なわなければならず，いやしくも他の用途への使用をしてはならない（11条1項）（他用途使用の禁止）。間接補助事業者等にも同様の義務が課されている（11条2項）。補助事業者等は，事業遂行の状況に関し報告する義務を負っている（12条）。そして，この報告等により，補助金等の交付決定の内容又はこれに附した条件に従って遂行されていないと認めるときは，その補助事業者等に対して遂行命令をなすことができ（13条1項），その命令に違反したときは補助事業等の遂行の一時停止を命ずることができる（13条2項）。

　ところで，適正化法は，交付決定後の補助金等の交付時期について明示することなく，前記のような手続を定めている。しかし，実際は，概算払いが活用される。会計法22条に基づく「予算決算及び会計令」58条は，概算払いのできる経費として「補助金，負担金及び交付金」（4号）を掲げて，概算払いをする場合においては，各省各庁の長は財務大臣と協議することとしている。また，補助金，負担金及び交付金については，前金払いもできる（会計法22条に基づく予決令57条10号）。このように，国にあっては，会計法系列の規範で十分であるとみて適正化法に特別の規定を置かなかったのであろう。

　これに対して，地方公共団体の補助金等交付規則には，補助金等の交付の時期について定めているものが多い。たとえば，仙台市補助金等交付規則15条は，補助金等の額を確定した後に補助金等を交付するものとし，市長は補助事業等の遂行上必要があると認めるときは，補助金等を概算払い又は前金払いにより交付することができるとしている（宮城県補助金等交付規則15条も全く同趣旨）。「横浜市補助金等の交付に関する規則」17条1項は，補助金等は，確定した額を補助事業完了後に交付するとする（完了後交付原則）とともに，補助金等の交付の目的を達成するため特に必要があると認めると

きは，補助事業等の完了前に補助金等の全部又は一部を交付することができるとしている。完了後交付の原則の下に，交付目的を達成するために特に必要があると認めるときは「一括又は分割して事前に交付する」ことを許容する例もある（名古屋市補助金等交付規則17条）[54]。

実績報告 補助事業者等は，補助事業等が完了したとき（廃止の承認を受けたときを含む）は，補助事業等の成果を記載した補助事業等実績報告書に長の定める書類を添えて長に報告しなければならない。交付決定に係る会計年度が終了した場合も同様である（14条）。以上のように，実績報告には，完了実績報告，廃止実績報告及び年度終了実績報告の3種類がある。

実績報告書により成果の報告を受けた場合に，長は，報告書等の書類の審査，及び必要に応じて行なう現地調査等により，報告に係る補助事業等の成果が交付決定の内容及びこれに附した条件に適合するものであるかどうかを調査し，適合すると認めたときは，交付すべき補助金等の額を確定し，当該補助事業者等に通知しなければならない（15条）。この手続は「精算手続」といわれる。確定は，完了実績報告又は廃止実績報告を受けた場合になされるものであり，年度終了実績報告の場合は行なわれない。未だ，この段階では精算しうる状況にないからである。

確定 「確定」[55]は，その内容に応じて，3種類が区別される[56]。第一は，事業実績が交付決定の内容と完全に一致する場合であって，確定は，交付すべき補助金等の金額が交付決定額と同じであることを確認する意味である。第二は，補助事業等の実績の支出額が交付決定の内容の事業費の金額を下回る場合で，この場合の確定（減額確定）は，交付決定額を減額する行為であって，減額交付決定の意味をも有している[57]。第三に，補助事業等の実績の

---

[54] 札幌市も，訓令「札幌市補助金等の事務取扱に関する規程」において，確定した額を補助対象事業の終了後（補助対象事業が各年度の終了後も継続して行われている場合にあっては，当該年度終了後を含む）に交付することを原則とし，補助対象事業の性質上，その事業の終了前（又は年度途中）に交付することが適切と認めるときは，一括又は分割して事前に概算額を交付することができるとしている（8条1項）。

[55] 小滝・解説228頁以下。

[56] 小滝・解説228頁。

支出額が交付決定の内容の事業費額を上回る場合は，打切補助にあっては交付すべき補助金等の金額が交付決定額と同額となることを確認し，実支出額に応じて交付する義務を負うこととされている負担金に関しては，増額の交付決定を行なうことになる。増額交付決定の後の処理がどうなるかは，適正化法の守備範囲ではない。

かくて，確定には，確認の性質をもつもののほかに，補助金等交付請求権の内容を変更する処分の性質をもつものが含まれうるとされる（後述の大津地裁平成9・12・8判例タイムズ981号73頁）。

「確定」手続の存在は，補助金等が補助事業等の実施前の収支見積もりにより渡切りで交付される「渡切補助」ではなく，実績に基づいて精算される「精算補助」の制度であることがわかる[58]。

確定手続との関係で最も見逃されやすいのが，消費税（地方消費税を含む）である。補助金が一定の財やサービスの購入に充てられる場合に，予め交付決定される補助金の額は，課税仕入れに係る消費税相当額を含んだ額である。補助事業者が消費税法上の一般の課税事業者である場合は，その消費税相当額が，仕入税額控除（消費税法30条）により，課税売上げに係る消費税額から税額控除されるときは，結果的に消費税相当額を負担しないで済むのであるから，当該消費税相当額は国又は地方公共団体に返還しなければならないというのが確立された考え方のようである。同じく，補助事業者が特別会計を設けて事業を行なう地方公共団体，公益法人等で，「特定収入」（補助金収入など売上げ以外の収入）の額を売上高と特定収入の合計額で除した割合（特定収入割合）が100分の5以下の場合は，特定収入により賄われる消費税額が課税仕入れに係る消費税額として控除できることとされているので（同法

---

[57] 小滝・解説228頁・229頁は，「変権行為」の言葉を用いている。筆者は，かつて，「増額確定が認められるとする見解については反対論もありうると思われる」と述べ，肯定説によると，交付申請・交付決定の手続的排他性も金額についてまで及ぶものではなく，成果報告に増額申請の趣旨が含まれているものとみて，確定の通知に対して，申請の一部拒否として行政争訟を提起できることになる，と指摘した（碓井・補助金243頁）。

[58] 小滝・解説230頁注5。

60条4項,同法施行令75条),この場合も消費税額を実質的に負担しないことになるので,それに相当する額を返還しなければならないとされている。

ところが,このような扱いは必ずしも理解されていないため,会計検査院は,しばしばこの点を検査報告で指摘してきた。たしかに,消費税制度を前提にする限り,このような扱いが正当である。しかし,消費税制度の複雑さもあって,必ずしも全体を説明し尽くすことはできない。たとえば,簡易課税(消費税法37条)の適用を受ける場合には,消費税の計算上は仕入額について売上額に対する一定割合という擬制がなされる結果,仕入れに係る消費税額について一種の「みなし」がなされるのに対して,補助金の金額の確定に際しては実際の支出額に占める消費税の金額をもって仕入控除税額とせざるを得ないので,必ずしも,消費税相当額をプラス・マイナスなしに控除できているとは言い切れない。また,免税点を超えるかどうかは,基準期間における課税売上高により変動するので(9条),同一の補助事業者が複数年度継続して補助金の交付を受ける場合に,消費税相当額の扱いが年度により変動することもあるという複雑さがある。いずれにせよ,補助金交付の条件として仕入税額控除額相当額の扱いを明らかにしておく必要がある。

地方公共団体の補助金交付規則も,「確定」に関する規定を置くのが普通である。

確定の取消し ところで,いったんなした確定を取消すこと(及び再確定処分をなすこと)が適法かどうかが争われた事件がある。大津地裁平成9・12・8(判例タイムズ981号73頁)である。補助金の交付決定が文化庁長官によってなされ,県教育委員会により確定の手続がとられた後に,同委員会が確定を取り消して,再確定をなした事案である。国宝重要文化財等保存整備費補助金に関して,交付決定の通知,補助金等の額の確定及び通知,返還命令等の権限が文化庁長官から都道府県教育委員会に委任されていたため,交付決定と確定の権限行使の行政庁が異なっていたのである。

まず,適正化法に確定の取消しに関する明文規定がないのに許されるのかに関して,授益的行政処分の一般論を展開して,取消しによって生ずる不利益と取消しをしないことによって既に生じた効果を維持することの不利益とを比較考量し,当該処分を放置することが公共の福祉の要請に照らして著し

く不当であると認められる限度において取り消すことができるとする見解を採用した[59]。そして，適正化法の「確定」についても，このような要件の下に取り消し，新たに確定（再確定）をなすことができるとしている。

　次に，交付決定の取消しによることなしに確定の取消しをなすことは許されないとの原告の主張に対して，当然許されるとし，交付決定権者の裁量権を侵害するような確定をなしえないとともに，確定手続で交付決定権者の裁量権を行使することはできないとしつつも，不正の申請があった場合にそれを理由として確定の取消しをなすこと，その結果再確定において補助金交付を前提に算定基準における補助金の加算率を利用し確定することも許されるとした。しかも，具体の事案に関しては，文化庁長官の指導により確定の取消し及び再確定がなされたのであるから，交付決定権者の決定権限を侵害して取り消さるべき違法があるとはいえないとした。そして，交付申請書に添付した収支計算書と実際の決算書との間に収入金額に1億円以上の食い違いがあって，文化庁の算定基準における加算率が歪められた結果，1,043万円以上も過大に交付されたことになるので，その是正を図る必要性が大きいのに比べて，原告は，実際の収入金額で申請すれば期待している補助金額を得られないため敢えて収入金額を圧縮して申請したのであるから，確定を取り消しても，何ら原告に不測の損害を与えるものではないとして，確定の取消し・再確定は適法であったと結論づけた。

　思うに，確定の取消し及び再確定に関する明文規定はないが，交付決定は，実績を調査確認したうえでなされる「確定」によって変動することがありうる前提の「暫定性」を有する処分である。そして，減額確定は，「交付決定の取消し」を行なうことなしに，「確定」のみにより減額できるという意味である。問題は，いったん確定をしてしまった後に，その確定を取り消すことができるかどうかである。交付決定との関係においては，「確定」のあった後においても交付決定の取消しをなしうる旨が，適正化法17条3項に明示されている。たとえば，補助金の不正な受給であるのに，その事実がわか

---

[59] そこでは，最高裁昭和31・3・2民集10巻3号147頁，同昭和43・11・7民集22巻12号2421頁，同昭和63・6・17判例時報1289号39頁が引用されている。

らないため交付決定どおりの同額確定がなされたが，後に当該補助金の全額を返還させるために，交付決定を取り消すような場合がある。しかし，前述のように減額交付決定の性質をもつ確定処分が認められるのであるから，確定後においても，17条3項の趣旨に従い，同じく減額確定の性質をもつ再確定を行なうことが許されるといえよう。確定により相手方に一定の信頼を与えていることは疑いないが，「確定」は特別に慎重な手続を踏んでなされる不可変更力を生ずるような行政処分であるようにも思われない。

インセンティブ付き補助金の確定　補助金の交付にあたって，相手方に一定の水準・目標値を超えた場合に，報奨金を交付する旨の補助金交付方式（インセンティブ付き補助金）もありうる。たとえば，科学研究目的の補助金の交付をするにあたって，一定水準以上の研究成果を上げた場合には，報奨的に確定額の2割相当額の金額を交付するなどの方式がありえよう。政策評価の手法を助成の相手方に適用して，目標値を達成したとき又は超えたときに報奨を与えるとか，目標値を達成できなかったときに支払いを減額するなどの「業績契約」の手法があるとされる[60]。

3　補助金法律関係の消滅等

[1]　交付決定の取消し・返還命令等

交付決定の取消し　交付決定に関する見方は，補助金法律関係を消滅させる行為としての交付決定の取消しにも原則として当てはまる。すなわち，国の補助金等にあっては，交付決定の取消しは行政処分であるから，私人は，その違法・不当を主張して不服申し立てをすることができ，また，違法であるとして取消訴訟を提起することができる。地方公共団体においても，条例の規定による交付決定の取消しは，同様に考えてよいであろう。他方，規則等によるものは，行政処分性が否定されるとする考え方が通用していると推測される。筆者は，交付決定について述べたのと同じ理由により行政処分性

60　ハリー・P・ハトリー＝上野宏・上野真城子訳『政策評価入門』（東洋経済新報社，平成16年）195頁以下。

を肯定したいと考えているが，否定説による場合も当事者訴訟（民事訴訟又は公法上の当事者訴訟）の活用によって目的を達することができよう。

　適正化法は，事情変更による交付決定の取消し（10条）とは別に，補助事業者等が，「補助金等の他の用途への使用をし，その他補助事業等に関して補助金等の交付の決定の内容又はこれに附した条件その他法令又はこれに基く各省各庁の長の処分に違反したときは」交付決定の全部又は一部を取り消すことができるとしている（17条1項）。また，間接補助事業者等が「間接補助金等の他の用途への使用をし，その他間接補助事業等に関して法令に違反したときは」，補助事業者等に対し，当該間接補助金等に係る補助金等の交付決定を取り消すことができるとして（同条2項），間接補助事業者等の行為を理由に，補助事業者等に対する交付決定を取り消すことを許容している[61]。さらに，これらの交付決定の取消しは，交付すべき補助金等の額の確定があった後においても適用があるとされている（同条3項）。

　これらの要件のなかには，検討を要する点が少なからず存在する。

　第一に，「他の用途への使用」及び「法令」違反について問題となるのは，年度経過後に使用残があるのに，使用したかのような記録をして，実際には翌年度に当初目的の用途に使用した場合である。この場合に，言葉の自然な意味において「他の用途への使用」があったということには抵抗がある。しかし，業者に架空の領収書を発行させたり，カラ出張をしておいて，実際には翌年度の旅費に充てるなどの行為は典型的な不正である。やはり，法令違反として処理することになろう。

　ところで，このような不正行為が生ずる背景には，かつて，補助金の翌年度繰越しを事実上認めていなかったことに原因があるように推測される。

61　たとえば，厚生省の特別養護老人ホームなどに対する補助金をめぐる「彩福祉グループ」の工事請負の「丸投げ」事件に際しては，間接補助事業者である社会福祉法人に間接補助金を交付していた県に対して厚生省が県に対する交付決定を取り消して返還を命令した（朝日新聞夕刊平成10・3・31）。社会福祉法人からの工事請負業者は社会福祉法人の代表者の息のかかった業者（トンネル会社）で，別の業者に安く下請けに出して，ピンはねしていたため，県が，工事単価等に基づいて建設費を再算定して，それを基準として補助金の額を算定して，申請時の事業費を基準にした補助金の額との差額分について返還を求めるものであった。

文部科学省の科学研究費についていえば、平成15年7月29日付けの文部科学省研究振興局長・大臣官房会計課長の連名通知「科学研究費補助金に係る歳出予算の繰越しの取扱いについて」によって、「交付決定時には予想し得なかったやむを得ない事由に基づき年度内に補助事業が完了しない見込みのあるものについては、平成15年度予算より、文部科学大臣を通じて財務大臣へ承認要求を行い、財務大臣の承認を得た上、当該経費を翌年度に繰越して使用することができる」こととなった旨が述べられている。おそらく、「科学研究費」が予算上「繰越明許費」に掲げられているということは、「その性質上又は予算成立後の事由に基き年度内にその支出を終らない見込みのあるもの」（財政法14条の3）の存在を認めたのであろう。同じく、厚生労働省厚生科学課長決定「厚生労働科学研究費補助金に係る歳出予算の繰越しの取扱いについて」（平成16・1・29）も、財務大臣の承認を得たうえで、補助金を翌年度に繰り越して執行することができることとした旨を述べて、繰越制度を説明し、事前相談等の手続についても触れている。

なお、文部科学省の科学研究費についてみると、同省に関係書類を提出し財務大臣の承認見込みがあると、翌年度使用分の補助金の返納通知を受けて、返納しなければならない。しかも、学術振興会経由のものについては、返納通知及び返納も、いずれも学術振興会経由となり、その手続をとるには相当な日数を要することになろう。そして、翌年度に繰り越した分についての支払請求書を再度提出して送金を受けることになるが、学術振興会の分は、請求書提出も送金も学術振興会経由となる。

科学研究費のような交付先が多数に及ぶものについて、個別に財政法43条の2により「事項ごとに、その事由及び金額を明らかにし、財務大臣の承認を経」る手続をとらなければならないとするならば、文部科学大臣（実際の事務は文部科学省の担当職員）は、極めて面倒な手続を強いられることになる。文部科学省は、そのような事態にならないことを強く求めるであろう。しかも、文部科学省は、前記通知において、研究代表者が繰越しの対象となると判断した場合は、当分の間、研究機関の事務局を通じて同省に事前に相談することを求めている。その際には一定の書面を提出するものとしている。このような承認前の面倒な手続を考えると研究代表者あるいは個々の研究者

は何とか年度内の執行を完了したいとし，中には不正行為に走る者が出てくると推測される。科学研究費のような性質の経費については，そもそも会計年度終了に合わせた全額の執行になじまない面があるので，繰越手続を簡略化定型化して，定型的理由に基づくものは，一定金額内で，ほぼ自動的に繰り越せるようにすることが，むしろ不正の防止になると思われる。繰越明許費の処理手続の抜本的な見直しが必要であるといえよう。

　第二に，各省庁の定めている補助金交付要綱のなかには，適正化法の交付決定取消事由を拡大しているとみられるものがある。たとえば，文部科学省の「私立大学等研究設備整備費等補助金（私立大学等研究設備等整備費）交付要綱」は，補助事業の中止又は廃止の承認をした場合のほか，次に掲げる場合には，交付決定の全部又は一部を取り消し又は変更することができるとしている。

① 補助事業を行なう学校法人等（「補助事業者」）が，適正化法，施行令その他の法令若しくは同要綱又はこれらに基づく文部科学大臣の処分若しくは指示に違反した場合
② 補助事業者が，補助金を補助事業以外の用途に使用した場合
③ 補助事業者が，補助事業に関して不正，怠慢，その他不適当な行為をした場合
④ 交付決定後に生じた事情の変更等により，補助事業の全部又は一部を継続する必要がなくなった場合

　これらの事由のうちで気になる点は，「要綱」違反，文部科学大臣の指示違反は，適正化法17条1項を拡張しているかのように見えること，及び「不正，怠慢，その他不適当な行為」が包括的文言でどのような行為までを含むのか判然としないこと，の2点である。前者に関しては，要綱に定めることはすべて補助の条件であると解し，補助条件違反についてのみ指示も可能であると解するならば一応問題をクリアーすることができるが，どのような補助条件であってもよいというものではあるまい。後者の文言はあまりに包括的であって，とくに「不適当な行為」は具体的に定める必要があるように思われる。

　交付決定の取消しは，補助金法律関係を全部又は一部縮減させ，全部取消

しの場合は，後述の返還命令に基づく返還がなされることによって，補助金法律関係が消滅する。

交付決定の取消しに関する最大の法的問題点は，どの程度の違反があるときに交付決定の取消しを行なうか，また，全部取消し又は一部取消しの選択，及び一部取消しの場合にどの程度の一部にとどめるのか，という点である。残念ながら，この点に関する確たる規範は存在しない。交付決定取消権の行使について，相当程度の裁量性があることは認めざるを得ないが，違反事由と態様との関係において一種の比例原則の考え方によって，裁量権を統制する必要があろう。

交付決定取消しの期間制限　一般に行政処分に関しては時効制度がなじまないとして，期間制限としては除斥期間制度が活用される。その典型は，租税の確定行為である更正決定の期間制限である（国税通則法70条・71条等）。しかし，適正化法17条には，そのような期間制限規定が置かれていない。このような状態において，交付決定の取消しが期間制限なしに行なえるとすることは，法的安定性を損うものである。ことに，後述のように，返還命令後の返還金債権について会計法30条の時効規定の適用を認めることとのアンバランスが大きくなる。そこで，学説は，交付決定取消権を行使しうるときより，最長5年を経過したときは交付決定の取消しができなくなると解釈している[62]。筆者も，この見解に賛成しておきたい。ただし，適正化法22条の財産処分制限違反を理由とする交付決定の取消し[63]については，長期の制限期間があるときは，補助金等の交付後長期間が経過して相手方との関係が希薄になった状態において，違反を発見することが困難であることに鑑みるならば，最長5年説を採用してよいものか結論を留保しておきたい。

返還命令　交付決定の取消しがなされた場合において[64]，取消し部分に関しすでに補助金等が交付されているときは，期限を定めて返還を命じなければならない（18条1項）。間接補助事業者等の行為を理由にする取消しであって，「やむを得ない事情があると認めるときは」，返還の期限を延長し，

---

[62] 小滝・解説261頁は，遅くとも5年以内に行使しないときは，「失権」するとしている。杉村・財政法326頁は，5年の消滅時効としている。

[63] 交付決定の取消しが可能なことについては，小滝・解説302頁。

又は返還の命令の全部若しくは一部を取消すことができる（18条3項）。交付決定の取消しに伴う返還命令は，通常は，交付決定と同時に行なうものである。

交付すべき補助金等の額を確定した場合において，すでにその額を超える補助金等が交付されているときにも，期限を定めて返還を命じなければならない（18条2項）。

ところで，返還命令は，交付決定の取消し（適正化法17条）や補助金等の額の確定（適正化法15条）に連動してなされるものである。適正化法は，返還命令をもって，交付決定の取消し及び確定の処分と別個独立の行政処分として定めていることは明らかである。筆者は，かつて，減額確定の場合に関して，返還命令との複合的な行政処分とみる余地があると述べたことがある[65]。それは，争う者が，減額確定及び返還命令の双方の取消しを求めなければならないのか，減額確定又は返還命令のいずれかのみを争えば足りるのかという問題を意識したものであった。

返還命令は，複数の主体に影響することがある。その典型は，地方公共団体が，国庫補助金を用いて，法人等に対する補助金を交付する場合である。法人等の代表者等が不正行為をしたことにより，国庫補助金に係る交付決定が取り消されて，地方公共団体に対する返還命令が出されると，地方公共団体も法人等に対する補助金の返還を求めることになる[66]。そして，補助金の返還を求められた当該法人等は不正行為をした代表者等に対して損害賠償請求をすることによって損害を回復することになる。このような図式の場合に，

64　形式的には，17条による取消し以外に，10条の定める事情変更による取消し，さらに，瑕疵ある交付決定の取消しも含まれる。しかし，10条の事情変更による取消しは，すでに執行された部分については制限されるので，実質的に返還させる事態は生じない（小滝・解説254頁）。

65　碓井・補助金248頁。

66　この典型例が，「彩福祉グループ」の丸投げ発注事件である。社会福祉法人自体は，補助金を返還すると，高額の工事発注により損害を被った状態になる。ただし，社会福祉法人に補助金を交付した県が，当該社会福祉法人の当時の代表理事に対して直接に不法行為による損害賠償請求をして認容された例がある（山形地裁平成14・3・26判例時報1801号103頁）。

地方公共団体の支払能力について心配ないと仮定するならば，地方公共団体が介在するがゆえに，最も安泰なのは国ということになる。

ところで，地方公共団体の交付する補助金等で要綱の手続によるものはもちろん，規則に基づくものであっても，これまでの通説に従えば行政処分に当たらないことになりそうである。この点は，交付決定について述べたのと同様の論点であるので立ち入らない。ただし，個別法律をみると，明らかに行政処分と解されるものがある。たとえば，児童福祉法 56 条の 3 は，①補助金の交付条件に違反したとき，②詐欺その他の不正な手段をもって補助金の交付を受けたとき，③児童福祉施設の経営について営利を図る作為があったとき，④児童福祉施設が同法若しくは同法に基づく命令又はそれらに基づいてする処分に違反したときは，都道府県及び市町村は補助金の交付を受けた設置者に補助金の全部又は一部の返還を命ずることができる，としている。地方公共団体の交付した補助金に関する「返還命令」の行政処分性の有無は，通説に従えば，個別法律をも調べて判断しなければならないのである。

交付決定の取消し・返還命令等の義務　　補助金交付決定自体は適法であったとしても，それにより交付を受けた補助金等の使用状況が交付目的を逸脱していることが判明した場合には，一定の状況下において交付決定の取消しや返還を命ずることが義務づけられることがありうる。

地方公共団体の，しかも，要綱に基づく補助金の場合に，そのような義務の存在を前提にして，消防団に対して補助金を交付した市長個人に対する住民訴訟旧 4 号請求について，実績報告書の提出を受けた際，助成金の使途について十分に検討すべきであったのに，これを怠り，これまでの慣例に従って具体的な支出の必要性や相当性について何ら精査，検討することなく，漫然と交付金額を確定させたものであるとして，違法な支出があることを認識せず，返還を求めるなどの是正措置をとらなかったことにつき少なくとも過失があったというべきであるとして，損害賠償を命じた裁判例がある[67]。

加算金・延滞金　　補助金等の返還を命じられた補助事業者等は，当該補助金等の受領の日から納付の日までの日数に応じ，年 10.95 ％の割合で計算した加算金を国に納付しなければならない（19 条 1 項）。さらに，納期日までに納付しなかったときは，納期日の翌日から納付の日までの日数に応じ，

その未納付額につき年 10.95％の割合で計算した延滞金を国に納付しなければならない（19条2項）。この加算金の性質については，受領の日からの利息相当分と「制裁的賦課金」の性質とを併せもつとされている[68]。また，延滞金は，遅延利息の性質を有するが，同様に，「制裁的賦課金」の性質をもつとされる[69]。納期日までに納付しなかった者は，納期日の翌日から実際の納付の日までの間については，加算金と延滞金との二重の負担をしなければならないことになる[70]。

なお，加算金及び延滞金については，「やむを得ない事情があると認められるときは」政令で定めるところにより，その全部又は一部を免除することができる（19条3項）。この委任に基づく適正化法施行令12条は，手続に関して規定しているにとどまり，「やむを得ない事情」の意味は，解釈により決するほかはない。単に相手方が支払えないということではなく，正当視できる事情の存在が必要とされるというべきである。間接補助事業者等の事業遂行義務違反があって，そのことのゆえに補助事業者等に対する交付決定を取り消して返還を命ずる場合に，補助事業者等が間接補助事業者等に対し返還を求める回収努力を十分に行なったにもかかわらず回収できないときに，加算金や延滞金の徴収を強行することは好ましくないといえよう。間接補助金等の減額確定に伴う返還の場合も，補助事業者等から加算金・延滞金の徴

67　奈良地裁平成 14・10・23 判例地方自治 242 号 36 頁。具体の事案は，消防団が県消防操法大会参加事業助成金の交付を受けた 200 万円のうち飲食代金に 160 万円を超える金額が使用されたことの違法性が問われた事件である。判決は，大会出場選手激励会費用について1人当たり単価1万2,222円のうち6,000円を超える部分，県大会の慰労会飲食代金1人当たり単価6,350円のうち6,000円を超える部分，分団打合わせ費用1人当たり4,593円のうち夕食補助と同額の500円を超える部分，分団祝勝会の単価6,633円のうち6,000円を超える部分について，それぞれ違法であるとした。損害賠償請求は，市長のほか消防団長の職にあった者に対しても認容されている。地方公共団体の交付した補助金に関して，返還を求めないことの違法性が争われて違法性なしとされた事例として，遊園施設を運営する財団法人に対する補助金につき，那覇地裁平成 17・2・9 判例地方自治 273 号 10 頁がある。
68　小滝・解説 264 頁。
69　小滝・解説 266 頁。
70　小滝・解説 268 頁。

収を行なうことが適切でない場合があるとされる[71]。この免除は，適正化法に基づいて加算金・延滞金が当然に発生することを前提にして，補助事業者等の申請に基づいて「やむを得ない事情」の有無を各省各庁の長が判断することになる（施行令12条により準用される9条1項）。

　ところで，地方公共団体が，その長等の違法な行為により国庫補助金の交付を受け，後に返還せざるを得なかった場合には，その違法な行為により加算金分の損害を被ったものといえる。岡山地裁平成18・5・17（判例地方自治281号10頁）は，国庫補助金ではなく地方交付税の算定の基礎となる数値を過大に自治大臣に報告したため国から超過分の返還及び加算金の支払いを請求された市がその支払いにより損害を被ったとして，市長の職にあった者及び関係した職員に対する損害賠償請求及び怠る事実（損害賠償請求をしないこと）の違法確認請求（いずれも住民訴訟）を認容した。補助金等の場合も同様の訴訟が起こされることがある。名古屋高裁金沢支部平成14・4・15（判例集未登載）は，福井県におけるカラ出張による旅費の不正支出が発覚したことに伴う国庫補助金返還加算金額相当の損害は，副知事等の特別職や管理職手当を受給している一般職員等が会員となって設立された福井県旅費返還会により，損害が全額塡補されたと認定している。

　同種事務・事業に係る補助金等の一時停止等　補助金等の返還を命じられた補助事業者等が，当該補助金等，加算金又は延滞金の全部又は一部を納付しない場合において，その者に対して「同種の事務又は事業について交付すべき補助金等」があるときは，相当の限度において，その交付を一時停止し又は当該補助金等と未納付額とを相殺することができる（20条）。ここには，一時停止と相殺という二つの措置が許容されている。

　一時停止の規定は，相手方の期待権を侵害すること（制裁的効果）によって返還金の納付を促進する効果をもつとされ，一般の補助金については確認的規定の意味を有するにとどまるが，義務的負担金及び交付決定済みの任意的補助金については創設的意味を有するとされる[72]。同種の事務事業に係る

71　以上，小滝・解説267-268頁。
72　小滝・解説270頁。

補助金等に限定した理由は，交付停止対象の補助事業の遂行を妨げることにより，その公益目的の達成を妨げる恐れがあることに鑑みたものであるから，「同種」の範囲を広く解釈することは適当でないとされる[73]。

相殺に関する規定については，適正化法の規定がなくても民法の規定に基づいて相殺が可能であるのかが問題となる（地方公共団体の場合につき，次の［２］を参照）。民法505条１項は，「二人が互いに同種の目的を有する債務を負担する場合において，双方の債務が弁済期にある」ことを要件とし，かつ，「債務の性質がこれを許さないときは，この限りでない」としている。補助金等交付債務も補助金等返還債務も公法上の債務であることを理由に，それらの相殺に関しては民法とは別の法律上の根拠を要するとする見解がある[74]。この見解によれば，適正化法20条は相殺に関する創設的規定であると同時に，自働債権たる国の補助金等返還請求権が弁済期に達しているならば，受働債権たる補助金等交付請求権が弁済期に到達していなくても，国が期限の利益を放棄することにより相殺することを可能にしているとされる[75]。

［２］ 返還金等の徴収

国の補助金等に係る返還金等の徴収　国の補助金等に関しては，返還を命じた補助金等又はこれに係る加算金若しくは延滞金は，国税滞納処分の例により，徴収することができる（適正化法21条１項）。このように，滞納処分による簡易迅速な徴収が可能とされている。国税滞納処分の例によるのであるから，督促を行なって，督促状を発した日から起算して10日を経過した日までに完納しないときは，差し押さえなければならない（国税通則法40条，国税徴収法47条１項１号参照）。督促状には，期日までに納付しないときは差

---

[73] 小滝・解説271頁。そこでは，「同種の事務又は事業」とは，原則として各省の同一局が取り扱う補助金交付の対象となる事務事業とし，同一局が取り扱う補助金等であっても，その行政目的を全く異にする場合はその限りでない旨の補助金等適正化中央連絡協議会の取決めが紹介され，同一局の扱うものであっても，返還命令に係る補助金等により近いものから優先的に停止すべきであると述べられている。

[74] 小滝・解説274頁注（４）。同じ論理が地方公共団体にも通用するかは定かでない。

[75] 小滝・解説273-274頁。

し押さえる旨の記載がなされる。

　この強制徴収規定が，地方公共団体に対する補助金等に係る返還金等の徴収についても適用されるのかどうかを確認しておく必要がある。地方公共団体は，返還命令に応ずるであろうから特に規定を設ける必要はなく[76]，適正化法21条の射程範囲外であるとする見解，そもそも地方公共団体は国による強制徴収権の発動対象になりえないとする見解等が予想されるが[77]，決定的な根拠とはいい難い。適用肯定説に傾きたいところであるが，筆者の結論は留保しておきたい。

　地方公共団体の補助金等に係る返還金等の徴収　国の交付する補助金等と地方公共団体の交付する補助金等との間にある決定的違いは，この返還金等に対する滞納処分の可否である。国の補助金等については，適正化法による授権によって可能とされているのに対して，地方公共団体の交付する補助金等に関しては，これに対応する法律の規定がなく，かつ，自治法附則6条にも規定がない。そして，法律の規定がない以上，長の規則はもちろん，条例によっても，滞納処分の途を開くことはできないと解されるので，結局，地方公共団体の交付した補助金等について返還に応じなかったとしても，滞納処分を執行することはできず，訴訟を提起するほかはない。実際にも，地方公共団体が原告となる補助金返還請求訴訟が用いられることがある（鹿児島地裁平成15・11・25について判例地方自治264号109頁を参照）。国の「補助金等」と同様の定義を地方公共団体の補助金等について与えることが可能であるならば，滞納処分規定を設ける立法政策を考えうるが，地方公共団体に現実に存在する多様な補助金等を適切に定義することは困難である。

　しかしながら，国の補助金等を財源として補助事業者等としての地方公共団体が交付する補助金等（国にとっての間接補助金等）については，適正化法

76　地方公共団体が返還に応じない場合がないとは断定できない。適正化法の適用がなく強制徴収の対象とならない統計委託費について未認定職員をも算定対象にして不当に受領していたとして国が高知県に返還を請求したにもかかわらず，県がこれに応じない事態が生じた。国は，平成18年3月10日，返還を求める訴訟を提起したという（高知新聞平成18・3・9，同平成18・3・11）。

77　小滝・解説275-276頁は，否定説かもしれない。

により，地方公共団体に滞納処分権限を付与することを立法論として検討すべきであろう。

返還金債権の消滅時効　補助金等の返還金債権の消滅時効に関して，時効期間が民法の規定によるのか会計法30条，自治法236条によるのかを検討する必要がある。これまでの，筆者の理解は次のようなものであった。

① 国の補助金等については，返還命令の行政処分性にも鑑みて，会計法30条により5年であるとみてよい。

② 地方公共団体の場合は，通説によれば，補助金交付をめぐる法律関係が私法上の関係であり，返還命令という名称が規則等に用いられていても処分性が付与されているわけではないので，返還金債権は私法上の債権として民法167条1項によって10年となる。

しかし，少なくとも地方公共団体の規則に基づく返還命令の場合は，画一的処理の必要性等の実質的理由並びに返還命令に行政処分性を見出すこともできることに鑑みて，後述するように自治法236条1項によって5年となると解釈しておきたい。

もっとも，返還金債権の消滅時効は，それほど単純な問題ではないことが，大阪市の互助組合交付金問題を契機に示されている。

大阪市が互助組合に対して交付した交付金に関する住民監査請求に基づいて，大阪市監査委員は，市が不当利得返還請求権を有するとして，その請求権は公法上の金銭債権であると述べて，過去5年分について返還するよう求める必要があると勧告した[78]。これは，違法な補助金交付による不当利得返還請求権は自治法236条1項により5年で時効消滅するという理解にたつものである。これに対して，同市に設置された「互助連合会給付等調査委員会」の報告書は，交付金を支出させたことは不法行為であるとも評価できるとして，被害者が損害及び加害者を知ったときから3年で時効消滅するのであって（民法724条），市が損害及び加害者を知ったのは同報告書によってであるから，損害賠償請求権は消滅していないと主張している[79]。なお，同報

78　大阪市監査委員平成17・5・16（大阪市公報5231号19頁登載）。
79　互助連合会給付金等調査委員会『第一次報告書（2）』（平成17年）18頁。

告書は，不当利得返還請求権として構成しても，市の支出が違法である場合は，支出決定を取り消すか，返還請求決定をするなど所定の手続を経て返還請求することになるのであるから，これらの手続がなされていない以上，不当利得返還請求権を行使しうる状態になっていないため消滅時効期間が進行していないと考える余地もあるとしている[80]。

しかし，支出決定とか返還請求決定という純粋に内部的な手続を要することをもって，消滅時効期間の進行を否定することには疑問がある。むしろ，交付決定の取消権を行使しうるときから消滅時効期間の進行が開始されると解するのが自然である[81]。

ここで提起される問題は，多岐にわたるといえよう。

第一に，時効期間についてである。国の場合に，返還命令後の返還請求債権について，会計法30条が適用されることは疑いがない[82]。それとの関係において，地方公共団体が，補助金交付規則や要綱のなかの，「返還を命ずる」旨の規定に基づいて，返還を命じた場合に，適正化法の返還命令と同様の性質のものとして，自治法236条1項の適用を受けるのかどうかが問題になる。補助金交付決定についての性質を論じたのと同様に，補助金交付規則に基づく返還命令がなされた後の返還金請求権の扱いに関しては，自治法236条1項の適用を認めてよいと考える[83]。時効の起算点は，徴収に着手し

80　前掲報告書18頁。

81　消滅時効の問題ではなく，住民監査請求の期間制限との関係において，相手方が法令又は規則に違反して交付を受けたことにより直ちに交付決定取消権を行使して返還請求権を行使することが可能であるから，前記違反の事実を知った以上，直ちに監査請求をすることができたとする裁判例がある（横浜地裁平成2・3・19判例タイムズ741号141頁）。

82　小滝・解説261頁，杉村・財政法326頁。なお，碓井・補助金249頁において，交付決定の取消権の期間制限の叙述に続けて，「返還請求権の消滅時効の起算点を，返還命令に定めた期限到来の時とするのではなく，返還命令をなしうる時と解する余地もあるように思われる」とする意味不明の叙述をしてしまった。「返還命令をした場合における返還請求権の消滅時効の起算点」の問題と，「返還命令をしないまま経過した場合における消滅時効の起算点」の問題とは区別すべきである。

83　理由を説明せずに補助金返還請求権に自治法236条1項の適用を肯定し，5年で時効により消滅することを認める見解として，松本・逐条849頁がある。

うる時点に着目して，返還命令において指定した期限の翌日ということになろう[84]。要綱に基づく返還命令については，自治法236条1項の適用を認める根拠とすることは困難であろう。

　第二に，返還命令がなされない場合に，時効の扱いがどのようになるのであろうか。返還命令について除斥期間が定められていない以上，いつまでも返還命令をなしうるとして，事実上時効の問題を回避する解釈論には賛成できない。そこで，問題は，返還命令によって初めて返還請求権が確定する場合と，返還命令をせずとも，一定の事実，たとえば，補助金の受領により直ちに具体的返還請求権が成立している場合とを区別することができると思われる。前者の場合は，会計法30条や自治法236条1項の時効期間と同じく，返還命令をなしうる時点をもって権利を行使しうる時点と解釈して，その時点から5年間返還を命じなかったときは，返還請求ができないと解すべきである。これは，実質的には，時効というよりは失権というべきであろう。後者の場合には，後述のように，具体的返還請求権が生じたときから民法の不当利得返還請求権としての扱いをすることの可否の問題となる。

　第三に，不当利得返還請求権と不法行為による損害賠償請求権との競合を生ずる場合がありうることが示唆されている。民法724条によれば，不法行為による損害賠償請求権は，被害者又はその法定代理人が損害及び加害者を知った時から3年間行使しないとき，又は不法行為の時から20年を経過したときは，時効により消滅するとされる。大阪市の互助会交付金のようなケースで「損害及び加害者を知った時」をどの時点と認定するかが問題となる。これらの点については，項目を改めて考察する。

　ところで，国の補助金を原資として地方公共団体が補助金の交付をする場合に（国との関係において間接補助金の交付），国の地方公共団体に対する返還請求権（直接補助金に係る返還請求権）と地方公共団体からその相手方に対する返還請求権（間接補助金に係る返還請求権）という2段階の返還請求権が生ずることになる。これら2段階の返還請求権の消滅時効の成否は，それぞれ別個に考察すべきものであるから，一方の時効消滅が他方の時効消滅に直

84　小滝・解説261頁。

結するものではない。直接補助金に係る返還請求権が5年の消滅時効にかかった場合でも，間接補助金に係る返還請求権は消滅していないこともありうる[85]。

　一般の不当利得返還請求権行使又は損害賠償請求権行使の可能性　交付決定及び確定の手続により補助金を保有しうる状態が確定しているときに返還を求めるには，その状態を解消する交付決定の取消し等の手続が必要であって，それなしに，直ちに不当利得返還請求により目的を達することはできないと解される。しかし，何らかの理由により，交付決定や確定が無効と解されて，交付決定の取消し等の手続なしに具体的な返還請求権が成立しているとみられるときは，不当利得返還請求権の行使も妨げられないというべきである。この解釈が意味をもつのは，適正化法による交付決定の取消し・返還命令を経てなす返還請求権が会計法30条により時効消滅している場合であっても，なお一般の不当利得返還請求権を行使しうる点にある。還付請求権についての時効規定のある租税の場合（国税通則法74条，地方税法18条の3）との違いである。

　不正受給の場合は，適正化法や地方公共団体の補助金交付規則の手続を経た補助金返還請求権と並んで，不法行為として損害賠償請求権が成立する可能性が高い（返還請求権と損害賠償請求権との競合）。この場合にも，補助金を交付した国又は地方公共団体は，もっぱら適正化法又は地方公共団体の補助金交付規則による交付決定の取消し及び返還命令の手続のみによって目的を達すべきものであろうか。租税にあっては，偽りその他不正の行為により租税を免れた場合についても，更正又は決定についての期間制限が定められているので（国税通則法70条5項），この期間制限規定にかかわらず，ただ

85　さいたま地裁平成18・3・22判例集未登載は，国の県に対する交付決定取消権が時効消滅したか否かは，国と県との関係で処理されるべき問題であって，国の県に対する交付決定取消権が時効消滅して国が県に補助金の返還を請求できないとしても，被告（社会福祉法人の元理事長）らの不法行為による県の損害額を考えるうえで障害となるものではないとした。ただし，同判決は，両請求権の時効期間の違いに着目した判断ではない。なお，この判決のいう交付決定取消権の時効消滅というのは，正確ではないと思われる。

ちに損害賠償請求の形で実質的な租税債権を実現することはできないと解される。この場合には，確定行為がない限り，租税債権の損害を認識することができないということもできる。これに対して，交付された補助金は，その金額が明確であって，交付決定の取消し等の手続を経なくとも損害が明らかである。したがって，直接に損害賠償請求権を行使することも許されるというべきである[86]。その場合の消滅時効期間は，民法724条により，被害者又はその法定代理人が損害及び加害者を知った時から3年，不法行為の時から20年である。3年の期間は，通常の債権の消滅時効の10年はもとより，公法上の金銭債権の5年よりも短いが，「損害及び加害者を知った時」から3年であるので，場合によっては，損害賠償請求権の行使の方が遅い時期まで可能なことがありうる。

なお，受給者以外の者が不正受給に関与している場合に，その関与者に対する損害賠償請求権が成立することもありうる。社会福祉法人の（元）理事長A及びAが実質的に支配する株式会社に対して旧住民訴訟4号請求により損害賠償を求めた請求について，さいたま地裁平成18・3・22（判例集未登載）は，請求を認容した[87]。Aと株式会社との間で重なり合う損害額部分について，不真正連帯債務の関係にあるとした。

地方公共団体の補助金等の場合　補助金法律関係の成立に関する処理に比べて，その消滅に関する場合の方が，国の交付する補助金等と地方公共団体の交付する補助金等との間の違いが正面から問題になる。

まず，地方公共団体の交付する補助金に関する法律関係が契約関係であるとする考え方（契約関係説）にたつならば，補助金交付規則等において「交付決定の取消し」と定められていても，それは，約定解除権又は債務不履行

86　視察旅行をするとして和歌山市補助金等交付規則に基づき「市政調査研究費」の交付を受けた市議会議員（複数）が視察に名を借りた観光旅行をしたものであるとして，市議会議員に対する旧4号住民訴訟としての損害賠償請求を認容した裁判例がある（和歌山地裁平成12・12・12判例地方自治215号17頁）。

87　判決は，県が不正行為による補助金の取得額総額4億数千万円のうち一部金額（2,752万円余）を超える部分について返還を求めた形跡がないとしても，それは県と社会福祉法人との間の問題で，（元）理事長らの不法行為と県の損害に直接関わるものではない，と述べた。

に基づく解除権の行使と位置づけられよう。また，「返還命令」は，返還債務の履行を求める催告の一種とみることができよう。そして，住民訴訟との関係において，交付決定を取り消すべき事態にあるにもかかわらず取り消していないときに，住民訴訟3号請求として財産の管理を怠る事実の違法確認請求をなしうるかが問題になる。この点について，函館地裁平成14・4・11（判例集未登載）は，補助金等交付決定が取り消されていない以上，補助金返還請求権は未発生であり，取消権そのものは「債権」に該当しないから，3号請求として不適法であるとした。

4号請求を提起した場合は，交付決定の取消しの有無にかかわらず，訴訟は適法であるが（大分地裁平成15・12・22判例集未登載），交付決定等が取り消されていない以上，法律上の原因を欠くとはいえないとして不当利得返還を請求すべき旨の請求には理由がないとして本案で棄却されることが多いであろう。ただし，前記函館地裁判決も述べるように，補助金の受領者に故意過失がある場合には損害賠償請求権が，また，交付決定に無効原因があるときは不当利得返還請求権が，それぞれ成立するといえよう。どのような場合に，交付決定の取消しがなされなくても，損害賠償請求権又は不当利得返還請求権が発生すると見ることができるのかが問題である。

裁判例のなかには，交付決定の取消手続がなくても，補助金交付の相手方に対し返還を求める4号請求を認容したものがある。

まず，不当利得返還請求についてみると，大阪高裁平成16・2・24（判例地方自治263号9頁）は，職員互助会に対する市の補給金について，互助会に対する旧4号不当利得返還請求を認容した。京都地裁平成18・5・19（判例集未登載）は，市の職員共済組合に市が補助金を交付してきたことについて，公益上の必要を欠き，組合が法律上の原因がなく利得を得ているとして新4号請求を認容した。もしも，これらの裁判例のいずれの結論も正当であるとするならば，どのような場合に法律上の原因なく利得したことになるのかを画する必要がある。単に公益上の必要を欠くということのみで，法律上の原因がないと断定することはできない[88]。自治法232条の2は，いわゆる内部法系列の法規範であって，財務会計職員を拘束するものの，外部との関係においては，交付決定等を無効としなければ規制の趣旨を没却する

結果となる場合でなければ（随意契約の制限に関する最高裁昭和62・5・19民集41巻4号687頁参照），法律上の原因を欠くとはいえないとされるであろう。これらの事例においては，職員互助会や職員共済組合の活動自体に給与条例主義を潜脱するものが含まれていることが，法律上の原因を欠くとされる根拠であろうか。そのほか，利益相反の起きやすい双方代理（民法108条）状態でなされた補助金交付について，公益上の必要を欠くと認められる場合は，たとえ後に議会の議決があっても法律上の原因を欠くと評価すべき場合があろう[89]。さらに発展させるならば，職員等を含めた地方公共団体の内部の者及び地方公共団体と密接な関係にある互助組合等との関係においては，最高裁昭和62年判決の法理は及ばないとする考え方もあろう。

他方，損害賠償請求権は，相手方が違法であることを認識して敢えて補助金を交付させた場合，あるいは違法であることを知るのが当然の立場にありながら補助金の交付を受けたような，例外的な場合にのみ発生するであろう。そして，不正受給の場合には交付決定の取消しがなくても損害賠償請求権を行使しうることが当然視されていると思われる。しかも，受給者自身のみな

---

88 前橋地裁平成14・5・24（平成10年（行ウ）第9号）判例集未登載は，社会福祉法人に対する環境整備費補助金につき，代金900万円で請負がなされたが後に460万円を事実上放棄させ，結果として440万円の費用を要したにすぎないという認定に基づいて，事業費の2分の1を補助する制度の下において，440万円の2分の1を超える部分は公益上の必要を欠き違法であるとして社会福祉法人に対する返還請求を認容している。この事件では，市長の怠る事実の違法確認も認容している。

89 世界デザイン博覧会事件に関する最高裁平成16・7・13民集58巻5号1368頁は，市と財団法人博覧会協会との間の契約について，両者の間に準委任的な関係が存したと解することも可能であるとして，契約締結に関する裁量権の逸脱濫用の有無につき審理すべきものとして差し戻した。差し戻し後の名古屋高裁平成17・10・26判例集未登載は，市と協会との間に準委任的な関係があり，その事務処理が委託の本旨に従ったもので，それに伴う支出についても適正なものであったと認められるから，委託者の費用償還義務（民法650条1項）に照らせば，基本財産と入場料収入等だけでは賄いきれない費用については市において負担すべき義務があったものと解するのが相当であるとし，赤字回避のためであったことをもって直ちに違法なものであったと評価することはできないなどとして，裁量権の逸脱濫用はないとした。補助金の交付についても，たとえ，双方代理の外観を有していても，具体的にいかなる場面においてなされたかを吟味しなければならないであろう。

らず，関与者，さらには，過失により不正受給を見逃していた長等の損害賠償責任が肯定されることもある[90]。

補助金交付規則等のなかで注目すべき規定は，適正化法19条にならった加算金及び延滞金に関するものである。補助金等の返還を命ぜられたときは，当該命令に係る補助金等の受領の日から納付の日までの日数に応じ，当該補助金等の額につき，年10.95％の割合で計算した加算金を[91]，また，補助金等の返還を命ぜられ，これを納期日までに納付しなかったときは納期の日の翌日から納付の日までの日数に応じ，当該未納付額につき年10.95％の割合で計算した延滞金を[92]，それぞれ納付しなければならない，というように定める規則が多い。神奈川県の「補助金等の交付等に関する規則」は，従来はこの種の定めを有しなかったが，平成10年規則第20号により，同様の定めが加えられた（改正後の16条の2）。延滞金のみの規定をおく規則の例もある（千葉県補助金等交付規則19条）。また，現在も，加算金や延滞金の定めを有しない規則もみられる[93]。

さらに，規則によっては，適正化法20条にならって，他の補助金等の一時停止について定める例がみられる。たとえば，平成10年規則第20号による改正後の神奈川県「補助金の交付等に関する規則」16条の3は，次のように定めている。

「知事は，補助事業者等が補助金等の返還を命ぜられ，当該補助金等，加算金又は延滞金の全部又は一部を納付しない場合において，その者に対して，同種の事務又は事業について交付すべき補助金等があるときは，相当の限度において，その交付を一時停止することができる。」

宮城県補助金等交付規則19条も，全く同趣旨を規定している。

---

90 社会福祉法人の特別養護老人ホーム建設に伴う市の民間老人福祉施設整備費償還費補助金の事案につき，前橋地裁平成14・5・24（平成10年（行ウ）第1号）判例集未登載がある。

91 埼玉県「補助金等の交付手続等に関する規則」18条1項，「福岡県補助金等交付規則」18条1項，「川崎市補助金等の交付に関する規則16条1項。

92 埼玉県規則18条4項，福岡県規則18条4項，川崎市規則16条4項。

93 たとえば，相模原市補助金等に係る予算の執行に関する規則。

このような規則における「同種の事務又は事業」の範囲をどのように画するかが問題となる。国について原則として局単位で判定するのと同様に，まず，行政組織の系統によって判断したうえ，そのなかでさらに「同種」といえるかどうかを精査することになろう。

　ところで，千葉県の規則は，神奈川県や宮城県と同様の趣旨を定めたうえ，「当該補助金等と未納付額とを相殺することがある」旨の規則の規定を有している（千葉県補助金等交付規則20条）。補助金等返還請求権を自働債権とする相殺に関して，国における考え方が地方公共団体にも同様に当てはまるものかどうかは議論があろう。地方公共団体の補助金等の交付に関する特別の法律が存在しないときに，地方公共団体の規則によって，相殺に関する法制度を左右することはできないとする見方も可能である。同様にして，国についてみられる公法上の債権債務の議論が妥当しないとする考え方によるならば，千葉県の規則は，民法505条を前提として，それに基づく県の相殺の意思表示のあり方を内部的に規律するものにすぎないか，あるいは，補助金等の交付決定に際して同条2項にいう「反対の意思表示」をすることを認めない趣旨と理解することになろうか。

　補助金等返還請求権の財団債権性　補助金等の返還請求権が破産法上の財団債権にあたるかどうかが問題になることがある。破産法148条1項3号は，「破産手続開始前の原因に基づいて生じた租税等の請求権（第97条第5号に掲げる請求権を除く。）であって，破産手続開始当時，まだ納期限の到来していないもの又は納期限から1年（……）を経過していないもの」と定めている。この「租税等の請求権」は，破産法97条4号により，国税徴収法又は国税徴収の例によって徴収することができる請求権と定義されている。したがって，地方公共団体の交付する補助金について交付決定を取り消した場合の返還請求権は，国税徴収の例により徴収しうる請求権ではないので，財団債権となる余地はない。これに対して，国の補助金等又はこれに係る加算金若しくは延滞金は，国税滞納処分の例により徴収することができる請求権であるので（適正化法21条1項），財団債権となる可能性がある。旧破産法47条が，「国税徴収法又ハ国税徴収ノ例ニ依リ徴収スルコトヲ得ベキ請求権」（2号本文）で，「破産宣告後ノ原因ニ基ク請求権ハ破産財団ニ関シテ生ジタ

ルモノニ限ル」（2号但し書き）と定めていた当時の事案に関する裁判例がある。

名古屋地裁平成4・4・23（判例時報1443号130頁）は，破産宣告の前の原因に基づいて生じたる債権というためには，請求権自体が破産宣告の当時既に成立していることを要せず，債権の基本となる法律関係が破産宣告前にあればよく，債権の成立に必要な事実の大部分が具備すれば足りるとする一部具備説に立って判断を進めた。補助金等の返還請求権については，具体的請求権としては返還命令によって発生するが，抽象的には補助金等交付決定の取消処分によって発生するところ，「破産宣告前に債権の発生の基本となる法律関係があった」というためには行政処分（交付決定の取消処分）の取消事由の要件が明確であること，「債権の成立に必要な事実の大部分が具備した」というためには取消事由とされる事実が当該事実が発生すれば取消処分がなされることが必須の場合であること，を要するとした。そして，具体の事案については，破産者の担保提供行為があったからといって取消処分がなされることが必須であったとはいえないから，補助金返還請求権の成立に必要な事実の大部分が具備したものとはいえないとした。

これに対して，控訴審・名古屋高裁平成5・2・23（判例タイムズ859号260頁）は，2号本文にいう財団債権であるというためには破産宣告前の原因に基づいて生じた債権であることが当然の前提要件とされていると述べた。そして，「破産宣告前の原因に基づいて生じた債権であるというためには，請求権自体が破産宣告の当時既に成立していることを要せず，その債権発生の基本となる法律関係が破産宣告前に生じていればよく，債権の成立に必要な事実の大部分が破産宣告前に具備されていれば足りる」とする一般論を展開した。保育園の園舎を対象とする補助金について，補助金交付の相手方が適正化法22条に違反して園舎に根抵当権を設定したが，補助対象園舎が将来にわたって使用されることが補助目的達成を図るためにも望ましいという判断から交付決定取消権の行使を控えていたが，破産宣告の翌日に至り，やむなく交付決定を取り消して返還命令をなしたという事情を認定して，破産宣告の直前において，既に破産者について補助目的が達成される可能性がほとんど消滅し交付決定の取消権行使もやむを得ない状態となっていたのであ

るから，遅くとも破産宣告の直前においては補助金等返還請求権発生の基本となる法律関係が生じ，債権の成立に必要な事実の大部分が生じるに至ったと認めるのが相当であるとして，財団債権性を肯定した。

4　補助金等に係る犯罪・秩序違反に対する制裁

[1]　補助金適正化法による処罰

不正受交付罪・不正交付罪　　補助金等をめぐる犯罪行為の典型は，不正に交付を受ける行為である。適正化法は，「偽りその他不正の手段により補助金等の交付を受け，又は間接補助金等の交付若しくは融通を受けた者」に，5年以下の懲役若しくは100万円以下の罰金に処し，又はこれを併科する旨を規定している（29条1項）。これが，補助金等の不正受交付等の罪である。偽りその他不正の手段により交付を受けることは，法令の規定を俟つまでもなく当然に反倫理的・反社会的な行為であり，適正化法は，それを禁止する規定を置くことなく直ちに処罰規定を置いて，自然犯として構成している[94]。さらに，不正の手段により交付を受け又は融通を受けた者があった場合に，「情を知って交付又は融通をした者」も同様とされている（29条2項）。これらの犯罪は，公益通報者保護法の「通報対象事実」に含まれていない。

「偽りその他不正の手段」とは，典型的な「偽り」を含む「不正の手段」を広く包括するものである。租税法律が，ほ脱犯につき「偽りその他不正の行為」（所得税法238条1項，法人税法159条1項等）と定めているのと似た要件である。架空（でっち上げ）事業の補助金等の交付申請[95]，経費の水増しによる申請[96]などは，「偽り」の例である[97]。また，担当の公務員に贈賄，接

---

[94] この点について，小滝・解説376頁は，立法当時，政府は，法律をもって不正受交付の反社会性を明らかにしたいと意図していたのであるから，自然犯としての構成は趣旨が一貫していないとし，まず，不正受給をしてはならない旨の行為規範を明示したうえで，その禁止行為を犯した者に刑事罰を科する旨の刑罰規範を設ける構成（法定犯，行政犯としての構成）をとるべきであったと述べている。

[95] BSE対策として実施された牛肉在庫緊急保管対策事業の対象牛肉と偽って補助金の交付を受けた所為を有罪とした大阪地裁平成17・5・11判例時報1918号126頁及び大阪地裁平成17・5・27判例時報1918号135頁がある。

待・供応をなすことなども「不正の手段」となる[98]。同一の事業について二重申請することも，不正の手段と評価されることがあるが[99]，二重申請のみで「不正」の評価を受けるとはいえないように思われる。内定通知が交付申請に先行している場合は別として，補助金交付要綱等に，「同一事業について他の省庁又は団体の補助金交付申請と重ねて本事業として交付申請することはできない」旨の定めがあっても，それは，単に手続上の自主規制を加えているにすぎない。二重に交付を受けうる状態になったときに辞退しないという不作為が「不正の手段」と評価されるべきものと思われる。

ところで，神戸地裁平成14・3・20（判例集未登載）の事案においては，建設主体である社会福祉法人の自己資金の証明のためにEが贈与する旨を偽装するなど中心的役割を果たしていたことを被告人が不正受給に加担していたことの認定の有力な事実として評価している。社会福祉法人に自己資金があるかのように偽装した不正行為により有罪とした例として，さいたま地裁平成14・10・8（判例集未登載）もある。同判決においては，社会福祉法人の設立に際して，被告人甲及びその養母Dの両名が寄付するだけの資力も意思もないのに，それがあるように装い，両名の預金についての内容虚偽の残

---

96 青少年の国際相互交流を行なうことなどを目的とし海外各国との青少年の相互交換等の事業を行なう財団法人が，参加者の海外渡航費及び滞在費の水増し，同じく海外渡航費及び参加人員の水増しをした所為を有罪とした東京地裁平成17・5・18判例集未登載，医療法人が医療器械購入の単価を水増しして間接補助金の交付を受けた所為を有罪とした新潟地裁平成17・12・13判例集未登載，社会福祉法人の特別養護老人ホーム等に係る社会福祉施設等施設整備費補助金（国の間接補助金）につき工事請負代金等を水増しして交付申請した所為を有罪とした神戸地裁平成14・3・20判例集未登載などの例がある。

97 東北文化学園大学の私学助成金に関して不正とされたのは，負債を除外するなど学校法人に関する虚偽の計算書類等を添付して，あたかも受給資格があるかのように装って交付申請したことによると認定されている（仙台地裁平成18・2・24判例集未登載）。この事件の被告人は元理事長で，この事件が報道されたことなどを契機に学園経営が破綻し，民事再生手続の申請を余儀なくされ，学生，教職員ら大学関係者をはじめ社会に多大な影響を与えたことも看過できないとし，業務上横領，所得税法違反をも併せて，懲役7年及び罰金2,000万円に処すとされた。

98 以上，小滝・解説377頁，香川編・講義128頁。

99 小滝・解説377頁。

高証明書及び内容虚偽の贈与契約書等を提出して、自己資金を充実させるかのように偽ったことも、罪となるべき事実として摘示して、不正受給罪として有罪とした。間接補助金の交付申請についての不正行為として、どこまでの行為に遡ることができるかについては検討が必要であろう。

　同じく、宮崎地裁平成17・4・28（判例集未登載）は、虚偽の残高証明書により社会福祉法人の設立認可を受け、間接補助金の交付を受けた場合について、「設立認可申請手続及び交付手続の連続性やそれらの密接な相互関係を考慮すると、そのような最終的な補助金の交付決定との関係で誤った判断を導くような偽りその他不正の手段が設立認可申請手続やその事前審査において行われることは、とりもなおさず補助金の交付主体である県に対してその交付に向けて積極的にその判断を誤らせるよう働きかける不正な行為でもあって、補助金等不正受交付罪の構成要件的結果を発生させる現実的危険を格段に高めるものにほかならない」として、法人設立認可申請手続における偽りその他不正の手段も、補助金等不正受交付罪の実行行為と捉えることができるとした。この判断は、控訴審の福岡高裁宮崎支部平成18・8・1（判例集未登載）においても維持された。

　会計年度独立主義との関係において、年度内に事業が完成しない場合に、国の補助金交付についても繰越手続が必要になるために、その手続を回避して、完成したとして補助金を受領することがしばしばある。そのような場合のすべてを不正受交付罪となしうるとはいえないが、少なくとも、補助金受領時に工事が未完成で、その後も近い将来においてこれを完成させる意図がないのに完成したと偽って補助金の支払いを受ける行為は適正化法29条1項の罪を構成するとする裁判例として、東京高裁昭和38・11・27（高刑集16巻8号655頁）がある。同判決は、その解釈の合理性について、第一に、交付決定を受けて、年度途中で所定の工事を勝手に縮小させ又は質を落としてなお所定の補助金の交付を受ける場合があること、第二に、補助金を早く受領しようと思って、年度内に実現し得ないような計画をなして補助金をとりあえず受領しておくという弊風を助長し、予算単年度主義の原則を乱す虞があること、を考えると納得できるはずであると述べている。補助金の繰越しには財務大臣の承認という厳しい手続が必要とされ、省庁もそれを避けた

いという意識があり，それが，補助金の交付を受ける者にも伝わり，地方公共団体や研究補助金受領者の不適正処理が表面化することが多い。身動きがとれない状態で，かつ，罰則の適用を受けるかもしれない厳しい状況におかれる人々の存在を考えると，不正受交付の認定は，東京高裁昭和38年判決のような事案に限定することが妥当であろう。

「偽りその他不正の手段」と補助金等の受交付との間には因果関係（相当因果関係）がなければならないと同時に，それで足り，刑法上の詐欺罪のように，その者の欺もう行為により相手が錯誤に陥って財産処分行為をなすことは必要でないと解されている[100]。

このように詐欺罪と要件が異なることは明らかであるが，詐欺罪との関係をどのように理解するかに関しては見解の対立がある。欺もう行為による補助金等の不正受交付については，保護法益が国家的法益であって個人的法益ではないから詐欺罪とは別個の犯罪であるとする説[101]，詐欺罪との法条競合を生ずるとする説[102]，詐欺罪の特別規定の意味をもつとする説[103]などがある。

詐欺罪は国家的利益ないし公共的利益を保護法益とするものではないということを絶対のものとし，補助金等の受交付は，もっぱら国家的利益ないし公共的利益の侵害であるという見解をとると，国の交付する補助金等の不正受交付については処罰規定があるので刑罰を科することができるが，地方公共団体が交付する補助金等の受交付については処罰規定を欠き処罰できない

---

100 香川編・講義128頁。これは，欺もう行為の立証が困難であることに鑑み，詐欺罪と別個の立法措置を必要とした一つの理由であるとされている。小滝・解説382頁を参照。

101 団藤重光『刑法綱要各論〔第3版〕』（創文社，平成2年）607頁の，本来の国家的法益に向けられた詐欺的行為は，詐欺罪の定型性を欠くとする見解が代表的である。その他，大塚仁『刑法概説（各論）〔第3版増補版〕』（有斐閣，平成17年）も，直接，公共的法益の侵害を目指して行なわれる場合には詐欺罪を構成しないとする。

102 安原美穂「いわゆる補助金適正化法について」法曹時報7巻10号19頁（昭和30年）。

103 小滝・解説373頁，大谷實『新版刑法講義各論　追補版』（成文堂，平成14年）257頁，西田典之『刑法各論　第3版』（弘文堂，平成17年）168頁，山口厚『刑法各論〔補訂版〕』（有斐閣，平成17年）241頁など。

ことになる（刑罰の空白状態）。

しかし，最高裁昭和31・4・17（最高裁判所裁判集刑事113号341頁）は，適正化法制定前において，個人の事業を町の事業であるかのように装って国庫補助金及び県費補助金の交付を受けた場合に詐欺罪を適用して有罪を認めた。したがって，この判例が通用しているとすれば，地方公共団体の補助金等の不正受給につき，詐欺罪の成立する場合がありうることになろう。そして特別規定説によれば，地方公共団体からの補助金等の不正受給については，詐欺罪の問題となる。これが通説といってよい。

特別規定説に従うと，適正化法違反罪と詐欺罪との間に刑罰の差異があることが，実際上の意味をもってくる。すなわち，適正化法29条の犯罪には，5年以下の懲役若しくは100万円以下の罰金又はこれらの併科であるのに対して，刑法の詐欺罪は10年以下の懲役であるから（246条1項），懲役刑に関して，適正化法29条の犯罪の方が詐欺罪に比べて上限が低く，かつ，罰金を科すこともできることになる[104]。現在は，特別規定説が通用しているところ，立法論としては懲役刑を重くすることも検討されるべきであろう。

なお，交付を受けた補助金等のうち，正当に受給し得べき金額の部分があるときは，その部分については国庫の損失がないことを理由に不正受交付とはいえないとして，それを超える部分の金額についてのみ適正化法違反の罪が成立するとされる[105]。

他用途使用罪　適正化法11条は，補助事業者等又は間接補助事業者等が補助金等又は間接補助金等を他の用途に使用することを禁止している。この規定に違反して他の用途に使用した者は，3年以下の懲役若しくは50万円以下の罰金に処し，又はこれを併科する（30条）。

手続違反罪　一定の手続違反者に対する処罰規定が用意されている。す

104　詐欺罪の構成要件を満たすとして起訴されたときに，弁護側が，補助金等の受交付の構成要件を充足していると主張した事件がある（間接補助金等に該当するとする主張に対して，反対給付の性質をもつものであるとされた例として，大阪地裁平成17・5・11判例時報1918号126頁，大阪地裁平成17・5・27判例時報1918号135頁）。

105　前掲注104に掲げた2判決を参照。

なわち，①13条2項の補助事業等の遂行の一時停止命令に違反した者，②法令に違反して補助事業等の成果の報告をしなかった者，③23条の規定による報告をせず，若しくは虚偽の報告をし，検査を拒み，妨げ，若しくは忌避し，又は質問に対して答弁せず，若しくは虚偽の答弁をした者は，3万円以下の罰金に処せられる（31条）。租税法における質問検査拒否等に対する処罰に相当する構成要件である。

両罰規定 法人（法人でない団体で代表者又は管理人の定のある者を含む）の代表者又は法人若しくは人の代理人，使用人その他の従業者が，その法人又は人の業務に関し，29条から32条までの違反行為をしたときは，その行為者を罰するほか，当該法人又は人に対し，各本条の罰金刑を科することとされている（32条）。刑法の詐欺罪の場合は，法人の代表者又はその代理人，使用人その他の従業者が，人を欺いてその法人に利益を得させた場合に，その得させた自然人が処罰されるのみで，利益を受けた法人が処罰されることはない（法人不処罰）。しかし，補助金等の不正受給は，法人又は人の業務のために行なわれることが多く，行為者と並んで，業務主たる法人又は人を併せて処罰することを可能にすることが望ましいという考え方にたって，両罰規定が置かれている。

国の資金助成業務担当法人の交付する補助金等の不正受交付の処罰 今日において，国の資金助成業務担当法人で多額の補助金等を交付するものが存在する。このような法人の補助金等を不正に受交付した者に対する処罰がどのようになるのであろうか。適正化法の適用がないとすれば，刑法の詐欺罪が成立しているかどうかで処理される。適正化法29条が詐欺罪の特別規定であるとする説に従えば，結局，個別の法律を調べて，適正化法の適用の有無を調べる必要がある。

たとえば，独立行政法人日本学生支援機構法24条は，同法13条1項6号（外国人留学生の寄宿舎を設置する者又はその設置する施設を外国人留学生の居住の用に供する者に対する助成金の支給）の規定により機構が支給する助成金について適正化法の規定（罰則を含む）を準用するとしている。同じく，独立行政法人日本芸術文化振興会法17条は，同法14条1項1号の規定により振興会が支給する資金について適正化法の規定（罰則を含む）を準用するとし

ている。独立行政法人国際協力機構法14条，独立行政法人新エネルギー・産業技術総合開発機構法18条，独立行政法人農畜産業振興機構法17条，独立行政法人中小企業基盤整備機構法16条，独立行政法人国際交流基金法13条なども同様の定めをおいている。どのような基準で準用規定がおかれているのか知りたいところである。

しかし，このような準用規定を置かない助成業務担当法人の法律も多数ある。その場合に，どのような処罰があるのかが問題になる。おそらく二つの場面があろう。第一に，法人の交付する補助金等が適正化法の「間接補助金等」に該当する場合は，適正化法29条1項の「間接補助金等の交付又は融通を受けた者」としての処罰がなされる。第二に，間接補助金等に該当しない場合は，刑法の詐欺罪の適用可能性を探ることになる[106]。交付要綱等に明示されていない場合に，これら二つのいずれの適用関係になるのかを確認することは，容易ではない。そのことは，助成業務担当法人から補助金等の交付を受ける者にとって，交付を受ける業務主としての処罰があるのか，あるいは，行為者処罰なのかが明らかでないことも意味している。間接補助金等に該当しようとしまいと，不正な手段により資金助成担当法人から補助金等の交付を受けることは許されないことであって，その行為は自然犯的なものであるから，不明確さを問題にする必要がないということなのであろうか。

[2] 地方公共団体の補助金等交付と制裁

法令の構造　　地方公共団体の補助金等の交付について不正行為等があった場合に，どのような制裁を科することができるであろうか。適正化法の処罰規定に相当する法律の定めが存在しないことは，すでに述べたとおりである。したがって，詐欺罪が適用される。

106　建設会社が，独立行政法人雇用・能力開発機構の「建設教育訓練助成金」を不正に受給したとして，会社などの捜索がなされた際は，詐欺容疑であったと報道されている（朝日新聞平成17・12・13）。これが，労働保険特別会計の雇用勘定の「技能向上対策費補助金」などを用いた助成であるならば，適正化法29条1項の適用となる。同機構の中小企業雇用創出人材確保助成金の不正受交付について詐欺罪を適用した例として，静岡地裁浜松支部平成13・10・12判例集未登載がある。

ところで，自治法は，分担金，使用料，加入金及び手数料の徴収に関しては，条例で過料の規定を設けることができる旨を許容している。すなわち，詐欺その他不正の行為により，分担金，使用料，加入金又は手数料の徴収を免れた者については，徴収を免れた金額の5倍に相当する金額（5倍に相当する金額が5万円を超えないときは5万円）以下（228条3項），それ以外の場合は5万円以下，の各過料である。ところが，不正の行為により補助金等の交付を受けた場合の規定は置かれていない。

条例又は規則による制裁規定創設の可能性　そこで，条例又は規則の一般的制定権に基づいて，不正受交付等に関して制裁を設けることができるか否かが問題になる。自治法15条は，長に対して「法令に違反しない限りにおいて，その権限に属する事務に関し，規則を制定する」権限を付与したうえ（1項），法令に特別の定めがあるものを除くほか，普通地方公共団体の規則中に，規則に違反した者に対し，5万円以下の過料を科する旨の規定を設けることを認めている（2項）。したがって，補助金等の交付が，予算執行権の一場面として長の権限に属する事務であるとするならば，補助金等交付規則において補助金等の不正受交付等を禁止しておいて，その禁止に違反した者に5万円以下の過料を科する旨の規定を設けることができるように見える。過料賦課権は，自治法14条2項にいう法令の特別の定めであるから，14条2項が条例主義を要求する「義務を課し，又は権利を制限する」規定に反するものでもない。

しかしながら，補助金等交付規則のような規則を制定している地方公共団体のなかで，規則中に過料に関する規定を置いている地方公共団体に接することができない。その理由が何であるのか筆者には確かな情報がない。予想される考え方としては，次のようなものがある。

第一に，典型的な不正受交付に対しては，早い段階で発覚したときは補助金交付関係を解消して返還させることで，ほぼ目的を達するということが考えられる。地方公共団体における補助金交付の法律関係が契約関係であるとすれば，約定解除権の行使である。

第二に，解除権の行使と返還のみならず，違約金条項を設けて，過料等と同様の制裁効果を発揮させることができることも，一つの理由かもしれない。

たとえば,「横浜市補助金等の交付に関する規則」は,補助事業者等は,補助金交付決定の取消しにより補助金等の返還を命ぜられたときは,受領の日から納付の日までの日数に応じ,当該補助金等の額につき年 10.95 ％の割合で計算した「加算金」を市に納付しなければならないと定めている。また,「東京都補助金等交付規則」20 条 1 項も,補助金等の交付決定の全部又は一部を取り消した場合において,補助金等の返還を命じたときは,補助事業者等をして,補助金等の受領の日から納付の日までの日数に応じ,当該補助金等の額につき年 10.95 ％の割合で計算した「違約加算金」を納付させなければならない,としている。名称は異なるが実質は同じである。このような規則の定めは,適正化法 19 条 1 項にならったものと推測される。なかには,仙台市補助金等交付規則 18 条 1 項のように,適正化法 19 条 1 項に規定する割合を乗じて計算した金額に相当する加算金を納付しなければならない旨を定める例もある。ほとんどの地方公共団体の補助金交付関係規則に定められているが,規則に同種の規定を置かない地方公共団体もある[107]。

第三に,補助金等の交付関係は基本的に契約関係であるという理解に立つときに,そこに一方当事者が地方公共団体であるとうだけの理由で過料制度を活用することは好ましくないという考え方があるのかもしれない。すなわち,契約の一方当事者のみが,過料賦課権をもつのは公平を欠くので,活用しないという考え方である。

第四に,詐欺罪の適用される場面を考えると,刑罰と過料との二重の制裁となり,法律の先占領域であるとされる可能性もある。

[3] 補助金等の再度交付の拒絶・関連補助金等の交付拒絶

再度交付の拒絶 反復して交付される補助金等について,不正受交付があったときは,再度の交付申請がなされた場合に,不交付とする扱いが広がりつつある。たとえば,厚生労働省の中小企業雇用創出等能力開発助成金,継続雇用定着促進助成金のうちの多数継続雇用助成金,介護雇用管理支援助

---

107 市にはそのようなところが多い。さいたま市,新潟市,富山市,長野市,和歌山市,宮崎市など。

成金（介護雇用管理助成金・介護能力開発給付金）などに関しては，「過去3年間に助成金の不正受給を行っていない事業主であること」が受交付要件の一つとされている。さらに，「厚生労働科学研究費補助金」に関しては，「厚生労働科学研究費補助金取扱規程第3条第3項第2号及び第8項第2号に定める補助金を交付しない期間の取扱いについて」という名称の厚生科学課長決定に基づき，適正化法17条1項の規定により交付決定が取り消された事業を行なった者に対して適用する，「補助金を交付しない他の用途への使用の内容を勘案して相当と認められる期間」について，次のような扱いが示されている。

1　補助金交付決定取消事業に関連する科学研究の遂行に使用した場合　　2年
2　1を除く，科学研究に関連する用途に使用した場合　　3年
3　科学研究に関連しない用途に使用した場合　　4年
4　虚偽の請求に基づく行為により現金を支出した場合　　4年
5　1から4にかかわらず，個人の経済的利益を得るために使用した場合　　5年

多様な補助金等が存在するので，一律に扱うことができるかどうかは問題である。たとえば，私立学校の経常費補助金について，ある年度の不正・不当を理由にして，向こう3年間の助成をしないというような措置をするならば，教育自体に著しい打撃を与えて，それ自体が公益を害することになりかねない。

さらに，不正受交付と異なる次元の不正行為を補助金等の交付のうえにおいていかに扱うか問題になることがある。たとえば，国費による競争的資金等を活用した研究活動における不正行為（捏造，改ざん，盗用など）があった場合にどのように対応するかという問題がある（第7章1［4］を参照）。資格要件の問題ということになろう。

また，省庁の枠を越えて，補助金等の不正受給者には一定期間新たな補助金等を交付しないという考え方も登場する。その場合には，不正受給の情報を集中させてブラックリストが作成されることになる。情報の集中・利用と公務員の守秘義務との関係についての検討が必要であろう。

5 手続的保障

［１］ 立入り検査等の手続

補助金適正化法の場合　適正化法は，補助金等の予算の執行の適正を期するため必要があるときは，補助事業者等若しくは間接補助事業者等に対して，報告をさせ，又は当該職員にその事務所，事業場等に立ち入り，帳簿書類その他の物件を検査させ，若しくは関係者に質問させることができるとしている（23条１項)[108]。間接補助事業者等に対して直接に権限を行使できる点に注意しておきたい。租税法による質問検査権規定（所得税法234条，法人税法153条１項など）に似ているが，事務所等への立入りが明示されている点，及び質問の相手方が「関係者」という文言で定められている点が異なっている。前者は，租税法においても質問検査の前提として立入りも許容されていると解されるので実質上の違いはない。「関係者」という表現は，補助事業者等又は間接補助事業者等，それらの役員，従業員のみならず，取引関係者等を含むと解される。すなわち，租税法における反面調査（所得税法234条１項２号，法人税法154条など）に相当する質問もできると解すべきである。物理的実力行使により相手方の抵抗を排除して立入り検査をすることができない点は[109]，租税法に基づく質問検査権の場合と同様である。

これらの検査等を実施する際に，職員は，その身分を示す証票を携帯し，関係者の要求があるときは，これを提示しなければならない（23条２項）。23条１項の規定による報告をせず若しくは虚偽の報告をし，検査を拒み，妨げ，若しくは忌避し，又は質問に対して答弁せず，若しくは虚偽の答弁をした者に対して，３万円以下の罰金刑が用意されている（31条３号）（検査拒

---

[108] 補助金等の交付担当行政機関の権限行使と別に，会計検査院は，国の会計検査機関の立場から「必要と認めるとき又は内閣の要求があるときは」「国が直接又は間接に補助金，奨励金，助成金等を交付し又は貸付金，損失補償等の財政援助を与えているものの会計」の検査をすることができる（会計検査院法23条３号）。したがって，間接補助事業者等の会計についても検査できる。

[109] 小滝・解説306頁。

否罪)。これにより，間接強制が働くことになる。

適正化法23条1項の規定による権限行使は，犯罪捜査のために認められたものと解してはならない旨が明示されている（同条3項）。租税法律に基づく質問検査権の行使については，憲法35条（令状主義）及び38条（自己に不利益な供述の強要の禁止）の適用はないと解されており（最高裁大法廷昭和47・11・22刑集26巻9号554頁），その考え方は適正化法23条1項の検査等についても妥当するといえよう。適正化法による検査についても，検査等の過程で知った犯罪事実について職員が告発義務を負うか，あるいは，告発できるかという問題がある。租税法の質問検査権については，憲法38条の趣旨が実質的に損なわれるのを防止するために，租税職員の守秘義務が公務員の告発義務に優先すべきであるとする見解が有力である[110]。

筆者は，かつて令状主義や自己に不利益な供述の強要の禁止が憲法上の原則である以上，租税法と異なる解釈を施すことはできないと述べたことがある[111]。しかし，補助金等の交付の場合は，本来補助事業者等との間には特別の信頼関係が形成できるという前提で，法律関係ができているのであるから，その信頼関係を裏切る事実を知った職員が告発できないとする解釈は，補助金等の行政の適正化を図る観点からは問題なしとしない。租税法律にあるような特別の守秘義務規定が適正化法に置かれていないこと，また，憲法35条や38条の規定が直接適用されるものではないことに鑑み，少なくとも，適正化法違反等の犯罪事実の嫌疑がある旨の通報をなすことは許されてよいと解される[112]。しかし，単なる通報の域を超えて，集めた資料を丸ごと捜査機関に提供することは，その収集の基礎となった検査権等を担保するために処罰規定を用意して間接強制をしているのであるから，許されないと解す

110　金子宏『租税法 [第11版]』（弘文堂，平成18年）700頁。
111　碓井・補助金245頁。
112　地方公共団体が補助事業者等となっている補助金等について，間接補助事業者等の不正受給があって，当該地方公共団体の職員が検査等によりその事実を発見したときに，当該職員は適正化法23条1項の権限を行使しているわけではないので，告発義務をに基づいて告発できるのに対して，国の職員が適正化法23条に基づく検査等で同一の事実を発見した場合は，何らの通報も許されないというのは，あまりにバランスを欠くように思われる。

べきである[113]。なお，捜査機関が補助金等交付の行政担当職員に依頼して捜査資料を集めることは，適正化法23条3項の明文規定に違反するうえ，憲法35条及び38条にも違反する。

地方公共団体の場合　地方公共団体の交付する補助金等についての調査等の規定は，まちまちである。個別補助金に関して，条例が適正化法23条1項から3項までに相当する規定を置く例がある（横浜市企業立地等促進特定地域における支援措置に関する条例16条）。この場合に，検査拒否等に対して，自治法14条3項の範囲における罰則規定を条例中に置くこともできる。実際には，特定の補助金等のみを突出させて刑罰規定による担保を図ることは避けられているようである。しかし，重要な補助金等についてのみ刑罰による担保をしたとしても憲法違反とはいえないであろう。

補助金等一般についての規制規範である補助金等交付規則には何ら規定を置かない例もある（たとえば千葉県）[114]。横浜市補助金等の交付に関する規則は，「市長は，補助金等に係る予算の執行の適正を期するため必要があるときは，補助事業者等に対して，補助事業等の遂行に関する状況を調査し，又は報告を徴することができる」（26条）という簡単な条項を置くのみである。

これに対して，同じく規則形式であっても，適正化法23条1項とほぼ同趣旨の規定を置き，さらに，同条2項と同様に身分を示す証明書の携帯，関係者の請求があるときの提示について定めている例もある（仙台市補助金等交付規則21条1項・2項，宮城県補助金等交付規則22条1項・2項）。また，間接補助事業者等を直接拘束できないことに鑑み，「補助事業者等は，間接補助金等の交付を決定するにあたっては，知事が必要に応じて間接補助事業者等に対して報告させ，調査若しくは検査に立ち合わせ，又は職員にその事

---

[113] 小滝・解説308頁をも参照。

[114] このような場合も，長は，予算執行の適正を期すため，補助金，交付金，貸付金等の交付若しくは貸付けを受けた者（終局の受領者を含む）に対して，その状況を調査し，又は報告を徴することができる（自治221条2項）。また，地方公共団体の監査委員は，補助金交付規則等の規定如何にかかわりなく，当該地方公共団体が「補助金，交付金，負担金，貸付金，損失補償，利子補給その他の財政的援助を与えているものの出納その他の事務の執行で当該財政的援助に係るものを監査することができる」（自治法199条7項）。

務所，事業所等に立ち入らせ，帳簿書類その他の物件を検査させ，若しくは関係者に質問させることがある旨の条件を附さなければならない」として，徹底を図ろうとする例もある（埼玉県補助金等の交付手続に関する規則 20 条 2 項）。なお，規則に基づく立入検査等の拒否に対しても，5 万円以下の過料を科す旨の規定を設けることは可能であるが（自治法 15 条），条例による場合に所定の範囲内の刑罰を定めることができるのとは大きな違いがある。

　青森県は，自治法 221 条 2 項の規定に基づく補助金等に係る予算の執行の状況についての調査という位置づけで，「青森県補助金等調査規則」を制定している。調査対象者，調査の範囲，調査の場所，調査の時間，立会い，報告の聴取等などについて規定している。それらの中で，「調査は，無通告で行なう。ただし，必要があると認めるときは，この限りでない」とする 5 条の規定は，原則と例外とが逆転しており，やや常識に反すると思われるがいかがであろうか。

　自治法 221 条 2 項を活用する場合には，適正化法と異なり検査拒否罪による担保がないことに注意する必要がある。

［2］　不当干渉等の防止

補助金適正化法の規定　　適正化法 24 条は，事務の不当遅延及び不当干渉を禁止している。すなわち，「補助金等の交付に関する事務その他補助金等に係る予算の執行に関する事務に従事する国又は都道府県の職員」は，「当該事務を不当に遅延させ，又は補助金等の交付の目的を達成するために必要な限度をこえて不当に補助事業者等若しくは間接補助事業者等に対して干渉してはならない」。ここで，「都道府県の職員」も禁止規定の及ぶ主体となっているのは，適正化法 26 条が，政令の定めるところにより，補助金等の交付に関する事務の一部を都道府県が行なうこととできること（26 条 2 項。この場合の事務は，自治法 2 条 9 項 1 号の第 1 号法定受託事務である（26 条 3 項））に対応したものである。

　不当遅延の典型は，交付申請の目的を達することができないほどに遅延して応答がなされる場合である。また，どのような場合に不当干渉になるのか個別に判断するほかはないが，補助事業等の内容に関する干渉（たとえば，

科学研究費の使用について当該政策官庁の政策に反する研究成果の提出をしないよう求めること）のみならず，補助事業等と無関係な側面の干渉（たとえば，科学研究費の交付に当たり審議会で当該官庁の意向に沿った発言をするよう求めること，公益法人に対する補助金等の交付にあたり出向用のポストを用意するよう強く求めることなど）もありうる。なお，適正化法24条は訓示的規定であるとする説明がある[115]。しかし，限度をこえた不当干渉は，公務員法上の懲戒処分，職権濫用罪のみならず，国家賠償責任を生ずる場合もありうると思われる。これらの要件を構成するかどうかは，本来は適正化法24条が存在するかどうかにかかわりないものであるが，24条の存在によって，不当干渉をすべきでないという規範が高められているのであるから成立しやすくなるといえよう。

地方公共団体の場合　　明示的な規範を有しない地方公共団体についても，不当遅延・不当干渉が禁止されることは当然である。

[３]　行政手続法・行政手続条例との関係

行政手続法第2章及び第3章の適用除外　　適正化法24条の2は，補助金等の交付に関する各省各庁の長の処分については，行政手続法第2章及び第3章の規定を適用しない旨を規定している。第2章は「申請に対する処分」に関する章，第3章は「不利益処分」に関する章である。この適用除外の理由としては，①補助金等の交付に関する処分が大部分は地方公共団体又は特殊法人に対するものであること，②金銭に関するものであることから事後手続の処理に委ねることで足りること，③個別の補助金につき交付要綱が設定され又は特別の審査機関・手続を設けて交付決定する等の措置がとられていること，などが挙げられている[116]。しかし，①については，補助金等が地方公共団体等に対するものに限定されているわけではないという問題がある。②については，金銭に関するものであるからといって事前手続を要しないと

115　小滝・解説314頁。

116　高橋滋『行政手続法』（ぎょうせい，平成8年）102頁は，①と③を挙げている。なお，阿部泰隆『行政の法システム（下）[新版]』（有斐閣，平成9年）754-755頁は，適正化法24条の2につき法文の悪いことを指摘している。

する根拠はなく，交付決定の取消し等の場合は後述のような問題がある。③については，要綱があるからといって事前手続が備わっているとは限らないし，特別の審査機関がすべての補助金等について用意されているわけではない[117]。

結局，補助金等の交付に関する不利益処分の多くは，実際問題として十分な事前調査なしにはなしえない，したがって，通常は実質において手続がなされたのと同様の事情にあるという実際上の理由によっていると思われる。ただし，申請拒否処分については，限りある予算の中で配分する性質上，すべての申請者に満額の回答をしないときに必ず事前手続を踏むとするならば，大量性ゆえに行政が麻痺すると思われる。

他方，適正化法21条の2は，補助金等の交付の決定の取消し，補助事業等の遂行若しくは一時停止の命令又は補助事業等の是正のための措置の命令をするときは，補助事業者等に対して理由を示さなければならない旨を規定している。

行政手続法は，申請に対する処分については審査基準を定めること（5条），標準処理期間を定めるよう努め，それを定めたときは公にしておくこと（6条），申請に対する許認可等を拒否する処分をする場合は申請者に対して理由を示すこと（8条）などを規定しているが，補助金等の交付申請に対する処分については，同法第2章の適用除外により，これらの手続を要しないことになる。しかし，運用上は，審査基準や標準処理期間を定めておくことが望ましいといえよう。

また，行政手続法は，不利益処分については，処分基準を定めかつ公にしておくよう努めること（12条），意見陳述の手続（聴聞，弁明の機会の付与）（13条），不利益処分の理由の提示（14条）を規定しているところ，補助金等の交付に関する不利益処分については，同法第3章が適用除外とされ，適正化法21条の2により，交付決定の取消し，補助事業等遂行命令・一時停止命令，是正措置命令をしようとする場合に限り[118]，理由の提示が必要とされる。しかし，交付決定の取消しが，単に理由の提示でよいのか，立法論と

117　小滝・解説330頁。なお，同書315頁以下に詳細な解説がなされている。

して検討の余地があろう。一方において，補助金等は金銭に関する事柄であるから，理由の提示を受けて不服があるならば事後的にゆっくり争うことで足りるとする見解があろう。しかしながら，交付決定の取消し自体が，社会的制裁を意味する場合が少なくないし，また，金融機関からの融資を停止されることになる虞があるなど，事前手続を必要とする事情は十分に認められる。少なくとも，弁明の機会の供与を努力義務として定めておくことが望ましいように思われる（個別法が弁明の機会の付与を定める例として，社会福祉法58条3項）。

理由の提示 理由の提示が適正化法において独自に定められたことの意義の一つは，行政手続法で適用除外とされている国の機関又は地方公共団体若しくはその機関（同法4条1項），独立行政法人・特殊法人等（4条2項）に対する場合についても適用されることである[119]。前述の理由の提示については，規定が簡潔であるが，交付決定取消処分等の書面（別添方式を含む）において示すべきであろう。その意味において，処分との同時性が要請されている[120]。ただし，処分に近接した時点においてなされた追完については適法な理由提示と評価してよい場合がありうると思われる[121]。内容は，「理由の提示」といえる程度のものでなければならない。「理由の提示」がどの程度のものでなければならないのかについては，行政手続法8条や14条とも関連して，今後論争点になると推測される。財務省関係者は，「当該処分の根拠規定，処分要件に該当する原因となる事実関係を，当該処分の名宛人となる補助事業者等が十分に理解しうる程度に詳細かつ具体的に示さなければならない」としている[122]。理由は，補助事業者等がすでに十分知っていることを理由に省略ないし簡略化することはできず，書面自体に示されなけれ

---

118 小滝・解説328頁以下は，限定列挙されていないもののうち，報告徴収命令及び事情変更による事業内容等変更処分については，理由の提示義務を課すべきであったとして，立法論的な批判をしている。
119 小滝・解説283頁。
120 香川編・講義118頁，小滝・解説287頁。
121 これは，不服申立てが提起された後の追完などを想定するものではない。
122 香川編・講義118頁。小滝・解説288頁も同趣旨。

ばならない[123]。

なお，理由の提示に瑕疵がある場合は，行政処分の瑕疵一般論により，取消原因たる違法となり，例外的に理由が全く示されない場合などにおいては無効になると解される[124]。

行政手続条例における扱い　地方公共団体の行政手続条例との関係は，補助金交付等に関する条例を制定しているか否かにより異なる。ほとんどの地方公共団体は規則形式の規範であり，しかも，規則による補助金交付決定の取消し等は行政処分ではない，したがって行政手続条例は適用されない，という解釈によっているために[125]，行政手続条例（その適用除外）に言及する必要がないと考えられているようである。そして，規則において，適正化法21条の2の理由の提示に関する規定と同様の定めをするのが普通である（本章1［2］を参照）。結果として国の補助金等と同様になる。

こうしたなかで，若干の地方公共団体の行政手続条例は，補助金等に係る行為についても適用（ないし準用）することにしている（本章1［1］をも参照）。まず，鳥取県行政手続条例41条は，条例等に基づく鳥取県補助金等交付規則2条1項に規定する補助金等及び貸付金（適正化法2条1項に規定する補助金等をその財源の全部又は一部とし，かつ当該補助金等の目的に従って交付するものを除く）に係る行為は，「処分，行政指導又は届出とみなして，この条例の規定を適用する」としている（鳥取市行政手続条例38条もほぼ同趣旨）。横須賀市行政手続条例40条は，条例等に基づく補助金等（補助金等交付規則2条1項及び上下水道補助金等交付規程2条1項に規定する補助金等をいう）及びサービス等（サービス等提供規則2条に規定するサービス等をいう）に係る行為については同条例を適用すると定めている。さらに，東村山市行政手続条例37条も，「条例等その他の定めに基づき補助金，助成金及び貸付金の交付，金品等の給付，サービスの提供等を求める行為に対する諾否の決定」等についても，同条例の規定を適用するとしている。こうした条例が次第に増えるものと予測される。

123　小滝・解説288頁。
124　香川編・講義118頁，小滝・解説289頁。
125　大阪府ホームページの「行政手続法及び大阪府行政手続条例の概要」による。

条例方式の場合に，適正化法にみられない手続を定める例もある。芦別市補助金等交付条例（第1章2［4］を参照）は，まず，交付決定の取消し，補助事業等の遂行若しくは一時停止の命令又は補助事業等の是正のための措置を命令するときは，理由を示さなければならないと定めたうえ（31条），交付決定の取消命令，補助事業等の遂行命令若しくは一時停止の命令を行なう場合は，「必要に応じて当該補助事業者からその処分に係る意見を聴取するものとする」旨を規定し（32条1項），この意見を聴取する場合は，同市行政手続条例第3章第3節に規定する弁明の機会の付与の例によるものとしている（32条2項）[126]。前記の「必要に応じて……意見を聴取するものとする」という文言は，意見聴取の手続の実施について市長の裁量判断に委ねる趣旨と解されるが，意見聴取手続を定めている意味は大きいと思われる。

6　公的資金助成をめぐる訴訟方法

［1］　多様な訴訟場面

多様な訴訟場面　公的資金助成，特に補助金等をめぐる法律関係の理解と研究にとって，どのような訴訟場面があるのかを知っておくことが重要である。以下に述べるように，地方公共団体の財務会計行為として住民訴訟の対象になるほか，主観訴訟として，さまざまな訴訟がありうる。そのなかには，行政事件訴訟法の適用を受ける抗告訴訟，当事者訴訟，通常の民事訴訟がありうる。また，国と地方公共団体との間の紛争については，主観訴訟に関し特別の問題がある。

客観訴訟　公的資金助成に関する訴訟として最もよく利用されているのが客観訴訟としての住民訴訟である。しかし，この訴訟は地方公共団体についてのみ用意されている訴訟形態であって，国に関しては対応する訴訟がない。国も含めた補助金等の法律関係の理論形成は，地方公共団体においてのみ認められている住民訴訟の素材によるところが大きい。たとえば，寄附又

126　北海道阿寒町も，補助金等交付条例を制定して理由の提示及び必要に応じた意見の聴取を定める規定を有していたが，平成17年に釧路市に合併したため，この条例は過去のものとなった。

は補助に関し自治法232条の2が要件とする「公益上必要」があることは，財政公共目的の発現として，国のなす補助金等の交付についても当てはまることであると解される。

客観訴訟には，住民訴訟以外に機関訴訟も考えられるが，目下は，補助金等による助成を直接に扱う機関訴訟は認められていない。自治法による国又は都道府県の関与に関する訴訟に関しては，定義規定により「国又は都道府県の普通地方公共団体に対する支出金の交付及び返還」に関するものが「関与」から除外されている（245条）。したがって，直接に公的資金助成に係る国又は都道府県の関与行為は，訴訟の対象にならない。ただし，地方公共団体に対する交付金等の前提として一定の計画の認定又は指定等が国の機関によりなされる場合においては，それらの認定又は指定等は「関与」として扱われてよいと思われる（第6章3［1］を参照）。

［2］　住民訴訟

1号請求　　これまで，地方公共団体の公的資金助成の統制のために最もよく利用されてきたのは住民訴訟である。その結果，地方公共団体の長等が裁量権の逸脱濫用の故に損害賠償責任を負うべきであるとされた事例が多数存在する。しかし，違法を是正する訴訟の方法が損害賠償責任の追及に偏っているという印象を免れない。おそらく，他の請求を利用することが実際上難しいという事情によるものであろう。

まず，違法な資金助成を差し止める1号請求が最も望ましい方法であることは疑いない。しかしながら，住民監査請求をしている間に手続が進行して，訴訟提起によっては時間的に間に合わないことが多いのであろう。しかも，住民監査請求段階における停止の勧告については，回復の困難な損害を避けるため緊急の必要がなければならず（自治法242条3項），資金助成の場合にこの要件を満たすことはほとんど考えられない。資金助成の制度の内容自体に違法があるとする場合でも，具体的資金助成を差し止めなければならないのであるから，利用しうる場面が限られるのも無理ないといえる[127]。

2号請求　　2号請求に関しては，補助金交付規則や要綱に基づく交付決定は行政処分性を有しないとして，多くの場合活用できなかった事実がある。

この点につき，規範の形式のみならず，少なくとも補助金交付規則による交付決定の果たす規範的機能が適正化法又は個別条例の定める交付決定と異なるものでないことに着目して，行政処分性を肯定することを模索すべきであろう。しかし，要綱による交付決定について行政処分性を認めることは相当困難である（本章1［2］を参照）。また，融資契約，損失補償契約，債務保証などは，契約であるから，その意思決定行為について行政処分性を認めることは難しい。出資についても同様である。これらは個別になされる大物が問題とされるので，差止めが最も効果的である。なお，2号請求の被告は，行政事件訴訟法の改正により，その処分をした機関の所属する地方公共団体である（行政事件訴訟法43条1項・2項，11条1項）。

なお，2号請求との関係において補助金交付決定の行政処分性を認めると，4号請求において不当利得返還請求をすることを求めても，それが無効又は取り消されていない限り，法律上の原因がないとはいえず請求が棄却されるという問題がある。しかし，交付決定の行政処分性を否定しても，直ちに法律上の原因を欠くとみることができるわけではなく，約定解除権の行使等が必要となる。逆に行政処分性の肯定が住民訴訟による地方公共団体の財務状態の維持の障害になるとは限らないであろう。

3号請求　3号請求は，公金の賦課若しくは徴収又は財産の管理を怠る事実の違法確認請求である。補助金交付決定の取消し自体は言葉の自然な意味において「公金の賦課」に当たらないし，補助金交付規則に基づく交付決定の取消しが約定解除権の行使であると解するならば，それは公金の「徴収」にも当たらない。補助金交付規則に基づく返還命令については，交付決定の取消しをするまでもなく返還を命じうるのに命じていない場合は，「公金」の「徴収」を怠るものとみる余地があろう。返還を命じうる場合であるかどうかは本案の問題である。この場合には，次の財産の管理を怠る事実の有無と重なり合うように思われる。また，延滞金や加算金については，公金の賦課徴収を怠ることに該当する場合があろう。

127　職員互助組合に対し毎年継続的に補助金が交付されていて，それを違法として差し止める場合などは，1号請求を利用できるであろう。

交付決定取消権自体は「財産」ではないが（函館地裁平成14・4・11判例集未登載），交付決定を取り消され返還命令を受けた者に対する請求権は，不当利得返還請求権又は損害賠償請求権であるから，その行使を怠ることは「財産」の管理を怠る事実に該当すると解される。また，不正受交付者との関係においては，返還命令がなされていなくとも不当利得返還請求権又は損害賠償請求権を認識できる可能性もある。要するに，公金の賦課若しくは徴収を怠る事実として争うのに比べて，「財産」の管理を怠る事実として3号請求を活用することの方が容易であるといえよう。

4号請求　4号請求にあっては，財務会計行為をした長個人若しくは職員個人又は相手方に対して損害賠償請求をすることを求める請求，相手方に対して不当利得返還請求をすることを求める請求，賠償命令をすることを求める請求が考えられる。旧4号請求[128]と異なり，新4号請求の被告は，「執行機関又は職員」である。随意契約の制限に違反する契約も相手方との関係において無効となるわけではないとされた最高裁昭和62・5・19（民集41巻4号687頁）の論理（内部法説）が補助金交付の場合にも該当するとするならば，補助金交付規則等に違反する場合でも相手方に対して不当利得として返還を求めることができないという問題に対して，高木光教授は，「実体公法の復権」の観点から最高裁昭和62年判決の射程は補助金交付決定に及ばないとする解釈を追求することを主張している[129]。補助金交付決定に行政処分性を付与する方法よりも外部法説の採用を志向すべきであるとする見解である（本章1〔2〕をも参照）。しかし，公的資金助成を規律する規範に違

---

[128] 旧4号請求を利用して，国に対する負担金の支払いを求める代位住民訴訟が棄却された裁判例として，保育所運営費国庫負担金に関して，東京地裁昭和55・3・4行集31巻3号353頁，その控訴審・東京高裁昭和57・9・14行集33巻9号1789頁，農業委員会経費負担金に関して，福岡地裁昭和55・3・13行集31巻3号445頁，その控訴審・福岡高裁昭和58・11・14行集34巻11号1925頁，校舎新増築費国庫負担金に関して，山口地裁昭和56・11・19行集32巻11号2024頁，その控訴審・広島高裁昭和63・4・18行集39巻3・4号265頁がある。

[129] 高木光『行政訴訟論』（有斐閣，平成17年）270頁以下（原論文は，同「住民訴訟における行政処分概念——補助金交付決定を念頭において——」南博方先生古稀記念『行政法と法の支配』（有斐閣，平成11年）221頁）。

反することを知って助成を受けている者は別として，適法に助成を受けたと思っている相手方の信頼を保護する必要がある。とりわけ自治法232条の2の「公益上必要」があることの要件違反の場合に，直ちに不当利得となるとすることはできないと思われる。相手方が，その要件違反を知っていたとか，資金助成の枠組みの採用自体が相手方との協働により形成されたなどの，信頼を保護する必要のない特別の場合に限り法律上の原因を欠くと認めるべきであろう。もちろん，場合によっては，当該職員と並んで相手方も損害賠償責任を負うべきであるとされる可能性も否定すべきではない。

主観的利害を有する者による住民訴訟の利用　住民訴訟は，客観訴訟であるから，原告の権利利益にかかわらない訴訟である。しかしながら，具体の資金助成に主観的な利害を有している者が住民訴訟を利用することもありうる。たとえば，特定の補助金で交付対象事業の件数が決められている場合に，申請を募ったうえ，予め設定した選考基準により交付対象者を決定したところ，その選考が基準に違反しており，基準どおりの選考を行なうならば自己が選考されるはずであるとする原告が，2号請求により補助金交付決定を争うとか（交付決定の行政処分性の肯定を前提にして），1号請求により補助金交付の差止めを求めることなどがありうる。このような競争事業者による住民訴訟の利用も否定される必要はない。再度の選考により，当該原告が選考されて補助金の交付を受ける可能性もありうる。ただし，住民監査請求，住民訴訟に要する期間を考慮すると，差止請求が機能することは少なく，また，2号請求により取消判決が確定した時点において，通常は別の年度になっているであろう。補助金の申請と交付が年度ごとに，当該年度の予算を前提に実施される性質のものであることからすれば，取消判決確定後に，過去の年度の申請者について選考をやり直すことは困難である。住民訴訟活用方式には，このような限界がある。

[3] 主観訴訟

主観訴訟の原告として予想される権利主体　公的資金助成をめぐる主観訴訟の原告となる権利主体について考えてみよう。

第一に，助成をなす公共部門（国又は地方公共団体，さらに一定の資金助成

業務担当法人）が考えられる。適正化法の適用を受ける補助金等にあっては，国は，同法に基づく行政処分権限（交付決定取消権，返還命令権など）及び強制徴収権限を発動することができるので，訴訟を提起する必要のある場面はごく限られるであろう。これに対して，地方公共団体は，約定解除権の行使等をして相手方に返還を求めても相手がこれに応じない場合などにおいて，返還を求める民事訴訟を提起することになろう（本章3［2］を参照）。

　第二に，公的資金助成の相手方が訴訟を提起する場合がある。これには，①行政処分とみられる行為を見出してなす処分取消訴訟又は無効確認訴訟，②申請に対して応答がないときに提起する不作為の違法確認の訴え，③補助金交付決定がなされないことにより重大な損害を生ずるおそれがあり，かつ，その損害を避けるため他に適当な方法がないときに提起する義務づけの訴え（行政事件訴訟法37条の2第1項），④民事訴訟によりなす支払請求訴訟（国家賠償請求を含む），返還を拒絶するための返還義務不存在確認訴訟などが考えられよう。

　第三に，相手方以外の者が原告となる場合もある。すべての場合を列挙できないが，典型的なのは，ある者に対する補助金交付により不利益を被ったとして競争事業者が訴訟を提起する場合である。

　なお，政府間関係，すなわち，国と地方公共団体との間，又は地方公共団体相互間における公的資金助成をめぐる紛争が訴訟をもって解決できるのかどうかは，一つの重要課題である。この点については，第6章3において述べよう。

　補助金交付決定等の行政処分性肯定による抗告訴訟　補助金交付決定等に行政処分性を付与することは，住民訴訟2号請求の対象として認めるのみならず，主観訴訟としての取消訴訟，無効確認訴訟の途を開くことにより，交付決定や返還命令に対する司法的救済を拡大することを可能にする[130]。また，申請に対して応答がないときは，不作為の違法確認の訴えを提起することも可能にする。所定の要件を満たすならば，義務づけ訴訟も可能となる。

130　2号住民訴訟も含めた裁判例の検討をする塩野・補助金交付決定295頁以下（同・法治主義187頁以下）を参照。

法律又は条例（筆者にあっては地方公共団体の長の定める規則を含む）が定める交付決定、返還命令等に対しては抗告訴訟の提起が可能であるし（その代表例が、雪印乳業事件に関する、釧路地裁昭和43・3・19行集19巻3号408頁、札幌高裁昭和44・4・17行集20巻4号459頁、本州製紙事件に関する、札幌高裁昭和44・4・17判例時報554号15頁）、交付決定の前提としての交付申請に応答がないときは不作為の違法確認の訴えが可能であろう。

当事者訴訟の方法　もっとも、訴訟による救済を図るのに、交付決定等の行政処分性を認めることが絶対的なことであるというわけではない。確認訴訟等の活用により、ある程度の司法的救済を確保できる可能性がある。ことに、法律又は条例による行政処分性の付与がない場合における救済として意味をもつであろう。塩野宏教授は、負担付贈与契約一般における贈与者の意思の自由という考え方が、公の行政の手段の一つとしてなされる補助金についてそのままに妥当することについて、①補助金は公の目的に奉仕しなければならないこと、②補助金行政にあっては恣意的取扱いは許されず、平等原則が働くこと、を指摘し、交付要綱も、内部的なものであっても平等取扱い（実体的及び手続的の二重の意味）の基準として機能し（要綱の外部効果）、自己拘束的な意思表示が存在しているとする。そして、申込みに対して応答を得られないときには、他者と区別された不平等取扱いを受けたことに対する不法行為法上の請求をする途と並んで、「なんらかの応答」を求めることもできるとし、さらに、「平等原則が強く働く場合」は「一定額の補助金給付契約締結を求める訴えを提起することもできよう」とされる[131]。阿部泰隆教授も、要綱の要件を満たした申請を拒否すれば、補助金契約の応諾の意思表示を求める訴えが認容されるべきであると主張している[132]。

131　塩野・補助金交付決定309頁以下（同・法治主義202頁以下）。なお、兼子仁『自治体・住民の法律入門』（岩波書店、平成13年）129頁は、給付行政における申請拒否は、正式の争いを受けて立つべき行政処分性をもつとし、助成要綱に基づく申請拒否も、そのような形式的行政処分であるとしている。

132　阿部泰隆『行政の法システム（上）［新版］』（有斐閣、平成9年）355頁。なお、そこで、阿部教授は、要綱を契約の申込みと解すれば、要件を満たした補助金の申請は契約の応諾となると述べているが、要綱自体を申込みとするのは飛躍であって、申込みの誘引の意味をもつとみるのが自然であろう。

ところで，当事者訴訟により補助金交付の請求をなした場合に，その訴えが不適法となるものではないが[133]，請求が認容される可能性は極めて低い。交付決定の行政処分性を認める場合は，補助金交付請求権は，交付決定により初めて発生するという論理で，当事者訴訟による補助金交付請求を棄却される可能性が高いといえる（雪印乳業事件に関する，釧路地裁昭和43・3・19行集19巻3号426頁，その控訴審・札幌高裁昭和44・4・17行集20巻4号486頁，本州製紙事件に関する，札幌高裁昭和44・4・17判例時報554号21頁，摂津訴訟に関する，東京地裁昭和51・12・13行集27巻11・12号1790頁，その控訴審・東京高裁昭和55・7・28行集31巻7号1558頁）。

なお，行政処分の介在しない場合は，私法関係であるとして，純粋の民事訴訟であるとする説が一般的と思われる[134]。筆者は，目的的考察によって「公法上の法律関係に関する訴訟」と扱ってよいと考えているが[135]，それは，訴訟の入口の問題ではない。

国家賠償請求の方法　公的資金助成に関する不服について，国家賠償請求を活用して裁判所の審査を受ける方法が考えられる[136]。国家賠償法1条の「公権力の行使」について広義説が通用するなかで，補助金交付に関する違法な処置により損害を被ったとする訴訟が提起されることがある。飼犬・飼猫の不妊手術の補助金交付を獣医師会支部所属の獣医師による不妊手術に限定したことについて，加入していない獣医師が国家賠償法1条に基づき慰謝料等を請求した事件で，最高裁平成7・11・7（判例時報1553号88頁）

133　ただし，適正化法の適用を受ける補助金等については，「行政の第一次的判断権の尊重」を理由に不適法却下されることもありうる（南博方編『条解行政事件訴訟法』（弘文堂，昭和62年）171頁（執筆＝碓井光明））。

134　塩野宏「補助金請求権の性質」田中二郎＝雄川一郎編『行政法演習[改訂版] I』（有斐閣，昭和50年）11頁。

135　南博方編・前掲注133, 171頁（執筆＝碓井光明）。なお，山本隆司『行政上の主観法と法関係』（有斐閣，平成12年）469頁以下は，法関係論の立場から，新たな訴訟を模索することを提案している。

136　交付すべき奨励金と同額の損害を被ったとする損害賠償請求が棄却された例として，雪印乳業事件に関する，釧路地裁昭和43・3・19行集19巻3号426頁，札幌高裁昭和44・4・17行集20巻4号486頁がある。

は，国家賠償法上違法となるとは認めがたいとしたが，これは，国家賠償法の適用自体を否定しない趣旨と理解してよいであろう。

ところで，国家賠償請求の原因としての「公権力の行使」は，広狭さまざまな場面で見出すことが可能である。前記の事件のように制度設計そのものを「公権力の行使」とみることも可能であるし，申請に対して応答しなかったこと[137]，競争者に対する違法な補助金交付等を「公権力の行使」とみる場面も考えられる。

また，企業誘致目的の補助金制度を信頼して投資した後に突然に制度を廃止したような場合は，信義則違反を理由とする国家賠償請求も考えられよう。

国家賠償請求は，損害の回復を図る目的の請求であるが，具体的な資金助成の金額を伴う紛争は別として，公的資金助成の制度を通じた不利益の救済を求める事案にあっては，その真意は将来に向かって是正を求める点にある場合も多いと思われる。たとえば，先の獣医師の事件も，もし同じ助成金が存続する場合に，獣医師会支部に所属しない獣医師の行なう不妊手術も助成対象にしてもらうことにこそ意味がある。裁判所に国家賠償請求認容判決により違法を宣言してもらい，実質的に将来に向けた是正を求めることに意義があるともいえる。こうした国家賠償請求認容判決の機能に着目するならば，名目的損害賠償額であっても大きな意味を発揮する[138]。そのような目的で国家賠償請求を活用することも否定されるべきではない。

---

[137] 塩野・補助金交付決定 310 頁（同・法治主義 202 頁）は，申込みに対する応答を得られないことを不平等取扱いとして不法行為法上の請求をなすことが可能であるとしている。なお，入札過程における違法な行為につき，第 4 章注 16 を参照。

[138] おそらく，民事訴訟法 248 条に基づいて，損害が生じたことは認められるが，「損害の性質上その額を立証することが極めて困難である」として，裁判所が口頭弁論の全趣旨及び証拠調べの結果に基づき「相当な損害額を認定」することも多いであろう。なお，獣医師事件では慰謝料の請求がなされているが，慰謝料の算定は，認定された損害を証拠に基づいて金銭的価値に転換するものではないとして，事実認定の対象外であるから民事訴訟法 248 条の適用範囲外であるとする説がある（伊藤眞『民事訴訟法［第 3 版再訂版］』（有斐閣，平成 18 年）325 頁，同「損害賠償額の認定」原井龍一郎先生古稀記念論文集『改革期の民事手続法』（平成 12 年）52 頁，57 頁）。

第4章　公的融資・出資

1　公的融資の諸相

[1]　公的融資の特性

公的融資を必要とする理由　融資（資金貸付）は，資金を必要としている者に対する資金の融通であるが，補助金と異なり，資金の返還を約してなされるものである。民法に従えば金銭消費貸借である。こうした融資は，民間金融機関によってもなされるのであるが，特に公共部門が行なうのは，民間金融機関からの融資を受けられないとか，受けられるにしても比較的高い利率の利子を支払わなければならないので，当該資金を要する行動を行なえないとか躊躇するような場合に，より低い利率の資金を融通することによって，当該行為を可能にし，あるいは促進する必要があるからである。そのような

1　高知地裁平成15・3・26判例タイムズ1199号118頁は，元副知事が，すでに中小企業高度化資金約14億円の融資を受けるも経営難に陥っていた縫製業協業組合に対して，組合を対象にした低利融資制度を創設して約10億余円を融資し，その後，さらに2億円を追加融資したところ，ほぼ全額が貸倒れとなった場合について，第一次貸付時には従業員の雇用を確保し地場産業の振興を図るという観点から当面の倒産危機を回避して，将来における民間金融機関による支援が期待できるようになるまでの過渡的な措置であるということを考慮しても，背任罪の任務違背に当たるとし，有罪とした。議会による予算の議決を経ずに十分な担保も徴求しなかったことが強調されている。控訴審の高松高裁平成17・7・12判例集未登載も，この判断を維持した。なお，別件事件で，県から貸付けを受けた協業組合を結成した者に対する詐欺罪の有罪判決も出されている（高知地裁平成14・3・25判例集未登載，高松高裁平成15・10・28判例集未登載）。他に詐欺罪の適用例として，長崎地裁平成15・3・5，前橋地裁平成15・4・9（いずれも判例集未登載）がある。

　県の責任ある立場にある者（副知事ら）が，県が融資するまでのつなぎ融資を銀行に要請し，これを受けて融資した銀行の役員が，県の融資が実行されず未回収になった場合に，株主代表訴訟により善管注意義務違反として損害賠償を命じられた例がある（高知地裁平成17・6・10資料版商事法務260号194頁）。

効果の発揮の程度は，返還を要しない補助金に比べて融資の方が低く，また，融資の中では，無利子融資に比べて有利子融資の方が低い。利子付きの場合も，利子の程度が効果を左右する。

回収可能性確保原則　公的融資も融資である以上は，回収を確実に行なうことが強く求められる。回収可能性がないにもかかわらず貸し付けて，回収できない事態となったときには，背任罪に問われることもある[1]。自治法240条2項，自治令171条の4第2項の規定は，直接には債権の保全・回収の措置をとることを定める規定であるが，貸付けの実行時においても回収の可能性が認められることが必要である。回収の可能性が全くないとか，ほとんどないにもかかわらず，無担保で貸し付けることは違法となると解される。グリーンピア横浪に対する貸付けの事案[2]について，高知地裁平成18・1・20（判例集未登載）は，自治法240条などに鑑みると，自治法は償還可能性のない貸金返還請求権が債権として成立することはおよそ想定していないとし，仮に償還可能性のない貸付けを認めると，償還を前提としない補助金との差異がなくなり，自治法232条の2の趣旨が没却され，「貸付金に名を借

---

[2] グリーンピア土佐横浪に対する貸付けについて，高知県監査委員は，貸付けの実行時に11億円を超える累積債務があったこと，平成15年度も当初から赤字決算を見込んでいたことからすれば，償還はほとんど不可能であったとして，県に与えた損害について補塡のため必要な措置を講じるべきであるとした。同じく，平成15年度の同県包括外部監査報告書は，償還可能性が全くない場合又は著しく乏しい場合に貸付けが不当になるとし，平成14年度，平成15年度の貸付金は，償還可能性が著しく乏しいものであったから，自治法240条2項，自治令171条の4第2項に違反するものであって，補助の3原則のうちの法令適合原則に違反し，「公益上必要がある場合」の要件を欠くから妥当でないとした。ただし，それに続けて，国体の宿泊施設の確保の必要性等から運転資金を交付すること自体には一応の理由があったのであるから，両年度の運転資金を交付するについて償還を前提にする貸付金ではなく，補助金として交付したのであれば「公益上必要がある場合」の要件を充たし正当となる余地があったとした（高知県公報平成16・4・30号外24号23頁・40頁以下）。この監査報告書の償還可能性に関する判断に対して，知事は，「平成15年度包括外部監査結果に基づく措置について」の通知において，当時は，受託業者が民間手法を活かして経営努力を続けることによって財団の経営が好転し貸付金が償還されることも長期的ではあるが可能と考えられたもので，償還可能性が著しく乏しかったとまでいうことは認めることができない，と反論した（平成16・12・21高知県公報8709号）。

りた補助金」が交付されるなど[3]，232条の2を潜脱した歳出科目の設定が横行すると述べている[4]。補助金の場合に比べて貸付けの場合は，統制が緩くなりやすいという前提に立つ考え方であると推測される。

これに対して，控訴審の高松高裁平成18・7・13（判例集未登載）は，地方公共団体は，償還義務のない補助金形式の公金支出も可能なのであるから，「貸付金という法形式で公金を支出する場合でも，償還可能性を絶対的なものとみず，補助金的要素を加味した貸付制度を創設することも，行政目的を達成するために不合理でなければ，政策的判断として可能であって，裁量権の範囲内にある」とし，どの程度の償還可能性を要求するかは，行政目的の達成との関係で政策的に決定しうる，とした（青森地裁平成18・9・29判例集未登載も同旨）。一般論を認めるとしても，「社会的弱者」に対するそのような貸付制度が許されることと，第三セクターに対する貸付けにつき償還可能性を要しないとすることとは，相当異なるというべきである。

公的融資を必要とする者は，民間金融機関からの融資を受けるのに困難である場合も多いので，あまりに高い資力を要求することは，公的融資制度の存在理由を問われかねない。また，保証を得るために高い保証料等の負担を負うのでは，融資の扉を閉ざすことになりかねない。そこで，半公的な保証機関を設立して，比較的安い保証料で保証を受けられるシステムを構築する場面が増えてきた[5]。いわゆる機関保証の活用である。その典型は，都道府

3　被告は，高知県公衆衛生修学資金貸与条例，獣医師修学資金貸与条例に基づく修学資金の貸付金，地域改善対策奨学資金の貸与に関する条例に基づく奨学資金の貸付金，母子及び寡婦福祉法に基づく母子福祉資金貸付制度等は，性格的には補助金であって償還可能性自体に重要性のないものがあり，本件貸付けもそのようなものであると主張した。これに対して，判決は，貸付けの法形式をとる以上償還可能性があることが当然要求されると述べている。

4　平成15年度の貸付金について償還可能性のない貸付けであったとして違法と判断した。議会の議決があったとしても左右されないとする見解をとっている。

5　日本学生支援機構から奨学金の貸与を受ける学生は，財団法人日本国際教育支援協会に一定の保証料を支払うことにより，同協会の連帯保証を得ることができる。ただし，原則的な方法によれば，毎月の奨学金貸与額から保証料月額を差し引いた後の金額が奨学生の口座に振り込まれる。この制度の利用により，奨学生は，連帯保証人や保証人を立てる必要がないことになる。

県等を単位に設立されている信用保証協会である（第5章3［1］を参照）。

消費貸借の要物契約性と融資決定の性質　金銭消費貸借は，金銭を受け取ることによって効力を生ずるとして，要物契約とされている（民法587条）。しかし，公的融資の場合には，申請と融資決定（貸付決定）の手続が先行し[6]，それから貸付けの実行がなされるのが普通である[7]。融資決定（貸付決定）の通知がなされても，なお金銭消費貸借の効力が生じていないといえるかどうかは，一つの論点になりうると思われる。確かに，同一金額の金銭を返還すべき債務は金銭を受け取ることによって生ずる。その意味においての要物契約性を認めることができる。これに対して，金銭を受け取る前に，「貸主が金銭を交付する義務を負う」意味の契約の効力を生じていないとするならば，申請（融資の申込み）に対する承諾に当たる融資決定通知は，融資申込者に対する単なる期待的利益を与えているにとどまることになる。民法学における諾成的消費貸借を認める余地が十分にあるように思われる。

さらに，融資決定（貸付決定）について，独自にその取消しや変更の手続を想定する規定が多い[8]。それに加えて，金銭消費貸借契約の締結を別個に行なう方式を採用することもある[9]。この最後の場合の融資決定（貸付決定）は，あくまで契約の予約（民法589条参照）ということになるのであろうか。

このように融資の法律関係に入るときの行為の理解については，問題が残

---

[6]　大阪府農業改良資金貸付規則は，「貸付資格の認定の申請」と「貸付資格の認定」の手続を踏んだうえで，貸付認定者が借用証書を提出した後に資金を交付するとしている。また，静岡県中小企業高度化資金貸付規則は，貸付申請，貸付けの内定，施設設置等計画書の提出，貸付けの決定，完了の届出及び確認，請求書の提出，金銭消費貸借の締結という多段階の手続を定めている。また，福岡県中小企業高度化資金貸付規則は，事業計画書の提出，貸付け等予定の通知，実施計画書の提出，貸付け等内定の通知，貸付け等の申請，貸付け等の決定，貸付金等の請求，契約公正証書の作成と，より多段階の手続を採用している。

[7]　たとえば，公営企業金融公庫貸付規程，東京都区市町村振興基金条例施行規則。

[8]　たとえば，東京都区市町村振興基金条例施行規則。

[9]　たとえば，神奈川県中小企業高度化資金貸付規則は，貸付けの申込み（3条），貸付決定の通知（6条），支払計画書の提出（8条），貸付決定の取消し（9条），契約の締結及び貸付金の交付（10条）などの手続を定めている。要綱方式の場合も同様のものがある（たとえば，秋田県中小企業高度化資金貸付要綱）。

るが，私人間における融資契約と同様に，最終的な法律関係が私法上の契約関係[10]であることについては異論がないであろう。

貸付決定等に着目した訴訟方法　補助金等の交付決定，その取消しについては，法律又は条例，さらに地方公共団体の規則によるものについても，その規定ぶりを吟味したうえで，行政処分性を肯定しうることは，第3章において述べた。これに対して，法律又は条例が「貸付申請」及び「貸付決定」を定めている場合は，それらは契約の申込みと承諾に重なり合うために，抗告訴訟を肯定してよいか迷うところがあろう。

貸付決定等[11]が行政処分として位置づけられるべきかどうかが問題になる。条例が貸付決定と貸付契約とを区別しているときは，貸付決定に限り処分性を肯定することも可能である。そのような例として，福岡地裁昭和51・8・10（行集27巻8号1464頁）は，「貸付決定がなされた後に貸付申込者と福岡市との間で結ばれる契約が私法上の消費貸借契約であるとしても，右貸付決定自体は，被告が公金の管理上，本件条例及び規則に従い，行政機関たる地位においてなす処分と解すべきである」と述べている[12]。契約締結前になされる貸付決定につき行政処分性を積極的に認めたものである。いわゆる二段階説が実定の条例に採用されていると理解する判決といえよう。

他方，地方公共団体の規則に定められている貸付決定については，規則に基づく補助金交付決定（第3章1［2］を参照）と同様に，行政処分的感覚による行政実務にもかかわらず，訴訟上は否定されている。福井県中小企業高度化資金貸付規則が「貸付けの申請」，「貸付けの決定」を定めている場合の貸付けの決定について，中小企業振興事業団法の目的に適合するようなされる，金銭消費貸借契約締結に至るまでの貸付対象者の資格審査・選定を行

10　明治憲法下において，補助金の交付による関係を公法契約と説明した美濃部達吉博士も，融資に関しては，「普通の貸借契約であり，行政法上の特別の関係あるものではない」としていた（『日本行政法　下巻』（有斐閣，昭和15年）450頁）。

11　貸付決定の前に，貸付資格認定の手続が先行する場合もある（たとえば，兵庫県農業改良資金貸付規則8条，兵庫県林業・木材産業改善資金貸付規則8条）。

12　条例に基づく貸付けの場合に処分性があることを前提に本案判断がなされた例として，広島地裁昭和52・7・29行集28巻6・7号764頁，神戸地裁昭和52・12・19判例時報887号66頁がある。

なう行為にすぎないとして，行政処分性が否定された例がある（福井地裁昭和55・4・25行集31巻4号1023頁）[13]。

要綱に基づく奨励金等について行政処分性を肯定した裁判例があるが[14]，それは，同和対策事業特別措置法に基づく施策であることが強く意識されていたのであって，要綱に基づくもの一般について行政処分性を肯定する趣旨をもつものと理解すべきではない[15]。

なお，国家賠償法の適用の可否が問題となる。融資は疑いもなく私法上の契約であるが，公共部門が公の行政として制度を設けて実施している以上，その執行過程における公務員の違法な行為による損害の賠償を求めるのに，国家賠償法を適用することを排除するまでのことはないであろう（入札の指名回避に関する最高裁平成18・10・26裁判所時報1422号5頁を参照）[16]。

[2] 公的融資の規律

公的融資と法律（条例）の根拠　　補助金の交付については，法律（条例）の根拠の要否が問題とされてきた。これに対して公的融資に関して同様のこ

13　この規則においては，「貸付け決定の取消し」手続も定められている。

14　福岡地裁昭和53・7・14判例時報909号38頁，大阪高裁昭和54・7・30行集30巻7号1352頁（A事件），大阪高裁昭和54・7・30判例時報948号44頁（B事件），福岡地裁昭和55・9・26判例時報998号38頁，その控訴審・福岡高裁昭和56・7・28行集32巻7号1290頁。

15　否定した裁判例として，奨励金等につき，大阪地裁昭和53・5・26行集29巻5号1053頁（前掲A事件の1審），大阪地裁昭和53・5・26判例時報909号27頁，貸付けにつき，東京地裁昭和60・6・27行集36巻6号1063頁。

16　入札過程における違法な扱いについて国家賠償請求を認容した例として，指名排除につき高松高裁平成12・9・28判例時報1751号81頁，指名保留につき津地裁平成14・7・25判例タイムズ1145号133頁，指名回避につき徳島地裁平成16・5・11判例地方自治280号17頁〈参考〉，福岡高裁平成17・7・26判例タイムズ1210号120頁が，請求棄却であるが国家賠償法の適用を認めた例として，宮崎地裁都城支部平成10・1・28判例時報1661号123頁，松山地裁平成12・3・29判例地方自治204号83頁，福井地裁平成17・3・30判例時報1925号141頁，高松高裁平成17・8・5判例地方自治280号12頁（前掲徳島地裁平成16・5・11の控訴審）があった（碓井光明『公共契約法精義』（信山社，平成17年）467頁以下を参照）。本文の最高裁判決は，高松高裁平成17・8・5の上告審判決である。

とが議論されることはほとんどない。その理由は，補助金の場合に比べて相手方に与える利益が相対的に小さいこと，元本が返済されることなどにあると思われる。

しかしながら，二つの面において，公的融資を法律又は条例で定める意義がある。

第一に，公的融資は，完全に市場金利と一致するのであればともかく（その場合に公的融資の必要性が問われるが），通常は市場金利よりも低利の融資であり，無利子のものもあるので，融資の相手方に対する利益移転が生じている。その限りにおいて，どのような要件を備える場合に公的融資を行なうかを民主的意思決定によることとする意義がある。

第二に，予算に融資金総額が「歳出」として計上されるものの，どれだけの利益給付が生ずるかは予算に示されるものではない。そこで，低利融資の場合の利率，無利子の場合にはその旨が民主的意思決定に委ねられる必要がある。

以上のような意義が認められるものの，法律（条例）による授権を欠くことが違法となるわけではない。ただし，実際には，法律や条例により定めることがある。国における最も大きなものは，後述の財政融資資金法であるが，それ以外にも重要なものがある。

たとえば，農業改良資金助成法は，農業者又はその組織する団体に対する農業改良資金の貸付けを行なう都道府県に対し，政府が予算の範囲内で，その資金の一部を貸し付けること等を政府に授権している。都道府県の行なう貸付金の限度額を政令で定めること，同貸付金を無利子とすること，その償還期間を所定の期間の範囲内で政令で定めること，都道府県は貸付けの相手方に担保を提供させ又は保証人を立てさせること，貸付けを受けようとする者は貸付資格について知事の認定を受けなければならないこと，違約金の徴収，などを定めている。したがって，実際には，都道府県を名宛人とする規律の多い法律である。

また，「都市開発資金の貸付けに関する法律」は，後述するように地方公共団体の一定の土地の買取りに必要な資金の国による貸付け，地方公共団体が一定の貸付けを行なう場合における国による当該地方公共団体に対する貸

付け，独立行政法人都市再生機構・土地開発公社・民間都市開発推進機構に対する国による貸付けを授権するとともに，利率や償還期間等について規定している。

地方公共団体にあっても，個別の融資に関する根拠条例が制定されている場合がある。

たとえば，東京都は，「公共事業の施行に伴う移転資金貸付条例」を制定し，文字通り，公共事業の施行に伴い移転等が必要となった者に対する移転資金の貸付けに関し，貸付けの対象，貸付額，貸付けの申込み，貸付けの決定，契約及び移転等の期限，交付の時期，利息，償還の方法等について規定している。この条例において検討を要するのは，申込み及び貸付決定と「移転資金の貸付に関する契約」の締結とが区別されていることである。これは，民間の融資契約においても事実上存在することといえるのかもしれないが，貸付決定を受け又は貸付金の交付を受けた者が特定の事由に該当したときは，知事は，すでに決定した貸付決定を取り消し，貸付契約を解除し，又は期限の利益を失わせて貸付金・元利金を一時に返還させることができる旨を規定している（18条）。ここには，明らかに，貸付決定及びその取消しは，貸付契約及びその解除と別のレベルの行為として正式に位置づけられているようにみえる。そこで，貸付けの可否に関する決定（6条1項）[17]は，一種の行政処分であって，違法に拒絶する決定を受けたときは取消しを求めて争うことができるという構成が不可能であるとはいえない。

北海道は，北海道医学及び歯学修学資金貸付条例，北海道立衛生学院等看護職員課程修学資金貸付条例，北海道看護職員養成修学資金貸付条例，北海道社会福祉士及び介護福祉士修学資金貸付条例，北海道公立高等学校定時制課程及び通信制課程生徒学資金貸付条例を制定している。これらは，無利子

---

[17] 6条1項は，「知事は，前条の規定により申込みを受けたときは，審査のうえ貸付の可否並びに貸し付けるべき移転資金の額及び条件を査定し，ただちに申込者に対してその内容を通知する」と定めている。なお，申込者は，この通知を受けた日から1週間以内に，文書をもって「承諾の意思表示」をするものとする旨規定している（6条2項）。これは，知事が貸付決定通知書により契約の申込みをなすという構成を示すのかもしれない。

で，返還債務の当然免除など，規則以下の規範形態では望ましくない内容であるという判断があったのかもしれない。

特定の相手方に対する貸付けについて条例が制定されることもある。岩槻市は，「岩槻市中心市街地活性化のための岩槻都市振興株式会社経営安定資金の貸付けに関する条例」（平成14年条例第21号）を制定した。この株式会社は，岩槻市の出資が約67％の第三セクターで，第1種市街地再開発事業により建設したビルの管理運営を主たる目的とし，同ビルに同社も床を有していた。有力テナントの一部撤退，賃料の減額などにより経営が悪化したため，市は，前記条例を制定して，同社の経営の安定化に必要な事業運営等に要する資金を貸し付けることにより，良好な事業運営を確保し，もって中心市街地の活性化に寄与することとした（同条例1条）。条例自体において，貸付金額18億7,000万円，貸付金の償還期間35年（13年以内の据置期間を含む）以内などを定めている。このような条例は，異例なものであるが，その施策の重大性に鑑みて条例によったのであろう。この条例に基づく貸付けの適法性が争われたのが，後述のさいたま地裁平成17・3・16（判例集未登載）である。

地方公共団体の貸付けに関して，自治法上の基金を活用する場合には，基金の条例が制定される。しかし，基金条例の密度は一様ではない。「東京都区市町村振興基金条例」，「富山県市町村振興基金条例」などは，相当詳細な規定を置いている。貸付事業の貸付対象者，貸付条件その他必要な事項を長の定めるところに委任する旨を定める例もある[18]。しかし，奨学目的の基金などにあっては，大まかな内容のものもある[19]。

公的融資の規律の方法　補助金等に関しては，規範の形式はともかく，国及び個々の地方公共団体に，それぞれ通則的規範（国の適正化法，地方公共団体の補助金交付規則等）が存在するが，公的融資に関しては，国の場合に，適正化法に相当する法令は存在しないし，地方公共団体の場合も，補助金交付規則等に相当する通則的規範を発見することが難しい状況にある（第1章

18　たとえば，富山県企業立地促進資金貸付基金条例3条2項。

19　たとえば，富山市奨学金条例が制定されているが，富山市奨学資金（貸与）に関する規定は置かれていない。

2[4]をも参照)。このような補助金等との違いが何に由来するのであろうか。二つの理由が考えられる。

　第一に、公的融資は補助金と異なり、回収がなされるので、補助金に比べて財政を悪化させることがないと考えられていることである。

　第二に、前記のような性質に併せて、補助金等の交付と異なり、相手方との関係は融資契約であって、その契約締結の方法は、融資の種類により異なりうるのであるから、通則的規範を制定することが適切とはいえないという事情である。

　こうした事情により、通則的規範がないとしても、個別には、外部に公表された規範及び純粋に内部的な規範が存在するはずである。貸付金を定める規範においては、貸付金制度の目的、貸付対象者、貸付限度額、償還期間、利率、償還の方法（年賦又は一括、繰上償還など）、連帯保証人などのほか、手続（申込み、調査、貸付決定、借用書提出、貸付金の交付、償還の完了、違約金、支払猶予等）についても定める場合がある[20]。特定の使途に充てるための融資にあっては、その使途に充てなかったときは、償還を命ずることとしている場合がある[21]。融資を受けた者が予期しない事態、すなわち、災害、盗難、疾病、負傷その他やむを得ない事情の生じたような場合に、償還金の支払いを猶予し[22]、あるいは、違約金を徴収しないこととすることが多い[23]。この点は、私人間の一般的な融資契約と異なる点である。

　また、地方公共団体の無利子貸付について、その原資を地方債に求めることを認める場合には、地方債に関する規律が同時にその貸付けをも規律する機能をもつことがある。その典型例は後述する「ふるさと融資」である。

　自治法232条の2の適用の有無　寄附又は補助について公益上の必要を要求している自治法232条の2が融資についても適用されるのであろうか。

20　たとえば、和歌山市災害援護資金貸付規則。
21　和歌山市農林漁業設備改良資金等貸付規則10条4項1号。この貸付けにあっては、完了届によって対象物件の設置等の状況を検査し適当と認めたときに請求により貸付金を交付する原則が採用されている（同規則9条）。
22　和歌山市災害援護資金貸付規則17条1項。
23　前記規則16条但し書き。

岡山地裁平成14・3・13（判例地方自治239号40頁）は，「寄附又は補助」とは，反対給付を求めずに公益上の必要性に基づいて一方的に行なう財政援助を意味するとして，有利な条件による貸付金の支出は，「寄附又は補助」に含まれるとした。そして，裁量権の逸脱又は濫用があったかどうかは，交付の目的・趣旨・効用及び経緯，対象となる事業の目的・性質及び状況，財政の規模及び状況，議会の対応，地方財政に係る諸規範等の諸般の事情を総合的に考慮したうえで検討する必要があるとした。具体のチボリ公園の建設，運営管理を主たる業務目的とする第三セクターに対する無利子ないし低利の貸付けには公益上の必要があるとした。控訴審の広島高裁岡山支部平成15・12・18（判例集未登載）も，この判断を維持した。

さいたま地裁平成17・3・16（判例集未登載）は，同条は貸付けには原則として適用されないとしつつ，補助と同様に公金を支出するものであり，その目的は住民の福祉増進にあるから，その性質上条理上の制限を受ける（憲法89条などの法令に反したり，動機や目的に不正があったり，貸付けが中立性，平等性，社会的相当性に欠けるなど著しく合理性を欠くときは違法となる）ほか，無利息又は超低利の貸付けなど一般より極めて有利な貸付けは，実質的な経済的効果は補助の場合と異なるところがなく，これに自治法232条の2の趣旨を類推し，公益上の必要を要すると解すべきである，と述べた。具体の貸付けは，18億7,000万円と巨額で，13年間の据置を含む33年間に年利0.02％で貸し付けるものであり，一般に比べて極めて有利な貸付けであるといえるから公益上の必要を要するとした。そして，貸付先第三セクターが管理運営するビルによる地元吸収率の上昇，地元住民雇用の増加，市税収の確保，地域の活性化に貢献している状況において，第三セクターが倒産すれば，有力テナントの撤退，それによる商業の不振，雇用・就労の場の喪失，ビル全体の価値の低下と上層階の住宅の価値の低下などによるスラム化など様々な影響が考えられたのであるから，貸付けに公益性がないとはいえないとした。この判決が，貸付けに公益性がないとはいえないとする際に，個別条例が制定されていることをほとんど重視していないことが注意されるべきであろう。

公益上の必要を要件とする旨の法律又は条例の定めが特になくても，「財

政公共目的の原則」により公益上の必要性が要請されるというべきであろう。後述するように，多くの裁判例は，公益上の必要性を欠く貸付けを違法とする考え方を採用している。

相手方の業務を規律する法律との関係　相手方の業務を規律する法律に違反する業務について貸付けをなすことが違法となるのかどうかが問題になる。この点は，どのような法律に違反するかにより判断されるべきものであろう。たとえば，土地開発公社の業務の範囲（公有地の拡大の推進に関する法律17条）を超えてなされた公社の土地取得資金に充てるために，設立団体たる地方公共団体（市）が公社に資金を貸し付けた場合について，長崎地裁平成10・11・10（判例タイムズ1025号162頁）は，公社の土地取得が無効といえない以上，市が分身ともいえる公社に対して貸付けを行なうこともやむを得ない面があったとして違法なものであったとまでは認めがたいとした。具体の事案によって，たとえば，公社も市長も土地取得の違法を十分認識していたというような場合で，その貸付けにより損害が生じたときは，市長個人の賠償責任を生じることがあろう。

目的違反の使用等の場合の繰上償還　補助金等にあっては，補助金等を他の用途に使用したとき，交付決定の内容又は交付決定に附された条件その他法令等に違反した場合は，交付決定の取消し，返還命令などの手続が用意されている（適正化法17条，18条参照）。融資にあっても，その資金の使用目的が特定されているほか，さまざまな条件が附されることが多い。法律又は条例に外部法の意味をもつ繰上償還の定めがある場合は，その規定に基づいて直接に繰上償還を求めることができる。そのような定めがないときは，融資契約に，契約違反の場合には融資契約の取消権を行使しうる旨を条項として入れておくことによって，取消権を行使し，返還を求めることになる[24]。

政府系金融機関の融資については，法律自体が繰上償還について規定していることがある。住宅金融公庫法21条の4第3項は，貸付けを受けた者が6月以上割賦金の償還をしなかったとき又は正当な理由がなくて割賦金の償還を怠ったとき，貸付金を貸付目的以外の目的に使用したとき，貸付けに係る住宅等が貸付けの際定められた用途以外の用途に供せられたとき，正当な理由がなくて契約の条項に違反したときなどにおいては，貸付金についてい

つでも繰上償還を請求することができる旨を規定している。貸付契約に同趣旨の規定を置かなくても，直接同条を根拠に繰上請求をなすことができると解される。

石川県中小企業高度化資金貸付規則15条は，12号にわたる事由のいずれかに該当するときは，知事は，貸付金の全部又は一部の繰上償還を請求することができるとしている。その中には，貸付金を貸付契約に定める目的以外に使用したとき，貸付金の償還を怠ったとき，知事に提出した書類について虚偽の記載があることが判明したとき，などが含まれている。この規則が外部法であると断定できないので，安全を期するには，この条項を貸付契約において援用する（包括的に，この規則の定めによる旨の条項を置くことを含む）必要があろう。

自発的繰上償還　　逆に，融資を受けた者が自発的に繰上償還をなすことができるかどうかも問題である。基本的には契約内容の問題であるが，融資の原資が有償資金である場合に，繰上償還を簡単に認めるわけにはいかない事情もある。住宅金融公庫融資に関しては，住宅金融公庫法自体が，繰上償還を明示的に認めている（21条の4第2項）。民間の金利が低下すると住宅金融公庫からの借入金を繰上返済して民間のローンに借り替えるとか，預貯金を繰上返済に回すなどの動きを招く。その結果，住宅金融公庫が逆ざやを生じて政府の一般財源による補給金で穴埋めする事態に至ったことがある[25]。

公営企業金融公庫は，従来任意の繰上償還を認めていなかったが，平成

24　村長が大蔵省資金運用部及び公営企業金融公庫からの借入れに関して虚偽の事実を申告するなどして，それら貸主との間の契約条項に違反していたことを理由に一括繰上償還を要求された場合について，用地買収が進まず予算執行が困難であることが明らかとなっていたのであるから，本来すべきでない借入れであったとして，繰上償還金額のうち利子総額2,900万円余の損害を村に与えたとして，住民訴訟による損害賠償請求を認容した判決がある（甲府地裁平成16・4・13判例タイムズ1198号161頁）。

25　朝日新聞平成8・10・13。中小企業金融公庫の場合は，繰上返済に関して，法律の規定はなく，また公式に認めてもいなかったが，金利の低下と不況のなかで繰上返済を拒めなくなり，逆ざやによる損失を一般会計からの収支差補給金で埋めざるを得なかったとされる（朝日新聞平成8・10・30）。

13年度から財政融資資金と同様に繰上償還に必要な一定額の補償金を支払うことにより繰上償還できる制度を設け，さらに，一定の事業で資本費が全国平均を著しく上回っている場合の未償還企業債について公営企業借換債による償還を認めてきた。公営企業金融公庫としての繰上償還許容の根拠は，公営企業金融公庫貸付規定30条1項であって，「地方公共団体及び公社が財政又は経営健全化のための措置として計画的に実施する長期貸付金及び公社貸付金の繰上償還で公庫が定める要件に該当するもの」について補償金支払いの限りでないと定めている。さらに「高金利対策分」に関する臨時的措置も，一定の事業について講じられている[26]。財政融資資金の前身である資金運用部資金は，その主要な原資である郵便貯金などの預託金に対する利子の支払いの関係で繰上償還に応じないことを原則としてきた。今日の財政融資資金についても，その厳しさに変わりはない。この点については後述する。

融資金返還請求権についての規律　　国又は地方公共団体の融資金の返還請求権は，「債権」であるから，国にあっては債権管理法，地方公共団体にあっては自治法240条及び自治令171条以下の，それぞれ規律を受ける。地方公共団体の履行期限を延長する特約が自治令171条の6に違反して無効とされた例がある。福井地裁平成12・3・8（判例集未登載）及びその控訴審の名古屋高裁金沢支部平成12・8・30（判例集未登載）である。債権を実現するために担保の付されている債権についての担保の処分・担保権の実行・保証人に対する履行請求，債務名義のある場合の強制執行手続，それら以外の場合に履行請求を行なうことが，歳入徴収官等又は地方公共団体の長の任務として定められている（債権管理法15条，自治令171条の2）。

ところで，個別法が貸付債権について特別の規律をしていることがある。たとえば，住宅金融公庫は，主務大臣の認可を受けて公庫債券に係る債務の担保に供するため，その貸付債権の一部を信託会社等に信託することができる（同公庫法27条の5）。資金調達のためにも貸付債権を信託し，信託受益権を譲渡することができる（27条の6。公営企業金融公庫についても，同公庫

26　平成18年度については，「平成18年度の公営企業借換債の取扱いについて（通知）」地方債制度研究会編『平成18年度地方債の手引』（地方財務協会，平成18年）232頁を参照。

法26条の2，26条の3）。中小企業金融公庫も，主務大臣の認可を受けて貸付債権を信託することができる（同公庫法25条の4）。特別の規定がないときに，貸付債権についてどのような扱いがなされうるのかが問題になるが，公的融資による性質上の特性から特に反対の趣旨に解釈すべき融資の場合を除き，私人の有する金銭債権と同様の措置をとることが可能であると解される。主として私法の規律を受けるのである。

2　財政融資資金による融資

[1]　財政融資資金融資の構造

財政融資資金とは　財政融資資金は，特別会計の積立金，余裕金等を統合管理し，国，地方公共団体又は特別の法律により設立された法人に対して確実かつ有利な運用となる融資を行なうことにより，公共の利益の増進に寄与する資金である（財政融資資金法1条の目的規定を参照）。資金運用部資金を引き継ぐものである。財政融資資金は，財務大臣が管理及び運用を行ない，他の政府資金と区別して経理される（3条）。財政融資資金は，同資金に預託される「財政融資資金預託金」，財政融資資金特別会計の積立金及び余裕金並びに財政融資資金特別会計法の規定により同特別会計において発行した公債の収入金又は借入金に係る繰入金をもって財源とする（4条）。

政府の特別会計の歳入歳出の決算上の剰余金を積み立てた積立金（財政融資資金特別会計，厚生保険特別会計の年金勘定及び国民年金特別会計の国民年金勘定に係る積立金を除く）は，すべて財政融資資金への預託を義務づけられている（5条）。また，政府の特別会計（財政融資資金特別会計を除く）の余裕金は，財政融資資金への預託の方法によるほか，運用してはならないことになっている（6条2項）。特別会計の余裕金の運用は，財政融資資金への預託に一元化されているのである。また，国庫余裕金については，財政融資資金に預託することができる（6条1項）。

財政融資預託金には，約定期間に応じて，国債の利回りに即して財務大臣が定める利率による利子を付することとされている（7条3項）。

　財政融資資金による融資の存在理由　公的融資は，通常は，資金を必要と

する者の需要を満たすために公共部門が乗り出す方式である。しかしながら，日本の財政資金の融資には，長い間，別の理由が混在していた。すなわち，従来は郵便貯金の資金運用部への預託義務があり，預託を受けた資金を融資して貸付利子を稼ぎ，それを郵貯特別会計に入れて貯金者に対する利子の支払いを可能にする仕組みであった。郵便貯金の利子支払いを可能にする運用システムとして財政投融資の制度が活用されていたのである。郵便貯金の安全性・有利性が宣伝され膨大な貯金量があるなかで，その運用先を見つける必要に迫られ，特殊法人等がその運用先として便利な存在であった。簡易保険資金についても同様の傾向があった。しかし，そうした構造が特殊法人等の肥大化，非効率な経営を招いたことから，財政投融資の「入り口」を締めることとされ，平成13年からは，財政融資資金制度の発足に併せて，郵便貯金及び簡易保険資金の預託は過渡的措置を別として廃止され，財政融資資金の規模は大きく圧縮された。この結果，郵便貯金の利子等を稼ぐための財政融資資金経由の融資の必要性は減ずることになった。かくて，真に資金需要のあるときに，財政融資資金が活用される仕組みに純化されることになった。

財政融資資金特別会計の設置　財政融資資金の運用に関する歳入歳出を一般会計と区分して経理するために，財政融資資金特別会計が設置されている（財政融資資金特別会計法1条）。同特別会計の歳入は，財政融資資金の運用利殖金，同特別会計11条による公債（財投債）発行収入金・借入金，財政融資資金の繰替使用金，財政融資資金からの受入金（財投債・借入金の償還金）及び附属収入であり，歳出は，財政融資資金預託金の利子，財政融資資金の運用損失金，運用手数料，事務取扱費，一時借入金・融通証券の利子，財投債・借入金の償還金，繰替使用金の償還金，財政融資資金への財投債・借入金相当額の繰入金，公債・融通証券の発行・償還に要する経費及び附属諸費である（3条）。「財政融資資金の運用」に限定されている結果，財政融資資金への預託金等は同特別会計の歳入には計上されない。

　特に強調しなければならないのは，「財政融資資金の融資の目的・金額」が同特別会計予算の歳出に計上されないことである。一般会計や，他の特別会計における貸付金が歳出予算に計上されるのと対照的である。それだけに，

財政投融資計画についての国会議決のあり方が問題とされるのである[27]。

[2] 財政融資資金の運用

財政融資資金の運用としての貸付先　財政融資資金の運用に関して，財政融資資金法10条1項は，10号にわたり列挙している。それらのなかには，いくつかの貸付けが含まれている。法律の定めるところにより，予算について国会の議決を経，又は承認を得なければならない法人」（3号法人）に対する貸付け（4号），地方公共団体に対する貸付け（6号），特別の法律により設立された法人（3号法人を除く）で，国，3号法人及び地方公共団体以外の者の出資のないものに対する貸付け（8号）である。このほか，「国に対する貸付け」（2号）が含まれているが，これは，財政融資資金を独立の財布として扱い，国が資金を必要とするときに，この資金からの貸付けを許容するものである。この場合の「国」は，実際には特別会計である。

財政融資資金運用計画　財務大臣は，毎年度財政融資資金運用計画を定めることとされている。その際には，あらかじめ財政制度等審議会の意見を聴かなければならない（11条1項）。意見を聴くときには，資金運用計画の使途別分類表を添付しなければならない（11条2項）。

[3] 財政融資資金の融資条件の変更

融資条件固定原則　民間金融機関にあっては，固定金利制と並んで変動金利制の融資がなされている。ところが，財政融資資金融資については，これまでのところ固定金利制が採用され，しかも，融資条件は原則として変更しない政策がとられてきた。その原則を前提にして，「財政融資資金の債権の条件変更等に関する法律」が制定されている。同法には，次の規定が置か

---

[27] 財政投融資計画の国会議決の問題は，本書の対象にしない。最も早い時期に，この点を問題提起された成田頼明「財政投融資」石井照久ほか編『企業資金（経営法学全集8）』（ダイアモンド社，昭和40年）325頁をはじめ多数の論稿がある。代表的文献については，さしあたり，碓井光明「財政の民主的統制」ジュリスト1089号143頁・148頁以下（平成8年）及び同「財政投融資制度の課題──財政法学の観点から」ジュリスト1180号40頁（平成12年）に掲げた文献を参照。

れている。

　「財政融資資金の融通を受けた者が，災害その他特殊の事由により，元利金の支払が著しく困難となったときは，財務大臣は，財政制度等審議会の意見を聴いて，公共の利益のため必要があると認める場合に限り，その融通条件の変更又は元利金の支払方法の変更をすることができる。」

　この規定は，元利金の支払いが困難となった場合の措置を想定しているのであるから，金利の引下げ，支払い期間の延長などを予定しているといえよう。そして，繰上返済は，この法律自体においては想定されていないと思われる。その主たる理由は，財政融資資金が有償資金であって，確実に金利を稼ぐ必要があることにある。したがって，条件変更を許容するには，法律による対処が必要とされる。そして，財政融資資金を借りて，それを原資にして，さらに貸付けをしている法人も，顧客からの繰上償還に応じられないという連鎖現象を生じていた。市中金利が低下している場合に，金利負担を軽減するために借換えをしようとする動きにブレーキをかけることになる。そこで，財政投融資制度改革に際して，補償金の納付により繰上償還を認めることとされた。これに対応して，公営金融公庫なども同様に補償金の納付により繰上償還を認めることとされた。

　住宅金融公庫は，財投借入金利と住宅ローン貸付金利との間の逆ざやに苦しみ，それを埋めるために政府の一般会計から利子補給を受けてきた[28]。そこで，平成17年の法改正により，住宅金融公庫の特別勘定に属する債務のうち，平成17年3月31日までの間に政府が貸し付けた資金に係る債務で主務大臣が財務大臣と協議して定めるものの償還期限は，平成24年3月31日までの間において主務大臣が財務大臣と協議して定める日とされた（住宅金融公庫法27条の2第3項）。また，独立行政法人都市再生機構法附則12条8項は，「宅地造成等経過業務に係る勘定に属する債務のうち政府が貸し付けた資金に係る債務で国土交通大臣が財務大臣と協議して定めるものの償還期限は，平成25年3月31日までの間において国土交通大臣が財務大臣と協議して定める日とする」と規定している[29]。これらは，民間借入れや財投機関

28　日本経済新聞平成13・8・8，日本経済新聞平成16・12・11。

債の発行により資金を得て，財政融資資金からの借入金を補償金なしで繰上償還することにより，金利負担を減らすことを可能にする立法措置である。地方公共団体に対しても平成19年度から3年間同様の措置が講じられる。

なお，平成18年4月に年金資金運用基金の業務を年金積立金管理運用法人が引き継ぐことを定めている年金積立金管理運用独立行政法人法は，年金資金運用基金の長期借入金（一定のものを除く）について，基金の解散の時までに償還するものとし（附則2条1項），政府は，この償還に要する資金として出資及び交付金の交付を行なうものとしている（同条2項）。これは，住宅金融公庫や都市再生機構とは趣旨の異なる繰上償還である[30]。

一般の場合の繰上償還　財政融資資金についても，融資者である財務大臣の判断により繰上償還については，その「必要があると認めた場合」に，法人等又は地方公共団体に対し，「理由を明らかにして繰上償還を命ずることができる」（財政融資資金の管理及び運用の手続に関する規則44条1項）という強い姿勢が見られる。融資契約という対等関係であるにもかかわらず，「命ずることができる」という財務大臣の優位性を示す文言が用いられている。これは，「強制繰上償還」と呼ばれている。他方において，証書貸付の方法により融資を受けた法人等又は地方公共団体は，財政融資資金の繰上償還をしようとする場合には，繰上償還承認申請書を財務大臣に提出し（同条2項），財務大臣は，その書類に基づいて「適当であると認めた場合には」繰上償還承認通知書により，「適当でないと認めた場合には」その旨を，当該法人等又は地方公共団体に通知するとしている（同条5項）。どのような場合に「適当である」と認めるのかについては，この省令から知ることはできない。この手続による繰上償還は「任意繰上償還」と呼ばれている。

用地買収が完了していないにもかかわらず完了している旨の虚偽の事実を

29　これらを容認ないし推進する考え方が財政制度等審議会財政投融資分科会「財政投融資改革の総点検について」（平成16・12・10）21頁，23頁に示されていた。この制度の解説として，信國隆裕「財投への繰上償還による財務状況の改善」会計と監査56巻9号28頁（平成17年）を参照。

30　新藤宗幸『財政投融資』（東京大学出版会，平成18年）170頁以下は，これらを「ペナルティのない繰上償還」として批判的に論じている。

申告して「ふるさと農道緊急整備事業」の資金に充てるため大蔵省資金運用部及び公営企業金融公庫から借り入れたものの，虚偽申告が発覚して繰上償還せざるを得なくなった場合の利子相当額について，村長の職にあった者に損害賠償を命じた住民訴訟の裁判例がある（甲府地裁平成16・4・13判例タイムズ1198号161頁）。

3 国・地方公共団体による直接融資

[1] 国による直接融資

直接融資の予算上の扱い　国による融資のうち財政融資資金以外のものが，予算のうえで，どのような扱いがなされているかをみておきたい（平成18年度当初予算による）。

まず，一般会計からの直接融資は比較的少ない。この点は，出資と異なる点である。独立行政法人日本学生支援機構に対する「無利子貸与資金」の貸付け，「母子及び寡婦福祉法」に基づき，地方公共団体が母子家庭及び寡婦等に対して貸し付ける事業開始資金・修学資金・住宅資金等の原資の貸付け，地方公共団体が災害により被害を受けた世帯の世帯主に対して貸し付ける災害援護資金の原資の貸付けを見出す程度であり，いずれも無利子の貸付けである。

特別会計になると，産業投資特別会計社会資本整備勘定の民間能力活用施設整備事業資金貸付金，農業経営基盤強化措置特別会計の農業改良資金貸付金・就農支援資金貸付金・農地保有合理化事業を行なう法人の当該事業に要する資金を貸し付ける都道府県に対する所要資金の貸付け・農地保有の合理化に関する事業に要する資金の農林漁業金融公庫等による貸付けに要する資金の貸付け，道路整備特別会計の有料道路整備等資金貸付金・道路事業資金貸付金，港湾整備特別会計港湾整備勘定の埠頭整備等資金貸付金，都市開発資金特別会計の都市開発資金貸付金，空港整備特別会計の関西国際空港整備事業資金貸付金などを目にすることができる。

都市開発資金の貸付け　法律により根拠づけられている代表として，「都市開発資金の貸付けに関する法律」に基づく貸付けがある。これには，まず，

地方公共団体による一定の土地の買取り及び地方公共団体が一定の貸付けを行なう場合における必要な資金の貸付けがある。前者には，人口の集中の著しい政令で定める大都市（その周辺の地域を含む），地方拠点都市地域の中心となる都市で政令で定めるもの（その周辺地域を含む）の秩序ある発展を図るために整備されるべき主要な道路，公園，緑地，広場その他の政令で定める公共施設で，都市計画において定められたものの区域内の土地の買取り（1条1項1号）などが含まれる。後者には，単に，「当該貸付けに必要な資金を貸し付けることができる」とするもの（1条2項）と，「特に必要があると認めるときは」「当該貸付けに必要な資金の2分の1以内を貸し付けることができる」とするもの（1条3項・4項）とがある。

また，独立行政法人都市再生機構の一定の業務に要する資金の一部，土地開発公社の土地買取りに必要な資金，民間都市開発推進機構の一定の業務に要する資金の一部を貸し付けることができるとしている（1条5項・6項・7項）。

この貸付けに関しては，利率，償還期間，据置期間及び償還方法が定められている（2条）。

なお，この貸付けに関する政府の経理を明確にするため，特別会計（都市開発資金融通特別会計）を設置し，一般会計と区分して経理することとされている（同特別会計法1条）。同特別会計の歳入は，貸付金の償還金及び利子，一般会計からの繰入金，借入金並びに附属雑収入とされている（3条1項）。このうちの「借入金」には財政融資資金からの借入れが含まれる。これにより，特定財源は存在しないことがわかる（一般会計からの繰入金は，予算の定めるところにより繰り入れる旨が特に規定されている（3条2項））。また，「借入金」が明示されているので，同特別会計の負担による借入れが許容されていることを意味する。

NTT株式の売払収入による国債整理基金の資金による融資　「日本電信電話株式会社の株式の売払収入の活用による社会資本の整備の促進に関する特別措置法」（以下，「NTT株式売払収入活用法」という）に基づいて，NTTの株式を売却したことによる収入により，社会資本の整備のための融資がなされてきた。次のような融資がなされてきた。

① 道路，公園その他の公共の用に供する施設を整備する事業その他の公共的な建設の事業及び官公庁施設の建設等の事業（「公共的建設事業」）のうち，（ア）地方公共団体以外の者が国の直接又は間接の負担又は補助を受けずに実施するもので，当該公共的建設事業により生ずる収益をもって当該公共的建設事業に要する費用を支弁することができると認められるもの，（イ）国の負担又は補助を受ける公共的建設事業で，民間投資の拡大又は地域における就業機会の増大に寄与すると認められる社会資本を整備するもので，緊急に実施する必要のあるもの，に要する費用に充てる資金の無利息融資（2条）。

② 所定の事業で，国が負担又は補助を行なう必要があると認められるもののうち，民間投資の拡大又は地域における就業機会の増大に寄与すると認められる社会資本を整備するものであって，緊急に実施する必要のある公共的建設事業に要する費用に充てる資金の全部又は一部の無利息融資。所定の者のみが融資対象となる（2条の2）。たとえば，「農林畜水産物及び食品の流通の増進及び改善のための施設を整備する事業」については，地方公共団体が相手方であり（4号），「地勢等の地理的条件が悪く経済的社会的諸条件が不利な地域における良好な生活環境を確保するための施設の整備に関する事業」については，都道府県である（7号）。また，「相当規模の住宅の敷地の整備，住宅地の造成又は住宅の建設と公共の用に供する施設の整備を一体的に行う事業及びこれに付随する事業」については，地方公共団体又は地方住宅供給公社である（10号）。

NTT株式の売払収入を活用した融資は，前記法律を前提にして，いくつかの法律に定めが置かれている[31]。たとえば，社会資本整備重点計画法附則2条は，国は，当分の間，政令で定める町村に対し，都市公園法2条1項に規定する都市公園その他政令で定める公園又は緑地のうち政令で定めるものの設置でNTT株式売払収入特別措置法2条1項2号に該当するもののうち，重点計画に照らし重点的，効果的かつ効率的に行なわれる必要があると認められるものに要する費用に充てる資金の一部を，予算の範囲内において，無利子で貸し付けることができる，としている（1項）。この貸付金の償還期間は，5年（2年以内の据置期間を含む）で政令で定める期間（政令で5年

（2年の据置期間を含む）とされている）としたうえ（2項），この貸付けを行なった場合には，国は，当該貸付けの対象である公園又は緑地の設置について，当該貸付金に相当する金額の補助を行なうものとし，当該貸付金の償還時において，当該貸付金の償還金に相当する金額を交付することにより行なうものとしている（4項）。貸付金の償還金相当額の補助金を交付することにより，実質的に償還の負担をなくす仕組みが用意されている。要するに，償還の負担をせずに，貸付けを受けることができる意味である。

開発インター事業融資　このような融資が社会資本の整備に重要な役割を果たしてきたことは否定できない。しかしながら，事業によっては，大きな問題を抱えるものがある。その代表的なものが，旧建設省が推進した第三セクター方式の高速道路インターの設置事業（開発インター事業）であった。これは，前記①の（ア）に該当するものとして，道路整備特別措置法附則7条1項1号によるものである。同法施行令附則5項4号の国土交通大臣の定める基準として，「高速自動車国道その他主要な道路」と，都市開発事業，工業団地造成事業，住宅団地造成事業，流通業務団地造成事業を含む一定の「開発事業が実施される区域とを連絡する道路の新設又は改築で当該開発事

31　会計検査院の検査報告によれば，対象事業は，NTT株式売払収入活用法の制定以来，追加等がなされて，平成16年度末までに30事業が定められ，22事業に融資が実行されたという。それらの根拠法は，民間事業者の能力の活用による特定施設の整備の促進に関する臨時措置法（民活法），民間都市開発の推進に関する特別措置法，関西文化学術研究都市建設促進法，多極分散型国土形成促進法，民間事業者による老後の保健及び福祉のための総合的施設の整備の促進に関する法律，電気通信基盤充実臨時措置法，産業廃棄物の処理に係る特定施設の整備の促進に関する法律，大阪湾臨海地域開発整備法，「高齢者，身体障害者等が円滑に利用できる特定建築物の建築の促進に関する法律」，高度テレビジョン放送施設整備促進臨時措置法，産業構造円滑化臨時措置法，地域ソフトウエア供給力開発事業促進臨時措置法，繊維産業構造改善臨時措置法，高度技術工業集積地域開発促進法（テクノポリス法），地域産業の高度化に寄与する特定事業の集積の促進に関する法律，産業技術に関する研究開発体制の整備等に関する法律，通信・放送機構法，有線テレビジョン放送の発達及び普及のための有線テレビジョン放送番組充実事業の推進に関する臨時措置法，総合保養地域整備法（リゾート法），地方拠点都市地域の整備及び産業業務施設の再配置の促進に関する法律であったという（『平成16年度決算検査報告』852頁，864頁）。

業の一環として一体的かつ緊急に実施されることにより，当該区域の存する地域の振興に寄与すると認められること」が設定され，「道路事業資金収益回収特別貸付金貸付要領」が通達として発せられている。

　これらのうち，開発インター事業（その要件については，貸付要領2条3号）は，有料道路に設置するインターに近いところに工業団地などを造成して，その利益で開発インターの建設費を捻出する考え方によるものである。貸付要領は，開発インター事業に係る開発者が費用を全額負担するとし，開発者は，「事業費のうち，公団等が貸付金をもってあてる部分を除く残りの部分を建設期間中に支払い，残りの部分を，公団等が貸付金を償還するのに合わせ，公団等に分割払いするものとする」としている（4条1項3号）。そして，公団等が開発者と費用負担に関する協定を締結するものとし，開発者の費用の支払方法のほか，開発者の負担する費用に係る担保についての事項を含むものとされ（4条2項），担保の方法は，実際には，開発者である第三セクターに協調出資する金融機関の債務保証が多かったようである。この仕組みによって，NTT株売払収入資金の融資は，直接の相手方は，有料道路の運営主体である公団等であるが，負担者である開発者が利益を上げるまでの一時的つなぎ資金を供給する役割を期待するものであった。

　しかし，工業団地を造成しても売却できない第三セクターが続出し，その事後処理に出資地方公共団体や費用負担につき債務保証をした金融機関が苦慮している。その理由は，金融機関としては，万が一の場合も，地方公共団体が補助金を交付して第三セクターの費用負担を応援してくれると信じて，請われるままに，形式上債務保証したところ，下関市の日韓高速船事件判決を契機に地方公共団体が補助金を交付できないと言い出したために，法律上

32　朝日新聞平成14・1・18（津版）。伊勢自動車道の一志嬉野インターを建設した三重県出資の第三セクター「三重中部総合開発」は，平成15年3月自己破産したが，国からの融資分について約6億円を債務保証していた2銀行が，その保証債務を履行したという（朝日新聞平成15・2・22名古屋版，朝日新聞夕刊平成15・3・10名古屋版）。

33　読売新聞平成9・8・18。同紙によれば，筑紫野市は，平成7年から16年間にわたり31億円の増資に応じて毎年払込みを続けることにしたという。第6章注17も参照。

の建前として債務保証の履行を求められていることによるようである[32]。地方公共団体としては，補助金方式のほか，第三セクターの増資に応ずる方法で対応したところもあるという[33]。単に費用負担を履行することを援助するための補助金交付や増資に応ずることについて疑問とする見方もありうるが，形式的に第三セクターを経由しているのみで，実質は開発インター設置を助成する意味であると理解して，開発インターの設置に公益上の必要性が認められるならば適法であるとみることもできるように思われる。ところが，地方公共団体がなす日本道路公団の開発インターに関する助成措置は，地方財政再建促進特別措置法24条2項が禁止している寄附（第6章1［1］を参照）に該当するというのが総務省の見解のようである[34]。なお，道路公団の民営化後も，民営化会社に対する寄附等が禁止されているために法律状態に変動はない。

日本政策投資銀行等が行なうPFI選定事業者に対する無利子融資財源の融資
NTT株式売払収入活用法附則3条によれば，国は，時限的に，PFI選定事業者が行なう選定事業に要する費用のうち，民間投資の拡大又は地域における就業機会の拡大に寄与すると認められる公共施設等の建設に要する費用に充てる資金について，日本政策投資銀行等が行なう無利子の貸付けに要する資金の財源に充てるため，日本政策投資銀行等に対し，無利子で必要な資金の貸付けをすることができる（1項）。その場合の貸付金の償還期間は，30年（5年以内の据置期間を含む）以内とされている（2項）。この内容については，後述する（本章4［1］）。

道路開発資金　　道路関係の融資制度の中で「道路開発資金」と呼ばれる

34　読売新聞平成17・2・9（西部版）によれば，筑紫野インター及び広川インターについて，地方財政再建促進特別措置法違反の疑いがあるため，第三セクターが増資により用意した資金を費用負担分として公団に支払うことができなくなり，債務保証した金融機関が公団に支払ったという。その後の処理として，金融機関が第三セクターから回収できるかどうかについて議論された模様である。第三セクターに資金が残っていないときに，地方公共団体が金融機関に損失を補償できるかどうかも法律問題となろう。国（そのなかにも，旧建設省と大蔵省がある），公団，地方公共団体，金融機関，第三セクターと複数のアクターが存在するなかで，住民訴訟を意識せざるをえない地方公共団体が最も厳しい立場に置かれている。

ものに触れておく必要がある。道路整備特別会計の有料道路整備等資金貸付金（この中には，一般有料道路整備資金貸付金，都市高速道路整備資金貸付金という金額の大きい貸付金も含まれている）の中に含まれる貸付金である。その特色は，貸付対象事業（駐車場等整備，サイクルイン整備，共同溝・共同溝監視システム・電線共同溝，特定道路用地取得，連続立体交差，低公害車等普及支援など）に対して，原則として同じ金額の民間資金と一体として貸し付けることにある。また，申請書の受理・審査，制度運営は，財団法人道路開発振興センターが担っている。同センターは，「官民のパートナーシップづくり」の機関として位置づけられている。

[2] 地方公共団体による直接融資

法律・条例の根拠の要否　地方公共団体が融資を行なうのに，自治法と別に個別の法律又は条例の根拠を要するかどうかが問題になる。津地裁平成15・4・24（判例地方自治264号40頁〈参考〉）は，「普通地方公共団体は地方自治の本旨に基づき，貸付けを行うことができると解するのが相当である」として，融資が可能な根拠を「地方自治の本旨」に求めている。これが憲法92条の「地方自治の本旨」であるとするならば，地方公共団体の融資権限は憲法上の権限であるとされる可能性があって，相当強いものであり，法律による授権を要しない根拠になるであろう。しかし，当該地方公共団体の融資に関する意思決定について条例によることを要しないとする論拠になるものではない。条例の根拠を要しないことについては，別の理由が必要であろう。

グリーンピア土佐横浪事件の高知地裁平成18・1・20（判例集未登載）は，自治法232条1項の経費支弁規定に根拠を求めて，経費支弁の方法の一つとして，貸付けの方法により経費を支弁することができるものと解されるとしている。この考え方によれば，個別の根拠を求める必要はないということになる。そして，同判決は，次のように述べている。

「当該貸付を行うことが，その事務を処理するために必要か否かについては，普通地方公共団体の担当機関が，当該貸付の趣旨や目的をはじめ，財政の規模や状況，他の行政施策との関連等種々の要素を総合的に考慮

して判断することが，地方自治の精神に合致するものといえるから，貸付の適否の判断は，当該普通地方公共団体の担当機関の裁量に委ねられているものというべきであるものの，その判断が著しく不合理で，裁量権を逸脱し，又は濫用するものであると認められる場合には違法となると解するのが相当である。」

この判決が「地方自治の精神」を強調していることはともかく，それを「担当機関」の裁量に結びつけている点は，短絡的であろう。すなわち，「地方自治の精神」の重視は，「地方公共団体の裁量」につながるのであって，担当機関の裁量を認めるかどうかは，次の段階の問題である。貸付けについて，担当機関の裁量を狭く規律することも許されるというべきであろう。

制度融資と随時融資　地方公共団体の貸付けには，あらかじめ制度を設けておいて貸し付ける「制度融資」と，必要が生じたときに貸し付ける「随時融資」とがある。制度融資にあっては，反復して貸付けがなされるので，返還金を次の貸付けの資金に充てることも可能である（資金の回転）。そのような場合に，特別会計を設置する方法も活用されている[35]。制度融資は，恒常的に住民の批判にさらされているのに対して，随時融資については，なぜ必要であるのかが，議会関係者には明らかにされても，住民の目には留まらない場合もある。そして，後になって，返還がなされない事態が生ずるなどにより，初めてその適否が住民により問題とされることもある。随時融資は，条例で定めるには適さないものが多いと思われるので，それに代替する事前の民主的統制を検討する必要があろう。

もっとも，制度融資と随時融資との境界は，必ずしも明らかでない。たとえば，新潟市は，新潟鉄工所及びそのグループ企業が会社更生法の手続の開始申立てを行なったことにより経済的影響のある中小企業者の事業資金の円滑な調達のため，同市経営安定関連特別融資を実施したが，この融資は，連

---

[35] たとえば，神奈川県は，平成18年度において，この種の特別会計として，林業改善資金会計，農業改良資金会計，沿岸漁業改善資金会計，母子寡婦福祉資金会計，中小企業資金会計を設けている。また，恩賜記念林業振興資金会計は，平成18年度は，もっぱら森林組合連合会に対して，林業経営の振興を図るため木材の市売，林産，森林整備，樹苗生産事業等に必要な資金に充てるため貸し付けるものである。

鎖的な倒産を防止し経営の安定を図ることを目的とする制度融資と位置づけられている。

　制度融資において採用されている方式の一つは，金融機関預託方式である。それは，一種の協調融資である。金融機関が自己の資金と預託資金とを合わせて融資原資とする方式である。預託が，融資の呼び水となって大きな融資を可能にするメリットがある反面，地方公共団体の助成の様子が住民からは見えにくいうえ，融資を受ける者も地方公共団体の融資を受けているという意識が弱いものになりやすい。そこで，預託方式から利子補給方式に切り替える動きもある[36]。

　公共性・公益性　前記の津地裁平成15・4・24（判例地方自治264号40頁〈参考〉）は，前記に続けて，公共性ないし公益性の認められない支出は地方公共団体存立の基本理念に反し許されないとし，公共性ないし公益性を有するか否かについては，当該地方公共団体の担当機関が，①当該貸付けの趣旨，目的，②地理的，社会的，経済的事情や特性，③議会の対応，④財政の規模及び状況，⑤他の行政施策との関連等を総合的に考慮して判断することが地方自治の精神に合致するといい得るから，「貸付けの適法性の判断は当該地方公共団体の担当機関の裁量に委ねられているというべきであり，その判断が著しく不合理で，裁量権を逸脱し，又は濫用するものであると認められる場合にのみ違法となると解するのが相当である」と述べた。この判示に関しては，2点を注意しておきたい。

　第一に，「地方自治の精神」から「担当機関の裁量」を導いていることである。先に述べたように，国の統制との関係において「地方公共団体の裁量」をいうのであれば賛成できるが，「担当機関の裁量」と述べることは適切でないように思われる。

　第二に，公共性ないし公益性を要求していることである。補助金に関する「公益上必要がある」ことを要求する趣旨と同一線上にあるようにみえる。

　無利息融資・低利融資の公益上の必要性　無利息融資及び低利融資は，そ

36　鳥取県は，平成18年度に「企業自律サポート事業」に関して，新規分からこのような切替えを行なった。

の実行時点において、融資独自の法原理としての回収可能性確保原則のほか、相手方に利益を与える性質に鑑み補助金に準じた法原則の支配を受ける[37]。

秋田地裁平成 15・5・23（判例地方自治 251 号 15 頁）は、「地方公共団体による貸付けは、そもそも償還が予定されていない補助や寄付と異なり、原則として、これらについて規律する法 232 条の 2 の適用はないものの、当該貸付けが、金融機関等による一般の融資と比較して有利な条件となっている場合には、その有利となっている限度で、補助と同視できるから、法 232 条の 2 が類推適用され、当該貸付けについては、公益上の必要性がなければ許されないと解すべきである」と述べた。この見解が是認されるであろう。

そして、公益上の必要性の判断方法は、補助金の場合と同様のものである（第 2 章 3［2］を参照）。前記の秋田地裁は、公金支出に公益上の必要性が認められるか否かの判断は、公金支出の対象自体が有する公益性の程度、当該支出が地方公共団体の財政に与える影響、公金支出により期待される効果の程度及び他の行政施策との関連性等、諸般の事情を総合的に考慮した上でされるべきものであって、「高度に政治的な判断を要する事項であるから、基本的には、住民に直接の基盤を有する地方議会ないし長に、広範な裁量が認められているものと解すべきである」と述べている。しかし、同判決も、住民の利益との間に一定の合理的関連性を有していることが必要であるとして、①公益と無関係の目的で支出された場合や、②公益目的が認められるとしても効果が皆無であるか支出額に比して極めて僅少であるような場合は、裁量権の濫用又は範囲の逸脱として違法と評価される、と述べた。具体の事件の融資先である畜産公社は、県の畜産行政を補完する目的で設立された知事所管の民法公益法人で、県の企画立案に基づく各種畜産振興事業の事業主体として活動していたこと、その多くが国や県の補助事業であることから他に事業主体として適当な組織がなかったことなどに照らし、畜産公社の存続

---

37 地域林業の振興を目的に村長が準備委員長として設立に関与した中小企業協同組合法に基づく組合に対して低利融資を行なった事案について、釧路地裁平成 12・3・21 判例地方自治 206 号 27 頁は、従業員の給与の支払いのため当座の役に立てるにすぎず、経営改善や地域経済への有意な波及効果を及ぼすものではなく、公益上の必要を認めることができないとした。

自体に公益性を認めることができるとし，当該貸付けは，畜産公社の資金繰りを支援し，経営改善を達成させる目的で実行されたものであるから，公益性を認めることができる，とした。

高知県の財団法人「グリーンピア土佐横浪」に対する貸付けについて，高知県監査委員は，住民監査請求に対する判断のなかで，無利子で担保を求めることなく実行されていることから，実態は「補助」に当たるので客観的な公益性が求められているとし，公益性の判断にあたっては，貸付金の趣旨及び内容，貸し付けることによって得られる効果，財政の状況，議会の対応等を総合的に斟酌したうえで検討しなければならないと述べた[38]。また，高知県の外部監査人による平成15年度外部監査報告書は，同じグリーンピア土佐横浪に対する貸付けを取り上げて，無利息ないし低利の貸付けは，「寄附又は補助」に当たるとし，補助金に関する3原則（住民福祉の増進活動の一環の原則，法令適合の原則，公正の原則）が妥当するという前提で，まず，住民福祉の増進活動の一環の原則との関係においては，財政的援助によって有効に運営でき，観光関連産業の振興，雇用対策の効果が得られ県民等に良質な保養施設を提供できるのであるから，金額・目的などに不合理な点がなければ，違反しないとした[39]。この融資については住民訴訟が提起され，高知地裁平成18・1・20（判例集未登載）は，14年度貸付分については不適法であるとしつつ，平成15年度の貸付金480万円については，償還可能性のない貸付けであったことを理由に違法であるとした。この判決は，貸付けについて議会の議決があったからといって適法となるものではないとした[40]。

また，倉敷市のチボリ・ジャパンに対する貸付け（85億円，うち70億円は

---

38 具体的には，単に赤字を補填するためのもので経営改善等にはつながらないこと，グリーンピアの運営を継続しなければならない特段の理由がないこと，多額の赤字を出してまで年金保養基地を運営することは県民の利益に値するものではなく貸付けによる効果が期待できないことなどから，平成15年度の貸付金について「公益上必要がある場合」の要件を欠いているとした。

39 高知県公報平成16・4・30号外24号23頁・40頁以下。なお，本章注2を参照。

40 控訴審の高松高裁平成18・7・13判例集未登載は，償還可能性が全くなかったとはいえず，予算が全会一致で議決されていることなどを挙げて，裁量権の逸脱又は濫用はない，とした。

年利1.0％，15億円は無利子，平成14年度から平成23年度までの間の各単年度貸付け）について，岡山地裁平成14・3・13（判例地方自治239号40頁）は，チボリ公園事業の経緯，チボリ・ジャパンの性格，チボリ公園の概要等，チボリ公園の経営状況，波及効果，倉敷市の財政状況等を認定したうえ，県民及び県外の観光客を対象とした大型観光資源としての意味をもち，その経済効果による地域振興，倉敷市，特に倉敷駅北地区の都市開発の起爆剤としての効果などを有しているとの認定に基づいて，「チボリ公園事業は，都市施策の一翼を担い，地域経済や倉敷市の知名度及びイメージの向上などに貢献しており，その支出の方法や額も不当とはいえず，公益性を有していると認められる」としたうえ，余暇施策及び文化施策としての効果は薄いというだけでは，市長の判断に裁量権の逸脱又は濫用があったと認めることはできないとして，公益上の必要性を肯定した。そして，控訴審の広島高裁岡山支部平成15・12・18（判例集未登載）も，原審判決の判断を引用し，若干の付加をして[41]，控訴を棄却した。

融資の場合は，当初期待した効果が発揮できなかった場合に，公益性判断が左右されるかどうかが問題になる。前記の秋田地裁平成15・5・23（判例地方自治251号15頁）は，「公益上の必要性の判断が当該公金支出時にされるものであることからみて，事後的客観的に，当初の期待された効果が発生せず，住民の利益とならなかった場合であっても，当該公金支出時の事情に照らし，その効果に関する判断を誤ったことに相当の理由が認められる場合には，なお，裁量の範囲内にあるものとして，公益上の必要性が認められると解すべきである」と述べている。将来を完全に予測することが不可能で

---

[41] 当初計画は収益性・公共性のいずれの面でも完全に破綻し，市の財政が危機的状況にあるにもかかわらず融資計画を見直すことなく融資を実行しようとしているのであるから公益上の必要性を欠くとする控訴人の主張に対して，①当初計画において長期的な入込客数等についての見込みの甘さがあったことは否定できないものの，当初計画の見直しを行なったことが，現時点において収益性・公共性の面で公園事業自体の破綻までを意味するものとは認められず，また，大型観光資源としての意味を有していないとか市のイメージをダウンさせるものであるとはいえない，②市の財政規模，本件貸付けが1年ごとの貸付けの方法によるものであること等に照らすと，市の財政の健全性を損ねるとまでは認められない，と述べた。

ある以上，支出の実行時までに相応の調査検討を行なっている場合に，結果から遡って融資実行を違法とすることはできないであろう（有効性原則との関係につき，第2章4［1］を参照）。したがって，秋田地裁判決が「その効果に関する判断を誤ったことに相当の理由が認められる場合」であることを要件に，結果によって左右されないと述べている趣旨に賛成することができよう[42]。

地方公共団体の事業収益の促進効果　地方公共団体の融資のなかには，地方公共団体の事業収益を高めるためのものもある。典型的には，公共下水道敷設に伴う水洗便所改造・し尿浄化槽廃止等の工事に関する貸付金を挙げることができる。公共下水道が敷設されたときに，排水区域内の排水者は公共下水道に排水・接続する義務を負っている（下水道法10条）。しかし，資金が足りないなどの理由から接続が遅れやすく，そのまま放置するならば，下水道料金収入が入らないために[43]，下水道事業の採算が悪くなってしまう。そこで，公衆衛生の向上という「公益」と併せて，公共下水道への接続・排水を促進して下水道財政の安定化を図る「公益」を達成するために融資の途を開く市町村が多いようである。複数の公益上の必要が認められることになる[44]。

関係機関との破綻処理スキームによる場合　無利息貸付は，しばしば金融機関の破綻処理について関係機関との協議に基づくスキームの内容を実行す

42　判決は，具体の事案について，貸付後に畜産公社の巨額の債務超過が発覚して経営が事実上破綻し，本件貸金債権が利息を含めて全額放棄されており，支出額に比して有意な効果がなかったとしつつも，被告（知事の職にあった者）が本件貸付けが畜産公社の経営改善に資すると認識したことには相当の理由があったものと認められるとして，貸付けの公益上の必要性があったものと認められるとした。結果的に返済資力を有しないことになっても貸付けが違法の評価を受けるものではないことは，他に，名古屋高裁平成16・9・29判決地方自治264号33頁も述べている。

43　公共下水道の使用料は，「使用する者」から徴収することとされているが（下水道法20条1項），接続義務との関係において，接続を促進するために，排水区域内に所在しながら接続しない者からも使用料相当額を徴収することも認めるべきである。

44　誘導効果を強めるために，接続可能になった時点から一定期間内は無利子又は思い切った低利とし，接続時期が遅れるほど利率を高める政策も採用されているようである。

るためになされる。関係機関との協議に基づくスキームであるからといって，公益上の必要性が当然に肯定されるといえるわけではないが，その協議経過が肯定につながりやすいことは否定できない。

横浜地裁平成12・1・26（判例地方自治206号12頁）は，そのような例の一つである。信用組合の破綻処理について県が関係機関との協議を重ねて，信用組合の事業を労働金庫に譲渡するとともに，関係機関に支援を求めて，県が21億円，全信組連が16億8,000万円，県信組協会が8,000万円，地元銀行が48億円を負担することとし，県は，前記21億円を負担する方法として，毎年35億円を翌年3月末に返済を受ける方法で15年間にわたって無利息で県信組協会に貸しつけ，同協会がこれを全信組連に年4％の定期預金として預け入れ，15年間で合計21億円の運用益を生み出すというものであった[45]。関係機関のなかには当時の大蔵省が含まれ，大蔵省は，預金保険の発動は地方レベルの救済が困難である場合に限るとし，信用組合の破綻処理に関しては，所管行政庁である都道府県が主体となり地方レベルで支援策を構築すべきであるとの考え方を堅持していたという。

判決は，そうした状況下において，県自体も資金的支援をすることが破綻処理を完成するために必要不可欠であったとし，地域の信用秩序に混乱をもたらしかねない信用組合の破綻処理を行なうために，混乱の事態発生を回避しようとすることは県にとって公共事務であり，その方法として県が支援団体の一員として加わり貸付けを行なったことに違法はないとした。このような判断は，当時の状況を前提にして肯定されるであろう。今日においてはペイオフの完全実施，それに伴う預金者の自己責任意識によって，同様の破綻処理スキームをとることは少ないであろうし，また，公益上の必要性も減じているであろう。

45　15年間の無利息貸付けは，裁判所の認定によれば，県が21億円を直ちに用意することができないという事情によったものであるという。なお，毎年3月末にいったん返済する方式がなぜ採用されたのか，その理由が気になるところである。15年間の無利息貸付でありながら，債務負担行為の手続をとることなく，毎年度の歳入歳出予算に計上する方法を採用したものであるとするならば，実質と形式との使い分けをしていることになり，そのような処理の適法性が問題となろう。

地方公共団体の行動等を起因とする資金需要に応える融資　地方公共団体の一定の行動等を期待して準備した企業等が地方公共団体の方針変更により当該行動等を行なわないこととされた結果，それら企業等の資金繰りが悪化し緊急の融資を必要とする場合がある。いわば，地方公共団体の方針変更の責任を，融資の実行によってとるというものである。たとえば，東京都が企画した世界都市博覧会が直前になって中止されたことにより，同博覧会の工事や展示，関連品の製造にかかわった中小企業の救済策として，東京都は，金融機関による「世界都市博覧会中止に伴う特別対策緊急融資」の枠を確保し，都が金融機関のあっせん，利子の肩代わりなどを行ない，返済が滞った場合は都が当該債権を金融機関から買い取る仕組みを採用した。平成8年以降債権の買取りを行ない，その結果，平成16年には約20億円に達し，そのうちの相当額は回収不能に陥っているという[46]。この事例に関しては，博覧会中止の法的評価，緊急融資の仕組みの採用の適法性，回収不能発生に至るまでの債権管理の適法性などが問題になるであろう。

金融機関預託方式　地方公共団体による融資は，金融機関預託方式による場合が多い[47]。これは，地方公共団体が，取扱金融機関に資金を預金として預託しておき，融資の実行は預託金を原資に当該取扱金融機関が行ない，以後，法律関係は，原則として当該金融機関と融資先との消費貸借関係として存続するものである。この方式が一種の制度融資であることについては，すでに述べた。融資対象者の決定までの手続（審査）は，金融機関（及び信用保証協会）が行なう方式が一般的である。その融資による金融機関の損失について金融機関の負担とする方式と地方公共団体が損失補償を行なう方式とがある。また，取扱金融機関が預託資金による融資額の実行に併せて自らの資金を協調して融資すること（協調融資）を制度化していることも多い[48]。

地域総合整備資金貸付（ふるさと融資）制度　地方公共団体が地域の振興に資する民間事業を支援しやすくするために，地域総合整備資金貸付という

46　朝日新聞夕刊平成16・12・2。

47　たとえば，新潟市障害者住宅整備資金融資，新潟市老人入居室等整備資金融資。

48　たとえば，新潟市中小企業特別融資，同市中小企業振興資金貸付，同市工業振興資金融資，同市人材確保・時短促進援助資金融資，同市勤労者等住宅建設資金貸付。

無利子の貸付け（ふるさと融資）が制度化されている[49]。融資対象事業は，地域振興民間能力活用事業計画に位置づけられた事業で，新規雇用要件（都道府県・指定都市から融資を受ける場合は10人以上，その他の市町村から融資を受ける場合は5人以上），事業規模要件（用地取得費を除く融資対象費用の総額が2,500万円以上），営業開始時期の要件（用地取得等の契約後5年以内），事業の内容の要件（公益性，事業採算性，低収益性等の観点からの実施）を満たすものである。第三セクターを含む法人の民間事業者が融資を受けるものが対象となる。この融資金が充てられる割合は，通常の地域にあっては20％以内，過疎地域・離島地域・特別豪雪地域にあっては25％以内である（特別に高い割合の認められる事業がある）。融資期間は15年以内（うち据置期間5年以内）で，民間金融機関の保証が必要とされる。財団法人地域総合整備財団（ふるさと財団）[50]は，貸付対象事業の調査・検討を行なうとともに，地方公共団体からの受託事務（資金の貸付けに係る支出事務，徴収事務等）も処理する。地方公共団体は，この融資（ふるさと融資）の原資を地方債で調達し，地方債利子の75％は地方交付税による財政措置がなされる。なお，ふるさと融資の呼び水により民間金融機関等（政府系金融機関等も含む）の協調融資がなされる。ふるさと融資について民間金融機関の保証を求めつつ，民間金融機関の協調融資については反対に地方公共団体が金融機関に損失補償を約するという交互保証（ただし，損失補償を約すことは法的意味の「保証契約」ではないとされている）という奇妙な現象もみられる。

　ところで，このような重要な施策が，総務省の「地域総合整備資金貸付要綱」（最初は，平成元年の自治省の要綱）により実施されている[51]。その理由は，地方債を原資とすることを認める点及び地方交付税による措置の存在にある。

49　大石利雄「ふるさと財団と地域総合整備資金貸付制度について」自治研究65巻5号61頁（平成元年）を参照。

50　同財団は，ふるさと融資以外にも，PFI推進事業，新分野進出等企業支援補助事業，大学と連携した地域づくり助成事業，ｅ―地域ビジネス助成事業，地域再生マネージャー事業なども実施している。

51　地方公共団体がどのような対応を示したかを把握していないが，「地域総合整備資金貸付要綱」が制定されているようである（松本市，小松市）。

ということは，この施策が地方債の残高の膨張要因となること，また，交付税財源が十分に確保できなくなると，交付税による財政措置の意味が小さくなること，の２点において不安定要因を内在させているといわなければならない。なお，ふるさと財団は，都道府県，政令指定都市，地方関係団体等が任意に資金を拠出して設立した法人であって，「地方公共団体の共同組織」としての性格をもつとされ[52]，この拠出についても地域総合整備事業債を100％（うち特別分75％）充てることができるという地方債依存の仕組みである（第１章４［３］を参照）。

　もう一つの特色は，次第に地域別・施設別に融資比率や融資限度額に差を設けるようになり[53]，この制度が地域差の是正や一定の業種の促進を図るという目的をもつようになったことである。しかも，融資限度額の特例（限度引上げ）の適用対象となる「地域経済活性化対策推進地域」は，総務事務次官通知「地域経済活性化対策実施要綱」に基づき選定された地域である。同要綱によれば，地域選定は，都道府県が推進地域の要件[54]に該当するものを，あらかじめ関係市町村と協議し，総務省と協議のうえ行なうものとされている。そして，この要綱においても，「総務省は，地域経済活性化のための施策の推進にあたり，第３セクター又は民間部門が実施する事業について，地域総合整備資金貸付による支援を行う」旨が述べられている。

　この制度を地方公共団体が活用しようとする場合に，前記要綱の範囲内で

52　大石利雄・前掲注49，65頁。

53　このような動きについては，横田真二「ふるさと融資制度の拡充等について」地方財政38巻７号102頁（平成11年）を参照。

54　次のいずれかの要件に該当する地域で，指定都市の区域を除く広域行政圏の区域とされている。①地域における産業の低迷による影響を受け，相当数又は相当規模の事業所が倒産する等地域経済の停滞化現象がみられ，地域経済活性化のための施策が必要と認められる地域，②特定産業への依存度が高く，その不振が地域経済全体に深刻な影響を与えているか，又は与える恐れがあり，当該産業種の活性化若しくは地域の産業構造の多様化が地域経済の安定的な発展に必要と認められる地域，③就業者数の減少その他の雇用情勢の悪化がみられ，経済基盤の強化を通じて雇用の安定，創造を図るための施策が必要と認められる地域，④地域の人材，技術，情報，資源等を活用した独創的な地域経済活性化のための施策を積極的に実施し，又は当該施策の確実な実施が見込まれると認められる地域。

地方公共団体の基準を設定することが可能であるし，望ましいといえる。たとえば，茨城県は，告示形式の地域総合整備資金貸付要綱を制定して，設備投資額に関して25億円以上，営業開始に関して用地取得等契約後3年以内と，要件を厳しくしている。貸付額についても，国の要綱は概ね500万円以上としているが，茨城県は概ね6億円以上としている。規模の大きなものに絞る姿勢が示されている。このような大型融資に限る県が他にも散見される（三重県は7億円）。

高校奨学金の都道府県移管　従来日本育英会が実施してきた高校奨学金（高等学校のほか，専修学校の高等課程，中等教育学校の後期課程並びに盲学校，聾学校及び養護学校の高等部を含む）は，「特殊法人等整理合理化計画について」（平成13年2月閣議決定）に基づいて，平成17年度以降の入学者から都道府県に移管された。以後は，都道府県又はその所管する公益法人が高校奨学金事業を実施することとなった。そして，貸与条件，貸与額などは，各都道府県（都道府県所管の公益法人を含む）が設定することになった（第7章1[2]を参照）。なお，これまでの貸与水準が維持されるように高等学校奨学金事業交付金が交付された。

4　公的融資専門法人による融資

[1]　公的融資専門法人

政府系金融機関（各種公庫・政府系銀行）　政府系金融機関として，まず，公的融資専門法人の性質をもつ公庫が存在してきた。国民生活金融公庫，住宅金融公庫，農林漁業金融公庫，中小企業金融公庫，沖縄振興開発金融公庫などが存在してきた。さらに，政府系銀行として，平成18年現在は，日本政策投資銀行及び国際協力銀行が存在する。これらは，全額が政府の出資による法人である[55]。

これらのうち，住宅金融公庫に関しては，平成17年に成立した「独立行

55　産業投資特別会計からの出資のもの（公営企業金融公庫），一般会計からの出資金と産業投資特別会計からの出資金によるもの（中小企業金融公庫）など，必ずしも一般会計からの出資のみではない。

政法人住宅支援機構法」により，平成19年4月より，同独立行政法人に業務内容を縮小・改編のうえ引き継がれることになった。これは，特殊法人等整理合理化計画（平成13年12月閣議決定）に基づいて，融資業務を段階的に縮小することとされ，「住宅金融市場において住宅金融公庫が住宅取得者に直接融資する立場に位置していた時代から，民間金融機関による融資が中心の新しい住宅金融市場が形成されていく時代に変化していく」[56]という認識による改革の位置づけがなされていることによるものである。

その他の政府系金融機関に関しても，かねてより特殊法人改革の課題とされてきたが，平成17年末になって，首相の強い指導力の下に急速に統合，廃止に関する政府・与党の方針が固まった。その展開については後述する。目下は変動期にあるが，現状に即して述べておきたい。

これらの法人については，政府の出資及び政府資金の配分機関であることに鑑みて，その予算については，「国の予算の議決の例による」こととされ（「公庫の予算及び決算に関する法律」7条，日本政策投資銀行法31条，国際協力銀行法33条），かつ，決算報告書も，会計検査院の検査を経て，財務諸表を添えて，国の歳入歳出決算とともに国会に提出することとされている（公庫の予算・決算法21条。日本政策投資銀行法40条3項，国際協力銀行法43条3項もほぼ同趣旨）。

政府系金融機関と政府との関係は，出資のみならず，次のような点において，特別の関係にある。

第一に，かつての財政投融資による資金の供給である。この点は，財政投融資の改革による財政投融資の資金規模の圧縮に伴い，大きな変容を受けている。それは，後に述べる政府系金融の改革論と相俟って，改革の進行途上

---

56 国土交通省住宅局「住宅政策改革要綱～住宅政策の集中改革の道筋～」（平成16年12月）。
57 公庫の債券発行については主務大臣の認可を要する。これに対して，日本政策投資銀行及び国際協力銀行にあっては，毎事業年度銀行債券の発行に関する基本方針を作成して財務大臣の認可を受けておき（日本政策投資銀行法43条2項，国際協力銀行法45条6項），実際に発行したときは財務大臣に届け出ることとされている（日本政策投資銀行法43条3項，国際協力銀行法45条7項）。

にあるといってよい。

　第二に，これらの法人は，それぞれの法律により債券発行を許容されているところ（国民生活金融公庫法22条の3，住宅金融公庫法27条の3，公営企業金融公庫法23条，日本政策投資銀行法43条など）[57]，政府は，これらの法人に対して，国会の議決を経た金額の範囲内で債務保証をなすことができる（国民生活金融公庫法22条の4，住宅金融公庫法27条の4，農林漁業金融公庫法24条の3，中小企業金融公庫法25条の3，公営企業金融公庫法26条，沖縄振興開発金融公庫法27条の2，日本政策投資銀行法45条，国際協力銀行法47条）。この政府保証に支えられて，これらの金融機関は，いわゆる「財投機関債」を発行することができる。

　第三に，公庫に関しては，国庫納付金制度がある。すなわち，それぞれの公庫法によって，毎事業年度の損益計算上利益金を生じたときは，これを翌事業年度の5月31日までに国庫に納付しなければならない（国民生活金融公庫法22条1項，住宅金融公庫法27条1項など）。利益金の計算方法，納付の手続及び納付金の帰属する会計については，共通の政令（「公庫の国庫納付金に関する政令」）が制定されている。

　第四に，特別に国の無利子貸付を受ける場合がある。たとえば，日本政策投資銀行は，PFI選定事業者の要する一定の資金に充てるための無利子貸付（PFI無利子融資制度）の財源にするため，国からNTT株式売払収入活用法3条に基づき無利子の融資を受けることができる。PFI無利子融資制度は，次のようなものである。融資期間は30年，据置期間5年を各上限とし，個別の事業の性格，協調融資原則等に基づき決めることとされている。また，無利子融資額の上限は，原則として事業費の20％程度，対象事業に対する政府関係機関の融資総額の上限は，無利子融資を含めて総事業費の50％とされる。当該無利子融資を周知することによって，より良質な民間事業者の提案を喚起する趣旨に鑑み，民間事業者の提案締切前に無利子融資について民間事業者に周知されている事業を対象にする扱いがなされている。この制度の問題点は，この事前周知にもかかわらず，民間事業者の選定後に政策投資銀行が審査して適用の可否が決定されるので，民間事業者が不安定な状態に置かれることである[58]。

補完性原則　政府系金融機関の融資は，補完性原則に立つべきものとされてきた。国民に広く利用されてきた住宅金融公庫についていえば，その主たる目的は，「国民大衆が健康で文化的な生活を営むに足る住宅の建設及び購入（住宅の用に供する土地又は借地権の取得及び土地の造成を含む。）に必要な資金で，銀行その他一般の金融機関が融通することを困難とするものを融通すること」にある（住宅金融公庫法1条1項）。この「銀行その他一般の金融機関が融通することを困難とするものを融通する」という文言に補完性原則が端的に示されているのである。公営企業金融公庫を除く公庫に関しては，同趣旨の目的規定が置かれている。そして，政府系金融機関の補完性原則の観点から，住宅融資は原則として民間金融機関に委ねることで足りるとする見方によって，住宅金融公庫は，前述したように，平成19年から「独立行政法人住宅金融支援機構」に衣替えされて，住宅資金の直接融資は，災害関連，都市居住再生等の一般の金融機関による融通が困難な分野に限ることとし，他に，証券化支援業務，融資保険業務，既往債権の管理・回収業務を行なうこととされている。

　公営企業金融公庫のみは，一般国民を相手に資金を貸し付けることがないという意味において，特別な公庫である（そのため貸倒れが発生したことは一度もない）。すなわち，公営企業，地方道路公社，土地開発公社に対する資金供給の役割を担う機関である。「公営企業の健全な運営に資するため，特に低利，かつ，安定した資金を必要とする地方公共団体の公営企業の地方債につき，当該地方公共団体に対し，その資金を融通し，もつて地方公共団体の公営企業を推進し，住民の福祉の増進に寄与すること」を主たる目的とし（公営企業金融公庫法1条1項），地方道路公社が行なう地方的な幹線道路の整備を促進するため，又は，土地開発公社による土地の取得を促進するために，長期の資金を必要とする地方道路公社又は土地開発公社に対して一般の金融機関が行なう融資を補完して資金を融通することも目的としている（同2項・3項）。地方道路公社又は土地開発公社に対する融資については，他の

58　このため，政策投資銀行は，事業者が提案書を提出する段階においては当該融資相当額は民間金融機関と同様の金利を前提にすることに留意するとしている。

公庫と同様に補完性原則が採用されていることが理解される。なお，公営企業金融公庫資金の原資は，政府保証付きの公営企業債券（10年債）の発行によるものが中心で[59]，これに公営競技を行なう地方公共団体の納付金（地方財政法32条の2）などが加わっている[60]。貸付利率に関して，平成13年度から，償還期限及び据置期間並びに償還形態に応じた期間別の金利体系が導入され，かつ，「固定金利方式」（借入れの日から償還期限までの間，償還期限及び据置期間に応じた同一の利率を適用）と10年経過ごとの「利率見直し方式」（10年経過後の利率は利率見直し日時点における残りの償還年数に応じた利率を適用）との選択制となっている（公営企業金融公庫貸付規程6条の2）。

2 銀行についても，以下のように補完性原則が示されている。

日本政策投資銀行は，一般の金融機関が行なう金融等を補完し，又は奨励することを旨とし，長期資金の供給等を行なう銀行である（日本政策投資銀行法1条を参照）。同銀行の業務には，経済社会の活力の向上及び持続的発展，豊かな国民生活の実現並びに地域経済の自立的発展に資する事業に必要な資金であって，所定の資金の貸付け，当該資金に係る債務の保証，当該資金の調達のために発行される社債の応募その他の方法による取得又は当該資金に係る貸付債権の全部又は一部の譲受けを行なうことが含まれている（20条1項1号）。

国際協力銀行は，一般の金融機関と競争しないことを旨としつつ，わが国の輸入若しくは海外における経済活動の促進又は国際金融秩序の安定に寄与するための貸付け等並びに開発途上地域の経済及び社会の開発又は経済の安定に寄与するための貸付け等を行なう銀行である（国際協力銀行法1条を参照。具体的業務内容については23条を参照）。

これらの銀行が一般金融機関の金融との関係において，「補完」とか「競

---

[59] 地方公務員共済組合連合会が縁故債の引受けを行なっている。これは，地方公務員共済組合法施行令21条の3第2項の「地方債又は公営企業金融公庫の発行する債券の取得により運用するように努めなければならない」とする規定に基づくものである。同連合会と公庫とは「持ちつ持たれつ」の関係といえる。

[60] かつては，低利貸付に伴う金利差補てんのために一般会計から国庫補給金を受けていたが，平成13年度以降は受け入れていない。

争しないこと」が，法律により明示されている点が注目される。

民間金融機関との協調融資　政府系金融機関は，民間金融機関との協調融資を行なうことも多い。たとえば，商工中金は，中小企業の成長段階に応じた「創業」「革新」「再生」の各分野及び「新たな金融手法」の分野で地域金融機関と協調した融資を実行しているという[61]。また，日本政策投資銀行は，一般の金融機関の行なう金融等を補完又は奨励するという目的（日本政策投資銀行法1条）にも示されているように，民間金融機関との協調融資の多い機関である[62]。そして，地域金融機関に対してさまざまなノウハウを提供して連携を図っている。たとえば，環境配慮型経営促進事業について，同銀行が開発した「環境スクリーニング」の結果に応じて金利・保証料を優遇する仕組みがあり，その際に協調融資が実行されることがある。

業務の委託　政府系金融機関は，民間金融機関等に対する業務の委託を認められ，実際にも広く活用されている点に特色がある。中小企業金融公庫の場合は，「主務省令で定める金融機関に対し，その業務の一部を委託することができる」（同公庫法20条1項）という単純な規定であるが，住宅金融公庫の場合は，業務内容を区分して委託の相手方も定める詳細な規律となっている（同公庫法23条）。たとえば，貸付けに関する申込みの受理及び審査，資金の貸付け（貸付けの決定を除く），元利金の回収その他の貸付け及び回収に関する業務，貸付手数料及び支払方法変更手数料の徴収，貸付金の回収に関連して取得した動産，不動産又は所有権以外の財産権の管理及び処分については，主務省令で定める金融機関に委託することができる（同公庫法23条1項1号）。これは，国民が住宅金融公庫の住宅融資を受ける場合の典型的な業務についての委託である。ここで注目すべきは，貸付けの決定のみは，

---

[61] 平成17年度には10,127件であったという（商工中金ニュースリリース平成18・6・13）。

[62] たとえば，函館市の地域再生計画（地域雇用創出計画）に基づく事業として，函館山ロープウエイ株式会社に対して，北洋銀行と協定して協調融資を実施した。また，先駆的なスキームが工夫されることも多い。たとえば，映画等の複数の作品の制作資金を確保するために，同銀行が三井信託銀行と協調して野村信託銀行に融資し，その資金をSPC（野村信託と他の1社とが構成する）のファンドとし，業務委託先の制作会社に制作させるという方法である。

委託の対象から除外されていることである。委託を受けた民間金融機関が申込みを受理し審査した場合にも，最後の貸付けの決定は，公庫が自ら行なうことを意味している。この仕組みが，住宅金融公庫融資業務における融資業務コストを高める要因の一つになっていると推測される。なお，最近は，政府系金融機関からの業務委託を解消する動きも出ている[63]。民間金融機関自身の貸付けで需要に応えられることも理由のようである。

国又は地方公共団体との協力関係　業務委託とは別に，政府系金融機関の融資において，国又は地方公共団体との協力関係が随所に登場する。たとえば，商工中金は，地球温暖化対策優遇融資[64]や男女共同参画や子育ての促進に貢献している企業に向けたローン[65]について，地方公共団体の認定制度等との連携を図っている。さらに，「ものづくり基盤技術高度化支援貸付」に関しては，「中小企業ものづくり基盤技術の高度化に関する法律」の認定事業者，中小企業庁「元気なモノ作り中小企業300社」に選出された事業者，ものづくり施策を行なっている自治体等の認定を受けた事業者等で一定の要件に該当する場合に，金利を優遇することとしている[66]。

また，政策金融機関の融資に対して地方公共団体が利子補給をする連動関係も頻繁にみられる[67]。

63　読売新聞平成17・11・9。
64　商工中金ニュースリリース平成18・6・28による。
65　商工中金ニュースリリース平成18・6・20による。
66　商工中金ニュースリリース平成18・6・14による。
67　たとえば，農業経営基盤強化促進法12条に基づき農業経営改善計画が適当である旨の市町村長の認定を受けた農業者（認定農業者）に対して農林漁業金融公庫又は沖縄振興開発金融公庫は，「認定農業者が認定計画に従って行う農業経営の改善が円滑に行われるよう，必要な資金の貸付けについて配慮するものと」されている（同法15条）。これに基づき農林漁業金融公庫は「農業経営基盤強化資金」（通称：スーパーL）制度を設けている。この融資については，農山漁村振興基金（国）及び地方公共団体による利子助成がなされている。秋田県大潟村の8名の認定農業者が，畑作を前提に融資を受け県及び村の利子助成を受けてきたが，計画に従った大豆の収穫が長雨と塩害のため平成15年，16年にほとんどなかったため平成17年に稲作に切り替えたことに対して，村長より認定を取り消され訴訟を提起したという（朝日新聞平成18・6・21）。

政策金融の改革論議　以上のような政府系金融機関が存在するなかで，経済財政諮問会議は，相次いで改革論を展開してきた。

平成14年10月の「政策金融の抜本的改革に関する基本方針」は，政策金融の存在意義が認められるのは，政策の必要性が明らかであると同時に金融機能をもって対処することが必要な場合であるとし，公益性（政府の介入によって国民経済的な便益が向上する場合）及び金融リスク評価等の困難性（情報が乏しいとか不確実性・危険性が著しく大きいことによりリスク評価等が困難なため民間金融による信用供与が適切に行なわれない場合）の二つの基準を提示している。そして，民業補完を貫徹するための新たな仕組み・枠組みの導入，事前・事後の評価が必要であるとした。そして，機能の廃止・見直し，組織の整理・統合などを提案した。さらに，同年12月の「政策金融改革について」は，改革達成に向けて，不良債権集中処理期間（平成16年度末まで），あるべき姿に移行するための準備期間（平成17年度から19年度まで），新体制への移行（平成20年度以降）という道筋を提示し，対象分野の厳選，規模の縮減，組織の見直し等を主張した。

さらに，平成17年11月には，「政策金融改革の基本方針」を決定して，政策金融の抜本改革を行ない，平成20年度から新体制に移行することを確認した。基本原則の内容は次のとおりである。

第一に，政策金融は3機能（中小零細企業・個人の資金調達支援，国策上重要な海外資源確保・国際競争力確保に不可欠な金融，政策金融機能と援助機能を併せもつ円借款）に限定し，それ以外は撤退する。

第二に，「小さくて効率的な政府」の実現に向けて政策金融を半減する（貸出残高対GDP比半減を20年度中に実現，新たな財政負担を行なわない，市場化テスト・評価＝監視機関の設置により再編後も継続的に縮小の努力をする，民営化する機関は完全民営化を目指す）。

第三に，民間金融機関も活用した危機（災害・テロ，金融危機）対応体制を整備する。

第四に，効率的な政策金融機関経営を追求する（部分保証・証券化・間接融資等を通じた民間金融機関の補完，政策金融機関トップマネジメントへの天下り禁止を速やかに実現，統合集約する新機関では組織を簡素化し事業運営を効率

化)。

　次いで，現行の政策金融の各機能を，各政策金融機関別に，政策金融から撤退するもの，必要として残すもの，当面は必要だが将来的には撤退するもの，に分類している。その分類を踏まえたうえで，新組織のあり方に関して，現行の政策金融機関のうち，政策金融から撤退する日本政策投資銀行については新金融技術開発機能を維持するため一体として完全民営化，商工組合中央金庫については所属団体中小企業向けのフルバンキング機能機関として完全民営化，公営金融金庫については資本市場等を活用した仕組みに移行の方針を示している。そして，政策金融として残す機能を有する国民生活金融金庫，中小企業金融公庫，農林漁業金融公庫，沖縄振興開発金融公庫，国際協力銀行については，一つの政策金融機関に統合することを基本とする旨の方針を示した。

　この方針を前提に，平成18年成立の「簡素で効率的な政府を実現するための行政改革の推進に関する法律」は，第2章第1節を「政策金融改革」とし，平成20年度において，商工組合中央金庫，国民生活金融公庫，農林漁業金融公庫，中小企業金融公庫，公営企業金融公庫，沖縄振興開発金融公庫，国際協力銀行及び日本政策投資銀行の組織及び機能を再編成し，その政策金融機能を新政策金融機関により行なわせるものとしている。ただし，国際協力銀行の政府開発援助に係る機能については，分離して独立行政法人国際協力機構に担わせるとしている（4条）。そして，新政策金融機関の機能は，国民一般，中小企業者及び農林水産業者の資金調達を支援する機能，わが国にとって重要な資源の海外における開発及び取得を促進し，並びにわが国の産業の国際競争力の維持及び向上を図る機能，に限定する（4条1号）。また，政策金融に係る貸付金について，平成20年度末における貸付金残高の国内総生産の額に占める割合が平成16年度末のそれの2分の1以下となるようにすること（4条1号），現行政策金融機関の負債の総額が資産の総額を超える場合におけるその超過額又は新政策金融機関に生じた損失で，これらの経営責任に帰すべきものを補てんするための補助金（交付金，補給金その他の給付金を含む）の交付その他の国の負担となる財政上の措置は行なわないものとしている（4条3号）。新政策金融機関の組織は，特殊会社又は

独立行政法人若しくはこれに類する法人としている（5条1号）。

個別の政策金融機関ごとに，次のように定めている。商工組合中央金庫及び日本政策投資銀行については完全民営化する（6条1項）。公営企業金融公庫については平成20年度に廃止する（7条1項）。国民生活金融公庫，農林漁業金融公庫，中小企業金融公庫，国際協力銀行は，平成20年度に新政策金融機関に統合する（8条1項，9条1項，10条1項，12条1項）。沖縄振興開発金融公庫は，沖縄振興計画に係る平成14年度を初年度とする10箇年の期間が経過した後に新政策金融機関に統合する（11条1項）。

政府系金融機関の政策評価　以上のように補完機能の期待されている政府系金融機関による公的資金の供給について，総務省は，平成15年に「民間金融の補完機能の発現状況」及び「資金供給手法としての効率性」の観点から政策評価を実施した。

それによれば，補完機能に関しては，公的資金の供給が全体としてみれば金融市場において大きな位置を占め，特に直接貸出しの割合が諸外国に比して高い状況にあること，民間金融機関も金融技術の高度化を背景に長期かつ固定金利での資金供給が可能な状況もみられ，供給に関し民間金融機関との競合が生じる場合もあると推測されること，貸出し対象範囲についても，同様に金融技術の高度化を背景に民間金融機関が拡大しようとする取組等もみられ競合を生じる場合もあると推測されること，民間金融機関も政府系金融機関等が補完の関係を超えて活動しているとする認識が強い状況になっていること，政府系金融機関等が低利で相当規模に直接貸出しを行なうことが，場合によって民間金融機関等がリスクに見合った金利を設定できず，市場における自由な金利形成を阻害する要因の一つとなっている可能性や，企業における資本市場からの長期資金調達の意欲を喪失させ，資本市場の発達を阻害する一つとなっている可能性もあるなど，公的資金供給のあり方が金融資本市場に負の影響を与えている可能性があること，などを指摘した。

「資金供給手法としての効率性」に関しては，直接貸出しによる公的資金の供給は，政府の財政負担面では最近は減少に転じているものの，様々なリスクの適切な把握・管理等が必ずしも十分とはいえない状況もみられ，今後リスクの顕在化が懸念されるとともに，効率性の面において資金供給手法と

しての優位性が低下している状況もみられるとしつつ，貸出しの対象等によっては，より間接的な資金供給手法においても，一定の効率性を確保できる可能性がある，としている。

　以上の状況分析に基づいて，「意見」として，政府系金融機関等に係る貸出残高の縮減・規模の肥大化の未然防止，貸出しの有する性質に応じた最適な資金供給手法の選択，間接的手法に移行する場合におけるモラルハザードや逆選択を防ぐ制度的な工夫，直接貸出しの手法を継続する場合における金融資本市場との調和のための厳格な措置，貸付資産の証券化の拡充の検討，総合的なリスク管理手法によるリスクの定量的把握・適切な管理，国民へのリスク情報の積極的開示，融資対象事業に対する政策コスト分析の一層の充実を，政策課題として掲げている。

[2] 国の政策推進と政府系金融機関による融資

　融資をテコとした国の政策推進の問題点　国は，一定の政策を推進しようとするときに，補助金を活用することが多いが，政府系金融機関による融資をテコとすることも多い。事業を行なう者の自己資金が少なくても大きな仕事ができるという点にメリットがある。しかし，そのような政策が成功するには，事業を行なう者が確実に償還できる場合でなければならない。ところが，これまでの国の政策の中には，将来の価格上昇等を見込んだ融資など，問題のあるものもみられた。そのような事業が悪化した場合に，当該融資を用いた事業を遂行した事業者の自己責任であるとされるのが普通であるが，国が補助金等とセットにして強力に推進しようとするときには，地方公共団体等は，それを利用しないと世の中の動きに乗り遅れるかのような錯覚に陥ることが少なくない。以下，これまでに問題の顕在化した例を取り上げてみよう。

　林業公社・造林公社　林業の担い手の減少するなかで，森林整備を継続的に行なう必要があるという国の政策の下で，全国各地に地方公共団体の資金拠出による林業公社，造林公社などの名称の公益法人（森林整備法人）が設立された。これらの公社が，山林の所有者から土地を借りて（地上権設定），森林を所定の期間育成して木材を売却し，山林所有者と収益を分け合

う分収林方式が採用されていた。この事業の実施のために、公社は農林漁業金融公庫からの融資を受けるのが普通であったが、そもそも、林業は、40年とか50年をかけて育成した後に初めて収益を実現できる性質の事業である。造林に必要な資金にあっては、償還期限35年で据置期間20年であるが（農林漁業金融公庫法別表第一、一、（二））、森林の保育その他の育林に係るものについては、償還期限20年で据置期間がない仕組みである（同法別表第二、三、（二））。後者にあっては、融資を受けた年の翌年から直ちに償還が始まる仕組みである。償還をするために、その資金を出資地方公共団体などから借り入れなければならないという事態になる[68]。公社の資金繰りは火の車で、新規の植林は停止しているものが多いとされる。しかも、国産材の生産コストが高いうえに、木材の搬出費用がかさむなどの理由から、売上げによってそれまでの生産費・運送費などを回収することさえも難しくなっている。これは、「国の政策責任」を問うべき事態といわなければならない。

特定優良賃貸住宅　土地価格が著しく上昇した時期に、とくに都市部における子育て世代家族向けの良質な住宅を供給するため、土地所有者が住宅金融公庫の低利融資と共同施設などに対する補助を受けて住宅を建設し、一定の期間は、入居者の所得に応じた家賃減額の補助を設けて、支払家賃額を軽減する仕組みが、「特定優良賃貸住宅の供給の促進に関する法律」に基づき導入された。同法は、特定優良賃貸住宅の建設が円滑に行なわれるよう、必要な資金の貸付けについて配慮することを住宅金融公庫に対して求めている（16条）。問題は、住宅供給公社が長期（20年間）にわたり借り上げる協定を所有者と締結する政策が採られたことである。不動産価格の下落傾向の

---

[68] 全国森林整備協会によれば、平成15年3月末時点で、全国41公社（38都道府県）の累積債務は1兆500億円に達したという（日本経済新聞平成15・11・17）。
　なお、農林漁業金融公庫が何らの対応もしなかったわけではない。過去に貸し付けた造林資金につき償還期限を最長で55年の長伐期施業等に転換可能なものについては施業転換資金等に借り換えることを認め（金利も従前金利より低くできる）、また、平成17年度から19年度までの措置として、経営改善の努力が認められるものや都府県の支援措置の取組みに進展の見られる公社については、一定の条件を満たすものに限り繰上償還を認めることにした（会計検査院『平成17年度決算検査報告』877頁以下）。

中で，特定優良賃貸住宅の家賃が割高となり空室が続出してしまい，家賃の引下げを実施せざるをえなくなり，空室の存在とも相まって，住宅供給公社の大きな赤字発生要因の一つとなっている。

5　貸付金の回収

[1]　回収努力

回収の重要性　公的融資は，資金の貸付けであるから，貸付金の回収が極めて重要である。このため，回収可能性確保原則が支配する。単に貸付金という財産の保全のみならず，回収金が新たな融資の財源として回転する仕組みが採用されていることが多いことも忘れてはならない。

貸付金は，債権の一種として，国にあっては「国の債権の管理等に関する法律」，地方公共団体にあっては自治法240条の「債権」として，適切な債権管理を義務づけられている。ただし，国は，資金助成業務担当法人を通じて融資を行なっていることが多く，直接の法律関係は，資金助成業務担当法人と融資先との間の関係とされていることが多い。

財政融資資金の債権も，債権管理法の適用を受ける債権である。それを前提にしたうえで，「財政融資資金の債権の条件変更等に関する法律」により，災害その他特殊の事由により，元利金の支払が著しく困難となったとき」で「公共の利益のために必要があると認める場合に限り，その融通条件の変更又は延滞元利金の支払方法の変更をすることができる」とされている（本章2[3]）。財政制度等審議会の意見聴取の手続も要件とされている。これは，財政融資資金の融資における融資条件固定原則の下に，その例外の要件を厳格に定めるものである。

また，資金助成業務担当法人と融資先との関係が，資金助成業務担当法人に対する国の資金助成関係に影響を与える場合がある。たとえば，政府が独立行政法人日本学生支援機構に対して資金を供給し，それを原資に同機構が学生に奨学金を貸し付けているときに，その貸付金を回収ができないこととなった場合に，それを同機構のリスクとして放置するのか，それとも政府も配慮するのか，が問題となる。同機構法22条2項は，機構が，政策目的に

よる免除，すなわち，機構法15条3項[69]又は16条[70]の規定により第1種学資金の返還を免除したときは，その免除金額相当額につき政府の機構に対する貸付金の償還を免除することができる，としている。しかし，単なる貸与者の返還遅滞は，あくまでも機構のリスクの問題である。

ところで，強制徴収の認められる補助金の返還金債権と異なり，貸付金債権は，民事上の金銭債権と同様の方法で回収を図るほかはない。もしも問題が深刻になれば，「国等の貸付金債権の徴収に関する法律」（仮称）のような法律を制定して強制徴収の対象とすることを認める政策もありうるが，多様な貸付金債権をすべて強制徴収の対象にしてよいのか，また，融資業務を代行している金融機関との間の微妙な摩擦も生じるおそれもあり，慎重に検討する必要があろう。

具体化の規範　　地方公共団体が貸付金債権を含む債権管理に関する規範を住民に示す形で定めていることは，少ないようである[71]。財務規則，会計規則等の名称の規則の中にも，債権に関する定めがおかれていないことが多い[72]。それは，自治令171条以下の諸規定で十分であって，各地方公共団体が独自に付加すべきことはないという事情も考えられる。すなわち，履行期

69　貸与者が死亡又は精神若しくは身体の障害により返還できなくなった場合の免除規定である。

70　大学院において第1種学資金の貸与を受けた者が在学中に特に優れた業績を挙げたと認められる場合の免除規定である。

71　もちろん，外部に公にされている規範と，内部のみにおける規範とが存在しうる。後者の規範がどれだけ存在するかは明らかでない。筆者が目にできた例として，広島市債権管理事務取扱規則がある。「京都市有債権処理に関する規程」は，その一般的ニュアンスの名称にもかかわらず，「損害賠償請求権等に基づく市有債権」の処理に関する定めである。貸付金償還債権がこれに含まれるのか明らかでない。

72　松本市財務規則のように，財務規則に数箇条を定める場合も，手続規定中心のことが多い。もっとも，同規則241条は，債権に関する契約の内容として盛り込まなければならない事項を列挙している。履行期限までに債務を履行しないときは，別に定める割合で計算した金額を市に納付しなければならないこと，分割弁済債権について分割された弁済金額についての履行を怠った場合の履行期限の繰上げ，担保価格減少等の場合における増担保の提供・保証人の変更その他担保の変更，債権保全上必要があるときの質問・調査・報告・資料提出，これらに従わない場合における履行期限の繰上げ，の5項目である。長野市財務規則も，同様に債権に関する定めを置いている。

限までに履行しない者に対する期限を指定した督促（171条），督促後相当期間経過後に未履行の場合の担保の処分・担保権の実行・保証人に対する履行請求（担保のある場合），強制執行手続（債務名義のある場合），訴訟手続（担保がなく債務名義もない場合）（171条の2），履行期限の繰上げ（171条の3），債務者が強制執行又は破産手続開始の決定を受けたときの配当の要求その他の債権の申し出・その他必要な措置（171条の4），徴収停止（171条の5），履行延期の特約等（171条の6），免除（171条の7）である。

回収強化の動き　地方公共団体においては，回収を強化する動きがある。東京江戸川区は，「江戸川区私債権の管理に関する条例」を制定して，債権管理の明確化を図るとともに，既存の貸付条例も見直して，「償還金の支払いを継続して怠ったとき」には期限の利益を喪失させて元利金の全額を直ちに返還させることができる旨を明らかにした[73]。そして，東京弁護士会と連携して，「債権管理マニュアル」を作成し，債権回収のコンサルティングも委託して回収可能な貸付金債権の回収を強化するという[74]。

東京都は，全庁横断的な使用料等滞納回収として，貸付債権について，主税局が直接回収（職員の身分は，所管局との兼職）及びノウハウの提供を行なう方式を平成16年度に試行し，17年度に本格実施した。そして，債権回収連絡推進会議により局横断的な回収強化を目指している。

[2]　償還猶予・免除

償還猶予・免除に関する規範　国又は地方公共団体の貸付金に係る償還債権は，一種の「債権」として，国のそれには債権管理法，地方公共団体のそれには自治法240条が適用される。債権管理法24条及び自治令171条の6が履行延期の特約について規定している。債権管理法21条1項には，履行期限延長の特約又は処分をすることができる場合として，「債務者が無資力又はこれに近い状態にあるとき」（1号），「債務者が当該債務の全部を一時

73　地場産業振興資金貸付条例，女性福祉資金貸付条例，生活一時資金貸付条例，3世代同居住宅資金貸付条例，街づくり宅地資金貸付条例など。

74　日本経済新聞平成18・5・10。江戸川区の平成16年度決算によると，私債権の未収額が37億円で5年前の2.6倍に達しているという。

に履行することが困難であり，かつ，その現に有する資産の状況により，履行期限を延長することが徴収上有利と認められる場合」（2号），「債務者について災害，盗難その他の事故が生じたことにより，当該債務の全部を一時に履行することが困難であるため，履行期限を延長することがやむを得ないと認められるとき」（3号），「契約に基づく債権について，債務者が当該債務の全部を一時に履行することが困難であり，かつ所定の履行期限によることが公益上著しい支障を及ぼすこととなるおそれがあるとき」（4号），「貸付金に係る債権について，債務者が当該貸付金の使途に従って第三者に貸付を行った場合において，当該第三者に対する貸付金に関し，第1号から第4号までの一に該当する理由があることその他の特別の事情により，当該第三者に対する貸付金の回収が著しく困難であるため，当該債務者がその債務の全部を一時に履行することが困難であるとき」（6号）が掲げられている（5号は省略）。これらは，貸付金償還債権についても適用される可能性のある事由である。自治令171条の6第1項には，前記4号に相当する事由が掲げられていない。多くの場合は，他の事由にも該当するのであろうが，所定の履行期限によることが公益上著しい支障を及ぼす場合は，地方公共団体の場合にも十分考えられる[75]。この点は，自治令改正により手当てすることも検討されるべきである。

6号が，貸付金特有の事由である。国に即した説明によれば，このような場合の債務者は貸付業務を通じて国の行政目的を達成するための協力機関としての機能も果たしているのであるから，最終貸付先の第三者からの回収が著しく困難なため国に対して債務の全部の一時履行が困難となった場合においても所定の完全な履行を求めるのは酷にすぎる嫌いがあることによるとい

---

[75] たとえば，水俣病の患者に対する補償を可能にするために熊本県が県債を発行してチッソに貸付けを行なってきたが，平成12年2月の水俣病に関する関係閣僚会議申し合わせにより，県債方式の廃止とともに，既往の公的債務について各年度所要の支払猶予等を行ない，その支払猶予等相当額を国庫補助金及び地方財政措置により手当てすることが決定された。同日に閣議もこれを了解した。チッソによる患者への補償を可能にするために県への返済を猶予する措置をとっている（朝日新聞平成18・1・11）。平成18年度は，返済猶予額69億8,900万円で実際に返済する額は16億円であるという（熊本日日新聞平成18・6・9）。

われる[76]。ただし，この事由において，債務者が「債務の全部を一時に履行することが困難であるとき」が要件であるので，たとえば，地方公共団体が国からの貸付金を原資に第三者に貸し付け[77]，それを回収することが困難なようなときに，地方公共団体が直ちに前記要件を満たしているとはいえないことになる。協力機関であるといっても，自己の返済能力があるときは，履行延期の特約が認められないのである。

　地方公共団体の履行期限を延長する特約が自治令171条の6に違反して無効とされた例がある。福井地裁平成12・3・8（判例集未登載）及びその控訴審の名古屋高裁金沢支部平成12・8・30（判例集未登載）である。福井県が財団法人福井空港周辺整備基金に対してなした貸付金返済の履行期限延長の特約に関するものである。1審判決は，自治令171条の6第1項の各号のいずれにも該当しないから違法であるとしつつ，「同項の定める事由のいずれにも当たらないことが何人の目にも明らかである場合や契約の相手方において当該契約の許されないことを知り又は知り得べかりし場合のように，当該契約の効力を無効としなければ，債権の履行期限を延長する契約の締結に制限を加える同項の趣旨を没却する結果となる特段の事情が認められる場合に限り，私法上無効となるものと解するのが相当である」と一般論を述べた。これは，随意契約の制限規定に違反する契約の効力について判示した最高裁昭和62・5・19（民集41巻4号687頁）の趣旨が履行期限延長の特約についても及ぶとしたものである。具体の事案に関しては，貸付金を履行期限までに返還することが困難な事情のないことが明白で，副知事が財団法人の理事長，土木部長が副理事長であったのであるから，違法であることを知っていたか，知り得べきであったとし，特段の事情があるとした。2審判決も，この判断を維持した。

　さらに，債権管理法32条及び自治令171条の7は，債権の免除（正確には債務の免除というべきであろう）について規定している。いずれも，債務者

76　香川俊介編『債権管理法講義』（大蔵財務協会，平成16年）211頁。
77　その例として，都道府県が国の母子福祉資金及び寡婦福祉資金を財源の一部として母子寡婦福祉資金を貸し付ける場合がある（母子及び寡婦福祉法13条，32条，37条）。

が無資力又はこれに近い状態にあるため履行延期の特約又は処分をした債権について，当初の履行期限から10年を経過した後において，なお債務者が無資力又はこれに近い状態にあり，かつ，弁済することができる見込みがないと認められる場合には，その債権並びにこれに係る延滞金及び利息（地方公共団体にあっては，債権及び既に発生した履行の遅滞に係る損害賠償金その他の徴収金）を免除することができる，としている（債権管理法32条1項，自治令171条の7第1項）[78]。さらに，第三者貸付にかかる履行困難のための履行延期の特約で，その第三者が無資力又はこれに近い状態であることに基づいてなされた場合も，10年経過後に前記と同様の状態にあり弁済の見込みがないときは，その第三者に対して免除することを条件に債務を免除することができる（債権管理法32条2項，自治令171条の7第2項）。

　個別の法律が貸付金の償還免除を定めている場合がある。独立行政法人日本学生支援機構法は，政府は，第1種学資金の貸与に係る業務に要する資金を無利子で機構に対し貸し付けることができるとしつつ（22条1項），機構が第1種学資金の返還を免除したときは，機構に対し，その免除金額相当額の貸付金の返還を免除することができるとしている（22条2項。本章5［1］参照）。自衛隊法は，大学（大学院を含む）に在学する学生で，政令で定める学術を専攻し，修学後その専攻した学術を応用して自衛隊に勤務しようとする者に対し選考により学資金を，無利息で貸与することができるとしたうえ，修学後政令で定める年数以上継続して隊員であったとき等において，貸与金の全部又は一部の返還を免除することができるとしている（98条）。

　また，公衆衛生修学資金貸与法は，修学資金の貸与を受けた者が，①大学を卒業した後，直ちに保健所の職員となり，かつ，引き続き保健所等に在職した場合において，その引き続く在職期間のうち医師又は歯科医師となった後の期間が，修学資金の貸与を受けた期間の2分の3に相当する期間（最低3年）に達したとき，②前記の在職期間中に公務により死亡し，又は公務に起因する心身の故障のため免職されたとき，のいずれかに該当するときは，

78　前述の水俣病関係閣僚会議は，チッソに対する一時金貸付金のうち国庫補助金相当額の85％については返済を免除することを決定した。

返還債務の免除を受けることができるとしている（7条1項）。これは，「当然免除」と呼ばれている。これとは別に，医師又は歯科医師となった後に保健所等に通算して修学資金貸与期間の2分の3に相当する期間（最低3年）在職した場合の全額免除，その他所定の場合の一部免除について，「できる」規定を設けている（9条1項～3項）。これは，「裁量免除」と呼ばれている。当然免除及び裁量免除の仕組みは，矯正医官修学資金貸与法も用いている。この手法は，次に述べる地方公共団体の修学資金の貸与に係る返還債務の免除にも見られる。

地方公共団体にあっては，貸付金の返還の免除について特別の条例を制定している場合がある。たとえば，兵庫県は，「貸付金の返還の免除に関する条例」を制定し，各種の修学資金のほか，配偶者のない女子等に対して貸与した福祉資金，「地場産業に係る事業を営む等の小規模企業者に対して貸与した設備の近代化又は労働環境の改善に必要な資金等について，知事は返還を免除することができる旨を規定している。同じく，岡山県も，「貸付金の返還免除に関する条例」を制定して，生業・修学資金貸付金については貸付けを受けた者が死亡したときに返還債務の全部又は一部を免除することができるとしているほか，各種の修学資金・奨学資金等について，受給者が所定の業務に一定期間従事した場合などに返還債務を免除することなどを規定している。これらは，自治令の債権免除規定に対して条例により上乗せを行なっているものである。このような上乗せは適法であると解される。

東京江戸川区も，「江戸川区の私債権の管理に関する条例」を制定した。これは，一般的な債権管理に関する条例であるが，貸付金の債務の免除に係わる事項が多く含まれている。履行延期の特約をなしうる場合として，貸付金に係る区の私債権について，債務者が当該貸付金の使途に従って第三者に貸付けを行なった場合において，当該第三者に対する貸付金に関し，履行期限延長事由に該当する理由があることその他特別の事情により，当該第三者に対する貸付金の回収が著しく困難であるため，当該債務者がその債務の全部を一時に履行することが困難であるとき，を掲げている（12条1項5号）。そして，この理由により履行延期の特約をした貸付金に係る区の私債権で当該第三者が無資力又はこれに近い状態にあることに基づいて当該履行延期の

特約をしたものには，一般の免除規定（当初の履行期限（履行期限後の履行延期の特約をした場合は最初に履行延期の特約をした日）から10年を経過した後において，なお，債務者が無資力又はこれに近い状態にあり，かつ，弁済することができる見込みがないと認められるときは，当該債権及びこれに係る損害賠償金等を免除することができる旨の規定）を準用することとしている。ただし，債務者が第三者に対する貸付金について免除することを条件としている（以上13条2項）。

しかし，一般には，免除に関する規範は明らかでないことが多い。規定を設けている場合でも，実体規範を設けることは少ない[79]。

6 公的資金助成としての出資

[1] 第三セクターへの出資

信用力の付与　第三セクターたる会社への設立時の出資は，通常は地方公共団体が主導的役割を果たすのであるから，むしろ民間企業に協力を求めるのが普通であって，公的資金助成の範疇に入るものではない。しかしながら，民間主導で会社の信用力を強めるために地方公共団体の出資を求めて，地方公共団体がこの要請に応じて出資する場合もあろう[80]。この場合には，どのような会社なら出資要請に応じてよいのかを，地方公共団体の存在意義との関係で十分検討することが必要である。地方公共団体によっては，一定

79　たとえば，栃木県財務規則69条1項は，自治令171条の7の規定による債権の免除（正確には，債務の免除であろう）は，債務者からの債務免除申請書に基づくことを定め，同条2項は，課長又は公所の長は，その申請書の提出を受けた場合は，内容を審査し，自治令171条の7第1項又は第2項のいずれかに該当し，かつ，当該債権を免除することが債権管理上やむを得ないと認めたときは，幹事課長に協議し，債権免除決議書により債権の免除の決定をしなければならないとしている。

80　NTT株の売払い収入による資金の融資を受けるために第三セクターの利用が要件となっていることがある。鉄道立体整備会社の例について，東京地裁平成9・2・25判例時報1603号52頁，東京高裁平成13・11・20判例時報1786号46頁。いわゆる開発インターの設置を可能にするための第三セクターも同様である（本章3［1］を参照）。

の出資の場合に，あらかじめ議会の議決を経ること要求することにより，議会統制を強めている[81]。

経営危機時における増資　地方公共団体主導の第三セクターが経営危機に瀕したときに，地方公共団体が増資に応ずることはしばしば見られる。この場合に，補助金の交付と同様に，増資による出資が捨て金になってはならないから，出資の意思決定に当たっては，そのような注意義務が課されているというべきであるが，当初の設立の公益性が認められるときは，経営の維持についての公益性も肯定されることが多い[82]。

商業等の衰退・過疎化が進む町が商業振興のためにショッピングセンター，観光センター等の運営を目的とする第三セクターを設立し，その会社の経営危機に直面して増資金を支出したことが争われた事案がある。津地裁平成9・7・17（判例タイムズ1027号143頁〈参考〉）は，自治法232条の2が類推適用されるものではないとしつつ，出資も地方公共団体の行なう支出である以上，公共性ないし公益性の認められるものでなければならないが，出資の適法性の判断は担任機関の裁量に委ねられているものであるから，その判断が著しく不合理で，裁量権を逸脱又は濫用するものである場合にのみ違法となると述べた（具体の事案について裁量権の逸脱・濫用はないとした）。控訴審・名古屋高裁平成11・1・28（判例タイムズ1027号136頁）も，これを引用した。

山村振興法に基づく農林漁業特別対策事業の国庫補助を受けて，町が80

---

[81] 茨城県は，「県の出資法人等への関わり方に関する基本的事項を定める条例」を制定して，法人に対して出資を行なうに当たっては，「当該法人を通じて実現しようとする県の行政目的の効率的かつ効果的な達成の可能性を十分に考慮し，将来にわたる県の財政負担が過大となることのないように配慮しなければならない」とし（5条1項），①県の出資割合が4分の1以上となる場合の出資，②県の出資割合が県以外の出資者のそれぞれの出資割合と比較して最大となる場合の出資，③7,000万円以上の出資，のいずれかに該当するときは，あらかじめ議会の議決を経なければならないとしている（5条2項）。

[82] 畜産振興公社に対する増資金の支出について，神戸地裁平成14・11・14判例地方自治244号36頁。この判決の詳細については，碓井光明「地方公共団体の外郭団体的法人」日本財政法学会編『財政法講座3　地方財政の変貌と法』（勁草書房，平成17年）301頁，332頁以下を参照。

%出資し，民間の酒造会社との共同出資により設立されたそば焼酎の酒造公社（従業員15人で，うち10名が同町の町民）が，赤字経営で多額の累積赤字があり手形の不渡りの恐れもあったため，町が，増資分の出資1億8,000万円，補助金約3,000万円を支出したことについて，釧路地裁平成10・2・17（判例地方自治180号98頁）は，適法と判断した。判決は，まず，同社は，町民に稼動場所を提供し，わずかながらでも町民の人口流出を防止する利益をもたらしていること，町に法人税・固定資産税を納付し町財政に貢献寄与したこと，そば需要の増大によりそばの作付面積が増大するなど地元に経済的波及効果をもたらしたこと，そば焼酎が特産品として町の産業・観光の発展に寄与したこと，などを認定した。さらに，増資分の出資及び補助金支出は，倒産を先送りする目的ではなく，存続の危機が危ぶまれる事態に陥った同社の存続を図る目的でされたものであると推認されるとし，町等からの財政援助，経費削減の努力を重ねていけば，将来的に公社を再建することが支出時点で全く不可能であったとまではいい難いと述べて，将来的には一村一品運動の「そば焼酎サホロ」の健全な発展がひいては町の産業・観光の振興に寄与すること，不渡りの回避という緊急性があること，予算規模と支出金額との対比等を総合的に考慮するならば，公社の存続ないし再建を目的として公益上の必要性があるとして支出を決定したことが，政策判断の当否は格別，裁量権の逸脱ないし濫用に当たるとまではいえないと結論づけた。本件支出は平成4年になされたが，町は，平成9年に共同出資者である民間酒造会社に全株式を譲渡し，事業から撤退した。判決は，このようなことは結果であって，これをもって支出時点の裁量権の行使の逸脱・濫用とみることはできないという見解をとったものである。結果論で出資の違法性を論ずることのできないことは当然である（第2章4［1］，本章3［2］を参照）。

　なお，当初出資していなかった企業であっても，出資後は，出資を継続しようとする場合は，次の「一般企業の再生・経営安定化のための出資」と連続線にある。便宜，ここで述べておこう。プロサッカーチームの株式会社湘南ベルマーレから経営基盤の確立のために応分の出資をすることを求められた市が，出資に応じた場合について，横浜地裁平成16・2・16（判例地方自治258号73頁）は，違法とすることはできないと判断した。まず，公金支出

は，支援策の一環として出資することを目的としてなされたもので，「財産」としての同社株式の「取得」は，経済的価値の保有自体を目的としたものではないことを認定した。そして，一般論として，自治法及び地方財政法の関係規定の趣旨から，地方公共団体における経費の支弁としての合目的性・合理性を肯定することができる範囲を逸脱してはならないこと，また，合目的性・合理性の検討に当たっては，自治法232条の2の規定の趣旨をも考慮することが相当というべきであるとしている。株式の取得であっても経費の支弁とみていること，自治法232条の2の趣旨を考慮すべきこと，を述べている点に注目したい。

　判決は，具体の事案に関して，①同社の業務が営利の追求を目的とする通常の会社と異なり，地域社会と一体となったサッカーを中心とするスポーツの普及・振興，青少年の健全育成，健全なスポーツ人口の拡大に寄与することを目的としていること，②サッカーチーム「湘南ベルマーレ」ないし同社は地域コミュニティ活動を行ない福祉行政や地域の振興にも寄与していること，③株式取得の検討の際にこのような利益を期待したものであること，④結果としても湘南ベルマーレの協力の程度が増大し，福祉行政やスポーツの振興への寄与が増大したこと，⑤出資額250万円も市の財政規模との関係において過大なものと評価することは困難であること，⑥ホームタウンとして出資した町や市との比較においても出資額が過大なものと評価することが困難なこと，などを考慮すると，「住民の福祉の増進を図ることを基本とする地域における行政事務を適正に処理すべき普通地方公共団体」としての経費支弁として合目的性・合理性を肯定することができる範囲を逸脱したものと評価することはできない，と結論づけている。

　出資額250万円であっても，このような丁寧な理由づけをしなければならないのは，裁判所の役割としてやむを得ないのであろう。むろん，その述べるところは正当である。

[2] 一般企業の再生・経営安定化・ベンチャー育成のための出資
　国の制度　金融機関に関しては，「金融機能の再生のための緊急措置に関する法律」が，平成13年3月までを限った措置として，預金保険機構に

よる特別公的管理銀行の株式の取得（38条，39条）を認めていた。金融機能の強化のための特別措置に関する法律」は，金融機関等の資本増強，金融機関の組織再編成目的の資本増強のために預金保険機構が株式を引き受けることについて規定している（5条，17条）。これらは，国の直接の出資状態とはいえないが，これらの組織を通じた間接的な支援であることは疑いない。預金保険機構に対しては政府が政府以外の者とともに出資している（預金保険法5条）。

また，株式会社産業再生機構の場合は，その発行済み株式の総数の2分の1以上の株式を預金保険機構が常時保有していなければならない（株式会社産業再生機構法4条1項）。そして，産業再生機構は，対象事業者に対して金融機関が有する債権の買取り等のほか，その債権に係る債務者に対して資金の貸付け，債務の保証，出資などを行なうことができる（19条）。したがって，政府と産業再生機構との関係は，預金保険機構を通じた間接的なものである（政府による債務保証については，第5章1［2］を参照）。

預金保険機構に対する出資は，預金保険機構を助成するものではないから，「資金助成」と呼ぶことは不自然である。その意味で，このような出資は，公的資金助成の範疇から除外しても差し支えないであろう。また，その出資が間接的に会社や金融機関の再生につながることがあるとしても，預金保険機構による特別公的管理銀行の株式の取得・資本増強のための株式取得や産業再生機構による債権の買取りは，厳格な査定に基づき行なわれるとするならば，それを「助成」と呼ぶことは不自然であるのかもしれない。

これと別の制度も用意されている。独立行政法人中小企業基盤整備機構は，地域の金融機関（及び，場合によっては地方公共団体）と協力して「地域中小企業再生ファンド」に出資し，このファンドが再生を図ろうとする中小企業に投資するスキームを採用している[83]。このファンドは，民間のファンドが投資しにくい中小企業の再生案件に取り組む補完的機能を果たすものである。中小企業基盤整備機構は，地方公共団体と併せてファンド総額の2分の1ま

83　平成18年3月の経済産業省の公表によれば，これまでに大分，静岡，茨城，栃木，島根・鳥取，高知，愛知，愛媛及び埼玉の9地域で組成されており，新たに沖縄，千葉，大阪で組成することが決定されたという。

で出資可能とされている。

経営危機の一般企業に対する出資　地方公共団体が，経営危機にある企業に対して増資に応ずる形で支援することがある。地方公共団体の目的は，出資者である状態を継続することではなく，経営危機の打開にある。出資状態にあるときは，第三セクターであるとみることも不可能ではないが，その目的において，通常の第三セクターと異なるのである。

　私企業が経営危機に陥ることは頻繁にあるのであって，選別することなく増資に応ずることはできない。どのような場合に許容されるのかが問題になる。補助金等と同様に公益上の必要性によって判断される。金融機関の経営危機の際に問題とされた。

　宇都宮地裁平成14・11・20（判例集未登載）は，栃木県及び同県内の11市が，足利銀行の財務状況を改善するために新株を取得した際の栃木市の出資が争われた住民訴訟である[84]。判決は，株式取得が足利銀行の財務状況の改善により市内の地域経済の安定を図ることを主たる目的として行なわれたもので，公益上の必要性から行なわれたものと認めて，次のように述べた。

　「地方公共団体が地域経済の安定という公益目的を図る目的で特定の金融機関の株式を取得するかどうかの判断は，それが許容される要件を具体的に定める法令上の規定はないし，当該株式取得により上記安定が実現される見込み及びその程度，そのために負担する費用の額など，さまざまな事情を総合勘案して行われるべきものであることからすれば，原則として，それを行う権限を有する長の裁量に委ねられた事項というべきであり，それが違法となるのは，当該株式取得が地域経済の安定をもたらさないことが明らかである場合や，その効果に比して著しく過大な費用ないしリスクを負担することになる場合など，上記裁量の範囲を逸脱したといえる場合に限られるものと解すべきである（「公益上必要がある場合」（地方自治法232条の2）といえるか，「最も効率的に」（地方財政法8条）といえるかなどの判断も，結局は上記裁量逸脱の有無の判断に包摂さ

---

[84]　報道によれば，足利銀行の破綻時に，栃木県6億円，宇都宮市2億円，足利市5,000万円など県と12市で合計10億2,000万円を出資していたという（朝日新聞夕刊平成15・12・11）。

れるものと解される。）。」

　当該株式取得に関して，栃木市内の地域経済の安定をもたらさないことが明らかであるとまではいえないし，その効果に比して著しく過大なリスクを負担することになるともいえないとした[85]。ここでも，「長の裁量に委ねられた事項」と述べられている点は大いに問題であって，長は，提案者になっても，金融機関の株式取得の意思は，議会も含めた「地方公共団体としての裁量」というべきである。

　地方財政法8条との関係　　ところで，金融機関の経営危機に際して増資に応じ，それが破綻に伴い価値を失ったことは，株式という財産の管理を怠ったものであり，地方財政法8条に違反するとの主張がなされることがある。同条は，「地方公共団体の財産は，常に良好の状態においてこれを管理し，その所有の目的に応じて最も効率的に，これを運用しなければならない」と定めている。足利銀行関連の住民監査請求に対して，「地域経済と市民生活の安定を図るという行政目的をもって取得したものであり，その資産運用を目的としたものではなく，継続して保有することが，所期の目的を達成するために効果的な運用にあたると判断される」と述べる監査委員の判断が示されており[86]，この見方が自然であろう。

　ベンチャー育成のための出資　　独立行政法人中小企業基盤整備機構は，ベンチャーファンド出資事業を実施している。これは，設立7年未満のアーリーステージにあるベンチャー企業や中小企業が実施する有望な事業に対して

---

[85] 栃木県の足利銀行株式の取得差止めを求めた住民監査請求について，栃木県監査委員は，同銀行の県内におけるシェアの大きさからみて同行が健全で安定的な経営を確保することが県民生活や県内経済にとって重要であるとして「県が県民生活の安定や県内経済の振興等に大きな影響力を有する地域金融機関に対して，政策的な観点から増資に協力することは，公益上必要なものであると考えられる」として棄却した（栃木県監査委員告示平成14・2・26）。

[86] 宇都宮市監査委員告示平成16・3・29。栃木県監査委員告示平成16・3・26も，金融秩序の安定を図り，県民生活の安定と県内経済の振興を図るために，株主の地位を保持する」という表現で，ほぼ同趣旨を述べている。なお，株式取得について，栃木県監査委員告示平成14・2・26は，地方財政法8条は，公金の取得による財産の取得には適用されないと述べている。

投資及び支援を行ない，その成長発展を支援する投資事業有限責任組合に対して，機構が有限責任組合員として参加するものである。1組合についての出資限度額は，出資総額の2分の1（地方公共団体が出資する場合は，その出資と合わせて2分の1）とし，10億円を限度としている。機関投資家やベンチャーキャピタルと共同出資するのであるから，公私協働の面がある。また，ベンチャー企業への投資をするのは投資事業有限責任組合（ベンチャーファンド）であるから，機構とベンチャー企業との関係は間接的なものである[87]。ほぼ同様の仕組みによる「がんばれ！　中小企業ファンド」出資事業も実施されている。

　なお，中小企業基盤整備機構が関与しないで，地方公共団体の出資法人がベンチャー育成投資事業有限責任組合の有限責任組合員となって，同様のスキームによりベンチャーを育成しようとしている例もある（神戸市は同市産業振興財団が出資，札幌市はさっぽろ産業振興財団が出資。第1章3［3］を参照）。

　地方公共団体のベンチャー育成のための出資事業については，地方債の充当率を90％とする扱いがなされ，後年度の償還については交付税措置が講じられる[88]。

［3］　その他の出資

ゴルフクラブ会員権取得事件　通常の出資は，出資による見返りを期待するものである。株式会社であれば配当を期待するであろう。しかし，前記のような経営危機の場合以外にも，出資の事情次第で出資が実質的に資金助成の意味をもつことがある。そのような一つの例がゴルフクラブ会員権取得事件であった。火葬場の設置に対して，その予定地地区の有志から，別のゴルフ場に対して市がとった措置（市が誘致に協力した関係で助役名義で市が株式を取得していた）と同等の扱いをされたい旨の申入れがあって，市がゴルフ会員権を取得したことの適否が争われたものである。

87　神奈川県は，この制度に財団法人神奈川中小企業センターを通じて参加することとし，同センターが出資している。平成18年7月現在で5ファンドが結成されている。

88　平成16・4・20総行自第91号総務省自治行政局自治政策課長通知。

名古屋地裁昭和56・11・30（判例タイムズ462号140頁）は，会員権取得のための支出は，その利用やその財産的価値に着目したのではなく，専ら地区の要請，別のゴルフクラブとの権衡，同ゴルフ場の市税収入における寄与度等を勘案してなされたものであり，会員権の取得は，形式上は自治法149条6号所定の「財産の取得」に該当するが，実質上は資金援助（一定期間無利息の約定でなした融資）の性質を有することは否定できないとした。そして，このような性質に鑑みると，その適否については，自治法232条の2を準用して，公益上の必要性の具備の有無を判断することを要するとした。この判断につき著しい不公正若しくは法令違背が伴わない限り，これを尊重することが地方自治の精神に合致する所以であるとして，個別事案に関しては，多数の住民に対する稼動場所の提供，多額の固定資産税等による市財政への貢献，別のゴルフクラブに対する出資金と対比してそれほど高額でないこと，市役所職員有志からなる同好会会員が準会員として利用できることなどから，公益上の必要性が欠如していると認めることは困難であるとした。

控訴審の名古屋高裁昭和58・3・30（判例タイムズ502号153頁）は，補助の脱法行為としてなされたとはいえない財産の取得に自治法232条の2を準用すべき理由はないとしつつ，会員権の取得のための支出が議会の議決を経ていること，社会通念上許容される範囲内のものであること，公共的観点から見ても，地区の絶対多数の賛成により始まり，地域社会の雇用促進ないし地域開発に寄与し，租税収入の増大をもたらし，公害事業性も認めがたいとして，違法とはいえないとした。この判決は，財産取得について自治法232条の2の規定を準用すべき理由はないが，補助的な色彩を帯びている場合に，「公共的観点」からの検討をすべきであるとしても，違法はないとしたものである。

具体の判断はともかく，財産の取得については，「公益上必要」という自治法232条の2の要件の充足は必要とされないが，「財政公共目的原則」の適用はあるというべきであろう。

コミュニティ・ファンド形成事業等に係る出資・貸付け　地域住民の多様なニーズ（介護・福祉，子育て支援，生活支援，環境保全・リサイクルなど）に対応したサービス等を廉価で継続的に提供し，地域課題の解決を目的とする

事業（コミュニティ・サービス事業）等の推進が必要とされている。このような事業等を支援するために公益法人等がコミュニティ・サービス事業者等に融資，債務保証又は投資等を行なうための資金について地方公共団体が出資又は貸付けを行なうことがある。ここにおいては，最終のサービス提供事業者，同事業に資金を供給するファンド，ファンドに出資又は貸付けを行なう地方公共団体という，多段階構造から成っている。国は，地方公共団体のこのような目的の出資又は貸付けを，地方債のうえで一般単独事業債の一般事業とし，充当率を概ね90％とし，後年度の償還に所要の交付税措置を講ずるとしている[89]。

---

89 以上，前掲注88の通知を参照。

第5章　公的債務保証・損失補償の保証

1　公的債務保証

[1]　公的債務保証の功罪

公的債務保証の有用性　公的債務保証は，公共部門が債務を保証することにより，債務者に信用を供与する行為である。資金の需要者に対して，公共部門が直接資金を提供することなく，他の主体である金融機関等の資金を活用できるように支援する行為である。貸付資金を公共部門が用意することなく支援できる点に最大の特色がある。しかも，公的債務保証は，単に資金の需要者に対する支援の意味のみならず，貸付けにより収益を上げて事業を営む金融機関等が，安心して貸付けを行なうことを可能とする意味において，それら金融機関等に対する支援の機能をも発揮する（二重の支援機能）。

また，補助金との比較においても，公的部門の資金を要しない点のメリットがある。このことは，とりわけ信用のある公的部門にあっては，資金を直接提供することなく大きな信用を創造しうることを意味する。他方，このメリットは，資金を用意せずに債務保証で済むのであれば，大いに活用しようという欲求にかられる危険性をもっている。

公的債務保証の偶発債務性　公的債務保証は，一種の保証契約である。その保証債務は，偶発債務たる性質をもつとされる。いつの時点で債務履行を現実に迫られるかわからないという偶発性に着目した用語であろう。要するに現実に債務の履行を迫られるかどうかが不確実な債務であるという意味である。この偶発債務性こそが，公的債務保証に対する法的規制の必要性の出発点をなす性質である。私人間における保証が，債務不履行が生ずることはないと信じてなされることが多いのと同様に，公共部門も，主たる債務者の状況に鑑みて，債務不履行状態を生ずることはありえないとみて，多額の債務保証をすることに問題ないと判断することがありうる。しかし，このよ

うな行動は，債務保証を求められることと矛盾した判断であることを理解しないものである。なぜならば，債権者は，万一の事態が生じうるからこそ保証を求めるのであって，債務不履行状態が100％起こりえないのであれば保証を求める必要がないからである。そこで，偶発債務抑制原則が支配する。

偶発債務の情報提供　偶発債務は，履行が不確実であるだけに，ややもすれば，その存在について厳しく観察する姿勢を欠くことになりやすい。この点において，必ず償還しなければならない公債・借入金との間には，受け止め方に大きな違いがある。その結果，国，地方公共団体が偶発債務の存在について国民・住民に情報提供する姿勢においても，公債・借入金の場合とは異なっている。すなわち，国や地方公共団体の長期債務残高が深刻な問題として，国や地方公共団体が積極的に情報提供し，国民・住民に厳しい財政状況の理解を求め（それは，増税への理解を求める意図による場合もある），それが報道されるのに比べて，偶発債務の金額がどれだけに及んでいるかが情報提供されて問題とされることは，ほとんどないといってよい。

もちろん，偶発債務に関しても，情報提供の機会は制度的にも用意されている。

まず，地方公共団体に関しては，予算に関する説明書を定める自治令144条1項3号である。同号は，「債務負担行為で翌年度以降にわたるものについての前年度末までの支出額又は支出額の見込額及び当該年度末における現在高の見込みに関する調書」と定めているので，支出額を伴わない保証債務を記載する必要はないという解釈も可能であるが，偶発債務を負う契約が「債務負担行為」[1]の一種であることは疑いがなく，実際には，「債務負担行為に関する調書」に債務保証及び後述の損失補償を含めて記載する扱いが定着している。

次に，最近進みつつあるバランス・シート（試算）の公表内容にも含められているが，その方法は一様ではない。バランス・シートの「負債」欄に全く表記することなく注記において「履行すべき額が未確定なもの」として記

---

[1] 債務負担行為には，たとえば，用地購入で支払いが後年度又は複数年度にわたる契約の締結行為などが含まれることはいうまでもない。

載する方法[2]と,「負債」欄には「債務保証又は損失補償に係る債務負担限度額」につき「0」の金額を記載したうえ,その金額をバランス・シート作成方法の説明欄に記載する方法[3]などがあるようである。いずれにせよ,金額が未確定である以上,貸借対照表本体においては,記載しないか「0」と表示するほかないということであろう。

ところで,国にあっても,財政法28条が,国会に提出する予算の添付書類として,「国庫債務負担行為で翌年度以降に亘るものについての前年度末までの支出額及び支出額の見込み,当該年度以降の支出予定額並びに数会計年度に亘る事業を伴うものについてはその全体の計画及びその進行状況等に関する調書」(8号)を掲げており,前記の自治令の規定に似た文言が用いられているものの,毎年度の「財政法28条による予算参考書類」には,偶発債務の記載はないようである。これは,財政法28条の規定を厳格に解釈するという発想によるのかもしれない。そして,財政法28条10号の「その他財政の状況及び予算の内容を明らかにするため必要な書類」が予算の添付書類として提出されたことはないというのであるから[4],偶発債務の状況が予算添付書類として提出されたことはないのであろう。財政状況における偶発債務の状況の重要性に鑑みて,予算参考書類として添付することを期待したい[5]。かつての保証債務が現在も残っているのかどうかは極めて重要な情報であり,国民が知りたい情報である。

以上のような合計額としての偶発債務情報のみならず,個別の相手方ごと

---

2 たとえば,東京都の『財政のあらまし』(平成18年6月)51頁は,貸借対照表関係注記事項のなかの「偶発債務」の項目において,「債務保証又は損失補償に係る債務負担行為のうち履行すべき額が未確定なもの」に平成15年度末時点で「公社・協会に係るもの」として,10,907億円,「その他」として,4,495億円,平成16年度末時点で「公社・協会に係るもの」として,6,031億円,「その他」として4,453億円を記載している。

3 たとえば,大阪府の「平成16年度 バランスシート・行政コスト計算書の試算」(平成17年11月)は,普通会計バランスシートの負債の部において「債務保証又は損失補償」につき,金額「0」と記載したうえ,欄外の「債務負担行為に関する情報」において「債務保証又は損失補償に係るもの(債務負担限度額)」を1,037,470百万円と記載している。

4 小村武『三訂版 予算と財政法』(新日本法規,平成14年)243頁。

の情報も重要である。特に，地方公共団体の外郭団体に対する偶発債務情報は住民の知りたいところである[6]。また，偶発債務には，その性質上特色のあるものは，その旨を抽出した情報も必要である[7]。

[2] 公的債務保証の規制

法人に対する政府の財政援助の制限に関する法律 前述した偶発債務性に鑑みて，法人財政援助制限法3条は，「政府又は地方公共団体は，会社その

---

[5] 小村・前掲書243頁は，財政法28条10号によって添付する書類も，1号から9号までの各号と同程度の重要性があるものに限定して判断すべきであるとし，法令上添付すべき義務のない書類をたまたま添付するからといって10号の書類であると即断すべきではないと述べている。現状の認識がそのとおりであることは理解するが，偶発債務の状況に関する書類が重要性のある書類であるかどうか自体をじっくり議論する必要があろう。

[6] たとえば，大阪府の「平成16年度 バランスシート・行政コスト計算書の試算」は，連結バランスシートに続けて「債務負担行為明細書」の欄を設けて，そのなかで，債務保証又は損失補償に係るものについても，出資法人（その中を，連結対象法人・対象外法人，地方3公社・第三セクターに分ける），出資法人以外に分けて，出資法人については，それぞれの法人ごとの金額を表示している。多額のものを列挙すると，住宅供給公社4,559億円，中小企業信用保証協会1,881億円，道路公社1,875億円，土地開発公社1,280億円である（千万円以下を四捨五入）。

[7] たとえば，神戸市普通会計バランスシート（平成17年3月31日現在）は，負債の部の「債務保証又は損失補償」欄には金額表示をせずに，注記の「債務負担に関する情報」において，債務保証又は損失補償の総額表示をしたうえ，そのうちの共同発行債の金額をも記載している。これは，地方債の共同発行に参加している場合に，地方財政法5条の7により元利金の償還について連帯責任を負うことによる債務保証であって，通常の債務保証とは相当性質を異にする。同等の信用力の地方公共団体による共同発行の場合（たとえば，青森・岩手・秋田の東北3県による共同発行や，政令指定市と数道府県による全国型共同発行）は，本書の対象とする公的資金助成の範囲に通常は含める必要がないであろう。神戸市は全国型共同発行に参加している。もっとも，たとえば，県が県下の市町村の信用力不足を考慮して，市町村との共同発行をしているときは，公的資金助成の意味を発揮する。たとえば，平成18年4月から6月において，茨城県・水戸市・土浦市・石岡市・常陸太田市・取手市・鹿嶋市・八千代町の共同発行，兵庫県・姫路市・尼崎市・伊丹市・豊岡市・宝塚市・三木市・川西市・三田市・篠山市・養父市・朝来市・香美町の共同発行が予定されているが（いずれもミニ市場公募債），県が加わることによる信用力の強化は否定できない。

他の法人の債務については，保証契約をすることができない」と規定している。但し書きにおいて，「財務大臣（地方公共団体のする保証契約にあっては，総務大臣）の指定する会社その他の法人の債務については，この限りでない」として，財務大臣又は総務大臣の「指定」による例外を認めているものの，債務保証契約が禁止されているのである。この規定が設けられたのは，従来特殊会社に対して債務保証がなされて国庫の膨大な負担を招いたことに対する反省，「未必の債務」・「不確定の債務」を制限する必要性，企業の自主的活動を促す必要性などによると説明されていた[8]。さらに，保証債務の履行が，多くの場合，後の世代によってなされるので，債務保証は後の世代の人たちの負担を当てにする点において，公債と似ている面がある[9]。

　第三セクターが金融機関からの借入れを行なう場合に，金融機関は債務保証を求めることがあるが，それは許されない[10]。後述するように，債務保証についての規制を逃れるために損失補償契約が多用されている。

　法律による禁止の解除　　もちろん，この規制は特別法によって破られることがある。政府又は地方公共団体と密接な関係にある法人，すなわち，政府出資法人，地方公共団体出資法人の債務について許容している法律が多数ある。ただし，多数の独立行政法人，国立大学法人が存在するが，独立行政法人通則法も，国立大学法人法も，政府による債務保証を許容する規定を有していないことに注意する必要がある。

　独立行政法人についていえば，個別法人に係る法律の規定により許容する方式が採用されている。たとえば，独立行政法人国立病院機構法17条は，法人財政援助制限法3条の規定にかかわらず，政府が，「国会の議決を経た金額の範囲内」で同法16条1項又は2項の規定による機構の長期借入金又

8　碓井・損失補償の保証5頁。

9　碓井・損失補償の保証5頁。ドイツ基本法115条1項は，将来の会計年度における支出をもたらす可能性のある起債及び債務保証等について連邦法律による授権を必要とする旨を定めて，起債と同様の認識に立って規制している。

10　そこで，金融機関は地方公共団体（出資者）以外の関係者に債務保証を求めることがある。そして，個人保証をして保証債務を履行した者が，地方公共団体を相手に訴訟を提起する例も登場している（「長崎県央開発」の役員による訴訟提起について，判例地方自治269号126頁）。

は債券に係る債務について保証することを許容している（同種の例として，鉄道建設・運輸施設整備支援機構，都市再生機構，中小企業基盤整備機構）。他方，債務保証を許容する規定を置かない独立行政法人設置法も多数存在する（大学入試センター，自動車事故対策機構，労働政策研究・研修機構など）。

　債務保証を許容する法律は，いずれも「国会の議決を経た金額の範囲内」と定めている。この「国会の議決」は，財政法15条1項の規定する国庫債務負担行為であるから，「予め予算を以て，国会の議決を経なければならない」とされていることと合わせた定めである。実際には，一般の国庫債務負担行為が「丁号　国庫債務負担行為」に一覧的に表記されるのに対して，債務保証の限度額は，後述のように一般会計予算総則において定める慣行になっている。

　地方独立行政法人に対する債務保証は，どのようになっているのであろうか。公営企業型地方独立行政法人を含めて債務保証を許容する規定は見当たらない。これについては，地方独立行政法人の独立性を貫徹するために債務保証を許容していないとする理解（独立性説）と，地方公共団体による財源措置によって財源を確保する道があるとする理解（直接支援可能説）とがありうる。

　なお，地方3公社に関する扱いをみると，土地開発公社及び地方道路公社に関しては，設立団体が債務保証をなすことが認められている（公有地拡大推進法25条，地方道路公社法28条）。これに対して，住宅供給公社に関しては，債務保証を許容する規定がない。このため，土地開発公社及び地方道路公社については債務保証形式が用いられているのに対して，住宅供給公社に対する金融機関の融資の場合は，貸付けに伴う損失を設立団体が補塡する「損失補償」を約する方式が活用されている（これについては後述）。

　ところで，個別の法律が許容する例が多くなるにつれて，法人財政援助制限法3条但し書きによる財務大臣又は総務大臣の指定は，包括的な委任条項であって，法律による個別許容との間のバランスを欠くという印象を免れない。債務保証の許容という重大な国家意思の決定が大臣に委ねられてよいのかという問題である。バランス論からすれば，少なくとも，個別独立行政法人設置法により特に禁止を解除する立法方法が採用されているときに（法律

による解除），法律で禁止を解除されていない独立行政法人に対する債務保証を財務大臣の「指定」によって許容すること（大臣指定による解除）はできないと解すべきである（立法方法の均衡）。

金融安定化等に係る預金保険機構に対する政府の債務保証　金融安定化のために認可法人として預金保険機構が設立され，同機構が重要な役割を果たしている。同法人の公的性格に照らすならば，機構のなす資金助成も「公的資金助成」として論ずべきかもしれない。その点は別として，機構に対する政府の債務保証がいくつかの法律によって許容されていることに注目したい。

第一は，預金保険機構がなす預金保険法42条1項若しくは2項による借入れ又は同条1項の許容する預金保険機構債券について，政府は，国会の議決を経た金額の範囲内において債務の保証をすることができる（預金保険法42条の2）。預金保険機構は，その財源を金融機関から徴収する保険料及び負担金にのみ依存しているために，必要資金を適時に調達することを可能にして預金者に無用の混乱を生じないようにするとともに，内外の信頼を確保することが，この債務保証制度を設けている理由とされる[11]。

第二に，預金保険法126条により，機構が危機対応業務を行なうために政令で定める金額（15兆円）の範囲内で内閣総理大臣及び財務大臣の認可を受けてなす資金の借入れ又は債券の発行については，前記42条の2の規定が準用されている（126条2項）。

第三に，「金融機能の再生のための緊急措置に関する法律」66条も，預金保険機構が金融再生業務[12]を行なうための資金の借入れ又は預金保険機構債券（同法65条）について，国会の議決を経た金額の範囲内で債務の保証をすることができるとしている（同法66条）。

第四に，「金融機能の早期健全化のための緊急措置に関する法律」も，預金保険機構が金融機能早期健全化業務を行なうためになす資金の借入れ又は

11　預金保険法研究会『逐条解説　預金保険法の運用』（きんざい，平成15年）100頁。
12　金融再生業務のなかには，承継銀行に対する出資，貸付け，承継銀行に対する資金の貸付け・債務保証，協定承継銀行に対する損失の補てん，特別公的管理銀行の株式の取得，特別公的管理銀行に対する資金の貸付け，特別公的管理銀行に対する損失の補てんなどが含まれている（60条）。

預金保険機構債券の発行についても，同様に債務の保証を許容している（17条）。

　第五に，「金融機能の安定化のための緊急措置に関する法律」は，金融危機管理業務を行なうために機構がなす資金の借入れ又は機構債券の発行について，政府が債務の保証をなすことができるとしていた（27条）。なお，同法は，金融危機管理基金に充てるため国債を発行して機構に交付すること（31条）及び機構が金融危機管理基金を使用するために国債の償還を求めたときに政府は速やかに償還すること（32条1項）を定めていた。同法は，金融機能再生緊急措置法附則4条の規定により廃止されている。

　第六に，平成16年法律第128号による改正前の「金融機関等の組織再編成の促進に関する特別措置法」33条も，機構に対する債務保証を規定していた。それは，改正前の32条が定めていた金融機関等経営基盤強化業務を行なうための資金の借入れ又は機構債券の発行に対する政府保証であった。

　第七に，「金融機能の強化のための特別措置に関する法律」も，機構が金融機能強化業務を行なうためになす資金の借入れ又は機構債券の発行についても，同じく政府が債務の保証をなすことを許容している（45条）。

　預金保険機構自体が，前記各法律の定める目的で資金援助や債務保証をなすことができるとしつつ，預金保険機構の債務に対する政府の保証によって，「最後の拠りどころは政府」であるとする仕組みを採用しているのである。最後は税金で賄うことになることがありうるといわれる所以である。預金保険機構による資金の投入が「公的資金の注入」とか「公的資金の投入」と呼ばれているのは，預金保険機構の公的性格もさることながら，その財務の基盤について政府保証がなされていることに着目したものであろう。

産業再生機構・民間都市開発推進機構等　　債務保証は，独立行政法人以外にも，前記の預金保険機構のほか，いくつかの法人に対して許容されている。

　株式会社産業再生機構については，株式会社産業再生機構法40条が，銀行等保有株式取得機構については，「銀行等の株式等の保有の制限等に関する法律」51条が，民間都市開発推進機構については，「民間都市開発の推進に関する特別措置法」附則16条3項が，日本環境安全事業株式会社については同会社法12条が，成田国際空港株式会社については同会社法附則15条

が，関西国際空港株式会社については同会社法9条1項が，それぞれ政府の債務保証を許容している（これらは，網羅的ではない）。民営化により独立性を高めたといわれる高速道路会社についても，各高速道路会社法附則3条により政府が債務を保証することが許容されている。

　これらのうち，株式会社産業再生機構は，「有用な経営資源を有しながら過大な債務を負っている事業者に対し，過剰供給構造その他の当該事業者の属する事業分野の実態を考慮しつつ，当該事業者に対して金融機関等が有する債権の買取り等を通じてその事業の再生を支援することを目的とする株式会社」である（株式会社産業再生機構法1条）。預金保険機構は，再生機構の発行済み株式の総数の2分の1以上の株式を保有しなければならず（4条），現在は全株式を保有している。業務としては，金融機関等が有する債権の買取り又は金融機関等が有する貸付債権の信託の引受けのみならず，債権買取り等を行なった債権に係る債務者に対する資金の貸付け，資金借入れに係る債務保証，出資等も行なうことができる（19条）。政府の債務保証は，日本銀行，金融機関その他の者から資金の借入れをし，又は社債の発行をする場合（39条1項）になされる（40条）。政府の債務保証の活用によって，機構が大きな仕事を行なうことができる。ただし，債権の買取り等が適正な評価に基づいてなされないと，機構が借入金等の償還を行なえなくなって，政府が保証債務の履行に追い込まれる。

　また，民間都市開発推進機構は，民間都市開発事業の推進を目的として設立された民法上の財団法人で，国土交通大臣により，同法4条1項各号に掲げる業務を適正かつ確実に行なうことができると認められるものとして指定された法人（指定法人）である（3条1項）。その代表的な業務は，特定民間都市開発事業について，当該事業の施行に要する費用の一部を負担して当該事業に参加することである。この「参加」方式により民間の都市開発を支援するものである。政府は，国会の議決を経た金額の範囲内において4条1項2号に掲げる業務に要する資金の財源（公共施設の整備に要する費用に充てるものに限る）に充てるための債券に係る債務について保証契約をすることができる。特定民間都市開発事業が首尾よく進行しないと[13]，政府が保証債務の履行に追い込まれる。

政府保証債務の状況　以上のような禁止解除規定を受けて，政府保証の現状がどのようになっているかを確認しておこう。財務省理財局が公表している報告によれば，平成17年度末における政府保証債務の残高は53兆4,000億円で，政府保証債が40兆4,000億円（うち預金保険機構が12兆2,000億円），政府保証借入金が3兆2,000億円である[14]。平成17年度末の政府保証債（内国債・市場公募分）の残高を機関別にみると，公営企業金融公庫15兆2,759億円，預金保険機構12兆1,500億円，日本高速道路保有・債務返済機構6兆3,215億円，中小企業金融公庫2兆450億円が主たるものである。また，平成17年度末の政府保証借入金を機関別にみると，預金保険機構5兆4,496億円，株式会社産業再生機構1兆5,905億円，銀行等保有株式取得推進機構1兆2,641億円が主たるものである[15]。

国会の議決＝予算による議決方式　政府による債務保証について，それを許容する個別法が「国会の議決を経た金額の範囲内」としているのを受けて，一般会計予算総則には，「債務保証契約の限度額」の条項が置かれている。たとえば，平成18年度についてみると，予算総則11条1項において，表形式で，1号から26号まで掲げられている。債務として「国民生活金融公庫国民生活債券に係る債務」，根拠規定として「「国民生活金融公庫法」第22条の4第1項」，金額の限度として「額面総額80,000,000千円及びその利息に相当する金額」（1号）のように定めている。同じく，債務として「株式会社産業再生機構　社債及び借入金に係る債務」，根拠規定として「「株式会社産業再生機構法」第40条」，金額の限度として「額面総額及び元本金額の合計額3,000,000,000千円並びにその利息に相当する金額」（19号）のように表示される。

財政投融資計画の「政府保証」との関係　「政府保証」は，財政投融資の

13　かつて，産業再生機構が，九州産業交通の再生のために，同社に対する民間都市開発推進機構の債権放棄を求めたことがあり，産業再生の国策に協力すると国民負担を招くとして苦慮している旨が報道されたことがある。朝日新聞平成15・8・30。

14　財務省理財局『債務管理リポート2006――国の債務管理と公的債務の現状』（平成18年）82頁。

15　財務省理財局・前掲報告書82-83頁。

原資とされている。しかし，一般会計予算総則に「債務保証契約の限度額」が掲げられている保証が，すべて財政投融資計画の原資の「政府保証」にカウントされているわけではない。では，その相互関係はどのようになっているのであろうか。財政投融資の原資となる政府保証には，政府保証債と政府保証借入金とがある。そのうち，財政投融資計画に計上されるのは，5年以上のものに限られている。すなわち，5年未満の短期借入れに対する政府保証は，財政投融資計画の対象外である[16]。この結果，都市再生機構，銀行等保有株式取得機構及び産業再生機構の債務保証については，財政投融資計画には含まれていない（平成18年度の場合）。こうした扱いの違いに着目するならば，一般会計予算総則に掲げる際には，保証の対象となる債券の償還期間又は借入金の償還期間を明示することを追加することが望ましいと思われる。

　一定のものを除く債務保証の限度額については，一般会計予算の予算総則において，「予見し難い経済事情の変動その他やむを得ない事由により」「調達する資金の増額を必要とする特別の事由がある場合において」増額して債券を発行し又は資金を借り入れるものについて，債務を保証する必要があるときは，債務保証の「金額の限度」欄に掲げる金額の100分の50に相当する金額の範囲内において金額を増額できると定める慣行が定着している（平成18年度予算総則11条2項）。この条項が「弾力条項」と呼ばれている。

　政府保証の最も大きなウエイトを占めているのは，公営企業金融公庫の「公営企業債券」（公営金融公庫法23条，26条）である[17]。これは，公営企業金融公庫が，上下水道等の社会資本整備に必要な長期低利の資金を融通するために，政府保証債により市中資金を有利な条件で一括調達するための「地

16　中川雅治ほか『財政投融資』（大蔵財務協会，平成6年）56頁，180頁。

17　公営企業債券の発行額は，平成17年度に1兆9,686億円で，うち政府保証国内債1兆426億円，政府保証外債1,300億円であり，公営金融公庫の発行する政府保証国内債が政府関係機関等の発行する政府保証債（10年債）の34.2％を占めていたという（公益企業金融公庫ホームページによる）。なお，公営企業債券には，他に，非政府保証公募債（財投機関債）及び地方公務員共済組合連合会を引受先とする縁故債がある。

方債共同発行機関」として設立されたいきさつによるものであって，その貸付原資として財政投融資資金を受け入れていないとされている[18]。

財投機関の資金調達方法として，財投機関債[19]との関係において政府保証債のあり方が議論されてきた。すなわち，「政府保証債については，個別に厳格な審査を行い，真に政府保証が必要な場合に過渡的又は限定的に付与する」という考え方である[20]。政府保証債に代えて，財投機関が市場の波にさらされる財投機関債への移行が図られているのである。

2　損失補償の保証（損失補償契約）

[１]　損失補償の保証（損失補償契約）の許容性

損失補償の保証（損失補償契約）と債務保証との異同　金融機関が貸付けを行なったことにより損失を被ったときに，金融機関にその損失を補填する旨を約することが，地方公共団体を中心にひろく行なわれてきた。民法の「保証」ではないが，便宜上，これを「損失補償の保証」と呼んでおこう。あるいは「損失補償契約」[21]と称することもできる。もちろん，財産権を公共のために用いる場合における「損失補償」とは異なる場面の観念である。

18　福浦祐介「財政投融資制度改革と地方債」地方財政39巻3号100頁，123頁（平成13年）。

19　財投機関の発行する債券には，政府保証債のほかに，政府保証のつかない「財投機関債」がある。特殊法人改革に合わせて，財投機関の業務の効率化へのインセンティブを高めるなどの狙いから（平成12年12月1日閣議決定「行政改革大綱」），政府保証を付さない財投機関債発行の拡充が進められてきた。その結果，住宅金融公庫は，平成17年度において，政府保証債の発行を予定しない代わりに，財投機関債27,600億円の発行を予定している。もっとも，平成15年度，16年度とも，発行実績は予定額を大幅に下回っている。

20　財政制度等審議会財政投融資分科会「財政投融資改革の総点検について」（平成16・12・10）。

21　損失補償契約の観念は，明治憲法下の行政法学者によっても認識され，行政上の目的のためにするものであるが，手段は私法的行為であって公法に属するものではないとする見解が存在した（美濃部達吉『日本行政法　下巻』（有斐閣，昭和15年）452頁）。

寄附又は補助の性質を有する損失補償 「損失補償」自体と「損失補償の保証」とは，異なる性質である。すなわち，前者は，現実に生じた損失を補償することであって，一種の寄附又は補助に該当する。「損失」の定義次第とはいえ，さまざまな理由による損失がありうる。

それらのうち，国又は地方公共団体が援助に乗り出す場合がある。そのような援助を行なうことを，予め法律又は条例に定めておく場合がある。その性質には，産業助成のものから社会保障の性質のものまで，多様なものが存在する。

たとえば，野菜生産出荷安定法10条が，独立行政法人農畜産業振興機構（「機構」）は，指定野菜の価格の著しい低落があった場合に，その低落が対象野菜の出荷に関し機構の登録を受けた出荷団体との間に委託関係のある対象野菜の生産者及び機構の登録を受けた対象野菜の生産者の経営に及ぼす影響を緩和するため，生産者補給金を交付するものとしている。

また，大阪府は，「大阪府父母のない児童等の身元保証による損失てん補に関する条例」を制定して，知事の指定する市町村又は団体等が，父母のない児童等の身元保証をすること又は身元保証をした者の損失をてん補することによって受ける損失をてん補することにしている（3条）。これは，児童等の就職を容易にし，その福祉を増進する目的（1条）による施策である[22]。

事業による損失（赤字）を補填することを損失補償に含めることも可能である。そのような意味の損失補償を明示的に「補助金」としている例もある。熱海市は，「国立病院等の再編成に伴う特別措置に関する法律」2条の規定に基づき，学校法人国際医療福祉大学が国から国立熱海病院の経営移譲を受け，同市における保健医療の向上，地域医療の充実，医療水準の確保及び住民福祉の増進を目的とし，同大学附属熱海病院を開設するに当たり，自治法232条の2及び私立学校振興助成法10条の規定に基づき，「学校法人国際医療福祉大学附属熱海病院施設整備費等補助金交付条例」を制定し，施設整備

---

22 岩手県も，「児童の身元保証事業による損失補助に関する条例」を制定して，社会福祉協議会が行なう児童の身元保証事業（就職する場合において適当な身元保証人の得られない児童に対し身元保証する事業）による損失に対する補助金交付の手続を定めている。社会福祉法58条1項の条例として位置づけられている。

費補助金と並んで，病院運営費補助金として，同病院の運営に係る経常損失額の一部を補助するとし（2条2号），「国から示される平成13年度の国立熱海病院の経常損失額に3を乗じた額を限度とし」，その額を補助する期間は，経営移譲を受けた日から起算して3年間としている（3条2項2号）。この条例に先行して，学校法人との間の協定が存在する場合は，条例制定は単に協定の履行手段にすぎないと見ることもでき，その場合には当該協定が後述の「赤字補塡の約定」となる。

経営の破綻した法人に対して，その存続を図るために残債務に充てる資金を補助するのも，赤字補塡の性質をもつので，広義の損失補償に含めることもできる。地方公共団体の出資した法人に対して，当該地方公共団体からそのような補助金が交付されることが多い。有名な下関市の日韓高速船会社に対する補助金（山口地裁平成10・6・9判例時報1648号28頁，広島高裁平成13・5・29判例時報1756号66頁，最高裁平成17・11・10判例タイムズ1200号147頁）は，そのような例であった。

グリーンピア南紀事件　和歌山県から再委託を受けて大規模年金保養基地グリーンピア南紀の管理運営を行なっていた財団法人グリーンピア南紀が経営破たんした際に，破産手続を回避して任意清算を行なわせるために，和歌山県が融資を受けた銀行に対する残債務額について同財団法人への拠出割合に応じた補助金を交付したこと（損失補償）の違法性が争われた訴訟がある。拠出額は，県が700万円，所在地の地元2町が各150万円であった。県は，平成13年度には経営改善や赤字補塡のために2億円を超える補助金を支出していた。国の大規模年金保養基地廃止の方針，とくに自己収入で運営費さえ賄えない施設の早期廃止の方針を受けて，知事は平成14年10月に財団法人の廃止を提言し，同年11月開催の理事会において平成15年3月をもってグリーンピア南紀の運営受託を辞退することが議決された。他方，融資銀行が県に対して損失補償を求め，それが民事調停事件となり，調停案がまとまり，県議会の議決を経て平成15年7月に調停が成立した。この調停条項に損失補償が含まれていた。15年9月に調停に従い，県は，1億3,635万余円を財団法人に支払った。和歌山地裁平成17・8・9（判例集未登載）は，財団法人の破産を回避することにより，従業員や取引業者の損失が回避

されるほか，事業の決定的失敗との印象が一般社会に広まることを避けることにより，予想される観光産業への悪影響や，県の観光行政に対する信用低下を可及的に回避するという効果や，財団法人の清算や県が年金福祉事業団に約していた施設撤去などの残務処理を確実に実施できるといった利益を期待して行なわれたものと認定して，自治法232条の2に違反しないとした（控訴審の大阪高裁平成18・4・28判例集未登載も，これを維持した）。

この事件は，下関市の日韓高速船事件と相当程度まで似た状況のものであった。微妙な事実認定に基づく判断であるから，事実関係の資料を見ていない筆者がコメントすることが難しいが，従業員[23]や取引業者[24]の損失を回避する方策として唯一のものなのか，観光産業への悪影響や県の観光行政に対する信用低下が具体的にいえるのか，などが気になる点である。

前者の点について，判決は，破産による清算手続となれば，地元取引業者は売掛金を全く回収できず，従業員も先取特権の部分の一部につき満足を得られるのみであり，これらの者が財団法人に対する債権の一部又は全部の回収が不能になることは事業の継続や生活の維持に直接的な影響を及ぼしかねず，県は，そのような悪影響を受けることがないよう努力を尽くすことが行政・社会通念上の責務として要求される立場にあったと述べている。しかし，そのために1億円を超える補助金で解決する必要があったのであろうか。

また，後者に関して，判決は，グリーンピア南紀が経営不振により閉鎖に追い込まれたという客観的事実は破産宣告を受けるか否かによって変動するものではないことを認めつつも，破産宣告を受けることにより，紀南地方の観光産業の核となるべき大規模施設が立ちゆかなくなったことを改めて一般社会に強く印象づけて，同地方の観光産業自体の沈滞を世間に印象づけるこ

---

23 流動資産のうちの3分の1以上は融資を受けている銀行への預金であって，破産するとなると同銀行の貸付債権（長期借入金8,250万余円，短期借入金1億1,700万円）と対当額で相殺されることが確実であること，固定資産は換価が困難であること（後に実際に換価された価額は214万余円），14年9月時点で既発生退職金3,122万余円等の従業員関係の債務が存在したと認定されている。
24 平成14年9月時点で，合計73業者に対して982万余円の未払金があったと認定されている。

とになり，新規参入や既存業者の事業展開を思いとどまらせるなどの具体的悪影響につながる可能性が高いことは容易に予測できると述べている。また，県の観光行政に対する信頼が損われ，今後の政策実施に支障を来すおそれも十分に考えられるとしている。しかし，この補助金交付によっても経営破たんによる閉鎖の事実は動かないので，観光産業の厳しさの印象を払拭することはできず，また，県行政に対する信頼は，誰の寄せる，いかなる信頼であるのか定かではない。

このように，第三セクターの再建をめぐる特定調停等において，損失補償に関する合意がなされることがある。たとえば，大阪市は，(株)湊町開発センター (MDC)，アジア太平洋トレードセンター (株)(ATC)，(株)大阪ワールドトレードセンタービルディング (WTC) に係る特定調停手続において，金融機関の有する貸金債権の元本並びに未払利息・損害金の一部又は全部について，担保物件の処分などの回収努力をしても，なお回収不能が発生した場合に，当該回収不能額を損失として補償する旨の調停案を受諾した (クリスタ長堀 (株) についても，ほぼ同様)。

契約としての損失補償の保証（損失補償契約） 「損失補償の保証」は，以上に述べた「損失補償」と異なり，損失発生前に締結される一種の契約である。したがって「損失補償契約」又は「損失補てん契約」ということができる。それにより負う債務は，偶発債務であって，公共部門が同契約に基づく債務の履行を迫られるかどうかは，損失が生ずるかどうかという将来の不確実な事実にかかっており，公共部門がリスクを負う点において，債務保証に限りなく似ている。もっとも，法律や条例に基づく寄附又は補助としての損失補償についても，それが法的に義務づけられているときは，偶発債務の実体を有している。したがって，そのような義務を負う法律又は条例の定めを置くには慎重な検討を経ることが必要とされる。

法律が損失補償契約の存在を前提に定めている例として，「天災による被害農林漁業者等に対する資金の融通に関する暫定措置法」を挙げることができる。同法3条1項の国庫補助に関する規定のなかには，「市町村が，組合又は金融機関との契約により，当該組合又は当該金融機関が経営資金を貸し付けたことによって受けた損失をこれに対し補償するのに要する経費」の

100分の80以内を都道府県が補助する場合における補助に要する経費（3号），「都道府県が，組合又は金融機関との契約により，当該組合又は金融機関が経営資金を貸し付けたことによって受けた損失をこれに対し補償する場合における当該損失補償に要する経費」（4号）をはじめ，市町村が損失補償契約に基づく損失を補償する場合にその経費を都道府県が補助する場合の経費（3号のほか5号，9号），都道府県が損失補償契約に基づく損失を補償する場合の経費（4号のほか6号，10号）が含まれており，政府は，これらの経費の全部又は一部を都道府県に対して予算の範囲内で補助するとしている[25]。

そして，これらの適用対象となる損失補償契約には，次の事項を含めるものとしている（3条2項）。すなわち，①融資機関は，当該契約により損失補償を受けた後も，善良な管理者の注意をもって当該融資に係る債権の回収に努めなければならないこと，②融資機関は当該契約により損失補償を受けた後に当該債権の回収によって得た金額のうちから，債権行使のために必要とした費用を控除し，残額があるときは，これで当該融資について損失補償を受けない損失をうめ，なお残額があるときは，当該契約により都道府県又は市町村から受けた損失補償の金額に達するまでの金額を当該都道府県又は市町村に納付しなければならないこと，である。これらの事項を損失補償契約条項として定めることは，国庫補助の要件となるにとどまり[26]，国庫補助の対象とならない場合における義務づけの趣旨まで含むものではない。しかしながら，地方公共団体が損失補償契約にあたり当然に考慮すべき事柄とし

---

[25] この法律を受けて，条例を制定している地方公共団体がある。たとえば，山口県は，「天災による被害農林漁業者に対する資金の融通に関する暫定措置に基く補助及び損失補償に関する条例」を制定している。

[26] 相手方融資機関がこれらの契約事項に違反したときは，当該都道府県に交付すべき補助金の全部若しくは一部を交付せず又は既交付の補助金の全部又は一部の返還を命ずることができるとされている（6条）。この場合に，都道府県が窮地に立たされるので，市町村の損失補償契約に基づく損失補償を都道府県が補助しようとするときは，同様の契約条項を入れて徹底を図る必要がある。そうした規定を整備している例がある（たとえば，青森県の「災害による被害農林漁業者等に対する経営資金等利子補給費及び損失補償補助金交付規程」3条）。

て，条理上の義務であるとされる可能性もあると思われる。

予算の範囲内 法律には，損失補償契約の存在を前提にするものがある[27]。しかし，損失補償契約にあたり，損失の全額を補償することは，公共部門の財政を極度に困難にするおそれがある。そこで，損失の一定割合とする方法のほか，損失補償を「予算の範囲内」で行なうとする方法もみられる。この方法は，安全性の点において優れているが，資金の貸付けを行なう金融機関等にとってのメリットはそれだけ減殺される。たとえば，山口県の「天災による被害農林漁業者等に対する資金の融通に関する暫定措置法に基く補助及び損失補償に関する条例」3条は，市町村と法3条1項3号の契約を締結している組合に対し経営資金に充てるため資金を貸し付けた連合会又は金融機関に対し，県は，「予算の範囲内で，法3条1項6号の規定による損失補償を，当該損失に係る貸付金総額の100分の50に相当する額から当該契約による損失補償額に相当する額を差し引いた金額を限度としてするものとする」と定めている。この条例によれば，実際の損失補償は「予算の範囲内」で行なうこととされているので，たとえ，損失補償をすべき事態が生じても，当該年度の県予算が不足するときは，不足分については損失補償をすることを要しないようにみえる。

この場合の「予算の範囲内」が，どのような意味の「予算の範囲内」であるのかも問題になるであろう。流用措置や予備費の使用をも含めた「予算」であるとするならば，県はそれらのやりくりによる補償を求められ，相当厳しい財政運営を迫られる。他方，項や目を含めた予算科目の範囲内の意味における「予算の範囲内」であるならば，通常想定される事態を大幅に上回る

---

27 「日本銀行特別融資及損失補償法」は，日本銀行に対して，「現ニ預金ノ払戻停止中ニ非サル銀行ヨリ其ノ預金（定期積金ヲ含ム）ノ支払準備ニ充ツル為資金融通ノ請求アリタル場合ニ於テ財界ノ安定ヲ図ル為必要アリト認ムルトキハ之ニ対シテ手形割引ノ方法ニ依リ大蔵大臣ノ定ムル特別融通」をなすことを許容し（1条1項），「現ニ預金払戻停止中ノ銀行ニシテ将来営業継続ノ見込アルモノ」についても，同項を適用するとしている（1条2項）。そして，政府は，この特別融通により日本銀行が損失を受けたときは同行に対し5億円を限り損失補償をする契約をなすことを許容している（4条）。さらに，損失補償金は，国債を交付することによることができるとし（6条），交付国債の発行も許容している（7条）。

損失までもカバーすることは求められないであろう。

また，予算は会計年度を単位にして編成されるので，融資年度に比べて損失発生年度の予算が著しく縮減されていることもありうる。金融機関としてはこのような変動可能性も考慮しなければならない。

天災による被害による損失は，一定の確率でほぼ確実に見込まれ，その補償に要する経費が予め予算に計上されているであろう。これに対して，特定法人（たとえば，地方公共団体の出資している特定の法人）に対する金融機関の貸付けについて金融機関が損失を被るという事態は，通常は予定されていないので，各年度の予算にも計上されていないのが普通である。「予算の範囲内」において損失を補償する旨の損失補償契約による場合に，契約の一方当事者である地方公共団体が補正予算等により措置を講ずる義務もないとするならば，金融機関にとって損失補償契約の担保的意義は著しく減殺される。

「予算の範囲内」よりも，もう少し弾力的な対応の方式の一つは，損失補償義務の履行の繰延べを契約により定めておくものである。「千葉県中小企業融資損失てん補条例」は，「損失てん補契約に基く損失てん補金の合計額がその会計年度において県が措置した損失てん補の予算の額をこえるときは，損失てん補契約の履行を繰り延べることができる」と定めている（5条）。

補償料納付による損失補償契約　損失補償契約において補償料の納付が要件とされる場合がある。この場合は，一種の保険制度である。「原子力損害賠償補償契約に関する法律」は，政府が，原子力事業者を相手方として，原子力事業者の原子力損害の賠償の責任が生じた場合において，責任保険契約等によって埋めることのできない原子力損害を原子力事業者が賠償することにより生ずる損失を政府が補塡することを約し，原子力事業者が補償料を納付することを約する契約を締結できる旨規定している（2条）。原子力損害の額が巨額に上ることに備えた契約である。補償料の額は，1年当たり，補償契約金額に補償損失の発生の見込み，補償契約に関する国の事務取扱費等を勘案して政令で定める料率を乗じて得た金額に相当する金額とされている（6条）。会計年度内に締結する補償契約の締結は，会計年度ごとに国会の議決を経た金額を超えない範囲内とされ（8条），その国会の議決は，実際には一般会計予算の予算総則の条項によっている。一定の場合に法定解除権が

認められる（15条）。この契約により負う政府の債務は偶発債務である。

回収努力・残額の納付義務　実際に損失補償をした場合に，それで，補償の相手方との関係が切断されるとは限らない。むしろ，相手方に一定の義務を課す必要がある。具体的には，債権回収努力及び損失補償の後に債権を回収する義務，回収に要した必要費用を控除してなお残額がある場合にその納付義務を負うことなどである[28]。そのような義務づけは，損失補償契約で行なう方法のほか，法律又は条例により，直接義務づけることもできる。もっとも，当該法律又は条例の定めが外部を拘束する趣旨の規範であるかどうかを予め吟味しておく必要がある。内部法の性質を有する場合には，改めて契約によって義務づける必要があるからである。

法律の根拠がない場合の許容性（法人財政援助制限法3条との関係）　行政実務は，損失補償の保証は，債務保証とは法的性質が異なることを理由にして[29]，法人財政援助制限法3条に違反しないとしてきた。法的性質がどのように異なるかについて，最も基本的な点は，保証債務は，「主たる債務者がその債務を履行しないとき」に履行責任を負う（446条1項）という履行責任の要件及び主たる債務との関係において附従性を有する点であろう。これに対して，損失補償の保証は，民法学が「損害担保契約」と呼ぶものにほかならない。主たる債務とは独立に損害を填補することを約するものである。

28　兵庫県の「天災による被害農林漁業者等に対する資金の融通に関する規則」3条2項も，融資機関は，損失補償を受けた後も，「善良な管理者の注意をもって当該融資に係る債権の回収に努めなければならないこと」，回収によって得た金額のうちから債権行使のために必要とした費用を控除し，残額があるときは，これで当該融資について損失補償を受けない損失をうめ，なお残額があるときは，受けた損失補償の金額に達するまでの金額を当該市町に納付しなければならないことを，損失補償契約に含めなければならないとしている。

29　地方自治問題研究会編『地方自治問題解決事例集3　財務編』（ぎょうせい，平成13年）52頁は，一覧表による対比のなかで，債務保証にあっては，主たる債務との同一性があり，責任の範囲も主たる債務と同一であり，債務の発生時期は主たる債務が不履行になったときであるのに対して，損失補償は，主たる債務との同一性がなく，責任の範囲は契約により規定され，債務の発生時期は損失が確認されたときである，としている。このうち，債務保証の責任の範囲に関しては，正確には「一部保証」も可能である。

しかし，債権者の有する債権について債務者の債務不履行により生ずる損害を塡補することを約す限りにおいて，債務保証と極めて似た機能を発揮する。にもかかわらず，解説書の類も，適法説である[30]。

裁判例も適法としてきた。福岡地裁平成 14・3・25（判例地方自治 233 号 12 頁）は，大牟田市の第三セクター「ネイブルランド」の事業に協力した企業等と締結した損失補償契約を違法・無効とすることができないと判断するにあたり，「損失補償契約と債務保証契約とはその内容及び効果の点において異なるものであり，また，会社その他の法人のために地方公共団体が損失補償契約を締結し債務を負担することは法の予定するところである」として，自治法 221 条 3 項を引用している[31]。自治法 221 条は，予算執行に関する長の調査・報告徴取に関する条項で，その 3 項には，「普通地方公共団体が借入金の元金若しくは利子の支払を保証し，又は損失補償を行う等その者のために債務を負担している法人で政令で定めるもの」という表現がみられる。この条項は，損失補償契約が許容されていることを前提にした条文であるというのである。控訴審及び最高裁も，この判断を是認した[32]。

同じく，「アジアパーク」事件に関する熊本地裁平成 16・10・8（判例集未登載）も，「損失補償契約は，経済的な効果の面において保証契約と類似するといえるが，損失補償契約と債務保証契約は，法的にはその内容及び効果の点において異なる別個の契約類型であり，また，会社その他の法人のために地方公共団体が損失補償契約を締結し債務を負担することは法の予定するところであるといえる（法 221 条 3 項参照）から，損失補償契約の締結自体をもって，法人に対する政府の財政援助の制限に関する法律 3 条に違反す

---

30 たとえば，地方自治問題研究会編・前掲 51 頁は，「経済的には同様の効果を有する」ことを認めながら，損失補償の債務負担行為を行なうことができるとしている。

31 この判決は，市がテーマパーク事業に協力した企業等と締結した損失補償契約について，私法上無効とはいえないとした。無効となるか否かは，①違法事由の明白性，②契約の相手方による当該違法事由の認識ないし認識可能性の有無及び程度，③法令上当然に要求されている議会の議決等契約締結に必要な手続の履践の有無，を主たる要素として判断すべきであるとしている。

32 福岡高裁平成 16・2・27 判例集未登載（西日本新聞平成 16・2・28 及び西日本新聞平成 18・3・14 による）。

るものとは」いえないとした。

　しかしながら，この解釈には賛成することができない。

　まず，自治法 221 条 3 項は，債務保証と損失補償債務の負担とを共通に定めている条文であるから，この規定が法人財政援助制限法 3 条の禁止を解除するものではないことを確認する必要がある（債務保証に関する禁止が自治法 221 条 3 項によって解除されているという解釈論は存在しない）。

　次に，法人財政援助制限法 3 条に損失補償の保証（損失補償債務の負担）が含まれないといえるかを検討することとしよう。債務保証は，多数当事者間の債務として民法に規定されているものであって，損失補償の保証は，債務保証と法的性質を異にするというべきである。とくに，保証債務は主たる債務との同一性があるが，損失補償契約による債務にはそのような観念がないといえよう[33]。このような法形式の違いに着目する限り，損失補償の保証は許容されているという見解にも一理があろう。

　しかしながら，貸付けに伴う損失を補償する旨の保証（以下，この限定された意味で「損失補償の保証」の語を用いる）は，債務者の債務不履行によるリスクを債権者が回避する目的である点において，債務保証と共通である。また，両者とも，債権者が損失を被るという不確実な事実の到来によって地方公共団体が履行を迫られる偶発債務である点においても共通である。しかも，損失補償の保証は，金融機関にとって債務保証以上に安心な担保手段であり，逆に，地方公共団体にとっては，保証債務以上に履行を拒絶することができない強力な債務である。損失補償の保証にみられる実体に鑑みるならば，法人財政援助制限法 3 条が類推適用されるというべきである。禁止解除規定がないにもかかわらず広く行なわれている損失補償の保証は，法人財政援助制限法 3 条による禁止に関する回避行為ないし脱法行為であり，違法というべきである[34]。横浜地裁平成 18・11・15（判例集未登載）は，「損失補償」の文言を用いた協定につき，民法上の保証契約と同様の機能，実質を有するものであって，法人財政援助制限法 3 条による規制を潜脱するものとい

---

[33] 債務保証と損失補償との違いについて地方自治問題研究会編・前掲 52 頁を参照。
[34] 碓井・損失補償の保証 9 頁。

うほかなく，違法であるとした（契約は無効であるが支払先金融機関に対する不当利得返還請求は信義則に反し許されないとし，元及び現在の市長職の者に故意過失がないので損害賠償請求も棄却すべきものとした）。ただし，「制度化された損失補償契約」については，後述のように慣習法の成立を認めることが適当であろう。

なお，法人財政援助制限法 3 条と別に，公益上の必要性が問われることもある。無益な補助金交付と同様の問題が起こりうるからである。

その例として，「アジアパーク」に関する前述の熊本地裁平成 16・10・8（判例集未登載）の事例がある。市は，経営難に陥っていた第三セクター「アジアパーク」に対して平成 9 年に補助金約 1 億 1,600 万円を交付することを決定するとともに，同社に融資していた 5 銀行に対して平成 20 年度までに計約 16 億 7,000 万円を上限に債務負担をし，そのうち 10 億円余を補助金とし，6 億 6,000 万円余を損失補償とする債務負担行為を行なう議案を議会に提出し，その議案が可決された。これに基づいて，銀行ごとに限度額を設定して個別に損失補償契約が締結された。しかし，平成 12 年に解散し閉園された。本件損失補償契約に基づき平成 15 年 4 月まで支出がなされているほか，平成 19 年 3 月まで，毎年 4 月と 10 月に継続的に支払うことになっている。判決は，平成 9 年に締結した損失補償契約について，次のように述べて適法であるとした。

「確かに，平成 9 年 9 月当時本件会社の経営は破綻に瀕していたともいえる状態であり，また，市の財政は厳しいものであったが，他方で，本件会社によるアジアパーク事業は，地域振興策のいわば核として，観光・レクレーションを軸とした地場産業拠点を形成し，雇用機会の創出と経済波及効果により地域を活性化するという重要な役割を期待されて各関係者の協力を得て市の主導の下に開始されたものであり，本件会社の経営状況は悪化していたとはいえ，再建ないし事業の有効活用の可能性が全くないとは言い切れない状況にあり，しかも，経営の悪化した本件会社を主導的立場の市が特段の支援をすることなくいきなり破綻させれば，それまで上記事業を支援・指導・協力してきた国，県，金融機関，地場企業等の信頼を失いかねず，以後の上記各者（特に国，県）からの

市の他の各事業に対する支援・協力等につき悪影響が出るおそれがあり，本件会社の事業からの円満な撤退も困難になりかねない状況であったことにかんがみれば，被告Aが市議会の承認の下に，公益上の必要性があると判断して本件損失補償契約を締結したことには，それなりにやむを得ない事情があったというべきである。」

公益上の必要性が求められることについては異論があるまい。

損失補償契約の効力等 法人財政援助制限法3条に違反する損失補償契約が締結された場合に，その契約が無効になるのかどうかが問題になる。法人財政援助制限法3条が，内部法であるとするならば，国又は地方公共団体内部において禁止するにとどまるので，損失を負った契約の相手方は，その有効であることを前提にして，損失補償を求めることができると解されるであろう。もちろん，相手方が，その損失補償契約の違法なことを知り又は知りうべかりし特別の事情のある場合は別である（最高裁昭和62・5・19民集41巻4号687頁参照）。こうした内部法説のほかに，法人財政援助制限法には，外部法の規定があること（政府出資に対して会社その他の法人が平等待遇すべきことを定める1条）に鑑みると，同法の規定は全体として外部法とみることも可能である[35]。その場合には，前記最高裁昭和62・5・19の考え方の射程範囲外となろう。もしも法人財政援助制限法3条によって，地方公共団体の損失補償契約が禁止されていると解されるときは，それは条例制定によっても破ることのできない規範であるとみるのが自然である。

しかしながら，前述の福岡地裁平成14・3・25（判例地方自治233号12頁）は，損失補償契約は法人財政援助制限法により禁止されていないという解釈に基づいて，私法上当然に無効になるかどうかは，違法事由の明白性，契約の相手方による当該違法事由の認識ないし認識可能性の有無及び程度，法令上当然に要求されている議会の議決等契約締結に必要な手続の履践の有無，を主たる要素として判断すべきであると述べ，具体の契約について私法上無効とすべき事由があるとは認められないとした。

かくて，解釈上争いのない債務保証と異なり，損失補償の保証については，

---

35 碓井・損失補償の保証11頁。

有効なものとする行政実例の下に，違法の認識なしに長年にわたり活用されてきた。こうした状況において，ある裁判所が突然に違法無効とする判決を下すならば，損失補償の保証を前提にして融資に応じた金融機関等が，不測の損失を背負うことになる。金融機関等の信頼利益を奪うものといわざるを得ない。そのような事態は避けなければならない（前記横浜地裁平成18・11・15は，無効としつつ信義則を適用した）。筆者は，理論構成に迷いを感じつつも，現状において，無効と断定することには躊躇を覚えるものである。

なお，国又は地方公共団体の機関は，前記法律の規定によって損失補償契約の締結を禁止されていると思われる。そして，地方公共団体の機関が損失補償契約を締結しようとしているときは，住民監査請求を経て住民訴訟により差止めを求めることもできるといえよう。他方，損失補償契約を履行した後の，長又は職員個人の損害賠償責任に関しては，行政実例の存在，長年の慣行及び適法とする裁判例の存在により，これまでの分については故意過失がないものとして否定されるように思われる。結局，差止訴訟が最もよく機能するといえよう[36]。

[２] 損失補償契約の実態

条例に基づく損失補償契約　損失補償契約について上記のような法人財政援助制限法3条を類推適用する解釈は採用されず，多数の損失補償契約が締結されている。それらのなかには，条例の定めに基づいて行なわれるものがある。「千葉県中小企業融資損失てん補条例」は，てん補対象とする借入れについての要件を定めて，保証協会は債務保証により被った損失のてん補を受けることができるとし（3条），保証協会は，損失のてん補を受けようとするときは，債務保証契約締結後速やかに，「損失てん補願書」を知事に提出し，知事は，その願書を審査し適当と認めたときは，速やかに「損失て

36　福岡地裁平成14・3・25判例地方自治233号12頁は，損失補償契約が無効といえない場合は，その債務の履行として行なわれる行為（損失補償）を差し止めることはできないとして，随意契約の制限規定に違反する行為の効力につき判断した最高裁昭和62・5・19民集41巻4号687頁を引用している。しかし，損失補償契約の差止めの可能性については特に述べていない。

ん補契約」を締結するものとしている（4条）。このように中小企業の融資を円滑化するために信用保証協会が保証し，その債務保証の履行により信用保証協会が損失を被ったときに県が損失をてん補する旨の契約が全国において定着している。詳しくは，信用保証の項目において後述する（本章3［1］）。筆者は，一般論として損失補償契約違法説をとっているが，信用保証制度とリンクさせた損失補償契約は，制度として，すっかり定着しているので，適法になしうるという一種の慣習法が成立していると解することもできるように思われる（制度化された損失補償契約適法説）。この点については，旧説を修正する必要があると考えている。

同じく，「神奈川県輸出手形損失てん補条例」（日本貿易保険による保険制度の改正に伴ない平成14年3月廃止）は，知事は，政府との間に貿易保険法5条の7の規定に基づいて輸出手形保険の保険契約を締結した外国為替公認銀行（県下に営業所を有するものに限る）を相手方として，輸出手形損失てん補契約を締結することができるとし（2条），この契約を締結した外国為替公認銀行が輸出貨物の代金の回収のため振り出された荷為替手形をその振出人（県下に主たる営業所を有する者に限る）が買い取ったことを知事に通知することにより，「その買取りにつき知事と外国為替公認銀行との間に，外国為替公認銀行が荷為替手形の満期において支払を受けることができなかった金額又は荷為替手形につきそ求を受けて支払った金額をてん補すべき関係」が成立するものとしていた（3条1項）。この「てん補関係」が成立したときは，外国為替公認銀行は，てん補対象金額にてん補手数料率を乗じて得た金額を「てん補手数料」として県に納付しなければならないとしていた（7条1項）。

さらに，岩手県の「林業開発資金に関する損失補償条例」は，知事は，社団法人岩手農林業公社が林業開発のための事業を行なう場合において，農林漁業金融公庫がその資金を融通するときは，当該融資によって受けた損失を補償する旨の契約を公庫と締結することができるとしている（3条）。いわゆる森林整備法人が同公庫から融資を受ける際に[37]県が損失補償をなす旨の

---

37 森林整備法人への融資については，第4章4［2］を参照。

契約締結を授権するものである。

損失補償契約の実態　地方公共団体の締結している損失補償契約は，無数に存在する。神奈川県における平成17年度末時点の損失補償契約には，次のようなものがある。

法人の資金借入れについては，（財）神奈川県厚生福利振興会，（財）かながわ廃棄物処理事業団，（社）神奈川県農業公社，（株）神奈川食肉センター（農林漁業金融公庫の施設資金貸付金を含む），（社）かながわ森林づくり公社（農林漁業金融公庫の造林資金貸付金，施業転換資金貸付金），社会福祉法人神奈川県社会福祉協議会，（株）湘南なぎさパーク，神奈川県住宅供給公社との間に損失補償契約が締結されている。また，特定の法人に限定されないものとして，私立学校振興資金貸付金及び土木工事移転資金融資に係る損失補償契約が締結されている。さらに，（財）神奈川中小企業センター設備貸与事業費についても損失補償契約がなされている[38]。

これらのうち，（財）神奈川県厚生福利振興会のものは，県有財産を同振興会に売却し，リースバックする方式において，振興会が取得資金を借り入れるに際して，県が損失補償を約したものである。

損失補償を約することが許されるとする解釈に基づく場合にも，その抑制が求められることはいうまでもない。平成15年12月改定後の「第三セクターに関する指針」において，総務省は，第三セクターの資金調達に関する公的支援に関し，事業自体の収益性に着目したプロジェクト・ファイナンスの考え方を基本とすべきで，それによる資金調達が困難な場合は第三セクター方式による事業化を原則として断念すべきであるとしつつ，「公共性，公益性の観点からなお実施する必要がある場合には，補助又は貸付け等により，財務の安全性を高めることを通じて資金調達が可能となるようにすることが適当であり，将来の新たな支出負担リスクを回避する観点から，第三セクターの資金調達に関する損失補償は，原則行わないこととすべきである」としている。ここには，第三セクターの資金調達に関する公的支援として，偶発

---

[38] 以上，神奈川県『平成18年2月県議会定例会予算に関する説明書』270頁以下による。

債務である損失補償を約することは，最も避けるべきであるとする考え方が示されているのである。もっとも，この指針は，「真にやむを得ず損失補償を行う場合にあっては，その内容及び必要性，更には対象となる債務についての返済の見通しとその確実性について，議会及び住民に対して十分説明し，理解を得ておくとともに，他の出資者等との関係でこれを超えた負担は存在しないことを対外的にも明確にしておくべきである」としている。例外中の例外の存在を認めつつ，議会・住民に対する説明等を求める姿勢である[39]。

なお，損失補償契約の存在が，影響を及ぼす場面がある。

第一に，実態分析によると，第三セクターの破たん処理の過程において，損失補償つきの債権者がある場合に，そのことが関係者の協議をまとめることの障害になっているという[40]。

第二に，地方公共団体の締結している損失補償契約において損失の原因となる債務者（第三セクター）の経営状況が極端に悪化しているときに，そのまま放置すると当該地方公共団体が金融機関等から損失補償契約の履行を迫られて，財政危機に瀕するとして当該債務者に対する補助金の交付が適法と評価されることがある[41]。この場合に，損失補償契約の時期から相当の期間が経過して補助金交付の必要性が顕在化するわけで，かりに，損失補償契約の違法性・過失を肯定できるとする見解にたつ場合にも，補助金交付問題が顕在化してからでは，本来問題とすべき損失補償契約に基づく損害賠償責任をもはや追及できないことが多いという問題がある。

39　損失補償契約を真にやむを得ない場合に限るとする考え方は，地方公共団体の方針としても定着しつつある（たとえば，神奈川県行政システム改革推進本部「第三セクター指導調整指針」（平成17年4月））。

40　芦別市カナディアンワールド（株式会社星の降る里芦別）について，金井利之「第三セクター処理の合意形成と行政管理（上）（下）」自治研究81巻10号72頁，82巻1号92頁（平成17年～18年）を参照。

41　高知県土佐町が出資する「土佐産商」に対して同社の借入金返済を肩代わりするために平成14年度から17年度にかけて2億1,700万円の経営安定化対策補助金を交付したことについて，高知地裁平成18・3・17判例集未登載は，会社が経営破綻すれば5億4,000万余円の損失補償の履行により，当時の財政状況において町財政が破綻し住民サービスが低下するとして，公益上の必要を肯定した（高知新聞平成18・3・18）。その前提として，損失補償契約が無効とはいえないとしている。

最近は，損失補償義務の履行を求める等，金融機関と地方公共団体との間の訴訟もみられ[42]，今後は大きな問題が起きる可能性を秘めている。

赤字補填の約定　以上述べてきた貸付けに伴う損失を補償する旨の保証のほかに，「損失補償契約」の内容は多岐でありうる。そのなかで，ある企業又は企業の特定部門における赤字を補填することも，損失補償である。そのような赤字補填を約定する損失補償契約の締結が許容されるかどうかを検討しよう。法人財政援助制限法3条が，国又は地方公共団体による債務保証を禁止しているところ，赤字補填にあっては，第三者の債務がその基礎に存在するわけではない。貸付けに伴う損失の場合に，貸付先の返還債務の基礎があるのと違う点である。この違いに着目するならば，同条は，赤字補填を約定することの可否については何ら規律していないとみるのも自然である。

しかしながら，法人が国又は地方公共団体に頼ることが好ましくないとして，財政援助行為を禁止するという法人財政援助制限法の趣旨からするならば，赤字補填は最も望ましくない行為と評されても仕方がないであろう。そこで，まったくの試論にすぎないが，何らの制限を設けずに，現実に赤字が生じた場合に赤字を満額補填する旨の約定をなすことは，「法人財政援助制限法の基本精神」に反するものであることを理由に，違法とみるべきである，と述べておきたい。ここで「何らの制限を設けずに」と述べたのは，制限の付し方次第で適法になしうると考えるからである。制限の付け方としては，赤字を算定する業務部門の限定，赤字補填の限度額の設定・期間の限定などが考えられる。

[3]　損失補償契約許容の立法政策

損失補償契約の有用性　損失補償契約には，信用保証協会の保証事業による損失補償契約のように，中小企業融資を支援するのに有用な方法で，しかも，すべての場合に損失補償をしなければならなくなるような高いリスクを負うわけでもない場面がある。このような損失補償契約（制度化された損

42　八十二銀行は，長野県飯綱町の第三セクター「飯綱リゾート開発」に融資した貸付金の一括返済を求め，かつ損失補償を約した町にも同額の履行を求める訴えを提起し，勝訴したという（信濃毎日新聞平成18・4・28，同平成18・10・30）。

失補償契約）は，法律により明示的に許容することが望ましいように思われる。

禁止すべき損失補償契約　これまで多用されてきた第三セクターに対する金融機関の融資についての損失補償契約の場合は，小口融資といえないものが多く，極めてリスクが高いといえる。しかも，出資地方公共団体への依存体質を強くしてしまい，経営改善への意欲をも減退させかねない。そのような損失補償契約は，（筆者の解釈では現在も禁止されているが）明示的に禁止すべきであろう。制度化されていない損失補償契約についての規制をせずに放置している政府の政治的責任は重いといわざるを得ない。

3　債務保証等の制度

[1]　信用保証協会を通じた債務保証

信用保証制度　中小企業者等に対する金融の円滑化を図ることを目的にして，信用保証制度を定める法律として，信用保証協会法が制定されている。そして，全都道府県と，横浜，川崎，名古屋，岐阜，大阪の5市に信用保証協会が設立されている（したがって，全国で52協会）。信用保証協会の業務は，次のとおりである（20条1項）。

①　中小企業者等が銀行その他の金融機関から資金の貸付け，手形の割引又は給付を受けること等により金融機関に対して負担する債務の保証。

②　中小企業者等の債務を銀行その他の金融機関が保証する場合における当該保証債務の保証。

③　銀行その他の金融機関が，中小企業金融公庫若しくは日本政策投資銀行の委託を受け又は国民生活金融公庫を代理して，中小企業者等に対する貸付けを行なった場合，当該金融機関が中小企業者等の当該借入れによる債務を保証することとなる場合におけるその保証をしたこととなる債務の保証。

④　中小企業者等が発行する社債のうち銀行その他の金融機関が引き受けるものに係る債務の保証。

以上に掲げた協会の業務は，いずれも債務の保証である。債務保証をした協会が金融機関から保証債務の履行を迫られたときは，その債務を履行（代位弁済）しなければならないが，そのリスクを分散させるために，中小企業信用保険法に基づき，協会が中小企業金融公庫と信用保証保険契約[43]を締結して，公庫に信用保険料を支払って，回収できない事態が生じたときに中小企業金融公庫から支払われる保険金をもって当該損失の一定部分を補塡することとしている[44]。全額補塡ではなく，あくまで部分補塡の制度となっているのである[45]。このような仕組みは，「信用補完制度」[46]と呼ばれている。この制度は，このような制度がないと適切な担保もなく資金需要を満たすことができない中小企業を支援する仕組みである。また，市場のみに任せておいたのでは，合理的な理由がないにもかかわらず金融を受けられない事態（金融排除）が生ずることもありうる。そのようなリスクにも対処しうるであろう。

　協会の業務内容だけをみると，国又は地方公共団体は，中小企業者等に対して直接に債務保証をしているわけではない。しかし，次に述べるように，さまざまな側面で関係を有している。

　国の関与　国は，信用保証協会に直接の資金助成をしているわけではない。しかし，何よりも，この制度の設計者としての役割に加えて[47]，前記の役割を果たす中小企業金融公庫への出資者としての政府の立場は，極めて重要である。とくに，保険収支が悪化して，平成10年度から多額の赤字が発

43　信用保証保険契約には，普通保険のほかに多数のものがある（中小企業信用保険法3条～3条の9）。

44　保険金は，最終損失の確定を待たずに，「みなし損失」に対する仮払い的な意味で支払われ（江口浩一郎編『信用保証　第3版』（金融財政事情研究会，平成17年）288頁），保険金を支払った保険者（公庫）が代位するのではなく，被保険者である信用保証協会が中小企業者に対する求償権を行使して取得した回収金を公庫に納付する制度が採用されている（中小企業信用保険法8条）。それを裏付けるために，中小企業者の代位弁済をした信用保証協会には，求償努力義務が課されている（同法7条）。

45　部分補塡方式は，信用保証協会の審査，経営努力へのインセンティブとなる。

46　その沿革については，中小企業政策審議会基本政策部会「信用補完制度のあり方に関するとりまとめ」（平成17・6・20），江口・前掲注44，14頁以下を参照。なお，会計検査院『平成17年度決算検査報告』859頁以下を参照。

生したため，公庫の中小企業信用保険準備基金への出資の形式により相当額の国費を投入せざるを得ない結果になっている[48]。

地方公共団体の関与　「信用補完制度」における地方公共団体の関与ないし関係は，多面的である。

第一に，地方公共団体は，信用保証協会の基本財産の相当分を拠出している[49]。すなわち，地方公共団体は，信用保証協会の設立という最も重要な場面に関与している。

第二に，金融機関から融資を受ける中小企業者等に対して，協会に納付する保証料の全部又は一部につき補助金を交付している地方公共団体がある（保証料補給）[50]。

第三に，信用保証協会の代位弁済による求償権に係る未回収金のうち信用保険制度によりカバーされなかった部分について，地方公共団体が信用保証協会の損失を補償する契約を締結することが一般化している（損失補てん）[51]。そして，この仕組みは，貸付債権担保証券（CLO＝Collateralized Loan Obligation）又は社債担保証券（CBO＝Collateralized Bond Obligation）の発行に

---

[47] たとえば，取引先等の再生手続等の申請・事業活動の制限，災害（事故，自然災害等），業況の悪化している業種，取引金融機関の破綻等により経営の安定に支障を生じている中小企業者（特定中小企業者）（中小企業信用保険法2条3項）については，保証限度額の別枠化を行なう政策を採用している。これは，「セーフティサポート保証」と呼ばれている。

[48] 政府出資金は，昭和40年代は50億円程度，昭和50年代は300～400億円程度，平成に入ってからは100～200億円程度で推移したが，平成10年度以降16年度までは，13年度及び15年度を除くと，平成12年度の5,988億円を最高に，3,000億円を超える出資が繰り返されてきた（「信用補完制度のあり方に関する検討小委員会とりまとめ～参考資料集～」（平成17年6月）25頁による）。

[49] たとえば，神奈川県信用保証協会の基本財産の基金は，県及び市町村からの出えん金，並びに金融機関等からの負担金によっている。

[50] 東京都は，信用保証協会に交付した補助金の使途について，公正妥当を期するために知事の附属機関として「東京都信用保証補助審査会」を設置して，その審査を同審査会に諮問することとしている（東京都信用保証補助審査会条例）。

[51] 鳥取県が平成18年度に開始した「チャレンジ応援資金」に関しては，保証協会が金融機関に債務保証したうえ，県及び当該金融機関が各3分の1の損失補償を約して，金融機関，信用保証協会及び県が，各3分の1のリスクを分担することとした。

よる資金を原資とする融資方式を地方公共団体が中心となって整備する際にも活用されている[52]。

　第四に，信用補完制度の利用を前提にして，地方公共団体が「制度融資」を設けていることが多い。保証料の助成による保証料率の実質的引下げ，金利の低利固定化を行なうものが多い。前記の保証料補給や損失補てんも，一般に制度融資分を対象にしている。「制度融資」といっても，法令に基づく意味の制度ではなく，地方公共団体が自主的に設けた定型的な融資である[53]。制度融資の資金は，予め信用保証協会に一括して貸し付けられて，協会から無利息で金融機関に預託される。預託金は，単に地方公共団体の融資金の資金としての意味のみならず，協力金融機関からの融資の「呼び水」としての意味もあるとされる[54]。

公的資金助成の観点よりみた信用補完制度の課題　信用補完制度は，国及び地方公共団体の関与によって，多数の中小企業者等に対する融資を可能にしている点において，中小企業金融に大きな役割を果たしてきたといえる。しかしながら，他方において，多数のアクターの登場により，真摯な責任感が薄れる恐れがないとはいえない。リスクを負わない金融機関に審査を委ねることにより審査が甘くなりやすいこと，信用保険制度や損失補てんによって，回収努力[55]が不十分になりやすいこと，などが考えられる[56]。それぞれのアクターの業務コストも無視できないものがある。業務コストを抑制しつつ，緊張感を伴った信用補完制度の運営を目指すことが望まれる。国の政策

52　東京都，大阪府，千葉県，横浜市，神戸市，大阪市などにおいて実際に活用されている。複数の地方公共団体の連携による証券（広域CLO，広域CBO）も発行されている。

53　内容は多様であるが，目的別に分類した場合，小口融資，設備合理化融資，長期資金，経営安定化資金，借換え資金，季節資金などに係るものが多いという。江口編・前掲注44, 194頁以下。

54　東京都信用保証協会のホームページの「信用保証制度の仕組み」による。

55　回収体制を強化するために，平成13年には，全国の保証協会が共同出資して保証協会債権回収株式会社（通称，保証協会サービサー）が設立され，保証協会から求償権回収業務の一部の委託を受けて回収に当たっている。その概要については，江口編・前掲注44, 421頁以下を参照。

金融機関の見直し・再編成の動きが，信用保証協会のあり方に影響を与える可能性もある。

保証料率制度の改正と運用　これまで保証料率は，一律に1.35％であったが[57]，経営状況の良好な中小企業者が割高な保証料負担をする不公平があったこと，保証料に柔軟性がないため，新規事業や事業再生にチャレンジする中小企業者や信用リスクの高まっている中小企業者への保証を難しくしていること，などの問題が指摘されるようになった。そこで，平成18年4月に運用基準を改正し，基本料率を1.35％としつつ，経営状況を加味して，0.5％から2.2％の幅の弾力的な料率体系とすることとした（売掛債権担保融資保証の料率は従来どおり一律に0.85％）。保証料に関する事項は，信用保証協会の業務方法書の記載事項である。経営内容は，財務内容が中心であるが[58]，財務要因以外にも，一定の定性要因も加味することとしている[59]。前記の問題点及びそれに対する保証料率の弾力化は，それなりの合理性を有している。ただし，もともと民間金融機関のみに委ねていたのでは資金を得られない事業者に融資の途を開く信用補完であることと，この制度の枠内限りでは強き者が育ち弱き者が苦しむこととは，ある種の矛盾である。このことは，この制度の問題点というよりは，信用補完制度の限界というべきであろう。

56　鳥取県の「チャレンジ応援資金」に関しては，金融機関も3分の1のリスクを負うこととしつつ，金融機関・保証協会・県の関係者により構成される審査会にかけることになっている。また，「やる気ある企業」を選ぶ趣旨で，大学・産業技術センター・産業振興機構その他適宜のメンバーによる「目利き委員会」が評価する仕組みを採用している。県は，これを「産学金官」の連携と呼んでいる。

57　ただし，県の政策を背景に，県，市町村の制度による場合の保証料については，一般保証よりも低い料率を設定していることがある。

58　有限責任中間法人CRD協会が運営する「中小企業信用リスク情報データベース」（CRD）を利用することとしている。これは，経済産業省（中小企業庁）の発案により中小企業金融の円滑化を支援することを目的に創設されたデータベースである。

59　具体的には，「中小企業の会計に関する指針」を適用して財務諸表を作成したことを公認会計士又は税理士が確認した中小企業者については0.1％の割引を実施する。これは，適正な財務諸表を作成する中小企業者を優遇することにより，誘導する効果を持たせるものと評価することができる。

ところで，このような保証料率の差別化を実施する際には，適用すべき保証料率の判断に誤りがないとはいえない。その誤りは，信用保証協会の内部問題であって，いかなる保証料率を適用するかは契約自由の原則により信用保証協会の自由に決定できることで融資希望者が法的に争う余地のないことなのか，それとも保証料率の決定は信用保証制度として公平になされるべきことであるから，訴訟形態はともかく，裁判により争うことのできる問題であるのか，が問われよう。筆者には，後者の考え方が成立する可能性が十分にあると思われる。

[2] その他の信用保証等

住宅金融公庫による信用保証 住宅金融公庫は，住宅融資保険法に基づき金融機関の住宅建設等に必要な資金の貸付けにつき，保険を行なう（住宅金融公庫法1条2項）。また，住宅の建設又は既存住宅の購入に必要な資金の貸付けに係る金融機関の貸付債権について，当該貸付債権の譲受けのほか，当該貸付債権（債務保証特定保険関係が成立した貸付けに係るものに限り，その信託の受益権を含む）を担保とする債券その他これに準ずる有価証券に係る債務の保証をすることができる（住宅金融公庫法17条9項2号）。

住宅融資保険の保険者は住宅金融公庫，被保険者は住宅資金貸付けを行なう金融機関である。保険金の支払いによって住宅金融公庫が代位権を行使することはなく，保険金の支払いを受けた金融機関が回収に努めて，回収金を公庫に納付する仕組み（住宅融資保険法10条）が採用されている点は，中小企業金融公庫の信用保険制度に似ている。

農業信用基金協会による債務保証と独立行政法人農林漁業信用基金による保証保険 農業近代化資金その他農業経営に必要な資金の融通を円滑にするための仕組みが，農業信用保証保険法により用意されている。同法に基づき，都道府県を区域として，農業信用基金協会が設立される（4条）。基金協会は，①会員たる農業者等が，農業近代化資金，農業改良資金，就農支援資金，その他農業者の事業又は生活に必要な資金を借り入れることにより融資機関に対して負担する債務の保証，②農業協同組合が農林漁業金融公庫又は沖縄開発金融公庫の委託を受けて農業者等に貸付けを行なった場合において，当

該農業協同組合が農業者等の当該借入れによる債務を保証することとなる場合におけるその保証債務（「特定債務」）の保証，などの業務を行なうこととされている（8条1項1号・2号）。また，独立行政法人農林漁業信用基金法（平成14年法律第128号）により，同信用基金が設立されている[60]。そして，信用基金は，事業年度ごとに，基金協会（その業務の譲受者を含む）が行なった前述の保証につき，信用基金と基金協会との間に保険関係が成立する旨の契約を締結することができる（農業信用保証保険法59条1項・2項）。保険関係が成立する契約は，「保証をした金額の総額が一定の金額に達するまで」とされて，限度を設定することとされている。基金協会が代位弁済した金額の7割が保険金として支払われる（59条6項）。

基金協会の区域の全部又は一部をその区域とする地方公共団体として（14条1項），都道府県が農業者とともに会員となり出資している。基金協会の基金は，会員が出資する出資金が中心であるが，基金協会の負担する保証債務の弁済に充てることを条件として都道府県その他の団体から交付された金銭も含まれる（9条1項）。市町村が出資に協力する場合もある。都道府県の出えんについては，従来は，国からの補助金（農業信用保証制度円滑化対策費補助金）が都道府県に交付されていたが，三位一体改革の中で平成17年度に廃止された。

以上の仕組みにおいて，信用保証にはさまざまな装置が組み込まれていることがわかる。

第一に，協会の会員相互の間において危険を分散し合う意味がある。会員と協会との間は保険関係とはされていないが，会員となることにより，万一の際に備えた協会の債務保証，すなわち信用保証により，融資を円滑に受けられるのである。

第二に，協会の債務保証業務に関して，都道府県が支援している。この支

---

[60] この独立行政法人の前身は，農林漁業信用基金法（昭和62年法律第79号）に基づく農林漁業信用基金であった。同基金は，農業信用保険協会及び林業信用基金の権利義務を承継した。本文に述べる複数の業務に対応して，農業信用保険業務，林業信用業務，漁業信用業務の3勘定に区分して経理することとされている（独立行政法人農林漁業信用基金法15条）。

援は，都道府県の法律上当然の義務というわけではないが，実際上は支援せざるをえない。公的資金助成の観点からは，このような「事実上余儀なくされる支援」が最も難しいものである。

　第三に，信用基金に対する政府の支援が法律上可能とされている。信用基金に関して，国は，資本金の拠出者としての「政府」（信用基金法5条1項・2項）のほかに，運営費交付金の交付者としての「政府」，さらに，国会の議決を経た金額の範囲内において，その長期借入金に係る債務について保証する「政府」（18条）でもある。この政府の支援が実際にどの程度なされるかは，極めて不確実である。運営費交付金の査定が厳しくなることはもとより，保険料水準についても政府は無関心ではない。

漁業信用基金協会による債務保証と独立行政法人農林漁業信用基金による保証保険　中小漁業者等の漁業経営等に必要な資金の融通を円滑にするために，中小漁業融資保証法が制定されている。同法は，ほぼ農業信用保証保険法と同様の仕組みを用意している。都道府県を区域として漁業信用基金協会が設立され（5条），中小漁業者等及び協会の区域の全部又は一部をその区域とする地方公共団体が会員となって出資をする（10条，11条）。協会は会員たる中小漁業者等が漁業近代化資金，中小漁業者等の事業又は生活に必要な資金等を借り入れることにより負担する債務の保証などの業務を行なう（4条)[61]。そして，独立行政法人農林漁業信用基金は，事業年度ごとに，協会を相手方として，協会が保証した金額の総額が一定の金額に達するまで，その保証につき，信用基金と協会との間に保険関係が成立する旨を定める契約を締結することができる（69条1項，2項）。協会が代位弁済した場合における協会の求償努力義務（73条）や，協会の回収金納付（74条）なども，農業信用保証保険法と同様である。協会の代位弁済額に対する保険金の割合は，地方公共団体が会員となっている協会でその出資の額が出資総額の4分の1以上であるもの（同法施行令5条）の場合は7割（公害防止資金については8割），その他の協会については5割（公害防止資金については6割）とされて

---

[61] 高知県において，「よこはま水産」に対する県信用漁業協同組合連合会の融資について，県漁業信用基金協会が保証をなし，同協会に対する県の闇保証の疑惑が問題になったという（高知新聞平成18・7・3）。

いる。

独立行政法人農林漁業信用基金による林業信用保証業務　林業者，木材産業者等の融資機関からの資金借入れに関しては，独立行政法人農林漁業信用基金が直接に債務保証業務を実施している（同基金法13条，林業・木材産業改善資金助成法17条）。農業や漁業の場合における協会の債務保証についての保険者としての業務と異なるものである。

指定法人による債務保証　指定法人は，法律の規定による一定の業務を行なう法人として民法の公益法人を指定したものであるから，指定法人が行なう債務保証は，形式的意味の公的資金助成に入るものではない。しかしながら，指定法人のなかには，公的資金が基本財産として拠出されているものが少なくない。したがって，そのような場合の指定法人による債務保証は，実質的にみて公的資金助成といってよいであろう。

たとえば，「高齢者の居住の安定確保に関する法律」に基づく高齢者居住支援センター[62]は，登録住宅の賃貸人からの要請に基づき登録住宅に入居する高齢者の家賃に係る債務を保証する業務（11条）を行なっている。また，死亡時一括償還方法による住宅改良資金貸付けに係る債務保証業務（77条）も行なっている。

地方公共団体の創意工夫による信用保証　地方公共団体は，自らの創意工夫による信用保証を用意しつつある。たとえば，宮城県は，企業の再生目的で，企業再生ファンドを活用し，かつ，支援企業に対する金融機関の融資に対しては，財団法人みやぎ産業振興機構が債務保証し，それに伴う同機構の損失に対しては，県が損失補償を行なうというスキームを工夫している。

---

[62] 財団法人高齢者住宅財団が指定されている。ホームページによれば，基本財産は9億円で，出えん団体は，都道府県，政令指定都市，独立行政法人都市再生機構，その他61団体と企業70社であるという。

第6章　政府間資金助成法

1　政府間資金助成法の諸相

[1]　国・地方公共団体間資金助成法

国・地方公共団体間資金助成の重要性　資金助成法において，国の地方公共団体に対する補助金・負担金（国庫補助負担金，国庫支出金）が極めて重要な位置を占めてきた。その理由は次のとおりである。

　第一に，国全体の足並みを揃えて一定の施策を講ずるには，国がその施策に充てる財源を，使途を特定して，用意し保障することが，最も有効であると考えられてきたことである。国の省庁にとって，その政策を世間にアピールするのに，補助金・負担金は，租税特別措置と並んで最も手っ取り早い手法であった。さらに，補助金・負担金は，租税特別措置に比べて，制度創設時のみならず，個別に省庁の官僚が権力意識を感ずることのできる場面をもち，かつ，省庁の職員ポストを獲得したい行政組織の本能を満たすのにも役立つものである。しかも，補助金・負担金は，日本に暗黙に広まっている「均等な発展志向」に合致する手法でもある。

　第二に，地方公共団体にとっては，財源の不足を少しでも補うには補助金・負担金を活用することが得策であると考えられてきた。

　第三に，前記のような地方公共団体の具体的な事業に関する補助金又は負担金の交付を求める陳情行為は，政治家にとって格好の腕の見せ場であった。

　以上のように，補助金・負担金は，官僚，地方公共団体及び政治家のすべてにとって，まことに重要な意味をもっていた。それゆえ，補助金・負担金は，国の予算の拡大するなかで，常に増大する傾向をもっていた。

　こうした状況と並んで，補助金・負担金の弊害も，常に意識されていた。とくに，地方財政全体に占める補助金・負担金のウエイトが高い状況は，地方公共団体の自主的な財政運営を阻害する要因として批判され，自主財源の

強化と引き換えに縮小すべきであると主張されてきた。

国・地方公共団体間資金助成を規律している代表的な法律は，地方財政法である。

国庫負担金の公的資金助成としての性質　「負担金」の語は，さまざまな場面において用いられる。受益者負担金の場合は，事業によって特別の利益を受ける者が，その事業に要する費用に充てるために事業資金の全部又は一部を負担する制度である。これに相当する地方公共団体の負担制度が地方財政法27条に用意されている。すなわち，都道府県の行なう土木その他の建設事業（高等学校の施設の建設事業を除く）でその区域内の市町村を利するものについて，都道府県は，当該事業による受益の限度において，当該市町村に対して当該建設事業に要する経費の一部を負担させることができる（1項）。この場合に，市町村が負担すべき金額は，当該市町村の意見を聞き，当該都道府県の議会の議決を経て定めることとされている（2項）。このような場合の負担金は，公的資金助成の性質をもつとする必要はない。

また，地方公共団体が会員となっている団体の会費相当の金員も負担金と呼ばれることが多い。この場合も，敢えて公的資金助成という必要はない（ただし，全国的な活動を名目にしながら，実質は天下り公務員の受け皿となる組織としての温存を図るために地方公共団体の負担を求めているものがあるとすれば，実質は地方公共団体の寄附ないし補助を受けていると評価すべきであろう）。

これに対して，地方公共団体の実施する事業について，その経費の一部を国が負担する場合の「負担金」は，国の応分の責任分担による割り勘的なものであるとはいえ，地方公共団体に対する資金助成であることに変わりはない。本書においては，国庫負担金は，国庫補助金と同様に，地方公共団体に対する国による資金助成であるとして検討対象にしている。

国等に対する寄附金等の支出の禁止　地方財政再建促進特別措置法24条2項は，地方公共団体は，「当分の間」，国，独立行政法人，国立大学法人等又は日本郵政公社，高速道路各社，各金融公庫に対し，「寄附金，法律又は政令の規定に基づかない負担金その他これらに類するもの（これに相当する物品等を含む。以下「寄附金等」という。）を支出してはならない」と定めている[1]。但し書きによる例外があるが，それについては後述する。

この寄附金等の禁止は，いかなる趣旨によるのであろうか。一般に，法令により定められている国と地方公共団体との間の経費負担原則を乱さないことを確保し，財政秩序の健全性を確保する目的による制度として説明されている[2]。国において予算不足を補うために地方公共団体の負担を期待し，あるいは，国の機関・施設等の誘致に熱心な地方公共団体が自ら進んで経費の一部を負担しようとするなどによって，財政秩序が崩壊されやすいことに鑑み置かれた規定だというのである[3]。やや表現を変えるならば，国の施策実施の切り売りが好ましくないこと（公平性の確保），寄附の容認による地方公共団体の財政に対するマイナス効果（経費負担区分の潜脱・過大負担・負担転嫁）の抑止にあるといえよう[4]。

国が，いわば優越的な地位に基づいて，地方公共団体をして寄附金等を支出せざるを得ないような状態に追い込むことは阻止しなければならない。しかし，地方公共団体が，独立の意思決定主体として，その施策を積極的に展開しようとするときに，敢えて寄附金等の支出を禁止をする理由があるのか検討を要するところである。強い地方公共団体が，その資金力により国に寄附金等を支出して国の施設等を誘致することに成功するならば，財政力の弱い地方公共団体が一層苦しい立場に追い込まれるという弊害が考えられるが，そのような趣旨による禁止まで必要とは思われない。問題とすれば，国が，地方公共団体の寄附金等のある場合に限り施設等の整備を行なう方針をとる場合であろう（負担の事実上の強制）。そうであるとするならば，この規定が地方公共団体の行為に対する禁止の体裁をとっていて，国による寄附金等の受入れ禁止でないところに，規定形式の問題があるように思われる。そのことは，たとえば，禁止規定に違反する寄附金等の授受があったときに，受領した国等の不当利得を構成するかどうかという問題に対する解答にも微妙に

---

1 この規定の沿革については，鈴木・補助金 83 頁以下，森脇晴記「地方財政再建促進特別措置法第 24 条第 2 項の寄附金等の支出制限について（上）」地方自治 446 号 79 頁（昭和 60 年）を参照。
2 鈴木・補助金 82 頁以下，東京地裁昭和 55・6・10 行集 31 巻 6 号 1291 頁。
3 鈴木・補助金 83 頁。
4 碓井・自治体財政・財務法 41 頁。

影響するかもしれない。寄附金等の支出をした地方公共団体の長の損害賠償責任のみで処理することは釈然としない。

制限規定の検討　　この制限規定について若干の点を検討しておこう。

第一に，この規定が直接に禁止しているのは，「寄附金等」，すなわち，寄附金，法律又は政令の規定に基づかない負担金その他これらに類するもの（これに相当する物品等を含む。）の支出である。「物品等」には有価証券，不動産も含まれる。それを寄贈する場合は，「支出」ではなく，無償による提供ということになる。

土地・建物等の無償貸付けも，本来の使用料相当額を寄附していることと同じであるという理由で，含まれると解されている[5]。土地・建物等の低廉貸付けも同様である[6]。ところで，地方財政法24条は，国が地方公共団体の財産又は公の施設を使用するときは，当該地方公共団体の定めるところにより，国においてその使用料を負担しなければならないものとし，「当該地方公共団体の議会の同意があったときは，この限りでない」とする但し書きを付している。この規定に基づく議会の同意によって，地方財政再建促進特別措置法の規制を免れることになるのか問題になるが，同条は，財産又は公の施設の一時的若しくは臨時的使用の場合を予想したもので，半永久的な土地・建物の貸付け等を予定したものではないとする解釈があるとともに[7]，地方財政再建促進特別措置法は地方財政法の特別法であるという理由で，規制を免れることはできないと解されている[8]。

標準的な経費の基準に基づいて国から負担金が地方公共団体に交付されているときに，地方公共団体が自主的にそれを上回る経費を要したとしても，その上回る部分を寄附金等（負担金の支出）に該当するとみることはできな

5　鈴木・補助金86頁。

6　森脇晴記「地方財政再建促進特別措置法第24条第2項の寄附金等の支出制限について（中）」地方自治447号65頁，66頁（昭和60年）。同論文は，貸付額の水準が不当に低価であるかどうかは，国が国有財産を貸し付ける場合の基準等を参考にして判断すべきであるとしている。

7　鈴木・補助金87頁。

8　森脇・前掲注6，69頁，石原＝二橋・地方財政法逐条212頁。

い。最高裁昭和62・10・30（判例時報1264号59頁）は，「国会議員の選挙等の執行経費の基準に関する法律」による国の負担金について，このことを認めるにあたり，「法律の定める経費の基準が著しく不合理であって到底経費の全額の国庫負担を定めたものとはいえないというのであれば格別」と述べて，一定の留保をしている。この事案が国会議員の選挙等の執行という本来国が全額を負担すべき事務に係るものであったので，このように述べることができたが，国の負担が一部にとどまる場合に地方公共団体が事実上余儀なくされる超過負担について，直ちに同じような留保をなすことはできないように思われる。

　地方公共団体が国又は国の機関に対してなす社会的儀礼としての贈答，あるいは施策の理解を求めるための贈答も一律に禁止されるものであろうか。

　まず，施策の理解を求めるためになす寄贈（たとえば地方公共団体の研究会の報告書を寄贈すること）は，寄附金等の想定する財産価値の移転と区別されるので，この禁止規定に抵触しないと解される[9]。地方公共団体が作成した『○○年史』のような書物を無償で国の機関に贈ることも，財産価値の移転の趣旨をもたないならば，寄附金等に含めるべきではない。また，極めて少額の特産品を国の施設に送り展示に供することも，違法性を欠くというべきであろう。これに対して，国の施設に装飾目的の高額の物品を贈呈することは，寄附金等に該当する[10]。要するに，地方公共団体にとって，抽象的に社会的儀礼に該当するかどうかを論ずることはあまり意味がないのである。

　第二に，この規定には，「直接であると間接であるとを問わず」（地方財政法4条の5参照）のような文言はみられないが，ここにいう「支出」には，相手方に直接交付される場合に限らず，いわゆるトンネル機関を経由する場合も含めて，この禁止規定が適用されるとするのが裁判例である[11]。

---

[9] 研究会の報告書が，当該地方公共団体において有償頒布されていても，この結論を左右しないと思われる。

[10] 町が，旧運輸省の出先機関たる港湾建設局の新築合同庁舎への移転入居を祝す趣旨で模型船を寄贈しようとした場合について，青森地裁平成7・9・19判例地方自治150号18頁を参照。

[11] 東京地裁昭和55・6・10行集31巻6号1291頁（国鉄西大井駅事件）。

第三に，相手方は，国に限定されていない。昭和35年改正で公社等が加えられ，公社等の中身は，政府出資法人の変遷に応じて改正が重ねられてきた。公社等が加えられた理由は，それらは，人事面，資金面，事業面などにわたって国と密接な関連を有し，「国に代わって，その施策を遂行するという色彩が強い団体」であり，地方公共団体と関連を持つ可能性が高く，その際に，国と同様に国家権力を背景として，寄附金等の名目により，地方公共団体に負担をかけるおそれがあることによる，と説明される[12]。そして，相手方として規定されるのは，政府出資法人のうち，①国の施策の代行機関的性格のもの，②人事・予算などの面において国が深く関与し国家的性格が強いこと，③業務の内容が地方公共団体との間に利害関係を有するものであること，などの要件を満たすものであるという[13]。現在は，法律レベルにおいて個別に列挙されているもの（日本郵政株式会社，各高速道路株式会社，各金融公庫）のほか，国立大学法人及び大学共同利用機関法人はすべて禁止対象法人である。独立行政法人に関しては，独立行政法人通則法2条1項に規定する独立行政法人であって，それに対する「国の出資の状況及び関与，当該独立行政法人の業務の内容その他の事情を勘案して」適用することが適当であるものとして政令で定めるものに限り，禁止される（24条2項の「独立行政法人」のかっこ書き）。前記の①から③のいずれかを満たせばよいというのであれば，ほとんどの独立行政法人は国の施策の代行機関的なものであり，かつ，国から運営交付金を受けているので，わざわざ政令に委任することなく独立行政法人すべてを禁止対象にしても不思議ではない。やはり，③も加えて判断されるべきであろう（政令による列挙状況については後述）。

　第四に，この規定による制限は「地方公共団体」に向けられている。その場合に，複数のレベルの問題が発生する。典型的な場面は，当該地方公共団体の固有の財源（財産）を用いた寄附金等であるが，それと異なり，地方公共団体が，住民等から寄附を募って，それを国等に寄附する場合，すなわち地方公共団体固有の懐を痛めないときは適用がないのであろうか。この場合

---

[12] 鈴木・補助金85頁。

[13] 鈴木・補助金85頁。

にも，地方公共団体の会計を通じてなされる限り制限を受けると解されている[14]。

ただし，この「会計を通じて」の意味が問題となる。現金に関して，地方公共団体の歳計現金が含まれることはいうまでもない。歳入歳出外現金については保管の制限があるため（自治法235条の4），この制限に違反して保管している現金を国等に寄附することにつき適用があるのかについては，二通りの解釈があろう。一つは，地方公共団体が実質的推進者となって住民等から寄附を募った現金であれば，たとえ，違法な保管金であっても国等に対する寄附の制限を受けることは当然であるという解釈である。もう一つは，そのような保管金は，もはや地方公共団体の関与すべきものではないのであるから，地方公共団体の関与は事実上のことであって法的には全く無であると評価して，適用を否定する考え方である。地方公共団体が寄附を募るのに経費をかけていない場合は，国と地方公共団体との間の財政秩序とも無関係であるといえるので，不安を感じつつも適用否定説に与しておきたい。

禁止対象独立行政法人の範囲　独立行政法人のうちで寄附金等の制限の対象となる法人の範囲は，実際にどのようになっているのであろうか。地方財政再建促進特別措置法施行令12条の2には，寄附金等の制限の対象法人が列挙されている。やはり，ほとんどの独立行政法人が掲げられていて，列挙から除外されている独立行政法人を探すことの方が難しい。そして，地方公共団体との間の財政秩序が問題になるおそれがほとんど考えられないものも多数含まれている。たとえば，研究機関たる独立行政法人（通信総合研究所，消防研究所，酒類総合研究所，国立国語研究所，防災科学技術研究所，放射線医学総合研究所，文化財研究所，国立健康・栄養研究所，産業安全研究所，産業医学総合研究所，農業生物資源研究所，農業環境技術研究所，農業工学研究所，食品総合研究所，経済産業研究所，土木研究所，建築研究所，交通安全環境研究所，海上技術安全研究所，港湾空港技術研究所，電子航法研究所，北海道開発土木研究所，国立環境研究所）について，地方公共団体による寄附金等を禁止する理由があるのであろうか。このような独立行政法人の活動に対して，特定の

14　鈴木・補助金94頁。

地方公共団体が特別の研究を奨励する目的で寄附をする政策を選択することもありうるのであって，そのような奨励的寄附金を否定する理由は乏しいといわなければならない。

総務大臣との協議・同意により許容される場合　そこで，同法施行令12条の3第7号は，法24条2項但し書きの規定を受ける形で，国立大学又は総務省令で定める独立行政法人（＝「国立大学等」）が，地方公共団体の要請に基づき，科学技術に関する研究若しくは開発又はその成果の普及（＝「研究開発等」）で，地域における産業の振興その他住民の福祉の増進に寄与し，かつ，当該地方公共団体の重要な施策を推進するために必要であるものを行なう場合に，当該研究開発（通常行なわれうる研究開発等と認められる部分を除く）の実施に要する経費を負担しようとする場合を掲げている。その但し書きとは，「地方公共団体がその施設を国，独立行政法人又は公社等に移管しようとする場合その他やむを得ないと認められる政令で定める場合」に，「国，独立行政法人又は公社等と当該地方公共団体との協議に基づいて支出する寄附金等で，あらかじめ総務大臣に協議し，その同意を得たもの」は，禁止の限りでないとする定めである。政令で実体要件が限定されているうえ，法により総務大臣との協議・その同意という手続要件が設けられている。

　法律が明示している施設移管及び前記の国立大学等以外にも，例外的に許容される場合が，同法施行令12条の3において5号にわたり列挙されている[15]。

① 国，独立行政法人又は公社等（以下「国等」という）の所有する財産の譲与又は無償譲渡を受けるため，他の財産を国等に寄附しようとする場合（実質的交換）。

② 国等に対する地方公共団体の事務の移管に伴い当該事務の用に供するため国等に無償で貸し付けた財産で当該地方公共団体において維持及び保存の費用を負担しているものを，当該地方公共団体の負担の軽減を図るため国等に寄附しようとする場合（施設の移管に準ずるもの）。

15　やや古いが，支出承認事由に関しては，鈴木・補助金87頁以下，森脇・前掲注6，71頁以下及び森脇晴記「地方財政再建促進特別措置法第24条第2項の寄附金等の支出制限について（下）地方自治448号65頁，69頁（昭和60年）を参照。

③　地方公共団体の施行する工事により必要を生じて国等が施行する工事に係る費用を，その必要を生じた限度において当該地方公共団体が負担しようとする場合（原因者負担）。

④　地方公共団体の施設で独立行政法人又は公社等（以下「独立行政法人等」）が直接その本来の事業の用に供する施設と一体となって機能を発揮しているものを構成している財産を，当該施設の機能を増進させるため独立行政法人等に寄附しようとする場合（当該施設が専ら当該地方公共団体の利用に供され，又は主として当該地方公共団体を利することとなる場合に限る）（一体的施設）。

⑤　専ら当該地方公共団体の利用に供され，又は主として当該地方公共団体を利することとなる施設で独立行政法人等の当該施設に係る一般的な設置基準を超えるものを当該独立行政法人等が設置する場合において，当該施設を構成する財産を独立行政法人等に寄附しようとし，又は当該財産の取得に要する費用を当該地方公共団体が負担しようとするとき（独立行政法人等の設置基準を超えるもの）。

⑥　独立行政法人等の行なう事業のうち，住民の福祉の増進に寄与し，かつ，地方行政の運営上緊急に推進する必要があるものとして総務省令で定めるものに要する経費の一部を，法律の定めるところにより行なわれる公営競技の競走（地方公共団体が特定の事業に協賛するため通常の開催回数又は開催日数の範囲を超えて開催するものであって，総務大臣が指定するものに限る）に係る収益の一部をもって当該地方公共団体が負担しようとする場合（公営競技収益金による負担）。

これらの細かい分析は省略せざるをえないが，設置基準を超えるものについて，「地方公共団体の利用に供され」又は「地方公共団体を利する」という場合の「地方公共団体」が，権利主体としての地方公共団体に限定される趣旨であるのか，それとも，当該地方公共団体の住民をも含むものであるのかが解釈上問題となろう。前者であるとすれば，そのような場面は極めて限定される。旧国鉄を例にとれば，専用線・臨港線・市場線，新駅設置，駅改修などについて基準があって，少なくとも新駅設置については，住民を含む扱いであった[16]。

寄附金等規制との関係における問題場面　国等に対する地方公共団体の寄附金等が禁止されている結果，地方公共団体が身動きのとれない場合が起こることがある。

高速道路のインターチェンジの設置について，NTTの売払収入の活用による融資を旧日本道路公団が受けて行ない，その貸付金の返済は，沿道にて実施される工業団地造成事業等を行なう開発事業者である第三セクターが負担する方式が採用された。これが，「開発インター」と呼ばれる仕組みである（第4章3［1］を参照）。地方公共団体は，当事者として直接に登場していないが，実質的な推進の役割を担っている。第三セクターの土地分譲が進まない中で，第三セクターの負担金をどのようにして捻出するかについて苦慮する事例が数多く登場した。第三セクターの負担金債務について，公団は担保の提供を求めてきたが，地方公共団体は法人財政援助制限法3条により債務保証を禁止されていたため，地域の金融機関に債務保証をしてもらっていた。こうした状況において，金融機関に保証債務の履行を求めるのが，法的に用意されている解決策であるが，金融機関が，推進者である地方公共団体に支援を求めるのも，経緯からすれば無理からぬものがあった。ところが，第三セクターに対する補助金の交付は，当時の日韓高速船事件の下級審判決（第2章3［2］）の状況において難しく，地方公共団体が第三セクターに代わって公団に負担金を支払うときは，国等に対する寄附金等の禁止に抵触するおそれがある。また，解散寸前の第三セクターに対して，それを設立した地方公共団体が追加出資して，それを負担金に充てる方法についても，補助金と同じ理由で「無益な出資」として違法とされる可能性がある。第三セクター経由とはいえ，国等に対する寄附金等に当たるとされる可能性がある。このようにして，身動きのとれない事態に陥った例もある[17]。

［2］　地方公共団体間資金助成法

都道府県のその区域内所在区市町村に対する資金助成　都道府県がその区域内の区市町村に対して資金助成をすることは，国が地方公共団体に対して

16　鈴木・補助金92頁以下。

資金助成を行なうのと同様に一般的にみられる現象である。そのなかには，次に述べる国の補助金を財源とする都道府県の資金助成もあるが，都道府県の単独事業としてなされる区市町村に対する資金助成も少なくない。資金助成には，補助金のほか融資も用いられる。なお，ある事業について割り勘的な負担金を交付することは，実質において共同の性質があるので，厳密な意味の資金助成と区別されるが，資金助成との連続線上にあるので，国の負担金と同様に公的資金助成の問題として考察の対象にすることにしたい。

区市町村に対する資金助成の積極要件又は消極要件としていかなる内容を盛り込むことが許容されるのか，例外的な場面で問題となると予想される。たとえば，岐阜県は，市町村振興貸付金について，①財政運営が著しく不健全な市町村，②貸付金の元利償還金の支払いを延滞している市町村又は延滞するおそれのある市町村，③過去において著しく事実と相違した申請により貸付金の貸付けを受けた市町村，④市町村税の徴収実績が著しく多額な市町村，競馬・競輪事業にかかる収益金が著しく多額な市町村に対しては，貸付金の額を制限し又は貸し付けないことができるとしている（市町村振興貸付金貸付規則6条）。これらの消極要件は，合理性の認められるものである。そして，要件の設定により，都道府県が自己拘束を受けることがある。たとえば，県の推進している施策（たとえば新幹線や高速道路の建設促進）に反対する市町村に対して，その市町村が他に比べて著しく不健全と断定できないにもかかわらず①に当たるとして貸付けを拒絶するような場合は，違法とされる余地もあると思われる。この点は，私人間の貸付けと異なる公的資金助成であることによる制約である。

市町村振興補助金　それぞれの都道府県が自主的に市町村に対して包括

17　筑紫野インターの場合は，第三セクターが増資を行ない，市が債務負担行為により増資に応ずることとし，いったん平成7年から22年まで毎年2億円を予算化して出資を実行する方針がとられたが，一括出資により早期に第三セクターを解散させる方が節約できるという判断で，解散決議まで行なったが，増資による資金で公団に負担金を支払うことは国等に対する寄附金等に当たり地方財政再建促進特別措置法違反の疑いがあるというので，一括返済を断念して，公団が金融機関に対して保証債務の履行を求め，金融機関はそれを履行した。こうした処理の過程に，開発インターの仕組みのもっている問題点が凝縮して発現しているといえよう。

的な補助金あるいはメニュー式補助金を交付することが，広く一般化している。名称は，まちまちであるが，代表的な名称は市町村振興補助金である。社団法人・地方行財政調査会の調査[18]によれば，これに相当する補助金は，平成17年度において，6県を除く41都道府県にみられるようである。主要なものを挙げると，地域政策総合補助金（北海道），市町村総合補助金（岩手県），市町村総合交付金（山形県），分権新時代・市町村総合補助金（千葉県），市町村振興メニュー事業補助金（神奈川県），まちづくり総合支援事業補助金（富山県），市町村振興補助金（岐阜県，大阪府），市町村振興総合補助金（滋賀県），市町村未来づくり交付金（京都府），自治振興事業補助金（兵庫県），総力結集しまね再生事業補助金（島根県），元気のでる市町村総合補助金（高知県），21世紀まちづくり推進総合補助金（長崎県）などがある。もちろん，名称が同一であっても，その内容が同一であるとは限らないものである。名称にも，それぞれの都道府県の想いが込められている。合併市町村を支援するための交付金を設けている県もある[19]。

これらは，都道府県の対市町村支援の要になる施策であることが多いにもかかわらず，ほとんどの場合に，条例・規則に根拠を定めることはなく[20]，交付要綱によっている。交付要綱による方法は，補助金一般論との関係において議論されるべきであることは当然であるが，この種の補助金は，重要な政府間補助金として，そのあり方について民主的な意思決定の必要性が大きいといわなければならない。しかも，都道府県のホームページを開いても，

---

18 地方行財政調査会「市町村振興補助金に関する調べ（17年度）」地方行財政調査資料・都道府県版6128号（平成18．3．6）による。

19 合併を支援するものを，この範疇に含めてよいかどうか検討の余地があるが，秋田県は，合併市町村特例交付金条例を制定している。山梨県は，地域総合整備補助金と別に，合併まちづくり総合事業費補助金を交付している。三重県も，生活創造圏づくり推進事業費補助金のほか市町村合併支援交付金を交付している。埼玉県の「ふるさと創造資金」には市町村合併支援事業が，高知県の「元気のでる市町村総合補助金」には合併支援事業が，それぞれ含まれている。

20 平成16年度をもって廃止された愛媛県の「誇れるふるさとづくり総合支援事業」は，ふるさとづくり推進条例によるものであったが，その具体的内容は交付要綱によっていた。規則によっている例として，兵庫県の「自治振興事業の助成に関する規則」がある。

その詳しい内容が公開されていることは少ないように思われる[21]。地方分権の進展に伴い，都道府県による財政調整機能をどのように考えるかが重要性を増すだけに，積極的な情報提供が望まれる。

東京都は，従来は「市町村振興交付金」と「市町村調整交付金」とを設けていた。平成18年度からは，後述のように「市町村総合交付金」に統合された。前者は，市町村の行なう義務教育施設，社会福祉施設，都市計画施設等の公共施設整備及び災害復旧に要する投資的経費の一般財源を補完するものであり，市町村の財政状況及び財政運営を勘案の上，所要の一般財源を基準として交付される。後者は，市町村が行なう投資的経費を除く各種施策のための経常的経費に要する一般財源の不足を補うもので，特定事業に限定されるものではない。予算総額に対して，団体割5％（基準額に面積等による補正を加える），財政状況割60％（基準財政需要額及び財政力等を勘案のうえ配分する），特殊事情割（各市町村の個別の特殊財政事情を勘案のうえ配分する），減額項目別マイナス15％（収益事業収益金等の状況により減額する）から，成っていた。また，特別区に対する「特別区都市計画交付金」が交付されている。これは，特別区が実施する都市計画事業の円滑な促進を図るための交付金で，対象事業に要する経費から国庫補助金等の特定財源を控除した後の地方負担額の概ね25％（上限35％）を交付するものである[22]。

財政調整機能　都道府県補助金のなかに財政調整機能が仕組まれることもある。たとえば，徳島県の「地域にぎわい創出補助金」は，単独市町村（＝広域連合に対置される意味の単独市町村）の事業の補助率について，財政力指数が0.5未満の市町村には2分の1以内，0.5以上0.8未満の市町村には5分の2以内，0.8以上1.0未満の市町村には10分の3以内，1.0以上の市町村には4分の1以内としている。同じく，宮崎県の「21世紀の市町村づくり事業」における地域活性化事業についても，財政力指数0.2未満の市町村には3分の2以内，0.2以上0.5未満の市町村には2分の1以内，0.5以上の市町村には3分の1以内とされている。神奈川県の市町村振興メニュー

21　ホームページで詳しい情報が提供されている例として，宮城県の市町村総合補助金の交付要綱と実施要領に接することができた。

22　東京都財務局「今後の地方財政を考える」34-35頁（平成16年7月）。

事業補助金は，標準財政規模，財政力指数，住民一人当たり標準財政規模，65歳以上の人口割合による所定要件を満たす場合に，補助率のかさ上げを行ない，かつ，収益事業（ギャンブル事業）に係る補正率を用いることにしている[23]。奈良県の地域活性化事業総合補助金についても，財政力指数による補助率が設けられ，財政力指数が0.7以上の市町村には交付しないことにしたという（ただし，平成16年度は経過措置を講じた）。

こうした財政調整機能の組込みに関して，財政力指数が比較的大きい市町村あるいはその住民にとって，都道府県民税も比較的多く納付しているのに，それを財源とする補助金が財政力の小さい市町村に傾斜配分されることに対して不満を感じるであろう。そのような事情も考慮するならば，少なくとも財政調整機能を発揮させる目的の補助金の交付については条例を制定すべきであると思われる。

包括補助金化・メニュー化　市町村振興補助金は，個別にみないと即断できないが，包括補助金を採用する動きが強まっている。このような方式がいつから広まったのか十分には調査できていないが，平成10年度に高知，島根，山形が始めたという報道がなされた[24]。現在は，大きな広がりを見せている。たとえば，京都府は，従来は，「市町村自治振興補助金」の名称で，京都府が示した対象事業に当てはまる事業を行なった場合に一定の基準により補助金を交付する方式で，各事業ごとに補助率を適用して補助金額を算定していた。名称は一括されていても，個々の事業ごとに独立に補助金が交付されるため，補助金が余ったときは，その分を返還しなければならなかった。これに対して，平成16年度に創設された「市町村未来づくり交付金」にあっては，市町村自ら事業の選択・提案をすることを可能にし，各市町村の「政策的な事業群」を対象に補助金を交付することとし，交付対象群のなか

23　収益事業非開催団体及び開催団体のうち一般会計繰入金が地方振興助成交付金平均交付額以下の団体は，1.00，一般会計繰入金が3億円未満の団体は0.95，3億円以上10億円未満の団体は0.85，10億円以上の団体は0.75とされている（神奈川県市町村振興メニュー事業補助金交付要綱3条3項，別表1）。ただし，防災・消防施設整備事業には補正率を適用しないこととされている。

24　朝日新聞平成11・3・18。

で調整することが可能とされた。

　もっとも，包括的であることが，制度の組み立て方によっては，知事の裁量権を大きくしてしまう問題も起こりうる[25]。

　メニュー式補助金も多く含まれている。メニュー式補助金には，どのようなメリットがあるのか考えてみよう。メニューにある個別事業は，事業内容が特定されるのであるから，その限りでは直ちに自由度に直結するものではない。メニューにある個別事業がある程度包括性をもっていることが望ましい[26]。また，個別事業が比較的限定されていても，メニューに掲げる事業の数が多いならば，選択しやすいであろう[27]。メニュー方式のメリットは，特定市町村が個別事業補助金を獲得するために苦労する必要はなく，メニューの中から事業を選択すれば，ほぼ確実に交付を受けうる点にある。そのために，1団体当たりの交付限度額を設定するのが普通である。たとえば，神奈川県は，メニュー事業については1団体当たり上限6,000万円（このうちソフト事業については1,000万円）を設定している。

　メニュー式の場合に，都道府県との関係において，メニューに含まれる事

25　群馬県の「地域振興調整費補助金交付要綱」は，補助対象事業について，「地域の振興及び活性化，地域の課題解決，将来に向けた芽だし等のための事業に機動的・弾力的に対応するために要する事業」，「県政への県民参加を推進するために必要な事業」，「その他『要領』第1に掲げる目的を達成するために必要な事業」を掲げている（2条）。ここにいう「要領」は，「地域調整費事務取扱要領」を指している。これだけを見ると包括性故の問題がありそうであるが，地域における県の総合的な調整機関である行政事務所が，管内の各地域機関や市町村，団体等と連携して，地域の政策課題に機動的かつ柔軟に対応するという目的で，県自体の事業の一環として市町村や団体に対する補助金の交付も行なうというもので，目的による限定があるので，問題ではない。

26　神奈川県のメニューには，文化施設整備事業，地域保健福祉施設整備事業，生涯学習施設整備事業，スポーツ施設整備事業，地域コミュニティ施設整備事業，防災・消防施設整備事業，都市基盤施設整備事業，情報関連事業，広域連携事業，施設統廃合事業，バリアフリー対策事業，環境配慮事業，ディーゼル自動車対策事業が掲げられている（神奈川県市町村振興メニュー事業補助金交付要綱2条）。

27　鳥取県が平成18年度に導入した「市町村交付金」は，従来の38事業の奨励的補助金を廃止して，メニュー式交付金としたもので，メニューには，29の経費が掲げられている（鳥取県市町村交付金条例施行規則別表）。

業の実施がいつ確定していなければならないのかが問題になる。たとえば，鳥取県の市町村交付金にあっては，事業の実施は年度当初に県が示すメニュー，交付金総額，最低保証額を参考にしながら自主的に実施し，年度末の3月に県に対して事業実施結果（見込み）報告を行ない，それを受けて県が各市町村ごとの配分額を決定し交付するという方式である。この最低保証額は，交付金総額の一定割合を保証するものであって，市町村の事業実施の多少があっても，最低額を保証しておく趣旨である。

長野県のコモンズ支援金　長野県は，「信州ルネッサンス革命推進事業支援金交付要綱」（平成17年告示第158号）を制定して，「コモンズ支援金」を交付することとした。市町村，広域連合及び一部事務組合のほか，公共的団体等をも交付対象者として，次の事業区分による対象事業を用意している。

1　安心・安全な暮らしの支援（防災情報基盤の整備，ハザードマップを活用した地域での取組み，その他住民の安心・安全な生活の確保に資する事業）

2　地域交通の確保（人や環境に配慮した交通体系の整備，公共交通基盤の活性化，その他地域交通の確保に資する事業）

3　県境地域等の活性化（県境地域・過疎地域等の情報格差の是正，若者定住への取組み，その他県境地域等の活性化に資する事業）

4　やさしいまちづくり（コモンズが支える福祉施策の推進，ユニバーサルデザインによるまちづくり，その他やさしいまちづくりに資する事業）

5　健康な暮らしの応援（在宅福祉及び地域医療の充実並びに小児救急電話相談の実施，たばこの害のない社会づくり，その他住民の健康な生活の確保に資する事業）

6　美しいまちづくり（木製ガードレールの設置，景観や環境に配慮した公共サインの設置，その他美しいまちづくりに資する事業）

7　魅力のある観光の創出（新たな観光ルートの創出，観光地のブランド化による誘客の促進，その他魅力のある観光の創出に資する事業）

8　コモンズビジネスの支援（地域資源を活用した産業の創出，地域における雇用創出の取組み，その他コモンズビジネスの創出振興に資する事業）

9　ゆたかな森林づくり（住民全体の里山づくり，多様な森林整備の取組

み，その他ゆたかな森林づくりに資する事業）
10　協働型むらづくり（田直し・道直し等住民と協働で進める基盤整備，アダプトシステムの導入，その他協働型むらづくりに資する事業）
11　特色ある学校づくり（世代間交流によるこどもの社会力の向上，児童クラブの充実及び食育の推進，その他特色ある学校づくりに資する事業）
12　その他地域の活性化（芸術文化及び伝統文化の振興に資する事業，生涯スポーツ及び地域スポーツへの取組み，その他地域の活性化に資する事業）

　そして，全県枠事業と地域枠事業に分けて，全県枠については，①先駆的でモデル性が高く，かつ，他の地域への普及が期待される事業，②事業効果が広域市町村圏を越えて広範に及ぶと認められる事業，③県が実施する事業と同様の目的を有する事業で，当該目的に資するもの，という縛りをかけている。

茨城県の「まちづくり特例市交付金」　茨城県は，「茨城県まちづくり特例市制度要綱」を定めて，人口10万人以上（合併による新市の場合は5万人以上）の市で，所定の事務権限のうち「個性豊かなまちづくり」を含む1分野以上の事務権限[28]を選択し包括的に受け入れるものを「まちづくり特例市」として指定する制度を設けている。そして，「まちづくり特例市」に対して，特例市が事務権限を受け入れるために要する経費に対して，特例市が選択した事務権限分野の数に応じて交付金を交付するとしている。これは，土地利

28　「個性豊かなまちづくり」には，農地転用の許可，林地開発行為の許可，市街地再開発促進区域内における建築物の建築許可，風致地区内における行為の許可，開発行為の許可など7法令98事務があり，「住みよいくらしづくり」には，青少年のための環境整備条例による自動販売機設置場所等への立入調査，家庭用品品質表示法による販売事業者に対する立入検査，児童福祉法による認可外保育施設に対する立入検査など6法令37事務，「活力ある産業づくり」には，計量法による各種計量器類の立入検査，商工会議所法による商工会議所が賦課する負担金の許可，電気用品安全法による販売事業者に対する立入検査など8法令64事務「快適な環境づくり」には，騒音規制法による地域の指定・規制基準の設定，振動規制法による地域の指定・規制基準の設定，水質汚濁防止法による特定事業場への立入検査など8法令161事務が含まれている。

用や環境関係等の主要事務・権限を包括的に移譲することを促進するための経過措置の性質をもっている。

都道府県補助金の動向へのコメント　以上のような都道府県の補助金は，市町村財政に大きな役割を果たしてきたが，見直しの動きも始まっている。たとえば，東京都は，平成18年度から，これまでの市町村振興交付金及び市町村調整交付金の2本立てを改めて「市町村総合交付金」に改めた[29]。その理由は，三位一体改革が，都道府県の財政負担を高める場面が多く，都道府県が従来のような財源を用意できなくなると見込まれること，及び，地方公共団体が国との関係において自立性を高めることが求められるのと同様に都道府県との関係において市町村の自立性を高めることも求められるからである。

新たな交付金の項目と概ねの配分割合は，財政状況割（35％），経営努力割（15％）及び振興支援割（50％）とされている。割合もさることながら，市町村が取り組む経営努力について，人事給与制度の状況，徴税努力の状況，その他行財政改革の状況を考慮して，各年度ごとに定める「経営努力割」を設けた点に特色がある。「財政状況割」は，団体割，基準財政割及び減額項目割から成り，従来の市町村調整交付金の性格を引き継いでいる。「振興支援割」は，まちづくり振興割と特別事情割から成っている。

また，長野県のようなメニューは，弾力性のメリットの半面において，市町村等が交付を受けられるかどうか予測しにくいというデメリットもある。にもかかわらず，県と交付希望市町村等との間の「対話型支援金」の実態をもつことになろう。同県は，前記告示によって，支援金の交付を受けた者に対して，事業評価の実施・報告と事業実施結果の公表を求めている。地域活性化の事業などには，リスクの伴う事業もあって，事業評価等の義務づけが，手堅い事業のみに走らせるとすれば，この支援金制度の目的（信州ルネッサンス革命）を大きく減殺させることになろう。

奨励的な国庫補助金の交付される事業について，都道府県が単独の上乗せ

29　平成18年度の予算編成過程における説明によれば，「市町村に対する総合的な財政支援を行い市町村財政基盤の安定，強化及び多摩島しょ地域の振興の一層の促進を図る」というものである（平成18年度主要事業（原案）による）。

補助金を交付する例があるようである。こうした補助金について,「施策奨励的機能よりも財政援助支援的機能が強い」として廃止・見直しを行なう方針を表明している例がある[30]。問題は, どの程度の補助金交付が奨励的効果を発揮するかにある。財政力の関係で国庫補助金の交付申請を断念しているような場合には, 財政援助的補助金により奨励的効果を発揮できる場合もありうると思われる。その意味において, 都道府県の交付する補助金は, 国と異なり, 単純に財政援助的補助金と奨励的補助金に大別するわけにはいかないように思われる。

新市町村振興宝くじ（オータムジャンボ）の収益金による市町村振興交付金
各都道府県がオータムジャンボ宝くじの収益金の分配を受けて[31], それを都道府県内の市町村に配分する交付金（市町村振興交付金）が存在する。配分基準は, 均等割と人口割（それらの比率は都道府県によって異なる）によっているようである。実際には, 各都道府県に財団法人の市町村振興協会が設立されており, その法人を経由して配分をする方式が採用されている。

なお, 市町村振興宝くじ（サマージャンボ）の収益金は, いったん前記財団法人に配分されて, その2割は全国市町村振興協会に納付され, 残りが財団法人に基金として積み立てられて, 市町村に対する災害時の融資等の財源とされている。

市町村振興目的の貸付け（市町村振興資金） 都道府県が区市町村の行なう一定の事業に必要な資金を長期にわたり貸し付ける方法が定着している。この方式は, もともと国が都道府県に対して, 市町村に貸し付ける資金造成のための資金を補助して全国に広まったものである。いったん資金が造成できれば, それからは回収金と一般会計からの補塡により継続的に資金貸付を行なうことができる。この貸付制度による融資は, 長期と短期とに分かれ, 1会計年度を超えるものは, 地方債の位置づけとなる。すなわち, 都道府県が地方債資金を引き受けることを意味する。市町村に係る地方債に関する事務を行なう都道府県が, その一環として, 都道府県の資金の配分も行なうこと

---

30 三重県財政問題検討会報告『危機的な財政の健全化に向けて』（平成16年）49頁。
31 オータムジャンボ, サマージャンボともに, 収益金が全国自治宝くじ事務協議会から均等割（市町村数）, 人口割, 販売実績各3分の1の割合で都道府県に配分される。

ができる。

　都道府県があらかじめ一定のメニューを用意する方法の貸付けを，多くの都道府県の名称にならって「市町村振興資金」と呼んでおこう。地方行財政調査会の調査によれば，平成17年度には，愛媛県を除く46都道府県が制度をもっていた[32]。貸付利率の設定に当たり，財政融資資金の貸付利率に連動させる（一定利率を控除した貸付利率とする方式を含む）場合も多い。事業の種類により貸付条件を変える方法が採用されていることも多い。合併市町村支援の貸付けを含めていることもある。

　さらに，財政を健全化するための貸付けを行なう県も多い[33]。和歌山県の財政健全化貸付けは，①貸付年度の前年度の地方債許可制限比率がおおむね18％以上，貸付年度前3箇年平均の地方債許可制限比率がおおむね16％以上又は貸付年度の前年度の経常収支比率がおおむね90％以上で財政健全化計画を策定し，財政健全化を緊急かつ積極的に推進する市町村，②自主的に公債費負担適正化計画を策定し，財政構造の弾力化に取り組む市町村，のうち知事が認めるものを対象に，財政健全化計画に資するために行なう地方債の繰上償還に要する経費及び財政健全化計画に位置づけられた事業に対して貸し付けることとしている（和歌山県市町村振興資金貸付規則2条の2第3項，3条1項3号）。土地開発公社問題に対処するために公社保有土地の再取得資金を貸し付けるものも多い（千葉県，神奈川県など）。さらに，県施行道路に関する市町村負担金の貸付け（三重県，大分県），第三セクターに対する出資金の貸付けが見られる（岡山県）[34]。

　市町村振興資金について，条例による場合（鹿児島県），規則形式による場合（和歌山県，千葉県）及び告示形式の要綱による場合（滋賀県）など多様

32　地方行財政調査会「市町村振興資金に関する調べ（17年度）」地方行財政調査資料・都道府県版6127号（平成18・2・27）による。

33　たとえば，山形県は，一般施設整備事業，準過疎地域振興整備事業のほか，公債費負担適正化支援事業，土地開発公社経営改善支援事業，財政健全化対策支援事業の貸付けを実施している。その他，知事の定める財政構造改革プログラムを策定する市町村が行なう地方債の借換え事業の貸付け（福島県），公立病院健全化貸付け（和歌山県），公債費負担適正化計画による財政健全化資金の貸付け（高知県）などが実施されている。

な規範形式が用いられている。会計につき，特別会計方式によっている県が多い（徳島県，埼玉県，山形県，滋賀県など）。

また，自治法上の「基金」を活用する場合は，基金設置条例主義（241条）により，主要な事項が条例に定められ，細部は規則により定められている（栃木県，石川県，福島県，広島県など）。

たとえば，東京都は，「東京都区市町村振興基金条例」を制定して，同基金を設置し，「区市町村の財政負担を緩和し，もって区市町村の行政水準の向上と住民の福祉の増進を図る」ため，長期貸付（貸付金交付年度の翌年度以降にわたり償還がなされるもの）と短期貸付（交付年度内に償還されるもの）を交付することとしている。貸付けの対象経費は，一定の事業等に係る経費とされている（6条)[35]。貸付利率は，長期にあっては，財政融資資金（普通地方長期資金）の固定金利方式に基づく貸付利率の範囲内で都規則で定める利率，短期にあっては，財政融資資金（地方短期資金）の貸付利率による。長期貸付の貸付期間は，30年以内（1年に限り延長可）とされ，貸付金の交付の日から5年以内（1年に限り延長可）の据置期間がある。基金方式のメリットは，償還金を次の貸付けに充てることができる点にある。区市町村が貸付条件に従わなかった場合の繰上償還のほか，区市町村の側の自主的繰上償還も認めている（10条）。以上の仕組みは，東京都版の財政融資といえよう。

以上のような長期の資金貸付けは，市町村にとって一種の地方債にほかならない。すなわち，都道府県が市町村の地方債の引受けにつき予め条件を提示しているのが市町村振興資金であるといえよう。たとえば，岩手県の自治振興基金条例は，貸付対象を公共施設等の整備事業[36]，水道事業・病院事業その他の公営企業に係る事業，出資及び貸付けに係る事業，地方債の借換え

---

[34] 三重県の過疎・総合保養地地域振興事業も出資金等に充てる資金の貸付けであり，宮崎県の出資又は貸付けに要する経費の貸付けは，第三セクターに対する出資にも適用しうる。大学誘致資金に充てるための貸付けの例について，第7章1［3］を参照。

[35] ①交通事業，水道事業その他の企業の建設事業及び改良事業，②区市町村の出資・貸付けの事業（⑤に係るものを除く），③災害応急事業，災害復旧事業及び災害救助事業，④教育施設，福祉施設，清掃施設，土木施設その他の公共用又は公用に供する施設整備事業，⑤災害援護貸付，⑥長期貸付の借換え。

とし（4条），貸付金額につき1市町村等につき年額6,000万円以内で知事が定めるとし（特に必要があると認める場合はこれを超えて貸し付けることもできる）（5条），貸付利率，貸付期間，償還方法，延滞利率等の貸付条件（6条）などについて規定している。そして，平成18年度から地方債が許可制度から事前協議・同意制度に移行されたなかで，市町村振興資金の必要性やあり方が改めて検討される可能性を秘めている。

ところで，事業への充当比率の設定などにおいて，市町村の一定の目標達成などを反映させて，一定の方向へのインセンティブを与える方式を採用することがあるようである[37]。その目標設定が合理性のあるものであるならば適法であることはいうまでもない。

なお，長期の貸付けについては，金利が低下したときに，高利の時期の分について市町村が繰上返済をして利子負担を軽減しようとする動きに出る場合がある[38]。貸付金の原資が地方債であって，地方債の償還に制約のあるような場合を別として，固有の財源によるときは，繰上償還に応ずることが望ましい[39]。

都道府県の市町村に対する単独個別補助金　都道府県は，市町村に対して単独事業としての個別補助金交付事業も実施している。このような補助金交付は，都道府県の各部局が実施しているために，都道府県全体としてのまとめた資料が作成されていないこともある。

単独個別補助金のうち，特に述べておく必要のあるのが市町村合併の促進

36　土木施設整備事業，保健衛生施設整備事業，社会福祉施設整備事業，文教施設整備事業，産業振興施設整備事業，過疎地域・準過疎地域及び辺地に係る集落再編事業，その他以上に準ずる事業とされている。

37　青森県は，昭和60年度に，市町村の徴収効率を高める狙いで，市町村振興基金について市町村民税の徴収率に着目して，①過去3年間の平均徴収率が98％を下回る，②前年度の徴収率が98％を下回る，のいずれかに該当する場合に，事業費への充当率を最高で5％引き下げる措置をとったという（日本経済新聞昭和60・12・2）。租税の徴収率は返済能力に影響するうえ，個人県民税の賦課徴収を市町村が行なっている関係で，県は徴収率に重大な関心をもっている。

38　平成10年頃の繰上げ返済増加の動きについて，日本経済新聞平成10・2・19を参照。

39　福島県や東京都は，既往の振興基金貸付金の借換えも貸付対象事業に加えている。

目的の補助金である。平成18年3月までの旧合併特例法に基づいて国が合併特例債により支援したのと並んで，道府県も補助金により促進してきた（国も地方交付税措置でそれをバックアップ）。メニュー式補助金を活用したところも多い。たとえば，北海道の地域政策総合補助金には，合併支援補助が含まれていて，平成18年3月までに合併した市町村に対して，市町村建設計画に基づいて行なう事業で地域内の交流，連携，一体性の強化のために必要となるものに対し，ハード系事業とソフト系事業とに分けて補助するものである。ハード系事業には，合併後の市町村における公共施設等整備事業（庁舎等公用施設を含む）で旧合併特例法11条の2に規定する合併特例債が充当される国の補助事業又は地方単独事業とされていた。合併特例債との連動に注目する必要があろう。ソフト系事業の対象は，合併市町村の一体性の速やかな確立を図るため必要となる事業（合併記念式典開催費用，新市町村の知名度アップのため実施する広報普及事業，旧市町村住民間の交流・連携を促進するため新たに実施するイベント開催事業）であった。平成18年度に要綱を改訂し，新合併特例法により平成22年3月合併分までを対象にしている。

　新合併特例法の下においても，支援措置を設ける県がある。たとえば，山形県は，「夢未来支援地域」に指定した市町村に対しては，「やまがた夢未来まちづくり交付金」のなかに合併協議会交付金及び合併市町村交付金を設けるとともに，市町村振興資金においても，合併に資する公共的施設等の整備促進のための事業の貸付枠を確保するとしている[40]。また，鹿児島県も，合併市町村一体化促進支援事業に対する助成と市町村振興資金における優先的無利子貸付の方針を打ち出している[41]。合併独自の資金助成に加えて，個別補助金について配慮する方式を併用する場合もある[42]。

　単独の個別貸付けは，都道府県の置かれている状況により異なっている。地域の公共施設整備の差を是正する目的のものもある。たとえば，山梨県は，「山梨県辺地振興条例」を制定して，市町村が行なう辺地対策事業に対して

40　やまがた夢未来合併支援本部「新山形県市町村合併支援プラン」（平成18年3月）による。

41　鹿児島県市町村合併支援本部「鹿児島県新市町村合併支援プラン」（平成18年3月）による。

資金の貸付けを行なう（辺地振興資金）とともに，辺地振興資金の元利償還金のうち規則で定める額に相当する額を交付するとしている（元利補給金）。また，「山梨県過疎地域振興条例」を制定して，市町村の行なう過疎対策事業についても同様の資金助成を実施している。

市町村の負担金 市町村が都道府県の事業費の一部を負担する場合がある。この場合の負担金は，本書の想定する資金助成と異なるので，直接の検討対象にはしない。しかしながら，「負担金」の衣をまとって実際には資金助成目的でなされる場合がないとはいえない。たとえば，市営水道が県営水道の供給を受けている場合において，市が県営水道に対して一定の負担金を支出することは，その状況次第では資金助成の実質を有することがある[43]。

市町村に対する都道府県の補助金のあり方 市町村に対する都道府県の補助金のあり方を見直す動きがある[44]。

東京都は，都から区市町村への補助金には高率補助，少額補助，長期継続補助など課題を有する補助金が多数存在するという認識を示し，財政補完的補助金については，地方分権の観点からみて，区市町村の自主性・自立性や自助努力を妨げるものにならないように注意する必要があると指摘して，改革を示唆している[45]。

---

[42] たとえば，和歌山県市町村合併支援本部「新和歌山県市町村合併支援プラン」（平成18年4月）は，市町村合併協議会支援事業補助金，市町村基本計画支援事業補助金，市町村振興資金貸付け，許認可等に係る手数料の減免のほか，消防防災施設等設備補助事業，地方バス対策事業，むらづくり交付金等において配慮する方針を示している。

[43] 県営水道負担金の支出が自治法232条の2等に違反しないとされた例として，神戸地裁平成6・3・30判例タイムズ861号240頁。

[44] 奨励的国庫補助金対象事業に対する県単独の上乗せ補助金については，三重県財政問題検討会報告『危機的な財政の健全化に向けて』（平成16年）49頁。

[45] 東京都財務局『今後の地方財政を考える』（平成16年7月）32頁以下，34頁。また，東京都財務局『都財政が直面する課題』（平成17年7月）19頁においても，区市町村に対する補助金は高止まりの傾向にあるとし，交付が常態化すると補助金本来の目的を損ない，区市町村の自主的・自立的な行財政運営の妨げになるおそれがあること，高率補助・長期継続補助・少額補助など課題を有するものについて，個々の事業ごとに十分精査・検証して必要に応じて見直しを行なうべきであると述べている。

ところで，道府県の市町村に対する補助金等の交付について，政令指定都市に対しては交付されないものがある。このことが政令指定都市の不満として述べられることが少なくない。宮城県においては，仙台市からの協議の申入れに基づいて，平成16年1月に木造住宅耐震診断や危険ブロック塀除去など4事業に関し，同市も他市町村と同様の補助を受けられることになったという[46]。

区域を越えた地方公共団体間資金助成　地方公共団体の区域を越えた資金助成がなされる場合がある。最も典型的なのは，水源涵養目的で，下流の地方公共団体が上流の地方公共団体の実施する一定の事業に対して助成する場合である。

まず，水源地域対策特別措置法（水特法）12条に基づいて，地方公共団体が利水者として水源地域整備計画に基づく事業（整備事業）を実施する地方公共団体に対して事業費の一部を負担することがある。指定ダム等の建設によって下流地域が受益する一方において，その建設により水源地域が受ける影響に対処するための整備事業の費用（補助金等のある場合はそれによる軽減後のもの）をすべて水源地域の負担とすることは，衡平に反するという考え方に基づいて負担するものである[47]。

この負担は，「協議」によることとされ，その負担の調整は，「指定ダム等の建設の目的，指定ダム等の建設により関係当事者が受ける利益その他の諸般の事情を勘案して，関係当事者の負担の衡平を図ることを旨として行うもの」とされている（水特法施行令9条）。これは抽象的な基準であるので，関係者の辛抱強い調整努力が必要とされる。そして，法律には示されていないが，負担の対象率は「水源地域整備事業費のうちの地元地方公共団体負担額から，通常，当該地域に投資されるであろうと想定される額を控除した額」を基本とし，下流負担者間の負担率は「ダム等の建設費の負担割合」（いわゆるアロケーション）等により定めるのが妥当とされている[48]。

46　平成16・2・17仙台市ホームページ掲載による。
47　この手法の原型は，昭和47年制定の琵琶湖総合開発特別措置法11条にみられる。
48　国土庁水資源部水源地域対策課監修『水源地域対策実務必携』（大成出版社，平成8年）71頁。

この負担制度は，地方公共団体の経費の負担転嫁を禁止する地方財政法28条の2の例外を定めるものと位置づけられている[49]。利水者の負担金拠出時と事業費の支出時とが必ずしも一致しないとすれば，事業経費に充てる分を明確に分離して区分する目的で自治法上の基金を活用することが考えられる[50]。

　水特法による負担と別に，水源地対策基金[51]も，これを補完する役割を担っている。これは，ダム建設による水没者の生活再建や水源地域の振興などを目的に，主として下流の地域の地方公共団体が資金を拠出して資金を造成し，必要な事業資金に充てるものである。昭和51年の利根川・荒川水源地域対策基金が始まりで，木曽三川（昭和52年），豊川（昭和52年），矢作川（昭和53年），淀川（昭和55年），筑後川（昭和57年），吉野川（昭和61年），紀の川（昭和63年）などにつき，財団法人形態で設立された。国の設立許可を受けた財団法人の基金造成については，2分の1又は3分の1の国庫補助がなされた。県内基金として，相模川周辺地域（昭和53年），吉井川（昭和54年），宮ヶ瀬ダム周辺振興財団（平成4年），足羽川（平成8年）などの基金が財団法人として設立された[52]。ダム建設と直結しない水源林地域の対策のための協定も締結されている[53]。

　任意的なヨコの負担関係　個別的な協定によって資金助成がなされることもある（広域水道企業団に対する県の貸付金の例として，岡山地裁平成16・

49　国土庁水資源部水源地域対策課監修・前掲書69頁。

50　この考え方を含めて，碓井光明「都市用水の確保と水源地域の財政」都市問題研究35巻7号2頁（昭和58年）を参照。

51　やや古いが，碓井光明・前掲論文8頁以下を参照。

52　資料が古いが，国土庁水資源部水源地域対策課監修・前掲書155頁以下を参照。

53　上下流の地方公共団体が協定を締結して下流地方公共団体が森林保全の費用を負担するなどして森林を整備する動きが強まっている。豊田市と上流町村，愛知中部水道企業団と長野県木曽広域連合といった協定があり，さらに，斐伊川水系においては，多数の協定が締結されている。利水地方公共団体自身が他の地方公共団体の区域内に水源林を所有し整備する方法もみられる。代表的な例として，横浜市は山梨県道志村に水源林を保有している。同じく，熊本市は，矢部町が無償で提供した同町内の土地で植林・保全を行なう協定を締結した。これらは，公的資金助成とはいえないが，連続線上にあり，林業従事者の存続に貢献することもあろう。

3・24 判例地方自治 264 号 103 頁)。自然環境保全目的で環境消費の多い地方公共団体が環境維持地方公共団体に対して助成する動きもある[54]。

　裁判例に登場した例として，郡医師会立病院を建設するのに，地域総合整備資金（ふるさと融資）を活用することとして，建設場所の所在する町が地方債の起債手続や地域総合整備資金の貸付手続等の諸手続をとり，所在地の町の地方債利子負担分[55]を郡内の他の町村も同町に負担金を支払い分担し合うこととしたことの適否が争われた事件がある。熊本地裁平成 16・8・5（判例地方自治 276 号 94 頁）は，負担金を支出したことの違法性を争われている Y 町を含む郡内の各町村の住民の健康，医療，介護や福祉の増進に資するものであり，高齢化社会に対応しており，救急医療体制の充実を望む住民の意向にも沿ったものであるから，負担金支出の目的には公益性があるとした。そのうえで，負担金は郡医師会の要請に基づくもので，支出につき町議会の議決を経ていることも考慮すると，本件負担金の支出により間接的に郡医師会立病院の新築工事に援助を行なうことには公益上の必要性があるというべきであるとした（なお，地方財政法 4 条の 5 違反も認められないとしている）。控訴審の福岡高裁平成 17・3・15（判例集未登載）も，原判決を引用したうえ，若干の付加をしている。寄附金の支出が「公益上の必要性」を欠き違法であるかどうかは，「寄附金交付の趣旨・目的，寄附の対象となる事業の目的・性質，議会の対応等のほか，寄附金の交付が住民にもたらす利益・効果，当該地方公共団体の財政に及ぼす影響，動機の不正，平等原則違反等の諸般の事情を総合的に考慮した上で検討することが必要である」とし，具体の事案について諸般の事情[56]を認定して，長の判断に裁量権の逸脱・濫用を認めることは困難であると判示した。

　なお，実質的な共同事業たる施設の建設について，形式的に一の地方公共団体の事業としつつ，その施設を利用する他の地方公共団体が一部の経費を負担することを約す場合がある。そのような負担は，公的資金助成というべ

54　緑の資源を有しない東京中央区が，緑を保全する地域に助成する方針を固めているが，これを地方公共団体に対する助成として実施することも可能である。

55　ふるさと融資の地方債利子の 75％は，地方交付税措置がなされるため，残り 25％分が分担の対象とされた。

きかはともかく，適法になしうると解される[57]。自治法252条の14以下の規定による「事務の委託」により，「委託事務に要する経費の支弁」（252条の15第3号参照）としてなす負担は，義務的なものである。

経費の負担区分法制との関係における地方公共団体間助成の制限　地方財政法は，国と地方公共団体間のみならず，都道府県と市町村との間の負担関係についても規律している（27条以下）。

都道府県の行なう土木その他の建設事業（高等学校の施設の建設事業を除く）でその区域内の市町村を利するものについては，都道府県は，当該建設事業による受益の限度において，当該市町村に対し，当該建設事業に要する経費の一部を負担させることができる（27条1項）。この負担は，受益団体負担として位置づけられている。問題は，「受益の限度」を数量的に測定することが難しいことである。この経費の負担を求める場合に，市町村が負担すべき金額は，当該市町村の意見を聞き，当該都道府県の議会の議決を経て定めなければならない（27条2項）。市町村の不服については，総務大臣に対する異議申出制度がある（27条3項以下）。

負担を求めることを禁止する規定も設けられている。都道府県は，国又は都道府県が実施し，国及び都道府県がその経費を負担する道路，河川，砂防及び海岸に係る土木施設についての大規模かつ広域にわたる事業で政令で定めるものに要する経費で都道府県が負担すべきものとされているものの全部又は一部を市町村に負担させてはならないとされている（27条の2）。市町

56　対象事業が一般病床も含む療養型病院の開設であること，支出目的が病院の建設資金をふるさと融資制度を利用して財政面で支援することであること，病院開設により救急医療体制の充実を望んでいた住民の意向が実現され高齢化社会にも対応できること，町の負担額が14年間で346万1,000円（年平均25万円弱）と比較的少額であること，支出について議会の議決を経ていること，支出の主な動機が，郡内に病院が皆無のため救急医療体制の整った総合病院の設置が強く望まれていたことにあったこと，が挙げられている。

57　ゴミ処理施設の建設をする地方公共団体が当該施設を利用する地方公共団体に経費負担に関する合意の履行を迫った場合について，那覇地裁平成15・1・21判決地方自治246号23頁，その控訴審・福岡高裁那覇支部平成15・9・18判例集未登載は，予算上の措置が講じられない限り合意は無効であるとした。実際には，合意された金額の一部を減額した補正予算の議決に基づき減額後の負担金は支払われている。

村に経費を負担させてはならない事業は，地方財政法施行令42条に列挙されている。

こうした規律を前提にして，地方財政法28条の2は，「地方公共団体は，法令の規定に基づき経費の負担区分が定められている事務について，他の地方公共団体に対し，当該事務の処理に要する経費の負担を転嫁し，その他地方公共団体の間における経費の負担区分をみだすようなことをしてはならない」と定めている。制度に基づく負担であっても資金助成の意味をもつことがあるが，制度によらない資金助成をなすことが，「経費の負担区分をみだす」ことになるかどうかが法的に問題となる。

この点に関する代表的事件が，ミニパトカー事件である。町が，県警にミニパトカーの寄附を申し入れたが拒否されたため，地区の交通安全協会に寄附し，同協会から県に寄附された場合について，宇都宮地裁平成5・10・21（判例地方自治121号26頁，行集45巻1・2号101頁〈参照〉）は，地方財政法28条の2の趣旨に反する違法な行為であるとし，控訴審の東京高裁平成平成6・1・31（行集45巻1・2号94頁）は，地方財政法28条の2について，それは，「地方公共団体相互間（特に都道府県と市町村間）の財政秩序に関する基本原則を宣明したものというべきであり，この規定により，法定された経費の負担区分を実質的にみだすようなことは，それが直接であれ，又は間接であれ，いかなる形式によるものであっても，禁止されていると解される」と述べ，「負担金等の支出がたとえ任意自発的に行われるものであっても，それが負担区分をみだす結果となる場合には，同法28条の2の規定により禁止されるものと解すべきである」とした。そして，警察の管理運営に要する経費は政令で定めるところにより国庫により支弁されるもの[58]を除き，都道府県が支弁するものとされているのであるから，町が県にミニパトカーを寄附することは法令で定められた地方公共団体間の経費の負担区分を乱す結果となることは明らかであり，地方財政法28条の2に違反するし，交通安全協会経由で県に寄附することも，法定された経費の負担区分を間接

58　警察用車両の購入に必要な経費は，警察法施行令2条6号により国庫が支弁するものとされている。

的に乱すことになるから違法であるとした。最高裁平成8・4・26（判例時報1566号33頁）も，地方財政法28条の2に違反するとし，ミニパトカーの購入及び購入代金の支出も違法であるとして，当時の町長に218万余円の賠償を命じた1審判決が確定した。ミニパトカーにより地域の安全確保が実際に高まっている場合に，経済的な「損害」があったとして，町長個人に賠償を命ずる処理が正義にかなったことなのか検討を要するように思われる。

　次に，村が，群馬県の「ぐんま昆虫の森整備事業」に対して公金を支出した場合に関する事件がある。前橋地裁平成16・2・27（判例集未登載）は，地方財政法27条1項に定める「土木その他の建設事業」に要する経費については，「同条2項による都道府県議会の議決を経て市町村が負担すべき金額が定められない限り，たとえ市町村の強い希望により，当該市町村がその事業に要する経費の一部を寄附金として納めようとする場合についても，その経費の負担者が市町村である限り禁止され，かかる禁止は，形式のいかんを問わず実質の負担に着目して判断すべきものと解するのが相当である」と述べた。具体の県立施設の整備事業について，自発的任意的な寄附金であっても村が実質的に負担することは地方財政法27条2項に違反する公金の支出であるとして，村長個人の損害賠償責任を認めた。

　しかし，控訴審の東京高裁平成17・2・9（判例集未登載）は，地方財政法28条の2の「経費の負担区分をみだすようなこと」に該当するかどうかの点から判断を進めた。同条は，法令の規定と異なる地方公共団体が経費を負担する結果となる行為をすべて一律に禁じるものではなく，「実質的にみて地方財政の健全性を害するおそれがないものは例外的に許容していると解するのが相当である」と述べた。そして，具体の事案に関しては，地方財政法9条（地方公共団体の自己負担原則を定める規定）以外の個別の法令により経費の負担区分が明示されている事務でないこと，村が自発的かつ任意に県に行なう寄附であること，もともと村が用地を取得して財産の交換譲与無償貸付等に関する条例に基づいて県に無償貸与する予定であったところ，売主の税負担の軽減のために県が直接取得する代わりに村が用地費の一部を支払うことになった経緯があること，昆虫観察館事業の内容に照らし同村が事業地として選択されたことが不合理である事情が見当たらず村が用地取得費を

負担することが事業の適正な遂行に悪影響を及ぼすおそれを具体的に想定しがたいこと，などを総合して，「本件公金支出は，地方財政法9条本文に定める経費の負担区分とは異なる経費負担ではあるものの，実質的に見て地方財政の健全性を害するおそれがなく」，地方財政法28条の2に違反しないというべきであるとした。この事件において，村の振興策としても昆虫観察館を誘致したいところであり，そのような村の寄附が禁止されることは，むしろ不合理というべきであろう。いずれにせよ，実質的に地方財政の健全性を害するかどうかの観点からの考察方法によるべきである，としている点が，この判決の特色である。

愛知県三好町が同町の40周年記念「水の感謝」事業として長野県三岳村に対して，自動車2台の寄贈をしたことの適否が争われたことがある（差し戻し前の1審及び2審は却下すべきものとしたが，最高裁は本案前の問題につき高裁に審理のやり直しを命じ，名古屋高裁平成16・2・24判例集未登載が本案審理をすべきものとして名古屋地裁に差し戻した。その後，地裁段階で和解が成立した模様である）。

[3] 国の補助金を財源とする都道府県の資金助成

国の視点からみた間接補助金　適正化法は，国の補助金等の交付について規律している法律である。同法は，「間接補助金等」及び「間接補助事業等」の用語を含んでいる。「間接補助金等」とは，「国以外の者が相当の反対給付を受けないで交付する給付金で，補助金等を直接又は間接にその財源の一部とし，かつ，当該補助金等を交付の目的に従って交付するもの」（2条4項1号）及び「利子補給又は利子の軽減を目的とする前号の給付金の交付を受ける者が，その交付の目的に従い，利子を軽減して融通する資金」（2号）である。この「国以外の者」が都道府県である場合の補助金等が大きなウェイトを占めている。そして，間接補助金等の交付又は融通の対象となる事務又は事業が，「間接補助事業等」と呼ばれる（2条5項）。間接補助事業等を行なう者（「間接補助事業者等」）として，区市町村が占める割合が大きい。

以上をまとめると，区市町村の事務又は事業（間接補助事業等）に対して，都道府県が国の補助金を直接又は間接にその財源とし，その補助金等の交付

の目的に従って資金を交付し又は融通する事業（補助事業等）が，日本の行政において大きな役割を果たしている。間接補助事業者等である区市町村にとって，国との関係は，都道府県を介在させた間接的なものであるにもかかわらず，適正化法は，間接補助事業者等と国との関係を特別に規律している。間接補助事業者等の一般論として確認しておこう。

第一に，間接補助事業者等も，補助事業者等と同じく，「補助金等が国民から徴収された税金その他の貴重な財源でまかなわれるものであることに留意し，法令の定及び補助金等の交付の目的又は間接補助金等の交付又は資金の融通の目的に従って誠実に」間接補助事業等を行なうよう努めなければならない（3条2項）。

第二に，間接補助事業者等は，「法令の定及び間接補助金等の交付又は融通の目的に従い，善良な管理者の注意をもって間接補助事業等を行わなければならず，いやしくも間接補助金等の他の用途への使用」をしてはならない（11条2項）。

第三に，間接補助事業者等にとって間接的な規律として，間接補助事業者等が，間接補助金等の他の用途への使用をし，その他間接補助事業等に関して法令に違反したときは，各省各庁の長は，補助事業者等に対し，当該間接補助金等に係る補助金等の交付の決定の全部又は一部を取り消すことができる，とされている（17条2項）。

区市町村・都道府県からみた問題点　区市町村において，国及び都道府県の双方の補助金の交付を受けて実施する事務・事業が少なくない。しかし，その仕組みによる問題点がないわけではない。

第一に，区市町村が補助金の交付を受けられるかどうかは，国及び都道府県の両方の財源が確保されて初めて可能となる。したがって，国の予算があっても，当該区市町村を包括する都道府県の予算が不足するときは，補助金の交付を受けて事務・事業を実施することができない。要するに，三つのレベルの政府の足並みが揃って初めて事業の実施が可能になる。

第二に，このような協力関係を確実にするために，この種の補助金交付は，当該事業に関する計画を前提にすることが多いが，それが補助金交付の行政に影響を与える。

たとえば，那覇地裁平成 15・6・6（判例集未登載）は，村が事業主体として実施する土地改良事業に関し，当初計画と異なる変更計画に係る事業を変更手続と知事の認可を経ずに実施しているという明白な違法があるにもかかわらず県が補助金を支出したことは，補助金に関する予算の執行の適正を確保すべき財務会計法規上の義務に違反する違法なものといわなければならないとした。

その理由は次のようなものである。

①市町村が土地改良事業を実施しようとする場合は，都道府県知事に事業認可の申請をなす際には，土地改良事業計画書に事業費に関する事項を記載し，事業費の細目及び資金計画を記載した書面を提出し，知事は，それらに基づき基本的要件であるすべての効用がすべての費用を償うこと，農家の費用に関する負担能力の妥当性等の基本的要件を審査するものとされている。

②土地改良事業の認可申請手続において，国及び県の負担割合（補助金）を前提とした資金計画は当該事業計画と密接な関係にあり，県の負担することとなる金額（補助金）は，事業費に対する補助率（負担割合）により決定されるため，事業費に変更をきたす事業計画の変更があれば，そのまま県の負担する金額に変更を生じさせることになる。

③県の「土地改良事業費等補助金交付規程」が，補助事業の内容や経費の配分に一定の変更をしようとする補助事業者は変更承認申請書を提出して事前に承認を受けるべきこと，時期に応じて事業遂行状況報告書や実績報告書等を提出すべきことを定め，また，県の補助金等の交付に関する規則が，補助事業者等の提出する報告等により交付決定の内容や条件に従って遂行されていないと認めるときは，これに従って遂行すべきことを命じることができるとされている。これらの規定の趣旨は，補助事業の内容の適正を確認し，その遂行状況及び実績を把握するなどして補助金に関する予算の執行の適正を確保しようとするものである。

④当該事業が土地改良法上定められた手続を履践しているか，認可に係る事業計画どおり遂行されているか等の事情は補助金交付という財務会計上の行為をなすに際して，当然検討されるべきことといわなければならない。

⑤補助金交付を行なう当該職員は，本件補助事業において，当初計画の内

容と異なる変更計画に係る事業がなされていること，その事業の実施に変更手続と知事の認可を経ていないという明白な違法が存することを容易に知りえたものであり，速やかに変更手続を先行させ知事の認可等を経たうえで補助金を支出すべきであって，それをすることに何ら支障はないものであった。

　裁判所は，以上の理由により県知事が知事個人に対して補助金支出に伴う損害賠償請求権の行使を怠っていることは違法である旨を確認し（住民訴訟3号請求），同時に知事個人に対して損害賠償を命ずる判決（住民訴訟旧4号請求）を下した。この判決は，国，県の補助により村が実施する土地改良事業について，計画変更の認可手続をとらせずに補助金交付をした場合に，県の分について知事個人の損害賠償責任を肯定したもので，全体の仕組みについての解決がなされているわけではない。事業主体が市町村の場合は，国の補助金は，間接補助事業として県を経由して交付されるというのであるから，計画変更の認可手続をとっていないことは国庫補助金との関係においても違法になるはずである。本質的な解決は，村に対して補助金返還請求権を行使することにある。この事件において，住民の選択とはいえ，本質的な解決ではなく知事個人に対する損害賠償請求権の問題にとどまったことが気になるところである。あるいは，村に対する補助金交付決定をしていない以上，補助金返還請求権は未だ成立しておらず（3号請求の棄却），しかも，村に対する4号不当利得返還請求も難しいという判断によるのかもしれない。

　なお，この事件の控訴審・福岡高裁那覇支部平成16・10・14（判例集未登載）は，事後に計画変更の認可がなされたので瑕疵が治癒されたとした。

［4］　国家間資金助成法

　国家間資金助成法　　日本政府が他国に対し資金助成を行なう場合の法律問題を「国家間資金助成法」として類型化することができる。その代表的なものが政府開発援助（ODA）である。その重要性を認識しつつも，特有の論点が多いことと，筆者の研究が進んでいないことにより，本書において扱うことは断念せざるをえない。

　財政法の視点よりみた注意点　　財政法の視点からみて，二つの点を指摘しておく必要があろう。第一に，政府開発援助の実施については，予め約定を

結んでおく必要があるという理由で国庫債務負担行為（財政法15条1項）が活用されているということである。第二に，会計検査院は，外国政府の主権を尊重しなければならないので，その検査権限を直接に外国政府に対して又は外国にて行使することはできないことである。したがって，会計検査院が外国で検査する場合も，在外公館における検査にとどまらざるを得ない。

2　国の地方公共団体に対する補助金・負担金

[1]　地方財政法の原則

地方公共団体自己負担原則　本章1において述べたように，地方財政法が国の地方公共団体に対する補助金・負担金について基本的な規律をしている。そして，その第9条は，地方公共団体の事務を行なうために要する経費については，当該地方公共団体が全額を負担する旨の自己負担原則を採用している。これは，地方公共団体が，その事務を行なうにあたり財源を他に依存してはならないとするものであって，自立的財政運営を求めて，かつ，他からの干渉を排除して自律性を確保する狙いをもっている。しかしながら，同法は，自己負担原則を貫徹しているわけではなく，例外的場合を列挙している。それは，補助金と負担金とに分かれる。

補助金は，国が「その施策を行うため特別の必要があると認めるとき又は地方公共団体の財政上特別の必要があると認めるときに限り」交付される資金助成で（16条），国の自発的なものである。「施策を行うため特別の必要がある」と認めて交付される補助金は，奨励的補助金と呼ばれ，「財政上特別の必要がある」と認めて交付される補助金は，財政援助補助金と呼ばれる。地方財政法が補助金についてこのような限定を加えているのは，地方公共団体の活動に対する国の不当な干渉を招かないようにし，かつ，地方公共団体が他力本願的な財政運営を行なわないようにするというもので[59]，前述した地方公共団体の事務に関する自己負担原則の現れである。

負担金は，共同責任の観点からの，いわば割り勘的な資金助成であると位

59　石原＝二橋・地方財政法逐条172頁。

置づけられている[60]。そして，経費の種目，算定基準及び国と地方公共団体とが負担すべき割合は法律又は政令で定めなければならないとされている（11条）。なお，個別の法律により，一定の地域について負担率（又は補助率）を引き上げる特例措置（かさ上げ）が講じられていることが多い。

　負担金については，次のような場合が掲げられている。

　法令に基づく事務で国・地方の相互の利害に関係のあるものに要する経費　第一は，地方公共団体が法令に基づいて実施しなければならない事務であって，国と地方公共団体相互の利害に関係がある事務のうち，その円滑な運営を期するためには，なお，国が進んで経費を負担する必要があるものに係る経費の負担である（10条）。「国が進んで経費を負担する」という文言が気になるところであって，むしろ当然に一定割合までは負担しなければならない性質の事務の経費が含まれている。義務教育職員の給与に要する経費，義務教育諸学校の建物の建築に要する経費，生活保護に要する経費，介護保険の介護給付等の経費，児童手当に要する経費，児童扶養手当に要する経費などが列挙されている。地方行政関係者は，「当該事務が実施後日が浅いため，未だ地方公共団体の事務として同化するに至っていない等の事由により，その円滑な運営を期するためには，なお，国が進んで経費を負担する必要がある」という趣旨によるものであるから，「当該事務が歳月の経過によって，もはや地方公共団体の事務に十分同化されたものと認められた場合においては，財源の付与とともに，その経費を全額地方公共団体の負担とすることに切り換えることを検討する必要がある」とし，これを「一般財源化」と呼んでいる[61]。この見解は，10条事務に関する国庫負担を過渡的なものとみるものである。時の経過とともに，全国的に実施すべき事務としての必要性が乏しくなり，地方公共団体の任意的事務と位置づけられることもありうるのであるから，その意味における見直しは当然に必要である。しかし，10条に列挙されている限りにおいて，それを過渡的なものとみることには賛成できない。必要性が乏しくなった場合には削除すべきであろう。

　60　石原＝二橋・地方財政法逐条123頁。
　61　石原＝二橋・地方財政法逐条125頁。

この場合の国の負担は,「その経費の全部又は一部」とされている。

総合的計画に従って実施しなければならない建設事業に要する経費　第二は,地方公共団体が国民経済に適合するように総合的に樹立された計画に従って実施しなければならない法律又は政令で定める土木その他の建設事業に要する経費の負担である（10条の2）。「道路,河川,砂防,海岸,港湾等に係る重要な土木施設の新設及び改良に要する経費」,「重要な都市計画事業に要する経費」,「公営住宅の建設に要する経費」,「児童福祉施設その他社会福祉施設の建設に要する経費」などが列挙されている。この場合の国の負担も「その経費の全部又は一部」とされている。

災害に係る事務に要する経費　第三は,地方公共団体が実施しなければならない法律又は政令で定める災害に係る事務で地方税法又は地方交付税法によってはその財政需要に適合した財源を得ることが困難なものを行なうために要する経費の負担である。災害救助に要する経費,災害弔慰金及び災害障害見舞金に要する経費,「道路,河川,砂防,海岸,港湾等に係る土木施設の災害復旧事業に要する経費」,学校の災害復旧に要する経費などが掲げられている。この場合の国の負担は,「その経費の一部」とされている。そして,公共土木施設災害復旧事業費国庫負担法及び公立学校施設災害復旧費国庫負担法が制定されている。また,「激甚災害に対処するための特別財政援助等に関する法律」が,災害復旧事業が激甚災害に係るものである場合に,交付金を交付する等の措置を講じている（3条）。

国家賠償法3条による費用負担者の立場　国家賠償法3条は,いわゆる費用負担者の損害賠償責任を定めている。この規定により,地方公共団体が設置・管理する公の営造物につき設置・管理の瑕疵があったことにより私人の被った損害について,国庫補助金を交付する国が損害賠償責任を負う場合がある。ただし,無制限に肯定されるわけではない。最高裁昭和50・11・28（民集29巻10号1754頁）は,①法律上負担義務を負う者と「同等もしくはこれに近い設置費用を負担し」,②「実質的にはこの者と当該営造物による事業を共同して執行していると認められる者」であって,③「当該営造物の瑕疵による危険を効果的に防止しうる者」も含まれるとして,国立公園内において地方公共団体が設置・管理する周回路における事故について国の賠

償責任を肯定した。この判決及び最高裁平成元・10・26（民集43巻9号999頁）を基礎にして，学説が展開されているが[62]，行政法学に委ねることにして，ここではこれ以上立ち入らない。

[2] 地方分権改革

地方分権改革のなかの国庫補助負担金　地方財政法の基本的仕組みは，それほど改正を受けていないが，地方分権改革の動きにおいて，国庫補助負担金について実質的にみて大きな改革が進行しつつある。その内容は，以下に述べるとおりであるが，同時期に国は市町村合併を強力に推進しようとして，地方交付税措置を含め，なりふりかまわない資金助成をしているようにも見える。市町村合併支援本部の旧「市町村合併支援プラン（改訂版）」及び「新市町村合併支援プラン」により，市町村建設計画に基づく事業についての市町村合併体制整備費補助金が交付されている。

国庫補助負担金の縮減　第一は，国庫補助負担金の縮減である。これは，従来から繰り返し叫ばれてきた「補助金の整理合理化」であって，地方公共団体自己負担原則に立ち戻ることの要請であるといってもよい。ただし，単に自己負担原則のみならず，政府部門の行なう事務の内容は，その性質に応じて，なるべく狭域の政府が住民の意向を吸収して決める方が，実需に基づく優先度に対応した決定を可能にするという点が重要である（政策決定における狭域政府の優先）。国庫補助負担金は，地方公共団体にとって特定財源であって，全体としてみると実需の観点からの優先度の低いものを受け入れざるを得ないこともあって，結果として，より優先すべき実需のある事務の執行を断念することにもなる。国庫補助負担金の縮減は，政府の『地方分権推進計画』（平成10年5月）において，「国庫補助負担金の整理合理化」として掲げられ[63]，その実現過程にある。国庫補助負担金の縮減は，地方分権を推進するためのスローガンである「三位一体改革」[64]における税源の移譲とも深い関係がある。自主的な財源を拡充する代わりに，国庫補助負担金は縮減せざるを得ないというのである。総論的に，このような動きは当然のことの

62　さしあたり，宇賀克也『国家補償法』（有斐閣，平成9年）334頁以下を参照。

ように見える。しかしながら、事務の性質によっては、国の負担を維持すべきものがあるのであって、単純な縮減を強行することは、長期的に見て大きな禍根を残すと思われる。しかも、国庫補助負担金と並んで地方交付税交付金も縮減して、地方公共団体の自己責任を強めるなかでの縮減であることに注意する必要がある。

個別補助金方式の改善　第二に、『地方分権推進計画』は、存続させる国庫補助負担金についても、その運用・関与の改革を掲げて、具体的には「統合・メニュー化」、「交付金化」、「運用の弾力化」、「補助対象資産の有効活用, 転用」を進めることとした。

「統合・メニュー化」及び「交付金化」は、地方公共団体の自主性の尊重、事務の簡素化等の観点からの個別補助金方式の問題を克服するための方策である[65]。個別補助金方式には、次のような問題を伴いやすい。

第一に、優先度の低い施策への投入である。補助金は、国又は地方公共団体の政策を示す格好の方法である。それぞれの組織の存在を示すためにも、個別補助金の活用が促進されてきた。そして、いったん採用された個別補助金について、組織存続のためもあって、当該組織自体が見直すことは少ない。地方公共団体に対する国庫補助金の場合は、地方公共団体にとって、補助金は、ない場合に比べて獲得した方がプラスであり、獲得していること自体が住民に対する長等の努力の成果であるという宣伝効果もある。その結果、個別地方公共団体にとって優先度の低い施策のためであっても、国庫補助金を獲得し、地方公共団体の自己負担も行なわれることになる。

63　総理府編『地方分権推進計画』(大蔵省印刷局, 平成10年) 25頁以下。この計画の分析については、神野直彦編『分権型税財政制度を創る』(ぎょうせい, 平成12年) 97頁以下 (執筆＝林崎理) を参照。この後に発表された地方分権推進委員会の第2次勧告 (平成9年) を前提にした分析として、碓井光明「地方分権推進の動きと補助金適正化法」地方財政37巻7号4頁 (平成10年)、神野直彦編・前掲書2頁以下 (執筆＝神野直彦)。

64　三位一体改革における国庫補助負担金改革の動向については、さしあたり、菊池善信＝門前浩司「3兆円税源移譲のための国庫補助負担金改革について」地方財政44巻12号34頁 (平成17年) を参照。

65　総理府編『地方分権推進計画』36頁。

こうした事情により，完全に無駄といえないにしても，優先度の低い施策のために公的資金が投入される結果になる。

第二に，細部にわたる統制である。個別補助金は，交付行政庁による統制が細部にまで及ぶのが普通であった。その統制には，もちろん補助金の適正な執行のためのものが多いが，他面において，必要以上に細部にわたり拘束し，かえって補助金の有効な活用を阻害することもあった。そして，この統制は，いわゆる「縦割り行政」により，地方公共団体が，当該地方公共団体の総合行政としてのまとまりを発揮するよりも，それぞれの部門の担当者が国の省庁の担当者の方を向いて行政を行なう傾向を生じさせていた。地方公共団体は，国の省庁による補助金統制を通じて，まとまりのない施策の実施に追い込まれていた面もあったのである[66]。

以上のような問題を解決するために，地方分権推進計画に基づいて，補助金の統合化，メニュー化，交付金化が進められている。

運用の弾力化・資産の有効活用・転用　　『地方分権推進計画』は，第三に，「運用の弾力化」を主張した。「運用の弾力化」の内容は，補助金等の交付を受けて建設する施設の合築，すなわち複合施設を容認することである[67]。また，「補助対象資産の有効活用，転用」を主張した。それは，社会経済情勢等の変化により，補助対象資産である施設に係る行政需要が変化したような場合に，一定期間経過後に住民のニーズに応じて他の公共施設・公用施設への転用を可能にすることである。具体的には，転用を承認する要件・条件について，補助目的の達成，当該補助対象資産の適正な使用のために必要最小

66　地方六団体の「国庫補助負担金制度に関する共同調査の結果について」（平成17・4・28）は，地域でバリアフリー化に取り組むに当たり，施設整備を中心とした厚生労働省の「バリアフリーのまちづくり活動事業」（身体障害者等福祉対策事業費補助金）と，市街地整備を中心とする国土交通省の「人にやさしいまちづくり事業」（市街地再開発事業費補助）とが存在して，事業が縦割りで，必ずしも一体的な採択とならないばかりか，事務が別個に発生し事業間で補助金の充当ができない等により，地域の実情を反映した一体的な整備の障害となっていると指摘している。これは，地域再生法による「地域基盤強化交付金」のような手法によって，ある程度解決できるであろう。

67　総理府編『地方分権推進計画』38頁。

限のものにし，適正化法施行令14条に基づく処分制限期間を見直し，補助金等交付の目的，補助対象資産の種類に応じ，一定期間経過後において地方公共団体が他の公共施設・公用施設へ転用しようとする場合は個別承認に代えて届出制にするよう，省庁において具体的な運用の指針（基準）を定めることを主張した[68]。

こうした方針に基づいて，省庁が運用の改善に努めてきた。そのなかには，空き教室の有効利用や保育所施設と幼稚園施設との間の転用緩和[69]などがある。そして，地域再生法は，認定地域再生計画に基づき，地域における福祉，文化その他の地域再生に資する事業活動の基盤を充実するため，補助金等交付財産（補助対象財産）を，その交付の目的以外の目的に使用し，譲渡し，交換し，貸し付け，又は担保に供することにより行なう事業を実施する場合は，その認定を受けたことをもって，適正化法22条に規定する承認を受けたものとみなすこととしている（14条）。これは，社会経済情勢の変化等に伴い需要の著しく減少している補助対象財産の転用を弾力的に認めるとともに[70]，手続の簡素合理化を狙ったものであり，この場合には，補助金相当額の国庫納付を原則として求めず[71]，また，転用後の主体も問わないこととし

---

[68] 総理府編『地方分権推進計画』41‐42頁。

[69] たとえば，保育所から幼稚園への転用（財産処分）について，保育所と幼稚園との連携を推進するという考え方にたって，保育所児の処遇が低下しないこと，地域の子育て環境が向上することを要件に認める方針が示されている（「児童福祉施設（保育所）の財産処分の取扱いについて」（平成15・11・28））。

[70] 公共施設の転用に伴う地方債の繰上償還の免除措置も講じられる。すなわち，「地方公共団体が実現しようとしている地域経済の活性化と地域雇用の創造に向けた目標のため，必要不可欠となる公共施設の転用をするものとして，地方公共団体が地域再生計画を策定し，同計画が総務大臣の同意を得て，内閣総理大臣の認定を受けた場合には，同計画に記載されている公共施設の転用については，地方債の繰上償還を不要」とする扱いがなされる（内閣府地域再生事業推進室「地域再生計画認定申請マニュアル（各論）」（平成18年3月）85頁）。地方債の繰上償還の根拠規定は，「財政融資資金の管理及び運用の手続に関する規則」44条1項，「公営企業金融公庫貸付規程」29条等である。

[71] ただし，有償の譲渡・貸付け，公共施設以外への転用，補助対象外公共施設への転用の場合は国庫納付を求めることができる等の条件を付することができるとされている（内閣府地域再生事業推進室・前掲注70，15‐16頁）。

ている[72]。なお，補助対象財産の転用手続の一元化・迅速化に関しては，各省の転用の弾力化などの支援措置がマニュアルに収録されており[73]，そこには支援措置の要件がおかれている。したがって，地域再生計画の認定に当たっては，それらの要件の充足が確認されることになる（詳しくは，後述[3]）。

[3] 国庫補助金の交付金化の検討

交付金化の意味　補助金の統合化，メニュー化，交付金化と呼ばれる傾向のうち，「交付金化」については，個別具体の事業箇所，方法等を特定せず，対象人員等の客観的基準により交付する「総括的な助成方式」などにより，地方公共団体の自主性が高められる方向で交付金化を推進することがうたわれている。「交付金」の明確な定義がなされているわけではないが，「特定の目的をもちつつ客観的基準あるいは指標に基づき交付し，地方公共団体の裁量的な事業実施を認めるような国庫補助負担金」[74]を指しているようである。

都市再生特別措置法に基づく措置　都市再生特別措置法（平成14年法律第22号）47条2項は，同法46条の規定による都市再生整備計画に基づく事業等の実施に要する経費に充てるために，公共公益施設の整備の状況その他の事項を基礎として省令の定めるところにより予算の範囲内で交付金を交付するとしている。この交付金は，「まちづくり交付金」の名称で，事業費に対して概ね4割の助成がなされている。実際には，同法施行規則16条により交付金の算定式が用意されている。都市再生整備計画に定める事業は，公共公益施設の整備，市街地再開発，防災街区整備，土地区画整理，住宅施設の整備，及びその他省令で定める事業（同法施行規則9条により，大都市地域における住宅及び住宅地の供給の促進に関する特別措置法による住宅街区整備事業その他国土交通大臣の定める事業とされている）である（46条2項3号）。一定

72　内閣府地域再生事業推進室「地域再生計画認定申請マニュアル（総論）」（平成17年4月）12頁。

73　内閣府地域再生事業推進室・前掲注70，17頁以下。

74　神野直彦編・前掲注63，134頁（執筆＝林崎理）。

の範囲内では市町村の提案に基づく事業や各種調査・社会実験等のソフト事業も対象になるようである。計画期間の終了時に市町村は目標の達成状況等に関する事後評価を求められ，その結果等についてチェックし公表することとされている。この交付金は，地方の自主性を高めてオーダーメイド型の計画を支援する制度であって（前述のように市町村の提案によるまちづくりも支援），交付金は，計画に位置づけられた施設にどのように充てても自由であるとされる[75]。

地域基盤強化交付金 　地域再生法（平成17年法律第24号）は，国の補助金についても，新しい手法を定めている[76]。同法は，地域再生方針に基づいて地方公共団体が地域再生計画を作成して，内閣総理大臣の認定を受けることにより，「地域基盤強化交付金」の交付を受ける途を開いている。すなわち，「地域における交通の円滑化及び産業の振興を図るために行われる道路，農道又は林道の二以上を総合的に整備する事業」，「地域の人々の生活環境を改善するために行われる下水道，集落排水施設又は浄化槽の二以上を総合的に整備する事業」又は「地域における海上輸送及び水産業を通じて地域経済の振興を図るために行われる港湾施設及び漁港施設を総合的に整備する事業」に要する経費に充てるため予算の範囲内で交付金を交付することができる（13条1項，5条3項2号），としている。これらの事業に応じて，交付金は，「道整備交付金」（市町村道，広域農道又は林道の整備に充てる交付金），「汚水処理施設整備交付金」（公共下水道，集落排水施設（農業集落排水施設及び漁業集落排水施設に限る）又は浄化槽の整備に充てる交付金），「港湾整備交付金」（地方港湾の港湾施設又は第一種漁港の港湾施設）に分かれている（13条2項，同法施行令3条1項）。この交付金の特色は，交付金の種類ごとに，それぞれの交付金の対象施設の2以上（港湾整備交付金にあっては港湾施設及び漁港施設）を総合的に整備する場合に限られることである（施行令3条2項）。総合的な複合整備の場合に限り交付対象にする趣旨である。

　この交付金は，次のような特色をもつとされる。第一に，地域再生計画の

75　国土交通省「まちづくり交付金の創設について」（平成16年）による。
76　以下の説明は，大前孝太郎「新たな手法による地域づくりへの期待」ESP 405号 21頁（平成18年）による。

認定により地方公共団体の裁量により既存の計画にとらわれない自由な施設配置が可能となる。第二に，国の窓口手続は内閣府に一本化され，地方公共団体が省庁をまたがって個々の施設ごとに調整する必要がなくなる[77]。第三に，一定の範囲の施設間における資金の融通，事業の進捗に応じた年度間の融通が可能とされる。第四に，補助金等交付財産を活用して当初の補助金等の交付の目的以外に活用する事業（たとえば，廃校となった小学校校舎を活用して多機能福祉施設の整備運営をする事業）を行なう場合には，計画の認定を受けたことをもって適正化法22条に規定する各省各庁の長の承認を受けたものとみなすことにより，補助金等交付財産の処分制限が解除される（法14条）。

　以上のような地域基盤強化交付金をどのように評価できるであろうか。

　第一に，特色として挙げられていることは，それぞれに積極的に評価することができる。しかしながら，各省との関係が無関係なわけではない。たとえば，汚水処理施設整備交付金についていえば，公共下水道にあっては下水道法4条に定める事業計画の認可を受けておくこと，農業集落排水施設にあっては，「農業集落排水資源循環統合補助事業実施要綱」及び同要綱の運用に定める手続を了していること，浄化槽にあっては「浄化槽整備事業費国庫補助金交付要綱」に定める要件を満たしていることが必要とされている[78]。これらの手続を踏み，あるいは要件の充足の確認において，各省との折衝の場面がないとはいえない。

　第二に，この交付金が地域再生計画に基づいていることと関係して，計画

77　ただし，予算において内閣府に一括計上されている交付金予算額は，配分計画に基づいて交付担当大臣の所管する関係行政機関に移し替えられる。予算の移替えは，予算総則に基づく措置である（平成18年度一般会計予算の予算総則13条）。そして，交付金の交付事務自体は交付担当大臣が行なう。もっとも，交付申請は，関係する省のうちの一つの省の出先機関で受け付けることができることとして，窓口一本化（ワンストップ化）が図られているようである。汚水処理施設整備交付金の場合の手続について，国土交通省都市・地域整備局下水道部下水道事業課監修・下水道実務研究会編『下水道事業の手引（平成18年版）』（全国建設研修センター，平成18年）321頁以下を参照。

78　内閣府地域再生事業推進室・前掲注70，10頁。

の策定が重要なことである。場合によっては，コンサルタント事業者に協力を求めざるを得ないかもしれない。地方公共団体は，そのコストを覚悟する必要がある。

　第三に，この計画策定に関連して，計画の作成に当たっては民間事業者のニーズを十分に把握することも求められている。また，地域再生に資する施策の改善について民間事業者が国（内閣官房地域再生推進室）に直接提案することもできるとされている。このような仕組みは，民間事業者が政治家を通じて地方公共団体や国に働きかける必要がないというメリットを有するものの，民間事業者の意向を深く反映した地域再生計画ができ，交付金を含む支援措置もその中に位置づけられる可能性があるともいえる。要するに，「地域が主役」のキャッチフレーズが，「有力な民間事業者が主役」に転嫁しないという保証はどこにもないのである。「地域が主役」，ことに地域住民の真のニーズに沿った再生を実現することが，この制度の最大の課題であろう。そのためには，住民がばら色の制度として傍観することなく，内容にわたり吟味する姿勢が強く望まれる。また，国における担当部門が，この制度の自画自賛に陥る危険性も内在させていることに注意する必要がある。

　地域住宅交付金　「地域における多様な需要に応じた公的賃貸住宅等の整備等に関する特別措置法」（平成17年法律第79号）7条に基づく地域住宅交付金も，地域住宅計画に基づく事業等の実施に要する経費に充てるための交付金である。計画に基づく公的賃貸住宅等の整備，これに関連する公共施設等の整備に関する事業，地方公共団体の提案に基づく地域の住宅政策の実施に必要な事業等が対象で，交付金の算定式は同法施行規則5条に規定されており，対象事業費の概ね45％である[79]。

　循環型社会形成推進交付金　循環型社会形成推進基本法（平成12年法律第

---

[79] 従来の公営住宅建設費等補助金については，地方六団体により，PFIをはじめとする民間活用や土地利用の様々な形態（定期借地権など）による方式などコスト縮減に向けた新たな方式が導入されているのに，国への申請が直接建設方式を主眼としているために，新たな方式を採用する場合に，通常の手続に加え，膨大な申請資料が必要になるなどのため，弾力的な事業展開が妨げれていると指摘されている（「国庫補助負担金制度に関する共同調査の結果について」（平成17・4・28））。

110号）26条は，地方公共団体が循環型社会の形成に関する施策を策定し，及び実施するための費用について，必要な財政上の措置その他の措置を講ずるよう努めることを国に求めている。これを受けて，平成17年度から，循環型社会形成推進交付金が交付されている。廃棄物の3R（reduce, reuse, recycle）を総合的に推進するため，市町村の自主性と創意工夫を活かしながら広域的かつ総合的に廃棄物処理・リサイクル施設の整備を推進することを支援するための交付金である。循環型社会形成推進地域計画（計画期間は概ね5箇年）に基づいて，循環型社会の形成を進めるための施設（マテリアルリサイクル推進施設，エネルギー回収推進施設，有機性廃棄物リサイクル推進施設，最終処分場，浄化槽，施設整備に関する計画支援事業等）を広く対象として交付される。交付金は，地域計画に位置づけられた施設にどのように充てても自由である。事業間及び年度間の融通が可能とされる。地域計画に定められた戦略的な目標の達成状況を事後的に評価し公表することとされている。原則として対象事業費の3分の1を市町村に一括交付する。平成18年度には，細分化されていた対象施設を基本的にマテリアルリサイクル推進施設，エネルギー回収推進施設及び有機性廃棄物リサイクル推進施設の三つに「統合」することとされた。「統合」といっても，移譲対象部分を削ったものと理解した方がよさそうである。

各省庁の統合交付金　　各省庁も，統合交付金を採用しつつある。

農林水産省には，「食の安全・安心確保交付金」，「強い農業づくり交付金」，「元気な地域づくり交付金」，「バイオマスの環づくり交付金」，「森林づくり交付金」，「強い林業・木材産業づくり交付金」，「強い水産業づくり交付金」が設けられている[80]。それぞれの交付金について，実施要綱，実施要領，交付要綱等が定められている。平成18年度には，「里山エリア再生交付

80　農林水産省統合交付金要綱要領集編集委員会編『農林水産省統合交付金要綱要領集』（大成出版社，平成17年）による。ただし，これに限られているわけではない。「むらづくり計画」に基づき農業生産基盤と併せて農山漁村の生活環境の総合的な整備を実施する「むらづくり交付金」事業，漁村再生計画に基づき水産業の生産基盤，生活環境施設の整備に加え，地域の提案する市町村創造型整備も行なえる「漁村再生交付金」もある。

金」[81]も新規にスタートした。

　「元気な地域づくり交付金」を見てみよう。この交付金は，農山漁村の活性化に向けた取組みとして，地域産業の核となる農林水産業の振興を柱とし，農地・用水，人材，自然環境，景観，文化，歴史などの多様で豊富な地域資源を創意と工夫により有効に活用する「元気な地域づくり」を推進することを目的とする交付金である。実施要綱によれば，交付対象は，農村の振興，グリーンツーリズム，都市農業の振興，農業生産の基盤の整備，中山間地域等の振興であって，それぞれの目標，メニュー，実施主体，要件，交付率は，実施基準において詳細に定められている。実施基準に定めるメニュー以外であっても，実施基準に掲げる目的・目標の達成に真に必要な施策を「地域提案メニュー」と呼んで，農林水産省農村振興局長が別に定める規定[82]に基づき実施できるものとしている。

　交付金を受けるには，市区町村長等が作成し都道府県知事が審査した「元気な地域づくり計画」と，「元気な地域づくり計画」の内容等を踏まえて都道府県知事が作成した「都道府県実施計画」を地方農政局長等に提出し協議することとされている。この協議を踏まえて都道府県知事は市区町村長等が作成した「元気な地域づくり計画」の承認を行なう。実施要領によれば「元気な地域づくり計画」の期間の設定は，3年間から5年間までの範囲内とされ，計画には，目標，目標設定の考え方，目標を定量化する指標（数値目標），取組方針，施策内容，計画に対する住民意見の配慮状況，その他必要

81　花粉発生対策，竹侵入対策，耕作放棄地・野生鳥獣害対策等里山エリアが抱える課題に対応するため「里山エリア再生計画」に基づいて実施される事業の費用に充てられる交付金で，居住地森林環境整備（居住地周辺の森林整備，鳥獣害防止施設等設備，防竹帯整備等）及び居住環境基盤整備（用排水施設整備，集落内防災安全施設整備等）と並んで，地方公共団体の提案する地域の創造力を活かした整備も対象となる。

82　地域提案メニューは，実施基準に掲げられた目標その他地域が独自に設定する目標の達成に真に必要な施策として都道府県知事が認めたものについて実施することとされ，指標との関連，必要性，施策内容等を地方農政局長と協議することとされている。しかも，それは，実施基準に掲げるメニューと一体的に実施することが求められる。また，地域提案メニューに係る交付限度額は，当該年度における都道府県内の新規承認計画に係る交付限度額の合計の2割を上限として都道府県知事が算定することとされている。以上，実施要領による。

な事項を定めるものとされている。

「元気な地域づくり計画」の審査基準は，実施要領によれば，次のように定められている。①地域の創意工夫による地域づくりのための目標及びそれを定量的に評価するための具体的な数値目標である指標が，適切に設定されていること。②元気な地域づくり計画に記載された施策の総合的な実施が，目標及び指標の達成に資すると認められること。③計画の内容が農業振興地域の整備に関する法律8条に規定されている農業振興地域整備計画その他の関連計画と整合が図られていること。④計画の内容が，非受益者を含む地域内住民の意見に配慮したものであること。⑤実施基準に定める施策ごとの要件を満たしていること。

交付金は，この承認された「元気な地域づくり計画」に基づく施策の実施に要する経費（推進活動等ソフト施策の実施に要する経費，施設整備等ハード施策の実施に要する経費）に充てるため，都道府県知事に対し，毎年度，予算の範囲内で交付される。交付金の交付を受けた都道府県知事は，計画主体である市区町村長等に交付金を配分するにあたって，交付金の趣旨にのっとり，市区町村等の自主性を活かした元気な地域づくりを推進するための施策の展開を尊重するよう努めることが求められる。

実施後には，計画主体である市区町村等の完了報告は都道府県知事が取りまとめて，また計画主体である都道府県の完了報告は都道府県知事が，それぞれ地方農政局長に報告するものとされている。

さらに，計画が終了する年度の翌年度当初に，施策の事後評価が実施される。この事後評価の結果，目標及び指標が達成されていないことが明らかとなった場合における手続が注目される。計画主体が市区町村等に係る場合は，市区町村長等は改善計画を作成して都道府県知事に提出するものとされ，その提出を受けた都道府県知事は，その内容について審査し，所見を付して地方農政局長に提出するとともに，当該市区町村長等に対して目標の達成に向けた指導，助言その他必要な措置を講ずるものとされている。計画主体が都道府県である場合の改善計画は，地方農政局長に提出される。いずれの場合も，報告を受けた地方農政局長は，特に目標達成が見込まれない計画主体に対して重点的な指導，助言等を行なうものとされる。そして，評価結果は公

表される。

　厚生労働省も，まず，既存の生活保護費補助金，在宅福祉事業費補助金のうち地域福祉推進等事業費及び地方改善事業費補助金のうちホームレス対策事業費を統合し要援護者に対する支援サービスを総合的，一体的に実施できるよう「セーフティネット支援対策等補助金」を平成17年度に創設した。厚生労働省は，この補助金について，要援護者向けの補助金を統合・再編することにより，地域の実情に応じて，被保護者や低所得者等に対する必要な事業を自由に組み合わせ，要援護者全般に一貫した施策を推進できることとなるとともに，事業を大括り化することにより，対象事業内での弾力的な運用が可能となるとし，交付要綱が一本化されることにより，事務手続の簡素化も図られるとしている。

　さらに，社会福祉施設整備費関係の補助金の交付金化を図った。

　一つは，地域介護・福祉空間整備等交付金である。これは，従来の高齢者関連施設整備費補助金等を再編して，地域再生推進の観点から，すべての国民が住み慣れた地域で暮らし続けることができるような介護・福祉基盤を整備していくため，地方公共団体の創意工夫を尊重した地域における面的整備に対する支援を行なう交付金である。「地域における公的介護施設等の計画的な整備等の促進に関する法律」（平成元年法律第64号）5条が定める市町村整備事業計画に基づく事業等の実施に要する経費に充てるための交付金として位置づけられる。

　もう一つは，次世代育成支援対策施設整備交付金（ハード交付金）である。これは，従来の児童関連施設補助金等を再編して，地域の自主性・創意工夫を活かしながら支援するため，待機児童解消や児童養護施設などの小規模ケア化に資するような施設整備等を重点的に支援する交付金である。次世代育成支援対策推進法（平成15年法律第120号）に沿った支援措置として位置づけられている（第7章2［2］）。

　環境省は，平成17年度から自然環境整備交付金を導入した。その仕組みは，都道府県が市町村と調整のうえ，地域の自然環境の特性を踏まえた成果目標，目標を実現するために必要な事業等を記載した自然環境整備計画を作成し，その計画が国定公園計画等の上位計画に適合している場合に国が当該

自然環境整備計画に基づき実施される事業の費用に充てるために交付金を交付するものである。地域の特性を活かした自然とのふれあいの場の整備や自然環境の保全・再生を実施し，全国の国定公園等の整備を効果的に推進することにより，自然と共生する社会の実現を図ることを目的として，国定公園整備，国指定鳥獣保護区における自然再生事業及び長距離自然歩道に係る幅広い施設を交付対象としている。この交付金についても，計画期間の終了時に都道府県に目標の達成状況等に関する事後評価を求めて，その結果等についてチェックし公表することとしている。

交付金手法の検討 以上の仕組みにおいて，計画，交付金の交付，事後評価という手法に特色のあることがわかる。それは，地方公共団体の自主性を尊重しつつ，交付金交付施策の実効性を確保しようとする手続ではあるが，行政的にみて次のような問題があるように思われる。

第一に，個別補助金の細切れ手続から解放される代わりに，計画，事後評価等に膨大なエネルギーを注がざるをえないことである[83]。「元気な地域づくり交付金」の計画に定める「目標を定量化する指標」は，必須指標（農山漁村の活性化に向けた指標で所定のもののうち1以上）と地域が任意で定める地域設定指標とからなっている。必須指標の設定も容易ではない。異動の多い職員が担当するには荷の重い仕事であって，地方公共団体としては，交付金担当の専門家を置くか，コンサルタントの協力を求める必要があるかもしれない。よく言われる「作文」の作業が膨大になるおそれもある。そしてコンサルタント等に対する報酬も相当な金額を要する場合がある。

第二に，計画主体は，交付金の交付を受けるには，魅力のある，したがって，ある程度高い水準の計画を掲げざるを得ない反面において，その達成が困難になりやすいことである。すなわち，計画と実績との乖離を生じやすい。

---

83 このことと直接重なり合う指摘とは限らないが，地方六団体の「国庫補助負担金制度に関する共同調査の結果について」（平成17・4・28）は，「まちづくり交付金」について，「予算要望時等に数回にわたり膨大な資料を求められ，国・地方双方にこれらに要する人員や経費の無駄を生じさせている。また，国から各種調査資料作成依頼が非常に多く，提出までの期間も短いことからこれに要する事務も煩雑となっている」と指摘している。

事後評価の公表もあいまって，事後評価に際して，交付を受けた主体自ら実施する場合も，他の主体に事後評価を求める場合も，虚偽の数値を示すなどの病理的現象が生じやすいともいえる。

　第三に，多岐にわたる交付金が存在するために，ある事業をどのような交付金の対象として選択するかという問題があるうえ，計画の濫立現象が生ずるであろう。弾力的であるだけに，ある施設が複数の計画に同時に位置づけることも可能になり，そこから新たな問題が生ずるかもしれない。

　第四に，都道府県知事が，法律に直接の根拠を置かない国の交付金実施要綱等を通じて，単なる経由事務とはいえない膨大な事務処理を背負い込んでいることである。国と区市町村等との関係が都道府県による間接補助金交付を通じた関係とみることもできるが，都道府県による「配分」という表現には，区市町村が国の直接補助金の交付を受けているようにもみえる。そうであるとするならば，交付金実施要綱による都道府県の事務の義務づけといっても過言ではない。

　さらに，法的な問題も生じる可能性がある。

　第一に，地方公共団体の作成した計画について国の機関が「承認」する仕組みを，要綱等によって設けることができるのかどうかである。交付金が，私人間の贈与であるならば，贈与契約に至る過程において計画の承認手続を入れることは，申込みに対する承諾の前提要件を事前に示したものと理解することができよう。しかし，公的資金助成の分野において，法令に特別の定めがない場合にも同様に考えられるのか，検討の余地があると思われる。

　この点に関して，自治法における国の「関与」に該当するかどうかも問題になる。もしも「関与」に該当することになれば，「法律又はこれに基づく政令によるのでなければ」「関与を受け，又は要することとされることはない」（245条の2）からである。自治法245条は，「関与」の定義にあたり，「普通地方公共団体がその固有の資格において当該行為の名あて人となるものに限り，国又は都道府県の普通地方公共団体に対する支出金の交付及び返還に係るものを除く」としている。一般に市町村に「○○計画」を作成して国の機関の承認を要する場合の「承認」は，地方公共団体の固有の資格において名あて人にしていると解することには，ほぼ異論がないであろう。しか

し，交付金交付の前提手続である計画の承認は「普通地方公共団体に対する支出金の交付」に係る関与とみられる可能性がある。ただし，原点に戻って，「関与」法制の創設時において，「支出金の交付」に係る関与の類型に，包括的交付金の前提となる計画の承認のようなものまで含まれると想定されていたのか否かが問われるであろう。

第二に，ある交付金について計画承認手続が採用されていて，当該国の機関が地方公共団体の特定の計画の承認を拒否した場合に，当該地方公共団体がその違法を争う途があるのかどうかが問題となる。承認の拒否について，およそ違法という事態は理論的に生じ得ないのであれば，仮に争いの途がないとしても，実質的に問題はない。しかし，承認権の濫用等の問題がないと断言することはできない。その意味において，やはり争う方法を模索する必要がある。この点は項目を改めて検討しよう（本章3［1］）。

いずれにせよ，以上のような問題の存在に鑑みると，新たな交付金方式を手放しで称賛するわけにはいかないように思われる。地方分権の推進に資するのかについても，厳しく検証する必要があるかもしれない。

［4］ 国庫負担金の補助金化傾向

補助金化傾向とは　　地方財政法において，国の補助金と負担金とは明確に区別されているはずである。すなわち，負担金は，国が割り勘的に当然の義務として負担するものであるのに対して，補助金は，国が奨励的又は財政援助目的で交付されるものである[84]。このような国庫補助金の趣旨は，地方財政法16条が「国は，その施策を行うため特別の必要があると認めるとき又は地方公共団体の財政上特別の必要があると認めるときに限り，当該地方公共団体に対して，補助金を交付することができる」としている点に示されている。しかしながら，しばしば，負担金が補助金的に運用されることがある。

道路の新設，改良，災害復旧事業に要する経費　　道路，河川，港湾等については，それぞれの公物管理法のなかにおいて費用負担の定めが置かれてい

84　石原＝二橋・地方財政法逐条172頁。

る。ここでは，代表例として道路を取り上げてみておきたい。道路管理の費用は道路管理者の負担を原則としたうえ（道路法49条），国道の新設又は改築に要する費用については，国土交通大臣が行なう場合は国が3分の2，都道府県が3分の1，都道府県が行なう場合は国及び都道府県が2分の1とし（50条1項），国道の維持，修繕その他の管理に要する費用については，指定区間内のものにあっては国10分の5.5，都道府県10分の4.5，指定区間外のものにあっては都道府県の負担（道路法13条2項の規定により指定区間内の国道の維持，修繕及び災害復旧以外の管理を都道府県又は指定市が行なう場合は当該都道府県又は指定市の負担）とされている（50条2項）。この原則によりつつ，負担金，分担金の制度が用意されている（50条3項，52条1項）。

　都道府県道及び市町村道については，道路管理者負担原則に従うことになるが，道路法56条は，国土交通大臣の指定する主要な都道府県道若しくは市道を整備するために必要がある場合，道路に関する調査を行なうために必要がある場合，又は資源の開発，産業の振興，観光その他国の施策上特に道路を整備する必要があると認められる場合において，予算の範囲内で政令で定めるところにより補助することができる旨を定めている。補助は，道路の新設又は改築に要する費用については2分の1以内，調査に要する費用については3分の1以内，指定区間外の国道の修繕に要する費用については2分の1以内である。

　この仕組みにおいて気になるのは，道路の新設及び改良に要する費用は，地方財政法10条の2に定める経費（第1号）であり，同法11条によって「経費の種目，算定基準及び国と地方公共団体とが負担すべき割合は，法律又は政令で定めなければならない」にもかかわらず，道路法56条が「補助」に転換していることである。このような用語の転換は，実質が負担であるとして負担金の扱いがなされていれば，それなりによいのであろうが[85]，「名は体を表わす」のように，次第に補助金に転化するおそれがある。

　この用語の「補助」への転換と関係するのか，道路法56条の委任を受け

85　負担金と補助金との明確な区別の考え方にたつならば，法律の条文の用語も統一的にすべきであろうが，負担金につき「補助する」と表現しているのは沿革的理由によるところが多いとされる（石原＝二橋・地方財政法逐条150頁）。

た道路法施行令28条も，地方財政法11条の要請を満たすものになってはいない。「国庫負担金の国庫補助金への転化」がなされているのである。

そして，道路法56条の包括的条文にもかかわらず，「道路整備費の財源等の特例に関する法律」による時限的な特例措置が反復して講じられている。それによれば，平成15年度以降5箇年間における地方公共団体に対する道路の舗装その他の改築に関する国の負担金の割合又は補助金の率について，道路法（88条を除く）及び土地区画整理法の規定にかかわらず，10分の7（土地区画整理事業にあっては10分の5.5）の範囲内で，政令で特別の定めをすることができる（4条）。同法施行令3条によれば，都道府県道又は市町村道（道の区域内のものを除く）の改築（土地区画整理事業に係るもの等を除く）で，地域社会の中心となる都市と周辺市町村又は中心都市と密接な関係にある中心都市若しくは高速自動車国道，空港その他の交通施設とを連絡する道路，中心都市及び周辺市町村の区域を循環する道路その他の道路であって，自動車専用道路，他の道路との交差の方式を立体交差とする道路その他の中心都市及び周辺市町村における安全かつ円滑な交通の確保に特に資する道路として大臣が指定する道路，及び半島振興法10条に規定する道路について，国の補助率を10分の5.5以内とされている。割り勘を政令で簡単に変更できるかのように定められている点が気になるのである。

この特例措置は，補助の上乗せを認める趣旨でできているが[86]，実際は，平成期に入ってから，道路補助金は，整理統合が進められて，大転換を示している。平成12年度には市町村道に対する個別補助金（幹線道路ネットワーク形成上枢要な直轄等関連事業及び地域高規格道路に係るものを除く）を廃止し，さらに，平成15年度には市町村道に対する補助は原則として廃止した（ネットワーク関連，市町村合併関連などを除く）。さらに，平成16年度には，都道府県道及び市町村道への補助を，原則として空港・港湾アクセスなど一般国道に準ずるネットワークを形成する事業や交通安全対策，沿道環境対策など国家的見地から支援が必要な事業に限定した。都道府県道及び市町村道の

---

[86] 負担金は国の最小限の義務的負担であるから，それに任意的な補助金を上乗せすること，すなわち両者の併存状態をもたらすことは許容されると解されている（石原＝二橋・地方財政法逐条173頁）。

舗装補修，舗装単独に係る補助金も廃止した[87]。その結果，地方公共団体に対する資金助成は，個別補助金から別の交付金（都市再生交付金，地域再生交付金など）の活用に転換することとなった。

なお，前記特例法5条1項は，平成15年度以降5箇年を限って，毎年度「地方道路整備臨時交付金」を交付する旨を規定している。これは，同法に基づく政令で定める都道府県道その他の道路の舗装その他の改築又は修繕のうちその規模について大臣が定める基準を超えないものであって，「公共公益施設の整備等に関連して，又は地域の自然的若しくは社会的特性に即して地域住民の日常生活の安全性若しくは利便性の向上又は快適な生活環境の確保を図るため一定の地域において一体として行われるべきものに関する事業のうち，当該5箇年間に重点的，効果的かつ効率的に行われる必要があると認められる事業」に要する経費の財源に充てるための交付金である。

3 政府間資金助成をめぐる紛争の処理

［1］　地方自治法による関与訴訟の利用可能性

自治法上の関与該当性　　自治法は，「普通地方公共団体に対する国又は都道府県の関与」について，まず，その基本原則として，「その目的を達成するために必要な最小限度のもの」とすること，及び「普通地方公共団体の自主性及び自律性」に配慮することを求めている（245条の3第1項）。そして，ある行為が自治法上の「関与」に該当するならば，地方公共団体は，国地方係争処理委員会の審査を経由したうえ，国の関与に関する訴えの提起をすることができるものとしている（自治法250条の13以下，251条の5）。これのみによれば，地方公共団体による国に対する補助金等の交付申請に対する交付決定あるいは交付しない旨の決定も関与の外観を有している。しかしながら，自治法は，「普通地方公共団体がその固有の資格において当該行為の名あて人となるものに限り，国又は都道府県の普通地方公共団体に対する支出

87　以上は，『国土交通省道路局所管　補助事務提要平成17年度版』（ぎょうせい，平成17年）19頁によった。

金の交付及び返還に係るものを除く」こととしている（245条柱書き括弧内）。補助金等の交付申請に対する拒否行為は，当然に「固有の資格において名あて人となるもの」でないと断定することはできないが，「支出金の交付及び返還に係るもの」として，一般に「関与」から除外されることになろう。「支出金の交付及び返還に係るもの」を除外した理由は必ずしも明らかとはいえないが，補助金等については適正化法に完結的な手続が用意されていること，補助金等の交付決定等に対して不服のある地方公共団体に特別に不服申出権を認める規定が置かれていること（25条），市町村に対する都道府県の支出金の取扱いについては都道府県の予算，規則，要綱等により定められているのが通例であって自治法のルール（関与法定主義等）を適用するになじまないこと，などが挙げられている[88]。

しかしながら，訴訟に至る前の「関与」に関する手続から除外することが合理的であるとしても，訴訟を認めないことの論拠になるものではない。この点については後述する。

助成措置に連動する計画の承認・認定等の扱い　ところで，先に述べたように，補助金の「交付金化」に伴い，地方公共団体の作成した計画にについて「承認」や「認定」のあった場合に，当該計画に含まれる事業について交付金を交付する手法が広く活用されている。この場合の承認や認定は，たしかに，交付金交付の前提の手続である点において，「支出金の交付」に係る関与の側面をもっていることは否定できない。しかし，他方において，承認や認定は，それぞれの分野の総合的計画についての承認でもある。その意味においては，単なる「支出金の交付」に閉じ込められない広がりのある行為であり，その限りで独自の行為の性質も有している。したがって，承認は，このような二面性を併有する行為であるとみるのが自然であろう。支出金の交付に係る関与の要素があるからという理由で「関与」から排除するのか，それとも，それ以上の広がりのある独自の行為であるという理由で「関与」該当性を肯定するのかが，解釈の分かれ目であろう。ここでは，後者の考え

---

[88]　山口英樹「国等の関与の定義・基本原則」佐藤文俊編『国と地方及び地方公共団体相互の関係』（ぎょうせい，平成15年）20頁，29‑30頁。

方にやや軍配を上げておきたい。たとえば、地域再生基盤強化交付金の交付を受けるには、地方公共団体が地域再生方針に基づいて地域再生計画を作成して内閣総理大臣の認定を受けておかなければならない。この「認定」は、「一定の行政目的を実現するため普通地方公共団体に対して具体的かつ個別的に関わる行為」（自治法245条3号）であると解されるので、「関与」として関与訴訟の対象になるといえよう。

［2］　抗告訴訟，当事者訴訟・民事訴訟の活用可能性

不服申出規定の存在　　地方公共団体のなした補助金等の交付申請に対して一部のみを認める交付決定あるいは、交付しない旨の決定、交付決定の取消し、返還命令等の補助金等の交付に関する各省各庁の長の処分について、地方公共団体が争う方法があるのかどうかが問題になる。

適正化法25条は、このような処分に対して不服のある地方公共団体は各省各庁の長に対して不服の申出をなすことができる旨を規定し（1項）、その申出があったときは、不服を申し出た者に意見を述べる機会を与えたうえ必要な措置をとること（2項）、その措置に不服のある者は内閣に対して意見を申し出ることができること（3項）を定めている。

また、地方財政法20条の2も、国の負担金、補助金等の地方公共団体に対する支出金（又は委託工事に係る支出金）の算定、支出時期、支出金の交付に当たって付された条件その他支出金の交付に当たってされた指示その他の行為について不服のある地方公共団体は、総務大臣を経由して内閣に対し意見を申し出、又は内閣を経由して国会に意見書を提出することができる旨を規定している（1項）。内閣がこの意見書を受け取った場合は、その意見を添えて、遅滞なく国会に提出しなければならない（2項による13条3項の準用）。

不服申出規定の存在と抗告訴訟の可能性との関係　　これらの不服申出に関する規定の存在が、他の救済を禁ずる趣旨を含むものかどうかが問題になる。

まず、前記の地方財政法の規定は、当該支出金についての具体の救済を求める事後救済手続というよりも、将来における同種の支出金に関する算定等の改善措置を求める手続と解するのが自然である。したがって、この手続が

あることによって，交付決定等に対する具体の救済手続に代替しうるものではない。

これに対して，適正化法25条は，具体の処分に対する不服申出手続であることは疑いがなく，また，それに対する「必要な措置」は，不服申出に対する応答であることも明白であるから，救済手続といえる。この規定は，行政不服審査法において，同法が国民に対して不服申立ての途を開き国民の権利利益の救済を図ること（併せて行政の適正な運営を確保すること）を目的とするものであって，地方公共団体が固有の資格において相手方となる処分については地方公共団体が不服申立てをなすことができないという前提にたって[89]，特に適正化法上の処分に関し地方公共団体に不服申出を認めた規定であることについては異論があるまい[90]。

この規定が地方公共団体が抗告訴訟を提起することまで否定しているのであろうか。

第一に，行政不服審査法が不服申立てを認めないのは，「地方公共団体がその固有の資格において相手方となる処分」に限定されていると解釈する場合には，私人と同様の資格において相手方となる処分については，行政不服審査法による不服申立てのみならず抗告訴訟を提起することもできるとする解釈が可能である。

---

[89] 田中二郎『新版行政法 上巻全訂第2版』（弘文堂，昭和49年）233頁注（1），塩野宏『行政法Ⅱ［第4版］行政救済法』（有斐閣，平成17年）20頁は，不服審査法57条4項が「地方公共団体その他の公共団体に対する処分で，当該公共団体がその固有の資格において処分の相手方となるものについては，適用しない」と規定するさしあたりの目的は教示義務の除外にあるが，地方公共団体が固有の資格で処分の相手方となるときは，そもそも審査法の適用を受けないことを前提としていると説明している。

[90] 小滝・解説335頁。なお，同書によれば，もともとは一般私人に対する補助金等についてはその助成的ないし奨励的性格から国が義務づけられるものではなく不服申立てを認める必要性がないとの前提の下に訴願法の訴願列挙事項に含めず，適正化法が地方公共団体の一般的行政主体たる性質に鑑みて地方公共団体のみに限定して「不服の申立」を認めていたが，行政不服審査法の制定に伴い，同法とは独自の不服申立制度を存置する必要から「不服の申出」に改正されたものであるという（334－335頁）。

第二に，行政不服審査法は，地方公共団体の行政主体性に鑑みて，たとえ私人と同様の立場の相手方である場合も同法による不服申立てを認めないとする解釈の場合には，抗告訴訟に関して二つの相反する見解が示される可能性がある。第一は，行政不服審査法の延長上において，およそ地方公共団体は抗告訴訟を提起することはできないとする見解である。第二は，行政不服審査法との関係を切断して，行政処分により権利利益の影響を受ける地方公共団体は抗告訴訟を提起することができ，そのことは適正化法25条によっても影響を受けないとする見解である。

　この適正化法の規定が，裁判所における救済の機会を閉ざす趣旨を含むものとするならば，そのような法律の規定が合憲といえるかどうかが問題になる。「裁判を受ける権利」は「何人」にも保障されているが（憲法32条），それは，地方公共団体にまで及ぶものではないとする解釈の余地がまったくありえないとすることはできない。後述するように，超過負担について争われた摂津訴訟を契機に内部関係説も主張された。内部関係説にあっては，補助金等の交付をめぐる地方公共団体と国との間の訴訟は機関訴訟であるから，法律の定めを要することになる（行政事件訴訟法42条）。しかし，日本国憲法は，地方公共団体の存在を認め（92条），地方公共団体に財産権の主体としての地位も認めているのであって（94条），それは独立の法的地位であるから，資金助成をめぐる国と地方公共団体との関係を「行政内部の関係」とみることはできない。地方公共団体は，資金助成をめぐる権利義務に関する紛争について，訴訟の場において解決を求める地位を保障されているといえる。したがって，交付決定等が私人との関係において行政処分性を有するとすれば，それは地方公共団体との関係においても行政処分性を肯定されてよいと考えられる[91]。

当事者訴訟・民事訴訟の可能性　　抗告訴訟がすべてというわけではない。行政処分を認識できない場面においては，当事者訴訟[92]又は民事訴訟の可能

---

[91] 碓井光明「国庫支出金・地方交付税等に関する法律関係」自治研究76巻1号3頁（平成12年）。詳しくは，小滝・解説343頁以下。

[92] 当事者訴訟説として，たとえば，木佐茂男「国と地方公共団体との関係」雄川一郎ほか編『現代行政法大系8　地方自治』（有斐閣，昭和59年）381頁，415頁。

性がある。それは，具体的な紛争と関係法令の規定の性質に応じて活用の可否が判断されるべきことである。

超過負担問題とその是正　地方公共団体の事業について，国と地方公共団体との間の負担割合が定められている場合に，地方公共団体の実際の負担割合が所定の負担割合を超える結果となるときに，超過負担と呼ばれる。超過負担は，都道府県の単独事業として都道府県が市町村に補助金等を交付する場合であって都道府県と市町村との負担割合が定められているときにも，同様に起こりうることである。しかし，一般には，国庫支出金との関係で議論される。

では，超過負担はどのようにして生ずるのであろうか。まず，ある事業について当然必要とされる設備等が国庫支出金の算定の対象に含まれていない場合に生ずる（対象差）。次に，算定の対象とされていても，その単価が実際に必要な価格よりも低く抑制されているために生ずるものがある（単価差）。さらに，地方公共団体が国の基準よりも高い水準の整備をしようとする場合も，超過負担の現象を呈する（水準差）。

超過負担が，地方公共団体の実際上の必要性により生じている現象であるとするならば，その発生原因に応じて是正を図る必要がある。基本的に，その超過負担が，当該地方公共団体固有の政策選択の結果生じたものであるかどうかを見極めることから出発すべきであろう。対象差については，地方公共団体共通に必要な設備等であるならば，対象に組み入れることにより解決すべきであるし，単価差を生じさせないようにするには，実態を反映させる必要がある。単価について，全国の地域により差があるときに，そのような差異を反映させるべきか無視してよいのかが議論となろう。水準については，地方公共団体が標準的水準よりも高い水準を選択する自由を認め，高い水準を採用したからといって，国庫支出金の対象から除外すべきでないことは当然である。そして，選択の自由を肯定する限りにおいて，国は，標準的水準を定めて，それにより国庫支出金を算定せざるを得ない。その場合に問題となるのは，国の標準的水準が「標準」ということができないような劣悪な水準であるかどうかである。評価の難しい問題であるが，結局水準設定の過程において，十分に実態を調査することが重要であるといわなければならない。

訴訟による超過負担分の回復　超過負担をめぐり争われた有名な訴訟として摂津訴訟がある。摂津市が，その設置した4箇所の保育所について，実支出額の2分の1相当額から正式な交付申請・交付決定を経て交付を受けた250万円（交付対象は2箇所）を控除した残額の支払いを国に対して求めた訴訟であった。当時の児童福祉法52条，51条2号，同法施行令15条1項は，市町村支弁額から寄附金等を控除した精算額の2分の1は国庫が負担すると定めていたことを根拠にした請求であった。昭和48年改正後の児童福祉法施行令15条は，厚生大臣（後に厚生労働大臣）の承認を受けた児童福祉施設等について負担するものとしたが，当時において承認制度は明示されていなかった。東京地裁昭和51・12・13（行集27巻11・12号1790頁）は，補助金等の具体的請求権は交付決定によって初めて発生することを理由に請求を棄却し，控訴審の東京高裁昭和55・7・28（行集31巻7号1558頁）も，児童福祉施設国庫負担金の交付は義務的なもので，その交付額は実支出額を基準とすべきものであることを認めつつも，何らかの手続を要することは当然であって具体的請求権は交付決定によって初めて発生すると判示した。

　この裁判例は，交付決定を経ずして直ちに負担金請求権を裁判上行使することはできないことを述べたものである。私人の場合には，交付申請をして，交付決定がその全部又は一部を認めなかったことを不服として争うことが考えられる。このことが地方公共団体の交付申請に対する交付決定を抗告訴訟で争えることをも意味するかについては，見解の対立がある。槇重博教授は，摂津訴訟を念頭において，児童福祉行政を実施する地方公共団体をもって，国と一体の行政主体とみて，国庫負担金をめぐる国と地方公共団体との関係は行政主体の内部関係であるとする見解を示された[93]（内部関係説）。しかし，すでに述べたように，負担関係における国，地方公共団体は，それぞれ固有の財産権の主体である。法律による負担の定めがあるのに，地方公共団体が財産権の主体として訴訟をもって権利を実現できないとする根拠はないといわなければならない[94]。適正化法25条1項により，地方公共団体のみにつ

93　槇重博『現代行政法の諸問題』（有斐閣，昭和55年）258頁。
94　碓井光明「地方財政の法律問題」公法研究43号196頁（昭和56年），碓井光明・前掲注91, 11頁。

いて特別の不服申出の途があるからといって，抗告訴訟を否定したものと解すべきではない[95]。一歩譲って抗告訴訟の途がないとすれば，当事者訴訟として「権利」を実現できるものと解さなければならない。その「権利」があるかどうかは，本案で審査される問題である。昭和48年改正後の児童福祉法施行令15条のように，対象施設について厚生労働大臣の「承認」を経由すべきものとしているときは，一義的な負担金請求権の発生を法律が否定しているとみられるので，負担金請求権発生の前提要件をなす不承認又は一部承認を争うことができると解すべきである。そして，承認を受けた施設についての交付申請を全部又は一部認めない決定に対しても，抗告訴訟をもって争えるというべきである[96]。

なお，当時の児童福祉法において実額精算が予定され，増額確定もありえたとするならば（適正化法15条参照），摂津市は，確定処分を争うこともできたはずである。内協議に基づき示されたとおりに，交付申請をなして交付決定を受け，かつ，確定処分も争わなかった摂津市が後に当事者訴訟により目的を達しようとすることは，それを認めるべき特別の事情がない限り無理であったといえよう。

ところで，財産権の主体としての地方公共団体が訴訟を提起して権利を実現する前提としての「権利」を発生させない仕組みが進行中である。「予算の範囲内」，「承認された施設」などを要件とするほか，負担金を任意的助成に切り替える動き（国庫負担金の補助金化）が強まっている。

---

95 抗告訴訟について否定的見解を示すものとして，雄川一郎「地方公共団体の行政争訟」同『行政争訟の理論』（有斐閣，昭和61年）415頁。

96 保育所整備に関する国庫負担制度は，平成17年度からは，次世代育成支援対策施設整備交付金（ハード交付金）という任意的助成に移行した（第7章2［2］を参照）。

第7章　各種分野の公的資金助成

1　教育，学術研究

[1]　私学助成

私立学校振興助成法　教育分野の公的資金助成は，日本の資金助成の大きな分野を占めている。その法的規律をしているのが私立学校振興助成法[1]である。この法律は，日本国憲法89条が「公金その他の公の財産は，宗教上の組織若しくは団体の使用，便益若しくは維持のため，又は公の支配に属しない慈善，教育若しくは博愛の事業に対し，これを支出し，又はその利用に供してはならない」と規定していることから，私学助成が「公の支配に属しない」教育の事業に対する公金の支出に当たらないようにするための立法であった。すなわち，「公の支配」を明確にする趣旨があるというのである。もっとも，「公の支配」は，私立学校法により確立されているのであって，振興助成法は，適正化のための法律にすぎないとする理解もある。他方，同法による助成，ことに経常的経費についての補助が，逆に憲法問題を生じさせるという問題提起もあろう。

経常的経費補助金　同法は，まず，大学又は高等専門学校を設置する学校法人に対して，国が「教育又は研究に係る経常的経費」について2分の1以内を補助することができるとしている（4条1項）。経常的経費の範囲は法律の委任に基づいて政令で定められている。それによれば，専任教員等の給与，専任職員の給与，これらの者の労災保険料・長期給付の掛金，学生の教育，専任教員等が行なう研究に直接必要な機械器具若しくは備品，図書又は消耗品の購入費，光熱水料その他の経費，専任教員等の研究のための内国

---

[1] 私学助成に関して，古い文献ではあるが，大沢勝＝永井憲一『私学の教育権と公費助成』（勁草書房，昭和48年）及び国庫助成に関する全国私立大学教授会連合編『私学助成の思想と法』（勁草書房，昭和54年）を参照。

旅行に要する経費などが含まれている（同法施行令1条）。なお，私立大学における学術の振興及び私立大学又は私立高等専門学校における特定の分野，課程等に係る教育の振興のため特に必要があると認めるときは，学校法人に対して経常的経費補助金を増額して交付できるとされている（7条）。

経常的経費補助金については，減額交付の事由が法5条に列挙されている。それらの事由は，①法令の規定，法令の規定に基づく所轄庁の処分又は寄附行為に違反している場合，②学則に定めた収容定員を超える数の学生を在学させている場合，③在学している学生の数が学則に定めた収容定員に満たない場合，④借入金の償還が適正に行なわれていない等財政状況が健全でない場合，⑤その他教育条件又は管理運営が適正を欠く場合，である。さらに，「その状況が著しく，補助の目的を有効に達成することができないと認めるときは」補助金を交付しないことができる（6条）。

この減額・不交付事由について注目しておきたいのは，次の諸点である。

第一に，在籍学生数が収容定員に対して超過することも不足することも，ともに減額事由とされていることである。「取扱要領」により，私立大学等としての補助金について10月31日現在の在籍学生数の収容定員に対する割合が1.72倍以上（大学院大学にあっては1.59倍以上）のもの又は5月1日現在の入学者数が入学定員の1.47倍以上（医歯学部は1.1倍以上）のものを不交付とし，学部等としての補助金についても同様の割合のものに不交付としている。また，10月31日現在の在籍学生数の収容定員に対する割合が50％以下のものは，不交付とされている。

第二に，財政状況が健全でないことが減額事由とされていることも注目される。どのような状況をもって健全でないと判断されるのか必ずしも明らかではない。取扱要領は，私学振興財団からの借入金の償還の納付を1年以上怠っているもの，「破産宣告を受け，若しくは負債総額が資産総額を上回り，又は銀行取引停止処分を受ける等，財政事情が極度に窮迫しているもの」を学校法人としての補助金の交付対象から除外している。

第三に，「教育条件又は管理運営が適正を欠く」という包括的減額事由が用意されていることである。取扱要領は，まず，「経理その他の事務処理が著しく適正を欠いているもの」，「役員若しくは教職員の間又はこれらの者の

間において，訴訟その他の紛争があるもの」，前年度まで引き続き3か年度にわたり補助金の減額を受けたもの，「その他管理運営が著しく適正を欠いているもの」について，学校法人として補助金の交付対象から除外している。不交付事由として，「教職員の争議行為等により，教育・研究その他の学校運営が著しく阻害され，その期間が長期に及ぶもの」，「施設の占拠又は封鎖，授業放棄その他の学生による正常でない行為により，教育及び研究に関する機能の全部又は一部を長期間休止しているもの」，「入学に関する寄附金の収受等により入学者選抜の公正が害されたと認められるもの」，「学生募集が停止されているもの」などを列挙している。

ただし，列挙された事由に限定されるものではなく，なお「その他管理運営が著しく適正を欠いているもの」にも不交付にするとしている。どのような場合がこれに該当するのか予測することは容易でない。ことに，教職員個人の不適正な行為と「管理運営が適正を欠く」ことの認定との関係が微妙である。たとえば，教職員によるハラスメント行為は，単発では不交付要件ではないが頻発するときは管理運営が適正を欠くと判断されるおそれがある。また，教員の研究者倫理に反する行為（虚偽データに基づく業績の発表，論文の盗用など）が発覚した場合も，その態様や程度次第では管理運営の問題とされるおそれもある。このような場合に，学部等に対する補助金の不交付にとどめるのか，学校法人全体として補助金の交付対象から除外されるのかも問題である。

学資貸与事業についての助成　　学校法人が，その学校の学生又は生徒を対象として行なう学資貸与事業について，国又は地方公共団体が資金の貸付けその他必要な援助をすることを明示的に許容されている（8条）。

都道府県の学校法人補助事業に対する国の補助　　都道府県がその区域内の小学校，中学校，高等学校，幼稚園等の学校を設置する学校法人に対し，その学校における教育に係る経常的経費について補助する場合に，国は政令で定めるところにより都道府県に対して一部を補助することができる（9条）。政令によれば，小学校等又は課程の区分ごとに，都道府県が行なう私立小学校等の経常的経費に対する補助の金額を当該都道府県の区域内にある私立の小学校等の児童等の数で割った金額に応じて大臣が定める1人当たりの金額

に収容定員の合計数を乗じて得られる金額を補助するとしている（施行令4条1項1号）。これを受けて「私立高等学校等経常費助成費補助金（一般補助）交付要綱」が制定されている。それによれば，都道府県が経常費補助金を交付する場合に，国は，都道府県に対し「予算の範囲内」で補助金を交付することとし，各都道府県補助金の1人当たり金額（小学校，中学校，高等学校（全日制・定時制課程）及び中等教育学校については398,000円，高等学校（広域以外の通信制課程）109,600円，幼稚園については220,400円を超える場合は，これらの金額とする）に応じた，別に定める国庫補助単価に学校等の区分ごとの収容定員の合計数を乗じた金額とされている。この方式の特色は，算定の基礎となる都道府県補助金の1人当たり金額に限度額を設定するとともに，国庫補助単価は別に定める方式によっていることにある。

　この仕組みは，都道府県にとっては国庫補助が変動しやすいという不安定な状態に置かれること，限度額の範囲内では，都道府県が補助金を手厚くするほど国から都道府県への補助金も比例的に増額されること，を意味する。

私立大学研究設備に対する国庫補助　　私立学校振興助成法と別に，「私立大学の研究設備に対する国の補助に関する法律」が制定されている。学校法人の設置する大学（短期大学を除く）が行なう学術の基礎的研究に必要な機械，器具，標本，図書その他の設備の購入に要する経費の3分の2以内を補助することができるとしている（2条）。政令により1個又は1組の価額500万円（図書にあっては，100万円）以上のものについてするとされている（同法施行令）。前記法律の「設備」がどこまでをカバーしうるのか判然としないが，私立大学等研究設備整備費等補助金（私立大学等研究設備等整備費）交付要綱により，「研究設備」と「情報処理関係設備」とを区別した扱いが定められている。情報処理関係設備は，「私立の大学の教授，助教授その他研究に従事する職員が職務として行う学術の基礎的研究又は私立大学等及び専修学校が行う情報処理教育に必要な計数型電子計算機その他の情報処理関係設備であって，1個又は1組の価額が1,000万円以上のもの」とされ，その補助率は，設備の購入に要する経費の2分の1以内とされている。

　研究設備等に係る補助金は，経常費補助金と異なり，交付対象となる設備について「選定」の手続がとられる。したがって，研究設備等補助金の補助

対象としての選定は，裁量問題とされよう。交付要綱は，設備選定の考慮事項として，次の事項を掲げている。研究設備については，（イ）設備の購入計画の内容及び研究上の利用計画，（ロ）設備の研究上の効果，（ハ）学部学科等の種類，規模及び研究者数，（ニ）設備の適正な維持・管理及び有効な利用に関する大学の管理運営の状況，とされている。また，情報処理関係設備については，それぞれ，前記の（イ）及び（ロ）の「研究上」に「教育上」を加え，（ハ）に「学生又は生徒数」を加えた事項になっている。この「選定」に当たっては，学識経験者及び私立大学等の学長若しくは教員又は学校法人の理事のうちから高等教育局長の依頼した者の意見を聴くものとしている。これは，公正な選定を行なう手続として位置づけられているのである。この法律に基づくものではないが，私立高等学校等に対しても，マルチメディア教育環境整備モデル事業費補助金が交付されている。

私立学校施設整備費補助金 複数の種類の私立学校施設整備費補助金が交付されている。次のようなものがある。

第一に，私立幼稚園施設整備費は，学校法人立幼稚園の新設及び学級増のための園舎の新築及び増築，学級定員の引下げに伴う増築，危険な状態にある園舎の改築，園舎の新増築に際して行なう屋外教育環境整備などに必要な経費の一部を補助するものである。

第二に，私立学校教育研究装置等施設整備費（私立高等学校等施設高機能化整備費）は，私立の高等学校等を設置する学校法人が一定の整備事業をする場合における経費の一部を補助するものである。事業には，高機能化整備，教育内容・方法等の改善のために行なう校舎の改造工事及びこれに伴い必要となる教育装置の整備，防災機能強化施設整備，私立学校エコスクール整備モデル事業が含まれている。老朽校舎改築に係る融資を事業団から受けた私立学校設置者に対する利子助成金も用意されている。

第三に，私立学校教育研究装置等施設整備費（私立大学・大学院等教育研究装置施設整備費）も，学校法人又は準学校法人の設置する私立大学等又は専修学校に対して，研究施設，研究装置，教育装置，防災機能等強化緊急特別推進事業を対象にしている。このうち，研究施設については，私立大学の大学院研究科，研究所等のうち文部科学大臣が私立大学学術フロンティア推進

拠点に指定したものが行なう共同研究に係る事業，私立大学ハイテク・リサーチ・センターに指定したものの事業の実施に必要な施設の新築，増築，改築又は改造工事に要する本工事費及び附帯工事費とされ，「指定」行為が前提とされている。

地方公共団体による私学助成　私立学校振興助成法は，地方公共団体による私立学校の助成についても規定している。学校法人の行なう学資貸与事業についての資金の貸付けその他必要な援助をし（8条），その他の補助金支出，通常の条件よりも有利な条件の貸付金をし，その他の財産を譲渡し若しくは貸し付けることができる（10条）点は，国と共通の定めによっている。すでに述べたように都道府県による経常経費補助を前提にして国の補助が定められているが（9条），都道府県の経常費補助がどのような規範によっているのか気になるところである。規範の形式及び密度はまちまちである。

地方公共団体のなかには，「学校法人の助成に関する条例」のような名称の条例を制定しているところがある。たとえば，神奈川県条例は，「私立学校教育に対する助成の方法並びに程度は，毎年度予算の範囲内において知事がこれを決定する」と規定している（2条）。県民の生活に大きく影響する事項が包括的に知事に委任されていることに問題があるうえ，決定がいかなる規範によるのかも明確ではない[2]。なお，同条例の実質的規定は，申請書に添付すべき書類が列挙されていることにある（3条）。

また，どのような事態のときに，減額されるのかも気になるところである。埼玉県において，ある学校法人が国税局からの申告漏れを契機に，簿外処理の学校会計基準違反，当初の口頭報告よりも後日の文書報告で納税額が大きく増加しており不誠実な対応であること，国税局の指摘を受けて追加納税したことは不適切な経理処理であることを理由にして，平成17年度運営費補助金の後期分を不交付とする措置がとられたという[3]。どのような事実により，どれだけの不交付となるのか，外部から理解することは難しい。

この点に関して，「東京都私立学校教育助成条例」は，その委任に基づく

---

[2]　金沢市私立学校教育助成に関する条例2条も，「市長は，市の区域内にある学校教育法第1条による学校を設置する学校法人に対し，助成する必要があると認める場合には，予算の範囲内において補助金を交付することができる」としているにとどまる。

規則も含めて相当明確な仕組みを採用している。すなわち，経常的経費について予算の範囲内で定めることができるとしつつ（3条1項），経常的経費の範囲は規則で定めること（3条2項），補助の算定方法その他必要な事項は東京都私立学校助成審議会に諮って知事が定めること（3条3項），減額交付及び不交付（6条）などの規定が用意されている。減額の事由として，「法令の規定，法令の規定に基づく所轄庁の処分又は寄附行為に違反している場合」，「借入金の償還が適正に行われていない等財政状況が健全でない場合」及び「その他教育条件又は管理運営が適正を欠く場合」が掲げられている（6条1項）。このような定めにもかかわらず，「法令の規定」がどのような範囲まで含むのか，「教育条件又は管理運営が適正を欠く」とはどのような状態をいうのか，という解釈問題が残される。

条例を制定していない道府県も多い。たとえば，千葉県は，いきなり告示形式の「千葉県私立学校経常費補助金交付要綱」によっている。要綱であるから，条例方式の場合に比べて詳しい内容になっており，補助金の対象となる事業の種目，経費及び補助額についての定め（2条），不交付事由（3条）[4]，交付の条件（5条），学校法人の責務（10条）などを含む要綱である。要綱ではあっても告示形式であることは，公開性，透明性の観点から評価してよいと思われる。ただし，2条の補助額は，単に「定額」とされているのみで，金額自体を定めているわけではない。

都道府県のなかには，私立高等学校等に在籍する生徒の奨学と保護者の教育費負担を軽減するため，学費軽減を行なう学校法人に対して補助金を交付しているところがある。京都府は，「京都府外の私立高等学校等に在籍する生徒の学費軽減補助金交付要綱」（告示）を制定している。対象となる私立

---

[3] 朝日新聞平成18・3・31。なお，国も，学校法人からの報告が不正確であったこと，簿外処理など管理・運営上も問題があるとして，過去に支給した助成金の返還を求めることにしたという（朝日新聞平成18・9・21）。

[4] 不交付事由のなかには，「役員間，教職員間又はこれらの者との間において，訴訟その他の紛争があり，学校法人又は学校法人の設置する私立学校の適正な運営を期しがたいと認められるとき」（3条2号）も含まれている。内紛は，不交付事由になるのである。

学校等の所在地は，滋賀県，大阪府，兵庫県，奈良県，福井県，三重県である。広域で通学する生徒が恒常的にみられるなかで，京都府の区域の外に所在する私立高等学校等に対しても，生徒の住所地としての京都府が応分の行政責任を果たそうとするものである。

私立学校のための融資　日本私立学校振興・共済事業団の事業として，私立学校のための各種融資事業が用意されている。

まず，校舎・園舎，体育館，図書館，研究所，学生会館など（学校の移転のために必要になるものを含む），寄宿舎・合宿所・セミナーハウス・教職員住宅，留学生宿舎・国際交流会館・外国人教員宿舎などについては，その用地の取得・造成及び建物の新築・増改築・改修・補修・買収について融資の途がある。冷暖房設備・昇降機設備・汚水処理施設などの設備工事，排水路・共同溝・擁壁などの外構工事，私立大学のハイテク・リサーチ・センター整備事業，学術フロンティア推進事業等の施設，高機能施設や環境に配慮した施設等の整備事業（次世代型学校施設整備事業），防災（地震）対策として行なう改修・補強工事，障害者利用のための施設・設備の改修工事についても，融資のメニューが用意されている。新・増設（学校新設，定員増・学科等増設，学校法人化等）のため必要となる校舎・園舎などについても融資が可能とされている[5]。

[２]　奨学金等

奨学金等の多様性　学生の修学を資金的に助成する方法として，多様な方式が存在する。その典型は，学資に充てるための資金を給付する奨学金である。奨学金にも，返還を要する貸与と返還を要しない給付のものがある。また，貸与の場合にも，緩やかな要件により返還免除を認める方式は，給付に近いものになる。貸与方式には，無利子のものと有利子のものとがある。

授業料や入学金を全部又は一部免除することは，資金の給付の形式によら

---

[5]　既設の学校法人が翌年度に開設する大学等の設置経費等の財源につき，50％を超えない範囲内で借入金を充当して差し支えないとする文部科学省告示の改正（平成16年文部科学省告示47号）により，日本私立学校振興・共済事業団も，この融資制度を設けた。

ないものの，実質的な資金助成である。

　なお，児童，生徒，学生の修学が経済的に困難な場合に，資金的な援助を行なうことは，いわゆる社会援護，社会手当として位置づけることもできる。多くの奨学金等が経済的事情に関する要件を設定していることは，その現れである。さらに，近年問題にされているのは，義務教育における「就学援助」の増大である。就学援助は，学校教育法25条が「経済的理由によって，就学困難と認められる学齢児童の保護者に対しては，市町村は必要な援助を与えなければならない」と定めている（同条は小学校に関する規定で，中学校についても40条で準用）ことが根拠である。学用品費，校外活動費，修学旅行費などを援助するものであるが，就学援助を受ける者の割合が高まって格差社会の一面として問題視されているのである。学校教育法の規定による就学援助と別に，児童生徒の通学費を補助する制度を設けている地方公共団体もみられる（後述）[6]。

　日本学生支援機構による奨学金　　国の奨学金は，かつては日本育英会を通じて支給されていたが，現在は独立行政法人日本学生支援機構により支給されている（その仕組みについては第1章3［2］及び第2章2［1］を参照）。なお，高等学校等奨学金については，平成17年度に都道府県に移管された。

　地方公共団体による奨学金　　前述のように，平成17年度から，高等学校等奨学金は，独立行政法人日本学生支援機構（旧日本育英会）から都道府県に移管されているのであるが，その実態を把握することは容易ではない。この移管後の扱いも，必ずしも条例によっているわけではないようである。従前からの奨学金も，条例や規則によっていることは少ないようである。

　ただし，自治法の基金制度を活用する場合には，基金条例が制定される[7]。

　6　たとえば，金沢市は，条例を制定して，一定距離以上の通学距離があって路線バス，電車その他市教育委員会が特に認める交通手段により通学をしているものの保護者に対し，予算の範囲内で通学費の一部を補助することとしている。

　7　たとえば，富山市は，富山市奨学基金条例を制定している。そして，大学等在学者に対する奨学資金の貸与については「富山市奨学資金貸与規則」によっており，高等学校等在学者に対しては「富山市奨学資金給与規則」により授業料相当額の奨学資金の給与（返還を要しない）を実施している。

長野市は，「長野市奨学基金条例」のなかで，奨学資金の貸付対象者，貸付条件，貸付金の償還など，相当詳細な定めをしている。
　滋賀県は，「滋賀県奨学資金貸与条例」を制定している。高等学校等に修学しようとする者で，経済的理由により修学することが困難なものに対し奨学資金を貸与する制度である。経済的理由により修学することが困難な者を対象にする関係で，その者の属する世帯の要件は，経済的に苦しいとみられる複数の要件のいずれかを満たすこととされている。すなわち，①生活保護世帯，②世帯員全員が市町民税非課税者又はこれに準ずる者として規則で定める者である世帯，③前年の世帯の収入の年額が世帯の需要の年額の1.7倍以下である世帯であって，学資の支弁が困難であると認められるもの，④申請しようとする年の世帯の収入の年額の見込額が失業その他の理由により前年に比し著しく減少し，かつ，世帯の需要の年額の1.7倍以下である世帯であって，学資の支弁が困難であると認められるもの，である（2条3号）。日本学生支援機構，その他の奨学金の貸与又は給付を受けていないことも要件である（2条4号）。奨学資金は，奨学金と入学資金に分かれ（3条），奨学金の貸与月額は，国立・公立（そのなかで保護者等と同居か否かで区分）と私立（そのなかで保護者等と同居か否かで区分）に分けて定額で定め，入学資金については50,000円の定額としている（4条）。
　神奈川県も，「神奈川県奨学金貸付条例」を制定している。高等学校奨学金と高等学校定時制課程奨学金に分かれ，前者は，さらに第1種奨学金（県内に住所を有し，県内の高等学校等に在学する生徒で，学業の成績が優れ，心身が健全であって，学資の援助を必要とする者）と第2種奨学金（保護者が県内に住所を有する者で，高等学校等に在学し，学業の成績が優れ，心身が健全であって，学資の援助を必要とするもの）とからなっている。
　住所及び在籍校の要件をどのようにするかが問題である。住所について，滋賀県の場合は，本人又は保護者等が県内居住者であることが要件とされ，在籍校を問わないようである。神奈川県は，県内の高校等に在籍する第1種を原則とし（成績要件による返還免除がある），県外高校等在籍者についても，例外的に保護者が県内在住者である場合には途を開いている（第2種）。横浜市の高等学校入学資金貸付金及び高等学校奨学金は，いずれも保護者の住

所が市内にあることが要件で,在籍校は市外,県外でもよいとしている。広域的な通学がなされる現状に鑑みたものであろう。

都道府県が直接に奨学金を貸与せずに,特別の法人に資金を貸し付けて,当該法人の事業として貸与する方式が選択される場合もある。東京都が財団法人東京都私学財団を活用していることについては,すでに触れた(第1章3[3])。大阪府は,財団法人大阪府育英会の事業として,入学資金貸付け,奨学金貸付けを行ない,府は,同育英会に対して,必要な資金を毎年度貸し付けている。同育英会は,府からの貸付金以外に寄附金をも貸付財源としている。この財団法人組織を通じて,民間からの寄附も含めることによる公私の協働が行なわれる仕組みである。

なお,地方公共団体にあっては,篤志家の寄附金を自治法の基金にして,奨学事業を実施する場合も多く見られる。

奨学金の重層構造及び目的の多様化 奨学金制度は,日本学生支援機構,都道府県,市町村,さらには,民間の財団法人等の制度が重なり合って存在することがある[8]。たとえば,神奈川県が前述のような制度を有するなかで,横浜市も,高等学校入学資金貸付制度及び高等学校奨学金制度を設けている。こうした重層構造において,併給を認めないのが一般である。

奨学金の目的について,多様化現象が見られることに注意したい。たとえば,富山県は,「がんばる子育て家庭支援融資」を実施している。これは,県内に1年以上居住し,大学,短大,専門学校等に在学する子どもを含めて3人以上の子どものいる者で,同一事業所に1年以上勤務又は同一事業を1年以上営業しているものに対して,入学金,授業料,下宿代などの学生生活に必要な資金を融資するものである。子どもの数から2人を差し引いた人数が利用限度とされている。

さらに,幼稚園に関しては,保育所利用との連続性に鑑み,就園奨励費等の名目の補助金交付が広まっている。たとえば,金沢市の私立幼稚園就園奨励費補助金は,私立幼稚園の設置者が幼児の保護者から徴収する入園料又は

---

 8 財団法人の奨学金について,地方公共団体の奨学金とともに,教育委員会が選考する例もある。横浜市は,(財)岩崎与四郎育英会及び(財)神奈川新聞厚生文化事業団の奨学金について,それぞれからの依頼により,合同選考を実施している。

保育料を減免する措置を行なう場合に設置者に補助を行なうものである。

遠距離通学者に対する補助　当該地方公共団体の区域内に高校が少なく，区域外の学校に通学する者が多い場合に，通学費を助成する制度を設けていることがある（神奈川県箱根町は，特定区間における3ヶ月の通学定期乗車券購入代から一定額を控除した額を4倍した額を助成している）。また，市町村合併の推進，学校の統廃合に伴い，遠距離通学又は寄宿を強いられる中学生が登場する。遠距離通学に対してはスクールバスによる対応もありうるが，バス代を補助するとか，自転車通学者に対する補助などを行なう市町もある。このような施策は，「市町村合併支援プラン」に基づく文部科学省の市町村合併支援策の一環として，遠距離通学に対する対応（へき地児童生徒援助費等補助）により支えられている。この中に，市町村が学校統合に伴う遠距離通学児童・生徒に対して通学費を負担する事業が含まれている。

[3]　大学等の誘致

大学等誘致の狙い　地方公共団体が私立大学等を誘致するために資金助成（用地の提供を含む）をすることが多い。その目的として，地域の教育需要に応えるほか，大学等の場合は地域の活性化を図るためであることも多い。後者の場合は，企業誘致に代わる地域の活性化策である。

大学誘致の方式には，地方公共団体も資金を拠出して学校法人を設立する方式（公私協力の学校法人）のほか，既存の学校法人に対して補助金の交付や学校用地の提供によって進出を支援する場合もある[9]。前者の場合に，民間を助成する目的で新たな学校法人に対する資金の拠出がなされることもある。

ひところ地域活性化目的で，大学誘致に対する資金助成が盛んになされた。地方公共団体の資金助成による大学の新増設は，昭和60年度の1件に始まって，平成に入ってからは毎年度ほぼ10件の割合で続き，平成9年度には，全国の390校が総額255億円以上の補助金を受けたという[10]。

9　このほか，いわゆる公設民営方式がある（三重県七尾市の七尾短大）。
10　朝日新聞平成16・8・2。しかし，同紙は，同時に多くの助成先大学が学生募集の停止に追い込まれたことを報じている。

1　教育，学術研究

　大学誘致等のための支援措置について住民訴訟で争われる例がある。

　まず，憲法89条との関係において争われた例として，市が私立大学附属病院を誘致するために同用地を取得して造成したうえ大学に無償で譲渡することの適否が争われた千葉地裁昭和61・5・28（行集37巻4・5号690頁），幼児教室に対する補助の適否が争われた浦和地裁昭和61・6・9（判例時報1221号19頁），その控訴審・東京高裁平成2・1・29（高民集43巻1号1頁），市が学校法人に大学の用地を贈与し，かつ，補助金を交付することの適否が争われた新潟地裁平成4・11・26（行集43巻11・12号1462頁），その控訴審・東京高裁平成5・7・20（行集44巻6・7号627頁）及び後述の大分地裁平成11・3・29（判例タイムズ1061号190頁）などがある。

　また，「公益上必要がある」といえるかどうかをめぐり争われることもある。

　まず，新潟県加茂市が新潟経営大学を誘致するために用地の無償譲渡及び11億円以上の寄附をしようとしたことの適否が争われた事件に関して，新潟地裁平成4・11・26（行集43巻11・12号1462頁）は，同大学の設置は，「加茂市を中心とする新潟県央地域が地域経済の活性化及び活力ある地域づくりのための地場産業を振興させ，それを担う人材を確保することができ，さらに地域文化の向上や地域社会の発展に資するという点において適切な公益目的を有するものであり，本件寄付は，右公益目的実現に欠くことのできないものであるということができる」と述べ，また，市の財政内容からして十分に余裕があるともいえないが寄附が分割してなされることなどに鑑みると，著しく市の財政を圧迫するともいえず，同大学設置の趣旨及び理由を考慮すれば他の行政目的を阻害し行政全体の均衡を損なうとも考えられないとして，「公益上必要がある場合」に該当するというべきであると結論づけた（控訴審・東京高裁平成5・7・20行集44巻6・7号627頁もこれを引用）。

　郡山市が米国大学を誘致するために，学校誘致事業費として平成元年度から6年度までの期間に25億円を限度として支出する債務負担行為の議会の議決を経て，米国大学との間で基本協定が締結され，その協定の中には，市は，学校建設に必要な土地を準備し，25億円を上限に，学校法人設立後，学校運営から生じた例外的な赤字補塡に要する財政調整基金を含め，開校予

定時までに必要な校舎・施設及び教職員宿舎の改良・建設に要する資金を提供すること，宿舎は市内に設定した場所において無償供与されること，が含まれていた。これに対して，差止請求の住民訴訟が提起された。福島地裁平成 2・10・16（判例時報 1365 号 32 頁）は，寄附又は補助に係る「公益上必要がある」かどうかについての一般論（当否の判断は地方公共団体の合理的な裁量に委ねられており，判断が著しく不合理で，裁量権を逸脱又は濫用していると認められる場合にのみ違法となる）を展開したうえ，本件の助成・補助は目的において公益性を有し正当であるとし[11]，態様，程度において明らかに不合理であると認められる点はないとした[12]。

次に別府市が大学を誘致するために，公私協力方式により大学を設立する学校法人に対して市が用地を提供し，造成費及びこれに付帯する調査設計等に要する経費につき補助金を交付する場合に関して，大分地裁平成 11・3・29（判例タイムズ 1061 号 190 頁）は，公益上の必要性の判断は長及び議会の合理的な裁量に委ねられているとし，他の法令によって禁止されている場合を除き，当該補助等の目的が正当かつ合理的であるか，その目的を達成するうえで必要であるか，態様・程度等が他の行政目的との均衡や当該地方公共団体の財政事情等との関係において相当であるかなど諸般の事情に照らし著しく不合理で裁量権の逸脱又は濫用と認められる場合にのみ違法になるとして，具体の事案について公益上の必要性を肯定した。まず，市長は，「いわゆる公私協力方式で立命館アジア太平洋大学を別府市に誘致し開学させることによって，国際観光温泉文化都市である同市のアジア太平洋地域の人材養成の拠点としての発展，国際交流の拡大，観光振興，地域文化の向上や学術の振興，若年層の定住や人口増，市民の生産活動，所得，雇用の増大，歳入増加による財政状況の改善等の効果が見込まれるとの政策的判断」によ

---

[11] 判決は，市が，教育の振興，国際交流の促進，ひいては産業の育成につながるものとして誘致したこと，教育内容が米国大学と同程度の一般教養課程及びその履修に必要な英語教育であることを挙げている。

[12] 判決は，助成・補助は，25 億円を限度とするもので，学校の運営から生じた赤字補塡に要する費用を含め，校舎・施設及び教職員宿舎の建設に要する資金の提供等が予定されていることを挙げている。

り補助金を交付することとしたもので，この判断は，一応正当かつ合理的な行政目的に出たもので，補助金の交付は，その目的の達成にとって必要であると認められるとした。そして，この補助金額が多額で，その財源対策によって公債費比率の悪化，基金残高の減少等の市財政への悪影響をもたらすおそれを認めつつも，この大学誘致・開学の趣旨・意義やこれにより市及び市民全体が享受する利益，大学用地工事造成事業の規模，他の公私協力方式の事例における地方公共団体負担の規模などに照らすと，不相当に過大であるとはいえないとしている。

　同じ，立命館アジア太平洋大学に関して，大分県が別府市に対して県の市町村振興資金を平成8年度から平成11年度まで合計25億円を無利子，償還期間15年（うち据置期間1年）で貸し付けることとしたことの適否が争われた訴訟がある。大分地裁平成11・9・30（判例タイムズ1035号146頁）は，差止請求については不適法としたうえ，本案の判断の対象にした平成8年度分に係る損害賠償請求について，原告の主張する違法事由をいずれも斥けた。主張された違法事由のなかには，貸付規則，要綱違反及び平等原則違反が含まれていた。まず，大分県振興資金貸付規則4条1号が「償還の見込みが確実であり，将来の財政運営に支障がないこと」を要件としていることについて，当該市町村の財政分析を経た総合判断を必要とする事項であるから，知事の要件裁量が一定限度認められ，知事の判断に客観的合理性が認められる限り同号に違反することはないとした。また，前記規則の運用要綱が，貸付けの審査に当たり地方債許可方針のうちの公債費比率による制限，市町村税の徴収率による制限を適用するとしている3条については，法的拘束力を有するものではない（要綱に違反したとしても，それだけで違法となるものではない）としつつ，それら各比率は貸付規則4条1号に関する知事の判断の合理性の有無を基礎づける指標として考慮するのが相当であるとした。その意味において要綱を無の存在とみたのではない。そして，貸付規則4条1号違反はないとした。また，運用要綱4条3項・5項が定める地域振興資金及び財政調整資金（これはいずれも当該貸付先市町村に係るもの）の充当率違反の主張については，本件貸付けが運用要綱4条5項但し書きの「前記の原則によりがたい場合は，予算の範囲内で別に定める」旨の規定に基づくものであり，

この但し書きに基づいて貸付けを行なったことに要綱違反はないとした。この例は、県が市に協力して大学を誘致した事案として興味深い。

[4] 学術研究奨励金

学術研究奨励金の動向　　学術研究の資金に関して、従来は研究機関の経常的経費によるのが基本であった。国公立の研究機関として、各分野の専門研究所のほか、国立大学、公立大学等が存在した。これらの研究機関の経常的経費である限り、公的部門の内部的な資金の配分にとどまり、公的資金助成の領域に属するものではない。ところが、最近は、研究機関の独立法人化及び国立大学の法人化が進められたほか、学術研究の活性化等を図る目的で、「競争的資金」による研究が推奨されている。それらの特色は、申請に基づいて助成する研究プロジェクトの選択がなされる点にある。そして、近年は大型のプロジェクトが増加している。また、委託の法形式によるものも含まれている。こうした競争的資金の強化は、他面において経常的研究資金の縮小を伴っている。競争的資金のウエイトを高くすることに意味のあることは疑いがないが、長期にわたり地道な研究を継続する必要のある学術研究の分野が、競争的資金の重視の荒波の中で、経常的研究を圧迫されるとするならば、国家にとって大きな禍根を残すであろう。また、競争的資金にあっては、申請・審査等のコストに加えて、マネジメントのコストも大きいことに留意しなければならない。

以下に述べるように、学術奨励金の金額的規模は、国及び独立行政法人によるものが圧倒的割合を占めているが、地方公共団体が実施している場合もある。たとえば、新潟市は、「新潟市佐潟学術研究奨励補助金交付要綱」を制定して、新潟市赤塚にあるラムサール条約登録湿地「佐潟」の保全及び賢明な利用を図るため、専門的な知識を有する研究者の湿地及び周辺環境を対象とした学術的調査及び研究を支援し、基礎的学術資料の蓄積を図るための補助金交付事業を実施している。

競争的資金の2大類型　　競争的資金の配分方式には、大別して二つの類型がある。一つは、本書の対象とする公的資金助成に属する補助金方式である。もう一つは、委託契約方式である[13]。文部科学省のホームページの説明

によれば，委託契約方式は，「国が本来実施すべき業務ではあるが，他機関に実施させた方が効率がよく，よりよい成果が期待される場合，国が当該業務を人材・機材・資産等のポテンシャル・信用のある機関に対し委託し，受託機関は国に代わって当該業務を実施する」方式であるとしている。そして，受託者に給付される委託費は，国の事務，事業等を他の機関に委託して行わせる場合に，その反対給付として支出する経費」であって，助成的性格のものと異なるというのである。「委託業務の給付」には，研究の実施のみならず，「経費の適切な執行」も含まれるとされている。この「適切な執行」の意味が必ずしも明確ではないが，予定された経費の額よりも，より経費を節約して成果を上げるならば，委託者である国にとって望ましいはずであるが，どうも「使い切る」ことが「適切な執行」と理解されているのかもしれない。

委託費と補助金との違いについて，文部科学省のホームページには，次頁のような対比が掲載されている。補助金の場合は，交付申請を拒否された場合は法的に争うこともできるが，委託契約（民法上の準委任契約）の場合は，応募が採択されなかった場合に争う方法を見出すことは相当困難である。

ところで，競争的資金について委託契約方式を用いる場合にも，会計法の契約に関する規制を受ける。これまで公募を経て採択した機関との間の委託契約は随意契約によってきた。研究の遂行に最も相応しい機関と契約するのは当然であろう。ところが，会計法は，一般競争及び指名競争をもって「競争」とし，「契約の性質又は目的により競争を許さない場合」，「緊急の必要により競争に付することができない場合」，及び「競争に付することが不利と認められる場合」には随意契約によるものとし（29条の3第4項），少額契約等の政令で定める場合は随意契約によることができるとしている（29条の3第5項）。政令には，競争的資金に係る委託契約をカバーするものがないので，結局，第4項のいずれかに該当するかどうかが問題になる。「競争を許さない」又は「競争に付することが不利」に当たると断言することはできない。したがって，厳密には，随意契約要件を満たさないおそれがある。

---

13 本書第1章1［1］をも参照。多少重複するが，ここでやや詳しく叙述しておきたい。

委託費と補助金の違い（文部科学省ホームページによる）

	委託費	補助金
	双方の合意，反対給付を求める＝対価的性格	補助（一方的，反対給付なし＝助成的性格）
	受託者 ← 国 ← 補助事業者	
実施主体定義	国	補助事業者
	「国の事務，事業等を他の機関又は特定の者に委託して行わせる場合にその反対給付として支出する経費」つまり，国の本来業務を国に代わり受託機関が実施するもの。	「国の特定事務，事業に対し，国家的見地から公益性があると認め，その事務事業の実施に資するため反対給付を求めることなく交付される金銭的給付」。補助事業者の事業への財政援助の作用を持つ。
配分方法	委託契約	交付決定
	民法上の準委任契約	行政行為
配分先	機関	個人，グループ，機関等様々
	国の委託契約は，通常，機関と結ぶ。調整費については100％機関契約。	制度により様々な形をとる。（例：科研費は個人補助）
資産の帰属	国	補助事業者
	所有権移転後に，国に帰属	ただし，適化法第22条より，処分等について一部制約がある。
知財の帰属	国	補助事業者
	ただし，産業活力再生特別措置法（日本版バイ・ドール法）第30条第1項により知的財産権の一部は委託先に帰属することができる。	補助事業者に帰属
関連法規	国の会計諸法規，及び私法上の契約と同様	補助金等に係る予算の執行の適正化に関する法律（適化法）
	事業内容は，甲乙両者の合意に基づく契約に縛られる。調整費については，その他経理事務執行について「事務処理要領」に基づいて執行する旨の条文が含まれている。	交付申請からその精算に至るまでの手続等，事務，事業の基本的な事項を決定したもの。具体的な条件等は，各省で定める補助条件又は補助金交付要綱などによる。（例：科研費の取扱規程など）
主な競争的資金の例	科学技術振興調整費，戦略的創造研究推進事業等	科学研究費補助金，研究拠点形成費等補助金（21世紀COEプログラム），厚生労働科学研究費補助金等

しかしながら，競争的資金による業務内容は，通常の競争契約における仕様に相当するものが明確でない。あるいは，極めて緩やかな仕様といわざるをえない。目下，随意契約を制限的に運用するという政府の方針が，この分野にも及びつつあるが，「契約前の公正な競争」が実効ある場合には，随意契約を認める明示的な対応も望まれるところである。

以下においても，便宜上委託契約方式のものも含めて現状の一端を見ることとしたい。

文部科学省関係競争的資金　　文部科学省のホームページによれば，文部科学省（及び日本学術振興会，科学技術振興機構）の競争的資金には，以下に掲げるもののほか，キーテクノロジー研究開発の推進，地球観測システム構築推進プラン，原子力システム研究開発事業，先端計測分析技術・機器開発事業，独創的革新技術開発研究提案公募制度・革新技術開発研究事業，独創的シーズ展開事業，重点地域研究開発推進事業，地域結集型共同研究事業がある。

① 科学研究費補助金　　人文・社会科学から自然科学までの全ての分野にわたり，基礎から応用までのあらゆる「学術研究」（研究者の自由な発想に基づく研究）を格段に発展させることを目的とするものであり，ピア・レビューによる審査を経て，研究者が自発的に計画する独創的・先駆的な研究に対する助成である。文部科学省と日本学術振興会が配分を行なう。

② 戦略的創造研究推進事業　　今後の科学技術の発展や新産業の創出につながる新技術を産み出すことを目的とし，社会・経済ニーズを踏まえ国が設定した戦略目標の下，重点推進4分野を中心とした基礎研究を戦略的に推進しようとするものである。社会技術研究推進事業（公募型）も含まれる。科学技術振興機構が配分を行なう。

③ 科学技術振興調整費　　総合科学技術会議の方針に沿って，人材の創造力発揮とイノベーション創出のための科学技術システム改革や国民のニーズ等に対応した戦略的研究開発の推進等を図るものである。文部科学省のホームページによれば，科学研究費補助金が研究者の自由な発想に基づく学術研究であるので「ボトムアップ型」と呼ばれるのに対して，調整費は，政府主導による政策誘導経費であることから「トップダウン型」と呼ばれている

という。公募の受付け，審査・評価ワーキンググループの運営の一部，課題管理等は，独立行政法人科学技術振興機構に委託して実施されている。調整費は，国以外の機関に実施させるときは，機関との委託契約によっている。国の機関に実施させるときは，文部科学省から所管府省への予算の移替えによって実施されている。

④ 21世紀COEプログラム　第三者評価に基づく競争原理により，国公私立大学を通じて，世界的な研究教育拠点の形成を重点的に支援し，もって国際競争力のある世界水準の大学づくりを推進しようとするものである。文部科学省の直接配分である。

不正行為と競争的資金の交付との関係　競争的資金の不正経理・不正使用に対して，「競争的資金に関する関係府省連絡会議」は，不正経理の場合は不正の程度により2～5年間の応募制限，不正受給の場合は5年間の応募制限とする原則を示し，かつ，他府省の競争的資金への応募制限も行なうこととし，その情報を内閣府が一元的に管理することとした（平成17・9・9申合せ）。また，競争的資金の受給者について研究活動の不正行為（データの捏造等）がしばしば問題とされている。科学技術・学術審議会の「研究活動の不正行為に関する特別委員会」は，平成18年8月に「研究活動の不正行為への対応のガイドラインについて」という報告書をまとめた。競争的資金を活用した研究活動の不正行為を，発表された研究成果の中に示されたデータや調査結果等の捏造と改ざん及び盗用に限定したうえ，研究機関・資金配分機関は告発等の受付窓口を設けて機関内外に周知すること，調査結果の公表までの秘密保持の徹底を求めている。調査は，予備調査を経て，本格的調査をすべきものと判断された場合に「本調査」に移行し，調査委員会を設置して本調査を行なうこととしている（調査機関が研究機関である場合は，告発等に係る研究に対する資金を配分した機関の求めに応じて，調査終了前であっても中間報告を提出するものとされる）。そして，不正行為の有無についての認定を行ない，調査結果の通知と報告がなされて，不正行為があった旨の認定があった場合は調査結果の公表がなされる。公的資金助成法との関係において重要な事項は，次のとおりである。

第一に，被告発者の所属する研究機関は，本調査を行なうことが決まった

後，調査委員会の調査結果の報告を受けるまでの間，告発された研究に係る研究費の支出を停止できること，調査の中間報告を受けた資金配分機関（文部科学省，独立行政法人科学技術振興機構及び独立行政法人日本学術振興会）は，本調査の対象となっている被告発者に対し，調査機関から調査結果の通知を受けるまで交付決定した当該研究に係る研究費の交付停止，別に被告発者から申請されている競争的資金についての採択の決定・採択決定後の研究費の交付の保留（一部保留を含む）をすることができること，を内容とする一時的措置を可能としている。

第二に，不正行為があった旨の認定があった場合は，不正行為に係る研究に資金を配分した機関並びに不正行為への関与が認定された者及び関与は認定されていないが，不正行為が認定された論文等の主たる著者（「被認定者等」）が所属する研究機関は，被認定者等に対しただちに当該競争的資金の支出の中止を命ずるとしている。

第三に，不正行為と認定された者に対する措置について，当該競争的資金の配分機関は検討委員会を設置して，同委員会は，配分機関の求めに応じて，被認定者等に対してとるべき措置を検討して，その結果を資金配分機関に報告するものとしている。措置の主たる内容は，次のとおりである。

（1）不正行為があったと認定された研究に係る競争的資金の配分を打ち切る（①不正行為があったと認定された研究に係る論文等の不正行為に関与したと認定された著者，②不正行為があったと認定された研究に係る論文等の著者ではないが，当該不正行為に関与したと認定された者，③不正行為に関与したと認定されていないものの，不正行為があったと認定された研究に係る論文等の内容について責任を負う者として認定された著者，のすべてを対象とする）。

不正行為があったと認定された研究に係る競争的資金以外の，現に配分されている文部科学省所管の競争的資金で未配分のもの又は次年度以降配分の研究費については，前記①及び②に掲げる者が研究代表者となっている研究については打ち切りとし，①及び②に掲げる者が研究分担者又は研究補助者となっている研究については当人の研究費使用を認めない。

（2）文部科学省所管の競争的資金で不正行為認定時点で前記の①ないし③の者が研究代表者として申請されているものについては不採択とし，研究

分担者又は研究補助者として申請されているものについては当人を除外しなければ不採択とする。

（3）不正行為があったと認定された研究に配分された研究費の一部又は全部の返還を求める。返還額は，不正行為の悪質性や研究計画全体に与える影響等を考慮して定める。

（4）前記①及び②の者については，すべての文部省所管競争的資金に対する研究代表者，研究分担者及び研究補助者としての応募を，不正行為と認定された年度の翌年度以降2年から10年申請を認めず，③に掲げる者については同じく1年から3年申請を認めない。

このガイドラインの内容は，競争的資金に関する関係府省連絡会議の共通指針に採用された（平成18・11・14）。府省の壁を取り払った情報一元化は，公務員の守秘義務との関係で検討する必要がある。

厚生労働省の厚生労働科学研究費　厚生労働省は，厚生労働科学研究費補助制度を設けている。厚生労働省のホームページによれば，厚生労働科学研究事業は，行政政策研究，厚生科学基盤研究，疾病・障害対策研究，健康安全確保総合研究の4分野18事業から構成されている。

行政政策研究分野は，行政政策研究事業（社会保障及び人口問題に係る政策，保健医療福祉における総合的な情報化や地域政策の推進その他厚生労働行政の企画及び効率的な推進に資することを目的とする研究）及び厚生労働科学特別研究事業（厚生労働科学の新たな進展に資することを目的とする独創的な研究及び社会的要請の強い諸問題に関する先駆的な研究）からなる。

厚生科学基盤研究分野は，先端的基盤開発研究事業（ヒトゲノム・再生医療等研究，疾患関連たんぱく質解析研究，萌芽的先端医療技術推進研究，身体機能解析・補助・代替臓器開発研究）及び臨床応用基盤研究事業（基礎研究成果の臨床応用推進研究，治験推進研究）からなる。

疾病・障害対策研究分野は，長寿科学総合研究事業（長寿総合科学研究，痴呆・骨折臨床研究），子ども家庭総合研究事業（子ども家庭総合研究，小児疾患臨床研究），第3次対がん総合戦略研究事業（第3次対がん総合戦略研究，がん臨床研究），循環器疾患等総合研究事業，障害関連研究事業（障害保健福祉総合研究，感覚器障害研究），エイズ・肝炎・新興再興感染症研究事業（エイ

ズ対策研究,肝炎等克服緊急対策研究,新興・再興感染症研究),免疫アレルギー疾患予防・治療研究事業,こころの健康科学研究事業,難治性疾患克服研究事業に分かれている。

健康安全確保総合研究分野は,創薬等ヒューマンサイエンス総合研究事業,医療技術評価総合研究事業,労働安全衛生総合研究事業,食品医薬品等リスク分析研究事業(食品の安全性高度化推進研究,医薬品・医療機器等レギュラトリーサイエンス総合研究,化学物質リスク研究),健康科学総合研究事業からなっている。

農林水産省の競争的資金　農林水産省も,競争的資金による研究を促進している。同省のホームページ[14]によれば,次のようなものがある。項目により複数機関の連携を要件とするものがあることに注目しておきたい。

① 新技術・新分野創出のための基礎研究推進事業　生物機能を高度に利用した新技術・新分野を創出するため,幅広く提案を公募し,基礎的・独創的な研究を実施するもので,独立行政法人が6つの基礎的研究分野(生物機能解明・生産力向上分野,高機能・高品質食品分野,生物系素材分野,生物機能利用による環境改善分野,工学・環境学的手法による生物機能向上分野,装置開発・ソフト開発等の共通基盤に関する研究分野)について課題を公募し,外部委員による選考を行なったうえで,委託研究の形で実施している。

② 生物系産業創出のための異分野融合研究支援事業　バイオ等生物系先端技術により新産業の創出,企業化を促進するため,産学官の連携により,異分野の研究者が共同して行なう研究開発を通じて,画期的な技術開発や地域資源等を活用した研究開発を実施するとともに,独創的な着想,研究シーズを活かしてバイオベンチャー創出を目指す独立行政法人,民間企業等の研究者に対し,起業化に向けた研究開発支援を推進するものである。異分野融合研究開発型及び起業化促進型とからなり,国の一般会計から独立行政法人農業・生物系特定産業技術研究機構に交付金が交付され,同機構からの委託契約により研究を行なう。

14　平成17年12月13日の「競争的研究資金説明会」に資料として提出された「競争的研究資金の概要について」による。

③ 農林水産・食品分野民間研究推進事業　　民間企業による実用化研究，短期集中的な研究開発，革新性の高い技術開発を支援するもので，農林水産省が直接に補助する。具体的には，産学官連携アグリビジネスの創出のための技術開発（農林水産関連分野の新産業を創出し，アグリビジネスの活性化を図るため，民間企業等が産学官連携により行なう研究開発），食料産業等再生のための研究開発（食料産業等の再生を図るため，直面する諸課題や解決すべき政策課題について，民間企業等が行なう短期集中的な技術開発），次世代産業を担う革新的技術の共同研究に対する支援である。

④ 先端技術を活用した農林水産研究高度化事業　　農林水産業・食品産業等の現場に密着した試験研究の推進を行なう事業で，農林水産省からの委託事業として実施する。4区分（研究領域設定型，地域活性化型，府省連携型，緊急課題即応型）で研究課題を公募し，産学官の連携の強化により，優れた発想を活かし，先端技術等を活用した質の高い試験研究を促進する仕組みを創設し，生産及びこれに関連する流通，加工等の現場に密着した農林水産分野の試験研究の迅速な推進を図るものである。研究領域設定型研究は，全国領域設定型（さらに，農林水産施策の迅速かつ的確な対応を図るための一般型と，リスク管理行政への調査研究結果の迅速な活用を図るためのリスク管理型に分けて，いずれも領域の設定は農林水産省が行なう）と地方領域設定型（地方段階での施策課題への迅速かつ的確な対応を図るため地方農政局等が領域を設定）に分けて公募する。地域活性化型研究は，現場連携支援実用化促進型（農林漁業者の有する独創的な現場シーズを活用した研究），地域競争型研究（地域固有の特産作物等を活用し，地域産業を活性化するする研究）及び広域ニーズ・シーズ対応型研究（複数地域が抱える共通課題を効果的・効率的に解決するための研究）に分けて公募する。府省連携型研究は，他府省の基礎・基盤研究で生まれた技術シーズや他分野の研究成果を活用する研究である。緊急課題即応型調査研究は，年度途中で発生した農林水産分野の緊急課題に対応して短期間で取り組む調査研究である。4セクター[15]を設けて，中核機関がそのいずれ

15　セクターは，①都道府県・市町村・公立試験研究機関，②大学・大学共同利用施設，③独立行政法人・特殊法人・認可法人，④民間企業・公益法人・生産者等である。

か1に属し，少なくとも1以上の他セクター機関と共同研究を行なう。

環境に関する研究・技術開発　環境省も競争的研究資金を用意している。

環境技術開発等推進費は，持続可能な社会の構築，環境と経済の好環境に向け環境技術分野に関する基礎研究開発，実用化研究開発等に助成する競争的研究資金制度である。

地球環境研究総合推進費は，地球環境保全政策を科学的側面から支援するため，地球環境問題（オゾン層の破壊，地球の温暖化，酸性雨等越境大気汚染，海洋汚染，自然資源の劣化など）の解決に資する研究を推進する競争的研究資金制度である。国立研究機関の場合は，予算の移替えにより関係機関に対し予算が配分され，国立試験研究機関以外の機関（独立行政法人，国公私立大学，民間機関等）については，国から研究機関に対する委託研究として実施される。

また，廃棄物等処理等科学研究費は，循環型社会の構築や廃棄物の安全かつ適切な処理を進めるため，学術的・社会的必要性が高く独創的な研究，実現可能性・汎用性・経済効率性が見込まれる技術開発に助成する競争的研究資金制度である。

さらに，地球環境保全等試験研究費（公害防止等試験研究費）は，環境省設置法4条3号に基づいて，関係の府省の試験研究機関が実施する公害の防止並びに自然環境の保護及び整備に関する試験研究費を環境省において一括して予算計上し，その配分を通じて国の環境保全に関する試験研究の総合調整を図るものである。国立の試験研究機関については予算の移替えによる国内部の予算の配分であるが，実質的に研究助成の効果をもつことは疑いがない。

地域新生コンソーシアム研究開発　経済産業省も，委託方式により，たとえば地域新生コンソーシアム研究開発事業を実施している。この事業は，地域の産業集積内に存在する優れたものづくりの要素技術を持つ中堅・中小企業群と，高度な技術シーズ・知見を持つ大学等が，産学官の強固な共同研究体制（地域新生コンソーシアム）を組み，高度機能部材の実用化研究開発を行なうものである。コンソーシアムは，5社以上の民間企業を含む10以上の機関・法人等によって構成されるものとしている。

2 社会福祉, 育児支援

[1] 社会福祉

多様な社会福祉目的の公的支援措置　今日において, 人々の生活は公的部門に大きく依存している。福祉国家観により, 社会福祉目的の公的資金助成は拡大を重ねてきた。そして, 近年は, その見直しがなされつつある。国の助成措置は, 政府間助成の性質のものが多い。これに対して, 地方公共団体は, それぞれ多様な助成措置を講じている。それらを網羅的に把握することはできないし, まして, 分析することもできない。

　社会福祉等の目的の公的資金助成には, 独立行政法人や財団法人が深くかかわっている。たとえば, 独立行政法人福祉医療機構は, 国からの出資金, 補助金(利子補給を含む)及び運営費交付金により資金助成業務を行なっている。一般勘定への出資金は, 社会福祉施設や医療関連施設への貸付金に充てられ, 「長寿・子育て・障害者基金勘定」への出資金は, その運用益により, 社会福祉を振興する事業に対する助成金等に充てられる。さらに, 労災年金担保貸付勘定への出資金は, 貸付金に充てられる。これらのうち, 一般勘定の貸付事業は, 社会福祉法人等による老人福祉施設・児童福祉施設の整備, 民間事業者による福祉サービス事業に対する「福祉貸付事業」と, 医療関係施設, 介護老人保健施設の設置・整備に対する「医療貸付事業」とから成っている。さらに, 地方レベルの財団法人も関与している。たとえば, 財団法人東京都高齢者研究・福祉振興財団は, 前記機構の貸付けのうち, 医療貸付及び経営資金に係る福祉貸付を除く機構の貸付けにより施設整備を行なう社会福祉法人等に対して利子補給を行なっている。また, 心身障害者施設の整備につき国庫補助事業の対象となっている施設の用地取得費に対する貸付けなども行なっている。この財団法人には, 東京都からの補助金が投入されている。

母子福祉資金・寡婦福祉資金の貸付け, 母子家庭自立支援給付金　母子及び寡婦福祉法13条及び32条は, 事業開始又は事業継続の資金等の貸付けを都道府県に対して授権している。これを受けた都道府県の対応には興味深い点

がある。すなわち，同資金の貸付けに関しては政令（母子及び寡婦福祉法施行令3条以下）の定めがある関係で，「母子福祉資金の貸付けに関する規則」により申請，貸付決定，辞退・減額の申出等の手続を定めていることが多い[16]。この仕組みで，法律に基づく資金貸付けについては，都道府県議会が内容に関与することができず，同法16条の委任に基づき実質部分は政令で定められていることである。母子福祉資金・寡婦福祉資金の貸付けの実体的内容は政令で定められ，都道府県は，それを受け入れるか否かの選択のみを与えられているのである。

前記の13条及び32条は，「資金を貸し付けることができる」という文言であるが，これらの貸付けを行なうについては特別会計の設置が義務づけられている。また，国は，都道府県が貸付金の財源として特別会計に繰り入れる金額の2倍に相当する金額を当該繰入年度において，無利子で当該都道府県に貸し付けるものとされている（37条1項）。

ところで，神奈川県は，県の特別資金貸付けについては，「神奈川県特別母子福祉資金貸付条例」を制定している。また，東京都も，前記法律に基づかない女性福祉資金の貸付けについては，「東京都女性福祉資金貸付条例」を制定して，その要件等について相当詳細な定めを置いている。資金のなかには，事業開始基金，事業継続資金，技能習得資金，住宅資金，就学資金，就学支度資金などが含まれている。

貸付金と別に，母子家庭自立支援給付金制度が存在する。これは，配偶者のない女子で現に児童を扶養しているものの求職活動の促進とその職業生活の安定を図るための給付金（政令で常用雇用転換奨励給付金とされている），知識及び技能の習得を容易にするための給付金等（自立支援教育訓練給付金及び高等職業訓練促進給付金とされている）である。その支給が都道府県等（都道府県，市，特別区福祉事務所設置町村）に授権されている（31条）。その具体的な内容は，政令により定められている（27条以下）。

高齢者雇用・障害者雇用の促進　　高齢者雇用及び障害者雇用を促進するた

16　ただし，東京都は，「東京都母子福祉資金貸付条例」を制定して，母子福祉資金貸付を実施する旨，及び償還未済額の一部の償還免除について，定めている。

めの資金助成措置が用意されている。両方に共通の制度として，特定求職者雇用開発助成金制度がある。これは，高年齢者，障害者等の就職困難者を公共職業安定所又は適正な運用を期すことのできる無料・有料職業紹介事業者の紹介により継続雇用労働者として雇い入れる事業主に対して賃金の一部を支給する助成金である。また，同じく就職困難者の雇用促進の助成制度として，試行雇用（トライアル雇用）奨励金制度[17]も存在する。労働移動支援助成金は，離職を余儀なくされる労働者の再就職援助のために措置を講じた事業主に給付する助成で，求職活動等支援給付金，再就職支援給付金及び定着講習支援給付金からなる。

　まず，高齢者雇用の促進[18]のための助成措置をみておこう。

　第一に，「高年齢者等の雇用の安定等に関する法律」49条1項1号は，国は，「定年の引上げ，継続雇用制度の導入，再就職の援助等高年齢者等の雇用の機会の増大に資する措置を講ずる事業主又はその事業主の団体に対して給付金を支給する」ことができるとしている。そして，実際は，雇用保険法に基づく雇用安定事業として実施されている。すなわち，高年齢者雇用安定法9条に規定する継続雇用制度の導入等により高年齢者の雇用を延長し又は同法2条2項に規定する高年齢者等に対し再就職の援助を行ない若しくは高年齢者等を雇い入れる事業主その他高年齢者等の雇用の安定を図るために必要な事業主に対して必要な助成及び援助を行なうことが雇用安定事業の一つとされている（雇用保険法62条3号）。高年齢者雇用安定給付金の支給は，独立行政法人高齢・障害者雇用支援機構の業務とされている（同機構法11条1項1号，高年齢者雇用安定法49条2項）。しかし，給付金の支給要件，金額等に関する定めは法令には登場していないようである。実際には，継続雇用

---

[17] 再就職の困難な中高年齢者（45歳以上65歳未満）のほか，35歳未満の若年者，母子家庭の母等，障害者，日雇労働者・ホームレスを公共職業安定所の紹介により試行的に短期間（原則3ヶ月）雇用する場合に支給される。

[18] 高齢者の就業機会の確保のための施策として，雇用安定事業として高年齢者等共同就業機会創出助成金制度も設けられている。これは，45歳以上の者が3人以上で自らの職業経験等を活用すること等により，共同して事業を開始し労働者を雇い入れて継続的な雇用・就業の機会を創設した場合に，事業開始に要した経費の一部を助成するものである。

定着促進助成金（継続雇用制度奨励金・多数継続雇用助成金）（雇用保険法施行規則103条, 104条）及び雇用確保措置導入支援助成金（セカンドキャリア助成金）（訓練給付金, 職業能力開発休暇給付金, 長期教育訓練休暇制度導入奨励金, 職業能力評価推進給付金, キャリア・コンサルティング推進給付金）である。

　第二に, 日本政策投資銀行の高年齢者雇用環境整備融資制度がある。60歳以上の高年齢者を常時雇用する労働者として5人以上雇用する事業主が, 高年齢者の雇用の継続に必要と認められる施設で一定の機能を備えたものの設置・整備に必要となる資金の融資を行なうものである。

　なお, 高齢者雇用については, 独立行政法人高齢・障害者雇用支援機構以外に, 財団法人高年齢者雇用開発協会及び都道府県単位の高年齢者雇用開発協会（その名称は, 雇用開発協会等多様である）という多段階の法人を活用して実施されている。

　次に, 障害者雇用の促進についての助成措置をみておこう。

　第一に,「障害者の雇用の促進等に関する法律」は, 身体障害者又は知的障害者である労働者（以下, 単に「労働者」という）の雇用を促進するために, いくつかの助成金支給について規定している（49条1項2号〜8号）。

　障害者作業施設等設置助成金（事業主が労働者の雇入れ又は雇用の継続のために必要となる施設又は設備の設置又は整備に要する費用に充てるための助成金（2号）), 障害者福祉施設設置等助成金（事業主又は事業主の団体に対する労働者の福祉の増進を図るための施設の設置又は整備に要する費用に充てるための助成金（3号）), 障害者雇用継続助成金（労働者を雇用する事業主であって, 身体障害者となった労働者の雇用の継続のために必要となる当該労働者の職場適応を容易にするための措置又は労働者の雇用に伴い必要となる介助その他その雇用の安定を図るために必要な業務を行なう者を置く費用に充てるための助成金（4号）), 障害者通勤対策助成金（労働者の通勤を容易にするための措置に要する費用に充てるための助成金（5号））などが列挙されている。これらの助成金の支給要件, 支給額その他の支給の基準は, 政令で定めて, それに従って独立行政法人高齢・障害者支援機構が支給を行なうこととされている（51条1項, 同機構法11条1項6号）。これらを障害者雇用促進助成金と総称する。

　各種助成金について, 障害者雇用促進法施行規則に若干の規定が置かれて

いるが（17条以下），障害者作業施設設置等助成金については，機構の予算の範囲内で支給するとし（17条1項），その額その他必要事項については厚生労働大臣の定めによるとする（17条2項）など，機構の予算や厚生労働大臣への包括的な委任によっている（障害者福祉施設設置等助成金について18条の3，障害者介助等助成金について20条の2，職場適応援助者助成金について20条の2の3，重度障害者等通勤対策助成金について20条の4，重度障害者多数雇用事業所施設設置等助成金について22条，障害者能力開発助成金について22条の3，障害者雇用支援センター助成金について22条の5）。

　第二に，地方公共団体において，独自の制度を設けている例もある。たとえば，神奈川県は，知的障害者職場指導員設置補助金（知的障害者を5人以上雇用し職場指導員を設置している事業主に対する補助金），コミュニティビジネス障害者活動促進事業補助金（神奈川県コミュニティビジネス認定委員会からコミュニティビジネスとして認定を受けた事業者が新規に障害者を雇用する場合に交付する補助金），障害者雇用特例子会社設立助成金（障害者従業員が親会社の従業員とみなされて親会社の障害者雇用率に算入できる特例子会社[19]が県内に設立された場合に，特例子会社に対して交付する補助金）などの制度を設けている。また，東京都は，障害者雇用率を高めるために，他社のモデルとなるような雇用形態を提案した企業等に対して事業所のバリアフリー化や障害者向けパソコンの導入経費などを補助するという[20]。

　高年齢者雇用安定給付金も障害者雇用促進助成金も，国のレベルにおいては，機構の運営費交付金の総額について審議がなされるのみである。独立行政法人に業務を委ねることはよいとして，このような政策目的の給付金・助成金について，一括の運営費交付金という国民の目に見えない方法で足りるのか根本的検討が望まれる。

　非正規社員の雇用環境の改善　　目下，パートタイマー，派遣社員，契約社員などの非正規社員の雇用のあり方が問題とされている。このような非正規職員のあり方については，核心部分において合意できない状況にあるが，今

19　障害者雇用促進法44条による障害者雇用率算定上の特例制度である。同法45条は，特例関係会社について規定している。

20　日本経済新聞平成18・6・28。

後は公的資金助成の側面においても問題となることがあろう[21]。

[2] 育児支援

多様な育児支援策 少子化の進行に直面して，国も地方公共団体も，少子化対策に懸命である。その一環として，資金助成もなされる。その資金助成には，子をもつ親等の保護者に対する資金助成と，保育所経営者等の育児施設の経営者（事業者）に対する資金助成，育児支援に努める企業に対する資金助成[22]などがある。また，市町村単独の支援措置，県単独の支援措置と，国が地方公共団体を巻き込んで実施する支援措置もある。

国の補助金の一般財源化と交付金化の動き 保育所を中心とする育児支援の国庫補助金等については，三位一体改革の動きのなかで大きな変動がみられる。

平成16年度には，児童保護費等負担金のうち公立保育所運営費について，「一般財源化」が図られた。これは，同年度の恒久的一般財源化補助金総額2,440億円のうち1,661億円であったから，大きな割合を占めるものであった。この一般財源化にもかかわらず，児童福祉法53条に基づく児童保護費負担金（2分の1負担）は，国の支援として最も重要なものである。社会福祉法人等の設置する保育所における運営費（51条4号）の負担が中心である。この運営費については，都道府県も4分の1を負担しなければならない（55条）。平成17年度には，児童保護費等補助金のうち，産休代替保育士費，延長保育促進事業（公立に係る基本分）96億円が，同じく一般財源化された。「一般財源化」の意味は，所要の事業費全額を地方財政計画に計上し地方交

---

21 東京都は，非正規社員の雇用環境を改善するため，非正規社員の人事制度，賃金制度，教育訓練等の整備に取り組む「トライ企業」を募集し，無料でコンサルタントを派遣するとともに，改善計画の認定を受けた企業は，東京都中小企業制度融資による特定取組支援融資（チャレンジ融資）の対象にするという（平成18・6・26東京都産業労働局報道発表資料）。

22 たとえば，福井県は，「父親子育て応援企業」に対して知事表彰を行なうとともに，表彰企業には，「中小企業育成資金（一般）」を利用する際の保証料の全額を補給する措置を講じている。県の入札参加資格における審査項目としても評価している。

付税の基準財政需要額に算入するというものである。基準財政需要額に算入する方法は，単なる「人口」（地方交付税法12条の表における社会福祉費の測定単位）では意味をなさないので，「補正」（地方交付税法13条）によるほかはない[23]。したがって，実際にそのような事業を実施する地方公共団体に限って基準財政需要額に算入されるものである。国庫負担金（補助金）のような個別の交付申請手続を要しない点において地方公共団体のメリットがあるが，それ以上のメリットがあるわけではないように思われる。この点は，「国庫補助負担金の一般財源化」の意味として，認識しておく必要がある。

平成17年度には，次世代育成支援対策施設整備交付金（ハード交付金）（次世代育成対策推進法11条第1項に規定する交付金に関する省令1条1項1号）及び次世代育成支援対策交付金（ソフト交付金）（同項2号）の2種類の交付金が導入された[24]。

前者（ハード交付金）は，従来の「社会福祉施設等整備費国庫負担（補助）金」の補助対象となっていた保育所等の児童関連施設の整備を対象とするものである。有名な摂津訴訟で問題となった市町村の設置する保育所の設備に要する国の資金助成は，訴訟対象事案の時点には，2分の1を国庫が負担する制度であったが（当時の児童福祉法52条，51条2号），昭和48年の児童福祉法施行令改正により厚生大臣の承認を受けたものについて行なうこととされた（改正後の15条）。そして，平成17年度からは，児童福祉法の国庫負担の対象から除外されて（52条），次世代育成支援対策施設整備交付金（ハー

---

[23] 平成16年度に実施された厚生労働省の児童保護費等負担金等のうちの公立保育所運営費の一般財源化は，密度補正に用いる基礎数値について，従来の児童福祉法上の保育所に限定せず，乳幼児の保育を目的とする公立の保育施設を広く対象とし，その入所人員数に応じて算定することとし，「社会福祉費」の基準財政需要額の算定において，前記公立の保育施設の入所人員の密度による補正（密度補正）を適用することとした。これにより，保育所運営経費に係る需要額の算入は，（私立の保育所入所人員数×保育単価＋公立の保育施設入所人員数×保育単価）とされることになった（平成16・2・19総務省自治財政局調整課長通知による）。

[24] これらの内容について，全国保育団体連絡会・保育研究所編『保育白書2005』（ちいさいなかま社，平成17年）を参考にした。ハード交付金の要綱等については，保育法令研究会監修『保育所運営ハンドブック（平成18年版）』（中央法規，平成18年）684頁以下を参照。

ド交付金）制度に移行した。この交付金は，次世代育成支援対策推進法（平成17年法律第25号）11条1項が，「国は，市町村又は都道府県に対し，市町村行動計画又は都道府県行動計画に定められた措置の実施に要する経費に充てるため，厚生労働省令で定めるところにより，予算の範囲内で，交付金を交付することができる」(11条1項) という条文に根拠をおくものである。「交付することができる」という任意的交付金とされ，かつ，政令ではなく厚生労働省令で定めるところに委ねられている。しかし，省令自体は，使途を定めるのみで（1条2項），具体的な内容は，すべて厚生労働省の要綱・通知等によっている。

　都道府県又は市区町村が策定する行動計画をもとに作成する整備計画に基づき，保育所の待機児童数，ソフト事業の取組状況，これまでの施設の整備状況や老朽度などを勘案し，各整備計画を総合的に評価したうえ予算の範囲内で交付する。対象外事業を除き，整備計画に記載されている施設のいずれの施設に充てるかは自由である。都道府県，市区町村それぞれの計画に基づくものであれば，社会福祉法人等設置の保育所等も対象となる。各施設に算定基準を当てはめて交付基礎点数を算定し，交付基礎点数表によって交付基礎額を算定する。交付基礎額と総事業費の2分の1相当額との低い方の額をもって交付額とする。

　後者（ソフト交付金）は，従来の延長保育促進事業，「つどいの広場事業」などの対象となっていた事業に対する交付金で，市町村行動計画に定められている地域の特性や創意工夫を活かした子育て支援事業その他次世代育成支援対策に関する事業の実施を支援するものである。「子ども・子育て応援プラン」に基づく重点事業を中心に，市町村が策定する行動計画に基づく毎年度の事業計画を総合的に評価したうえで，予算の範囲内で交付する。個人に金銭給付を行ない，又は保育料等個人負担を直接的に軽減する事業等は対象外である。事業計画の範囲内であれば，各市町村の自由な裁量に任せることとされている。交付金額は，評価基準に基づき算定された基準点数をもとに算定する。総合施設モデル事業以外は，総事業費の2分の1を限度とする。

　これらの交付金がいかなる評価を受けるかは，現在はまだ不明である。「整備計画」や「事業計画」が多様な内容を含んでいるので，それらの相当

性等をどれだけ適正に判断できるかが一つのポイントになると思われる。また，その判断する基準そのものが妥当であるかが問われるであろう。

保護者に対する地方公共団体による資金助成　保護者に対する資金助成は，育児期の経済的負担を減少させるとともに，そのような制度の存在によって出産に対するインセンティブを付与する意味がある。もっとも，このインセンティブ効果が，実際にどの程度発揮されるかは未知数のことである。経済的負担よりも育児休業をとりやすい環境の整備や保育所の充実の方が先決であるという見方もあるかもしれない。

　県レベルの補助として，第3子以降の児童について保育料の補助をする例が多い。もっとも，3人以上の子を有する場合が比較的少なく，また，市町村が定める保育料の徴収金額自体が第3子以降については低く設定されているために，この方式の補助は比較的少額の歳出で済むともいえる。

　秋田県の支援策をみると，従来は，第3子以降の保育料を無料にする補助をしてきたが，平成17年8月から，零歳児には乳児養育支援として月額1万円を支給し，1歳児以降6歳児については保育料の半額（平成17・4・1以前出生の児童については4分の1）を補助する措置を開始した（いずれも所得制限がある）。これにより必要とされる歳出は大幅に増えるという[25]。この補助制度は，市町村が事業主体となって，それに県が補助する制度である。県の補助は，保護者との関係においては，間接補助金の性質を有し，市町村が事業を行なわない限り，保護者が県に直接交付を求めることはできないものである。

　私立幼稚園児の保育料負担の軽減は，国と区市町村との協調により実施されている。国は，保護者の所得状況に応じた経済的負担の軽減と，公・私立幼稚園間の保護者負担の格差の是正を図ることを目的として，保育料等を減免する「就園奨励事業」を実施する地方公共団体に対して，国が所要経費の一部を補助する制度を設けている。国の補助率は，原則として3分の1以内（東京都特別区及び財政力指数1.00超の指定都市は4分の1以内）である。市区町村の負担分については交付税措置がなされる。

25　朝日新聞平成17・7・12。

東京江戸川区は，私立幼稚園と区立幼稚園との保育料の差額を補助する制度を採用している。区立幼稚園は，4，5歳児対象の2年保育で，入園手数料1,000円，保育料年額36,000円（月額3,000円）である。保育所であれば，公立も私立も共通の保育料であるが，幼稚園の場合は，私立幼稚園はそれぞれ独自の保育料が設定され，保護者の負担が重くなっているので，その負担を軽減するための補助金である。私立幼稚園児に係る保育料補助金は月額26,000円を限度とし，入園料補助金は80,000円を限度としており（これらについては所得制限なし），さらに，所得の状況に応じて年間56,800円〜254,000円の就園奨励費補助金交付制度がある。

　なお，保育料の軽減を実施するに当たり，保護者との間で手続をとる方法と，就園先を通じて手続をとる方法とがありうる。石川県は，保育料の軽減について，保育料は市町村に支払ったうえ，申請書を通園保育所を経由して提出し，軽減分相当額を後日保護者の口座に振り込む方法を採用している。保育所と法体系が異なるが，埼玉県の私立幼稚園保育料軽減事業は，保護者が通園先の幼稚園に保育料軽減申請書を提出し，県が幼稚園に対して補助金を交付し，それを受けて幼稚園が保育料を軽減する方式を採用している。そして，保護者が実際に軽減を受けた後に，「保育料軽減確認書」を幼稚園に提出する手続がとられる。

　事業者に対する地方公共団体による助成措置　民間保育所の事業者に対する資金助成には，多様なものがある。

　施設整備について，国はハード交付金を交付するが，児童福祉法56条の2第1項は，地方公共団体が民間の児童福祉施設の新設等に対して，その4分の3以内を補助することができるとしている。4分の3の限度設定及び都道府県と市町村との合計額による点が特色である。地方公共団体は，実際にも一定の助成措置を講じている。たとえば，多摩市は，交付金の額に1.5を乗じた額を補助することにしている（多摩市民間保育所整備費補助要綱4条）。民間保育所の整備のために資金を借り入れた場合の元利償還の補給をする施策（高知市），利子補給をする施策（総社市）も見られる。

　次に，保育事業に対する助成措置がある。

　地方公共団体のうち，市町村は，保育料を決定し徴収する権限を有し，民

間保育所に対しても，国基準による運営費を交付するほか，独自の助成措置を講じることが多い。横浜市は，多数の助成措置を用意しているが，その一つとして「横浜市長時間保育助成要綱」により，夜間保育所（原則保育時間を午後1時から午後9時までに設定し，かつ午後9時を超えて実施する保育（夜間保育）を実施する保育所）と，それ以外の長時間保育所に分けて，長時間保育所の設置者に対して助成する措置を講じている。長時間保育従事職員雇用費，保育士雇用費，施設管理費，障害児保育費，時間延長サービス事務加算などの助成を行なっている。長時間保育対象児童の決定については，別に要綱が定められている。そして，このような事業は，国のソフト交付金の対象となる。

さらに，企業内保育所に対する支援もなされつつある（21世紀職業財団も事業所内託児施設助成金を交付している。第1章3［2］を参照）。たとえば，東京港区は，企業内保育所を開設する民間事業者（保育所開設者）が，その定員に区内に住所を有する者が扶養する児童の定員枠（2名）を設けている場合に，所定の対象経費又は定員に4万円を乗じた額のうちいずれか低い額を補助するとしている（上限120万円）（港区企業内保育所支援補助金交付要綱）。

区域を越えた利用の場合の調整　児童の保護者の住所地と当該児童の入所する保育所の所在地とが異なる地方公共団体に属している場合に，事業者に対する助成措置に関して，保護者の住所地の地方公共団体と児童の入所している保育所所在地の地方公共団体とが，どのように分担し合うかが重要な課題である。保育所所在地が勤務地であるとすると，当該保護者の勤務は勤務先の事業による税収への貢献等も考えられるのであるから，保護者の住所地如何にかかわりなく助成する合理性があるという考え方もあろう。また，保護者の住所地の地方公共団体から保育事務の委託がなされていると理解するならば，保護者住所地の地方公共団体も応分の助成を行なうことが合理的であるということになろう。大都市圏等において注意しなければならない論点である。

3　環境対策・国土整備・住宅関係の助成

[1]　環境対策の助成

規制と助成　環境対策の推進にとって，規制と助成との組合わせが重要であると認識されている。そして，規制は，その性質上，法律又は条例に直接の根拠をおいてなされるが，助成は，予算上の措置であるものが多く，法律に根拠を置くといっても，包括的な場合が多い。たとえば，「環境の保全のための意欲の増進及び環境教育の推進に関する法律」22条は「国及び地方公共団体は，環境保全の意欲の増進及び環境教育の推進に必要な財政上又は税制上の措置その他の措置を講ずるよう努めるものとする」と定め，また，「自動車から排出される窒素酸化物及び粒子状物質の特定地域における総量の削減等に関する特別措置法」25条は，窒素酸化物等がないか又はその量が相当程度少ない自動車の開発及び利用の促進並びにそのような自動車への転換の促進に必要な資金の確保・技術的な助言その他の援助に努めるものと定めている[26]。「努めるものとする」という表現によって，訓示的規定であることが明白である。

循環型社会の形成　しかし，実際にも資金助成により環境対策を推進する努力がなされている。その中には，補助金の形式ではなく，請負契約形式のものもある。たとえば，環境省は，NGO・NPO等の民間団体や事業者が地方公共団体等と連携して行なう3R（reduce, reuse, recycle）やグリーン購

---

26 「必要な資金の確保」に努める旨の規定もある（有明海及び八代海を再生するための特別措置に関する法律12条，特定製品に係るフロン類の回収及び破壊の実施の確保等に関する法律48条，海洋汚染等及び海上災害の防止に関する法律50条）。また，「必要な資金の融通又はあっせん」に努めることを求める条項もある（廃棄物の処理及び清掃に関する法律23条，瀬戸内海環境保全特別措置法15条）。資金の「あっせん」に努める旨を定める例もある（大気汚染防止法29条，悪臭防止法18条，騒音規制法23条，振動規制法21条，水質汚濁防止法25条1項，湖沼水質保全特別措置法27条1項，特定水道利水障害の防止のための水道水源水域の水質の保全に関する特別措置法19条1項，建築用地下水の採取の規制に関する法律16条，土壌汚染対策法33条，ダイオキシン類対策特別措置法38条）。

入などの循環型社会形成に向けたものであって，先駆的かつ他の地域に適用可能な一般性を有する実証事業を公募して，採択した相手と請負契約を締結し，実証事業の立上げ及び試行に必要な経費について負担することとしている。

循環型社会の形成のために，地方公共団体も一定の施策を実施している。たとえば，石川県は，リサイクル関連企業の立地を促進するために「廃棄物再資源化施設立地促進事業費補助金」を設けている。補助要件に地元住民の協力が得られる計画であることが含まれている結果，地元住民の協力が得られないと実際の補助事業が執行できないことになる。この点は，この種の助成制度の宿命ともいえようか。また，福井県は，市町村が実施する「プラスチック容器包装」を含む資源ごみ回収拠点整備に要する経費の一部を助成する制度を設けている。市町村においては，資源回収活動の奨励，生ゴミ堆肥化容器の購入費の補助，生ゴミ処理機購入費の補助などが行なわれている。

環境再生保全機構による助成　独立行政法人環境再生保全機構の業務には，次のような助成業務が含まれている。

第一に，「環境の保全を通じて人類の福祉に貢献するとともに国民の健康で文化的な生活の確保に寄与する活動」で，民間団体（民間の発意に基づき活動を行なう営利を目的としない法人その他の団体）による開発途上地域における環境の保全を図るためのもので開発途上地域の現地において事業を実施するものであること等の政令で定める要件に該当するもの，国内に主たる事務所を有する民間団体による国内においてその環境の保全を図るための活動で，広範な国民の参加を得て行なわれるものであることその他の政令で定める要件に該当するもの，に対する助成金の交付である（同機構法10条1項3号）。

第二に，ポリ塩化ビフェニル廃棄物の処理を確実かつ適正に行なうことができるものとして環境大臣が指定する者に対し，その速やかな処理を図るため，その処理に要する費用について助成金を交付することである（10条1項5号）。

地球温暖化対策　地球温暖化対策としての公的資金助成は多岐にわたっている。

国の「石油及びエネルギー需給高度化対策特別会計」(いわゆる石油特会)による事業として，いくつかの事業が実施されている。

　第一に，地方公共団体向けの事業がある。地方公共団体率先対策補助事業(地方公共団体等が，模範的な先行事例を民間事業者や国民に示すことにより温暖化対策の実践を促すことを目的として，地方公共団体等が実施する温暖化対策事業に支援するもの)は，対策技術率先導入事業(地方公共団体の施設への代エネ・省エネ施設設備の整備を行うもの)，学校への燃料電池導入事業，次世代低公害車普及事業，低公害車普及事業などからなっている。また，地球温暖化を防ぐ学校エコ改修事業は，地域や学校の特徴に応じた二酸化炭素排出削減効果を有する省エネ導入の効果的な組み合わせによる施設整備に要する費用の一部を補助するものである。

　第二に，民間向けの事業には，温室効果ガスの自主削減目標設定に係る設備補助事業(自主参加型の国内排出量取引制度に参加する民間事業者に対し，省エネ・石油代替エネルギーによるCO_2排出抑制設備の導入への補助を行なう)，地域協議会代エネ・省エネ対策推進事業(地域協議会の活動として行なう地域における電圧調整装置等の温室効果ガスの削減効果の見込める機器の導入事業，民生用小型風力発電システム導入事業，家庭用等の小型燃料電池導入事業，複層ガラス等省エネ資材導入事業)，廃棄物処理施設における温暖化対策事業(廃棄物処理業を主たる業とする事業者が行なう高効率な廃棄物エネルギー利用施設及び高効率なバイオマス利用施設の整備事業についての補助)，地球温暖化対策ビジネスモデルインキュベーター(起業支援)事業(温暖化対策ビジネスモデルとして一定のフィージビリティが確認されている先見性・先進性の高い事業について，本格的なビジネス展開を図るに当たって必要な核となる技術に係る施設整備の経費及び地域パイロット事業の事業費を支援する補助)，再生可能エネルギー高度導入地域整備事業，業務部門二酸化炭素削減モデル事業，省エネ型低温用自然冷媒冷凍装置の普及モデル事業，街区まるごとCO_2 20％削減事業，メガワットソーラー共同利用モデル事業などがある。

　地方公共団体も，自主的な資金助成を行なっている。たとえば，福井県大野市や岡山県総社市は，太陽光発電等住宅設備設置を促進するための補助金を交付している。

また，商工組合中央金庫は，環境配慮投資等に対する融資を実施しており，その一環として地方公共団体の環境施策との連携を重視している。その一例として東京都と連携して地球温暖化対策に積極的な企業，具体的には，東京都の「地球温暖化対策計画書」制度の評価が「A」以上の事業者に環境対策に必要な設備資金を貸し付ける融資を実施しているという[27]。さらに，三重県の環境マネジメント認証制度「M—EMS」，京都府の「エコ京都21」，宮城県・仙台市の環境マネジメントシステム認証制度「みちのくEMS」，福岡県の「福岡県リサイクル製品認定制度」等と連携して，環境配慮型経営支援貸付けを実施している[28]。この方式は，さらに他の道府県にも広まる可能性がある。

［２］　国土整備の助成
　国土整備における政府間関係の重要性　　国土整備に関する助成として，国と地方公共団体との政府間関係が極めて重要である。地方財政法に規定があるほか，主要な公物管理法にも規定がある。たとえば，道路に関して，割り勘的な負担金（道路法53条），分担金（52条）のほか，大臣指定の主要な都道府県道若しくは市道の整備等について，国の補助制度が用意されている。予算の範囲内において，道路の新設又は改築に要する費用についてはその2分の1以内，道路の調査に要する費用については3分の1以内，指定区間外の国道の修繕に要する費用については2分の1以内を道路管理者に対して補助することができる（56条）（時限的特例を含めて第6章2［4］を参照）。河川についての費用負担又は補助の制度（河川法59条以下），港湾についての費用負担（港湾法42条）と費用補助（43条）がある。
　負担又は補助のかさ上げ　　国土整備に関係する法律のなかには，国の負担金や補助金の割合をかさ上げするものがある（「明日香村における歴史的風土の保存及び生活環境の整備等に関する特別措置法」5条。なお，第2章5［1］をも参照）。

27　日本経済新聞平成18・6・21。
28　商工中金平成18・6・28ニュースリリースによる。

環境確保のための特定施策の実施　環境確保のための特定の施策を実施するための助成の仕組みは多様である。いくつかの例を挙げてみよう。

　第一に，道路交通騒音による障害を防止するために制定された「幹線道路の沿道の整備に関する法律」は，特別の仕組みを用意している。市町村が沿道地区計画の区域内の土地のうち道路交通騒音により生ずる障害の防止又は軽減と当該区域の計画的な整備を図るために有効に利用できる土地の買入れに要する資金について，その3分の2以内の金額を国が市町村に無利子で貸し付けることができるとされている（11条1項）[29]。また，沿道地区整備計画の区域内で建築基準法68条の2第1項の規定に基づく条例により建築物の構造に関する防音上の制限が定められた際に，居住用の建築物について防音上有効な構造とするために行なう工事に関し，道路管理者は必要な助成その他その促進のための措置を講ずるものとされている（13条1項）。なお，沿道地区計画の区域内で緩衝建築物を建築する者が，道路管理者に対して建築及び敷地整備の費用の一部負担を求めることができる制度（12条1項）も，「負担」の用語を用いているが，助成措置の一種と理解してよいであろう。そこでは，「道路交通騒音により生ずる障害の防止又は軽減について遮音上当該建築物の建築により得られる効用の限度内」という微妙な要件が用いられているが，あらかじめ費用の額及び負担方法について道路管理者との協議がなされるので，その協議が整ったことを前提にすると，一種の行政契約の成立によるものとみることができる。

　第二に，「防衛施設周辺の生活環境の整備等に関する法律」は，地方公共団体その他の者が防衛施設周辺の一定の施設について障害防止工事を行なうときは，予算の範囲内でその費用の全部又は一部を補助するとしている（3条）。さらに，住宅の防音工事に関し助成の措置をとるものとしている（4条）。地方公共団体が，周辺地域の障害の緩和に資するため，生活環境施設又は事業経営の安定に寄与する施設の整備について必要な措置をとるときは，国は，当該地方公共団体に対して，予算の範囲内で，その費用の一部を補助

29　指定法人の沿道整備推進機構が土地を取得する場合に取得に要する費用に充てる資金を市町村が機構に貸し付けるときは，国は，当該市町村に対し必要資金額の3分の2以内の金額を無利子で貸し付けることができる（13条の4）。

することができるとしている（8条）。さらに，これらの措置をとる地方公共団体に対して必要な資金の融通又はあっせんその他の援助に努めるとしている（10条）。

　第三に，「密集市街地における防災街区の整備の促進に関する法律」は，建替計画の認定を受けた事業者に対して市町村が建替えに要する費用の一部を補助することができるとし，市町村が補助金を交付する場合には，国は，その費用の一部を補助することができる旨定めている（13条）。また，延焼等危険建築物等に係る認定居住安定計画に基づき延焼等危険賃貸住宅の居住者に対して認定所有者が移転料を支払う場合に，市町村は当該認定所有者に，移転料の支払いに要する費用の全部又は一部を補助することができるとしたうえ，市町村がその補助金を交付する場合には，国はその費用の一部を補助することができる旨規定している（29条）。市町村と国との協調関係により対策を推進しようとする姿勢が表われている。

　国土整備の推進のための助成　　国土整備の推進あるいは地域振興のための助成措置は多岐にわたる。また，助成の仕組みも絶えず変貌を重ねている[30]。まず，都市整備関係の代表的なものをみておこう。

　第一に，都市の開発に関しては，「都市開発資金の貸付けに関する法律」の授権する国による貸付けがある。地方公共団体が行なう一定の土地の買取りに必要な資金の貸付け（1条1項），地方公共団体が行なう一定の土地の買取資金の貸付けを行なう場合における地方公共団体に対する資金の貸付け（1条2項），市街地再開発による土地の合理的かつ健全な高度利用と都市機能の更新に資するための貸付けを行なう地方公共団体に対する資金の貸付け（1条3項），土地区画整理事業に対する貸付けを行なう地方公共団体に対する貸付け（1条4項）等のほか，独立行政法人都市再生機構に対する貸付け（1条6項），土地開発公社に対する貸付け（1条7項），民間都市開発推進機構に対する貸付け（1条8項）が定められている。

　民間都市開発推進機構は，「民間都市開発の推進に関する特別措置法」に

30　少し前の時点の状況について，植田浩＝米澤健編『地域振興』（ぎょうせい，平成11年）が，詳しく叙述している。

基づき設立された指定法人（財団法人）である（3条以下）。政府は，同機構に対して，前述の都市開発資金貸付法によるもののほか，同機構が特定民間都市開発事業に当該事業に要する費用の一部を負担して参加する場合（4条1項1号），及び，特定民間都市開発事業の施行者に対して長期かつ低利の資金の融通を行なう場合（4条1項2号）[31]において，その業務に必要な資金のうち，道路又は港湾施設の整備に関する費用に充てるべきものの一部を無利子で貸し付けることができる（5条）。さらに，機構の発行する債券に係る債務について保証することもできる（9条）。また，次に述べる都市再生特別措置法30条は，同機構が行なう都市再生事業支援業務（29条1項1号）に要する資金のうち，政令で定める道路又は港湾施設の整備に関する費用に充てるべきものの一部を無利子で貸し付けることができる旨規定している。

　かくて，機構は，指定法人ではあるが，政府のバックアップにより都市開発を推進しようとしていることがわかる。前記の都市再生事業支援業務には，①公共施設の整備を施行する認定事業者に対し当該事業の施行に要する費用に充てる資金の一部を無利子で貸し付けること，②専ら認定事業の施行を目的とする株式会社に対する出資又はその発行する社債の取得，専ら認定事業者から認定建築物等を取得しその管理及び処分を目的とする株式会社若しくは特定目的会社（認定建築物等管理処分会社）が発行する社債の取得，不動産特定共同事業契約に基づく出資，受託土地に認定建築物等を整備しその管理処分を行なうことを内容とする信託の受益権の取得などにより，認定事業者の認定事業の施行に要する費用の一部について支援すること，③認定事業者が認定事業の施行に要する費用に充てるために行なう資金の借入れ若しくは社債の発行に係る債務又は認定事業者からの認定建築物等の取得に要する費用に充てるため認定建築物管理処分会社が行なう資金の借入れ若しくは社債の発行に係る債務を保証すること，が含まれている。これらのうち，②は，「まち再生出資業務」と呼ばれるもので，機構の出資等によりプロジェクト全体のリスクが軽減されることが呼び水となって，民間資金の投入を誘導す

31　この資金の融通業務は，日本政策投資銀行及び沖縄振興開発金融公庫と協定を締結して，協定に従い，機構が資金を寄託し，機構が推薦した民間都市開発事業施行者に対して，協定で定める貸付条件により行なうとしている。

る効果が期待されているという[32]。

　機構は，まちづくり活動（景観形成，まちの魅力アップ，伝統文化の継承・歴史的施設の保全，観光振興，安心安全なまちづくりなど）に対する助成等の支援を行なう公益信託，公益法人（「まちづくりファンド」）に対する資金拠出業務も行なっている。このファンドには，地元の地方公共団体からの資金拠出を要件とし，住民，地元企業からの拠出も期待されている。そこで「住民参加型まちづくりファンド」と呼ばれている[33]。

　第二に，都市再生特別措置法による都市再生交付金（まちづくり交付金）が存在する（第6章2［3］を参照）。都市再生特別措置法47条2項は，市町村の都市再生整備計画に基づく事業[34]の実施に要する経費に充てるため，公共公益施設の整備の状況その他の事項を基礎として省令で定めるところにより，交付金を交付することができる，と定めている。その交付金の金額について，同法施行令16条が算定式を定めている。まちづくり交付金により市町村が行なう事業と民間都市開発推進機構の支援による民間都市開発事業との協働関係が仕組まれている。

　第三に，いわゆるPFI法，すなわち「民間資金等の活用による公共施設等の整備等の促進に関する法律」13条は，国は，選定事業者に対し，選定事業のうち特に公共性が高いと認められるものに係る資金について無利子で貸付けを行なうことができるとし（1項)，この無利子貸付を行なう場合には，日本政策投資銀行，沖縄開発金融公庫その他の政府系金融機関等の審査機能又は貸付機能を活用することができる，としている（2項）。

　第四に，中心市街地の活性化が大きな政策課題となっている。この点については，項目を改めて後述する。

32　都市再生特別措置法研究会編『改正都市再生特別措置法の解説Q＆A』（ぎょうせい，平成18年）156頁。

33　民間都市開発推進機構の平成18年度募集案内による。

34　法46条2項3号の定める事業として，公共公益施設の整備に関する事業，市街地再開発事業，防災街区整備事業，土地区画整理事業，住宅施設の整備に関する事業があるほか，法の委任に基づく省令において住宅街区整備事業その他国土交通大臣の定める事業とされている（施行規則9条）。

第五に，都市鉄道等利用利便法は，まず，国及び地方公共団体に対して，「都市鉄道等の利用者の利便を増進するために必要な資金の確保その他の措置を講ずるよう努めるものとする」との努力義務を課したうえ（23条1項），地方公共団体は，独立行政法人鉄道建設・運輸施設整備支援機構その他の者（「機構等」）が都市鉄道利便増進事業として行なう都市鉄道施設又は駅施設の整備に要する費用を，当該施設の営業を行なう者が当該営業により受ける利益のみで賄うことができないと認めるときは，機構等に対して，当該費用の一部を補助することができるとしている（24条1項）。

　第六に，都市公園法29条は，国は，予算の範囲内において，地方公共団体に対し都市公園の新設又は改築に要する費用の一部を補助することができるとし，「政令で定めるところにより」として，政令による具体化を予定している（29条）。同法施行令31条は，補助対象となる公園施設を列挙したうえ，それらの新設，増設又は改築に要する費用にあっては当該費用の額の2分の1の額，都市公園の用地の取得にあっては当該費用の額の3分の1の額，としている。

　第七に，都市緑地法も，いくつかの助成を定めている。都道府県が行なう損失の補償，都道府県又は市町村が行なう土地の買入れ，地方公共団体が行なう緑地保全地域内の緑地の保全に関連して必要とされる施設整備又は特別緑地保全地区内の緑地の保全に関連して必要とされる施設整備に要する費用についての国の補助（31条），市民緑地契約に基づき地方公共団体が行なう市民緑地を利用する住民の利便のために必要な施設及び市民緑地内の緑地の保全に関連して必要とされる施設の整備に要する費用についての国の補助（56条）が用意されている。損失の補償や土地の買入れに要する費用，施設整備費の補助の手法は，他の制度にも見られる[35]。

　第八に，土地区画整理や市街地再開発関連の助成がある。

　まず，土地区画整理事業に関して，国土交通大臣の指示を受けて都道府県又は市町村が施行するものについては政令で定めるところにより国が費用の一部を負担し（土地区画整理法118条3項），また，国は，都道府県又は市町

35　古都における歴史的風土の保存に関する特別措置法14条など。

村が施行する土地区画整理事業が大規模な公共施設の新設若しくは変更に係るものである場合又は災害その他の特別の事情により施行されるものである場合において，必要があると認めるときは，予算の範囲内で，政令で定めるところにより，所要費用の2分の1以内を施行者に補助金として交付することができる（121条）。これらの委任を受けた同法施行令63条及び66条が，それぞれ規定している。実態を知ることができないが，前記補助金について「必要があると認めるとき」の認定基準が問題になるように思われる。

次に，都市再開発法は，地方公共団体は，市街地再開発事業の施行者に対して，同事業に要する費用の一部を補助することができるとしたうえ（122条1項），地方公共団体がその補助金を交付し又は自ら施行する場合には，国は予算の範囲内で費用の一部を補助することができるとしている（同条2項）。

中心市街地の活性化　今日の都市における最も大きな政策課題の一つは，中心市街地の活性化である。中心市街地の活性化を図るための法律として，「中心市街地における市街地の整備改善及び商業等の活性化の一体的推進に関する法律」が制定され（法律名の改称については後述），その附則5条が，「当分の間」の措置として，都道府県及び市町村に対する国による資金の無利子貸付について規定している。法律のうえでは，これだけであるが，実際には，同法に規定する基本計画に沿った事業を促進するために各種の助成措置が講じられてきた。平成10年7月の「中心市街地における市街地の整備改善及び商業等の活性化の一体的推進に関する基本的な方針」に基づく施策の一環をなしている。経済産業省のホームページによれば，次のようなものがある。

商業・サービス業集積関連施設整備事業　中心市街地活性化法に基づいて市町村が策定する基本計画に則って，住民や事業者の利便性を高めるための駐車場や多目的ホール等の商業基盤施設の整備費について補助するものである。対象は地方公共団体及び第三セクター，第三セクターの場合は特定事業計画に関する経済産業大臣の認定が必要である。補助対象経費は，駐車場，多目的ホール，休憩所等の顧客利便施設，荷捌き場，研修施設等の小売業務円滑化施設の建設費又は取得に要する経費である。補助率は，地方公共団体，

地方公共団体が2分の1以上を出資している第三セクターの場合は2分の1，その他の第三セクターの場合は4分の1である。

中心市街地商業等活性化総合支援事業　商業の活性化によるまちづくりを促進するため，中心市街地活性化法に規定する基本計画に基づき駐車場や多目的ホール等の商業基盤施設又は商業インキュベータ施設（新規開業者向け店舗），テナントミックスに資する店舗の商業施設の整備並びに商業の活性化のためのソフト事業（空き店舗対策，各種イベントの実施など）に補助するものである。補助率は，施設整備にあっては，地方公共団体，地方公共団体が出資の2分の1以上の第三セクターの場合は2分の1，その他の第三セクターの場合は4分の1，ソフト事業にあっては，地方公共団体の場合は2分の1，第三セクター，NPO法人の場合は3分の1である。

リノベーション補助金　TMO（Town Management Organization＝中心市街地活性化法19条1項の認定構想推進事業者）や組合等が策定する中心市街地活性化法等の認定を受ける事業計画等に基づき行なわれる中心市街地等の商店街・商業集積の活性化に資する施設（駐車場，アーケード，街路灯，コミュニティ施設，ゴミ処理施設，荷捌き施設，テナントミックスに資する店舗等）の整備やそれと一体的に行なうソフト事業に必要な事業資金の一部を補助するものである。補助率（及び負担）は対象者に応じて次のようになっている。市町村の場合は，国2分の1，市町村3分の1，TMO計画に基づく事業の場合は，国3分の1，市町村3分の1，TMO3分の1，その他の計画に基づく事業の場合は，国4分の1，都道府県（又は市町村）4分の1，組合等2分の1である。

大型空き店舗活用支援事業　商店街振興組合，事業組合，商工会，商工会議所，第三セクター等が，中心市街地や商店街の魅力，集客力を取り戻すため，TMO等が中心市街地の大型空き店舗を活用して，テナントミックス事業等を行なう際の賃借料，改装費等に対し補助を行なうとともに，効果的なテナントミックス事業を営めるよう，店舗運営や仕入れ等の専門的なノウハウを支援する専門家の活用や消費者ニーズの把握等，各種調査経費の一部について補助するものである。補助率は2分の1である。

以上のほかにも，中小商業活性化総合補助金は，商店街振興組合などが，

商店街・商業集積の活性化を図るために行なう自発的な取組み（商店街の空き店舗を活用した創業支援事業，展示会等の実施，駐車対策・IT化・高齢化に対応したカード事業・宅配事業，保育施設・高齢者向け交流施設等のコミュニティ施設の設置運営などのソフト事業）を支援するものである。さらに，タウンマネージメント関係では，商業タウンマネージメント計画策定事業，TMO活性化支援事業（中心市街地活性化フォーラム支援事業，TMO自立支援事業）があり，さらに，各都道府県の中小企業振興公社等に造成されたTMO基金の運用益によりTMO等が実施するコンセンサス形成事業，テナント・ミックス管理事業，広域ソフト事業，事業設計・調査・システム開発事業に補助する事業も，TMO基金による中心市街地商業活性化推進事業と呼ばれている。特定商業施設等整備事業の設備資金，立ち上がり運転資金に必要な資金を調達するために事業者が発行する社債及び借入れに係る債務については，産業基盤整備基金による債務保証制度が用意されている。

中心市街地活性化法の改正　ところで，平成18年の通常国会には改正法案が提出され，法律名を「中心市街地の活性化に関する法律」と改め，内容も大きく改正された。資金助成も，法律の中で定められるに至った。中心市街地共同住宅供給事業の認定事業者に対する地方公共団体の補助（30条1項），それが行なわれる場合の国の補助（30条2項），認定特定民間中心市街地活性化事業者の資金借入れについての独立行政法人中小企業基盤整備機構による債務保証（42条）が規定されている。大改正に基づいて，直接法律に定めのない助成措置も変わることが予想される（中小企業振興策の観点からの資金助成については，本章4［3］を参照）。平成18年9月8日に閣議決定された「中心市街地の活性化を図るための基本方針」は，認定基本計画（9条）に基づく法定の支援措置に加えて，認定と連携した支援のための予算措置を講ずる方針を示している。平成18年2月に国土交通省が発表した同省の「中心市街地活性化支援措置」によれば，新たに「中心市街地再生のための暮らし・にぎわい再生事業」を創設するという。これは，中心市街地の再生を図るため，国による中心市街地活性化基本計画の認定を受けた意欲のある地区について，都市機能の「まちなか立地」及び空きビルの再生並びにこれらに関連する賑わい空間施設整備や計画作成・コーディネートに要する費

用を総合的に支援する事業である。前記改正後の 30 条を受けて中心市街地共同住宅供給事業も創設される。

さらに，市町村が定めた「街なか居住」の推進を図るべき区域内で行なわれる民間（SPC）の住宅等の整備事業を支援するために，「街なか居住再生ファンド」の活用も予定されている。国は，社団法人全国市街地再開発協会に設置される特別会計の「街なか居住再生ファンド」に補助金を交付する。同ファンドが地方公共団体等とともに地域ファンド（信託会社等の信託勘定）に信託して，地域ファンドが出資する地域ファンド方式と，街なか居住再生ファンドが信託会社等に信託して直接に出資する直接支援方式とがある。

鉄道・軌道の整備　鉄道・軌道は国民生活に極めて重要な役割を果たす施設である。そのために，法律を制定して，古くから助成してきた。

第一に，鉄道軌道整備法による助成がある。補助金に関しては，補助の対象に始まり，補助金交付申請，損益計算書等の提出，帳簿の整理，補助金の使途についての条件，補助金の交付の停止，不交付・返還，利益金の納付など相当に詳細な定めが用意されている。助成対象とする鉄道は，「天然資源の開発その他産業の振興上特に重要な新線」（3条1項1号）若しくは「設備の維持が困難なため老朽化した鉄道であって，その運輸が継続されなければ国民生活に著しい障害を生ずる虞のあるもの」（3号）に該当するものとして国土交通大臣の認定を受けたもの，「産業の維持振興上特に重要な鉄道であって，運輸の確保又は災害の防止のため大規模な改良を必要とするもの」（2号）に該当するもので当該改良計画につき国土交通大臣の承認を受けたもの，又は，「洪水，地震その他の異常な天然現象により大規模の災害を受けた鉄道であって，すみやかに災害復旧事業を施行してその運輸を確保しなければ国民生活に著しい障害を生ずる虞があるもの」（4号）である（3条1項）。それぞれの類型に応じて政府の補助できる割合が定められている（8条）。前記の3条1項1号の認定を受けた鉄道の運輸が開始されたときは，政府は，毎年，当該鉄道の営業用固定資産の価額の6分（すなわち，100分の6）に相当する金額を限度として補助することができる（8条1項）。改良計画の承認を受けた鉄道の改良が完了したときは，改良により増加した固定資産の価額の6分に相当する金額を限度として補助することができる（2項）。

3条1項3号の場合は，適切な経営努力がなされたにかかわらず欠損を生じたときに，欠損金の額に相当する金額を限度として補助することができる（3項）。3条1項4号の鉄道事業者がその資力のみによっては災害復旧事業を施行することが著しく困難であると認めるときには，当該災害復旧事業に要する費用の一部を補助することができる（4項）。補助金の交付は，独立行政法人鉄道建設・運輸施設整備支援機構を通じて行なうことができる（7項）。

これらの補助金は，利益を上げることのできない不採算鉄道を想定するものである関係で，8条1項又は2項の補助金交付を申請した鉄道事業者は，営業用固定資産の価額に政令で定める割合（政令により年1割）を乗じて得た金額を超える益金を生じたときは，補助金を交付することができないとされている（13条）。さらに，補助を受けた鉄道事業者が，その営業用固定資産の価額に政令で定める割合（政令により年1割5分）を乗じて得た金額を超える益金を生じたときは，その超過額の2分の1に相当する金額を過去10年以内に交付を受けた補助金の総額に達するまで，国庫に納付しなければならないとされている（15条）（収益納付）。また，政令で定める割合（政令により，資本の総額に対し年5分）以上の利益の配当をしようとするときは，一定の場合を除き，国土交通大臣の許可を受けなければならない（15条の2）。

なお，利子補給についても，詳しい定めがある（16条以下）。

第二に，踏切道改良促進法による，保安設備整備計画の実施に要する費用の補助がある。国，都道府県，市町村それぞれが，一部を補助することができる（7条1項，2項）。国にあっては，独立行政法人鉄道建設・運輸施設整備支援機構を通じて行なうことができる（7条3項）。

第三に，「大都市地域における宅地開発及び鉄道整備の一体的推進に関する特別措置法」は，関係地方公共団体は，総務大臣と協議のうえ，特定鉄道

---

36 同意特定鉄道とは，都道府県が作成した基本計画に掲げられた「著しい住宅需要が存する大都市地域において，大都市の近郊と都心の区域を連結するものとして新たに整備される大規模な鉄道であって，当該鉄道の整備により大量の住宅地の供給が促進されると認められるもの」として整備する鉄道である。

事業者に出資することができるとするとともに（21条1項），関係地方公共団体は，同意特定鉄道[36]の整備を促進するため必要があると認めるときは，特定鉄道事業者に対して補助，貸付けその他の助成をすることができるとしている（21条2項）。さらに，そのための起債を認めて（22条），その利子償還について交付税措置を講じている。つくばエクスプレスを運行する首都圏新都市鉄道株式会社は，この特定鉄道事業者で，東京都，埼玉県，千葉県，茨城県及び沿線区市が出資している。

第四に，前述したように，都市鉄道等利便増進法24条は，地方公共団体は，独立行政法人鉄道建設・運輸施設整備支援機構その他の者が都市鉄道利便増進事業として行なう都市鉄道施設又は駅施設の整備に要する費用を当該営業により受ける利益のみで賄うことができないと認めるときは，当該費用の一部を補助することができるとしている。この条項に国が登場していないが，国は，予算補助として，民間事業者等が施行する都市鉄道利便増進事業に要する事業費の補助を実施している[37]。

第五に，多数の予算補助があるなかで，群を抜く金額のものに，地下高速鉄道整備事業費補助がある。これは，地方公共団体等が施行する地下高速鉄道の路線の整備に資するため，その事業費を補助するものである。同様に，ニュータウン鉄道等整備事業費補助も実施されている。

[3] 住宅関係資金助成

住宅整備資金助成　　住宅整備のための資金助成は，国，地方も含めて多岐にわたっている。いくつかを例示的に掲げておこう。

第一に，政府間助成の典型が，公営住宅若しくは共同施設の建設等に対する事業主体への国の補助である。都道府県住宅建設五箇年計画に基づく建設等の場合は2分の1（公営住宅法7条），災害による低所得者賃貸住宅の建設等の場合は3分の2（8条1項），災害に基づいて公営住宅若しくは共同施

37　たとえば，相模鉄道と東急東横線，JR東海道貨物線を接続する連絡線建設計画において，総事業費2,700億円のうち地元自治体が900億円で，そのうち横浜市が600億円，神奈川県が300億円，国が900億円の補助の方向で調整していると報道された（朝日新聞平成18・5・31）。

設が滅失・著しい損傷があった場合における建設若しくは補修の場合は2分の1（8条2項）などの，多様な助成措置が用意されている。公営住宅の整備・共同施設の整備・災害に基づく補修をする事業主体が市町村である場合に，都道府県は，当該事業主体に補助金を交付することができる（12条）。これらの補助金規定は，公営住宅法4条の包括的な援助規定の具体化であり，いずれも「予算の範囲内」とされている。このような仕組みにおいて，公営住宅法3条が「地方公共団体は，常にその区域内の住宅事情に留意し，低額所得者の住宅不足を緩和するため必要があると認めるときは，公営住宅の供給を行わなければならない」として，トータルな地方公共団体の公営住宅供給義務を定めるなかで，地方公共団体の間において，いずれのレベルが事業主体となるのかが大きな問題である。なお，事業主体の設定する家賃の制約による事業主体の負担を軽減するために，国による家賃補助制度もある（17条）。

　第二に，「地域における多様な需要に応じた公的賃貸住宅等の整備等に関する特別措置法」は，「地域住宅計画」に基づき地方公共団体が事業等を実施する場合には，国は，公的賃貸住宅等の整備の状況その他の事項を基礎として省令で定めるところにより予算の範囲内で地方公共団体に対し交付金を交付することができると定めている（7条2項）。これが「地域住宅交付金」と呼ばれている（第6章2［3］を参照）。この交付金を充てて行なう事業については公営住宅法等の規定による国の補助又は負担は行なわないとしている（3項）。この法律は，「社会経済情勢の変化に伴い国民の住宅に対する需要が地域において多様なものとなっていることにかんがみ，地域における多様な需要に応じた公的賃貸住宅等の整備等を」図ろうとするものであるが（1条），公営住宅法に比べて，交付金の算定方法の定めが省令に大幅に委ねられている。実際には，同法施行規則5条に限度額の算定式が定められている。

　ところで，住宅を地方公共団体等が整備する場合の資金助成と別に，民間事業者の整備を促進するための助成措置も用意されている。それは，国土整備のための助成と位置づけることは適切でないかもしれないが，民間事業者による住宅供給が，公的住宅の提供と連続線上の政策として位置づけられる

ものがある。

① 「大都市地域における住宅及び住宅地の供給の促進に関する特別措置法」は，国は，都心共同住宅供給事業の認定事業者である地方公共団体に対して，同事業の実施に要する費用の一部を補助することができるとしている（101条の10第1項）。また，地方公共団体は，認定事業者に対して，同事業の実施に要する費用の一部を補助することができる（2項）としたうえ，地方公共団体が補助する場合に，国がその費用の一部を補助することができるとしている（3項）。

② 「特定優良賃貸住宅の供給の促進に関する法律」も，供給計画について都道府県知事の認定を受けた事業者に対して，地方公共団体は，特定優良賃貸住宅の建設に要する費用の一部を補助することができるとし（12条1項），その補助がなされる場合に，国は予算の範囲内において，その費用の一部を補助することができるとしている（2項）（公庫融資につき，第4章4［2］）。

③ 「高齢者の居住の安定確保に関する法律」は，同法による供給計画の認定を受けた事業者に対して，地方公共団体が高齢者向け優良賃貸住宅の整備に要する費用の一部を補助することができるとし（41条1項），その補助がなされる場合に，国はその費用の一部を補助することができるとしている（2項）。認定事業者が入居者の居住の安定を図るため家賃を減額する場合にも，同様に補助することができるとしている（43条）。もちろん，地方公共団体，地方住宅供給公社又は独立行政法人都市再生機構が高齢者向け優良賃貸住宅の整備・管理を行なう場合の国による補助も用意されている（49条，52条，53条）。

④ 「マンションの建替えの円滑化等に関する法律」により賃借人居住安定計画の認定を受けた認定賃貸人は，認定賃借人が賃借人代替住宅へ住居の移転をする場合に必要な移転料を支払わなければならないとしつつ（122条），市町村は，その認定賃貸人に対して移転料の支払いに要する費用の全部又は一部を補助することができるとしている（123条1項）。そして，市町村がその補助をする場合に，国は，その費用の一部を補助することができる（123条2項）。

個別の住宅・建築物の助成　個別の住宅又は建築物に係る助成制度もみられる。伝統的に最も重要な資金助成は住宅金融公庫を通じた住宅融資であった。地方公共団体も自ら又は出資法人を通じて融資することが多かった。しかし，住宅融資を民間金融機関に委ねる方向が強まり，大きな政策転換がなされつつある。住宅金融公庫の組織変更及び役割の変更が予定されている（第4章4［1］を参照。ただし，平成18年現在も，同公庫に対しては，国が多額の出資金，交付金及び補給金を予定している）。また，地方公共団体の出資法人による住宅融資も，縮減・廃止の方向に進みつつある。たとえば，横浜市は，財団法人横浜市建築助成公社を設立して住宅融資を行なってきたが，平成15年度の申込みをもって住宅ローン（平成17年度申込みをもってすべての融資）を廃止し，融資債権の管理回収業務のみを継続することとした。

補助金等の助成制度として，高齢者，障害者に着目した住宅の改修等，危険なブロック塀の除去や緑化についての助成制度がみられる[38]。

アスベスト除去についての助成制度も多くの地方公共団体で設けられている（たとえば，千葉市，仙台市）。ただし，その要件は限定的である場合が多い。たとえば，鳥取県は，建築物の解体時に伴う除去でないこと，交付申請時に特定行政庁から措置を命じられていないことなどを要件としている（同県「アスベスト緊急撤去支援事業補助金交付要綱」4条）。また，国土交通省の「アスベスト改修型優良建築物等整備事業」にあっては，多数の者が共同で利用する建築物に限定されている（民間事業者への補助の場合，市町村6分の1，県6分の1，国3分の1の割合）。これを受けた地方公共団体の要綱も同趣旨の限定をしている（「横浜市民間建築物吹付けアスベスト対策事業制度要綱」3条1号，「仙台市民間建築物露出吹付けアスベスト除去等事業補助金交付要綱」2条2号）。したがって，これらは，必ずしも住宅関係の助成措置の範疇に

---

38 たとえば，名古屋市は，障害者住宅改造資金，高齢者住宅整備資金貸付金，障害者住宅整備資金貸付金の各制度を設けている。また，平成14年度から一般的な屋上・壁面緑化工事に対して，財団法人名古屋市みどりの協会の名古屋緑化基金の事業として助成を行なってきたが，平成18年度から「奨励モデル型建築物等緑化助成制度」による屋上緑化，壁面緑化の費用の助成も開始した。仙台市も，生垣づくり助成事業を実施している。

あるものではない。他方，大阪市は，戸建住宅の近隣に対し影響を与える可能性のある部位，分譲共同住宅の共用部についても助成対象としている。アスベスト対策を実施する者に対する融資制度も設けられている（茨城県の個人住宅アスベスト除去対策融資制度）。

耐震改修に対する資金助成　近年注目されているのは，住宅を中心とする建築物の耐震対策のための資金助成である。国は，「建築物の耐震改修の促進に関する法律」（この項目においてのみ「法」という）を制定して，建築物の耐震改修を促進してきた。ただし，同法の条文自体は，具体的な公的資金助成を定めているとはいえない。平成17年法律第120号による改正後の法3条2項も，「国及び地方公共団体は，建築物の耐震診断及び耐震改修の促進を図るため，資金の融通又はあっせん，資料の提供その他の措置を講ずるよう努めるものとする」と努力義務を規定するにとどまっている。しかし，同法の規定する「建築物の耐震診断及び耐震改修の促進を図るための基本的な方針」（4条），都道府県耐震改修促進計画（5条），建築物耐震計画の認定制度（8条）などは，実際に実施されている資金助成措置に連動している。

基本方針（平成18年国土交通省告示第184号）は，「所有者等の費用負担の軽減」の項目において，「耐震診断及び耐震改修に要する費用は，建築物の状況や工事の内容により様々であるが，相当の費用を要することから，所有者等の費用負担の軽減を図ることが課題となっている。このため，地方公共団体は，所有者等に対する耐震診断及び耐震改修に係る助成制度等の整備や耐震改修促進税制の普及に努め，密集市街地や緊急輸送道路・避難路沿いの建築物の耐震化を促進するなど，重点的な取組を行うことが望ましい」としている。そして，国は，予算補助によることとし，「住宅・建築物耐震改修等事業費補助金交付要綱」（平成17・4・1国住指第3249－3号）等を定めて，補助金を交付している。要綱は，国の補助について「以内」と表現しているが，実際は，限度一杯の補助を行なうこととしている。

同要綱によれば，住宅・建築物耐震改修等事業の補助金交付対象事業は，地方公共団体，独立行政法人都市再生機構及び前記法律17条に規定する耐震改修支援センターが行なう住宅・建築物耐震改修等事業及び住宅・建築物耐震改修等事業を行なう民間事業者等に対する地方公共団体の補助事業であ

る（第3）。したがって，国が住宅所有者に対して直接助成するものではない。平成17年度までは，補助の対象を地域防災対策強化地域（東海地震，東南海・南海地震，南関東直下地震等のおそれのある地域）内に限定していたが，同年の改正により，この地域要件を撤廃した。なお，前述のように住宅・建築物耐震改修等を行なう民間事業者等に対する地方公共団体の補助事業をも対象にしており，その場合には，以下に述べる限度額のほか，地方公共団体が補助する額の2分の1という限度が付されている。

耐震診断等の費用（住宅及び擁壁の耐震診断費用・耐震化計画策定費用・耐震化の計画的実施の誘導に関する事業及び付随費用）は，戸建住宅及びマンションについては，地方公共団体が実施する場合は，国が2分の1を補助し，地方公共団体以外が実施する場合は，国が3分の1，地方公共団体が3分の1の補助することを，それぞれ想定している。後者の場合において地方公共団体の3分の1の補助がない場合は，国も補助しないことを意味している。戸建住宅については1㎡当たり1,000円を限度とし，マンションの1㎡当たりの限度額は，延べ面積に応じて，1,000平方メートル未満のものは2,000円，1,000㎡以上で2,000㎡未満のものは1,500円，2,000㎡以上のものは1,000円とされている。擁壁の診断については1件30,000円を限度としている。

戸建住宅及びマンション以外の建築物については，地方公共団体が実施する場合には，国が3分の1の補助であるが（限度額はマンションの場合と同じ），緊急輸送道路沿道建築物の場合は国の補助割合は2分の1である（限度額はマンションの場合と同じ）。また，地方公共団体以外が実施する場合は，戸建住宅及びマンションの場合と同様である。

耐震改修等については，戸建住宅に関しては，地域・地区要件として，全国の既成市街地又は老朽換算住宅数の割合が高い密集市街地で，震災時に倒壊により道路閉塞が生じるおそれのある地区（地震時の通過障害率が概ね3割以上となる地区）であり，補助の対象は，耐震改修計画に位置づけられ，耐震診断の結果倒壊危険性が高い住宅の耐震改修工事費（建替えを行なう場合は耐震改修工事相当分）である。国の補助率は，地方公共団体による補助事業の場合は，23.0％の3分の1（すなわち，約7.6％）以内である。限度額

は，住宅の耐震改修は1㎡当たり 32,600 円，擁壁の耐震改修は 48,000 円であり，地方公共団体による同じ割合の補助を前提にしている。

　マンション及び建築物（住宅以外）（全国の人口密集地区で法の耐震改修の計画認定又は建築基準法による全体計画の認定を受けた一定規模以上のもの）については，耐震改修促進計画の位置づけ等を前提に，耐震改修工事費（擁壁の耐震改修工事費を含む）を対象として，一般の場合は前記と同様の補助率により（防災性能強化工事費の限度は1㎡当たり 47,300 円，免震工法の場合は 100,000 円，擁壁の耐震改修の場合は 48,000 円を限度とする），また，緊急輸送道路沿道建築物の場合は国が3分の1を補助し（1㎡当たりの限度額は，防災性能強化事業は 47,300 円，擁壁の耐震改修は 48,000 円），地方公共団体が同じく3分の1を補助することを前提にしている。対象となる建築物の用途は，マンションのほか医療施設，学校，庁舎，百貨店，劇場，ホテルなどであり，敷地要件として敷地が接する道路の中心線以内の面積が概ね 500 ㎡以上，規模要件として延床面積 1,000 ㎡以上，3階以上（地階）を除くとされている。

　緊急輸送道路とは，地震が発生した時に援助・医療・消防活動及び避難者への緊急物資の確保等に必要な人・モノの輸送を行なうための道路であり，緊急輸送道路沿道建築物とは，「地震によって倒壊した場合においてその敷地に接する道路の通行を妨げ，多数の者の円滑な避難を困難とするおそれがあるものとして政令で定める建築物」であって，その敷地が法5条3項1号の規定により都道府県耐震改修促進計画に記載された道路に接するもの（法6条3号）又は建築基準法の全体計画認定を受けた建築物である。延べ面積 1,000 ㎡，かつ，地階を除く階が3階以上で，倒壊した際に，建築物が前面道路の幅員の2分の1以上をふさぐおそれのあるものである。

　耐震診断を促進する事業の場合に，地方公共団体が診断をして，その費用徴収を軽減又は無料にする場合には，耐震診断を受ける住宅等の所有者との関係においては，資金助成として直接表面に現れないが（現物助成），実質的には資金助成の意味があるといってよいであろう。これに対して，住宅の所有者の負担において耐震診断を受けて，その費用について地方公共団体からの助成を受ける場合は，通常の資金助成にほかならない。

　地方公共団体は，従来は，国の制度の地域要件が限定的であったこともあ

って，自らの判断において助成をしてきた[39]。しかし，国の助成措置は，地方公共団体が助成事業を実施する場合に助成するものである。したがって，地方公共団体は，国の制度に沿った助成措置に組み替える必要がでている。

ところで，平成18年の税制改正により，耐震改修促進税制がスタートした。促進税制は，既存住宅の耐震改修をした場合の所得税額の特別控除，固定資産税額の減額措置及び事業用建築物を耐震改修した場合の特別償却の三つからなっている。そのうち既存住宅（昭和56年5月31日以前に建築（工事着手）された住宅で現行の耐震基準に適合しないもの）の耐震改修をした場合の所得税額の特別控除は，地方公共団体が住宅耐震改修に関する補助事業を行なっている区域に限って適用することとされている[40]。税制が地方公共団体の補助事業を促す機能を発揮することになる。昭和56年6月1日に新耐震設計基準が施行された関係で，同年5月31日以前のものに限っているのである。現行の耐震基準に適合させるための住宅耐震改修をした場合に，所得税額から住宅耐震改修に要した費用の10％相当額（上限20万円）を控除する（租税特別措置法41条の19の2，同法施行令26条の28の2，同法施行規則19条の11の2）。

対象区域は，次のいずれかの計画の区域内とされている。

（ア）「地域における多様な需要に応じた公的賃貸住宅等の整備等に関する特別措置法」6条1項に規定する地域住宅計画

---

39 たとえば，名古屋市は，耐震診断に関して，市内の昭和56年以前に在来軸組工法又は伝統工法で建てられた木造住宅については，無料耐震診断を実施し，同じ時期に建築された非木造住宅については耐震診断費用の一部を補助することとしている。また，耐震改修工事費の補助についても，市の耐震診断を受けた結果，判定値が0.7未満の場合には判定値を1.0以上にした耐震改修工事に対して，また，判定値が0.7以上1.0未満の場合には判定値に0.3以上加算した耐震改修工事に対して，工事費の2分の1を補助する制度を設けている（上限60万円）。この補助金の負担は，県が8分の5，市が8分の3である。横浜市は，市の耐震診断を受けた結果，1.0未満と判定された木造住宅の耐震改修工事費について，住民税世帯非課税にあっては225万円，課税世帯にあっては150万円を限度とする補助制度を設けている。

40 この関係で，地方公共団体が補助金交付の要件として住民税の滞納がないことを要件としている場合に，住民税滞納者は所得税の特別控除の適用も受けられないことに注意する必要がある。

当該地域住宅計画において，住宅耐震改修に関する補助事業で，地域住宅交付金を充てて行なわれるもので，補助額が一定の要件を満たすものであることが定められていることが要件である。補助額要件は，耐震改修費用の額の10％相当額（ただし，当該費用の額が300万円以上である場合には1戸当たり30万円）又は1戸当たり20万円（耐震改修に要した費用の額が20万円に満たない場合は当該費用の額）のいずれか多い額以上であることとされている。

（イ）法5条1項に規定する都道府県耐震改修促進計画

都道府県が国の住宅・建築物耐震改修等事業による補助金を受けて行なう補助事業によるもの。

（ウ）住宅耐震改修促進計画（地方公共団体の作成した地域における地震に対する安全を確保するための住宅の耐震改修の促進に関する事業を定めた計画）

当該地方公共団体が住宅の耐震改修を行なう居住者に対して補助金を交付するものであることが定められていることが要件である。

いずれの場合も，特別控除の適用を受ける者について耐震改修の費用に充てるための補助金の額の算定に当たり当該特別控除の額を差し引く旨が定められていることが要件とされている（租税特別措置法施行規則19条の11の2第1項3号，第2項1号，第3項1号）。この要件は，所得税額のある者と所得税額のない者（非納税者）との公平性を確保するための要件であるとされているが[41]，所得税納税額のある者は，特別控除額相当額を補助金の額から控除されるというのでは，何のために住宅耐震改修証明書の発行まで受けて特別控除を受けなければならないのか理解できないであろう。税額控除分が国の負担となる点に意味がある。この税制の創設に併せて地方公共団体は，住宅耐震改修に係る補助金交付要綱等の改正作業に追われることになった。

なお，以上の補助金と別に，国は，知事が行なう指導監督に要する費用として，都道府県に対して「指導監督交付金」を交付することとしている。

平成17年に発覚したマンションの構造計算書偽装問題については，危険建物の除却，建替え等に対して地方公共団体がどのように対応すべきかが問題になった。本来，その責任を負うべき者がいるなかで，地方公共団体がど

こまで関与すべきかについて，確定的な解答を与えることができないからである。とりあえず，構造計算書調査の助成，居住者への家賃補助や除却を行なう費用の支援を行なう地方公共団体があった。国土交通省，国土交通省関東地方整備局及び関係の特定行政庁により構成された「構造計算書偽造問題対策連絡協議会」は，平成18年5月の申合わせにより，必要に応じ地方公共団体が住宅・建築物耐震改修事業を活用し助成を行なうこととし，「合意形成が困難であり，かつ，構造計算書偽装分譲マンションの耐震改修を早急に図り，住民の安全を確保する上で不可欠な場合」には，個々の案件の実情に応じ，地域住宅交付金（第6章2［3］を参照）の提案事業（一般枠）を活用して助成をする方針が採用された。また，同年9月の同協議会において，分譲業者の破産手続における地方公共団体の対応についての確認がなされた。

　次に，融資の制度もある。戸建住宅及びマンションについては住宅金融公庫の融資制度があり，それら以外の建築物については日本政策投資銀行の環境配慮型社会形成促進事業融資の適用がある。

　地方公共団体の中には利子補給を行なうところもある。横浜市は，住宅耐震改修工事を含めて住宅のリフォーム等についての利子補給制度を設けている。対象となるのは，バリアフリーリフォーム工事，マンション共用部分リフォーム工事，マンション共用部分アスベスト除去等工事，マンション共用部分耐震改修工事，木造住宅耐震改修工事，木造住宅耐震建替工事で，いずれも所定の公庫融資又は金融機関が公庫と提携して行なう融資である。

41　民間住宅税制研究会編著『解説　住宅に係る耐震改修促進税制』（第一法規，平成18年）32頁。その他の支援措置も含めて，以上の補助金を含めた叙述は，主として，国土交通省住宅局建築指導課編『平成18年1月26日施行　改正　建築物の耐震改修の促進に関する法律・同施行令等の解説』（ぎょうせい，平成18年5月第2版）180頁以下に依拠した。なお，同書及び民間住宅税制研究会編著・前掲によれば，各地方公共団体が定めている住宅耐震改修に関する補助事業の交付要綱等において，住宅耐震改修をした者に対する助成額を「補助金の額」及び「所得税額の特別控除の額」の合計額と定めたうえで，助成額の交付に当たっては，予め当該特別控除額を差し引いて「補助金の額」のみを交付する旨を定めている場合も要件を満たすとされている（平成18・4・1国土交通省住宅局住宅総合整備課長・建築指導課長連名通知も同趣旨）。

4 産業助成

[1] 産業助成の諸相

産業助成の方法　産業に対して公的な資金助成を行なう方法としては，複数の方法がある。補助金，融資のほか，用地の提供もみられる。信用保証制度（第5章3［1］［2］）も大いに活用されている。

さらに，租税について一般よりも優遇する租税特別措置がある[42]。租税特別措置は，本書の対象としていないが，簡単に触れておきたい。国にあっては，租税特別措置法等の法律による租税特別措置が存在する。地方公共団体に関しては，①地方税法に基づくもの，②それ以外の法律に基づくもの，③地方公共団体が公益による不均一課税又は課税免除として条例に基づき実施するもの[43]，さらに，④減免として実施するものがある。

地方公共団体の措置については，若干のコメントが必要である。前記の②に基づいて③の措置をとる場合には，地方交付税の基準財政収入額の算定上，当該減収分は減額することを法律が定めることが多い（地方交付税による減

---

[42] 基本的な文献として，根岸哲「企業の公的規制と補助」『岩波講座　基本法学7　企業』（岩波書店，昭和58年）229頁，根岸哲「産業補助金・融資と法」『岩波講座　現代の法8　政府と企業』（岩波書店，平成9年）127頁，碓井光明「自治体による民間企業の財政的支援——その法的限界と統制——」日本財政法学会編『現代財政法学の課題』（学陽書房，平成7年）257頁。やや古いが，条例による措置について，正田彬＝木元錦哉『産業・中小企業条例』（学陽書房，昭和60年）がある。

[43] 碓井光明「地方税を活用した地方団体の施策の展開」自治研究80巻12号3頁（平成16年）。長野県は，「信州に安全・安心・安定をもたらす県民応援減税」と銘打った不均一課税・課税免除を実施している。そのなかには，法人事業税に関し，県外で事業を営んでいる者が県内に新たに中小法人を設立（新規開業）した場合を対象として3年間の課税免除，県内で新たに創業した中小法人に対し5年間課税免除を実施している。さらに，中小法人又は個人（常時雇用労働者が55人以下）で1人以上の障害者を雇用した事業者，新たに1人以上の母子家庭の母（児童扶養手当の受給者）を雇用した事業者に対して，それぞれ税額の2分の1（10万円を限度）とする事業税の不均一課税，中小法人又は個人で「ISO 14001」又は「エコアクション21」の認証を受けた事業者の事業税につき税額の2分の1（10万円を限度とし，認定を取得した事業年度又は年分に限る）の不均一課税が含まれている。

収補塡措置)。この場合には，地方公共団体による助成措置を全国の地方公共団体 (正確には地方交付税交付団体の全体) が負担しあう意味をもっている[44]。産業助成に前記④の措置を用いることができるかどうかは，地方税法の想定する減免制度の趣旨との関係において問題もあるが，条例の規定に基づいて実施する限りは，違法とすることはできない。これに対して，租税負担能力の減殺事情がないにもかかわらず，「その他特別の事情がある場合」のような包括的減免条項により特定の業種あるいは特定の企業に対して減免措置をとることは，違法のおそれがあるといわなければならない。

租税特別措置に関しては，補助金との選択が議論されることがある。租税特別措置が「隠れた補助金」であって，減免額が予算審議において審議対象にされないばかりか，補助金と異なり事後における会計検査院の検査や国会の審査も弱いので，財政民主主義の観点からは，補助金に比べて抑制すべきであるとする議論である[45]。

納税連動方式の助成　　地方公共団体には，納税連動方式の助成措置を採用しているものがある。「湖南市投資誘発まちづくり条例」は，年間1億円以上の市税 (間接的に収入されるものを含む) が新たに見込まれる事業者で，奨励措置を行なった日から10年間継続した経済活動を確約できるものを投資奨励対象事業者として指定し (2条)，予算の範囲内で奨励金を交付することができるとしている (3条)。指定事業者の市内における年間売上高の5％を超えることができないという限度がある (同条)。指定取消しの要件

44　碓井光明『要説　地方税のしくみと法』(学陽書房，平成13年) 55-56頁，及び碓井光明「地方財政の改革と法」地方財政40巻11号4頁 (平成13年)。ただし，後者において，「トータルな存在としての交付団体」とすべきものが「トータルな存在としての不交付団体」と誤記されている。

45　根岸哲「企業の公的規制と補助」前掲注42，262頁。現在は，「租税特別措置による減収額 (試算)」が国会の予算委員会に参考資料として提出されている。また，会計検査院は，租税特別措置に対する検査も実施するようになっている。
　　これに対して，佐藤英明「租税優遇措置」『岩波講座現代の法8　政府と企業』(岩波書店，平成9年) 155頁は，「垂直的公平の要請があまり強くない，たとえば産業助成のような分野」において，租税特別措置の方が低い手続的コストで同様の政策目的を実現できる合理性があるとしている (168頁以下)。また，同論文は，補助金不正受給罪とほ脱罪との刑罰の不均衡をも考察している (176-177頁)。

には，指定の要件を欠くに至ったとき，交付決定の条件に違反したときのほか，市税の納付が年間1億円に満たなくなったときなどが含まれている（7条）。この条例は業種を特定していないが，旧甲西町の条例を引き継ぐものであって，たばこ小売業者に対する奨励金であるとして違法性も問題とされた奨励金である[46]。

なお，たばこ税収が特定の市町村に集中することを防ぐために，平成16年度から市町村のたばこ税収が当該市町村のたばこ消費基礎人口（20歳以上の人口及び当該市町村以外の市町村居住者で当該市町村で従業し又は当該市町村へ通学する者のうち20歳以上のものの人口の合計）に着目した所定の算定式による金額を超えたときは，翌年度に当該市町村を包括する道府県に交付する制度が導入された（地方税法485条の13)[47]。したがって，現状の売上げが平均に達しているときは，もはや奨励金によりたばこの売上げを伸ばしてもあまり意味がないことになり（国内版相殺措置），そのような奨励金は有効性の観点からも問題とされる。

産業助成における複合目的の追求　産業助成には，複合目的で実施されるものがある。たとえば，厚生労働省の地域創業助成金は，地域貢献事業を行なう法人を設立し又は個人事業を開業し，65歳未満の非自発的離職者（常用労働者又は短時間労働者）2人以上（非自発的離職者が自ら法人等の設立を行なう場合は1人以上）（1人以上は常用労働者）を雇用した場合に，新規創業に

---

[46] 京都新聞平成16・6・18。滋賀県栗東町（現栗東市）も，平成10年に企業誘致条例において，たばこ小売業者の市町村たばこ税の納税金額の5％を奨励金として同町たばこ小売店連盟に交付し，小売店連盟はそのうちの4％相当分を会員に給付する方式を採用したが，自治省及び県の強い指導により翌年に廃止に追い込まれたという。平成10年度のたばこ税収は，前年度の約3.5倍に増加したという（京都新聞平成11・10・2滋賀版）。

[47] この制度の趣旨については，近年，広域的かつ大量にたばこを販売するたばこ小売店が進出することなどにより，市町村によっては，20歳以上の住民全員が毎日数十本以上のたばこを消費する場合に相当する市町村たばこ税額が入る市町村が見受けられ，その背景には大規模販売の小売業者等を企業誘致と同一視して貸付金や補助金の恩典をつけて誘致する市区町村も見受けられるとし，他の市区町村に入るべき税収を横取りすることのないよう，歪みを是正する措置であるという。月刊地方税別冊『改正地方税制詳解（平成16年）』（地方財務協会，平成16年）316頁以下。

係る経費及び労働者の雇入れについて支援する助成である。地域貢献事業とは，サービス10分野[48]及び市町村・地域経済団体等からなる協議会が重点産業として選択する分野（地域重点分野）である。地域による分野の選択が盛り込まれている点に特色がある[49]。新規創業支援金，雇入れ奨励金・追加雇入れ奨励金からなる。この助成金は，創業支援と雇用促進との目的を併有しているということができる。

企業立地の助成金の要件として新規雇用人数の要件を付することが一般化している。新規雇用人数に応じた企業立地助成金を交付する仕組みが採用されていることもある。富山県の雇用創出企業立地助成金は，新規雇用10人以上，かつ新設又は増設の投資があることを要件にして，新規雇用人数の段階に応じて，新規雇用者1人当たりの助成額を累進的に，かつ，県民を雇用する場合と県外からの転入者を雇用する場合とに分けて，前者を後者の2倍の金額としている（年1億円の限度額）[50]。

中小企業に対する融資において，子育て応援企業について優遇する方法もある。たとえば，福井県は，「父親子育て応援企業」の知事表彰制度を設けたうえ，県の中小企業育成資金（一般）の融資において，子育て応援企業については信用保証料を県が全額補給することとしている。

商工中金は，「女性の社会進出総合支援策」に基づき，女性起業家（創業7年以内），女性の社会進出や子育てを支援することに貢献している企業を応援する施策を実施しており，福岡県，石川県，島根県，埼玉県，帯広市，

---

[48] サービス10分野は，個人向け・家庭向け，社会人向け教育，企業・団体向け，住宅関連，子育て，高齢者ケア，医療，リーガル，環境，地方公共団体からのアウトソーシングである。

[49] たとえば，釧路市の「食関連分野」，つくば市の「ものづくり分野」，新発田市の「しばたブランド推進分野」，伊那市の「伊那テクノバレー活性化分野」，京都市の「新・伝統創造分野」，安芸高田市の「人と企業の可能性を引き出す産業分野」のごとくである。なお，手続的には，協議会から厚生労働省に申し出て（事務の実際は，都道府県労働局への申請），設定される。

[50] 新規雇用者1人当たりの助成額（カッコ内は県外からの転入者の場合の金額）は，新規雇用者数が1～25人目までは10万円（5万円），26～50人目までは20万円（10万円），51～75人目までは30万円（15万円），76～100人目までは40万円（20万円），101人目からは50万円（25万円）とされている。

大阪府と，相次いで地方公共団体の認定制度等との連携による融資方式を広めている。

また，補助金の直接の目的が住宅の建設・リフォーム等[51]である場合に，同時に建築関連業者に対する経済効果を狙っている場合もある。後述する福島県南相馬市の市産材住宅建築補助金は，県内産材木の消費促進，市内製材の促進，市内建設業の振興，そして住宅建築の促進という4目的を複合させた補助金である。

環境政策との結合もみられる。第一に，企業の立地促進の資金助成を通じて緑化の推進を図る場合もある。たとえば，姫路市は，姫路市工場立地促進条例を制定して，工場設置奨励金，雇用奨励金のほか，緑化奨励金の支給をメニューに入れている（6条3号）[52]。第二に，助成措置を受ける者に，公害防止協定の締結を義務づける方法も採用されている[53]。

[2] 特定事業者助成

特定事業者助成とは　一般的制度に基づかない特定の事業者に対する助成を「特定事業者助成」と呼ぶことにしたい。産業助成のうちの相手方特定資金助成である。一般的制度に基づく産業助成（「一般産業助成」）に比較して，特定事業者に対する資金助成は，適法性について問題とされることが多い[54]。一般産業助成にあっても，限定した対象に対する資金助成である以上は，突出性を有するものであるが，限定した対象に含まれる事業者が多数存在することにより，それなりの広がりをもち合理性が推定されるのに対して，特定事業者に対する資金助成は，その個別事業者としての突出性のゆえに，

51　たとえば，伊東市の住宅リフォーム振興助成事業は，市が商工会議所に補助金を交付して，同会議所が募集するものであるが，「市内の建築関連業界の振興も目的」とする旨が公表され，施工業者は，市内に本社又は本店が登記されている法人，及び同市に納税申告をしている個人事業者で，市税等を完納している業者とされている（広報いとう2005年5月号による）。

52　工場設置時における緑地面積（環境の保全と創造に関する条例に規定する緑化基準等を勘案して，規則で定める面積を除いた面積）に1㎡当たりの緑化に要する費用を乗じて得た金額としている。

53　呉市企業立地条例6条。

恣意性を疑われることが多いからである。その意味において，公共目的原則によるチェックの必要性が大である。

　第一に，一般産業助成の外観を有しながら，実質において特定事業者に対する資金助成を行なうことに狙いがあって，もっぱら外観を呈するにすぎない場合があることである。裁判所は，否定したものの，宮崎のシーガイア訴訟（1審の宮崎地裁平成15・3・24判例集未登載について，第2章3［2］）の事案における基金造成のための県の資金拠出は，シーガイアの存続を狙ったものであることは，ほとんど争う余地がない。

　第二に，特定事業者助成には，さまざまな動機のものがあることである。①典型的には，一般的制度を設けないで，地域の中核となりうるような企業を誘致して地域の活性化を図ろうとするものがある。②特定事業者の経営悪化の場合に，それを救済するための資金助成がある。その場合に，さらに背後にはさまざまな動機がありうる。当該事業者の事業自体の公益性（たとえば地域金融機関，地域交通機関など）のほかに，当該事業者による地域住民の雇用の継続などがある。下関市の日韓高速船運航会社に対する補助金交付は，

54　補助金に関する先駆的裁判例に属する名古屋地裁昭和43・12・26行集19巻12号1992頁は，たばこ小売人に対する売上奨励目的の補助金について，「公益上必要」とは，単に収入の増加に役立つということではなく，住民全体の福祉に寄与貢献することであるという見解にたって，補助金により営業利益を補充してやるものにすぎず町の公益に何の関わりもないとした。この事件は，たばこ小売人となった者の父親の働きかけにより交付に至ったという事情が強く影響していると思われる。町内にたばこ小売人を誘致したい町が希望者を募る方式を採用したときに同じ結論になるのかは定かでない。国分寺市は，かつて，「たばこ自動販売機設置補助規程」を設けて補助金によりたばこ税の増収を図っていた。また，滋賀県栗東町（現栗東市）のたばこ小売業者に対する実質的奨励金については，前掲注46を参照。逆に，青森県深浦町は，青少年の喫煙防止目的で平成13年に屋外たばこ等自動販売機撤去条例を制定し，施行日から起算して180日以内に屋外から撤去するよう努めなければならないとし（5条），屋外撤去等適切な措置を講じた者に対し，予算の範囲内で助成することができるとした（10条）。法定外税として，たばこ自動販売機設置税を検討した地方公共団体もある（東京港区）。

　岐阜地裁昭和50・9・18行集26巻9号1011頁は，工場誘致目的で工場建設予定地内の障害物移転費用の補助金を代行工事を行なう市開発公社に交付したことを適法とした。

経営悪化時の資金助成が問題となった典型例である。

　第三に，特定事業者助成の場合には，その助成に期待を寄せた相手方事業者の信頼の保護が問題になることがある。

　大王製紙補助事件住民訴訟　公的資金助成をめぐる特殊な場面の問題を提起した例として大王製紙の秋田進出をめぐる一連の紛争がある。まず，住民訴訟の判決である秋田地裁平成 9・3・21（判例時報 1667 号 23 頁）において認定された事実により，経過をたどっておこう。

　秋田県が新産業都市の指定を受けて，「秋田湾大規模工業開発」計画を策定し，海面を埋め立てて製鉄業を誘致し，その工業用水（第 2 工業用水道）の水源として玉川ダム水源開発事業を行なうこととなった。しかし，その後の事情により製鉄所の立地が困難となり，秋田県は，同ダムの未利用水を多量に抱え，それが有効に活用されるか否かが県の財政に多大な影響を及ぼすものとなった。そこで，工業用水の多消費型企業を誘致することとし，当時生産拠点を探していた大王製紙及び工場予定地の秋田市と協議を行ない，県及び市の支援につき合意に達し，工業用水の負担価格等を内容とする「覚書」，工場建設に関する「基本協定」及び「公害対策確認書」が締結された。その後，大王製紙の進出の延期に伴う覚書の一部変更，基本協定の一部変更などがなされた。覚書により，大王製紙から示された使用水量を前提にして，工業用水に関する大王製紙の負担をトン当たり 12 円 50 銭（負担価格）とし，それに必要な措置を県及び市が講じることとされた。県の財政支出は，地方公営企業法 17 条の 3 に基づいて県の一般会計から県工業用水事業特別会計に対する補助，市の財政支出は，自治法 232 条の 2 に基づく補助として市から大王製紙に直接交付されることとされた。県の財政支出は，平成 7 年度から 51 年度までで，①第 2 工業用水道の専用施設費 30 万トン分の支払利息分の 45％（49 億余円），②借入金のうち水源費及び専用施設費に係る支払利息分の 45％及び先行投資分の支払利息分（113 億余円），③専用施設費のうちの先行投資分 7.2 万トン分・水源費のうちの先行投資分 7.7 万トン分に係る各元金の 2 分の 1，及び支払利息分（67 億余円）である。また，市の財政支出は，①専用施設費 30 万トン分の支払利息分の 55％（60 億余円），②借入金に係る支払利息分の 55％（71 億余円）である。合計すると，県一般会計

から特別会計への補助は231億余円，市の補助は132億余円となる。

　住民訴訟において，まず，知事を被告として特別会計に補助をしてはならない旨の請求がなされた。判決は，地方公営企業法17条の3が災害復旧その他特別の理由による必要がある場合に限定しているところ，その「特別の理由」について，次のように述べた。

　「法17条の3にいう『特別の理由』とは，災害の復旧に準じるような公営企業外の要因又は要請があるために，当該地方公営企業会計において独立採算制，受益者負担の原則又は料金決定原則という法の諸原則を維持しながら所要経費をまかなうことが客観的に困難又は不適当な場合をいうが，当該事案が右の場合に当たるか否かは，具体的事案により個別の検討を要するものであり，当該補助を必要とするに至った理由を中心に，補助が達成しようとする直接の目的，補助の規模及び態様，これらと独立採算制等の諸原則との乖離の程度，当該補助の諸効果，受水企業に関する事情（負担能力等）等の諸般の事情を相関的に考慮して判断すべきである。」

　そして，本件の特別会計への補助は，大王製紙を誘致するために市とともに，政策的に実質的な料金を引き下げる目的の補助であるとし，県内経済の抱える問題や本件水源費に国庫補助金が投入されていた事情等に鑑みると，受水企業誘致の政策は，それ自体としては合理性があるとした。しかしながら，「相当限度を超えた無限定ともいえる補助は，必然的に独立採算制，受益者負担の原則及び料金決定原則の要請からは大きく乖離することになり，特別の理由による必要性を減殺させたものであるから，補助にもおのずから一定の限度があるというべきである」とした。ここには，目的の合理性が認められる場合であっても，補助の程度には一定の限界があるという考え方が示されている。判決は，この考え方の当てはめによって，補助の目的が，独立採算制，受益者負担及び料金決定の諸原則から大きく乖離した負担価格12円50銭を達成することにあることに加え，補助の期間（45年間），金額（合計約231億余円，先行投資分を除いても163億余円），態様，諸効果，受水企業の負担能力等についての検討結果を総合すると，県の一般会計から特別会計への補助のうち，①及び②は，「特別の理由により必要がある場合」に

当たらないとして，差し止めた[55]。

次に，市長を被告にした補助金交付の差止請求については，次のように判断した。

まず，自治法232条の2の一般論を展開した。

「地方公共団体が憲法上広範な自治権を与えられ，自主財政権を有していることや，当該地方公共団体の住民により選ばれた議会や長がその公共団体の問題点を把握し，補助の必要性，利害得失等の補助の諸効果に関する資料を収集し，これを評価，判断する使命を有していることにかんがみると，『公益上必要』（以下『公益上の必要性』という場合がある。）については，第一次的には当該地方公共団体の議会及び長の判断を尊重すべきであり，広い裁量を有しているといえる。しかし，補助の財源が主に当該地方公共団体の住民の拠出する税金等によりまかなわれることなどから，法が補助金行政の制約を明文化し，当該地方公共団体の議会や長の判断に一定の制限を加えていることにかんがみると，右裁量は完全な自由裁量であるとは考えられず，他の規範に違反するなどの違法がある場合，支出する補助金額に比較して得られる地方全体の利益がかなり低い場合，地方全体の利益よりも補助を受ける特定の者の利益を図る意図でなされたことが明白である場合などは，裁量の逸脱として『公益上の必要性』は否定され，補助金の支出が違法となることもあり得る。」

この判決が，地方公共団体の裁量を肯定するに当たって，多くの裁判例が「長の裁量」と述べるのと比べて，「議会や長」の判断ないし裁量と述べている点が注目される。第2工業用水道料金を実質的に引き下げる目的の補助であることを前提にして，営利企業誘致のための補助に関して，地方公共団体がいかなる利益を獲得し，いかなる利益の喪失を甘受するかの政策的価値判断は基本的には議会や長に委ねられ，場合によっては選挙又は解職の際の争点となることで当該地方公共団体において自律的に解決されるのが相当である，と述べた。そして，裁量の逸脱がないか，ことに「補助の規模及び態様

55　③の部分については，将来新たな受水企業が現れた場合にその企業が本来負担すべきものであるから，この先行投資分を大王製紙に負担させることは衡平ではないから「特別の理由により必要がある場合」に当たるとした。

に対する評価を前提に，右誘致によって得られる利益と失われる利益と衡量し，失われる利益が得られる利益を優に上回るなどの事情，すなわち，議会や長の政策判断に委ねることが合理性を欠くものと認められる事情がないか否かを検討する必要がある」とした。ここには，利益に関する比例原則の考え方が強く示されている。

具体の補助に関して，まず，工場建設効果（第 2 期までで 2,610 億円・投資効果は 1.40 倍，第 3 期までで 3,911 億円・投資効果は 1.40 倍），操業効果（第 2 期までで 1.46 倍，第 3 期までで 1.46 倍），雇用効果（新規雇用 3,686 人）と試算され，市については，工場建設効果は，市の分は県全体の 15.4 ％であるから第 2 期までで 113 億円程度，第 3 期までで 168 億円程度，工場操業効果は市の県内比率が 51.2 ％であるから，第 2 期までで約 187 億円，第 3 期までで約 89 億円，雇用効果は県の試算と同じであると試算している。この試算結果と，環境への悪影響なども考慮に入れて，本件補助は，失われる利益が得られる利益を優に上回るなどの事情は認められず，議会や長の裁量は尊重すべきであるとしつつも，その評価は，工場の操業開始から相当の期間内について妥当するものであって，平成 12 年から相当期間を超えてなされる分については公益上の必要性について判断の妥当性が確保されず，高額な補助金額に照らすと効果不十分の危険性も否定できないとした。その「相当期間」は，平成 12 年から平成 22 年までの期間であるとして，平成 23 年分以降の補助は，「公益上の必要性」を肯定する判断の妥当性を確保できる合理的理由を見出すことは困難であるから違法であるとして，差止めを認容した。

市の補助を差し止める判決は，覚書に基づく差止めに関するものであるから，平成 23 年分以降において，その時点における新たな政策判断に伴う補助の可否までを決めるものではないというべきであろう。

大王製紙の進出断念とその処理　住民訴訟に関して控訴がなされて，大王製紙は県及び市との協議（三者協議）を行なったが，大王製紙は進出を断念し，また，住民訴訟に関して裁判所の最終和解案の受け入れがあり[56]，三者協議も打ち切られた。しかし，大王製紙問題は，これで決着がついたわけではない。基本協定書において，工場用地のうち，県が約 56 万平方メートル，

市が約6万平方メートルの造成を行ない，会社と売買契約を締結することになっていた。また，県は，会社の操業に伴い発生する産業廃棄物の処分場約7万平方メートルを確保し，その整備等に要する費用は会社が負担することとされていた。そして，覚書には，天災地変以外の事由（県・市の責めに帰すべき場合を除く。）により約定の期限までに大王製紙と県との間の工場用地の売買契約及び工業用水の給水契約が締結されない場合には，大王製紙が一定額の違約金を支払うとの約定があり，違約金支払に関する保証措置として大王製紙の預金証書について違約金債権を被担保債権，県を質権者とする質権が設定されていた。しかし，秋田市への製紙工場建設が中止され，工場用地の売買契約及び工業用水の給水契約は締結されないことになった。

そこで，大王製紙は，質権設定契約が終了したとして県に対して内容証明郵便で預金証書の返還を求め，また，県は，大王製紙の進出断念は紙需要の低迷，原料革命などの諸要因を背景とする同社の経営判断の結果であるところ，覚書の負担金（違約金）条項に基づいて県及び市の責めに帰すべき事由によるのでない限り支払義務が生ずるとして，大王製紙に対して80億余円を支払うよう催告し，両者がそれぞれを主張して裁判上の争いに発展した（それぞれ，本訴，反訴）。負担金について，大王製紙の主張は，同社が支払義務を負うのは，同社に帰責事由がある場合であり，工業用水の単価が確定しないことは県の帰責事由に当たることが確認されていたものであり，住民訴訟判決によって工業用水単価の適法性が確定される見込みが立たなくなり，これが進出断念の決定的要因であるから支払義務を負わないと主張した。

東京地裁平成16・5・26（判例集未登載）は，用水単価の確定が売買契約等の締結の先決問題と位置づけられていたことと関係当事者の対応とを総合すれば，違約金条項は，同社の秋田進出の実現に向けて長年にわたり多額の

---

56 進出の断念に伴い補助の見込みがなくなったことから成立した和解は，知事は第2工業用水道につき上水等他の用途への転換も視野に入れつつ活用の可能性を検討する，知事は大王製紙の誘致を目的に設置された産業廃棄物処分場につき他の目的で活用を図るときは，情報公開に努め，法令及び条例の規定に基づき適切な環境保全及び安全確保の措置をとるものとする，住民は訴えの全部を取り下げ知事らはこれに同意する，という内容であった。

先行投資をしてきた県及び市が，その準備が整えられているにもかかわらず，県及び市の関らない同社だけの都合で進出が中止され売買契約が締結されない結果となる事態を避けるために設けられたものであると解するのが相当であって，住民訴訟に起因して用水単価が確定しないことは会社の都合には該当せず，その結果売買契約等の締結義務は生じず，違約金条項の適用が排除され支払義務は発生しないとする共通認識を有していたものというべきであるとした。そして，住民訴訟に起因して用水単価の適法性が確認されていなかったことは，会社にとってそれだけで秋田進出の可否を左右するほどの最大の要因であったことは明らかであり，会社が進出を断念し売買契約等の締結に至らなかった決定的要因であったというべきであるから，違約金支払義務の発生障害事由があったと判断するのが相当である，と結論づけた（反訴請求の棄却）。そして，違約金不発生が確定したとする認定の下に，質権設定契約も終了したものとして，預金証書の引渡請求を認容した。

これに対して秋田県が控訴したが，東京高裁は，会社が差し入れた担保預金元本（55億6,600万円）の2割相当額である11億1,320万円を，会社が県に和解金として支払うことをもって和解するよう勧告した。県は所要の手続を行ない，和解が成立した。平成元年の覚書締結から16年を経て，大王製紙問題は一応の決着をみたことになる。

翻って，住民訴訟判決にみられるように，この問題の根源は，新産業都市指定に伴う企業誘致策，工業用水の確保計画に問題があったわけで，県及び市の補助問題は，その大きな動きのなかで無理を重ねる一こまであった。県についていえば，地方公営企業法による補助が否定されたとしても，結局県民の負担が残ることに変わりないのである。

[3] 中小企業の振興

中小企業振興の理由　　一般産業助成は，各種産業に係る事業者に補助金を交付し又は低利融資をするなどにより，日本の公的資金助成の重要な分野を形成してきた。そのなかでも，伝統的に存続してきた助成は，中小企業の振興を目的とする助成である。その基礎にある法律が，中小企業基本法（昭和38年法律第154号）である。その第3条は，次のような基本理念を宣言し

ている。

　「中小企業については，多様な事業の分野において特色ある事業活動を行い，多様な就業の機会を提供し，個人がその能力を発揮しつつ事業を行う機会を提供することにより我が国の経済の基盤を形成しているものであり，特に，多数の中小企業者が創意工夫を生かして経営の向上を図るための事業活動を行うことを通じて新たな産業を創出し，就業の機会を増大させ，市場における競争を促進し，地域における経済の活性化を促進する等我が国経済の活力の維持及び強化に果たすべき重要な使命を有するものであることにかんがみ，独立した中小企業者の自主的な努力が助長されることを旨とし，その経営の革新及び創業が促進され，その経営基盤が強化され，並びに経済的社会的環境の変化への適応が円滑化されることにより，その多様で活力ある成長発展が図られなければならない。」

　ここには，中小企業が，日本経済の基盤を形成し，特に，日本経済の活力の維持及び強化に果たすべき重要な使命を有するという基本認識に基づいて，独立した中小企業者の自主的努力の助長，経営革新・創業の促進，経営基盤の強化，経済社会的環境変化への円滑な適応がうたわれている。そして，同法9条は，「政府は，中小企業に関する施策を実施するために必要な法制上，財政上及び金融上の措置を講じなければならない」としている。

　そして，中小企業金融公庫の融資が大きな役割を果たしてきた。中小企業に関する法制度は，めまぐるしく動いてきたが，資金助成に関して長らく存在した法律は，中小企業近代化資金等助成法（昭和31年法律第115号）であった。都道府県が中小企業近代化資金の貸付事業を行なうときに，国が，都道府県に対し，予算の範囲内において，事業に必要な資金の一部に充てるための補助金を交付することができるものとし（3条1項），都道府県の貸付事業の内容について規制を加えていた。具体的には，貸付金の限度，利率・償還期間，担保又は保証人，期限前償還，償還の免除，違約金等であった。

　また，中小企業近代化促進法（昭和38年法律第64号）は，中小企業近代化計画に定める指定業種に属する中小企業の近代化のための設備を設置し，構造改善計画に従って構造改善事業を実施し，若しくは新分野進出計画に従

って新分野進出事業を実施するのに必要な資金の確保又はその融通のあっせんに努めるものとしていた（6条）ほか，課税の特例を定めていた。この法律は，中小企業経営革新支援法（平成11年法律第18号）にとって代わられ，さらに，平成17年法律第30号により，「中小企業の新たな事業活動の促進に関する法律」に改正された。そして，同法は，独立行政法人中小企業基盤整備機構は，創業及び新規中小企業の事業活動を促進するため，創業者及び中小企業者がその事業を行なうために必要とする資金の借入れに係る債務の保証並びに創業者及び新規中小企業者が当該資金を調達するために発行する社債に係る債務保証の業務（創業等促進業務）を行なうとしている（5条）のをはじめ，中小企業投資育成株式会社法の特例や中小企業信用保険法の特例を規定している。中小企業に対する公的資金助成は，国，都道府県，関係団体を含めて，極めて多種類が存在している[57]。

ここにも登場するように，中小企業振興目的の公的支援には，債務保証の活用が一つの柱になっており，その中には，信用保証協会による債務保証を支援する措置も含まれる（第5章3［1］を参照）。たとえば，平成17年度には，資金供給円滑化信用保証協会基金補助金が予算補助として設けられた。これは，中小企業に対する資金供給の円滑化を図るため信用保証協会の経営基盤を強化し，増大する保証需要に的確に対応するために必要な経費を補助するもの（資金供給円滑化信用保証協会基金補助金）及び債務保証を行なう信用保証協会に対して連合会が出えんを行なうための基金の造成費を補助するもの（経営安定関連保証等対策費補助金）である[58]。ここに登場する中小企業投資育成株式会社は，東京，名古屋，大阪の3社で，直接中小企業投資育成株式会社法により設立されている。その事業には，資本金3億円以下の株式会社の設立に際して発行する株式の引受け及び当該引受けに係る株式の保有，同じ規模の株式会社の新株の引受け及びその保有等が含まれている（同法5

---

[57] 独立行政法人中小企業基盤整備機構の中小企業ビジネス支援ポータルサイトJ—Net21の支援情報ヘッドラインのなかの，「補助金・助成金・融資制度」に最新情報が登載されている。地域中小企業再生ファンドへの出資及びベンチャー育成のための出資については第4章6［2］を参照。

[58] 『平成17年度補助金総覧』（日本電算企画，平成17年）274頁。

条1項)。そして，中小企業金融公庫は，同会社に対し事業に必要な長期資金を貸し付けることができる (12条1項)。

行政課題解決型助成　　中小企業の支援策のなかには，さまざまなものがある。横浜市は，行政課題解決型技術革新事業というユニークな助成措置を導入した。中小企業の優れた技術力を市の行政運営上の技術的な課題解決に積極的に活用する仕組みで，中小企業の新技術・新製品開発を促進し，その開発の成果の事業化を支援し，それを地域経済の活性化と技術革新による良質な行政サービスの提供を行なうことを目的としている。開発の成果は行政現場で試用し，さらに市が調達して活用し，同時に全国及び海外に展開することを支援するものである。

中心市街地の活性化　　近年は，都市の中心市街地が衰退化してしまったところが多く，その活性化が大きな政策課題となっている。都市整備の観点からの法律として「中心市街地における市街地の整備改善及び商業等の活性化の一体的推進に関する法律」(平成18年改正により，法律の名称が「中心市街地の活性化に関する法律」となった) が制定されている。公的資金助成は，予算補助等によってなされている (国土整備の観点からの資金助成については本章3 [2] を参照)。国は，平成16年度から，中心市街地等の商店街・商業集積の活性化を図るために，商店街振興組合等がコミュニティホール等の生活環境の改善に役立つ施設の整備をするために必要な経費に対し補助する「中心市街地等中小商業活性化施設整備費補助金」を予算補助として設けた[59]。しかし，平成18年度には廃止された。また，平成17年度に，中心市街地における商業の活性化を図るため，中心市街地において民間事業者が行なう施設整備事業及び商業の活性化のためのソフト事業に要する経費を補助する「戦略的中心市街地商業等活性化支援事業費補助金」，及び，中心市街地や地域における商業・サービス業支援を進めるためテナントミックス店舗や集客核施設の設置・運営等のハード事業やリサイクル事業，地域コミュニティとの連携事業等のソフト事業に要する経費を補助する「戦略的中心市街地中小商業等活性化支援事業費補助金」をスタートさせた[60]。

---

59 『平成17年度補助金総覧』282頁。

[4] 大型助成による企業誘致

地域指定による企業誘致の促進　地方公共団体は，地域を指定して企業誘致を促進する施策を展開することが多い。いくつかの県に例をみることができる。

まず，兵庫県が制定した「産業の集積による経済及び雇用の活性化に関する条例」（平成14年条例第20号）[61]に，その典型例をみることができる。知事が定める「産業集積の推進に関する基本的な方針」（基本方針）において，次に述べる拠点地区ごとに，産業集積を推進する基本的方向，拠点地区の設定に関する事項，産業集積の目標の設定に関する事項，産業集積を図るための支援に関する事項，その他産業集積の推進に関し必要な重要事項を定め，公表することとしている（3条）。

「拠点地区」とは，新産業構造拠点地区（阪神・淡路大震災に際し災害救助法が適用された市町の区域のうち一定の要件を備えた地区），国際経済拠点地区（大阪湾臨海地域開発整備法2条1項に規定する大阪湾臨海地域及び新事業創出促進法2条9項に規定する高度技術産業集積地域のうち一定の要件を備えた地区），産業集積促進地区（工場立地法3条1項に規定する工場立地調査簿に掲げられている工場適地その他産業基盤施設，市場条件からみて工業等の立地に適すると認められる地区のうち一定の要件を備えた地区），産業活力再生地区（既に事業所の立地が一定規模以上の地域である工業再配置促進法2条1項に規定する移転促進地域，大阪湾臨海地域開発整備法2条1項に規定する大阪湾臨海地域並びに近畿圏整備法2条3項に規定する既成都市区域，同条4項に規定する近郊整備区域及び同条5項に規定する都市開発区域のうち一定の要件を備えた地区）及び構造改革特別地区（構造改革特別区域法2条1項に規定する構造改革特別区域のうち，当該区域の活性化を推進するものとして規則で定める事業の集積を図ることが適切と認められる地区）の5種類の地区である（2条の定義規定による）。

これらの地区については，「指定拠点地区」としての「指定」を知事が行なう方式を採用している。指定は，市町村長からの申出（拠点地区形成計画

60　『平成17年度補助金総覧』280頁，『平成18年度補助金総覧』218頁。

61　この条例の解説として，菅野勝敏「産業の集積による経済及び雇用の活性化に関する条例」法令解説資料総覧248号110頁がある。

の添付を要する）を基本にしつつ（5条1項，2項），基本方針に定める産業集積の目標を達成するため，特に必要があると認められる拠点地区について，知事が自ら拠点地区形成計画を定めて指定する途も開いている（6条）。

　この拠点地区の指定以外は，不動産取得税及び固定資産税（大規模償却資産に対する固定資産税）の不均一課税に関する規定が中心である（7条～13条）。しかし，この条例が公的資金助成と無関係なのではない。基本方針の中に「産業集積を図るための支援に関する事項」が含まれるほか，県の施策の基本を定める4条において，「県は，産業集積を推進するため，基本方針に基づき，拠点地区において集積を図る産業の特性に応じて，課税特例等による新たな産業立地に係る事業者の負担の軽減，事業資金の融通の円滑化，民間事業者，大学，国及び地方公共団体の試験研究機関の連携による技術革新の支援，人材の育成，情報の提供その他の必要な施策を実施するものとする」としている。したがって，この条例は，明らかに公的資金助成も，産業集積を図る重要な政策手法として位置づけているのである。

　では，実際はどうなのか。その内容を条例から知ることはできない。同県のホームページによれば，助成金と融資との二つの資金助成が用意されている。助成金のうちの「新事業・雇用創出型産業集積補助金」は，雇用基準と設備基準に分かれている。雇用基準は，新規地元雇用者に対する補助として，11人以上を要件に，50人目までは1人当たり60万円，51人目から100人目までは同じく90万円，101人目からは同じく120万円という新規地元雇用者数に応じた累進的補助金制度を採用している。また，新エネルギー設備に対する補助（補助率2分の1）も含まれている。補助限度額は，3億円（地元雇用者100人以下の場合は1億円）である。

　滋賀県は，「滋賀県経済振興特別区域に関する条例」（平成16年条例第1号）を制定して，知事が「経済振興特別区域基本方針」を定め（3条），この基本方針に即して市町村が「経済振興特別区域計画」を作成し知事の認定を受ける方式を採用している（4条）。その認定に際して，知事は，滋賀県経済振興特別区域認定審査・評価委員会の意見を聴かなければならないとされている（同条5項）。そして，経済振興特別区域において認定計画に従って特定事業を行なう者について，「滋賀県税の免除及び不均一課税に関する

条例」の定めるところにより，課税の免除及び不均一の課税をするとともに（9条），経済振興特別区域における経済の活性化を図るため必要があると認めるときは，経済振興特別区域において認定計画に従って行なわれる特区事業について，予算の範囲内において，その経費の一部を補助し，又は必要な資金の融資及びあっせんその他の経済的助成を行なうことができるとしている（10条）。補助，融資等が，予算の範囲内における裁量として位置づけられていることが注目される。

広島県は，県営産業団地について特別の助成制度，又は拡充された助成制度を設けている[62]。すなわち，土地代金相当額についても助成を行ない（ただし，一定の県営産業団地に限り，かつ，団地に応じて助成割合に差を設けている），不動産取得税相当額の助成，建物・設備に対しては，助成割合を高くし，又は（種類によっては，かつ）限度額を高くしている。

岡山県も，県営産業団地に新規に立地する製造業者で設備投資額が100億円以上かつ新規常用雇用100名以上のものが，土地売買契約又は賃借契約の締結から3年以内に工場の建設に着手することを要件に設備補助金（認定工場に係る家屋及び償却資産に要する経費につき，補助率100分の5，限度額50億円，単年度限度額10億円，操業開始後最大5ヵ年）と土地補助金（土地売買契約により県から取得した土地の2ヘクタールを超える部分の価格に対し，取得面積に応じ20％から40％の割合の補助率で，限度額20億円）の「大規模工場立地促進補助金」を用意している。また，これと別に，県営団地の売買契約締結から3年以内に工場等の建設に着工した場合に土地代の20％を補助する「特定団地分譲促進補助金」もある。

広島市の企業立地促進補助制度は，新規立地（新規建設に係る建物の補助対象床面積1,000平方メートル以上，新規常用労働者10人以上）と市内移転（移転後の補助対象床面積1,000平方メートル以上，移転前と同規模以上，常用労働者が同人数以上）に分けたうえ，税相当額に対する補助金と雇用奨励金は両

62　県の産業団地への企業立地を促進するのは，地域経済活性化以前に，産業団地内の土地の分譲を促進したいという政策目的がある。その場合には，大型の助成までしなければならないような産業団地造成事業が適切であったかどうかが問われることもあろう。

者に共通であるが，投下資本額に対する補助金に関しては，次のような区別をして助成措置を講じている。「ひろしま西風新都内産業系開発地区」及び「都市再生緊急整備地域（広島駅周辺地域）」に関しては，土地を除く投下資本額（建物・機械設備等）の 20％，限度額 5 億円で 5 年間の分割払いであるのに対して，その他の地域に関しては，土地を除く投下資本額（建物・機械設備等）の 5％で，限度額 5 億円，5 年間の分割払いとされている。このように，投下資本額に対する補助割合について差が設けられている。

富山県の主要工業団地等企業立地助成金は，富山新港臨海工業団地，富山八尾中核工業団地，富山イノベーションパーク，高岡オフィスパーク，小矢部フロンティアパークにおける新規立地・増設に対して，設備投資助成金として設備投資額の 10％（限度額は，特認にあっては 5 億円，スーパー特認 40 億円）を助成するものである。この助成には，先端産業特別枠があって，設備投資額の 10％（限度額 10 億円）の上乗せがなされる（あわせて最大 50 億円）。新規立地については，投資額 1 億円以上，かつ新規雇用 10 人（製造業 20 人）以上，増設については，投資額 20 億円以上，かつ新規雇用 20 人（製造業 20 人）以上の要件がある[63]。

民間研究所の立地促進目的の助成　製造業等と並んで民間研究所の立地を促進する目的の助成金を用意している地方公共団体もある。たとえば，富山県は，投資額 1 億円以上，かつ新規研究者 5 人（増設 10 人）以上を要件に自然科学研究所の新設及び増設に対して，増加研究者数の段階に応じて助成率を高める助成金（「民間研究所立地奨励金」）を交付する制度を設けている[64]。この助成金と雇用創出企業立地助成金を併用することができ，自然科学研究所の研究員については，1 人目から 1 人当たり 50 万円（県外からの転入者は 25 万円）の助成がなされて，通常の製造業等の場合よりも拡充した助成が実施される。

---

[63] なお，この対象となる地区以外でも，同様の要件による「企業立地助成金」が，県 5％，市町村 5％の協調方式により交付される。

[64] 助成率は，新規増加研究者数が 5〜9 人の場合は 10％（限度額 1 億円），10〜29 人の場合は 15％（限度額 1.5 億円），30 人以上の場合は 20％（限度額 2 億円，特認は 5 億円）とされている。

租税上の優遇措置と資金助成との区別　兵庫県及び滋賀県の場合に，企業立地の促進等を目的とする条例を制定し，条例が資金助成も想定しているにもかかわらず，県税について条例主義の考え方から不均一課税等の要件を条例自体で定めているのに対して，補助・融資等の要件については条例で定める考え方が採用されていないことがわかる。

　税と補助金等とを区別する発想は，神奈川県にもみられる。同県は，「産業集積の促進に係る法人の事業税及び不動産取得税の税率の特例に関する条例」（平成16年条例第62号）を制定した[65]。対象法人（資本の金額又は出資金額が1億円以下の法人で規則で定めるもの。規則により，産業促進地域内において新設又は増設した事務所又は事業所を高度先端産業に属する事業の用に供したことに伴い増加する従業者の数が10人以上の法人又は施設整備等助成金の交付決定を受けた法人で県内所在事務所又は事業所の従業者数の合計が当該法人の従業者総数の100分の50を超えるもの）が行なう事業税に関する不均一課税（3条），及び対象事業者（高度先端産業に属する事業を行なうため産業集積促進地域内において事務所又は事業所を新設し又は増設する法人又は個人で規則で定めるもの。規則で，産業集積の促進に係る施設整備等助成金の交付決定を受けた者とされている）が産業集積促進地域（規則により京浜臨海部，みなとみらい21地区及び工業団地とされている）内において取得した家屋及びその敷地である土地の取得が行なわれた場合における不動産取得税の不均一課税（3条）を規定している。不均一課税は，いずれも税率の軽減を内容としている。

　他方，産業の促進に係る施設整備等助成金に関しては，条例が制定されておらず[66]，「神奈川県産業集積促進助成金交付要綱」によっている。同要綱によれば，産業集積促進助成金は，施設整備等助成金と雇用助成金とからな

65　神奈川県は，この条例による制度のほかに，市町村が固定資産税の軽減措置を講じている不動産で知事の指定した地域内で取得されたものについて，不動産取得税の税額の2分の1（上限2億円）を減免する措置を講じている（県税条例施行規則附則21項，22項）。西湘テクノパーク，海辺ニュータウン，久里浜テクノパーク，横須賀リサーチパーク，湘南国際村（A工区）及び久里浜港が指定されている。この措置及び従来からの京浜臨海部における不動産取得税の不均一課税に関しては，碓井光明「地方税を活用した地方団体の施策の展開」自治研究80巻12号3頁（平成16年）を参照。

っている。施設整備等助成金の交付対象者は，製造業等で高度先端産業に係る工場等を新設若しくは増設する事業者又は県内産業の活性化若しくは雇用創出のため知事が特に助成を行なうことが必要と認める事業に係る工場等を新設若しくは増設する事業者であって，その新設・増設を行なう工場等が，立地要件[67]，投下固定資産額要件，常用雇用者要件等を充たすことが要件である。投下固定資産要件は，総投資額50億円（5年以上県内で操業している中小企業者は5億円，それ以外の中小企業者は10億円）以上である。事業者が工場や本社機能を有する事業所等を県内に新設又は増設することに伴う投下固定資産額（土地，家屋及び償却資産の取得に要する費用（リース料を含む）））の合計額を助成対象経費として，その10％を助成し（上限50億円），研究施設に関しては同じく15％を助成するものである（上限80億円）。10年以内の分割交付を可能にしている。雇用助成金は，操業開始日に70人を超える新規地元常用雇用者1人当たり100万円とされている（上限2億円）。これについても，4年以内の期間に分割交付することができるとしている。

条例に基づかない助成金制度が，不均一課税の適用要件に取り込まれていることに注目しておきたい。この仕組みに関しては，助成金自体として条例の規定がないことに疑念があるが，さらに，条例の根拠のない助成金を軽減税率規定の適用要件としている点において，二重の問題があるように思われる。

なお，千葉県は，「千葉県企業立地の促進に関する条例」（平成17年条例第7号）を制定しているが，同条例においては，基本的な事項を大まかに定めるにとどまり，資金助成についていえば，「知事は，企業立地の促進のため，

---

66 不均一課税，助成制度を含めた政策の基本方針は，『神奈川県産業集積促進方策』（平成16年10月）に示されている。

67 次のいずれかの地域に立地することが要件とされている。まず，「産業集積促進拠点」として，久里浜テクノパークを含む9地域が掲げられている。そのほか，京浜臨海部地域・みなとみらい21地域，都市計画法による工業地域・工業専用地域で計画的に開発された地域（政令指定都市を除く），特定地域土地利用計画の策定地域（産業系の利用検討ゾーンに限る）を掲げたうえ，最後に「その他工場等の操業を行うための適地として知事が特に認める地域」が含まれている。最後の適地認定は，知事の裁量判断に委ねられているといえよう。

立地企業に対し，補助金の交付，融資その他の必要な助成を行うことができる」（8条1項）と規定するのみである。そして，具体的な助成措置の内容は，もっぱら「千葉県立地企業補助金交付要綱」（平成17年告示第332号）において定めている。大規模投資企業立地補助金は，バイオテクノロジー，情報通信等の一定分野の製造に係る工場又は観光関連施設で，操業開始3年後までの投下固定資産額が500億円以上，事業従事者が500人以上を要件に経費（操業開始3年後までの投下固定資産額）の100分の5（上限50億円）を補助するものである。そのほかに，本社立地補助金，研究開発型企業立地補助金，外資系企業立地補助金，「工業団地等及び人口減少地域，半島振興地域立地補助金」があるほか，県内市町村が独自に講じている企業誘致のための助成に連携して，操業開始までの投下固定資産額が3億円以上，事業従事者30人以上を要件にする補助金制度も用意されている。

千葉県の補助金交付要綱は，告示の形式をとっているので，公開性・周知性の点においては問題ない。

条例方式　横浜市は，「横浜市企業立地等促進特定地域における支援措置に関する条例」を制定して，固定資産税及び都市計画税について軽減した税率を適用するとともに，企業立地等助成金を交付している。適用対象となるのは，「企業立地等促進特定地域」である。それは，比較的大規模な企業立地等が見込まれ，市経済の活性化を図るうえで緊急かつ重点的に企業立地等を促進すべき地域として定める区域である（2条1号)[68]。

この適用を受けるには，所定の事項を記載した企業立地等事業計画を市長に提出して認定を受けることが出発点である。中小企業者にあっては投下資本額1億円以上，大企業者にあっては投下資本額10億円以上の企業立地等を行なおうとする場合に，認定を受けることができる（3条1項）。注目されるのは，認定は，その計画が，①企業立地等が横浜市経済の発展に資すると認められること，②企業立地等に係る資金計画が当該企業者の経営の状況

---

[68] 別表第1により，「みなとみらい21地域」，「横浜駅周辺地域」，「関内周辺地域」，「新横浜都心地域」，「京浜臨海部地域」，「臨海南部工業地域」，「内陸北部工業地域」及び「港北ニュータウン地域」で，いずれも所定の区の区域のうち市長が告示する区域とされている。

に照らして適切であること，のいずれにも適合するものであると認めるときになされることである（3条3項）。「横浜市経済の発展に資する」とか，「資金計画が……適切である」のような不確定概念が用いられており，市長の裁量権を許容した規定とみられる。この認定を公正に行なう担保措置が必要とされる。

　企業立地等助成金は，認定事業計画に係る投下資本額が中小企業者にあっては5億円以上，大企業者にあっては50億円以上となるときに，投下資本額の10分の1に相当する金額を分割方式で交付する。ただし，同一特定地域において同一企業者に対しては50億円を上限とする（8条1項）。企業立地等助成金交付の要件としての投下資本額基準は，認定に要する投下資本額の基準よりも，高く設定されていることになる[69]。認定事業者は，事業を開始した日[70]から10年を経過する日までの事業継続義務を負っている（12条）。

　相模原市は，平成17年10月より，産業集積促進条例を施行した。製造業・情報通信業，自然科学研究所を対象とし，地域を工業専用地域，工業地域，準工業地域のうち工業系の0.5ヘクタール以上の一団の地域，特別工業地区，その他企業立地等の促進が必要と認める地域に限定して，企業立地等の促進及び工業用地の保全活用について助成措置を講じている。

　企業立地等の促進については，市外企業による新規立地については3億円以上の投資，市内企業による工場新設については，市内で3年以上の操業実績があって1億円以上の投資をするものについて，投資額の10％，上限5億円の施設整備奨励金，市民を雇用した人数に応じた雇用奨励金（上限3,300万円），投資に対して5年間固定資産税・都市計画税を2分の1に軽減することとしている（不均一課税）。また，市内で3年以上の操業実績のある市内中小企業の工場増設及び工場移設で1億円以上の投資についても，投資額の10％（上限5億円）の施設整備奨励金の交付対象としている。また，土地の所有者が3,000万円以上の投資をして「貸し工場」を建設し2年以内に入

69　これに対して，固定資産税・都市計画税の軽減税率に関しては，認定事業者であれば適用を受けられる。

70　事業開始についての期間制限がある（3条4項，同条例施行規則7条，別表第1）。

居し操業が開始された場合にも投資額の5％（上限1億円）の施設整備奨励金を交付するとしている。

工業用地の保全活用については，製造業等に1,000平方メートル以上の工業用地を売却した売主に売却した土地・家屋・償却資産に係る前年度の固定資産税・都市計画税相当額を交付する「工業用地継承奨励金」と，工業系の地区計画を決定し工業に利用する土地について固定資産税・都市計画税の2分の1相当額を5年間交付する「工業保全地区奨励金」とを用意している。工業用地保全活用に関する奨励措置は，全国的に例がないといわれる[71]。

これらの市が，税と助成金ないし奨励金を，ともに条例に定めていることは，議会が意思決定に参与する条例方式を採用している点において，当然のこととはいえ，評価することができる。

条例が認定・指定等の手続を定める場合　補助金のみを条例に定める例として，「三重県企業立地促進条例」（平成15年条例第1号）を挙げることができる。時期的にみると，先駆的といってよいであろう。立地（県の誘致により企業が県内に工場その他の事業所を設置し，事業を営むこと）を行なおうとする企業（立地企業）は，所定の事項を記載した立地計画を作成して知事に提出し，その「立地計画が適当である旨の認定」を受けることができる（4条1項）。知事は，次のいずれにも適合するものであると認めるときは，その認定をすることとされている（4条3項）。①「産業構造の高度化に寄与するものとして規則で定める分野又は業種に属する事業を営むものであること」，②「環境の保全について，必要かつ十分な措置がなされているものであること」，③「当該立地計画に係る投資規模，雇用規模等が事業の種類に応じて規則で定める基準を満たすものであること」。これにより，事業の分野・業種，投資規模・雇用規模等の基準は，すべて規則に委任されていることがわかる。施行規則において，事業の分野は，医療健康福祉分野，情報通信関連分野，環境関連分野，海洋関連分野とされ，それらの業種が詳細に掲げられている。同じく，認定の基準も，詳細に定められている。

次に，同条例は，立地計画の「認定」を受けた立地企業（認定企業）が認

71　相模原市のホームページによる。

定に係る立地計画に従って立地を行なう場合において，必要があると認めるときは，規則で定めるところにより，当該企業に対して，予算の範囲内で補助金を交付することができるとし（5条1項），その補助金は知事の指定する期間内に分割して交付することができるとしている（5条2項）。この「必要があると認めるときは」という留保が，どれだけ発動されるのかが問題であるが，施行規則の別表第3において，補助金の名称，その交付の要件，交付の対象及び額が明確に定められている。

　補助金の名称（種類）として，バレー構想関連産業等立地促進補助金，産業集積補助金，研究施設・過疎地域等立地促進補助金，構造改革特別区域内研究開発施設整備補助金が掲げられている。そして，要件についてみると，たとえば，「産業集積促進補助金」は，別表第2第2号の認定基準欄に掲げる基準をすべて満たす立地計画で，土地を取得し，当該取得から3年以内に立地を行なうもので，かつ，平成19年3月31日までに認定を受けた立地計画であることが要件である。投下償却資産額及び土地の取得に要する費用の総額の15％の金額を交付する（上限は90億円）。

　認定基準は，①情報通信分野の所定業種の製造業で，操業開始の日から3年を経過する時点において，投下償却資産額及び土地の取得に要する費用の総額が600億円以上であること，②3年経過の時点において，当該操業に伴って増加する事業従事者の数が600人以上（常用雇用者の数が300人以上，かつ，県内雇用者の数が100人以上）であること，③当該計画が当該事業の関連産業の集積の促進に特に寄与するものとして別に定める基準を満たすものであること，④当該立地計画の期間が事業所の着工の日から操業開始以後5年を経過する日までの期間であること，である。

　石川県も，「石川県における創造的産業等の立地の促進に関する条例」（平成7年条例第38号）を制定して，企業が産業高次機能施設，空港・港湾活用工場等又は独自技術保有工場等であって，投資額総額が3億円以上，常時雇用従業員数が規則で定める数以上であること，の2要件に該当するものを設置しようとする場合において，環境の保全について適切な措置が講じられることとされており，かつ，当該事業場の設置が第1条の目的（「創造的な産業等の立地を促進することにより，産業構造の高度化等の推進及び雇用機会の拡大

を図り，もって本県経済の健全な発展と県民の福祉の向上に寄与すること」）の達成に寄与するものであると認められるときは，知事は，当該企業を「助成措置を講ずることのできる企業」として，当該事業場の設置ごとに「指定」することができるとしている（3条1項）。この指定は，企業の申請に基づいてなされる（3条3項）。そして，指定を受けた企業に対しては，事業場の設置に要した投下固定資産の取得費を対象として，産業高次機能施設の場合には投資額の100分の20相当額，空港・港湾活用工場等及び独自技術保有工場等の場合には投資額の100分の10相当額の範囲内で助成金を交付することができる（4条1項）。ただし，一の指定企業に対する助成金総額は15億円を超えることができない（4条2項）。

　以上に紹介した三重県の「立地計画が適当である旨の認定」及び石川県の「助成措置を講ずることができる企業として」の認定のような認定手続は，多くの条例において採用されている。このような認定の性質をどのように考えるべきであろうか。助成金交付の準備行為にすぎないとみるのか，それ自体が独自の行政処分であるといえるのかという問題である。助成措置自体は，認定よりも遅れて，進出がなされた時点になるのであるから，認定が助成金交付の準備行為であることは否定できない。しかし，それは，相手方が助成措置を期待して進出に着手するための重要な手続である。助成金交付の準備行為であるからといって行政処分性を認めることの妨げになるものではないと解すべきである。したがって，申請を拒否された場合には，取消訴訟をもって争うことができると解される。しかし，いずれの条例も知事に対して広い裁量権を認めているので，裁量権の逸脱・濫用となるのは，ごく例外的な場合であろう。なお，要綱等によるものを含めて，これらの認定に当たっては，外部委員をも加えた審査会等を活用しているようである（たとえば神奈川県の「神奈川県産業集積促進方策（インベスト神奈川）」の施設整備等助成金の助成金審査会，同じく融資に関する資格認定審査会）。多額の資金助成につながる手続であるので，公正を確保する見地から望ましいことであるが，その認定根拠等が外部から分かりにくいことが多い。

　協調助成・助成の調整　　企業誘致において，ある市町村に企業が誘致されることは，その所在する都道府県における企業誘致効果をも発揮する。そ

こで，市町村と都道府県とが協調して助成するならば，誘致効果をいっそう大きくする。

たとえば，すでに述べたように三重県は，産業集積補助金という大型の企業誘致助成制度を有しているところ，三重県亀山市も，亀山市産業振興条例（平成17年条例第119号）による相当充実した奨励金制度を有している。その内容は，次のようなものである。

① 投下固定資産総額が10億円以上で，新規雇用者数が30人以上の事業所の新設又は増設を行なう事業者には，各年度における指定施設の固定資産税相当額の100分の50に相当する額（上限1億円）を3年間交付する。

② 投下固定資産総額が200億円以上で，新規雇用者数が100人以上の事業所の新設又は増設を行なう事業者には，各年度における指定施設の固定資産税相当額の100分の70に相当する額（上限2億円）を5年間交付する。

③ 投下固定資産総額が600億円以上で，新規雇用者数が300人以上の事業所の新設を行なう事業者には，各年度における指定施設の固定資産税相当額の100分の90に相当する額を15年間交付する（総額の上限45億円）。

この仕組みは，投下固定資産総額及び新規雇用者数が増加するにつれて，固定資産税相当額に対する比率を高めた額の奨励金であり，かつ，その交付される期間も長いことが注目される。ところで，亀山市には，平成17年の条例制定（これは合併に伴う新条例である）前から，平成14年条例第21号による同一名称の条例による奨励制度が存在した。そして，三重県の助成制度と亀山市の奨励制度との重複利用により，有力な企業が亀山市内に進出し，賃貸住宅の建設，地元雇用の増大，ビジネスホテル営業，タクシー業など，大きな経済効果をもたらしたという[72]。

協調方式を制度化して，市町村が助成策を講じているときに限って，県も

---

72 シャープ亀山工場には，県と市が合計135億円の補助金を交付するという（日本経済新聞平成16・3・22）。

助成する方法がいくつかの県にみられる。神奈川県は，そのような制度を採用してきた。岡山県の「企業立地促進奨励金」も，市町村が企業立地促進奨励金制度を設けていることを要件とするものである[73]。この場合には，県の制度の存在が市町村の施策を促進する効果を発揮することになる。

　県の助成制度において，市町村が助成措置を講じている場合に，助成割合を高めることとしている例もある。広島県は，大規模な新設・増設工場（製造業全般，新規雇用常用労働者30人以上，土地代を除き100億円を超える設備投資）について，助成限度額に関して，一般は10億円のところ，地元市町が一定の支援をする場合は20億円（単年度10億円）としている。一般の新設工場，新設流通施設，新設・増設民間試験研究施設，新設・増設ソフトウエアについて，県営産業団地及びその他の公的団地内立地の場合に，地元市町助成があるときに助成割合を高めている。県営産業団地内の立地のための土地代金相当額にかかる助成割合も，地元市町の助成があるときは高めている。この方式も，助成措置を講じている市町の政策を県がバックアップしていることになる。

　もちろん，このような方式は，助成措置のボーナスのつく地区に企業立地することが促進されるのであるから，「市町村間の競争」を考えると，市町村が県の助成制度に巻き込まれる機能をも発揮することになる。

　他方，所在する県と同様の助成制度を有する市町村がある場合に，重複助成をするのかどうかが問題とされることがある。神奈川県は，施設整備等助成金について，県内市町村が県の施設整備等助成金と同様の趣旨の助成金を交付する場合，当該市町村と協議の上，同助成金の額の10％を超えない範囲で，交付額を減額することができるとしている（助成の調整）。10％を超えないという制限であること，市町村との協議があることにより，神奈川県方式には問題がないが，完全に帳消しにするような制度にすると，市町村が助成制度を設けている趣旨が県の制度と合わせた手厚い助成を行なうことにあるとするならば，その趣旨をも消してしまうことになる。なお，横浜市は，企業立地等助成金について，神奈川県の補助金，奨励金その他これらに類す

73　これと対応して，倉敷市，新見市などが，この制度を設けている。

るものの交付がある場合は，投下資本額の100分の3の金額として，原則の場合の10分の1よりも減じている（横浜市企業立地等促進特定地域における支援措置に関する条例8条1項，同条例施行規則10条2項）。県と市町村との間の調整のあり方は，一つの課題といえよう。

大型助成の問題点　目下，大型助成が地方公共団体の間の競争になっているといっても過言ではない。一種の「企業誘致バブル」の現象を呈しつつある。このような企業誘致を手放しで喜んでいてよいのであろうか。「有害な企業誘致競争」となる危険性も秘めている。第一に，ミクロには好ましい政策であっても，日本全体でみると，限られたパイの奪い合いであって，単なる企業の移転に対する補助にすぎないかもしれない。第二に，経済の成長を前提にするならば，第一の問題が小さくなるが，低成長時代を迎えると，企業によっては倒産等により，地方公共団体の投下した資金に見合う回収ができないことも起こりうる。長期にわたる見通しに立った政策であるだけに，リスクを伴っているのである。第三に，地方公共団体間の競争において，勝者と敗者とが生ずる可能性もある。あるいは，強いところは，より強く，弱いところは，より弱くなるかもしれない。

5　産業助成以外の地域活性化

[1]　地域活性化策

地域活性化策の多様性　地方公共団体は，さまざまな政策手法を用いて地域の活性化を図ろうとしている。したがって，すでに述べた各種分野の助成策も，企業誘致を始め，地域活性化策として実施されることも多い。そして，地域間の競争が起こっている。地方公共団体としては，その地域に即して適切な活性化策を選択し，あるいは創造して，実施することを迫られている。

多様な定住促進策　地域のコミュニティを存続させることは地方公共団体にとって重要な政策課題である。そのために多様な定住促進策が活用されている。Uターン，Iターンをして就職した者・新規学卒者で就職した者に対する奨励金の支給（たとえば，青森県の新規就農者農地確保事業，福井県大野

市の新規就農サポート事業），結婚祝い金・出産祝い金・結婚仲介報奨金の支給，その地方公共団体に転入した者が定住するために住宅を取得することに対する助成金（利子補給を含む）の交付・住宅建設資金の貸付け（たとえば，新潟県村上市の定住促進住宅建設資金貸付制度）・家賃補助などの施策が典型である[74]。その場合に，当該地方公共団体の一部区域に転入する場合に限定するとか[75]，地域によって異なる補助金額[76]とする地方公共団体もある。一部区域に限定する例として，市町村合併前の村において過疎地域自立促進特別措置法に指定されていた「過疎地域」を合併後の市が引き継いで施策を実施している場合もある[77]。

定住促進のための奨励金を交付する事業例を挙げよう。福井県勝山市は，平成19年3月までに住宅を取得した者又は新しく同市に住む者に対して住宅取得について100万円以内，賃貸住宅居住の場合に月2万円以内（5年間）の助成措置を講じている。福井県大野市は，「城下町おおの定住促進事業」を実施している。それは，平成17年4月から20年3月までの間に，新しく大野市内に住み新築・中古住宅を取得した者，又は，空洞化が進む中心市街地の活性化に向けて共同住宅の建築や空き家を賃貸する者に対する助成措置である。前者が転入者の定住促進策である。新築住宅については取得価格の20分の1（上限額100万円），中古住宅については取得価格の10分の1（上限額50万円）が補助される。

Ⅰターン就業奨励の例を挙げよう。和歌山県Ⅰターン創業支援補助金は，Ⅰターン者の新規創業を支援することにより山村地域の活性化を図るため，Ⅰターンし，地域資源を活かした事業を新たに創業する個人に事業開始の資金の一部を補助するものである。山村地域に定住目的で移住し概ね4年までの者に申請資格があり，補助対象となる事業は，山村地域の特性である地域

---

74 これらの施策は，「ふるさと回帰支援センター」等のホームページを経由して知ることができる。
75 豊田市は，足助地域に限定した定住促進事業として，定住促進利子補給事業，山里の仲間づくり事業を実施している。
76 たとえば，薩摩川内市。
77 たとえば，桐生市の旧黒保根村区域について規定する桐生市過疎地域定住促進条例。

資源を活用するもの，申請者の経験・知識・技術を活用した独創性のあるもの，事業の実施により山村地域の活性化につながるもの，山村地域の自然環境及び景観の保全上支障がないもの，の4要件のすべてを満たすものである。これらの4要件のすべてを満たすことはなかなか容易ではない。補助対象経費は，創業に必要な機械設備又は工具器具等の購入・賃借・修繕に要する経費であり，補助率は対象経費の2分の1以下，1事業当たりの補助額の上限は500万円とされている。

こうした定住促進策については，さまざまな問題がある。市町村が実施するものについて，予算規模の小さな村は，施策を必要としているにもかかわらず，施策を実施する財政的ゆとりがないし，他方，市町村合併の進行に伴い大規模な市になったときは，一の市の中において過疎地域の対策の必要性があっても，市全体の施策として採用しにくい状況もある。道府県の役割が大きくなるのかもしれない。

新幹線通勤の補助　地方公共団体のなかには，新幹線通勤を行なう住民に補助金を交付して新幹線通勤の経済的負担を軽減する施策を講じているところがある。薩摩川内市は，川内駅と鹿児島中央との間の新幹線通勤定期券を購入している者に対して，その購入額から勤務先の支給する通勤手当額を控除した額の2分の1相当額を補助している（1ヶ月5,000円を限度とする）。また，小田原市は，転入者が小田原駅から東京駅，品川駅，静岡駅の区間を1年以上継続して新幹線定期券で通勤する場合に，薩摩川内市と同様に自己負担額の2分の1を助成する制度を設けている（年間5万円を上限とする）。この対象者には，小田原駅まで徒歩5分の臨時駐車場を割引特別料金で利用できる扱いをしている。

また，福島県泉崎村は，同村が分譲する天王台ニュータウン及び都橋住宅団地の土地を300㎡以上購入し，その土地に自ら住宅を建築した者で，その住宅に居住し村外に鉄道を利用して通勤するものに対して，その定期券代相当額を全額，初回申請日から3箇年，若しくは300万円を限度に，「ゆったり通勤奨励金」として交付している。

［２］　地産地消

地産地消　近年は，「地産地消」ということがいわれる。地域の生産物を，その地域で消費しようという意味で，一種の運動として全国に広がりつつある。この運動には，さまざまな趣旨が込められている。主たる趣旨は，地域の生産物の消費を増やして地域の産業の活性化を図ることにある。さらに，生産地と消費地とを直結させることにより，生産者と消費者との交流を深めて地域の連帯を深める趣旨もあろう。あるいは，地域の実情を理解する教育目的もあろう。このような多様な趣旨のあることを承知のうえで，以下においては，地域の活性化の趣旨にウエイトをおいて考察する。

　なお，公的資金助成の範囲外ではあるが，実質的に極めて近い場面がある。たとえば，地方公共団体が地域の産品のPR活動[78]を行なうことは，通常は公的資金助成の範囲外であるが，生産者は少数になればなるほど，特定生産者の広告宣伝費の肩代わりの様相を呈することがある。また，地方公共団体自身が地域の生産物を優先的に使用すること（たとえば，地方公共団体自身の公共施設等に地域産の木材を使用すること[79]）は，資金助成の形式によらない産業支援措置である[80]。

県産木材の地元消費のための資金助成　地産地消のなかでも広く採用されているのが県産の木材を当該県における公共工事や住宅建設に用いることを奨励する政策である。森林の公益的機能を維持増進する目的と林業・木材関連事業の振興の目的とを併有していることが多い。地域産業を直接に助成するものではないが，大きな助成効果を発揮する。

78　たとえば，神奈川県の平成18年度予算に計上されている「地産地消推進費」は，「生産施設等の整備に対する助成やかながわブランド品を始めとした優れた県内産農林水産物及び加工品の普及PRに努めることにより，地産地消を推進する」経費である（平成18年度当初予算の概要による）。

79　たとえば，秋田県は，「県産材利用推進計画」（平成17年5月）において，計画期間中に県産材を利用して木造化を図る公共建築物，公共土木事業等における間伐材の利用計画を別表形式で掲げている。

80　秋田県は，乾燥秋田スギ認証製品の柱材又は秋田スギの集成柱材を使用し，かつ構造材に乾燥秋田スギをおおむね70％以上使用して，県内に住宅を新築若しくは全面的に改築する施主に，秋田スギ内装材を無償提供する政策を採用している。

たとえば，岐阜県は，県産材を使用した公共施設整備を支援するために，県産材を利用した事業に対する助成措置を講じている。そのうち「公共施設等木造化支援タイプ」は，市町村，公益法人，社会福祉法人，学校法人等が，教育関係施設，福祉関係施設，集会施設等の木造化，内装木質化を図る事業についての資金助成である。「間伐材利用施設整備タイプ」は，広場，公園，国道・県道・市町村道沿い等で県民等に対して高いPR効果が期待できるところに設置する木造施設（木造の監理施設，休憩施設，展望施設，観光案内施設，農林産物販売所，公衆トイレ等）や製品等（ベンチ，ゴミ箱等）の設置を支援するものである。さらに，「間伐材加工施設整備タイプ」及び「学童机・椅子導入促進タイプ」がある。神奈川県の「森林循環5％システム（県産木材活用推進事業）」も，市町村等が県産木材を使用して行なう木造公共施設等整備，学校・幼稚園・保育園における県産木材を使用して行なう「木の学び舎づくり」について建築工事費の5％[81]を補助するほか，学校等における県産木材を使用した内装工事費，県産木材を使用した教育用家具購入費についても助成するものである。県産木材の使用を拡大させて山林の荒廃を防ぐ政策である。

　長野県の「信州ふるさとの住まい助成金」は，木造住宅で県産材を一定量以上[82]使用する一定床面積以下の住宅の新築・購入又はリフォームについて助成するものである。

　同じく，福島県南相馬市は，福島県内産材を市内で製材した物を使用し，市内の工務店で新築又は増改築する者に，その木材使用量に応じた助成措置（市産材住宅建築補助金）を実施している。県内産材の消費促進，市内製材の促進，市内建築業者の事業促進及び住宅建築の促進という4種の複合目的補助金である。

81　5％にしたのは，施設建設の場合に一般的に工事費の10％が木材費に当たるといわれているので，その2分の1を補助する趣旨という（朝日新聞平成18・3・4）。

82　新築・購入に係る在来工法の住宅については，使用木材の50％以上又は工事床面積1㎡当たり0.1㎡以上，在来工法以外にあっては使用木材の50％以上かつ工事床面積1㎡当たり0.1㎡以上とされ，リフォームにあっては使用木材の50％以上かつ5㎡以上とされている。

木材の消費を促進するために，消費に適した製品の開発・導入に対して資金助成する例もある。たとえば，長野県は，メーカーと協働で，間伐材から作った木質ペレットを燃料とする「信州型ペレットストーブ・ボイラー」を開発し，平成17年度にはNPO法人等が普及啓発用に購入する177台に助成することにしたという。

[3] 観光客等の増加策

観光振興等の目的　地域の観光客等を増大させることは，観光客等相手の事業者の歓迎するところである。地方公共団体は，「商工観光課」などにおいて，積極的に観光客の誘致を行なっている。観光客の増大は，単に事業者にとってのみならず，事業者の納税額の増大により地方公共団体の財源を豊かにする。また，住民の刺激となって地域が活性化する効用も大きい。

観光対策等としての資金助成　直接間接を含めると，多様な観光支援の資金助成がなされている。それらを把握すること自体が難しいともいえる。

直接の例として，イベントの開催団体に対する資金助成[83]，航空路線利用者をあっせんした旅行会社に対する助成金の交付[84]，宿泊施設の新増築・改修等に対する資金助成[85]などがある。また，「観光」の言葉に当てはまらないが，学会や修学旅行，さらに団体の全国大会の開催などを誘致する動きも盛んである[86]。

間接のものの例としては，ロケ支援を挙げることができよう[87]。ロケに参

83　北海道が自転車競技会（インターナショナルラリーイン北海道2001）及びその関連事業にイベント推進事業費を交付したことについて，札幌地裁平成16・3・18判例集未登載は，公益上の必要を欠くとはいえない，とした。また，「但馬空港フェスティバル」（そのメインイベントはアエロパティックス競技大会）を主催する実行委員会に対する補助金交付に公益上の必要があるとした，神戸地裁平成11・9・13判例地方自治199号58頁がある。他に，青森県「春もみじ（紅葉）」イベント事業補助金，妙高市大規模イベント育成事業補助金，石川県津幡町の観光イベント事業補助金などがある。高山市の「まちなか活性化イベント補助金」もここに入れておこう。また，熱気球大会を開催した団体に対し仙台市が3,000万円の補助金を交付したことには公益上の必要がないとする主張が斥けられた事件がある（仙台地裁平成13・1・30判例集未登載，仙台高裁平成14・2・14判例集未登載）。なお，商店街活性化，市民交流型のイベント補助金は，無数に存在する。

加する人たちによる消費のみならず，映画上映によって観光宣伝に寄与することを期待するものである。

航空運賃助成等　地方公共団体は，空港の設置を進め，開港後は，航空路線の存続，空港の存続のために懸命になる。そのために航空運賃について助成するなどの方法が採用される。この施策の目的は，直接には航空路線による利便性を維持しようとするものであって，観光対策とはいえない。代表例を挙げておこう。能登空港に関しては，輪島市が能登〜羽田便の利用者について大人片道2,000円，往復4,000円，小人は半額の「能登空港利用促進助成金」を交付しており，他の市町村も同様の助成をしている。この助成は，県及び地元市町村が航空会社との間で「搭乗率保証」を約していることにもよる。また，コウノトリ但馬空港の利用を促進するために，豊岡市，養父市などが但馬空港〜大阪（伊丹）空港間の運賃助成を実施している。県及び関係市町村が構成員となっている空港利用促進協議会等の団体が空港までの貸切バス等に助成する場合もある（松山空港，長崎空港，福島空港，青森空港など）。

84　輪島市は，能登空港発着便を利用し，かつ，市内の宿泊施設に5名以上で宿泊する旅行企画を実施した旅行業者に対して定期便は12月1日から2月28日，チャーター便は通年で，大人3,000円，小人1,500円，宿泊2日目から1泊につき大人1,000円，小人500円の補助金を交付している。また，能登＝羽田便を利用する市民に対しても片道につき大人2,000円，小人1,000円を助成している。さらに，松本市も，福岡＝松本線の空路による観光客をあっせんした旅行会社に対して，その人数に応じた助成金を交付しているという（信濃毎日新聞平成18・4・19）。

85　輪島市の「観光宿泊施設魅力アップ事業補助金」は，専ら観光客のための宿泊施設として営業する旅館・ホテル・民宿などを対象にした補助金である。

86　輪島市は，「コンベンション等誘致支援助成金」制度を設けている。市内で実施される学会等（学術研究の発表又は討論のための集会若しくは総会に参加する場合），修学旅行，合宿で，市内のホテル，旅館，民宿等に宿泊し，料金の支払いを必要とする場合に，一人当たりの所定の助成金を交付するものである。総社市も，市内宿泊施設への宿泊者数に応じた全国大会等開催補助金を交付している。

87　松本市は，観光温泉課にロケ支援係を置いて恒常的に活動している。

事項索引

あ 行

相手方特定資金助成　20
赤字補塡　117,336
赤字補塡の約定　336,351
アスベスト除去　476
過料賦課権　238
育児支援　6,453
意見公募手続　31
委託費　14,439
委託方式　57,438
委託契約方式　438
一時停止　218,228
一時的補助金　23
著しい不公正　108
一般会計　68,71,277
一般公募型資金助成　20
一般会計予算総則　100
一般財源化　453
一般産業助成　487
一般費助成　21
偽りその他不正の手段　231
委任説　184
違約金条項　238
インセンティブ効果　456
インセンティブ付き補助金　210
運営費交付金（独立行政法人等に対する）
　27,97,141
打切補助　207
NTT株式の売払収入　70,278,296
遠距離通学者　434
延滞金　217,228
大型空き店舗活用支援事業　469

大型助成　511
応訴費用　129
応諾の意思表示　255
オータムジャンボ　379
ODA　394
応募制限　442
公の施設　132,160
公の支配　423

か 行

外郭団体的法人　20,132
会計検査院　395
会計年度独立主義　233
概算払い　205
回収可能性確保原則　259,306
回転型資金　25
開発インター　280,370
外部効果　43
外部法　193,346
科学技術振興機構　57
科学技術振興調整費　441
科学研究費　57,163,212,441
学資貸与事業　425
学術奨励金　438
確定　196,206
確定の取消し　208
確認訴訟　255
かさ上げ　396,462
加算金　216,228
隠れた支援　7,8
貸付け　50
貸付金　73,76,99
貸付金の回収　306

ii 事項索引

貸付金の支出事務　67
貸付金の償還免除　311
貸付契約　265
貸付決定　261,262,265
学校法人　37,423
合併協議　153
寡婦福祉資金　448
借入資金　73
下流負担　385
環境確保　463
環境再生保全機構　77,91,460
環境スクリーニング　299
環境対策　459
環境配慮投資等に対する融資　462
観光振興　516
間接助成　27
間接的排除効果　19
間接補助　1
間接補助金　223,391
間接補助金等　27,34,76,391
間接補助事業者等　27,34,67,211,217,391
間接補助事業等　27,34,391
関与　250,411
関与訴訟　250,415,417
関与法定主義　416
管理受託者（公の施設の）　133
元利補給　16
議員等の研修費の補助　121
議員の研修旅行　124
議員の団体の活動に対する助成　125
議会の各派研修費　122
議会の審議　113,135
機関訴訟　250,419
機関保証　260
企業再生ファンド　360
企業内保育所　458
企業誘致　498

企業誘致バブル　511
企業立地助成金　486
基　金　72,266
基金造成型補助金　24
規制規範　27,29,37,51
規　則　30,181,238
規則の事項的管轄　184
寄附金収入　77
寄附金等の支出の禁止　40,282,362
寄附又は補助　104
義務づけ訴訟　254
客観訴訟　249
逆ざや　275
給付行政　79
給与等条例主義　118,129
競業者の不利益　151,254
競争事業者　253,254
行政契約　84
強制繰上償還　277
行政処分性　42,173,181,190,191,210,216,251,254,262,419
強制徴収　220,307
行政手続法　245
行政手続条例　190,248
業績契約　210
競争的資金　438,442
競争的資金に関する関係府省連絡会議　442,444
競争的資金の不正経理・不正使用　442
協調助成　508
協調融資　291,299
協同農業普及事業交付金　22
業務委託先に対する補助金　132
業務の委託　57,65,299
漁業信用基金協会　359
漁業補償　10
銀行等保有株式取得機構　330
金銭給付義務の減免　11

事項索引   iii

金銭消費貸借　17,261
緊急性補助金　23
緊急避難的資金援助　86
金融安定化　329
金融機関の経営危機　318
金融機関の破綻処理　289
金融機関預託方式　285,291
偶発債務　17,160,323
偶発債務の情報提供　162,324
偶発債務抑制原則　160,324
釧路市工場誘致条例　191
具体的負担金請求権　176
具体的補助金交付請求権　177
繰上償還　269,275,382
クリーンエネルギー自動車等導入促進事業　60
繰越し　212,233
繰越明許費　98,212
経営危機　314,318
経営破綻　116
計画の承認手続　411
計画の認定　250
経済性の原則　103
形式的行政行為　172
形式的行政処分　178,192
形式的定義説　33
芸術文化振興基金　77
経常的経費補助金　23,423
経常的補助金　23
継続雇用定着促進助成金　450
刑罰の空白状態　235
経費の負担区分　40,363,388
契約関係説　225
契約自由の原則　189
減額確定　196,206,209,215
減額交付決定　206,210
元気な地域づくり交付金　407
研究活動の不正行為　442

権限集中方式（地方公共団体の）　61
検査拒否罪　241,244
県産木材の地元消費　514
原子力損害賠償補償契約　341
建設国債　74
建設事業費　74
憲法89条　30,31,37,435
公営ギャンブル　2,64
公営企業会計への繰入れ　13,490
公営企業借換債　271
公営企業金融公庫　270,297,333
公益企業債券　333
公営競技　2,64
公営競技関係法人　2,64
公営住宅　473
公益上の必要性　7,41,104,267,286,321,345,491
公益性　102
公益通報者保護法　231
公益による課税免除　12
公益による不均一課税　12
公共事業費　74
公共施設　75
公益目的　143
公開のヒアリング　26,166
公共目的原則　102
公金の賦課　251
航空運賃助成　517
公権力の行使　257
公庫　294,296
抗告訴訟　417,422
構造計算書偽装問題　481
高速道路会社　331
高校奨学金　294
高等学校奨学金事業交付金　294
公債　74
公私協力方式　110,436
公正決定原則　162

厚生労働科学研究費補助金　163,444	告発義務　242
公的債務保証　323	国分寺訴訟　176
公的資金助成行政組織　53	国民財政主義　103
公的資金助成の意義　1	国立大学法人　27,141,327
公的資金助成の主体　1	子育て応援企業　486
公的資金助成の利用可能性　19	子育て支援　6,453
公的資金助成の類型　16	国会の議決　328
公的資金助成法の基本原則　79	国家間資金助成法　394
公的融資　258	国家的法益　234
公的融資専門法人　294	国家賠償請求　256
交付金　33	国家賠償法　256,263,397
交付金化　399,402	国庫債務負担行為　97,100,395
交付決定　171,188,421	国庫支出金　361
交付決定経由必要説　177	国庫納付金　296
交付決定取消しの期間制限　214	国庫負担金　40,361,362,365,395,421
交付決定の暫定性　195	国庫負担金の補助金化　412,422
交付決定の取消し　195,209,210,216,225	国庫補助金　39,361,362
	国庫補助金の交付金化　399,402,416
交付申請　168,188	国庫補助金の統合化・メニュー化　399
公平原則　157	国庫補助負担金　361,398
公平性　115	国庫補助負担金の一般財源化　454
公法契約説　173	こども未来財団　58
公法上の管理関係　172	個別事業補助金　140
公法上の法律関係に関する訴訟　256	個別的資金助成　21
合法性原則　108	米の生産調整メリット措置　88
高年齢者雇用安定給付金　450	コミュニティ・ファンド形成事業　321
高年齢者雇用開発協会　59,451	固有の資格　415,418
高年齢者雇用環境整備融資　451	雇用安定事業　68,450
公務員の守秘義務　240,242,444	雇用確保措置導入支援助成金　451
合目的性　114	雇用・能力開発機構　56
合理性のない差別の禁止　149	雇用福祉事業　68
高齢者雇用の促進　450	根拠規範　27
高齢者向け優良賃貸住宅　475	
高齢・障害者雇用支援機構　55,57,450,451	**さ　行**
	災害援護資金　5
国際協力銀行　298	再確定　209,210
国税滞納処分の例　219	債権　271
国土整備　462	債権管理　306,307

事項索引　v

債権管理法　271,306
債権の免除　310
催告　226
財産の管理　251
歳出予算　95,99
財政援助補助金　39,395
財政公共目的原則　102,268,321
財政運営上の相当性　115
財政上の余裕　109
財政秩序　389
財政秩序の健全性　363
財政投融資　295,332
財政調整機能　373
財政投融資計画　333
財政投融資資金　54
財政民主主義原則　82
財政融資資金　99,273
財政融資資金運用計画　99,274
財政融資資金特別会計　99,273
財政融資資金への繰入れ　99
財団債権　229
財団法人　58
財投機関債　296,334
再度交付の拒絶　239
財務事項規則主義　30,42
財務事項規則専管主義　30,42
債務負担行為　97,324
債務不履行に基づく解除権　226
債務保証　100,323,496
債務保証契約の限度額　100,332
裁量権の逸脱濫用　105
裁量免除　312
詐欺罪　234,236,237
差別の合理性　149
サマージャンボ　379
産業再生機構　317,330,331
産業助成　483
サンセット方式　23

三位一体改革　398,453
仕入税額控除　207
私学助成　23,37,90,423
資金助成行政　79
資金助成業務　53
資金助成業務の委託　58,65
資金助成業務担当法人　54,61,236,306
資金助成の拒否　155
資金造成型補助金　24
資金の貸付け　17
資金配分機関　67
自己資金原則　73
事後評価　408,411
自己負担原則　395
資産の有効活用・転用　400
支出事務の委託　66
支出授権　95
事情変更　211
私人の公金取扱いの禁止　65
私人の公法行為　169
次世代育成支援対策交付金（ソフト交付金）　454
次世代育成支援対策施設整備交付金（ハード交付金）　409,454
次世代育成支援対策推進法　409
市町村合併　153,382,398,434
市町村合併支援プラン　434
市町村合併の促進　382
市町村振興交付金　379
市町村振興資金　379
市町村振興宝くじ　379
市町村振興補助金　371
市町村の負担金　384
実額精算　422
実質的定義説　33
実質的な資金助成　14
実績報告書　196,206
実体規範　27

実体要件着目説　185, 189
実体要件の要綱等への依存　170
質問検査権　241
指　定　250
指定法人　2, 58, 360
児童育成事業費　58, 69
使途特定原則　140
自発的繰上償還　270
市民提案型補助金　164
社会援護　5, 149
社会手当　5
社会福祉　448
社会福祉法　30, 37
社会福祉法人　31, 37
社会保障給付　5
社団法人　59
収益納付　36, 202
就園奨励事業　456
就学援助　431
住宅供給公社　328
住宅金融公庫　270, 275, 294, 296, 357, 476
住宅支援機構　295
住宅整備資金助成　473
住宅融資支援法　357
住民訴訟　129, 194, 249, 250
住民の福祉　116, 138
主観訴訟　253
出　資　17, 95, 318
出資金　73, 76
出資法人　20, 50, 132
守秘義務　156, 240, 242
障害者雇用継続助成金　451
障害者雇用促進助成金　451
障害者雇用の促進　451
障害者作業施設等設置助成金　451
障害者通勤対策助成金　451
障害者福祉施設設置等助成金

奨学金　430
女性の社会進出総合支援策　486
助成の調整　510
循環型社会形成推進交付金　405
循環型社会形成推進地域計画　406
循環型社会の形成　459
償還可能性　259, 287
償還猶予　308
商業・サービス業集積関連施設整備事業　468
消極要件の設定　154
商工組合中央金庫　299, 300, 462, 486
承　認　416, 421, 422
消費税　207
商品・役務の購入　15
情報の集中・利用　240
消滅時効　198, 199, 221
消滅時効の起算点　199
条　例　41, 238, 347
条例・規則共管事項　94
奨励金　33
奨励的補助金　24, 39, 395
条例による規律　43
条例の根拠　263, 283
職員互助会　118, 226
職員の給与相当額の補助金　137
職員派遣　136
職員表彰　121
助成機能法人　17
助成金　33
私立学校施設整備費補助金　427
私立学校振興助成法　37, 90, 423, 428
私立学校のための融資　430
私立大学経常費補助金　76
私立幼稚園児の保育料負担の軽減　456
私立幼稚園就園奨励費補助金　433
侵害留保説　82
新幹線通勤の補助　513

信義則　150, 257, 345, 347
審査基準　246
新産業都市　494
新市町村振興宝くじ　379
申請拒否処分　246
申請主義　168
陣屋の村自然活用施設　133
信用補完制度　353
信用保証協会　261, 352, 496
信用保証制度　352, 483
信頼保護の原則　81
森林整備法人　304
随意契約　15, 439
水源涵養　385
水源地域対策基金　386
水源地域対策特別措置法　385
随時融資　284
水田農業構造改革交付金　88
制限規範　29
制裁的賦課金　217
政策金融の改革　301
政策評価　303
政策目的の結合　157
生産者補給金　335
精算手続　206
精算補助　207
制度化された損失補償契約　345, 348
制度所管省　54
制度融資　284, 355
政府開発援助　394
政府間財政法　20
政府間資金助成　19, 39
政府間資金助成法　361
政府系金融機関　294
政府出資法人　366
政府保証債務　332
政務調査費　121
政令指定都市　385

セーフティネット支援対策等補助金　409
石油及びエネルギー需給高度化対策特別会計　461
施越工事　204
施越承認　204
積極的資金助成行為　10
摂津訴訟　169, 174, 419, 421
ゼロ県債　98
ゼロ国債　98
専決処分　101
全県的基金　73
全国的基金　73
全国農地保有合理化協会　59
全部留保説　83
増額確定　422
総額限度方式（予算計上の）　93
増額交付決定　207
相　殺　218, 229
増　資　313, 317
相当性の原則　81, 146
相当の反対給付　33
総務大臣との協議　368
贈与禁止原則　103
造林公社　304
即時使用型補助金　24
租税等滞納対策　155
租税特別措置　11, 483
損害担保契約　342
損害賠償請求　252
損害賠償請求権　221, 223, 224, 225, 252
損失補償　8, 16, 101, 335
損失補償契約　18, 101, 105, 327, 334, 338
損失補償契約の効力　346
損失補償金　33, 35
損失補償の保証　18, 101, 105, 334, 338
損失補てん契約　338

た 行

大王製紙事件　110,489
大学誘致　110,147,434
第三者委員会　162,163,165,166
第三セクター　20,132,280,313,338,370
第三セクターへの職員派遣　136
耐震改修　477
耐震改修促進税制　480
滞納処分　219
対話型支援金　378
諾成的消費貸借　261
縦割り行政　61,400
縦割り補助金　26
たばこ小売業者に対する奨励金　485
WTO協定　151
他用途使用　211
他用途使用罪　235
他用途使用の禁止　205
団体運営補助金　141
弾力条項　333
地域介護・福祉空間整備等交付金　409
地域活性化策　511
地域再生計画　401,403,417
地域再生基盤強化交付金　54,403,417
地域再生法　401,403
地域住宅計画　405,474
地域住宅交付金　405,474
地域振興券交付事業　87
地域創業助成金　485
地域総合整備資金貸付　76,291
地域中小企業再生ファンド　317
地域的平等　152
地下高速鉄道整備事業費補助　473
地球温暖化対策　460
地球環境基金　77,91
地産地消　514
地方公営企業法　490

地方公共団体の規則　30,181,183
地方公共団体の認定制度　300
地方公共団体の方針変更　291
地方交付税　22,76,293,322
地方交付税による減収補塡措置　483
地方債　74,267,292,323
地方債共同発行機関　333
地方財政再建促進特別措置法　40,362
地方財政法　39,388,395
地方3公社　328
地方道路公社　328
地方道路整備臨時交付金　415
地方独立行政法人　328
地方分権改革　398
地方分権推進計画　399
中小企業基盤整備機構　317,319,470
中小企業近代化資金等助成法　495
中小企業近代化促進法　495
中小企業金融公庫　353,495
中小企業経営革新支援法　496
中小企業信用保険準備基金　354
中小企業投資育成株式会社　496
中小企業等の支援法人　63
中小企業の新たな事業活動の促進に関する法律　496
中小企業の振興　494
中心市街地商業等活性化総合支援事業　469
中心市街地活性化法　470
中心市街地再生のための暮らし・にぎわい再生事業　470
中心市街地の活性化　468,497
中心市街地の活性化に関する法律　470
中立性原則　126
超過負担　365,419,420
長等の応訴費用　128
重複助成　510
直接助成　26

事項索引　ix

直接補助金　223
直接融資　277
通達行政　89
提案型補助金　25
提案審査型ヒアリング　167
定型的補助金　23
定住促進策　511
低利融資　285
撤回権の法定留保　195
手続違反罪　235
手続規範　27, 28, 51
手続的な適法性　115
鉄道軌道整備法　471
鉄道建設・運輸施設整備支援機構　472
天災による農林漁業者等に対する資金の融通　338
電源開発促進対策特別会計　70
転作奨励金　87
統合化　399
統合交付金　406
当事者訴訟　255, 419, 422
搭乗率保証　517
道路開発資金　282
道路交通騒音　463
道路整備特別会計　283
道路補助金　414
透明性の原則　101
特殊法人　55
特定公益増進法人　77
特定事業者助成　487
特定調停　338
特定鉄道事業者　472
特定優良賃貸住宅　305, 475
特別会計　13, 68, 96, 277
特別会計への補助　13, 490
特別規定　234
特別資金　71
特別の法人　1

特別費助成
特別法人に対する資金助成　20
独立行政法人　20, 27, 55, 77, 97, 141, 327, 367
都市開発資金　264, 277, 464
都市開発資金融通特別会計　71
都市再生機構　275
都市再生交付金　466
都市再生支援業務　465
都市再生特別措置法　402, 466
都市鉄道等利用利便法　467, 473
都心共同住宅供給事業　475
土地開発公社　328
都道府県の市町村に対する資金助成　370
取消訴訟　254, 508
トンネル機関　365

な 行

内在的行政処分　180
内部関係説　419, 421
内部規則　187
内部法　42, 346
内容確定型補助金　25
21世紀職業財団　58, 458
二重申請　232
二段階説　190, 262
日韓高速船事件　111
日本学術振興会　57
日本学生支援機構　56, 92, 431
日本芸術文化振興会　77
日本自転車振興会　2
日本私立学校振興・共済事業団　55, 76, 430
日本政策投資銀行　282, 296, 298, 451
日本電信電話株式会社の株式の売払収入　70, 278
日本貿易振興機構　58

ニュータウン鉄道等整備事業費補助　473
乳幼児医療費助成制度　6
任意繰上償還　276
任意的意見公募手続　31
任意的補助条件　199
認　定　416,417,508
農業改良資金　264
農業近代化資金　71
農業近代化助成資金　71
納税者による租税の使途特定　13,78
納税貯蓄組合　28,144
納税連動方式　484
農畜産業振興機構　335
農地保有合理化支援法人　59
農林漁業金融公庫　305
農林漁業信用基金　357,359
農林信用基金協会　357

は　行

賠償命令　252
配当補給　16
派遣職員の人件費相当分の補助　137
パブリック・コメント　31
反射的不平等　159
ピア・レビュー　163,441
PFI選定事業者　282,296,466
PFI無利子融資制度　296
被災者自立支援金　149
被災者生活再建支援金　5,58,73
（補助金支出の）被災者生活再建支援法人　58,73
非正規社員　452
非対価性　102
必要性（補助金支出の）　114
必要的補助条件　199
批判可能性　102
標準処理機関　172,246

表彰目的の資金交付　121
平等原則　80,147,154,157
費用負担者の損害賠償責任　397
比例原則　109,146
不均一課税　499,502
複合目的の追求　485
福祉医療機構　55,448
不作為の違法確認の訴え　254
不正交付罪　231
不正受給　224,227
不正受交付　236,238
不正受交付罪　231,236
付帯的政策　157
負担金　33,40,395
負担金請求権　421
負担付贈与　189,255
不当干渉　244
不当遅延　244
不当利得返還請求　224,226,252,345
不当利得返還請求権　221,223,224,252
不服審査型ヒアリング　167
不服申立許容着目説　185,189
不服申出規定　417
不法行為　224
踏切道改良促進法　472
ふるさと融資　76,292
分収林方式　305
分担管理　53
返還金債権の消滅時効　221
返還金等の徴収　219
返還請求権　223,224
返還命令　199,214,216,223,226
弁護士報酬　129
ベンチャー育成投資事業有限責任組合　320
ベンチャー企業　15,319
ベンチャーファンド出資事業　319
弁明の機会の付与　249

防衛施設周辺の生活環境の整備　463
包括的資金助成　21
包括的補助金　27, 371, 374
法規創造力　185
法規による行政　84
報酬等条例主義　121
法条競合　234
法人財政援助制限法　53, 100, 161, 326, 342
法治行政の原理　80
法定外の任意的補助条件　203
法定受託事務　244
法定の任意的補助条件　202
法律上の原因　226
法律の根拠　82, 263
法律の先占　239
法律の留保　28, 82
法律補助　33, 92
法令に基づく申請　188
補完性原則　297
補給金　16, 33, 53
母子家庭自立支援給付金　449
母子福祉資金　448
補充規範　36
補充性の原則　80
補償金（繰上償還の）　271, 275
保証契約　53, 323, 327
保証債務　17
保証保険　357
補償料納付　341
保証料補給　354
保証料率　357
補助金　16, 33, 395
補助金及び相殺措置に関する協定　151
補助金契約　255
補助金交付規則　36, 41, 228
補助金交付決定　171, 254
補助金交付請求権の譲渡性　197

補助金交付要綱　52, 187
補助金債権の消滅時効　198
補助金支出事務の委託　67
補助金適正化法　32, 168, 241
補助金等　32
補助金等交付決定の暫定性　195
補助金等交付の条件　199
補助金等交付要件　170
補助金等適正化中央連絡会議　54
補助金等の一時停止　218
補助金等の交付拒絶　239
補助金等返還請求権　229
補助金返還債権の消滅時効　199
補助金返還請求訴訟　220
補助金法律関係　168, 189
補助金法律関係の消滅　210
補助事業者等　211, 217
補助事業等　32
補助事業等に係る契約　201
補助事業等の遂行　204
補助条件　199, 211, 213
本質性説　85

ま　行

前金払い　205
まち再生出資業務
まちづくり交付金　402, 466
街なか居住再生ファンド　471
マンションの建替えの円滑化　475
密集市街地における防災街区の整備　464
みなし公務員　57, 60
水俣病対策　20, 74
ミニパトカー寄附事件　40, 389
身元保証　335
宮崎シーガイア訴訟　113, 488
民間金融機関　299
民間研究所の立地促進　501

民間都市開発推進機構　330, 331, 464
民間保育所　457
民事訴訟　254, 419
民主的意思決定　264
民主的正当化　84
無益な資金助成　144, 147
無益な出資　370
無益な補助金　108, 116
無効確認訴訟　254
無利息貸付（融資）　285, 296
メニュー式化　374, 399
メニュー式補助金　372, 375, 383
黙示的行政処分　180
目的規範　28
元議員の団体に対する補助金　126

や　行

約定解除権　225, 254
野菜出荷安定法　335
有害な企業誘致競争　511
有効性　114, 143
融資　17, 95
融資金返還請求権　271
融資契約　255
融資決定　261
融資条件固定原則　274
有利な条件による財産の貸付け　7
要綱　187
要物契約　261
預金保険機構　317, 329

抑制原則　139
翌年度使用　211
予算参考書類　325
予算参照書　96
予算執行権限　61, 238
予算単年度主義　233
予算による授権　95
予算の移替え　447
予算の範囲内　340, 422
予算補助　33, 85, 92, 96
予算留保　83
預託方式　285
予備費の使用　340

ら　行

履行期限延長の特約　271, 308
利子補給　16
利子補給金　33
利子補給金契約　168
利子補給方式　285
リノベーション補助金　469
理由の提示　246, 247
流用措置　340
両罰規定　236
林業信用保証　360
臨時的補助金　23
労働福祉事業費　68

わ　行

渡切補助　207

判 例 索 引

最高裁昭和25・10・20（刑集4巻2号268頁）　166
最高裁昭和30・4・19（民集9巻5号534頁）　132
最高裁昭和31・3・2（民集10巻3号147頁）　209
最高裁昭和31・4・17（最高裁判所裁判集刑事113号341頁）　235
名古屋高裁昭和34・8・3（行集10巻9号1776頁）　182
東京高裁昭和35・2・27（東高民時報11巻2号68頁）　204
最高裁昭和36・2・27（民集15巻11号2685頁）　89
最高裁大法廷昭和37・3・7（民集16巻3号445頁）　113
東京高裁昭和38・11・27（高刑集16巻8号655頁）　233
釧路地裁昭和43・3・19（昭和41年（行ウ）第3号）（行集19巻3号408頁）　191, 255
釧路地裁昭和43・3・19（昭和41年（ワ）第81号）（行集19巻3号426頁）　256
最高裁昭和43・11・7（民集22巻12号2421頁）　209
名古屋地裁昭和43・12・26（行集19巻12号1992頁）　488
札幌高裁昭和44・4・17（昭和43年（行コ）第6号）（行集20巻4号459頁）　191, 255
札幌高裁昭和44・4・17（昭和43年（ネ）第88号）（行集20巻4号486頁）　256
札幌高裁昭和44・4・17（昭和43年（行コ）第4号）（判例時報554号15頁）　193, 255
札幌高裁昭和44・4・17（昭和43年（ネ）第87号）（判例時報554号21頁）　256
名古屋高裁金沢支部昭和44・12・22（行集20巻12号1740頁）　129
名古屋地裁昭和45・7・11（行集21巻7・8号1005頁）　126
最高裁昭和46・9・3（判例時報645号72頁）　132
最高裁昭和47・3・21（判例時報666号50頁）　132
最高裁大法廷昭和47・11・22（刑集26巻9号554頁）　242
岐阜地裁昭和50・9・18（行集26巻9号1011頁）　488
最高裁昭和50・11・28（民集29巻10号1754頁）　397
東京地裁昭和50・12・24（判例時報807号16頁）　130
熊本地裁昭和51・3・29（行集27巻3号416頁）　106, 108, 194
名古屋高裁昭和51・4・28（行集27巻4号596頁）　126
福岡地裁昭和51・8・10（行集27巻8号1464頁）　262
東京地裁昭和51・12・13（行集27巻11・12号1790頁）　175, 256, 421
広島地裁昭和52・7・29（行集28巻6・7号764頁）　262

神戸地裁昭和52・12・19（判例時報887号66頁）　262
福岡高裁昭和53・3・29（行集29巻3号453頁）　194
大阪地裁昭和53・5・26（昭和48年（行ウ）第47号）（行集29巻5号1053頁）　188,263
大阪地裁昭和53・5・26（昭和48年（行ウ）第50号）（判例時報909号27頁）　188,263
福岡地裁昭和53・7・14（判例時報909号38頁）　188,263
最高裁昭和53・8・29（判例時報906号31頁）　126
札幌地裁昭和54・7・17（行集30巻7号1310頁）　129
大阪高裁昭和54・7・30（昭和53年（行コ）第24号）（行集30巻7号1352頁）　188,263
大阪高裁昭和54・7・30（昭和53年（行コ）第22号）（判例時報948号44頁）　188,263
東京地裁昭和55・3・4（行集31巻3号353頁）　176,252
福岡地裁昭和55・3・13（行集31巻3号445頁）　252
福井地裁昭和55・4・25（行集31巻4号1023頁）　263
東京地裁昭和55・6・10（行集31巻6号1291頁）　363,365
東京高裁昭和55・7・28（行集31巻7号1558頁）　175,256,421
福岡地裁昭和55・9・26（判例時報998号38頁）　188,263
札幌高裁昭和55・9・30（行集31巻9号2055頁）　129
浦和地裁昭和55・12・24（行集31巻12号2679頁）　121
最高裁昭和56・1・27（民集35巻1号35頁）　81頁
東京地裁昭和56・6・26（行集32巻6号959頁）　181
福岡高裁昭和56・7・28（行集32巻7号1290頁）　188,263
札幌地裁昭和56・8・24（行集32巻8号1457頁）　129
山口地裁昭和56・11・19（行集32巻11号2024頁）　252
東京高裁昭和56・11・25（行集32巻11号2090頁）　182
名古屋地裁昭和56・11・30（判例タイムズ462号140頁）　321
札幌高裁昭和57・8・5（行集33巻8号1669頁）　129
東京高裁昭和57・9・14（行集33巻9号1789頁）　252
名古屋高裁昭和58・3・30（判例タイムズ502号153頁）　103,321
東京地裁昭和58・5・27（行集34巻5号899頁）　129
最高裁昭和58・7・15（民集37巻6号849頁）　136
福岡高裁昭和58・11・14（行集34巻11号1925頁）　252
神戸地裁昭和59・3・7（判例時報1120号30頁）　122
最高裁昭和59・4・24（判例時報1121号44頁）　129,132
名古屋地裁昭和59・12・26（判例時報1178号64頁）　186
東京地裁昭和60・6・27（行集36巻6号1063頁）　263

東京高裁昭和 61・3・26（行集 37 巻 3 号 449 頁） 129
千葉地裁昭和 61・5・28（行集 37 巻 4・5 号 690 頁） 147, 435
浦和地裁昭和 61・6・9（判例時報 1221 号 19 頁） 435
最高裁昭和 62・5・19（民集 41 巻 4 号 687 頁） 195, 227, 252, 310, 346, 347
京都地裁昭和 62・7・13（判例時報 1263 号 10 頁） 118
神戸地裁昭和 62・9・28（昭和 51 年（行ウ）第 1 号）（判例タイムズ 665 号 119 頁） 109
神戸地裁昭和 62・9・28（昭和 50 年（行ウ）第 15 号）（判例時報 1273 号 38 頁） 109
最高裁昭和 62・10・30（判例時報 1264 号 59 頁） 365
千葉地裁昭和 62・11・9（行集 42 巻 6・7 号 1290 頁［参照］） 9
最高裁昭和 63・3・10（判例時報 1270 号 73 頁） 124
広島高裁昭和 63・4・18（行集 39 巻 3・4 号 265 頁） 252
最高裁昭和 63・6・17（判例時報 1289 号 39 頁） 209
東京地裁昭和 63・9・16（行集 39 巻 9 号 859 頁） 53, 183, 191
札幌高裁昭和 63・9・20（判例時報 1307 号 159 頁） 35
大阪高裁平成元・2・15（判例タイムズ 696 号 100 頁） 109
東京高裁平成元・7・11（行集 40 巻 7 号 925 頁） 53, 186
横浜地裁平成元・9・25（判例時報 1351 号 94 頁） 152
最高裁平成元・10・26（民集 43 巻 9 号 999 頁） 398
東京高裁平成 2・1・29（高民集 43 巻 1 号 1 頁） 435
横浜地裁平成 2・3・19（判例タイムズ 741 号 141 頁） 222
最高裁平成 2・3・23（判例時報 1354 号 62 頁） 129
福島地裁平成 2・10・16（判例時報 1365 号 32 頁） 148, 436
秋田地裁平成 3・3・22（判例時報 1427 号 46 頁） 107
高松地裁平成 3・7・16（行集 42 巻 6・7 号 1123 頁） 10
東京高裁平成 3・7・30（行集 42 巻 6・7 号 1253 頁） 9
最高裁平成 3・11・19（民集 45 巻 8 号 1209 頁） 120
神戸地裁平成 3・11・25（判例時報 1442 号 88 頁） 108, 122
名古屋地裁平成 4・4・23（判例時報 1443 号 130 頁） 230
大阪地裁平成 4・10・2（行集 43 巻 10 号 1241 頁） 65
新潟地裁平成 4・11・26（行集 43 巻 11・12 号 1462 頁） 435
長崎地裁平成 4・12・22（訟務月報 39 巻 10 号 2040 頁） 180
名古屋高裁平成 5・2・23（判例タイムズ 859 号 260 頁） 230
徳島地裁平成 5・5・28（判例地方自治 124 号 17 頁） 121
東京高裁平成 5・7・20（行集 44 巻 6・7 号 627 頁） 435
浦和地裁平成 5・10・18（判例タイムズ 863 号 193 頁） 182, 186
宇都宮地裁平成 5・10・21（判例地方自治 121 号 26 頁,行集 45 巻 1・2 号 101 頁〈参照〉） 389
大阪高裁平成 5・11・26（行集 44 巻 11・12 号 1014 頁） 66

判例索引

福岡高裁那覇支部平成 5・12・9（判例時報 1508 号 120 頁）　179
東京高裁平成 6・1・31（行集 45 巻 1・2 号 94 頁）　389
神戸地裁平成 6・3・30（判例タイムズ 861 号 240 頁）　384
旭川地裁平成 6・4・26（行集 45 巻 4 号 1112 頁）　107,108,125,187
大阪高裁平成 6・7・20（行集 45 巻 7 号 1553 頁）　38,39
青森地裁平成 7・9・19（判例地方自治 150 号 18 頁）　365
最高裁平成 7・11・7（判例時報 1553 号 88 頁）　151,256
神戸地裁平成 7・12・25（判例地方自治 147 号 39 頁）　118
最高裁平成 8・4・26（判例時報 1566 号 33 頁）　40,390
東京地裁平成 8・7・9（判例地方自治 156 号 17 頁）　122
東京地裁平成 9・2・25（判例時報 1603 号 52 頁）　313
秋田地裁平成 9・3・21（判例時報 1667 号 23 頁）　13,109,489
東京地裁平成 9・4・25（判例時報 1610 号 59 頁）　125
札幌高裁平成 9・5・7（行集 48 巻 5・6 号 393 頁）　108,187
津地裁平成 9・7・17（判例タイムズ 1027 号 143 頁〈参考〉）　314
最高裁平成 9・9・30（判例時報 1620 号 50 頁）　124
大阪地裁平成 9・10・16（判例地方自治 263 号 28 頁〈参考〉）　119
大津地裁平成 9・12・8（判例タイムズ 981 号 73 頁）　207,208
高知地裁平成 10・1・16（判例時報 1674 号 53 頁）　108,126
横浜地裁平成 10・1・26（判例地方自治 178 号 22 頁）　29
宮崎地裁都城支部平成 10・1・28（判例時報 1661 号 123 頁）　263
釧路地裁平成 10・2・17（判例地方自治 180 号 98 頁）　315
東京地裁平成 10・3・4（判例時報 1649 号 166 頁）　181
最高裁平成 10・4・24（判例時報 1640 号 115 頁）　136
山口地裁平成 10・6・9（判例時報 1648 号 28 頁）　111,336
東京地裁平成 10・7・16（判例時報 1687 号 56 頁）　105,108
長崎地裁平成 10・11・10（判例タイムズ 1025 号 162 頁）　269
名古屋高裁平成 11・1・28（判例タイムズ 1027 号 136 頁）　314
東京高裁平成 11・3・9（労働判例 858 号 55 頁）　181
大分地裁平成 11・3・29（判例タイムズ 1061 号 190 頁）　110,435,436
神戸地裁平成 11・9・13（判例地方自治 199 号 58 頁）　516
大分地裁平成 11・9・30（判例タイムズ 1035 号 146 頁）　437
最高裁平成 11・10・21（判例時報 1696 号 96 頁）　39
横浜地裁平成 12・1・26（判例地方自治 206 号 12 頁）　290
津地裁平成 12・1・27（判例タイムズ 1031 号 79 頁）　13
福井地裁平成 12・3・8（判例集未登載）　271,310
釧路地裁平成 12・3・21（判例地方自治 206 号 27 頁）　104,286
東京地裁平成 12・3・23（判例地方自治 213 号 33 頁）　187

判例索引

松山地裁平成12・3・29（判例地方自治204号83頁）　263
名古屋高裁平成12・7・13（判例タイムズ1088号146頁）　13
岐阜地裁平成12・8・2（判例集未登載）　29
名古屋高裁金沢支部平成12・8・30（判例集未登載）　271,310
千葉地裁平成12・8・31（判例地方自治220号38頁）　29
高松高裁平成12・9・28（判例時報1751号81頁）　263
和歌山地裁平成12・12・12（判例地方自治215号17頁）　225
東京高裁平成12・12・26（判例時報1753号35頁）　29
横浜地裁平成13・1・17（判例タイムズ1094号139頁）　13
浦和地裁平成13・1・22（判例地方自治223号55頁）　118
仙台地裁平成13・1・30（判例集未登載）　516
名古屋地裁平成13・3・2（判例タイムズ1072号74頁）　13
大分地裁平成13・3・19（判例地方自治224号15頁）　133
横浜地裁平成13・4・18（判例地方自治217号37頁）　142
神戸地裁平成13・4・25（平成11年（行ウ）第31号）（判例地方自治224号76頁）　2
神戸地裁平成13・4・25（平成12年（ワ）第587号）（判例集未登載）　149
広島高裁平成13・5・29（判例時報1756号66頁）　111,336
横浜地裁平成13・5・30（判例地方自治243号9頁）　142
徳島地裁平成13・8・24（判例集未登載）　29
徳島地裁平成13・9・14（判例地方自治238号48頁）　126
静岡地裁浜松支部平成13・10・12（判例集未登載）　237
旭川地裁平成13・11・13（判例地方自治229号26頁）　159
東京高裁平成13・11・20（判例時報1786号46頁）　313
宮崎地裁平成13・12・10（判例地方自治231号86頁〈参考〉）　158
神戸地裁平成13・12・19（判例地方自治231号21頁）　29,142
名古屋高裁平成14・1・23（判例集未登載）　29
旭川地裁平成14・1・29（判例地方自治265号37頁〈参考〉）　43
那覇地裁平成14・1・30（判例集未登載）　108
奈良地裁平成14・1・30（判例地方自治231号49頁）　122
岡山地裁平成14・2・5（判例地方自治231号52頁）　13
仙台高裁平成14・2・14（判例集未登載）　516
名古屋高裁平成14・2・28（判例集未登載）　13
岡山地裁平成14・3・13（平成9年（行ウ）第22号）（判例地方自治232号35頁）　7
岡山地裁平成14・3・13（平成6年（行ウ）第17号）（判例地方自治239号40頁）
　　104,110,268,288
神戸地裁平成14・3・20（判例集未登載）　232
福岡地裁平成14・3・25（判例地方自治233号12頁）　105,343,346,347
秋田地裁平成14・3・25（判例集未登載）　196

xvii

高知地裁平成 14・3・25（判例集未登載） 258
山形地裁平成 14・3・26（判例時報 1801 号 103 頁） 215
新潟地裁平成 14・3・28（判例地方自治 233 号 91 頁） 105
京都地裁平成 14・3・29（判例時報 1929 号 29 頁〈参考〉） 137
函館地裁平成 14・4・11（判例集未登載） 128, 226, 252
名古屋高裁金沢支部平成 14・4・15（判例集未登載） 218
福岡高裁宮崎支部平成 14・4・23（判例地方自治 231 号 84 頁） 158
前橋地裁平成 14・5・24（平成 10 年（行ウ）第 9 号）（判例集未登載） 227
前橋地裁平成 14・5・24（平成 10 年（行ウ）第 1 号）（判例集未登載） 228
最高裁平成 14・7・2（民集 56 巻 6 号 1049 頁） 197
大阪高裁平成 14・7・3（判例時報 1801 号 38 頁） 149
津地裁平成 14・7・4（判例タイムズ 1111 号 142 頁） 145
津地裁平成 14・7・25（判例タイムズ 1145 号 133 頁） 263
金沢地裁平成 14・8・19（判例集未登載） 123
さいたま地裁平成 14・10・8（判例集未登載） 232
奈良地裁平成 14・10・23（判例地方自治 242 号 36 頁） 217
神戸地裁平成 14・11・14（判例地方自治 244 号 36 頁） 314
宇都宮地裁平成 14・11・20（判例集未登載） 318
仙台高裁秋田支部平成 14・11・27（判例集未登載） 197
奈良地裁平成 14・12・11（判例地方自治 246 号 17 頁） 138
最高裁平成 15・1・17（民集 57 巻 1 号 1 頁） 124
那覇地裁平成 15・1・21（判例地方自治 246 号 23 頁） 388
熊本地裁平成 15・1・30（判例地方自治 254 号 33 頁） 134
名古屋地裁平成 15・1・31（判例地方自治 245 号 29 頁） 123
大阪高裁平成 15・2・18（判例時報 1929 号 23 頁） 137
長崎地裁平成 15・3・5（判例集未登載） 258
静岡地裁平成 15・3・7（判例地方自治 258 号 33 頁） 126
宮崎地裁平成 15・3・24（判例集未登載） 113, 488
札幌地裁平成 15・3・25（判例タイムズ 1210 号 128 頁〈参考〉） 7, 41
福島地裁平成 15・3・25（判例集未登載） 124
高知地裁平成 15・3・26（判例タイムズ 1199 号 118 頁） 258
前橋地裁平成 15・4・9（判例集未登載） 258
津地裁平成 15・4・24（判例地方自治 264 号 40 頁〈参考〉） 283, 285
秋田地裁平成 15・5・23（判例地方自治 251 号 15 頁） 286, 288
那覇地裁平成 15・6・6（判例集未登載） 393
最高裁平成 15・9・4（判例時報 1841 号 89 頁） 181
福岡高裁那覇支部平成 15・9・18（判例集未登載） 388
高松高裁平成 15・10・28（判例集未登載） 258

判例索引　　xix

津地裁平成 15・10・30（判例集未登載）　13
大津地裁平成 15・11・10（判例集未登載）　9
大分地裁平成 15・11・27（判例集未登載）　187
広島高裁岡山支部平成 15・12・18（判例集未登載）　111, 268, 288
大分地裁平成 15・12・22（判例集未登載）　226
千葉地裁平成 15・12・26（判例集未登載）　130
神戸地裁平成 16・1・20（判例集未登載）　8, 181
徳島地裁平成 16・1・30（判例地方自治 267 号 19 頁）　123
横浜地裁平成 16・2・16（判例地方自治 258 号 73 頁）　315
大阪高裁平成 16・2・24（判例地方自治 263 号 9 頁）　119, 226
名古屋高裁平成 16・2・24（判例集未登載）　391
津地裁平成 16・2・26（判例地方自治 264 号 27 頁）　123
福岡高裁平成 16・2・27（判例集未登載）　343
前橋地裁平成 16・2・27（判例集未登載）　390
札幌地裁平成 16・3・18（判例集未登載）　52, 516
岡山地裁平成 16・3・24（判例地方自治 264 号 103 頁）　386
甲府地裁平成 16・4・13（判例タイムズ 1198 号 161 頁）　270, 277
徳島地裁平成 16・5・11（判例地方自治 280 号 17 頁〈参考〉）　263
東京地裁平成 16・5・26（判例集未登載）　493
名古屋高裁金沢支部平成 16・6・21（判例タイムズ 1189 号 232 頁）　123
最高裁平成 16・7・13（民集 58 巻 5 号 1368 頁）　64, 134, 227
札幌高裁平成 16・7・15（判例地方自治 265 号 31 頁）　39
熊本地裁平成 16・7・16（判例地方自治 279 号 103 頁〈参考〉）　9, 138
熊本地裁平成 16・8・5（判例地方自治 276 号 94 頁）　387
東京高裁平成 16・9・15（判例時報 1886 号 39 頁）　130
名古屋高裁平成 16・9・29（判例地方自治 264 号 33 頁）　289
熊本地裁平成 16・10・8（判例集未登載）　343, 345
福岡高裁那覇支部平成 16・10・14（判例集未登載）　394
那覇地裁平成 17・2・9（判例地方自治 273 号 10 頁）　141, 217
東京高裁平成 17・2・9（判例集未登載）　390
京都地裁平成 17・2・24（判例集未登載）　140
大津地裁平成 17・2・28（判例地方自治 270 号 27 頁）　43
福岡高裁平成 17・3・15（判例集未登載）　387
さいたま地裁平成 17・3・16（判例集未登載）　266, 268
東京地裁平成 17・3・24（判例集未登載）　36
福井地裁平成 17・3・30（判例時報 1925 号 141 頁）　263
名古屋高裁平成 17・4・6（判例集未登載）　13
宮崎地裁平成 17・4・28（判例集未登載）　233

大阪地裁平成17・5・11（判例時報1918号126頁）　231,235
東京地裁平成17・5・18（判例朱未登載）　232
岡山地裁平成17・5・24（判例地方自治279号65頁）　7
大阪地裁平成17・5・27（判例時報1918号135頁）　231,235
さいたま地裁平成17・6・1（判例地方自治280号31頁）　43,142
高知地裁平成17・6・10（資料版商事法務260号194頁）　258
高松高裁平成17・7・12（判例集未登載）　258
大阪高裁平成17・7・14（判例集未登載）　9
札幌高裁平成17・7・19（判例集未登載）　7
福岡高裁平成17・7・26（判例タイムズ1210号120頁）　263
高松高裁平成17・8・5（判例地方自治280号12頁）　263
和歌山地裁平成17・8・9（判例集未登載）　336
千葉地裁平成17・10・25（判例集未登載）　10
名古屋高裁平成17・10・26（判例集未登載）　227
最高裁平成17・10・28（民集59巻8号2296頁）　134
最高裁平成17・11・10（判例タイムズ1200号147頁）　112,336
福岡高裁平成17・11・30（判例地方自治279号88頁）　9,138
新潟地裁平成17・12・13（判例集未登載）　232
最高裁平成18・1・19（判例時報1925号79頁）　127,128
高知地裁平成18・1・20（判例集未登載）　259,283,287
仙台地裁平成18・2・24（判例集未登載）　232
最高裁平成18・3・10（判例地方自治283号103頁）　8
高知地裁平成18・3・17（判例集未登載）　116
青森地裁平成18・3・17（判例集未登載）　117
さいたま地裁平成18・3・22（判例集未登載）　224,225
大阪高裁平成18・4・28（判例集未登載）　337
岡山地裁平成18・5・17（判例地方自治281号10頁）　218
京都地裁平成18・5・19（判例集未登載）　120,121,226
高松高裁平成18・7・13（判例集未登載）　260,287
福岡高裁宮崎支部平成18・8・1（判例集未登載）　233
大津地裁平成18・9・25（判例集未登載）　7
東京高裁平成18・9・26（判例集未登載）　128
宇都宮地裁平成18・9・28（判例集未登載）　120
青森地裁平成18・9・29（判例集未登載）　260
最高裁平成18・10・26（裁判所時報1422号5頁）　263
横浜地裁平成18・11・15（判例集未登載）　344,347

〈著者紹介〉

碓 井 光 明（うすい・みつあき）

1946年　長野県に生れる
1969年　横浜国立大学経済学部卒業
1974年　東京大学大学院法学政治学研究科博士課程修了（法学博士）
現　在　東京大学大学院法学政治学研究科教授

〈主要著書〉

『地方税条例』（学陽書房，1979年）
『地方税の法理論と実際』（弘文堂，1986年）
『自治体財政・財務法』（学陽書房，初版1988年・改訂版1995年）
『公共契約の法理論と実際』（弘文堂，1995年）
『要説 自治体財政・財務法』（学陽書房，初版1997年・改訂版1999年）
『要説 住民訴訟と自治体財務』（学陽書房，初版2000年・改訂版2002年）
『要説 地方税のしくみと法』（学陽書房，2001年）
『公共契約法精義』（信山社，2005年）

公的資金助成法精義

2007年（平成19年）1月19日　初版第1刷発行

著　者　　碓　井　光　明
発行者　　今　井　　　貴
　　　　　渡　辺　左　近
発行所　　信山社出版株式会社
〔〒113-0033〕東京都文京区本郷6-2-9-102
電　話　03（3818）1019
Printed in Japan　　　　　　　　FAX　03（3818）0344
©碓井光明，2007．　　　　　印刷・製本／暁印刷・和田製本

ISBN978-4-7972-2472-6　C3332